SEGURANÇA DO TRABALHO
& Gestão Ambiental

Respeite o direito autoral

O GEN | Grupo Editorial Nacional – maior plataforma editorial brasileira no segmento científico, técnico e profissional – publica conteúdos nas áreas de ciências sociais aplicadas, exatas, humanas, jurídicas e da saúde, além de prover serviços direcionados à educação continuada e à preparação para concursos.

As editoras que integram o GEN, das mais respeitadas no mercado editorial, construíram catálogos inigualáveis, com obras decisivas para a formação acadêmica e o aperfeiçoamento de várias gerações de profissionais e estudantes, tendo se tornado sinônimo de qualidade e seriedade.

A missão do GEN e dos núcleos de conteúdo que o compõem é prover a melhor informação científica e distribuí-la de maneira flexível e conveniente, a preços justos, gerando benefícios e servindo a autores, docentes, livreiros, funcionários, colaboradores e acionistas.

Nosso comportamento ético incondicional e nossa responsabilidade social e ambiental são reforçados pela natureza educacional de nossa atividade e dão sustentabilidade ao crescimento contínuo e à rentabilidade do grupo.

Antonio Nunes Barbosa Filho

SEGURANÇA DO TRABALHO
& Gestão Ambiental

5ª edição

gen | atlas

O autor e a editora empenharam-se para citar adequadamente e dar o devido crédito a todos os detentores dos direitos autorais de qualquer material utilizado neste livro, dispondo-se a possíveis acertos caso, inadvertidamente, a identificação de algum deles tenha sido omitida.

Não é responsabilidade da editora nem do autor a ocorrência de eventuais perdas ou danos a pessoas ou bens que tenham origem no uso desta publicação.

Apesar dos melhores esforços do autor, do editor e dos revisores, é inevitável que surjam erros no texto. Assim, são bem-vindas as comunicações de usuários sobre correções ou sugestões referentes ao conteúdo ou ao nível pedagógico que auxiliem o aprimoramento de edições futuras. Os comentários dos leitores podem ser encaminhados à **Editora Atlas Ltda.** pelo e-mail faleconosco@grupogen.com.br.

Direitos exclusivos para a língua portuguesa
Copyright © 2019 by
Editora Atlas Ltda.
Uma editora integrante do GEN | Grupo Editorial Nacional

Reservados todos os direitos. É proibida a duplicação ou reprodução deste volume, no todo ou em parte, sob quaisquer formas ou por quaisquer meios (eletrônico, mecânico, gravação, fotocópia, distribuição na internet ou outros), sem permissão expressa da editora.

Rua Conselheiro Nébias, 1384
Campos Elíseos, São Paulo, SP – CEP 01203-904
Tels.: 21-3543-0770/11-5080-0770
faleconosco@grupogen.com.br
www.grupogen.com.br

Designer de capa: OFÁ Design :: Manu

CIP-BRASIL. CATALOGAÇÃO NA PUBLICAÇÃO
SINDICATO NACIONAL DOS EDITORES DE LIVROS, RJ

B197s

Barbosa Filho, Antonio Nunes
Segurança do trabalho e gestão ambiental / Antonio Nunes Barbosa Filho. – 5. ed. – São Paulo : Atlas, 2019.

ISBN 978-85-97-01831-8
1. Segurança do trabalho. 2. Gestão ambiental. 3. Ambiente de trabalho - Medidas de segurança. 4. Qualidade de vida no trabalho. I. Título.

18-52393   CDD: 363.11
                                       CDU: 331.4

Vanessa Mafra Xavier Salgado - Bibliotecária - CRB-7/6644

Para minha mãe, que me ensinou, fazendo-me acreditar e renovando em mim, a cada dia, a crença de que, acima de tudo, está e existe a sublime grandeza da alma humana.

Para meu pai, que me ensinou o amor pela academia, mostrando-me que o verdadeiro profissional sente mais prazer por sua obra do que pelos benefícios, de qualquer natureza e grandeza, que esta lhe possa proporcionar.

Aos meus irmãos, Fábio e M^a do Rosário, pelo incentivo sempre presente.

Vídeos do autor

Neste livro, o autor apresenta vídeos em que discorre sobre alguns temas relevantes de cada capítulo.

O acesso aos vídeos é feito via QR Code. Para reproduzi-los, basta ter um aplicativo leitor de QR Code baixado no smartphone e posicionar a câmera sobre o código.

É possível acessar os vídeos tambem por meio da URL que aparece ao lado do código.

Primeiras Palavras

A intenção que me levou a escrever este texto, e mesmo propor a disciplina *Condições de Trabalho e Meio Ambiente* para o Curso de Graduação em Administração de Empresas da Universidade Federal de Pernambuco, não foi outra senão apresentar aos futuros profissionais ou empresários os fatores que influenciam o desempenho humano no trabalho, de maneira ordenada, de modo que estes venham a compreender a necessidade de investir na adequação das condições de trabalho e quais as consequências danosas sobre a saúde individual, familiar, coletiva e, por que não dizer, sobre a própria organização.

Longe de mim a intenção de transformar os administradores em expertos no assunto. Desejo apenas que se tornem administradores com uma visão mais ampla do que os egressos que tiveram que "abrir os olhos" quando, tão somente, se depararam com o problema em suas mãos e tiveram que partir para encontrar, mesmo que sem saber por onde começar e onde procurar a solução.

Estratégias visando aumentar a competitividade da empresa têm que, necessariamente, passar pela saúde do trabalhador e pela integridade ambiental, pois estes são, sem dúvida, os únicos realmente importantes "bens" ou "capital" dos quais poderemos, se os conservarmos adequadamente – se assim pudermos nos expressar –, e necessitaremos dispor para que a empresa siga adiante com sucesso.

Embora persistam conceitos como poluição e proteção ótimas, do ponto de vista econômico, sempre valerá insistir que não há como recuperar males causados a uma vida, inclusive com a possibilidade da extinção desta, se falarmos eticamente sobre pessoas, animais ou mesmo vegetais, em qualquer nível. Infelizmente, algumas decisões baseiam-se mais em aspectos econômicos do que em ética.

Debater sobre a vida, sobre uma existência, ainda que ínfima importância a ela seja atribuída, bem como sobre o destino reservado a ela por nossos atos ou, quem sabe, omissões, com ou sem a consciência plena das consequências destes, nos reserva, necessariamente, ao menos um exame minucioso em nossa consciência. É esse discernimento que destacará as empresas de futuro e, por meio delas, seus administradores. Só nos resta esperar!

Que as palavras escritas ao longo deste texto contribuam para que nossos alunos tornem-se, paulatinamente, os administradores das empresas do futuro de que nosso país precisa para se tornar um Brasil melhor! Que elas contribuam para destacá-lo no cenário mundial, ocupando o lugar que todos sabemos que lhe caberá, desde que lutemos para tanto!

O Autor

Prefácio à 5ª edição

Segundo as gentis palavras de um bom amigo, "este é um livro que está chegando à maturidade". É verdade, já se vão 18 anos desde que o primeiro conjunto de textos, aos quais outros vêm sendo sucessivamente acrescidos, foi publicado dando origem a este livro, carinhosamente chamado por alguns como "o verdinho".

Creio que a espontaneidade expressada ao tratá-lo por uma alcunha caracteriza proximidade, familiaridade com o seu conteúdo e, por conseguinte, expressa a ideia de uso reiterado de utilidade.

Acredito que, para autores de livros do segmento CTP (científicos, técnicos e profissionais), no qual este se insere, nada lhes trará maior satisfação do que esta intimidade dos leitores com sua obra, que passa a ter identidade própria, indo muito além do que jamais pretendeu o seu criador.

Esta 5ª edição, ademais de revisões e atualizações necessárias, traz um acréscimo de 10 novos textos em relação à anterior. Decerto, há um vasto rol de outros temas que poderiam ter tomado parte na presente edição. Confesso que estão sempre a compor um banco de planos para textos futuros, quem sabe não tão distantes...

Ao longo destas quase duas décadas desde a edição original, independentemente do sabor (ou dissabores) do cenário econômico nacional neste período, cabe destacar o sentimento expressado por muitos de que as temáticas relacionadas à saúde e segurança ocupacional vêm ganhando um lugar de destaque e crescido em importância junto aos profissionais em geral, sejam estes oriundos das áreas da saúde, humanas, jurídica ou das engenharias. De modo comedido, posso me dizer feliz por imaginar que "o verdinho" tenha contribuído neste sentido.

Prefácio à 5a edição

Cabe, portanto, agradecer àqueles que, de um modo ou de outro, colaboraram para que esta felicidade tivesse lugar:

Aos leitores de todo o país, que costumeiramente entram em contato e relatam experiências, pedem ajuda para o esclarecimento de dúvidas, apresentam questionamentos, fazem sugestões;

À editora Atlas, hoje GEN/Atlas, por acreditar no autor nacional e pelo trabalho de renovação proporcionado pela bela editoração desta edição "comemorativa";

Ao Carlos Queiroz, por trazer em mãos os despretensiosos originais, lá atrás, ao Ailton Bomfim e à Mariângela Russo, que deram vida e introduziram "o verdinho" no mercado editorial brasileiro;

Às filhas, ainda pequenas, e à esposa, pelas horas de convivência familiar subtraídas, pela compreensão e pelo incentivo maior de todos que fazem seguir adiante;

E não poderia deixar de renovar a eles, fiéis destinatários de dedicatória presente em todas as edições, principais responsáveis por quem sou, com incondicional amor: aos meus pais.

Por fim, posso dizer que todo o esforço tem valido a pena. Devido, então, (re)reafirmar: Contem comigo na caminhada!

Cordial abraço, desde esta terra, que tão generosamente me acolheu há 25 anos.

Recife, setembro de 2018.
O Autor

Prefácio à 1ª edição

É com imensa satisfação que trago a público este texto. Trago também um pouco de orgulho, comedido, mas orgulho. Não podia ser diferente. É como se um sonho desejado estivesse, enfim, realizado. Um sonho que traz um pouco da sensação da paternidade. Foi um processo longo de espera, talvez pela ansiedade de querer apresentar o melhor que eu pudesse fazer e de traduzir de maneira plena todo o conhecimento que tenho acumulado ao longo dos anos por meio de leituras e de muitas aulas, nas quais sempre aprendia algo novo e reformulava a exposição, consolidando a forma de interpretar as informações e a percepção dos fatos a estas associados.

Ao mesmo tempo em que descobria novas nuanças e desdobrava as interpretações, uma necessidade de querer trazer linhas, ao mesmo tempo, concisas e completas, fazia com que um sentimento de busca de melhoria fosse dominante. Creio que é por isso que evoluímos, aperfeiçoamo-nos. Ao menos somos impelidos a isso. Por isso, nunca um texto estará acabado por inteiro; sempre falharemos em algum ponto da caminhada. Por essas falhas, ainda que tentemos evitá-las, peço desculpas e ponho-me na espera de valiosas contribuições.

Este livro é uma iniciativa pioneira de debater com os alunos do Curso de Graduação em Administração de Empresas da Universidade Federal de Pernambuco a temática *Saúde, Segurança* e *Meio Ambiente*, não somente de forma especulativa, mas também de forma que estes venham a compreender os mecanismos que geram os processos, delineando-os e demarcando os prováveis resultados oriundos destes. Dessa perspectiva, espero contribuir para o desenvolvimento das empresas nacionais pela formação de futuros empresários e profissionais que vejam as organizações para além dos números.

Prefácio à 1a edição

  Para o debate trazemos reflexões, bem como a sensibilidade para com uma situação vivida ou presenciada e, assim, formamos novos valores. Certamente, este foi o maior dos objetivos que busquei na tentativa de elaborar tais escritos e disponibilizá-los para toda a sociedade numa forma que espero seja inteligível, mesmo para os que poderíamos chamar de leigos, não técnicos. Não obstante todo o cuidado para tornar a linguagem acessível e a leitura agradável, com todos os esforços de tomar como base sempre os conceitos e não os termos, posso em algum lugar ter falhado nesse intuito. Mais uma vez, minhas escusas.

  Creio que me alongo na tentativa vã de traduzir todos os sentimentos e cuidados que tenho a apresentar. Resta-me, pois, esperar, sinceramente, que o conteúdo destas páginas seja de real utilidade.

O Autor

Sumário

Apresentação, VII

1 Conhecimentos Gerais, 1
   Uma introdução ao tema, 1
   Várias siglas e só um objetivo: integridade do cidadão, 2
   Desenvolvimento de hábitos e a formação do sistema de gestão, 3
   Alguns conceitos importantes, 5
   Uma introdução sobre condições de trabalho e legalidade, 9
   As dimensões da saúde e segurança ocupacional, 13
   Responsabilidade empresarial, 17
   Acidentes e doenças profissionais: caracterização e legislação, 25
   Envelhecimento e trabalho, 28
   Assédio moral – uma nova forma de violência no trabalho, 39
   Saúde mental no trabalho, 45
   A Justiça do Trabalho, 49
   Considerações sobre a perícia judicial de insalubridade e periculosidade, 54
   Falseamento de medições ambientais, 63
   Quanto custa um acidente?, 69
   Seguros na indústria, 75
   Ações administrativas voltadas à segurança do trabalho, 79

2 Conhecimentos Técnicos, 83
Ergonomia: considerações iniciais, 83
Antropometria estática e dinâmica, 87
Amostragem do trabalho e registro de imagens, 92
Organização do trabalho. trabalho noturno e em turnos, 97
Riscos ambientais, 102
Ruídos e sua prevenção, 105
Riscos elétricos, 111
Riscos na maquinaria e sua proteção, 116
Conforto térmico: temperatura, umidade e ventilação, 136
Trabalho sob exposição solar, 139
Trabalho em ambientes artificialmente frios, 145
    Mapa de Zonas Climáticas, 151
Riscos químicos, 152
A informação sobre segurança na empresa, 159
Elementos do trabalho na agropecuária e setores afins, 165
Contato com animais peçonhentos e com substâncias naturais, 172
Zoonoses e segurança no trato com animais, 179
Riscos biológicos, 191
Iluminação e seus efeitos sobre o desempenho humano, 197
Iluminação – definições básicas, 206
Saúde e segurança dos olhos, 206
Luz, cor e segurança, 209
    Os usos das cores na segurança, 210
    Outros efeitos das cores, 212
    A variação das cores, 212
Sinalização, 214
Considerações posturais e sobre o trabalho sentado, 220
Permissão para Trabalho (PT), 224
Ambientes confinados, 229
O trabalho em altura, 234
Segurança do trabalho nas atividades em telhados, 252
Trabalho a quente – riscos e prevenção, 259
Radiações no ambiente de trabalho, 274
Vibrações decorrentes do trabalho, 278

3 Conhecimentos de Gestão, 283

Formação de serviços ligados à saúde e segurança no trabalho, 283
Noções de prevenção e combate a incêndios, 288
Como os incêndios se originam, 292
Programa de prevenção de riscos ambientais (PPRA), 297
Programa de controle médico de saúde ocupacional (PCMSO), 299
Atenção ao trabalhador do sexo feminino, 301
Prevenção de acidentes. Vestimentas e outras formas de proteção, 305
Gerenciando o abastecimento da frota e da maquinaria, 309
Emergências e primeiros socorros, 322
Gestão da qualidade de vida no trabalho, 326
Saúde e segurança do trabalho em organizações públicas, 331
LER/DORT, 335
Segurança no processo produtivo e no projeto do produto, 342
Segurança nas atividades de manutenção industrial, 345
Segurança no trato com ar comprimido, 348
Erro humano, 359
Segurança em áreas portuárias e afins, 362
Sinalização de obras em vias terrestres, 368
O cidadão em condições especiais: deficiência e adequações requeridas, 377
O Método Recife de avaliação de condições de trabalho para pessoas com deficiência, 380
Gerenciamento de riscos, 388
Gestão de sinistros, 393
Análise de riscos e de acidentes, 397
Auditorias em Saúde e Segurança do Trabalho, 405
Segurança do trabalho em atividades especiais: almoxarifado e similares, 413
Os novos desafios impostos pela gestão ambiental, 417
Produção mais limpa, 423
Contratação, tarifação e cogeração de energia, 428
Gerenciamento de resíduos, 432
Coleta, tratamento e destinação de resíduos. Reciclagem e reaproveitamento de materiais, 435
Decisões ambientais gerenciais, 442
    Questões para estudo e discussão, 446

1

Conhecimentos Gerais

● Uma introdução ao tema

A multiplicidade de ações e decisões que o administrador de empresa, principalmente da micro e pequena empresa, quando na maioria das vezes é o proprietário dela, tem de realizar e tomar ante os diversos compromissos, para buscar a sobrevivência organizacional, faz com que não detenha suas atenções quanto ao ambiente de trabalho que oferece a seus funcionários.

Compromissos financeiros, a necessidade de estar atento ao mercado, as negociações com fornecedores e distribuidores ocupam lugar de destaque em suas preocupações. Por outro lado, em sua formação profissional, mesmo enquanto cidadão, raramente tem acesso a informações que demonstrem a importância das condições de trabalho para a satisfação e a manutenção da saúde dos trabalhadores e do meio ambiente, para a melhoria da produtividade da empresa e, por conseguinte, da competitividade desta. Ao desconhecer essa problemática, não se interessa e, portanto, não pode perceber esses relacionamentos.

A não compreensão desse relacionamento leva, sem dúvida, a perdas maiores que os investimentos requeridos para adequar o local de trabalho a padrões mínimos de conforto e segurança, destacando-se aqui o processo produtivo, seus resultados e resíduos, bem como o tempo diário requerido ao administrador para manter os níveis alcançados.

Em uma análise macro, poderemos visualizar as perdas que toda a sociedade pode sofrer mediante maus tratos ou destratos com o homem e o meio ambiente, decorrentes de uma produção. Ocorrerão perdas na saúde do indivíduo, acarretando redução de sua capacidade laboral, que afeta seu rendimento e remuneração. Haverá, então, redução na renda familiar (com impactos sobre a alimentação, a moradia, o lazer, a educação, entre outros), forçando, algumas vezes, uma busca prematura de oportunidades de emprego e renda por parte de crianças e adolescentes, comprometendo, assim, todo seu desenvolvimento social.

Outras vezes, a previdência pública tem que arcar com a manutenção de um pecúnio mínimo que, como sabemos, em nosso país, não garante a sobrevivência nos mesmos níveis, nem sob qualquer aspecto anteriormente existente. Em geral, essa necessidade dá-se devido a acidentes incapacitantes que, além das consequências econômicas e sociais, trazem indiscutíveis sequelas psicológico-comportamentais. Para a empresa, advirá todo o custo da reposição de um trabalhador qualificado, desde o processo de seleção e avaliação, passando pelo treinamento na função e até o atingimento do nível de qualidade e de produção que se poderia esperar pela continuidade do trabalho do afastado.

O que encontramos, concretamente, nos acidentes ou mesmo incidentes, com ou sem afastamento do homem de seu trabalho, são perdas acumuladas para o indivíduo e para sua família, para empresa e para toda a sociedade.

Um perde e perdem todos, quando condições de trabalho inadequadas reduzem a capacidade produtiva, temporária ou permanentemente, ainda que não possamos observá-las com nossos olhos.

● Várias siglas e só um objetivo: integridade do cidadão

Diariamente, lidamos com uma infinidade de siglas para as quais devemos estar atentos quanto a seu significado e à importância do que significam.

Não saber, por exemplo, que WWW significa *World Wide Web* denuncia o fato de desconhecer os não tão recentes avanços da informática e de que há necessidade de se atualizar sobre o mundo das informações virtuais. Contudo, CPF tenho a certeza de que todos sabem interpretar e conhecem quais as implicações dessas três letrinhas para o cidadão comum.

Quando tratamos da questão da saúde, segurança e meio ambiente em uma organização, também lidamos com uma infinidade de siglas com as quais teremos que estar familiarizados para podermos "navegar" por entre as discussões e assim construir nossa própria opinião sem a necessidade da tradução de terceiros. Algumas já se tornaram clássicas e são conhecidas do grande público: Cipa e EPI são os melhores exemplos. Entretanto, existem muitas outras cujo conhecimento nos permite "transitar" livremente nos encontros, seminários e tantos outros eventos que, felizmente, surgem para disseminar conhecimentos e divulgar as informações sobre a temática, em que alguns, infelizmente, apresentam dados estarrecedores de nossa realidade.

Conhecimentos Gerais

Ao longo do aprendizado sobre *condições de trabalho* e *meio ambiente*, conviver-se-á com poucas letras de muito significado. Para instigar a curiosidade dos leitores quanto ao conteúdo das questões e ações associadas, apresento a seguir algumas delas:

APA – Área de Proteção Ambiental.
CLT – Consolidação das Leis do Trabalho.
Dort – Distúrbios Osteomusculares Relacionados ao Trabalho.
EIA – Estudo Prévio de Impacto Ambiental.
FAP – Fator Acidentário de Prevenção.
LER – Lesões por Esforços Repetitivos.
NTEP – Nexo Técnico Epidemiológico Previdenciário.
NR – Norma Regulamentadora.
Pair – Perda Auditiva Induzida pelo Ruído.
PCA – Programa de Conservação Auditiva.
PCC – Programa de Controle do Colesterol.
PCMSO – Programa de Controle Médico de Saúde Ocupacional.
POA – Programa de Orientação Alimentar.
POO – Programa de Prevenção Oftalmológico-ocupacional.
PPAI – Programa de Prevenção à Aids.
PPAL – Programa de Prevenção ao Alcoolismo.
PPCM – Programa de Prevenção ao Câncer de Mama.
PPCP – Programa de Prevenção ao Câncer de Próstata.
PPD – Programa de Prevenção às Drogas.
PPF – Programa de Prevenção ao Fumo.
PPH – Programa de Prevenção à Hipertensão.
PPP – Perfil Profissiográfico Previdenciário.
PPRA – Programa de Prevenção de Riscos Ambientais.
PPS – Programa de Prevenção do *Stress*.
Raias – Relatório de Ausência de Impacto Ambiental Significativo.
Rima – Relatório de Impacto Ambiental.
SAT – Seguro de Acidentes do Trabalho.

Desenvolvimento de hábitos e a formação do sistema de gestão

A pergunta inicial de todos os administradores de empresas que se deparam com a incumbência de implementar em sua organização um sistema de gestão da saúde, segurança e meio ambiente é: *por onde começar* ou *de que forma começar?*

A resposta parece ser óbvia, mas o que se demonstra estar à mostra, por vezes, parece-nos não estar tão às claras.

Todos os processos produtivos têm particularidades que os diferenciam dos demais processos no tocante à gestão da segurança. Estas podem ser relativas aos insumos a serem processados, aos dispositivos para esta transformação ou, ainda, ao próprio produto resultante. Por outro lado, também existem semelhanças mesmo entre processos distintos que podem servir de orientação para a atividade de gestão da segurança em um terceiro processo.

Adicionalmente, constitui orientações para a formulação de uma sistemática para a gestão da segurança do referido processo o conhecimento de pontos críticos do processo produtivo; desse conhecimento, resultarão características importantes dos produtos, sobre os quais devem ser exercidas atividades de controle e manutenção com maior rigor ou outras, hierarquizadas segundo uma escala de criticidade, relativa às possíveis falhas ou perdas e danos decorrentes ou associadas a essas falhas.

Assim, podemos dizer que o gerenciamento das pessoas e do sistema produtivo no tocante à segurança, entendendo-se a saúde do trabalhador como inserida nesse contexto, faz parte de um complexo de atividades que se inicia no projeto do produto, passando pela escolha dos materiais que irão ser utilizados, pelo desenho da produção propriamente dito – com a elaboração de planos de produção, escolha da maquinaria e determinação dos requisitos dos indivíduos que executarão determinadas tarefas e demais requisitos para a obtenção dessa produção, como a escolha dos grupos ou equipes de trabalho, a elaboração das jornadas e dos turnos – até resultar na disponibilização e entrega das quantidades desejadas ou solicitadas pelo consumidor final.

Apesar da aparente complexidade em se coordenar todas as atividades operacionais da organização e realizá-las adequadamente, sem, contudo, descuidar da questão da segurança, isso pode tornar-se algo extremamente simples. Uma vez inseridas no cotidiano da empresa, por meio da formação de uma cultura proativa, as atribuições adicionais de cada pessoa não terão significativo impacto sobre sua carga de trabalho, uma vez que os hábitos desenvolvidos e, portanto, assumidos por cada indivíduo contemplarão, necessariamente, a cota de responsabilidades que cabe a cada um destes no estabelecimento do modelo de gestão voltado à segurança coletiva.

A compreensão de que a gestão da segurança é uma atividade coletiva e que, dessa forma, deve ser exercida e realizada, é o passo inicial para que a implementação desse projeto alcance o sucesso esperado.

A conscientização e a capacitação dos indivíduos, para que possam reconhecer as possibilidades de riscos, propiciarão as condições mínimas necessárias para que possam colaborar ativamente na condução do gerenciamento do ambiente em que estão inseridos como trabalhadores.

Conhecimentos Gerais

Assumir, erroneamente, que somente os profissionais especializados – técnicos e engenheiros de segurança, médicos, enfermeiros e auxiliares de enfermagem do trabalho – devem atuar no gerenciamento do sistema produtivo no tocante à questão da segurança e assumir que, em última análise, estamos colocando nossa vida à mercê da consciência e da capacidade profissional de outras pessoas. Não me parece ser uma boa medida entregarmos nosso destino a profissionais supostamente habilitados e qualificados para a importante missão de que os incumbimos, com plena e irrestrita confiança pelo fato de preferirmos eximir-nos da própria responsabilidade que nos compete. Ao agirmos dessa forma, estamos nos liberando de nossa porção crítica e colocando-nos como meros espectadores nos cenários atuais e das expectativas futuras de nossa organização. Isto é, se nela existirem tais profissionais.

Caso nossa empresa esteja legalmente liberada da necessidade de manter em seu quadro funcional tais profissionais, a quem caberá a mudança e a condução de tais cenários? Se não há o interesse formado, ainda que exista, algumas vezes, a questionada Comissão Interna de Prevenção de Acidentes (Cipa), quem assumirá tal papel?

E se o profissional trabalhar autonomamente? Ainda que seja em casa, no fundo do quintal ou no escritório improvisado? Quem cuidará da questão das condições de trabalho a que estará sujeito e quais as implicações destas sobre sua saúde, bem-estar e segurança? E que implicações terão para seus entes próximos – clientes e familiares?

Acho que já é hora de cada um de nós pensar seriamente sobre essas questões.

● Alguns conceitos importantes

Para que possamos conduzir adequadamente as discussões acerca da temática que envolve a condição de trabalho, teremos que conhecer previamente alguns conceitos a ela associados. Devemos, para tanto, ter uma uniformidade na interpretação de seus significados. Antes de tudo, devemos procurar o significado de "trabalho".

Ao recorrermos ao *Dicionário Aurélio*,[1] encontramos:

> *"Trabalho – s.m. 2 – Atividade coordenada, de caráter físico e/ou intelectual, necessária à realização de qualquer tarefa, serviço ou empreendimento."*

Com base nesse conceito, poderemos extrair as seguintes reflexões:

1. *Atividade coordenada* – isto é, planejada, com intuito definido, não acidental.

---

[1] FERREIRA, Aurélio Buarque de Holanda. *Novo dicionário da língua portuguesa.* 2. ed. Rio de Janeiro: Nova Fronteira, 1997. p. 1695.

2. *De caráter físico e/ou intelectual* – obtido por este ou aquele esforço ou por ambos.
3. *Necessária à realização de qualquer* (...). Ora, então, está, necessariamente, presente em toda atividade humana.

Podemos dizer que as atividades necessárias a nossa sobrevivência, realizadas voluntária ou involuntariamente por nosso corpo, traduzem-se como trabalho.

A Organização Mundial de Saúde (OMS), Apud Baptista (1974:7), assim define saúde:

> *"Um estado completo de bem-estar físico, mental e social; não consiste somente na ausência de doença ou enfermidade."*

Mais uma vez, colocamo-nos a refletir:

1. *Estado completo* – ou seja, não pode ser parcelado, tomado por partes, ou observado de forma não integral.
2. *Físico, mental e social* – o corpo, a mente e as relações sociais entre pessoas, entre grupos e a comunidade na qual estão inseridos.
3. *Não consistindo somente na ausência de doença ou enfermidade* – a estas, geralmente, associamos a observação de sintomas. Se não estão presentes, quer dizer que não há doença? E se não há doença, quer dizer que haverá saúde? Será que poderemos assim concluir? Claro que não! Se assim o fizéssemos, iríamos de encontro à própria definição apresentada. Por ser complexa e integral, há a possibilidade de não existirem doenças ou enfermidades, até mesmo por não percebê-las por desconhecimento de seus mecanismos, segundo a visão clínica clássica. Todavia, com certeza, existirão sintomas de uma organização doente, os quais deveremos investigar.

Segurança é o próximo termo a ser investigado. Em Ferreira (1997:563), temos: *"Estado, qualidade ou condição de seguro. Condição daquele ou daquilo em que se pode confiar."*

É importante frisar: *daquele ou daquilo em que se pode confiar*. Segurança é característica a ser buscada nas pessoas e nos meios ou elementos de um processo produtivo do qual resultará uma produção por meio do trabalho. Dessa forma, há necessidade de desenvolver estes e aqueles para que possam oferecer a segurança de cada um destes na organização. O meio pode ser material ou imaterial, tangível ou intangível. Pode ser uma ferramenta, uma máquina, uma informação ou até mesmo a atmosfera gasosa a respirar ou a interagir com outros elementos presentes em determinado trabalho. Cada qual terá, de forma bem definida, seu papel na formação do "todo" da segurança no ambiente de trabalho.

Ainda em Ferreira (p. 895), encontramos o termo *higiene*: *"Ciência que visa à preservação da saúde e à prevenção da doença."*

Conhecimentos Gerais

Prevenir significa preparar-se por meio da previsão, para as prováveis perspectivas de um futuro incerto. Agir, antecipadamente, no sentido de que as ocorrências desse futuro se alinhem ou, se possível, coincidam com os interesses estabelecidos. Se visa preservar a saúde, podemos dizer que deverá tratar dos aspectos físico, mental e social.

Ainda à página 895 do citado dicionário, consta higiene mental: *"prática educativa, profilática ou psicoterápica aplicada para prevenir perturbações mentais"*. Portanto, a conceito envolve formas curativa e preventiva que atuam lado a lado com o mesmo objetivo.

Por fim, em definição conjunta da OIT-OMS, chegamos ao objetivo da saúde ocupacional:

> *"Promover o mais alto grau de bem-estar físico, mental e social de trabalhadores[2] de todas as ocupações; prevenir entre os trabalhadores os desvios de saúde causados pelas condições de trabalho,[3] protegê-los em seus empregos contra os riscos resultantes de fatores ou agentes prejudiciais a sua saúde; colocar e manter a trabalho em um emprego adequado às suas aptidões fisiológicas e psicológicas e, em suma, a trabalho ao homem e cada homem à sua atividade."*

Saliba et al. (1997:11) assim definem higiene do trabalho:

> *"A ciência e a arte dedicadas à antecipação, reconhecimento, avaliação e controle de fatores e riscos ambientais originados nos postos de trabalho e que podem causar enfermidade, prejuízos para a saúde ou bem-estar dos trabalhadores, tendo em vista o possível impacto nas comunidades vizinhas e no meio ambiente em geral."*

Aqui, são introduzidas outras perspectivas da gestão da saúde do trabalhador, destacadas a seguir:

1. *ciência* e *arte*: técnica e criatividade que se somam na busca de um objetivo comum;
2. *reconhecimento*: como sinônimo de percepção e caracterização, fundamentais no processo;
3. *avaliação*: definição do potencial danoso, seja de forma qualitativa ou quantitativa;
4. *nas comunidades* e *no meio ambiente* em *geral*: fora do estrito ambiente de trabalho. A circunvizinhança influencia e é influenciada relativamente às possibilidades de danos e perdas individuais e coletivas.

---

[2] Todo aquele que realiza trabalho, isto é, cada um de nós, em todas as atividades cotidianas e não somente naquelas entendidas como do trabalho no ambiente profissional. Geralmente, associamos a palavra *trabalhadores* a assalariados, o que é um erro, pois existe trabalho que pode ser bem desgastante do ponto de vista de esforços, sem ser remunerado, como o trabalho voluntário, em que não há relação de emprego.

[3] Leia-se: inadequadas condições de trabalho.

1   Conhecimentos Gerais

Baptista (1974:15) define higiene industrial como *"o conjunto de conhecimentos relativos ao estudo e controle dos ambientes de trabalho, visando à melhoria da saúde e ao conforto do trabalhador"*. Esse conceito introduz como função da higiene industrial a melhoria das condições de trabalho de um sistema produtivo. Se estabelecermos uma ponte entre a gestão da saúde e a segurança numa organização, associando-a com o gerenciamento da qualidade organizacional, veremos que esses propósitos não devem e não podem estar dissociados. Não basta, portanto, controlar o ambiente para que não haja a possibilidade de danos. Faz-se necessário incrementar o conforto e, na busca deste, reduzirem-se os esforços e as exigências aos quais são submetidos todos os trabalhadores, independentemente da função que exerçam.

O referido autor (op. cit., p. 40) acrescenta: *"A segurança faz parte do serviço que está sendo realizado tanto quanto a qualidade e quantidade de produção."*

De forma geral, a segurança contribui para o bem-estar da organização por meio de duas orientações:

1. pelo treinamento – formação de hábitos que, para Baptista (1974:41), é o *"processo de desenvolver a aptidão no emprego de métodos seguros de trabalho e na aplicação de práticas seguras durante o desempenho das tarefas"*;
2. pela proteção – que busca minimizar as oportunidades de ocorrência de acidentes. A utilização de técnicas aplicadas desde o projeto do produto e do processo até mesmo a formulação das orientações quanto ao uso, trato ou intervenção humana nestes.

Para que se dê a intervenção humana, também se faz necessária a compreensão de dois outros termos de elevada importância no estudo. São eles: indivíduo e individualidade.

Indivíduo remete-nos à ideia de diferenças, de particularidade. Essas diferenças provêm do histórico pessoal – do nível de formação profissional, da atualização das informações disponíveis, da experiência prévia com situações similares; e, também, do biótipo e das características próprias a seu corpo– massa, altura, proporções e outras dimensões, por exemplo– que o diferenciam dos demais. Individualidade, por sua vez, pode ser associada ao comportamento – conjunto de percepções e reações – que esse indivíduo apresentará, de forma esperada ou não, em cada uma das variadas situações com as quais se depara em seu dia a dia.

A carga de trabalho estará determinada pelas exigências e pelos esforços de todas as ordens, necessárias à realização de determinado trabalho. Suas grandezas física (relativa ao sistema músculo-esquelético) e psíquica (relativa à carga mental),[4] atuando de forma isolada ou em conjunto, propiciam, necessariamente,

---

[4]   Para Dejours (1994:22), na carga mental há uma *"mistura de fenômenos de ordem neurofisiológica e psicofisiológica: variáveis psicossensoriais, sensorimotoras, perceptivas, cognitivas etc. e fenômenos de ordem psicológica, psicossociológica, ou mesmo sociológica, tais como variáveis de comportamento, de caráter, psicopatológicas, motivacionais etc."*.

Conhecimentos Gerais

em maior ou em menor grau, desgaste do ser na execução das tarefas. São partes mais que importantes na formação dos sentimentos de realização, prazer, sofrimento e bem-estar em relação ao trabalho desenvolvido. Note-se que, havendo desgaste ou depreciação, de qualquer espécie, há necessidade de pronta recuperação das capacidades ou de intervenção no sentido de procurar eliminá-las ou de, ao menos, minimizar suas oportunidades, para que a pessoa possa ser mais feliz e, por consequência, mais produtiva ao trabalhar. Não devemos deixar de lembrar que a aptidão e a preparação prévia para a realização das tarefas inerentes a determinado trabalho também influenciam as dimensões dessa carga de trabalho e, dessa maneira, as chances de esforços e desgastes associados.

Depois de todo esse percurso, creio que podemos discutir apropriadamente acerca de condição de trabalho e seus reflexos sobre o trabalhador e sua produção.

De forma simples, é o seguinte conceito de condição de trabalho:

> *"Toda e qualquer variável presente ao ambiente de trabalho capaz de alterar e/ou condicionar a capacidade produtiva do indivíduo, causando ou não agressão ou depreciações à saúde deste."*

Para finalizar, podemos, entre uma vasta série de elementos formadores do que conceituamos como condição de trabalho, listar:

a. a mobília, a utilização do espaço físico e as áreas;
b. o ambiente térmico com suas variáveis (temperatura, umidade, velocidade do ar etc.);
c. a prescrição e o conteúdo das tarefas; as relações interpessoais;
d. as informações, a maquinaria, as ferramentas e a intervenção sobre estas.

Sugestões de leitura

BAPTISTA, Hilton. *Higiene e segurança do trabalho*. [S.l.]: Senai/DN, 1974.

DEJOURS, Christophe. *A loucura do trabalho*: estudo de psicopatologia do trabalho. 5. ed. São Paulo: Cortez/Oboré, 1992.

_____ et al. *Psicodinâmica do trabalho*: contribuições da escola dejouriana à análise da relação, prazer, sofrimento e trabalho. São Paulo: Atlas, 1994.

SALIBA, Tuffi Messias et al. *Higiene do trabalho e programa de prevenção de riscos ambientais*. São Paulo: LTr, 1997.

● Uma introdução sobre condições de trabalho e legalidade

Quando falamos em condição de trabalho e meio ambiente, estamos tratando de saúde individual e coletiva. Ao estudarmos a temática, temos que conduzir nosso pensamento para além daqueles analisados em primeira ordem. A compreensão dos mecanismos e o tratamento dado aos impactos causados sobre eles devem ser estendidos às famílias e, inegavelmente, às gerações futuras. A nocividade gerada por impactos indesejáveis provocará perdas sociais futuras, as quais não poderão ser dissociadas dos danos causados à saúde do trabalhador na atualidade.

Para uma discussão adequada acerca da questão, temos que, necessariamente, conduzir a análise sob aspectos de ética e legalidade. Infelizmente, não podemos dizer que tais aspectos andem lado a lado ou que recebam igual valoração.

Tentarmos uma compensação monetária para uma situação laboral que coloque em risco a saúde do trabalhador (insalubre), ou que o exponha a um perigo potencial (periculoso), em meu modesto entender, não é desejável. O ideal seria que inexistissem tais situações. Todavia, ao existir amparo legal para uma ação, esta, em princípio, não poderá ser desacreditada ou tomada como indevida.

Creio que aqui será bem posta a analogia entre as frases *"a casa mais limpa não é aquela que mais se varre e sim aquela que menos se suja"* e *"a empresa que melhor protege o trabalhador não é aquela que lhe oferece os melhores meios de proteção e sim aquela que menos o expõe a riscos ou que menos oferece possibilidades de danos à sua saúde e integridade"*.

Para que melhor possamos compreender tal análise, temos que conhecer a legislação que rege a matéria. Para isso, temos que fazer uso da Constituição Federal de 1988, da Consolidação das Leis do Trabalho (CLT),[5] das Normas Regulamentadoras (NRs)[6] e dos demais instrumentos legais (leis, decretos, portarias etc.) inerentes ao estudo, em âmbito federal, estadual e até mesmo municipal.

O art. 1º da CF/88 consagra os princípios fundamentais da nação brasileira:

> *"A República Federativa do Brasil, formada pela união indissolúvel dos Estados e Municípios e do Distrito Federal constitui-se em Estado Democrático de Direito e tem como fundamentos:*
>
> *I – a soberania;*
>
> *II – a cidadania;*
>
> *III – a dignidade da pessoa humana;*
>
> *IV – os valores sociais do trabalho e da livre iniciativa;*
>
> *V – o pluralismo político"* (grifo nosso).

Do texto transcrito podemos inferir que submeter uma pessoa a executar atividades sob condições de trabalho inadequadas que tragam prejuízos, imediatos

---

[5] Decreto-lei nº 5.452, de 1º de maio de 1943.
[6] As NRs são de atribuição da Secretaria de Saúde e Segurança do Ministério do Trabalho (SSST/MTb).

Conhecimentos Gerais

ou futuros, à saúde dela, em qualquer duração de jornada ou tipologia de tarefa, vem de encontro ao art. 1º da CF/88, constituindo-se, dessa forma, em algo que deveria ser prontamente rejeitado por todos os cidadãos, sejam eles trabalhadores ou empregadores. Ainda na CF/88, no Capítulo II do Título II, são estabelecidos os direitos sociais do cidadão brasileiro, destacando-se os direitos à saúde, à segurança e à previdência social. Merecem destaque os incisos do art. 7º que tratam dos direitos do trabalhador urbano e rural, do trabalhador menor e do sexo feminino, visando, entre outros benefícios, à melhoria da condição social deles. Entre tais direitos, devem ser observadas a redução dos riscos inerentes ao trabalho, por meio de normas de saúde, higiene e segurança (inc. XXII). Devem também merecer atenção o inciso XXIII, que trata da remuneração adicional para atividades penosas, insalubres ou perigosas, na forma da lei, e o XXVIII, que dispõe sobre o seguro contra acidentes, a cargo do empregador, sem excluir a indenização a que está obrigado, quando incorrer em dolo ou culpa. Os artigos seguintes do capítulo também tratam de interesses ligados ao trabalhador como associação profissional ou sindical e o direito de greve. O art. 21, inciso XXIV, dispõe que é de competência da União a organização, a manutenção e a execução da inspeção do trabalho. Os Estados e Municípios, por sua vez, podem legislar suplementarmente a legislação federal, no que couber.

Assim, podem existir diferentes níveis de exigências às empresas que devem ser observadas quando de sua proposta de instalação em uma localidade. Como exemplo dessa suplementaridade, podemos destacar o Código de Segurança contra Incêndio e Pânico para o Estado de Pernambuco,[7] o Código Sanitário do Estado de Pernambuco,[8] e a Lei de Uso e Ocupação do Solo da Cidade do Recife.[9] Como podemos observar, cada qual trata de sua atribuição específica, devendo ambos ser concomitantemente observados.

A CLT, leitura obrigatória em se tratando de legislação trabalhista, rege em seu art. 3º, parágrafo único:[10]

> *"Não haverá distinções relativas à espécie e à condição de trabalhador nem entre o trabalho intelectual, técnico e manual."*

E em seu art. 9º, preceitua:[11]

> *"Serão nulos de pleno direito os atos praticados com o objetivo de desvirtuar, impedir ou fraudar a aplicação dos preceitos contidos na presente Consolidação."*

---

[7] COSCIP – Código de Segurança contra Incêndio e Pânico para o Estado de Pernambuco. Decreto nº 19.644, de 13 de março de 1997, publicado no *Diário Oficial do Estado*, em 14 de março de 1997.
[8] Decreto nº 20.786, de 10-8-98 – Código Sanitário do Estado de Pernambuco.
[9] Lei Municipal nº 16.176 – Lei de Uso e Ocupação do Solo da Cidade do Recife.
[10] Vide CF/88, art. 7º, inciso XXXII.
[11] Vide arts. 197 a 207 do Código Penal Brasileiro (Crimes contra a organização do trabalho).

1 Conhecimentos Gerais

Ainda na CLT, são merecedores de especial atenção o Capítulo II do Título II, que versa sobre a duração do trabalho, e o Capítulo V desse mesmo Título, que versa sobre a segurança e a medicina do trabalho nas empresas, no qual destacamos a parametrização para condições de trabalho. No art. 157, são estabelecidas as competências das empresas:

"I – cumprir e fazer cumprir as normas de segurança e medicina do trabalho;

II – instruir os empregados, através de ordens de serviço, quanto às precauções a tomar no sentido de evitar acidentes do trabalho ou doenças ocupacionais;[12]

III – adotar as medidas que lhes sejam determinadas pelo órgão regional competente;

IV – facilitar a fiscalização pela autoridade competente."

No art. 158, são estabelecidas as atribuições dos trabalhadores:

"Cabe aos empregados:

I – observar as normas de segurança e medicina do trabalho, inclusive as instruções de que trata o item II do artigo anterior;

II – colaborar com a empresa na aplicação dos dispositivos do Capítulo;

Parágrafo único. Constitui ato faltoso do empregado a recusa injustificada:

a) à observância das instruções expedidas pelo empregador na forma do item II do artigo anterior;

b) ao uso dos equipamentos de proteção individual fornecidos pela empresa."

No Título III da CLT – "das normas especiais de tutela do trabalho" – devem ser observados os Capítulos I, III e IV, que tratam das disposições especiais sobre duração e condições de trabalho para certas atividades, da proteção ao trabalho da mulher e do menor, respectivamente.[13]

Insalubre significa tudo o que origina doença. Então, insalubridade é apresentar esta condição. Todavia, o conceito legal, representado pelo art. 189 da CLT, assim preceitua:

"Serão consideradas atividades ou operações insalubres aquelas que, por sua natureza, condições ou métodos de trabalho, exponham os empregados a agentes nocivos à saúde, acima dos limites de tolerância fixados em razão da natureza e da intensidade do agente e do tempo de exposição aos seus efeitos."

Por sua vez, o art. 193 emprega, para conceituar inflamáveis e explosivos, o termo *periculosidade*:

---

[12] *Acidentes do trabalho* e *doenças ocupacionais* serão conceituadas, do ponto de vista legal, em capítulo específico, adiante.

[13] Essas indicações constituem anotações daqueles pontos relacionados mais diretamente ao alvo de nosso estudo, não isentando de atenção os demais tópicos da CLT que deverão, oportunamente, ser alvo de leitura cuidadosa.

Conhecimentos Gerais

> *"São consideradas atividades ou operações perigosas, na forma da regulamentação aprovada pelo Ministério de Trabalho, aquelas que, por sua natureza ou métodos de trabalho, impliquem o contato permanente com inflamáveis ou explosivos em condições de risco acentuado."*

Ora, reduzir o conceito de trabalho periculoso a tais situações e pressupostos, sob a óptica do bom-senso, não parece buscar a manutenção da integridade dos indivíduos. Somente em 1986, pelo Decreto nº 93.412, é que se considera como periculoso o trabalho em contato com energia elétrica. Posteriormente, em 1987, pela Portaria nº 3.393, passa-se a tratar como periculosas as atividades ou operações que envolvem radiações ionizantes e substâncias radioativas.

Sugestões de leitura

ANFIP. *Legislação previdenciária* – Leis nºs 8.212 (custeio) e 8.213 (benefícios), de 24 de julho de 1991. Brasília, 1997.

ANFIP. *Regulamentos dos benefícios da Previdência Social* – Decreto nº 2.172, de 5 de março de 1997. Brasília, 1997.

BRASIL. *Constituição da República Federativa do Brasil (CF/88)*. São Paulo: Revista dos Tribunais, 1996.

OLIVEIRA, Juarez. *Consolidação das Leis do Trabalho*. 21. ed. São Paulo: Saraiva, 1996.

PEDROTTI, Irineu Antonio. *Doenças profissionais ou do trabalho*. 2. ed. São Paulo: Leud, 1998.

SALIBA, Tuffi Messias et al. *Insalubridade e periculosidade*. 3. ed. São Paulo: LTr, 1997.

ZOCCHIO, Álvaro. *Prática e prevenção de acidentes do trabalho*: ABC da segurança do trabalho. 5. ed. São Paulo: Atlas, 1992.

As dimensões da saúde e segurança ocupacional

Quando tratamos das questões relacionadas à saúde e segurança do trabalho, não estamos lidando apenas com as questões relacionadas à integridade dos trabalhadores e as implicações diretas da presença ou ausência dos cuidados necessários para a sua preservação, mas também com efeitos indiretos, muitos dos quais de difícil mensuração ou avaliação, como a motivação para o trabalho, o medo e, até mesmo, a insegurança.

Há de se buscar a compreensão de que o ambiente e as condições de trabalho não se resumem a elementos materializados como a edificação, as instalações e a maquinaria, mas incluem, igualmente, as informações e a sua adequada disseminação e disponibilidade, as relações interpessoais e o estilo de gestão vigente em cada um dos níveis hierárquicos da organização, bem como o planejamento diário da jornada de cada trabalhador em função das tarefas que lhe são prescritas e a forma de controle sobre o seu labor. Cada um destes elementos contribuiu, isoladamente ou em conjunto, para a sensação de satisfação ou insatisfação com o trabalho realizado, além de propiciar maior ou menor fadiga, resultante da conjugação de exigências a que o trabalhador é submetido ao longo de sua trajetória profissional.

Estudos indicam que experiências traumáticas anteriores podem levar algumas pessoas a desenvolver patologias e outras não, quando submetidas a novos agentes ou situações potencialmente estressoras,[14] de tal sorte que a maneira como as pessoas lidam ou buscam se posicionar diante do ocorrido anteriormente pode influir decisivamente sobre a recidiva ou não deste quadro nestas novas oportunidades. Assim, acredito que seja importante para a compreensão dos comportamentos e das respostas aos eventuais estímulos oriundos do ambiente laboral, um levantamento prévio das condições de trabalho a que cada indivíduo, em particular, esteve submetido em suas ocupações anteriores, ainda na fase de entrevistas para a sua contratação. E tal não deve corresponder apenas a uma *anamnese* ou investigação médica, mas também de cunho gerencial. Somente assim será possível estabelecer mecanismos de interpretação e para a construção de intervenções que, porventura, possam vir a ser requeridas em favor do profissional em contratação ou já contratado.

Em outras palavras: poucos nos preocupamos em conhecer as condições de trabalho, sem sentido amplo, a que os nossos trabalhadores estiveram sujeitos em seus empregos anteriores (ou mesmo em outros ambientes, por ex., escola ou residência) e as implicações destas sobre a percepção que terá a respeito daquelas que encontrará em nossa organização, seja individualmente, seja em caráter coletivo (pois poderá haver influências recíprocas entre este e os demais trabalhadores).

Quando ministro aulas para alunos dos cursos de graduação – e este texto, em especial, foi escrito e se destina a este público –, costumo dizer-lhes que sua formação deve ser tão abrangente quanto possível, pois, salvo algumas exceções, não é possível precisarmos em que tipo de organização virão a atuar em seu futuro profissional (em razão de suas mais diversas particularidades). Neste sentido, sugiro-lhes buscar todo e qualquer conhecimento que possa lhes ser de serventia em sua trajetória profissional. Antecipo-lhes, porém, que esta busca não deve se dar de forma desenfreada, pelo mero acúmulo de informações. Nesta ocasião relembro-lhes de uma máxima, atribuída a Santo Agostinho, que diz: "Ler sem refletir, é como comer sem digerir!". É possível haver uma grande indigestão.

Dentre as histórias de vida que conheço e das quais poderia me valer para debater com os universitários questões relacionadas à sua formação e escolhas profissionais, acabo por exemplificar com detalhes de minha própria trajetória, na qual aprendi que, por vezes, a nossa vida toma rumos não planejados, embora possamos contribuir decisivamente para nossos destinos, nos preparando,

---

[14] Neste sentido ver: PERES, Julio et al. Promovendo resiliência em vítimas de trauma psicológico. *Revista de Psiquiatria do Rio Grande do Sul*, 27 (2): 131-138, maio/ago. 2005. Disponível em: <http://www.scielo.br/pdf/rprs/v27n2/v27n2a03.pdf>.

Conhecimentos Gerais

notadamente, para não termos que tomar caminhos que não desejamos. Devemos saber, sobretudo, o que não queremos para nossas vidas.

Em se tratando de saúde e segurança ocupacional, para que possamos vir a ser profissionais respeitados nesta área de atuação, devemos estender nossos interesses em três direções do conhecimento, posto que são dimensões complementares, interdependentes e simultâneas no tocante às ações e intervenções requeridas para assegurar a integridade do trabalhador em razão das condições e do ambiente de trabalho que lhe serão oferecidos.

Para ser um bom profissional na área da saúde e segurança ocupacional não basta ter conhecimentos isolados de aspectos legais, técnicos ou de gestão aplicada. É necessário estar atento aos conhecimentos pertinentes a cada uma destas dimensões em cada situação concreta e fazê-los convergir. Ou seja, ainda que a decisão a tomar seja relacionada – aparentemente – a apenas uma destas dimensões, as outras duas restantes necessariamente têm de ser observadas, sob pena de que a decisão e a ação consequente possam não alcançar o efeito devido, o que implica dizer muito além do que o desejado. É por essa razão que devemos assumir que as ações voltadas às questões da área têm caráter tridimensional. Ou seja, sujeitos aos aspectos específicos de cada uma destas dimensões.

Igualmente, sempre em estrita observância a esta tridimensionalidade, deverá se portar o profissional no trato cotidiano de uma organização no tocante a estas questões. É importante destacar que isto não significa dizer que sua atuação se dará de maneira isolada, que não precisará do apoio de especialistas em cada uma destas dimensões. Pelo contrário, a atuação de especialistas em seus respectivos segmentos é de fundamental importância para o sucesso das ações de uma organização. Entretanto, conforme me referi poucos parágrafos passados, em não se sabendo em que natureza de organização atuará cada profissional com ações voltadas à SST, será imprescindível que este tenha sempre em mente a imperiosa necessidade de coordenar os esforços nestes três segmentos de atuação profissional, que poderão estar a cargo de um único ou de vários profissionais, a depender das características de cada organização em que atuar.

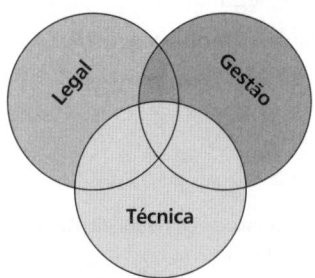

Figura 1.1 As três dimensões do Ambiente de Trabalho no tocante à Saúde e Segurança ocupacional.

No tocante aos aspectos legais, serão exigíveis conhecimentos do disposto na Constituição Federal, na Consolidação das Leis Trabalhistas (CLT), nas Normas Regulamentadoras (NRs) do Ministério do Trabalho e Emprego, de normas setoriais específicas (por exemplo, o contido no Acordo Coletivo de Trabalho formulado entre sindicatos patronais e profissionais de determinado setor produtivo ou categoria econômica), em normas técnicas da Associação Brasileira de Normas Técnicas (ABNT), em portarias, resoluções e decretos emanados por autoridades do Poder Executivo (da Vigilância Sanitária, por ex.), dentre outras.

No tocante ao aspecto técnico poderão ser requeridos conhecimentos de diversas disciplinas relacionadas ao trabalho. Da medicina, da psicologia, da antropologia e da sociologia do trabalho, além de conhecimentos das diversas especialidades da engenharia aplicáveis ao mundo do trabalho.

No tocante ao aspecto gerencial, devemos observar que os principais instrumentos da gestão da integridade no ambiente de trabalho dizem respeito a atividades programáticas.[15] Ou seja, um conjunto de ações e atividades voltadas a assegurar de maneira continuada a tomada de medidas preventivas e corretivas que visem assegurar a integridade do trabalhador, segundo um determinado calendário de execução, com a definição de responsabilidades em relação a cada uma destas medidas e de acordo com a atribuição de um orçamento para a sua concretização. Logo, requer-se o real cumprimento destas medidas, havendo a exigência da reserva de valores para a sua execução em face de responsabilização por sua operacionalização, sem o que não passarão estes programas de meras peças ficcionais.

Bem, o que vem a ser integridade?

A integridade diz respeito à plena preservação da capacidade de trabalho de um indivíduo, seja por não restar oportunidades de potenciais danos à sua saúde ou à sua segurança. Em outras palavras, significa dizer que o ambiente de trabalho, entendido em sentido amplíssimo,[16] é plenamente salubre e seguro, jamais se afastando desta condição (tornando-se, assim, não íntegro).

Se pudermos expressar este pensar na forma de equações, teremos:

[íntegro = saudável + seguro]

[não íntegro = insalubre e/ou inseguro]

[íntegro = não insalubre + não perigoso]

---

[15] Veja-se o capítulo que trata do Programa de Prevenção de Riscos Ambientais (PPRA) e do Programa de Controle Médico de Saúde Ocupacional (PCMSO).

[16] Incluindo a execução de tarefas a cargo de um trabalhador e todos os recursos disponibilizados para tanto, referentes a cada jornada de trabalho (respectivamente à programação e duração), muito além da tradicional materialidade deste ambiente (edificações, maquinaria, instalações, equipamentos de produção e de proteção individual e coletiva).

Conhecimentos Gerais

Convém destacar que as atuais exigências – decorrentes, em grande parte, do incremento da consciência da própria sociedade e dos trabalhadores a respeito da temática – levam a referenciar como não mais aceitável o já superado modelo de restauração da integridade de um ambiente laboral. Àquele em que reconhecendo o seu afastamento da condição necessária (e tal se admitindo como normal ou natural), se dedicavam os esforços necessários para que retornasse, tanto quanto possível, à situação desejada (o que nem sempre ocorria). Hoje em dia, tal não mais se tolera, sendo, então, envidados todos os esforços para que o ambiente de trabalho jamais se afaste de sua condição primeira, isto é, de plenamente íntegro. E neste sentido será a atuação dos profissionais que se dediquem à saúde e segurança ocupacional.

Sugestões de leitura

BELTRAN, Ari Possidonio. *Direito do trabalho e direitos fundamentais*. São Paulo: LTr, 2002.

MAISONNEUVE, Jean. *A psicologia social*. São Paulo: Martins Fontes, 1988.

ROMITA, Arion Sayão. *Direitos fundamentais nas relações de trabalho*. 3. ed. São Paulo: LTr, 2009.

Assista a um vídeo do autor sobre *Tridimensionalidade da Saúde e Segurança do Trabalho*.

uqr.to/ckqk

● Responsabilidade empresarial

Para uma pessoa física, dizemos que ela ganha ou conquista sua independência quando tem condições de, por si só, assumir as consequências de seus atos, sejam gestos, palavras ou mesmo omissões. É o que chamamos de "capacidade civil", em regra estabelecida aos 18 anos de idade. E o que se espera, desde o nascimento e durante o seu desenvolvimento, é que o ser humano obtenha as condições necessárias para tanto. Este percurso nem sempre é fácil. Medos, frustrações e algumas experiências mal sucedidas, mas, acima de tudo, aprendizados vão forjando a capacidade de decisão e formando a compreensão de um vasto sistema de responsabilidades consigo próprio, com sua família e com todos os demais, inclusive junto às diversas faces do Estado. E tal inclui saber e compreender todo o conjunto de potenciais sanções que pode vir a ser submetido, caso, ainda que não intencionalmente, causar prejuízos, dano ou ofensa a direitos de outrem, direta ou indiretamente, regra básica da convivência em sociedade.

Neste sentido estabelece o Novo Código Civil, conforme a seguir transcrito:

"Art. 927. Aquele que, por ato ilícito (arts. 186 e 187), causar dano a outrem, fica obrigado a repará-lo.

Parágrafo único. Haverá obrigação de reparar o dano, independentemente de culpa, nos casos especificados em lei, ou quando a atividade normalmente desenvolvida pelo autor do dano implicar, por sua natureza, risco para os direitos de outrem.

Art. 186. Aquele que, por ação ou omissão voluntária, negligência ou imprudência, violar direito e causar dano a outrem, ainda que exclusivamente moral, comete ato ilícito.

Art. 187. Também comete ato ilícito o titular de um direito que, ao exercê-lo, excede manifestamente os limites impostos pelo seu fim econômico ou social, pela boa-fé ou pelos bons costumes."

Este sistema de responsabilização, que busca a transmissão ou a sinalização para a sociedade de valores que visam à segurança na convivência, tem três funções ou finalidades básicas:

a) A reparação integral do dano ou, quando tal não for possível, a compensação por equivalente monetário.

b) O sancionamento do ofensor, com o intuito de coibir a prática no seio da coletividade, servindo de exemplo e de meio educativo.

c) Restabelecer de modo eficaz o equilíbrio de forças (econômicas, políticas, religiosas etc.), garantindo a paz social.

Semelhantemente, podemos dizer que tal acontece com as pessoas jurídicas, sendo que estas despontam para a vida social já com a obrigação de saber da existência, compreender e, portanto, respeitar e atender ao preceito de direitos e deveres, individuais e coletivos, que lhe são impostos.

Carvalho de Mendonça apud Almeida (2006:47) define com magistral propriedade empresa como: *"a organização técnico-econômica que se propõe a produzir mediante a contribuição dos elementos da natureza, trabalho e capital, bens ou serviços destinados à troca (venda), com a esperança de realizar lucros, correndo os riscos por conta do empresário, isto é, daquele que reúne, coordena e dirige esses elementos sob sua responsabilidade"*.

Considerando-se que os riscos podem ser de duas naturezas: especulativos, de onde podem-se obter ganhos (lucros), ou puros, aqueles dos quais somente podem derivar perdas e que, dessa forma, devem ser eliminados, quando possível, ou minorados, devemos entender que na definição formulada a referência a riscos diz respeito aos puros. Ou seja, que nenhuma forma de perda, dano ou prejuízo deve ser suportado por outro além de seu responsável, pelos detentores da responsabilidade empresarial, por aqueles que conduzem os destinos do empreendimento.

Cooper e Argyris (2003:1192) definem que *"a expressão responsabilidade social refere-se, geralmente, à obrigação de uma organização em maximizar seu impacto positivo em longo prazo e minimizar seu impacto negativo sobre a sociedade"*. Assim, tem de incluir questões relativas às dimensões econômica, legal, ética e discricionariedade, a cargo de seus gestores.

Tais dimensões dizem respeito aos distintos aspectos das relações da empresa com os consumidores, os funcionários (desde o processo seletivo, durante a vigência do contrato de trabalho e mesmo após o seu encerramento), a comunidade, as práticas concorrenciais e, também, mas não tão somente, com seus acionistas ou proprietários e seus interesses.

Tanto a legislação consumerista quanto a ambiental – nesta inserida a de saúde e segurança do trabalho, isto é, em sua interpretação mais ampla – são categóricas em proibir a transferência do risco (do desenvolvimento) tecnológico ao consumidor, ao trabalhador exposto ao processo produtivo e à sociedade em geral, face ao princípio da precaução, que determina que, diante da ausência da certeza, considerando-se o atual estágio de conhecimento científico e tecnológico, não se deve postergar a adoção de medidas visando a prevenir possíveis e irreversíveis danos às pessoas ou ao meio ambiente.

Devem, portanto, ser implementados procedimentos de avaliação de riscos, dar-se ciência, consciência e voz às populações envolvidas e buscar desenvolver soluções que assegurem a exclusão do dano potencial, repensando a sua introdução no mercado, seu processo de fabricação e as exigências a que serão submetidos os trabalhadores em todas as etapas de sua cadeia de produção, com olhos voltados a um bem maior que meras pressões imediatistas, em todas as esferas em que possam operar.

A este princípio some-se o da informação, que impõe a plena transparência e acesso a todo o conteúdo necessário para a consciente, livre e esclarecida tomada de decisão relativa à aquisição de bens e serviços, bem como quanto à realização de trabalho sob determinadas condições.

É bastante clara a Lei nº 8.078/1990 – Código de Defesa do Consumidor –, quando trata da Responsabilidade pelo Fato do Produto (art. 12) e por Vício do Produto (art. 18):

> *"Art. 12. O fabricante, o produtor, o construtor, nacional ou estrangeiro, e o importador respondem, independentemente da existência de culpa, pela reparação dos danos causados aos consumidores por defeitos decorrentes de projeto, fabricação, construção, montagem, fórmulas, manipulação, apresentação ou acondicionamento de seus produtos, bem como por informações insuficientes ou inadequadas sobre sua utilização e riscos.*
>
> *§ 1º O produto é defeituoso quando não oferece a segurança que dele legitimamente se espera, levando-se em consideração as circunstâncias relevantes, entre as quais:*
>
> *I – sua apresentação;*

II – o uso e os riscos que razoavelmente dele se esperam;
III – a época em que foi colocado em circulação.

...

Art. 18. Os fornecedores de produtos de consumo duráveis ou não duráveis respondem solidariamente pelos vícios de qualidade ou quantidade que os tornem impróprios ou inadequados ao consumo a que se destinam ou lhes diminuam o valor, assim como por aqueles decorrentes da disparidade, com as indicações constantes do recipiente, da embalagem, rotulagem ou mensagem publicitária, respeitadas as variações decorrentes de sua natureza, podendo o consumidor exigir a substituição das partes viciadas.

§ 1º Não sendo o vício sanado no prazo máximo de trinta dias, pode o consumidor exigir, alternativamente e à sua escolha:

I – a substituição do produto por outro da mesma espécie, em perfeitas condições de uso;
II – a restituição imediata da quantia paga, monetariamente atualizada, sem prejuízo de eventuais perdas e danos;
III – o abatimento proporcional do preço."

Indiscutível a responsabilidade da empresa em preservar a integridade de seus trabalhadores, nos moldes do estabelecido na Constituição Federal brasileira (CF):

"Art. 7º São direitos dos trabalhadores urbanos e rurais, além de outros que visem à melhoria de sua condição social:

I – relação de emprego protegida contra despedida arbitrária ou sem justa causa, nos termos de lei complementar, que preverá indenização compensatória, dentre outros direitos;

...

XXVIII – seguro contra acidentes de trabalho, a cargo do empregador, sem excluir a indenização a que este está obrigado, quando incorrer em dolo ou culpa."

Convém destacar que o novo modelo previdenciário, no que diz respeito à saúde ocupacional, estabelecido pela Lei nº 10.666/2003, culminou com a introdução de duas novidades que podem afetar diretamente o custo das empresas nacionais:

a) O FAP – fator acidentário previdenciário.
b) O NTEP – nexo técnico epidemiológico (instituído pela Lei nº 11.430/2006 e regulamentado pelo Decreto 6.042/2007 e pela Instrução Normativa 16 – INSS de 27/03/07, que definiu os seus critérios e fundamentos).

O FAP é um ponderador incidente sobre o recolhimento do seguro de acidentes do trabalho a cargo das empresas, que pode variar de 0,5 a 2,0 vezes as alíquotas (definidas em função do risco de acidente do trabalho em relação às atividades ocupacionais) calculadas sobre a folha mensal de pagamentos salariais (de 1, 2 ou 3%). No seu cômputo, serão considerados os registros de acidentes de trabalho na empresa e de seu ramo de atividade econômica. Dessa forma, a depender dos resultados de seu sistema de saúde e segurança do trabalho, os desembolsos relativos a esse seguro poderão ser reduzidos ou ampliados. O que torna, de imediato, um bom negócio investir em um bom gerenciamento da SST.

Já o NTEP, baseado em uma relação de causalidade entre atividades econômicas (CNAE) e a Classificação Internacional de Doenças (CID 10) da Organização Mundial da Saúde, estatui, dessa maneira, uma correlação presumida entre estas, ficando exclusivamente a encargo da empresa o ônus da prova em contrário. Caberá, então, tão somente a esta promover firmemente todas as ações preventivas aos seus cuidados, notadamente o PCMSO e o PPRA, preconizado nas NR-7 e NR-9, respectivamente.

No tocante à responsabilização da empresa ainda na fase de contratação de empregados, podemos citar, dentre outras, a Lei nº 9.029/1995, que estabelece:

> *"Artigo 1º Fica proibida a adoção de qualquer prática discriminatória e limitativa para efeito de acesso a relação de emprego, ou sua manutenção, por motivo de sexo, origem, raça, cor, estado civil, situação familiar ou idade, ressalvadas, neste caso, as hipóteses de proteção ao menor previstas no inciso XXXIII do artigo 7º da Constituição Federal.*
>
> *Artigo 2º Constituem crime as seguintes práticas discriminatórias:*
>
> *I – a exigência de teste, exame, perícia, laudo, atestado, declaração ou qualquer outro procedimento relativo à esterilização ou a estado de gravidez;*
>
> *II – a adoção de quaisquer medidas, de iniciativa do empregador, que configurem;*
>
> *a) indução ou instigamento à esterilização genética;*
>
> *b) promoção do controle de natalidade, assim não considerado o oferecimento de serviços e de aconselhamento ou planejamento familiar, realizados através de instituições públicas ou privadas, submetidas às normas do Sistema Único de Saúde (SUS)."*

Durante a vigência do contrato de trabalho, além das normas relativas à saúde e segurança do trabalho, fica a empresa sujeita à ilicitude dos atos daqueles que exercem encargos de seu interesse ou sob sua autoridade. Nessa condição, além de todas as situações originadoras de dano moral, podemos citar o crime de assédio sexual, segundo o inscrito no art. 216-A do Código Penal brasileiro:

> *"Constranger alguém com o intuito de obter vantagem ou favorecimento sexual, prevalecendo-se o agente da sua condição de superior hierárquico ou ascendência inerentes ao exercício de emprego, cargo ou função."*

Abbagnano (1998:855) traz à baila uma perspectiva que nos remeterá a uma *interessante* reflexão. Vejamos: para ele, *responsabilidade* é a "possibilidade de prever os efeitos do próprio comportamento e de corrigi-lo com base em tal previsão".

Tem-se, dessa forma, que é obrigação individual, e da qual não poderemos nos esquivar, olharmos em direção ao futuro e tanto quanto possível, já que baseados em expectativas incertas, tomarmos todos os cuidados pertinentes para não causarmos, a qualquer título, lesão ao direito de outrem.

Nesse pensamento, cunhou a CF o conceito de "Desenvolvimento sustentável", atribuindo, indistintamente, direitos e responsabilidades quanto ao meio ambiente:

> *"Art. 225. Todos têm direito ao meio ambiente ecologicamente equilibrado, bem de uso comum do povo e essencial à sadia qualidade de vida, impondo-se ao Poder Público e à coletividade o dever de defendê-lo e preservá-lo para as presentes e futuras gerações.*[17]
>
> *...*
>
> *§ 2º Aquele que explorar recursos minerais fica obrigado a recuperar o meio ambiente degradado, de acordo com solução técnica exigida pelo órgão público competente, na forma da lei.*
>
> *§ 3º As condutas e atividades consideradas lesivas ao meio ambiente sujeitarão os infratores, pessoas físicas ou jurídicas, a sanções penais e administrativas, independentemente da obrigação de reparar os danos causados."*

Ao que complementou a Lei nº 6.983/1981 dispondo sobre a Política Nacional do Meio Ambiente:

> *"Art. 14. Sem prejuízo das penalidades definidas pela legislação federal, estadual e municipal, o não cumprimento das medidas necessárias à preservação ou correção dos inconvenientes e danos causados pela degradação da qualidade ambiental sujeitará os transgressores:*
>
> *I – à multa simples ou diária...;*
>
> *II – à perda ou restrição de incentivos e benefícios fiscais concedidos pelo Poder Público;*
>
> *III – à perda ou suspensão de participação em linhas de financiamento em estabelecimentos oficiais de crédito;*
>
> *IV – à suspensão de sua atividade.*
>
> *§ 1º Sem obstar a aplicação das penalidades previstas neste artigo, é o poluidor obrigado, independentemente da existência de culpa, a indenizar ou reparar os danos causados ao meio ambiente e a terceiros, afetados por sua atividade."*[18]

Nas demandas judiciais envolvendo questões ambientais, de acordo com o Supremo Tribunal Federal (STF), a mais alta Corte da Justiça de nosso país, a obrigação de provar a inocência, ou seja, o ônus da prova negativa, recai sobre a

---

[17] Eis o conceito de desenvolvimento sustentável.
[18] Ao conteúdo deste parágrafo a doutrina convencionou chamar de princípio do poluidor pagador.

empresa potencialmente poluidora. Nessa esteira, vejamos duas recentes decisões atinentes à temática:

> "AÇÃO CIVIL PÚBLICA. DANO AMBIENTAL. AGRAVO DE INSTRUMENTO. PROVA PERICIAL. INVERSÃO DO ÔNUS. ADIANTAMENTO PELO DEMANDADO. DESCABIMENTO. PRECEDENTES.
>
> I – Em autos de ação civil pública ajuizada pelo Ministério Público Estadual visando apurar dano ambiental, foram deferidos a perícia e o pedido de inversão do ônus e das custas respectivas, tendo a parte interposto agravo de instrumento contra tal decisão.
>
> II – Aquele que cria ou assume o risco de danos ambientais tem o dever de reparar os danos causados e, em tal contexto, transfere-se a ele todo o encargo de provar que sua conduta não foi lesiva.
>
> III – Cabível, na hipótese, a inversão do ônus da prova que, em verdade, se dá em prol da sociedade, que detém o direito de ver reparada ou compensada a eventual prática lesiva ao meio ambiente – artigo 6º, VIII, do CDC c/c o artigo 18, da lei nº 7.347/85 (REsp 1.049.822/RS, Rel. Min. FRANCISCO FALCÃO, Primeira Turma, DJ 23/04/2009).
>
> PROCESSUAL CIVIL E AMBIENTAL – AÇÃO CIVIL PÚBLICA – DANO AMBIENTAL – ADIANTAMENTO DE HONORÁRIOS PERICIAIS PELO PARQUET – MATÉRIA PREJUDICADA – INVERSÃO DO ÔNUS DA PROVA – ART. 6º, VIII, DA LEI nº 8.078/1990 C/C O ART. 21 DA LEI Nº 7.347/1985 – PRINCÍPIO DA PRECAUÇÃO.
>
> 1. Fica prejudicado o recurso especial fundado na violação do art. 18 da Lei nº 7.347/1985 (adiantamento de honorários periciais), em razão de o juízo de 1º grau ter tornado sem efeito a decisão que determinou a perícia.
>
> 2. O ônus probatório não se confunde com o dever de o Ministério Público arcar com os honorários periciais nas provas por ele requeridas, em ação civil pública. São questões distintas e juridicamente independentes.
>
> 3. Justifica-se a inversão do ônus da prova, transferindo para o empreendedor da atividade potencialmente perigosa o ônus de demonstrar a segurança do empreendimento, a partir da interpretação do art. 6º, VIII, da Lei nº 8.078/1990 c/c o art. 21 da Lei nº 7.347/1985, conjugado ao Princípio Ambiental da Precaução.
>
> 4. Recurso especial parcialmente provido (REsp 972.902/RS, Rel. Min. ELIANA CALMON, Segunda Turma, DJ 25/08/2009)."

E em matéria ambiental, também de acordo com o entendimento do STF, a responsabilização por crime especifica a figuração da pessoa física no polo passivo da demanda ao lado da pessoa jurídica, conforme abaixo:

> "PENAL E PROCESSUAL PENAL. RECURSO ESPECIAL. CRIME AMBIENTAL. RESPONSABILIZAÇÃO EXCLUSIVA DA PESSOA

JURÍDICA. IMPOSSIBILIDADE. NECESSIDADE DE FIGURAÇÃO DA PESSOA FÍSICA NO POLO PASSIVO DA DEMANDA. RECURSO CONHECIDO E PROVIDO.

1. Admite-se a responsabilidade penal da pessoa jurídica em crimes ambientais desde que haja a imputação simultânea do ente moral e da pessoa física que atua em seu nome ou em seu benefício, uma vez que não se pode compreender a responsabilização do ente moral dissociada da atuação de uma pessoa física, que age com elemento subjetivo próprio (REsp 889.528/SC, Rel. Min. FELIX FISCHER, Quinta Turma, DJ 18/6/07)."

Cabe destacar a aplicação também da responsabilização civil do empregador nos termos do inc. III do art. 932 e do art. 933 do Código Civil brasileiro, aplicável à contratação de terceiros de qualquer natureza, como entregadores e demais prestadores de serviço:

> *"Art. 932. São também responsáveis pela reparação civil:*
>
> *...*
>
> *III – o empregador ou comitente, por seus empregados, serviçais e prepostos, no exercício do trabalho que lhes competir, ou em razão dele;*
>
> *...*
>
> *Art. 933. As pessoas indicadas nos incisos I a V do artigo antecedente, ainda que não haja culpa de sua parte, responderão pelos atos praticados pelos terceiros ali referidos."*

Importante explicitar, ainda, a possibilidade da aplicação do instituto da "desconsideração da personalidade jurídica", nos termos do Código Civil brasileiro, que estabelece que:

> *"Art. 50. Em caso de abuso da personalidade jurídica, caracterizado pelo desvio de finalidade, ou pela confusão patrimonial, pode o juiz decidir, a requerimento da parte, ou do Ministério Público quando lhe couber intervir no processo, que os efeitos de certas e determinadas relações de obrigações sejam estendidos aos bens particulares dos administradores ou sócios da pessoa jurídica."*

Por fim, conforme assevera com toda propriedade Sillamy (1998:205): *"ser responsável é assumir um engajamento moral; de uma maneira mais geral, é respeitar o contrato social que cada homem firmou implicitamente ao vir ao mundo".*

Sugestões de leitura

ABBAGNANO, Nicola. *Dicionário de filosofia.* 2. ed. São Paulo: Martins Fontes, 1998.

ALMEIDA, Amador Paes. *Curso de falência e recuperação de empresa.* 22. ed. São Paulo: Saraiva, 2006.

Conhecimentos Gerais

COOPER, Cary; ARGYRIS, Chris (org.). *Dicionário enciclopédico de administração*. São Paulo: Atlas, 2003.

DELGADO, Mauricio Godinho. *Curso de Direito do Trabalho*. 6. ed. São Paulo: LTr, 2007.

FUNDACENTRO. *Polícia e acidentes de trabalho*. São Paulo: 1998.

GARCIA, Gustavo Felipe Barbosa. *Meio ambiente do trabalho*: direito, segurança e medicina do trabalho. 2. ed. Rio de Janeiro: Forense; São Paulo: Método, 2009.

MACHADO, Paulo Affonso Leme. *Direito ambiental brasileiro*. 15. ed. São Paulo: Malheiros, 2007.

MEDEIROS NETO, Xisto Tiago. *Dano moral coletivo*. São Paulo: LTr, 2009.

SILLAMY, Norbert. *Dicionário de psicologia Larousse*. Porto Alegre: Artmed, 1998.

Acidentes e doenças profissionais: caracterização e legislação

Apesar da grande quantidade de legislação que trata da questão do trabalho no Brasil, ainda são muito reduzidos o interesse e o conhecimento do cidadão comum acerca da temática.

O que observamos, em realidade, é que o tratamento dado ao acidente do trabalho fica centrado no ponto de vista meramente social. A Lei nº 8.213, que trata dos benefícios da Previdência Social, estabelece em seu art. 19:

> *"Acidente do trabalho é o que ocorre pelo exercício do trabalho a serviço da empresa ou pelo exercício do trabalho dos segurados referidos no inciso VII do art. 11 desta Lei, provocando lesão corporal ou perturbação funcional que cause a morte ou a perda ou redução, permanente ou temporária, da capacidade para o trabalho."*

O art. 20 amplia o conceito previdenciário de acidente do trabalho:

> *"Consideram-se acidentes do trabalho, nos termos do artigo anterior, as seguintes entidades mórbidas:*
>
> *I – doença profissional, assim entendida a produzida ou desencadeada pelo exercício do trabalho e constante da respectiva relação elaborada pelo Ministério do Trabalho e da Previdência Social;*
>
> *II – doença do trabalho, assim entendida a adquirida ou desencadeada em função de condições especiais em que o trabalho é realizado e com ele se relacione diretamente, constante da relação mencionada no inciso I.*
>
> *§ 1º Não são consideradas como doença do trabalho:*
>
> *a) a doença degenerativa;*
>
> *b) a inerente a grupo etário;*
>
> *c) a que não produza incapacidade laborativa;*

d) a doença endêmica adquirida por segurado habitante de região em que ela se desenvolva, salvo comprovação de que é resultante de exposição ou contato direto determinado pela natureza do trabalho;

§ 2º Em caso excepcional, constatando-se que a doença não incluída nos incisos I e II deste artigo resultou das condições especiais em que o trabalho é executado e com ele se relaciona diretamente, a Previdência Social deve considerá-la acidente do trabalho."

Por sua vez, o art. 21 também amplia o conceito previdenciário de acidente do trabalho, considerando como tal:

"I – o acidente ligado ao trabalho que, embora não tenha sido a causa única, haja **contribuído diretamente** para a morte do segurado, para redução ou perda da sua capacidade para o trabalho, ou produzido lesão que exija atenção médica para a sua recuperação (grifo nosso);

II – o acidente sofrido pelo segurado no local e no horário de trabalho, em consequência de:

a) ato de agressão, sabotagem ou terrorismo praticado por terceiro ou companheiro de trabalho;

b) ofensa física intencional, inclusive de terceiro, por motivo de disputa relacionada ao trabalho;

c) ato de imprudência, de negligência ou de imperícia de terceiro ou de companheiro de trabalho;

d) ato de pessoa privada do uso da razão;

e) desabamento, inundação, incêndio e outros casos fortuitos ou decorrentes de força maior;

III – a doença proveniente de contaminação acidental do empregado no exercício de sua atividade;

IV – o acidente de trabalho sofrido pelo segurado, ainda que fora do local e horário de trabalho;

a) na execução de ordem ou na realização de serviço sob a autoridade da empresa;

b) na prestação espontânea de qualquer serviço à empresa para lhe evitar prejuízo ou proporcionar proveito;

c) em viagem a serviço da empresa, inclusive para estudo quando financiada por esta dentro de seus planos para melhor capacitação de mão de obra, independentemente do meio de locomoção utilizado, inclusive veículo de propriedade do segurado;

d) no percurso da residência para o local de trabalho ou deste para aquela, qualquer que seja o meio de locomoção utilizado, inclusive veículo de propriedade do segurado;

§ 1º Nos períodos destinados a refeição ou descanso, ou por ocasião da satisfação de outras necessidades fisiológicas, no local de trabalho ou durante este, o empregado é considerado no exercício do trabalho.

Conhecimentos Gerais

§ 2º Não é considerada agravação ou complicação do acidente do trabalho a lesão que, resultante de outra origem, se associe ou se superponha às consequências do anterior."

O acidente do trabalho, ao menos em princípio, pode ser considerado um infortúnio. Assim, partindo-se dessa premissa, sua conceituação legal assenta-se em três requisitos, a saber:

1. **Casualidade**: o acidente de trabalho é um evento inesperado, não provocado, cujo acontecimento se dá ao acaso, não havendo, desta forma, dolo;
2. **Prejudicialidade**: a sua ocorrência causa, minimamente, lesões menores ou a redução temporária da capacidade para o trabalho e, em extremo, a morte do acidentado;
3. **Nexo etiológico ou causal**: é o nexo que caracteriza a relação de causa e efeito entre a atividade realizada e o acidente típico (ou a doença a este equiparada).

A análise dos fatores relacionados às condições nas quais o trabalho é realizado – em sentido amplo, os sintomas apresentados pelo indivíduo e o reconhecimento da doença propriamente dita –, ao lado de fatores relacionados à sensibilidade pessoal, aos antecedentes ocupacionais – tempo de trabalho e período de exposição, entre outros meios de investigação –, servem de elementos para que se caracterize com segurança se há ou não o nexo causal e, portanto, a procedência da pretensão apresentada em Juízo.

Todavia, considerando-se a infortunística que rege o acidente do trabalho, cada caso deve ser apreciado à luz de suas particularidades. Como nem sempre há relação direta e exclusiva entre o dano resultante e seu agente causador, ou seja, a configuração plena do nexo causal, é comumente aceita a concausalidade.

Para Pedrotti (1998:40), *"concausa é o elemento que concorre com outro, formando o nexo entre a ação e o resultado, entre o acidente e/ou doença profissional ou do trabalho e o trabalho exercido pelo empregado"*. A própria Lei nº 8.213/91, em seu art. 21, inciso I, conforme sublinhamos no início desta discussão, oferece sua conceituação.

Em termos legais, podemos exemplificar, citando a contaminação acidental de pessoal da área médica. Embora a manifestação final do dano possa ser expressa em forma diversa daquela que poderia ser típica para a função, o acidente deve ser entendido como o evento que gerou a oportunidade de dano e não o dano propriamente dito.

Por fim, resta-nos fazer algumas considerações adicionais sobre o que diferencia o acidente da doença:

1. O acidente tem como resultado uma resposta abrupta, a curto prazo, e, geralmente, associa danos pessoais e perdas materiais. Sua ocorrência torna-se, dessa forma, mais aparente;

2. A doença, por sua vez, apresenta na maioria dos casos uma resposta lenta. A médio e longo prazos, manifesta-se, por assim dizer, de forma insidiosa, sorrateiramente. Pode, portanto, resultar, pela ausência de sintomas aparentes em seus primeiros estágios, em sua detecção tardia. Daí a necessidade da guarda e conservação dos registros sobre a saúde dos empregados por prazos tão amplos.

E qual deles terá maior impacto sobre a empresa? Ambos são extremamente danosos. O acidente traz prejuízos imediatos; a doença trará prejuízos futuros. E em qual deles não incorrer? Em nenhum, é claro. Então, nada mais há a fazer do que prevenir!

Investir em condição de trabalho hoje significa, em poucas e claras palavras, minimizar as possibilidades de vir a organização a perder, hoje ou amanhã.

Sugestões de leitura

ANFIP. *Legislação previdenciária* – Leis nºs 8.212 (custeio) e 8.213 (benefícios), de 24 de julho de 1991. Brasília, 1997.

ANFIP. *Regulamentos dos benefícios da Previdência Social* – Decreto nº 2.172, de 5 de março de 1997. Brasília, 1997.

BRASIL. *Constituição da República Federativa do Brasil (CF/88)*. São Paulo: Revista dos Tribunais, 1996.

OLIVEIRA, Juarez. *Consolidação das Leis do Trabalho*. 21. ed. São Paulo: Saraiva, 1996.

PEDROTTI, Irineu Antonio. *Doenças profissionais ou do trabalho*. 2. ed. São Paulo: Leud,1998.

SALIBA, Tuffi Messias et al. *Insalubridade e periculosidade*. 3. ed. São Paulo: LTr, 1997.

● Envelhecimento e trabalho

Muitos são os ditados populares que versam sobre o envelhecimento. Nestes, há sempre uma verdade a ser interpretada, uma reflexão a ser alcançada e aprendizados a serem obtidos. Dentre estes, podemos citar:

i) *"Envelhecer é uma dádiva";*
ii) *"Envelhecemos desde o momento em que nascemos";* e,
iii) *"A velhice é aquele período da vida em que a mente diz vai e o corpo diz não!".*

É inegável que o tempo deixa marcas, demarca ciclos e impõe limitações em nossas vidas e, sem dúvida, é preciso aprender a conviver com estas, cada época da vida com suas capacidades e realidades.

No Brasil, estima-se que no ano de 2040, ou seja, no intervalo de uma geração, 22% ou mais de nossa população será constituída por pessoas com 60 anos ou mais. Diante deste cenário, as políticas públicas e, por conseguinte, as ações organizacionais voltadas para a satisfação das medidas pertinentes em seu âmbito precisam estar alinhadas à composição etária dessa população, enquanto consumidores, trabalhadores ou para ambos.

Neste sentido, no tocante à saúde e segurança ocupacional destes trabalhadores, três perguntas se colocam para a compreensão deste fenômeno e do papel dos profissionais do segmento a respeito deste:

1. Qual a razão de estarmos trabalhando sob remuneração com idade cada vez mais avançada?;
2. Que implicações este avançar de idade terá sobre a capacidade de realizar trabalho?
3. O que pode e deve ser feito para evitar ou minimizar potenciais efeitos indesejados sobre estes trabalhadores?

Além de buscarmos compreender as implicações que o avançar da idade impõe sobre a evolução da capacidade de trabalho de cada indivíduo, é preciso estar atento às mudanças processadas ou referentes ao coletivo. Dados como a idade média do quadro funcional não servem apenas para fins demográficos ou estatísticos, mas, sobretudo, para orientar o planejamento da atribuição ou distribuição de tarefas e a política de recursos humanos das organizações, como elemento estratégico para que possa alcançar seus objetivos frente ao custo humano despendido para tal fim.

Entre outros fatores, cabe elencar:

a) o aumento da expectativa de vida gera a necessidade de se trabalhar mais anos em razão do menor número de contribuintes para o sistema previdenciário público;
b) a permanência em atividade mesmo depois de satisfeitos os requisitos para a aposentadoria em decorrência do déficit de oferta de mão de obra, qualificada e em geral, resultado do baixo crescimento populacional, o que ocorre em diversos países;
c) em razão da dependência econômica de descendentes (filhos e netos), que não encontram oportunidades no mercado de trabalho, obrigando àqueles mais velhos que já se encontram neste inseridos, adiarem a sua aposentadoria.

O envelhecer que, segundo Rey (1999: 269), é o "desenvolvimento gradual de alterações estruturais e fisiológicas, que ocorrem em qualquer organismo vivo e se escalonam desde o nascimento até a morte, não sendo devidas a doenças ou traumatismos evitáveis (ainda que uns e outros possam concorrer para o envelhecimento mais rápido)", impõe ao organismo de cada indivíduo, em maior ou menor grau, limitações que modificam, com o passar do tempo, a sua capacidade de realizar trabalho.

Neste sentido, convém relembrar duas premissas essenciais para a gestão da qualidade de vida:

i) a de que o corpo humano é uno e indivisível, portanto os potenciais efeitos danosos sobre este decorrem da totalidade de exigências e dos esforços aos quais este é submetido cumulativamente ao longo de todo o ciclo de vida e isto inclui, também, a dimensão não laboral deste viver. Ou seja, ultrapassa o âmbito laboral e se insere, igualmente, no ambiente doméstico e mesmo na esfera de lazer de cada um dos trabalhadores;

ii) a de que, partindo da premissa anterior, temos que assumir, do ponto de vista de saúde e segurança ocupacional, que viver é sinônimo de trabalhar, que o nosso corpo está submetido a exigências 24 horas por dia, sete dias na semana e, portanto, fatores extralaborais, como estilo de vida, alimentação e outros hábitos implicam repercussões sobre a capacidade de realizar trabalho de cada indivíduo.

Com o avançar dos anos, não raro, se processam perdas em funções sensoriais, notadamente na audição e visão, as quais costumam ser compensadas, ora por ajudas técnicas, ora por intervenções restauradoras, quando possível, segundo cada caso concreto.

Nesta mesma direção podemos citar a redução da força máxima que cada indivíduo será capaz de aplicar, com as mãos e/ou as pernas, ao que se somam implicações sobre o seu sistema músculo-esquelético, o qual pode estar sujeito, além da natural perda de massa muscular, à osteoporose, o que ocorre de forma destacada nas mulheres. Ademais, também é devido lembrar das restrições de amplitude e angulação dos movimentos em todos os segmentos corpóreos, impostas pelas articulações que literalmente reduzem a amplitude do alcance, as rotações e, deste modo, dos movimentos das partes do corpo.

Associada a tal condição, cabe destacar a ocorrência de perda na eficácia do sistema termorregulador, o que impõe reservas adicionais quanto à execução de tarefas pesadas ou em ambientes termicamente desfavoráveis, o que lhes acarretará sobrecarga desnecessária sobre o sistema cardiocirculatório, reduzindo os limiares para a fadiga ou o esgotamento e as chances de adoecimento em razão desta condição.

De outro lado, a capacidade de recuperação frente aos esforços desprendidos torna-se mais lenta, assim como se ampliam dificuldades de regulação do sono, essencial para este fim, sobretudo em razão da susceptibilidade aos ruídos e à presença de luz no local de repouso/descanso.

De certo que as restrições impostas pelo envelhecer deverão promover (espera-se) uma migração desses trabalhadores para outras atividades cujas exigências sejam compatíveis com suas capacidades. Será necessário, portanto, prover-lhes outras habilidades, fornecer treinamento com recursos e linguagem compatível com seu arcabouço lingüístico, apesar de dificuldades encontradas por alguns idosos nesse campo.

É mais que oportuno o afastamento dos trabalhadores mais idosos de tarefas que lhes exijam destreza e esforço físico intenso para a sua realização, sendo cabível, nessa condição, conforme extrato de notícia abaixo reproduzido, a concessão da rescisão indireta do contrato de trabalho ou justa causa do empregador.

> Notícia do TRT da 4ª Região:
> *Trabalhador idoso submetido a atividade incompatível com suas forças tem reconhecida rescisão indireta do contrato.*
> Processo: 0000043-06.2013.5.04.0531 (RO)

Cabe também citar a dificuldade para a regulação postural frente a superfícies instáveis e escorregadias, que se traduz como uma das causas mais frequentes de acidentes em idosos, ao que se aliam os tropeços. Para evitar tais ocorrências, medidas simples como a retirada de obstáculos no piso, como tapetes e patamares em desnível, bem como a não adoção de cadeiras com rodízios, que poderão oportunizar acidentes quando do ato de sentar ou de levantar, devem tomar parte no cotidiano de empresas que empregam estes trabalhadores.

De outro lado, os atributos esperados para o trabalhador de idade mais avançada podem contribuir para o acolhimento e a retenção de novos talentos, quais sejam: experiência prévia, a serenidade diante dos conflitos e/ou desafios, a identidade e o conhecimento da cultura organizacional, assim como o domínio dos fluxos de informação e de decisão junto à organização, são de fundamental importância para o bom desenvolvimento e sustentabilidade do empreendimento. Trocas de percepções e aprendizados recíprocos e a convivência intergeracional têm se mostrado não apenas como salutar, oportuno, mas como fator decisivo para a evolução das organizações.

É imprescindível reconhecermos que, com o passar dos anos, para determinados indivíduos, algumas capacidades verdadeiramente se degradam, trazendo implicações para o desempenho laboral no tocante à qualidade do trabalho realizado, quer no aspecto produtividade, sem descuidarmos dos aspectos erros e acidentes relacionados à produção. Neste sentido, o "Índice de capacidade para o trabalho (ICP)", por meio do qual o próprio trabalhador promove uma autoavaliação de suas capacidades ao longo de sua vida produtiva, mostra-se como interessante ferramenta de adequação de carga e duração do trabalho, em sentido amplo.

De forma bastante didática, Mangósio[19] nos oferece um resumo das interrelações entre as mudanças com a idade, sua influência no trabalho em si, as intervenções que devemos realizar nos postos de trabalho e nas ações a serem tomadas pelos trabalhadores, que reproduzimos como apêndice deste capítulo.

Acredito que as intervenções voltadas à segurança ocupacional e ao bem-estar dos trabalhadores mais idosos irá demandar das organizações empregadoras – e de seus responsáveis por estas medidas – ações orientadas ao desenho universal de suas instalações, em conjunto com princípios de automação e algum conhecimento relativo à tecnologia assistiva (ou ajudas técnicas para pessoas com algum tipo de limitação funcional), uma vez que uma inadequada interação destes trabalhadores com os ambientes e maquinaria em geral, no contexto laboral, poderá resultar desvantagens de desempenho em relação aos demais, bem como eventos indesejados que, de outro modo, não teriam lugar.

Visando alcançar a pretensão de produtos (incluindo-se neste entendimento não apenas a maquinaria, mas também o próprio ambiente construído) que possam ser utilizados indistintamente pelos usuários, independente de suas características individuais, desenvolveu-se o conceito de "Desenho universal", tendo como base para tanto uma série de princípios que visam assegurar que tal intuito seja obtido[20]. Assim, tal pretensão deve ser buscada pelo projeto de produtos que em sua concepção e desenvolvimento devem ser orientados por:

1) **Uso equiprovável:** o produto deve ser concebido de forma imparcial, ou seja, de forma a não estigmatizar ou segregar qualquer usuário;

2) **Uso flexível:** o produto deve permitir o seu uso, independente de limitações, habilidades ou preferências individuais, adequando-se ao mais amplo espectro dos usuários;

3) **Uso simples e intuitivo:** consistente com as expectativas e intuição dos usuários, independente do grau de informação, nível de concentração, habilidades de linguagem ou de experiência prévia de seus usuários com o produto, eliminando complexidades desnecessárias, de modo a não haver dificuldades para a sua utilização;

4) **Informações perceptíveis:** possui a informação necessária para seu uso, independente das condições ambientais e capacidades sensoriais dos usuários, as informações presentes devem legíveis e de fácil interpretação, mesmo por pessoas com limitações sensoriais;

---

[19] MANGÓSIO, Jorge. *Temas de envejecimiento para gente joven.* Buenos Aires, (s/d). Em correspondência pessoal ao autor, como parte de ações de planejamento para projetos de pesquisa comum entre as Escolas de Engenharia das Universidades de Buenos Aires (Argentina) e a Federal de Pernambuco (Brasil).
[20] Maiores informações podem ser buscadas no *Center for Universal Design* da Universidade do Estado da Carolina do Norte – EUA, disponíveis em: <http://www.design.ncsu.edu/cud/pubs_p/pudfiletoc.htm>.

5) **Tolerâncias ao erro:** os produtos devem ser desenvolvidos visando minimizar oportunidades de acidentes, erros derivados de utilização não intencional, antecipando-se a tais possibilidades, e devem proporcionar elementos de segurança e alertas diante dessas situações;
6) **Minimização do esforço físico:** os produtos devem ser operados com um mínimo desprendimento de esforço, de forma confortável e sem a necessidade de repetição da operação;
7) **Tamanho e espaço para acesso:** os produtos (ambientes) devem ser concebidos em estreita observação às necessidades de espaço para a sua utilização, inclusive para a aproximação e posicionamento, o alcance de suas partes e a movimentação de seu operador, inclusive quanto a limitações impostas de mobilidade, posturas assumidas ao longo da jornada de trabalho ou biótipo.

Podemos resumir dizendo que pensar um projeto em termos do desenho universal visa assegurar a consecução da gama de cuidados relativos a produtos e ambientes que visa torná-los de uso efetivo e eficiente por todas as pessoas, com ou sem limitações funcionais, circunstanciais ou não, isto é, temporárias ou definitivas, nas diversas situações ou oportunidades em que este uso se fizer necessário. Aplica-se, portanto, não só às pessoas com ou sem deficiência que convivem ou fazem uso de um mesmo produto ou ambiente, mas também às modificações morfológicas introduzidas pela gravidez, por lesões decorrentes de pequenos acidentes, decorrente das restrições introduzidas pela idade com o avançar dos anos etc.

A concepção e o desenvolvimento de ajudas técnicas requerem do projetista o cuidadoso levantamento de informações quanto ao indivíduo destinatário, em especial quanto à sua experiência prévia com tecnologias fornecidas anteriormente, de modo que a introdução de novos produtos não encontre resistências que possam resultar a não aceitação do mesmo. Convém lembrar que o produto poderá assumir o caráter de "parte do corpo" do indivíduo, como, por exemplo, no caso de uma cadeira de rodas.

A realização de tarefas por pessoas consideradas "normais", ou seja, sem limitações funcionais é resultante da interação do indivíduo com a própria atividade em execução e o próprio contexto em que esta se processa. Diante de sua capacidade de adaptação, este indivíduo intervém sobre este cenário e molda todo o conjunto de maneira a alcançar o resultado desejado.

De outro lado, quando uma pessoa com alguma limitação funcional se propõe a realizar determinada tarefa, o contexto, em sua amplitude, delimita a possibilidade de sua consecução justamente por que este contexto pode impor barreiras a serem transpostas para que se alcance o resultado desejado, o que pode ser conseguido ou não.

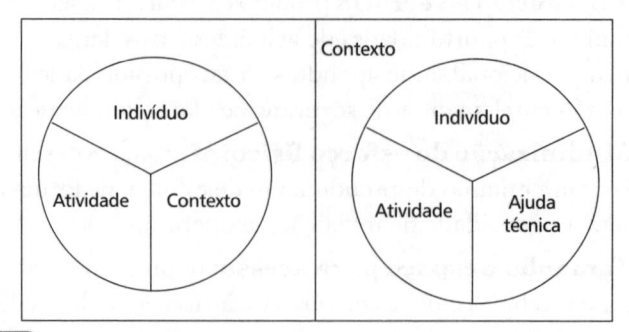

Figura 1.2 Diferenciação dos modelos de análise de atividades para pessoas com e sem deficiência.

Fonte: Adaptada de COOK e HUSSEY (2002).

Nesta situação, as ajudas técnicas servem justamente ao propósito de favorecer a adequada interação da pessoa com deficiência e a atividade no contexto em que esta se dá, para que, tanto quanto possível, esta seja concretizada de forma autônoma.

Gerenciar o envelhecimento do corpo funcional de uma organização significa voltar atenções para a promoção de medidas para a manutenção da capacidade de realizar trabalho. E tal cuidado será capaz de, quando adequadamente executado, proporcionar ganhos para todos os envolvidos: empregados, empregadores e sociedade.

Pode-se concluir que, por todas as razões elencadas, é mais que necessário e atual nos debruçarmos sobre estas questões. É inevitável, é premente e de fundamental importância para o futuro – não tão distante – da maior parte das organizações de nosso país.

Sugestões de leitura

ABNT. *NBR 9050 - Acessibilidade a edificações, mobiliário, espaços e equipamentos urbanos*. Rio de Janeiro, 2015.

BANCO MUNDIAL. *Envelhecendo em um Brasil mais velho* – implicações do envelhecimento populacional sobre crescimento econômico, redução da pobreza, finanças públicas, prestação de serviços. Washington, 2011.

BARBOSA FILHO, Antonio Nunes. *Projeto e desenvolvimento de produtos*. São Paulo: Atlas, 2009.

_____. *Um modelo de qualidade de vida no trabalho para pessoas com deficiência*. São Paulo: Edgard Blücher, 2012. (Série Teses).

BRYANT, Diane P., BRYANT, Brian R. *Assistive technologies for people with disabilities*. Boston: Allyn and Bacon, 2003.

COOK, Albert M., HUSSEY, Susan M. *Assistive technology* – principles and practice. 2. ed. Saint Louis, 2002.

Conhecimentos Gerais

FREITAS, Elizabete V. et al. (org). *Tratado de Geriatria e Gerontologia*. Rio de janeiro: Guanabara Koogan, 2002.

IPEA. *Comunicado n. 157* – Tendências demográficas mostradas pela PNAD 2011. Rio de Janeiro, 2012.

KING, Thomas W. *Assistive technology* – essential human factors. Boston: Allyn and Bacon, 1999.

PWC, EAESP/FGV. *Envelhecimento da força de trabalho no Brasil* – como as empresas estão se preparando para conviver com equipes, que, em 2040, serão compostas principalmente por profissionais com mais de 45 anos? São Paulo, 2013.

REY, Luís. *Dicionário de termos técnicos de medicina e saúde*. Rio de Janeiro: Guanabara Koogan, 1999.

TUOMI, Kaija et al. *Índice de capacidade para o trabalho*. São Carlos: EdUFScar, 2005. (Instituto Finlandês de Saúde Ocupacional).

APÊNDICE DO CAPÍTULO:

Adaptado de MANGÓSIO, Jorge. Temas de envejecimiento y trabajo para gente joven. Buenos Aires: (s/d).

SISTEMA MÚSCULO-ESQUELÉTICO			
a. Músculos			
MUDANÇAS COM A IDADE	SUA INFLUÊNCIA NO TRABALHO	INTERVENÇÕES A RELIZAR NO POSTO DE TRABALHO	AÇÕES A SEREM TOMADAS PELOS TRABALHADORES

Perda da força muscular
Perda da elasticidade muscular
Maior tempo de resposta
	A perda de força pode afetar a poseibilidade de fazer trabalho físico intenso
	O nível de força dos trabalhos não se modifica
	Força de agarre (prensão) decresce
	A amplitude dos movimentos decresce
		Contar com elementos mecánicos e ferramentas de potência para levantar ou mover
		Minimizar levantamentos mediante
		  Armazenar a pouca altura
		  Embalar em pequenas quantidades
		Minimizar o trabalho muscular estático
		Prover ferramentas e luvas com boa pega, válvulas facilmente ajustáveis e contenendores fechados
		Prover ferramentas de potencias
		Prover ferramentas cuja extensão reduz o inclinar-se
		Prover procedimentos e treinamento para:
		  Levantar, posturas sentada, estática, curvar-se e alongar-se
			Usar os equipamentos disponibilizados para levantar e mover
			Manter posturas adequadas
			Evitar rotações da parte superior do corpo
			Utilizar calçado adequado
			Mudar de posição frequentemente
			Alongar-se antes, durante e depois de executar a tarefa
			Mover as articulações em toda sua amplitude de movimentos
			Minimizar agachar-se, colocar-se de cócoras, ajoelhar-se, arquear-se, ou se curvar sobre si mesmo

b. Ossos

MUDANÇAS COM A IDADE	SUA INFLUÊNCIA NO TRABALHO	INTERVENÇÕES A RELIZAR NO POSTO DE TRABALHO	AÇÕES A SEREM TOMADAS PELOS TRABALHADORES
Os ossos perdem cálcio e se tornam mais porosos Pode originar osteoporose Se deteriora a cartilagem das articulações, que puede llevar a artrose	Os ossos se tornam mais porosos e menos densos. Há maior perigo de fraturas Podem originar lesões por sobre-exigências nos músculos, articulações e ossos	Minimizar os riscos de resvalos, tropeços e quedas Evitar subidas e trabalho em altura Prover escadas e banquetas, adequada iluminação e superfícies de trabalho Prover guarda-corpos Limitar o trabalho repetitivo, a acima dos ombros e cabeça Evitar vibrações.	Usar adequadamente escadas e banquetas Exercícios adequados de modo rotineiro: com pesos, caminhar, correr, etc. Dieta e controle de peso. Incluir cálcio na dieta

SISTEMA CARDIOVASCULAR E RESPIRATÓRIO			
MUDANÇAS COM A IDADE	SUA INFLUÊNCIA NO TRABALHO	INTERVENÇÕES A RELIZAR NO POSTO DE TRABALHO	AÇÕES A SEREM TOMADAS PELOS TRABALHADORES
Decréscimo da capacidade de transportar oxigênio, devido ao coração, pulmões e sistema circulatório Entre os 30 e 60 anos a capacidade respiratória descresce em cerca de 40%, em média Perda de elasticidade dos vasos sanguíneos Endurecimento de artérias, o que origina alta pressão. Devido a vasos sanguíneos menos elásticos, se reduz a capacidade de transporte de sangue, às extremidades do corpo O coração demora mais em retornar ao ritmo de pulsações normal após a realização de um esforço	A capacidade de realizar esforços físicos está reduzida, usualmente os câmbios não afetam o trabalho normal Por problemas circulatórios, possibilidade de ser afetado por calor ou frio	Prover equipamentos para içamento ou elevação Evitar trabalhar com muito calor ou frio Prover condicionamento do ar (incluindo calefação ou ventilação) Graduar o trabalho para evitar a fadiga	Evitar a fadiga excessiva Vestir adequadamente com a situação de calor e frio Usar os equipamentos de proteção adequados Cuidar da saúde: controlar o peso, não fumar, evitar abusos de sustâncias, alimentação adequada e exercício

Conhecimentos Gerais

AUDIÇÃO			
MUDANÇAS COM A IDADE	SUA INFLUÊNCIA NO TRABALHO	INTERVENÇÕES A RELIZAR NO POSTO DE TRABALHO	AÇÕES A SEREM TOMADAS PELOS TRABALHADORES
A habilidade de ouvir e distinguir um som de outro (especialmente de alta frecuencia) diminui con la idade	A perda da capacidade auditiva reduz a habilidade para ouvir alarmes e outros sinais sonoros e instruções verbais	Reduzir o nível de ruído ambiental Usar alarme com sistemas redundantes (luzes e vibrações) Reduzir a exposição a ruídos Isolar as fontes de ruído Prover proteção pessoal Falar com clareza	Usar equipamento de proteção pessoal Fazer audiometrías Usar fones de ouvido, se necessário

VISÃO			
MUDANÇAS COM A IDADE	SUA INFLUÊNCIA NO TRABALHO	INTERVENÇÕES A RELIZAR NO POSTO DE TRABALHO	AÇÕES A SEREM TOMADAS PELOS TRABALHADORES
Muda a flexibilidade do cristalino, o que origina a presbiopia, a partir dos 40-50 anos A capacidade do olho para ver a luz diminui gradualmente A mácula, o ponto sensíuvel à luz, perde efetividade A acuidade visual para distinguir objetos móveis ou estáticos diminui Muitas destas mudanças podem ser corridas com o uso de lentes	Diminul a capacidade para ler impressos, mostradores e telas Diminui a capacidade de realizar tarefas detalhadas e de adaptar-se a câmbios de luz Os movimentos dos olhos podem ser afetados Sensibilidade ao ofuscamento Dificuldades para distinguir o negro e o azul	Prover iluminação ajustável individualmente, e de nível adequado para las tareas Reduzir efeito do brilho usando várias fontes de luz e não apenas uma Usar iluminação indireta Evitar contrastes nos níveis de iluminação Reduzir o ofuscamento da luz solar com sombras e toldos Prover material legível. Escolher combinações de cores com bom contraste Disponibilizar equipamentos de proteção pessoal Exames oftalmológicos devem ser obrigatórios	Exames de visão regulares, usar lentes de leituras. Usar equipamentos de proteção pessoal

PELE			
MUDANÇAS COM A IDADE	SUA INFLUÊNCIA NO TRABALHO	INTERVENÇÕES A RELIZAR NO POSTO DE TRABALHO	AÇÕES A SEREM TOMADAS PELOS TRABALHADORES
A pele perde elasticidade e se estira menos facilmente A secreção de gordura e suor diminui	Diminui a tolerância ao calor e ao frio	Minimizar a exposição a temperaturas extremas	Usar loções protetoras e vestes adequada

PROCESSOS MENTAIS E MOTORES			
PROCESSOS MENTAIS			
MUDANÇAS COM A IDADE	SUA INFLUÊNCIA NO TRABALHO	INTERVENÇÕES A RELIZAR NO POSTO DE TRABALHO	AÇÕES A SEREM TOMADAS PELOS TRABALHADORES
O declínio dos procesos mentais pode se tornar evidente a partir dos 70 ou mais anos Há grandes variações individuais	Pode levar mais tempo para processar informação	Reduzir as tarefas múltiplas Ampliar o tempo entre etapas ou passos de uma tarefa Ampliar o tempo para a tomada de decisões Incrementar tarefas e habilidades por meio de repetição, exercícios e cursos de reciclagem	Fazer exercícios para incrementar o fluxo sanguíneo no cérebro Fazer uma dieta adequada Minimizar o estresse dentro e fora do trabalho Dormir o suficiente Ter em conta possíveis efeitos colaterais de algumas medicações Estimular o cérebro mediante *hobbies*, leitura e outras atividades estimulantes

PROCESSOS SENSORIAIS E MOTORES			
MUDANÇAS COM A IDADE	SUA INFLUÊNCIA NO TRABALHO	INTERVENÇÕES A RELIZAR NO POSTO DE TRABALHO	AÇÕES A SEREM TOMADAS PELOS TRABALHADORES
O sistema sensorial conduz mensagens ao cérebro e o sistema motor do cérebro às partes do corpo	Maior tempo de reação e respostas pode diminuir o tempo de tomada de decisões Exceto em casos em que são reqeridas respostas muito rápidas, estas mudanças não afetam a habilidade para realizar a maioria dos trabalhos	Reduzir as tarefas múltiplas Praticar e conferir as tarefas	Praticar e conferir as tarefas

Conhecimentos Gerais

● Assédio moral – uma nova forma de violência no trabalho

Quando nos referimos à saúde e segurança ocupacional, comumente nos vêm à mente pensamentos envolvendo o ambiente material, a maquinaria, a edificação e as instalações, bem como elementos da organização do trabalho, como a jornada e a duração do trabalho.

Poucas vezes nos damos conta de que existem outras dimensões não materializadas e que estas podem trazer prejuízos à saúde e à segurança em um ambiente de trabalho tanto ou mais que aquelas. Ainda não se dá a devida atenção às relações interpessoais, ao estilo gerencial e aos valores culturais que regram a convivência em uma organização. Em se tratando de um sistema sociotécnico, é de inegável urgência que dimensões imateriais, muito além do que a gestão do recurso tempo, sejam consideradas no tocante à avaliação das condições de trabalho, influindo direta e decisivamente no resultado deste.

Sinal da mudança dos tempos que parece não tolerar determinadas práticas e da busca de uma sociedade igualitária, mais justa e que valoriza e respeita as dimensões da dignidade humana, vem ganhando espaço na mídia e nas discussões judiciais um fenômeno de elevado potencial danoso: o assédio moral.

> *"Por assédio moral em um local de trabalho temos que entender toda e qualquer conduta abusiva manifestando-se, sobretudo por comportamentos, palavras, atos, gestos, escritos que possam trazer dano à personalidade, à dignidade ou à integridade física ou psíquica de uma pessoa, pôr em perigo o seu emprego ou degradar o ambiente de trabalho"* (Hirigoyen, 2007:65).

São condutas de elevado poder destrutivo, posto que vão no sentido contrário ao de harmonizar o ambiente de trabalho, de caráter tão central na vida humana. O tratamento despótico, incompatível com a dignidade social do trabalho, alcançando a percepção de tirania nas relações de trabalho, configura o assédio moral.

Designar tarefas impossíveis de serem realizadas, seja em conteúdo, seja em prazos, ou incompatíveis com as funções para as quais foi contratado, humilhar, desmerecer, desprezar ou ignorar um trabalhador, sonegar informações para o exercício de suas atribuições, bem como esvaziá-las, colocando-o em ambientes não condizentes com a sua condição funcional e ainda a apropriação de projetos, ideias e tarefas de qualquer ordem, se enquadram entre as modalidades mais frequentes de assédio moral.

Nestes tempos de globalização, em que a palavra de ordem é reduzir pessoal, cortar gastos e multiplicar os ganhos, as empresas privadas – sejam multinacionais ou mesmo microempresas – cada vez mais lançam mão de estratégias diversas para, diante de uma concorrência por vezes invisível, buscar a todo custo ampliar sua produtividade. E isso implica, muitas vezes, reestruturação produtiva, pressão por resultados e produtividade, controle e cobranças exacerbadas. Em outras palavras, em desrespeito à dignidade do trabalhador, que tem a sua condição humana relegada a um plano inferior, quando não negada por completo. Veja-se, por exemplo, o noticiado sobre as condições de trabalho na France Telecom,[21,22] onde como decorrência desses cenários um número assustador de trabalhadores vêm cometendo suicídio e, ao que tudo indica, se algo não for feito, de imediato, essas macabras estatísticas continuarão a crescer (24 suicídios em 18 meses).

A ocorrência desses fenômenos danosos não está ligada apenas a critérios econômicos, mas, principalmente, a uma vontade desmesurada de exercício do poder. Dentre os efeitos deste comportamento abusivo, podem resultar sintomas psicossomáticos os mais diversos, e até mesmo suicídios, vez que não raro encontra reforço entre os próprios colegas da vítima que se calam ou se omitem diante do que observam, com medo de serem as próximas vítimas, serem ameaçados em seu emprego ou, pior, muito pior, porque passaram a acreditar que o assediado mereceu tal tratamento. É o assédio coletivo que se instala.

E não é necessário que as ofensas sejam de grande monta para causarem dano emocional ou psicológico ao trabalhador. A gestão injuriosa, por exemplo, caracteriza-se pelo rigor excessivo no tratamento dispensado ao trabalhador e em pequenas ofensas verbais que, reiteradamente, tornam insuportável a relação trabalhista.

Explicita Basile (2008:198-200):

> "*A dor psicológica decorrente da quebra da paz interior e da ofensa à intimidade e dignidade do assediado fica flagrante, acarretando a imperativa de reparação do dano moral experimentado, principalmente se as alterações maléficas ou a rescisão do contrato do trabalho forem levadas a efeito*" e que "*os danos morais (dor psicológica) decorrem da autoestima e da frustração de um projeto existencial, principalmente de cunho profissional*".

Ao que tudo indica, face à subjetividade intrinsecamente presente, atividades de cunho imaterial estão mais sujeitas a abusos de autoridade e, por conseguinte, de oportunizarem tal assédio.

Em um dos casos com que tive contato, em uma instituição de ensino superior privada, o coordenador de um curso de graduação rotineiramente se apropriava do trabalho de um professor que era habitualmente convocado para colaborar com os trabalhos da coordenação. Muitas vezes, chegava a transferir

---

[21] Disponível em: <http://www.abril.com.br/noticias/tecnologia/novo-suicidio-france-telecom-choca-sindicatos-526241.shtml>.
[22] Disponível em: <http://www.google.com/hostednews/afp/article/ALeqM5hxBrEk1QnzTIybIto1wSC-R7Yv0w>.

para aquele toda a responsabilidade de tarefas que eram de seu encargo e, quando estava concluído, dava a entender a toda a instituição de ensino que a totalidade dos méritos era exclusivamente sua. Aos poucos o professor tomou consciência dos abusos do coordenador, vez que não era remunerado para tanto e além disso era obrigado a cumprir os encargos adicionais que este lhe transferia exacerbadamente. Culminou com o pedido de desligamento do professor da instituição em razão de profundo sentimento de injustiça em relação ao trabalho que desenvolvia. Ademais, tal coordenador tentou justificar a saída do professor para a instituição com seguidas tentativas de desmerecimento de seu caráter. Embora munido de toda a documentação necessária para a proposição de uma ação contra a instituição de ensino – destacando-se nesse sentido uma infinidade de mensagens eletrônicas, a maior parte delas de conhecimento da própria direção da instituição – e contra o seu assediador direto, o professor preferiu distanciar-se de tudo aquilo por considerar extremamente deprimente e constrangedor ter que se submeter à nova convivência com aqueles mesmo que em sede judicial, por mínima que fosse.

Talvez por causa da resistência das vítimas em propor ações indenizatórias, nas três esferas – cível, administrativa e também penal, conforme o caso –, é que ainda tantos gestores mantêm tal comportamento, se considerando inatingíveis, acima do bem e da ordem legal. Mas o quadro tende a mudar com o expressivo aumento no número de denúncias. Veja-se, por exemplo, a matéria recentemente veiculada pela Agência Brasil[23] com a notícia de que as denúncias de assédio moral no estado do Rio de Janeiro investigadas pelo Ministério Público do Trabalho cresceram 588,2% em quatro anos.

E não apenas nas empresas privadas se processa comportamento atentador à dignidade do trabalho e do trabalhador.

Em um dos mais graves casos de assédio moral de que tenho conhecimento, acontecido em uma organização pública de ensino superior, um professor do quadro efetivo de um departamento, com doutorado e muitos anos na instituição, tendo assumido o encargo para ministrar uma disciplina em um curso de especialização (pós-graduação *lato sensu*), isto é, tendo, inclusive, assinado os termos de compromisso referendados pela chefia imediata, foi sumariamente substituído, à revelia de qualquer cientificação ou concordância sua, pelo filho de um dos colegas desse departamento, que à época era aluno de doutoramento na mesma instituição, com a retirada da disciplina aos seus cuidados da estrutura curricular para que outra completamente distinta sob os cuidados deste viesse a ter lugar. Importante frisar que a disciplina retirada do currículo já havia sido ministrada pelo docente substituído na edição anterior do curso em tela e com bom

---

[23] Disponível em: <http://www.agenciabrasil.gov.br/noticias/2009/08/14/materia. 2009-08-14.6375969019/view>.

desempenho. E, apesar de ser professor do quadro efetivo da unidade, jamais regressou ao quadro docente do curso em suas edições seguintes.

Talvez o pior tenha sido a veiculação pública de dois panfletos para aquela edição do curso, contendo de diferença tão somente a aludida substituição. Foram veiculadas publicamente duas peças promocionais com uma única modificação! Ademais de desacreditar por completo no respeito à pretensa meritocracia esperada em uma instituição de ensino pública federal, posto que mesmo que fosse reiteradamente avaliado como um excelente docente nas disciplinas a seu encargo, foi radicalmente preterido para que outro alguém sem a mesma competência para tanto lhe assumisse a função. Convém lembrar que, nesse caso, a vítima não fora substituída por outro docente do quadro e sim por terceiro menos capacitado e alheio à unidade acadêmica, sem vínculo docente com esta ou com qualquer outra instituição de ensino. Tal ação feriu-lhe mortalmente a confiança na coisa pública e o estímulo em continuar exercendo o mister de formar novas gerações de profissionais.

Por fim, o desinteresse pela atividade docente culminou por levá-lo a desenvolver outras habilidades de que dispunha, abrigando-se de outras oportunidades de assédio moral, tamanha a intensidade da sensação de desconforto gerada por um único gesto ilícito. Então, limitou a sua atuação docente a apenas ministrar aulas na graduação e realizar atividades de orientação junto aos alunos, afastando-se paulatinamente de outras atividades do departamento e da instituição, por não suportar a convivência com aqueles que julgou indignos de considerar colegas de trabalho.

No citado caso temos o dano indireto ou reflexo, causador de sensação de tristeza e sofrimento, por ferir a dignidade profissional e pessoal do ofendido, o que pode ter-lhe ocasionado prejuízo patrimonial indireto e, portanto, sendo passível indenização também nessa esfera.

É necessário destacar que a decisão em comento não decorreu da discricionariedade do administrador público envolvido, mas de flagrante determinação excedente a essa faculdade, logo perpetrada de maneira arbitrária, abusiva e, portanto, ilegal. Não havia fundamento jurídico nem técnico para a sua tomada, nenhum motivo de interesse legítimo que a justificasse. E não existindo tal finalidade pública, tal decisão se constituiu afronta direta ao dever de moralidade da Administração, conforme estipula o Estatuto dos Servidores Públicos.

É importante frisar que, em ambos os casos citados, já existem precedentes legais a esse respeito, pois, entre outras de caráter local, a Lei Estadual nº 3.921, de 23 de agosto de 2002, do Rio de Janeiro, caracteriza, entre as circunstâncias ensejadoras de assédio moral, "apropriar-se de crédito de ideias, propostas, projetos ou de qualquer trabalho de outrem", praticada por abuso de autoridade tendo por objetivo ou efeito atingir a autoestima e a autodeterminação do subordinado.

Infelizmente, destarte que assegurada pela Constituição Federal, em seu art. 5º, V e X, ainda é difícil a reparação dos danos morais sofridos em face do servidor público. Embora alguns casos venham formando massa crítica de conhecimentos e jurisprudencial, prescindem da regulamentação da questão na esfera legislativa federal.

Como bem afirma Batalha (2009:64),

"há a necessidade iminente de regulação do tema, principalmente em nível federal, que venha a amparar os servidores públicos federais que estão relativamente legalmente desamparados, quer seja pela criminalização do mobbing[24] *de Estado a exemplo do já ocorrido com o assédio sexual, quer seja pela tipificação da conduta inserida no Regime Jurídico Único da União por lei complementar".*

Felizmente já existe a iniciativa de alguns projetos de lei propondo alterações no Regime Jurídico da União, no aspecto disciplinar e no Código Penal Brasileiro, com a tipificação do crime de assédio moral. Esperamos que não tardem a ganhar o lugar devido no ordenamento jurídico pátrio e que possa daí surgir o efeito desejado por nossa sociedade.

E, afinal, quem é o agressor moral?

Antes de tudo, por que agressor?

Porque é uma violência, mesmo quando oculta, não explicitada – o que parece ser a regra! – e, como tal, causa dor e sofrimento a todos os que são atingidos por esse comportamento: as vítimas diretas, familiares destas e colegas de trabalho que se colocam em uma condição de angústia e impotência diante de um poder constituído, por mínimo que seja.

Então, que personalidade é esta?

Declara Hirigoyen (2007:10-16), em seu livro *Assédio moral – a violência perversa no cotidiano*, considerado umas das mais importantes referências na literatura mundial sobre este assunto, que o agressor é um ser perverso:

"Trata-se de perversidade no sentido moral ... Um indivíduo perverso é permanentemente perverso, ele está fixado neste modo de relação com o outro e não se questiona em momento algum ... para ele é impossível questionar-se. Tais indivíduos só podem existir 'diminuindo' alguém: eles têm necessidade de rebaixar os outros para adquirir uma boa autoestima e, com ela, obter o poder, pois são ávidos de admiração e de aprovação ... eles sabem manipular com naturalidade, o que parece um trunfo no mundo dos negócio e da política. São igualmente temidos, pois sabemos instintivamente que é melhor estar com eles do que contra eles. É a lei do mais forte. ... A perversidade não provém de uma perturbação psiquiátrica e sim de uma fria racionalidade, combinada a uma

---

[24] A palavra *mobbing* deriva do verbo inglês *to mob* que, em português, significa atacar, maltratar, tratar mal alguém, cercar, rodear, tumultuar e amotinar.

incapacidade de considerar os outros como seres humanos ... Temos que ter consciência que os perversos são diretamente perigosos para as vítimas, mas também, indiretamente, para todos que os rodeiam, levando-os a perder seus referenciais e a crer quer é possível ter acesso a um modo de pensar livre às custas do outro."

É preciso urgentemente mudar esse estado de coisas que afronta diretamente importantes princípios, como o respeito ao indivíduo, à dignidade humana e direito a um ambiente de trabalho sadio e realizador, e traz prejuízos a toda a sociedade.

Embora ainda em decisão singular, isto é, não definitiva no âmbito dos tribunais superiores, a sentença proferida nos autos de processo trabalhista[25] no qual foi demandado dano moral por violação ao direito fundamental de lazer (excessiva jornada de trabalho), inclusão do reclamante em "lista negra" (impossibilitando-o à obtenção de novo emprego em empresa de mesma atividade econômica) e por assédio moral, o ex-empregador foi condenado ao pagamento de indenização de R$ 1.000.000,00 (hum milhão de reais).

Na fundamentação de sua decisão, o magistrado do caso em tela comenta que:

"As consequências do assédio moral não se restringem apenas ao âmbito individual da vítima. Espalha-se pela esfera que inclui aqueles que com ela (vítima) convivem mais intimamente, gerando potencial desgaste, alimentado de moto próprio" (p. 10).

O adoecer em decorrência dessas condições de trabalho atinge não somente o trabalhador, mas, também, sua família, cônjuge, filhos, pais e todos aqueles que o cercam mais de próximo, impondo prejuízos à qualidade dessa convivência e, portanto, à vida de todos os envolvidos diretos e indiretos. Trata-se, portanto, de um mal que atinge toda a sociedade de forma mais ampla e, como tal, deve ser cabal e exemplarmente reprimido.

Sugestões de leitura

BASILE, César Reinaldo Offa. *Direito do trabalho*. São Paulo: Saraiva, 2008. (Sinopses Jurídicas, v. 27).

BATALHA, Lílian Ramos. *Assédio moral em face do servidor público*. 2. ed. Rio de Janeiro: Lumen Juris, 2009.

CARVALHO, Messias. *Assédio moral / mobbing*. Disponível em: <http://www.ctoc.pt/downloads/files/1155034857_40a49.pdf>. Acesso em: 26 set. 2009.

GUEDES, Márcia Novaes. *Terror psicológico no trabalho*. São Paulo: Ltr, 2008.

GUIMARÃES, Liliana A.; RIMOLI, Adriana Odalia. *"Mobbing"* (assédio psicológico) no trabalho: uma síndrome psicossocial multidimensional. *Psicologia*: Teoria e Pesquisa.

---

[25] Reclamação Trabalhista nº 00279.2009.026.13.00-0 – TRT 13ª Região.

Conhecimentos Gerais

> Maio-Ago. 2006, v. 22, nº 2, p. 183-192. Disponível em: <http://www.assediomoral.org/IMG/pdf/Mobbing_conceitos.pdf>. Acesso em: 26 set. 2009.
>
> HIRIGOYEN, Marie-France. *Assédio moral*: a violência perversa no cotidiano. 9. ed. Rio de Janeiro: Bertrand Brasil, 2007.
>
> VENOSA, Sílvio de S. Responsabilidade do empregador e assemelhado. *Direito civil*: responsabilidade civil. 5. ed. São Paulo: Atlas, 2005. p. 87-93.

Saúde mental no trabalho

Assevera a OMS que saúde é um completo bem-estar físico, mental e social. Na atualidade, essas duas últimas esferas assumem um papel de destaque nas questões relativas à saúde e segurança do trabalho. Em primeiro lugar porque, cada vez mais, há a busca da redução ou eliminação dos esforços físicos nos sistemas produtivos. Em segundo lugar porque as relações humanas têm-se tornado crescentemente mais complexas nas sociedades modernas, não apenas no âmbito das empresas, mas igualmente no seio das famílias e da sociedade como um todo, reflexo do aumento da própria complexidade da vida social, de tal forma que estão intimamente relacionadas entre si.

Assim, as exigências de cognição e de trato pessoal em distintos aspectos da vida cotidiana têm imposto pesada (sobre) carga emocional aos indivíduos, exigindo-lhes um equilíbrio comportamental nas diversas dimensões com as quais se deparam e nas mais diferentes ocasiões em que possam surgir, seja no trabalho, seja no trânsito, na fila de um banco etc.

Nesse cenário múltiplo, o ambiente laboral – em sentido amplo – ganha valor no sentido de que pode atenuar ou agravar os impactos dessas exigências. O conteúdo das tarefas e a forma de sua execução (individualmente ou em equipe ou grupo), o estilo gerencial e as relações hierárquicas (de subordinação e de responsabilidade), bem como o controle exercido sobre a produção e a organização dos recursos produtivos, entre eles o tempo (duração e horário da jornada) e a escolha do local de trabalho (na empresa, em domicílio ou mesmo em instalações de terceiros), revestem de importância fatores ou condições de trabalho anteriormente negligenciadas ou relegadas a um plano inferior.

O distanciamento entre o trabalho prescrito e o trabalho efetivamente realizado pode bem dar ideia do sofrimento que aflige o trabalhador, sendo um significativo sintoma de que algo em seu trabalho (incluindo-se nesse entendimento as condições de trabalho, inclusive no tocante ao ambiente humano) pode e deve ser melhorado por intermédio da intervenção de profissionais de saúde e segurança do trabalho.

O surgimento de propostas visando ampliar a autonomia dos trabalhadores quanto à produção sob seus cuidados, a exemplo dos grupos semiautônomos, da instituição de jornadas e de horários flexíveis, da polivalência, do gerenciamento de desempenho e dos grupos-tarefa (similares aos círculos de controle de qualidade – CCQ's, contudo de existência temporal limitada ao período requerido para a consecução dos objetivos para os quais foram estabelecidos), demonstra a busca de alternativas que contribuam para uma melhor satisfação dos trabalhadores no exercício do acompanhamento e controle das tarefas sob seu encargo.

É necessário reconhecer que as expectativas acerca do trabalho são, em geral, dinâmicas. Ou seja, que estas se modificam com o passar dos anos, assim como a própria percepção da capacidade para a realização de trabalho ao longo da vida produtiva de um trabalhador. Dessa forma, a própria organização deve estar atenta a essas mudanças para que, tanto quanto possível, possa planejar intervenções que possam contribuir para o melhor aproveitamento dessas capacidades de habilidades individuais. Nesse sentido, é de significativa valia como instrumento de levantamento de dados e para a construção de proposições individuais e coletivas o "Índice de capacidade para o trabalho" (TUOMI, 2005). A demonstração de que a organização efetivamente tem preocupações com o trabalhar de cada indivíduo por toda a sua vida laboral, certamente, trará benefícios de diversas ordens.

Inegável, também, relacionar o estilo gerencial (se coercitivo, democrático, participativo etc.) com a qualidade de vida e o relacionamento interpessoal na organização. A batuta do maestro é que dá o compasso à orquestra. Os seres humanos gostam e precisam ser ouvidos e respeitados em seu direito de contribuir, por mínimo que seja, com opiniões acerca daquilo que poderá, de algum modo, afetá-los. Que se dirá no tocante ao trabalho, tamanha a centralidade do mesmo em nossas vidas. O que acontece é que aprender a respeitar a opinião dos outros é um aprendizado árduo para alguns, quase inaceitável para outros. Para muitos é mais simples tornar-se centralizador do que deixar à mostra fragilidades (ou até mesmo limitações de competências) para lidar com determinados assuntos e assumir que necessita da intervenção e, por vezes, do auxílio da decisão de terceiros para a consecução de tarefas a seu encargo. Creio mesmo que aqueles que mais necessitam do apoio de terceiros são os que menos reconhecem tal condição, e não o fazem por puro receio de se deixarem à mostra, tal como são, e, portanto, se diferente fosse, se sentiriam ameaçados em seu minúsculo e efêmero poder. Todavia, enquanto não conseguem perceber todo o mal que fazem a si mesmos e à organização (aqui se incluindo as demais pessoas e os objetivos organizacionais), acabam por cometer abusos para camuflar esses cenários e pequenos (ou mesmo grandes) abusos para gerar a satisfação de uma falsa sensação de segurança. Em razão disso, acontecem os assédios e outros danos morais a outros trabalhadores que não aqueles que exercem cargos de chefia.

Infelizmente, no mundo do trabalho, um termo tem ganhado destaque: *burnout*, que literalmente quer dizer consumir-se, destruir-se, lenta e continuamente desde o interior, por dentro. Caracteriza-se por um quadro de esgotamento físico e psíquico, com a perda gradual do comprometimento, da motivação e da energia para o trabalho e afeta, principalmente, mas não tão somente, trabalhadores que lidam e se relacionam de maneira intensa com necessidades alheias, tais como os professores, profissionais da saúde e operadores do direito (juízes, delegados, advogados e outros).

Uma sensação de impotência diante dos cenários atinentes ao seu trabalho culmina com o esgotamento emocional desse trabalhador, levando-o ao distanciamento dos destinatários de seus serviços, por vezes tratando-os com aparente rudeza e negativismo – o que a literatura define como "despersonalização" – e, por fim, resulta uma experimentação de um sentimento de diminuição da realização pessoal propiciada pelo trabalho naquelas determinadas condições.

Mas, por que tal acontece?

Contribuem para o fenômeno do *burnout* não apenas o estilo gerencial, as relações interpessoais no ambiente laboral, mas também a percepção do significado do trabalho na vida do trabalhador.

Pines e Aronson apud Mendes et al. (2002:50) são categóricos em afirmar que o *burnout* é *"o resultado final de um processo gradativo de desilusão experimentado pelos indivíduos quando não conseguem extrair do seu trabalho um sentido existencial"*. E isso não quer dizer que anteriormente não existisse satisfação pelo trabalho. Pelo contrário, tal pode decorrer da degradação qualitativa das condições de trabalho, em seu mais amplo sentido, primordialmente no tocante ao elemento humano. Ao que concluem, explicitando, que *"só as pessoas motivadas podem desenvolver* burnout, *pois possuem altos objetivos pessoais e expectativas em relação ao que o trabalho pode prover. Um indivíduo que não tenha motivação pode experimentar estresse, alienação, depressão ou fadiga, mas não* burnout".

É preciso que as pessoas experimentem sensações de sucesso e de satisfação em relação ao trabalho produzido, para sentirem-se motivadas e desejosas de seguirem adiante, propondo para si novos objetivos e reforçando ciclicamente sua autoestima. Ademais das interferências no desempenho produtivo, constata-se que a insatisfação no trabalho termina por afetar dimensões intrafamiliares. Não é incomum a ocorrência do absenteísmo, o abandono ou o desejo de mudança do emprego que trazem consigo reflexos sobre a vida familiar.

Maslach e Leiter apud Mendes et al. (2002:53) *"identificam seis fontes de desajuste pessoa-trabalho que podem levar ao* burnout: *sobrecarga de trabalho, falta de controle, recompensas insuficientes, falta de convivência coletiva, falta de justiça e conflito de valores"*.

Há, desta feita, uma percepção real ou idealizada de um desequilíbrio entre a dedicação ao trabalho e a retribuição propiciada pelo mesmo, em diversos sentidos. Ao invés de encontrar no trabalho a satisfação em produzir, o profissional encontra a exaustão de suas forças, principalmente se seus valores pessoais destoam daqueles organizacionais e quando existe a percepção de que a organização não se interessa concretamente pelo bem-estar de todos os indivíduos.

Portanto, para fazer face a esse mecanismo destrutivo – não só individual, mas coletivo –, se faz necessário ampliar a autonomia do trabalhador, trazendo-lhe novos conteúdos ou desafios a serem desbravados, fornecer-lhe a retroalimentação adequada quanto ao desempenho no trabalho, sendo necessário para tanto contar com o suporte da chefia e dos colegas.

Considero que contribui decisivamente para a instalação e o agravamento desse quadro um distúrbio social que assola a humanidade nos dias atuais, principalmente nas grandes cidades: o desinteresse pelo outro. Há um egocentrismo mais que latente, muitas vezes explicitado, o que causa bastante estranheza nas pessoas que não se coadunam com tal modo de vida. A ganância por ganhos desmesurados e a ânsia pela realização de projetos exclusivamente individuais geram um afastamento recíproco, de um lado daqueles que querem conquistar tudo a todo custo e, de outro, daqueles que se sentem violentados com tal maneira de portar-se diante da vida. O resultado é que, não havendo coesão social, interesses e valores coletivos são deixados à parte e as regras da boa e saudável convivência parecem não ter importância alguma. Não que isso nunca tenha deixado de existir em toda a história da humanidade, mas a sensação que tenho nos dias atuais é que o egoísmo tenha quase se tornado regra em detrimento do altruísmo nessa sociedade de consumo e poder econômico acima de tudo.

Pequenas gentilezas, bem como cordialidades essenciais para o bem viver, têm sido cada vez mais raras nas organizações. Pergunta-se: você saberia dizer, sem recorrer a anotações, a data do aniversário do seu colega de trabalho da mesa ao lado? Quantas vezes e com quantos colegas você conversou sobre amenidades que não tivessem a ver com o trabalho? Quando foi a última vez que você mostrou real interesse por projetos pessoais de um colega de trabalho? Antes de qualquer coisa, você saberia falar de alguns deles? Dos projetos ou dos indivíduos por trás dos crachás da empresa? Almoços de confraternização mesmo e *happy hours*, no sentido literal da expressão, fazem parte da rotina de sua vida com que frequência? Ah, já sei, a organização está acima das pessoas, não é verdade?

É, acho que não gostaria nem um pouco de trabalhar em sua organização. Meu modo de perceber e viver a vida é bem diferente do seu. Sabe do que mais? Vou me mudar para aquela cidadezinha do interior, para colocar a cadeira de balanço na calçada e levar uns bons dedos de prosa com a vizinhança sem me preocupar com os investimentos na bolsa de valores, enquanto tomo um gostoso e bem quentinho café na caneca...

Afinal, mais importante do que um lugar seguro para se trabalhar é fundamental que ele seja saudável!

Sugestões de leitura

CAÏN, Jacques. *O campo psicossomático.* Rio de Janeiro: Betrand Brasil, 1996.

CANGUILHEM, Georges. *O normal e o patológico.* 5. ed. Rio de Janeiro: Forense Universitária, 2000.

Conhecimentos Gerais

DEJOURS, Christophe. *A loucura do trabalho*: estudo de psicopatologia do trabalho. 5. ed. São Paulo: Cortez, Oboré, 1992.

_____ et al. *Psicodinâmica do trabalho*: contribuições da Escola Dejouriana à análise da relação prazer, sofrimento e trabalho. São Paulo: Atlas, 1994.

MENDES, Ana Magnólia et al. *Trabalho em transição, saúde em risco*. Brasília: UNB, 2002.

PITTA, Ana. *Hospital*: dor e morte como ofício. 4. ed. São Paulo: Hucitec, 1999.

SELIGMANN-SILVA, Edith. *Desgaste mental no trabalho dominado*. Rio de Janeiro: EdUFRJ; São Paulo: Cortez, 1994.

TUOMI, Kaija et al. (Instituto Finlandês de Saúde Ocupacional). *Índice de capacidade para o trabalho*. São Carlos: EdUFSCar, 2005.

● A Justiça do Trabalho

Assim como em outros aspectos das relações sociais, nas questões relativas à saúde e segurança do trabalho pode ocorrer a necessidade da intervenção do Estado para, por intermédio do Poder Judiciário, dirimir lides, questões controversas entre atores sociais que têm interesses divergentes quanto a estas. De Plácido e Silva (2003:1051) explicita que "no cumprimento de sua precípua missão,[26] ao poder judiciário compete *aplicar as leis, vigiar sua execução*, e *reparar*, fundado nelas, e em nome do Estado, *as relações jurídicas*, que se tenham violado".

Não é incomum que empresas, especialmente aquelas de pequeno e médio porte, em razão de não disporem da adequada orientação e acesso às informações pertinentes – o que deveria estar disponível ainda no momento de sua formalização ou fazer parte de uma cultura social mais ampla –, descumpram obrigações no tocante à gestão do ambiente e das condições de trabalho, e, não raro, as controvérsias decorrentes resultem em processos judiciais.

Devido à natureza específica das questões oriundas das relações de trabalho, a parte do Poder Judiciário que lida com suas dimensões é denominada de Justiça do Trabalho, de caráter especializado e que tem a sua competência definida no art. 114 da Constituição Federal de 1988:[27]

> "*Compete à Justiça do Trabalho processar e julgar:*
>
> *I – as ações oriundas da relação de trabalho, abrangidos os entes de direito público externo e da administração pública direta e indireta da União, dos Estados, do Distrito Federal e dos Municípios;*
>
> *II – as ações que envolvam exercício do direito de greve;*
>
> *III – as ações sobre representação sindical, entre sindicatos, entre sindicatos e trabalhadores, e entre sindicatos e empregadores;*

---

[26] Podemos dizer que a missão precípua do Poder Judiciário é julgar, decidir acerca das lides e em razão destas.
[27] Com redação dada pela Emenda Constitucional nº 45, de 8/12/2004.

IV – os mandados de segurança, habeas corpus *e* habeas data, *quando o ato questionado envolver matéria sujeita à sua jurisdição;*

V – os conflitos de competência entre órgãos com jurisdição trabalhista, ressalvado o disposto no art. 102, I, o;

VI – as ações de indenização por dano moral ou patrimonial, decorrentes da relação de trabalho;

VII – as ações relativas às penalidades administrativas impostas aos empregadores pelos órgãos de fiscalização das relações de trabalho;

VIII – a execução, de ofício, das contribuições sociais previstas no art. 195, I, a, e II, e seus acréscimos legais, decorrentes das sentenças que proferir;

IX – outras controvérsias decorrentes da relação de trabalho, na forma da lei.

§ 1º Frustrada a negociação coletiva, as partes poderão eleger árbitros.

§ 2º Recusando-se qualquer das partes à negociação coletiva ou à arbitragem, é facultado às mesmas, de comum acordo, ajuizar dissídio coletivo de natureza econômica, podendo a Justiça do Trabalho decidir o conflito, respeitadas as disposições mínimas legais de proteção ao trabalho, bem como as convencionadas anteriormente.

§ 3º Em caso de greve em atividade essencial, com possibilidade de lesão do interesse público, o Ministério Público do Trabalho poderá ajuizar dissídio coletivo, competindo à Justiça do Trabalho decidir o conflito."

Para o adequado cumprimento de suas atribuições, a Justiça do Trabalho é estruturada em três níveis ou graus de jurisdição,[28] cada qual com um papel específico neste sistema:

a. 1º Grau – Varas do Trabalho (VT) – (antigas Juntas de Conciliação e Julgamento): julgam *dissídios individuais* e têm *jurisdição local*, tendo como julgadores monocráticos um *juiz titular* e um *juiz substituto;*

b. 2º Grau – Tribunais Regionais do Trabalho (TRT): *julgam recursos das decisões proferidas nas VT, dissídios coletivos em nível regional, mandados de segurança, entre outros.* Sendo tribunais, realizam os julgamentos na forma colegiada. Região é a designação da competência geográfica do Tribunal. Por exemplo: *Pernambuco (TRT – 6ª Região)* e *Paraíba (TRT – 13ª Região)*.[29]

c. 3º Grau – Tribunal Superior do Trabalho (TST): tem como *principal função uniformizar a jurisprudência (decisões reiteradas, sucessivas e uniformes*

---

[28] De Plácido e Silva (2003:802) explicita jurisdição: "Derivado do latim *jurisdictio* (ação de administrar a justiça, judicatura), formado, como se vê, das expressões *jus dicere, jus dictio*, é usado precisamente para designar as atribuições especiais conferidas aos magistrados, encarregados de administrar a justiça. Assim, em sentido eminentemente jurídico ou propriamente forense, exprime a extensão e limite do *poder de julgar* de um juiz."

[29] A relação completa destas regiões pode ser obtida em <www.tstjusv.br>.

dos tribunais que servem de orientação para julgados acerca de questões ainda não firmadas em lei), além de *julgar recursos oriundos dos TRT* e *dissídios de categorias em nível nacional, tais como aeroviários etc.*

É de amplo conhecimento que retribuições são devidas aos trabalhadores, como punição econômica para ambientes laborais insalubres (adicional de insalubridade) ou como uma forma de compensação pela exposição do trabalhador a situações potencialmente perigosas (adicional de periculosidade). Discute-se, por vezes, a pertinência ou não do pagamento destas retribuições e dos valores associados. Como não poderia deixar de ser, tal discussão igualmente encontra lugar nos processos judiciais trabalhistas. Neste sentido, nos interessa destacar as perícias relativas à insalubridade e periculosidade.[30]

A perícia é a atividade técnica especializada realizada por médicos do trabalho ou por engenheiros de segurança do trabalho, peritos designados pelo Juízo, formalizada pelo laudo pericial, que é o documento pelo qual o perito expressa sua opinião técnica sobre a caracterização ou não da pertinência da pretensão formulada, em face do contido na legislação vigente sobre a temática, fornecendo subsídios, dentro de seus limites, à formação de opinião do juiz para posterior julgamento deste(s) aspecto(s) em uma demanda trabalhista.

Para tanto, o perito pode valer-se de visitas *in loco*, de entrevistas com o pessoal da empresa ou de outras organizações que realizem atividades similares, de levantamento bibliográfico e de medições ambientais, entre outras fontes técnicas e legais, observadas as informações levantadas sobre as condições em que eram realizadas as tarefas por determinado trabalhador ou grupo de trabalhadores.

Em razão de examinar fatos já ocorridos, alguns destes após decorrido significativo período, tendo, inclusive, sido alteradas as condições que vigoravam à época da prestação de serviços pelo trabalhador, resta ao perito examinar o sistema de informações e a documentação pertinente à saúde e segurança do trabalho, bem como registrar as condições atualmente vigentes na empresa. Isto é, irá examinar, entre outros, os registros relativos ao PPRA, ao PCMSO, bem como ao fornecimento de EPIs, treinamentos relativos ao uso destes, bem como a sua renovação ou substituição.

Como compete às empresas a comprovação de que as condições ofertadas aos trabalhadores não ameaçam a sua integridade, não raro a ausência desse conjunto de informações, pelas mais diversas razões, implica admitir, observadas as demais condições do caso em análise, que potencialmente há tais ameaças, uma vez que, ausentes os registros necessários, não pode se comprovar em contrário senso.

Diz-se, também, que a Justiça do Trabalho é uma justiça fática, pois há a primazia da realidade sobre a documentação. Ou seja, aquilo que for constatado na

---

[30] Para maiores detalhes, ver Barbosa Filho (2004).

perícia entende-se refletir o real estado das coisas. Ainda mais em se considerando que é devido se admitir uma evolução positiva das condições de trabalho com o passar do tempo. Se as condições atuais são potencialmente danosas, aquelas oferecidas tempos atrás igualmente deveriam sê-lo.

Conforme estabelece o inciso XXIX, do art. 7º, da Constituição Federal, o trabalhador brasileiro tem o direito de propor ação, quanto a créditos resultantes da relação de trabalho, em até cinco anos (se ainda vigente o pacto laboral), respeitado o limite de até dois anos após o encerramento de seu contrato de trabalho. Seja para reclamar a violação de direitos nas questões relativas à insalubridade e periculosidade, bem como nas demais questões decorrentes desta relação. Esta ação, então, tratará daquilo a que entende ter direito e que não foi atendido no período de cinco anos anteriores a esta data (data da reclamação).

Muito se questionava se o período em discussão referia-se aos últimos cinco anos trabalhados ou antecedentes à data de proposição da ação, ao que a Súmula[31] 398 ,I, do Tribunal Superior do Trabalho veio esclarecer:

> *"respeitado o biênio subsequente à cessação contratual, a prescrição da ação trabalhista concerne às pretensões imediatamente anteriores a cinco anos, contados da data do ajuizamento da reclamação e, não, às anteriores ao quinquênio da data da extinção do contrato".*

Logo, para o trabalhador é mais vantajoso propor a ação com a maior brevidade possível, enquanto que para a empresa quanto mais tempo se passar da terminação do contrato, melhor.

Sugestões de leitura

BARBOSA FILHO, Antonio Nunes. *Insalubridade e periculosidade*: manual de iniciação pericial. São Paulo: Atlas, 2004.

BRANDIMILLER, Primo. *A perícia judicial em acidentes e doenças do trabalho*. São Paulo: SENAC, 1996.

DE PLÁCIDO E SILVA. *Vocabulário jurídico*. 23. ed. Rio de Janeiro: Forense, 2003.

FALEIROS, Vicente de Paula. *O trabalho da política*: saúde e segurança dos trabalhadores. São Paulo: Cortez, 1992.

FERRARI, Irany et al. *História do trabalho, do Direito do Trabalho e da Justiça do Trabalho*. 2. ed. São Paulo: LTr, 2002.

---

[31] Para ampliar a segurança dos cidadãos quanto às decisões dos juízes, porquanto indivíduos com valores, preconceitos etc., há, como regra, o duplo grau de jurisdição. Ou seja, existem os tribunais, órgãos colegiados, que podem rever e, mesmo, alterar a decisão singular proferida. Estes tribunais, em primeiro plano, têm caráter regional. Todavia, em algumas situações, ocorrem diferenças de entendimento acerca de determinada questão entre estes tribunais regionais. Então, recorre-se, em segundo plano, aos tribunais superiores para apreciarem a decisão. Então, a ideia central das decisões reiteradas e uniformes destes últimos é veiculada em súmulas, que têm a finalidade de uniformizar a jurisprudência, servindo como orientações às instâncias hierarquicamente inferiores. Não há, ainda, a plena vinculação, posto que, no Brasil, prevalece o princípio do livre convencimento de magistrado.

Conhecimentos Gerais

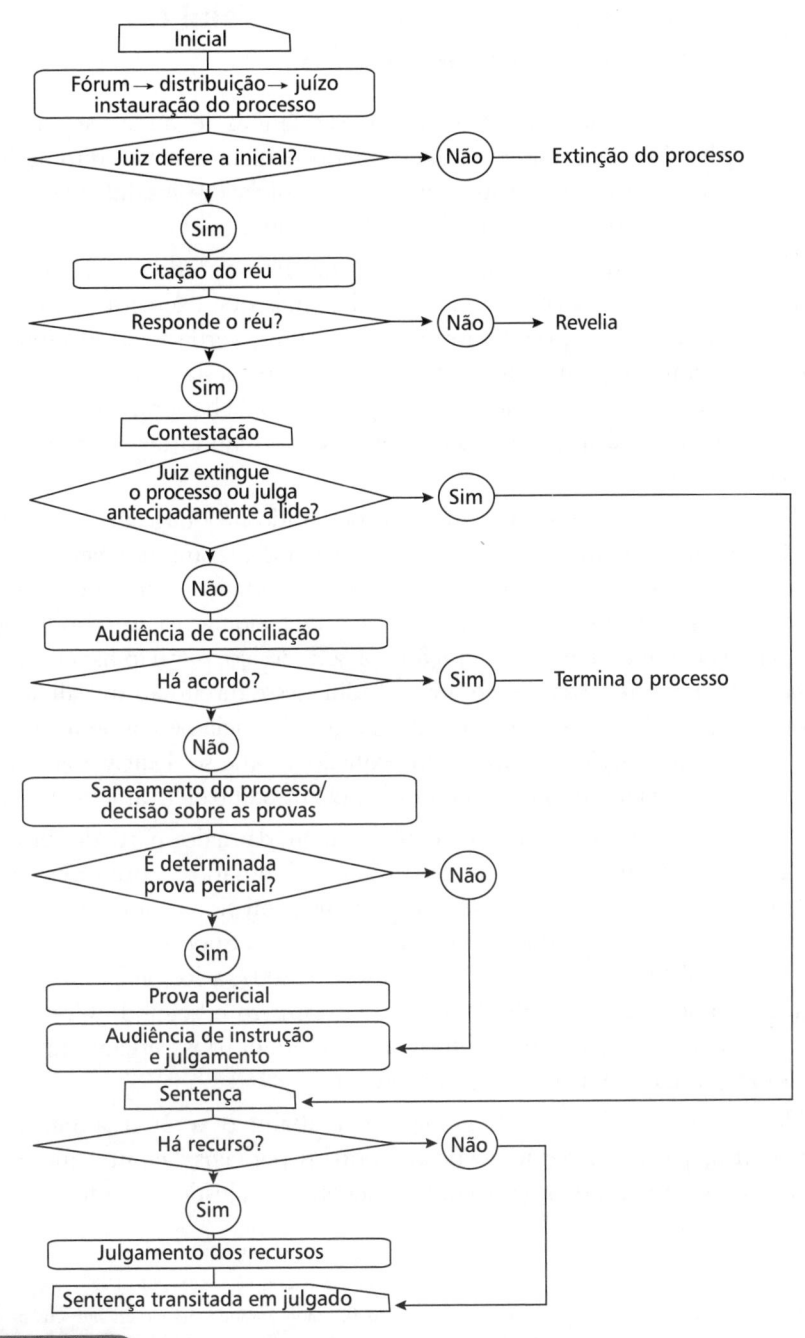

Figura 1.3 Esquema das fases do processo judicial.

Fonte: Brandimiller (1996, p. 79).

1   Conhecimentos Gerais

● Considerações sobre a perícia judicial de insalubridade e periculosidade

Ao longo destes muitos anos dedicados às questões de saúde e segurança do trabalho, tenho sido habitualmente questionado se realmente acredito na Justiça do Trabalho, em especial no tocante às perícias judiciais de insalubridade e periculosidade, bem como nas decisões destas decorrentes.

Creio que esse questionamento se origina, de um lado, numa percepção generalizada de que, recorrentemente, profissionais que exercem o encargo de perito judicial nessa área, descomprometidos com a verdade e, portanto, com a Justiça, buscam, forçosamente, construir resultados desfavoráveis às empresas para que, dessa forma, possam assegurar a percepção de honorários em um montante que não seria alcançado, caso a conclusão do laudo decorrente fosse no sentido contrário.

Tal fenômeno iniciou-se e vem-se perpetuando no imaginário de todos os que lidam com a temática em razão de uma realidade anteriormente vigente. Caso o reclamante, o trabalhador, em geral hipossuficiente, que demandava a gratuidade da Justiça, fosse o perdedor no pleito relacionado à atuação do perito, este não percebia qualquer remuneração por seu serviço, por não haver qualquer previsão legal de que o Estado, como provedor desse direito ao trabalhador – o acesso à Justiça –, deveria suportar o ônus da sucumbência de sua pretensão, causando, infelizmente, lesão ao direito do profissional que se dedicava ao encargo das atividades periciais por não remunerá-lo pelo trabalho efetivamente realizado.

Essa incoerência culminou com o afastamento da maior parte dos bons profissionais que se dedicavam ao encargo quando intimados a prestarem auxílio ao Juízo Trabalhista. Na esteira de resgatar tais profissionais ao encargo ou de minimizar esse absurdo jurídico (e social), o Conselho Superior da Magistratura do Trabalho (CSMT) editou, em 23 de março de 2007, a Resolução nº 35[32], que regula, no âmbito da Justiça do Trabalho de Primeiro e Segundo Graus, a responsabilidade pelo pagamento e antecipação de honorários periciais, no caso de concessão à parte do benefício de justiça gratuita.

Desse modo, os Tribunais Regionais do Trabalho deverão destinar recursos orçamentários para o pagamento de honorários periciais, sempre que à parte sucumbente na pretensão for concedido o benefício da justiça gratuita.

---

[32] Alterada pela Resolução n.66, de 10 de junho de 2010, sendo mantidos integralmente seus principais pontos, tais como o descrito no Art. 10: *"Nas ações contendo pedido de adicional de insalubridade, de periculosidade, de indenização por acidente do trabalho ou qualquer outro atinente à segurança e saúde do trabalhador, o Juiz poderá determinar a notificação da empresa reclamada para trazer aos autos cópias dos LTCAT (Laudo Técnico de Condições Ambientais de Trabalho), PCMSO (Programa de Controle Médico de Saúde Ocupacional) e PPRA (Programa de Prevenção de Riscos Ambientais), e de laudo pericial da atividade ou local de trabalho, passível de utilização como prova emprestada, referentes ao período em que o reclamante prestou serviços na empresa"*.

Conhecimentos Gerais

Atente-se para o fato de que há a indicação clara de que é possível a antecipação de parte dos honorários, quando devidamente justificada tal solicitação, que deve ser formulada junto ao Juízo. Essa Resolução estabelece, inclusive, critérios para a atribuição de valor para a atividade pericial nessas demandas, conforme abaixo:

> "Art. 3º Em caso de concessão do benefício da justiça gratuita, o valor dos honorários periciais, observado o limite de R$ 1.000,00 (um mil reais), será fixado pelo juiz, atendidos:
>
> I – a complexidade da matéria;
>
> II – o grau de zelo profissional;
>
> III – o lugar e o tempo exigidos para a prestação do serviço;
>
> IV – as peculiaridades regionais.
>
> Parágrafo único. A fixação dos honorários periciais, em valor maior do que o limite estabelecido neste artigo, deverá ser devidamente fundamentada."

Muito ainda se discute da função de "perito público", com profissionais com habilitação específica para tal mister, que atuariam nessas demandas, com todas as responsabilidades e deveres de funcionário público, como solução a tal controvérsia. Isto é, da isenção do perito em face de seus interesses remuneratórios diretos. Em complemento a tal medida, seria aplicada, quando pertinente, a reversão do ônus quanto aos valores do serviço pericial aos cofres públicos, cujo montante serviria, também, para a composição dos salários dessa nova categoria de servidores do judiciário trabalhista.

Enquanto tal solução não é adotada, por inúmeras motivações, a Resolução n. 23 do CSMT já apontava um caminho alternativo para pôr fim ou, pelo menos, reduzir a citada controvérsia. Assim, explicita:

> "Art. 8º As Presidências de Tribunais Regionais do Trabalho ficam autorizadas a celebrar convênios com instituições com notória experiência em avaliação e consultoria nas áreas de Meio Ambiente, Promoção da Saúde, Segurança e Higiene do Trabalho, e outras, capazes de realizar as perícias requeridas pelos Juízes."

Entidades públicas como as IFES, sejam Universidades ou Institutos de Educação, Ciência e Tecnologia, têm plenas condições de realizar tal encargo, com isenção e com largas vantagens para todas as organizações envolvidas, bem como para toda a sociedade.

Ao passo que isso não ocorre, observo recorrentemente – e creio que por muito tempo ainda perdurará tal percepção – que alguns profissionais fazem do encargo de perito judicial meio de vida, realizando desmesuradamente as perícias, apresentando laudos inconsistentes, sem a fundamentação técnica devida e que, não raras vezes, culminam por alcançar conclusões insustentáveis, em regra, desfavoráveis às empresas, aumentando, assim, as chances de assegurar a sua remuneração e em maior monta.

Posso afirmar que esse é um dos vários nascedouros de recursos que de outra maneira não teriam lugar; seria desnecessário junto aos Tribunais Superiores se tais laudos expressassem a verdade dos fatos, posto que impossível não fazê-lo, pois do contrário seria concordar com a prevalência da injustiça patente, contrariando diretamente a incessante busca da celeridade e economicidade processual, parte importante da reforma do Judiciário nacional ansiada por toda a sociedade brasileira.

Com o advento de algumas modificações introduzidas pela Reforma Trabalhista (Lei n. 13.467/2917), em especial no novo Art. 790-B quanto ao pagamento dos honorários periciais, abaixo reproduzido:

> *"Art. 790-B. A responsabilidade pelo pagamento dos honorários periciais é da parte sucumbente na pretensão objeto da perícia, ainda que beneficiária da justiça gratuita.*
>
> *§ 1º Ao fixar o valor dos honorários periciais, o juízo deverá respeitar o limite máximo estabelecido pelo Conselho Superior da Justiça do Trabalho.*
>
> *§ 2º O juízo poderá deferir parcelamento dos honorários periciais.*
>
> *§ 3º O juízo não poderá exigir adiantamento de valores para realização de perícias.*
>
> *§ 4º Somente no caso em que o beneficiário da justiça gratuita não tenha obtido em juízo créditos capazes de suportar a despesa referida no* caput, *ainda que em outro processo, a União responderá pelo encargo."*

Uma breve análise do contido neste artigo e em seus parágrafos nos remeterá a algumas conclusões imediatas. De certo, o risco do proponente ter de suportar com os honorários periciais reduzirá o número de pedidos sem fundamentação, alguns esdrúxulos, que apenas oneravam – em sentido amplo – o Judiciário Trabalhista e as empresas, tenderá a desaparecer. Logo, impõe-se a reclamantes e a seus patronos uma atuação mais responsável, posto que os honorários periciais somente serão suportados pela União em casos excepcionais e não em regra, no caso de beneficiário da Justiça Gratuita, como de outrora.

A prova pericial nas demandas de insalubridade ou de periculosidade deverá ganhar crescente rigor e, portanto, o trabalho pericial, em termo último representado pelo laudo pericial, se vê obrigado a ganhar consistência, alcançando – espera-se – a real dimensão de trabalho técnico científico. De igual modo, espera-se maior rigor nas instruções e demandas relativas à temática.

Impõe o Novo Código de Processo Civil (NCPC), como outrora fizera o CPC de 1973 – de utilização subsidiária no que não houver expressa disposição nos diplomas legais de natureza trabalhista –, que "é dever de todos aqueles que de qualquer forma participam do processo proceder com lealdade e boa-fé", devendo, portanto, agir com probidade, e tal fundamento, sem qualquer caráter de excepcionalidade, se aplica a todos os atos do perito.

Incide em crime de FALSA PERÍCIA, conforme o art. 342 do Código Penal Brasileiro, "fazer afirmação falsa, ou negar ou calar a verdade como testemunha, perito, contador, tradutor ou intérprete em processo judicial", sendo passível de pena de reclusão, de um a três anos, e multa. Caracteriza-se pela vontade livre de fazer falsa afirmação, negar ou calar a verdade, com consciência de que falta à verdade, sendo, portanto, conduta tipicamente dolosa, com a intenção deliberada de causar prejuízo a outrem e, indiretamente, à administração da Justiça, ou seja, ao Estado.

Estabelece, então, o art. 463 do NCPC que "o perito cumprirá escrupulosamente o encargo que lhe foi cometido" e, de acordo com o art. 468, I, do NCPC poderá ser substituído quando "carecer de conhecimento técnico ou científico", o que pode ser demonstrado juntando-se à petição que demanda a sua substituição laudos periciais anteriores em processos nos quais tenha atuado e que tenha sido devidamente contestado em sua pretensa condição de perícia técnica.

Veja-se o que diz a Jurisprudência pátria a respeito:

> *"O perito é o profissional nomeado pelo juiz para prestar esclarecimentos técnicos ou científicos essenciais para a solução da lide. O juiz, como destinatário da prova, tem o livre arbítrio para nomear o profissional que irá realizar a perícia, devendo ser pessoa que goza de sua confiança. Segundo comando do art. do Código 424 de Processo Civil, o perito pode ser substituído quando carecer de conhecimento técnico ou científico ou, sem motivo legítimo, deixar de cumprir o encargo no prazo que lhe foi assinado. Por construção pretoriana, também poderá ser substituído o perito que apresentar o laudo sem fundamentação, com alguma parcialidade ou erro grosseiro"* (AI 1.0024.00.077310-1/001, 17ª Câmara Cível do TJMG, relator. Des. **IRMAR FERREIRA CAMPOS**, julgado em 17.11.2005) (Antigo art. 424 – equivale ao art. 468 NCPC).

Ademais, esclarece o art. 477 do NCPC que "a parte, que desejar esclarecimento do perito e do assistente técnico, requererá ao juiz que mande intimá-lo a comparecer à audiência, formulando desde logo as perguntas, sob forma de quesitos". *Não se trata de mera formalidade ou de concessão do juízo, mas de direito das partes expresso no CPC.* E, igualmente, veja-se que, de acordo com o art. 461, I, do NCPC, o perito e o assistente serão ouvidos pelo Juízo em audiência antes dos demais interessados no processo.

Assegura o art. 474 do NCPC que "as partes terão ciência da data e local designados pelo juiz ou indicados pelo perito para ter início a produção da prova". Não respeitar o aqui estabelecido afronta diretamente aos princípios da ampla defesa e do contraditório, ensejando a nulidade processual. Não cabe, então, tão somente a mera comunicação do perito quanto à programação sugerida, mas a anuência e concordância expressa da empresa e, se for o caso, do demandante.

Por outro lado, indignam-se empresas e profissionais da área de saúde e segurança do trabalho que atuam como peritos assistentes junto a estas em tais demandas judiciais, quando magistrados do trabalho desconsideram integralmente as contraposições destes aos laudos elaborados pelos peritos do juízo, como se defendessem a todo custo os interesses daquelas e, por essa razão, desmerecessem qualquer crédito do ponto de vista técnico.

Agindo tais magistrados como se fossem "Robin Hood" e, tristemente, se afastando do ideal da verdadeira justiça, plenamente isenta, imparcial, isonômica e tantos outros qualificativos do gênero – não só esperados, mas que se constituem na mais legítima expectativa do cidadão comum –, tal comportamento somente contribui para a ampliação da insatisfação, do descrédito em relação ao judiciário e com a atuação estatal como um todo, por lhe parecer não existir mais esperança alguma.

A esse respeito, vejamos o que diz o Código de Processo Civil.

Assevera o art. 479 do CPC que o juiz não está adstrito ao laudo pericial para formular a sua decisão, mas terá que apresentar na fundamentação da sentença as razões da não utilização das conclusões originadas pelo perito assistente, tal como determina o art. 93, IX, da Constituição Federal de 1988.

Como exemplos do posicionamento dos tribunais a esse respeito, temos de maneira bastante incisiva:

> *"Da mesma forma que o juiz não está adstrito ao laudo pericial, podendo, inclusive, formar a sua convicção com outros elementos ou fatos provados nos autos, inexiste impecilho para que ele adote integralmente como razões de decidir, dispensando as outras provas produzidas, inclusive os laudos apresentados pelos assistentes das partes, desde que dê a devida fundamentação"* (REsp 854401/TO, 1ª Turma do STJ, relatora Ministra DENISE ARRUDA, julgamento em 21.11.2006).

> *"Desnecessidade de o juiz ficar adstrito às conclusões da prova pericial produzida nos autos, podendo, inclusive, decidir contrariamente ao explanado pelo experto, consoante dispõe o art. 436 do CPC"* (Apelação Cível 70011431624, 18ª Câmara Cível do TJRS, relator Des. PEDRO CELSO DAL PRA, julgado em 8.6.2006).

Assim sendo, a sentença proferida sem a devida apreciação do laudo do perito assistente carece de um de seus requisitos fundamentais, conforme claramente expressa o art. 489, II, do NCPC:

> *"A falta de fundamentação impõe a desconstituição da decisão, permitindo que uma nova seja proferida"* (AI 70017303835, 18ª Câmara Cível do TJRS, relator. Des. ANDRÉ LUIZ PLANELLA VILLARINHO, julgado em 14.12.2006).

Conhecimentos Gerais

Considerando-se que o prolator da sentença assuma a postura de que fundamentou a sua decisão tão somente no laudo pericial e não faça referência ao laudo do perito assistente, cabe Embargo de Declaração, conforme estabelece o art. 1022, II, do NCPC, que assegura tal ser cabível e, portanto, pertinente, quando *"for omitido ponto sobre o qual devia pronunciar-se o juiz ou tribunal"*. Já que é questão relevante para a devida decisão da lide a opinião do assistente, não pode o julgador deixar de manifestar-se a respeito.

Ainda assim, interposto o embargo e este não sendo acolhido, é devida e não somente possível a proposição de Ação Rescisória visando a nulidade da sentença, após o trânsito em julgado da mesma, posto que eivada de grave defeito processual, conforme o estabelecido no inciso VIII do art. 966 do NCPC e parágrafos, abaixo transcrito e em seguida comentado:

"A sentença de mérito, transitada em julgado, pode ser rescindida quando:

...

VIII – fundada em erro de fato verificável do exame dos autos.

§ 1º Há erro de fato quando a decisão rescindenda admitir fato inexistente, ou quando considerar inexistente um fato efetivamente ocorrido, sendo indispensável, em ambos os casos, que o fato não represente ponto controvertido sobre o qual o juiz deveria ter se pronunciado."

A este respeito, vejamos o que nos ensina Greco Filho (2008:448-449):

"O que a lei quer dizer, porém, é o seguinte: o erro de fato, para ensejar a rescisória, não pode ser aquele que resultou de escolha ou de opção do juiz diante de uma controvérsia. O erro, no caso relevante, é o que passou despercebido pelo juiz, o qual deu como existente um fato inexistente e vice-versa. Se a existência do fato foi ponto controvertido e o juiz optou por uma das versões, ainda que erradamente, não será a rescisória procedente. E tal restrição tem razão de ser."

Convém ressaltar que a Justiça do Trabalho não é apenas para fazer justiça ao trabalhador, segundo entendimento que remonta às suas origens, mas, acima de tudo, é componente essencial para a promoção da justiça social, elemento fundamental do estado democrático de direito. Assim sendo, por acreditar profundamente e pautar meu comportamento pessoal, bem como minha atuação profissional, com base nos princípios éticos que regem essa incessante busca, continuo a atuar junto à Justiça do Trabalho por acreditar ser ainda necessária a minha participação nessa construção tão almejada por nossa sociedade.

No caso em que houver grave discordância entre o laudo técnico apresentado pelo perito do Juízo e o posicionamento dos assistentes, é de fundamental importância fazer valer as possibilidades de punição ao profissional cuja conduta não condiz com os princípios da profissão, pelo que recomendamos a seguinte redação de conclusão e encaminhamento do parecer acerca do laudo emitido por este.

> *"Da contraposição dos documentos técnicos elaborados pelo perito do juízo e pelos assistentes da empresa, verifica-se profunda discordância entre estes, notadamente em razão da plena impropriedade técnica do laudo elaborado pelo primeiro, caracterizando total inadequação do mesmo aos fins a que se destina.*
>
> *Caso entenda necessário, que excelentíssimo magistrado, dê ciência destes documentos ao Ministério Público do Trabalho (MPT) e ao Conselho Regional de Engenharia, Arquitetura e Agronomia (CREA),[33] para posicionarem-se a respeito e para a tomada de providências que julgarem pertinentes."*

Sugestões de leitura

BRASIL. Lei n. 13.105, de 16 de março de 2015. Novo Código de Processo Civil.

_____. Lei n. 13.467, de 13 de julho de 2017. Altera a Consolidação das Leis do Trabalho (CLT)... a fim de adequar a legislação às novas relações de trabalho.

CONSELHO SUPERIOR DA MAGISTRATURA DO TRABALHO (CSMT). *Resolução n. 66/2010* e alterações posteriores.

DONIZETTI, Elpídio. *Novo Código de Processo Civil comparado.* São Paulo: Atlas, 2015.

FERRARI, Irany; NASCIMENTO, Amauri Mascaro; MARTINS FILHO, Ives Gandra. *História do trabalho, do Direito do trabalho e da Justiça do Trabalho.* 2. ed. São Paulo: LTr, 2002.

GRECO FILHO, Vicente. *Direito processual brasileiro.* 19. ed. v. 2. São Paulo: Saraiva, 2008. 3 v.

NEVES, Daniel Amorim Assumpção. *Novo CPC – Código de Processo Civil. Lei 13.105/2015.* Inovações. Alterações. Supressões. Comentadas. São Paulo: Método, 2015.

APÊNDICE

Um questionamento recorrente quanto à atividade pericial diz respeito à possibilidade do perito levantar, registrar e relatar em seu estudo questões não suscitadas na inicial, seja quanto aos riscos e agentes da atividade desenvolvida, seja pela própria natureza da solicitação: demandar por insalubridade quando na situação concreta se enquadraria a periculosidade ou vice-versa. Há quem defenda que o perito ao apontar tais situações extrapolaria o seu mister, posto que trazendo aos autos questões efetivamente não suscitadas prejudicaria a reclamada por cercear a elaboração de sua defesa, pois que esta seria "surpreendida" durante a perícia ou quando do acesso ao laudo pericial.

Podemos resumir o debate à seguinte indagação: A perícia era de insalubridade, mas o perito verificou a existência de periculosidade (ou vice-versa). Então, ele deve mencionar (ou não) no laudo esta divergência entre a demanda apresentada e a situação fática encontrada no caso concreto?

---

[33] Ou ao Conselho Regional de Medicina, conforme o caso.

É verdade, conforme institui o Art. 492 do NCPC, que "É vedado ao juiz proferir decisão de natureza diversa da pedida... ou em objeto diverso do que lhe foi demandado". Contudo, o próprio Código estabelece, no artigo seguinte, o dever do magistrado observar fato novo capaz de influir no julgamento do mérito da ação. Assim, "*Se, depois da propositura da ação, algum fato constitutivo, modificativo ou extintivo do direito influir no julgamento do mérito, caberá ao juiz tomá-lo em consideração, de ofício ou a requerimento da parte, no momento de proferir a decisão*". Ao que se lhes acrescenta como obrigação o estabelecido no parágrafo único "*Se constatar de ofício o fato novo, o juiz ouvirá as partes sobre ele antes de decidir*", restando claro que ouvirá as partes para que, somente depois de tal medida, processará a decisão.

Ora, se o perito atua como a "mão longa" ou "os olhos do Juízo" agindo no local do exame, este tem o dever de, fundado no Princípio da busca da verdade real ou da primazia da realidade, sobre o qual se assenta da Justiça do Trabalho, comunicar a este a divergência entre o contido no petitório inicial e a condição real. Agindo de outra forma, o perito estará ferindo não apenas este Princípio, mas também, o da Alteridade (consoante o Art. 2º da CLT), posto que transferirá ou imporá ao trabalhador o ônus da condição inadequada de trabalho, pelo que faria jus ao respectivo adicional, causando-lhe, não somente, prejuízo patrimonial, como também impedindo que a decisão justa e necessária conduza o ambiente de trabalho em análise à correção dos desvios da condição de trabalho adequada, sendo passível que, não havendo a intervenção corretiva devida, esta alcance outros trabalhadores causando-lhes semelhantes perdas e, inclusive, potencial danos à sua integridade. Pelo que, de outro lado, favorecerá, de modo indevido, o empregador ou empreendedor que deveria suportar os riscos da atividade econômica.

Ora, se "*o perito cumprirá **escrupulosamente** o encargo que lhe for cometido, independente de termo de compromisso*", como determina o Art. 466 do NCPC, este não pode cerrar os olhos para a situação encontrada em concreto, ainda que divergente do petitório. Se assim agir, estará inegavelmente contribuindo para uma injustiça, como acima anotado, da qual terá plena consciência de ser agente ativo, praticar, incorrer.

Ora, se, nos termos do Art. 157 do NCPC, "*o perito tem o dever de cumprir o ofício no prazo que lhe designar o juiz, empregando toda sua diligência...*" e uma vez que esse ofício refere-se a cumprir e fazer cumprir os Princípios da Justiça do Trabalho aplicados à preservação da integridade dos trabalhadores e não apenas apresentar um laudo para um caso concreto, após apurar informações, realizar medições e responder quesitos das partes tendo como limitações o suscitado na inicial, posto que auxiliar do Juízo, devendo, portanto, participar de mesmo regramento de comportamento. Ou seja, impossível se afastar dos mesmos Princípios a que aquele está sujeito e deve cumprir.

Por certo, não caberá ao perito, Médico do Trabalho ou Engenheiro do Trabalho[34], por sua livre convicção, registrar a condição divergente apenas no ato da elaboração do laudo e de sua trazida aos autos, pois ao fazê-lo neste momento trará impacto negativo ao andamento processual no prazo devido, implicando prejuízos à celeridade e à própria prestação jurisdicional estatal, com as quais tem o dever de colaborar. Então, de pronto, ao identificar a divergência deverá comunicar o fato ao Juízo, dando-lhe ciência da situação e mesmo lhe sugerindo a realização de inspeção pessoal, de modo que este que agirá nos termos do

---

[34] Art. 195 (CLT) – A caracterização e a classificação da insalubridade e da periculosidade, segundo as normas do Ministério do Trabalho, far-se-ão através de **perícia** a cargo de Médico do Trabalho ou Engenheiro do Trabalho, registrados no Ministério do Trabalho.

§ 2º – Arguida em juízo insalubridade ou periculosidade, seja por empregado, seja por Sindicato em favor de grupo de associado, o juiz designará perito habilitado na forma deste artigo, e, onde não houver, **requisitará perícia** ao órgão competente do Ministério do Trabalho. (grifos nossos).

parágrafo único do Art. 493 do NCPC, posto que antes ou depois desta providência, poderá levar a termo esta medida *"para a melhor verificação ou interpretação dos fatos que deva observar"* (Art. 483,I/NCPC), sendo possível na ocasião *"ser assistido por um ou mais peritos"* (Art. 482/NCPC).

Não há por que se discutir a pertinência ou não desta possibilidade, pois, pelo Princípio da Extrapetição (vide Arts. 831 a 836 / CLT), caberia ao Juízo, posto que autorizado pelo legislador, conferir, de ofício, pelo exercício de seu poder dispositivo, pedidos não constituídos na inicial.

Nessa condição, conforme o contido no Art. 469/NCPC *"as partes poderão apresentar quesitos suplementares durante a diligência, que poderão ser respondidos pelo perito previamente* (quando da elaboração do laudo pertinente) **ou na audiência de instrução e julgamento**" (inserção e grifo nossos), o que poderá ser demandado pelas partes nos termos do art. 447, § 3º do NCPC ("intimar o perito a esclarecer em audiência").

De fato, institui o Art. 156 do NCPC que *"O juiz será assistido por perito quando a prova do fato depender de conhecimento técnico ou científico"* e que, conforme determinam os termos do Art. 371 *"O juiz apreciará a prova constante dos autos, independentemente do sujeito que a tiver promovido, e indicará na decisão as razões da formação de seu convencimento".* E neste sentido reitera o Art. 479 do NCPC que *"O juiz apreciará a prova pericial de acordo com o disposto no art. 371, indicando na sentença os motivos que o levaram a considerar ou a deixar de considerar as conclusões do laudo, levando em conta o método utilizado pelo perito".*

O expresso no Art. 479 do NCPC mantém e amplia o alcance do Art. 436 do CPC/1973 que já consagrava que *"O juiz não está adstrito ao laudo pericial, podendo formar sua convicção com outros elementos ou fatos provados nos autos".*

Ora, se o Art. 371 estabelece que a prova constante nos autos será apreciada independente de quem a tenha promovido e o Art. 479 determina que na Sentença o juiz indicará os motivos que o levaram a considerar ou deixar de considerar as conclusões do laudo, esta exigência somente poderá se dar com o perfeito cotejamento deste laudo com os pareceres dos assistentes das partes, ponto a ponto frente ao suscitado na inicial, ao perícia e ao afirmado a respeito desta e daquela, com os devidos fundamentos, nos pareceres dos assistentes das partes, não sendo, portanto, admissível a prolação de Sentença judicial de insalubridade ou de periculosidade sem que esta detalhada apreciação da confrontação técnica seja estabelecida.

Em não havendo esta devida e necessária confrontação entre os documentos técnicos elaborados pelos assistentes das partes e o laudo pericial, citando-se ou se baseando a Sentença apenas este último, como se existisse intransponível força vinculante entre esta e aquele, seria o mesmo em que negar o disposto no artigo em comento.

Cabe, por fim, ressaltar que o Juízo tem o dever, frise-se, **o dever de ofício**, de comunicar ao respectivo órgão profissional, para as providências pertinentes, quando da prestação de informações inverídicas formuladas pelos peritos, conforme estabelece o Art. 158 do NCPC, para a imposição da penalidade devida junto ao órgão jurisdicional, bem como junto àquele: "*O perito que, por dolo ou culpa, prestar informações inverídicas responderá pelos prejuízos causados à parte e ficará inabilitado para atuar em outras perícias no prazo de 2 (dois) a 5 (cinco) anos, independentemente das demais sanções previstas em lei, **devendo o juiz comunicar o fato ao respectivo órgão de classe para a adoção das medidas que entender cabíveis*".* (grifo nosso).

Conhecimentos Gerais

> Sem dúvida, esta atitude colaborará para a melhoria da qualidade da prestação de serviços periciais, bem como contribuirá para o aprimoramento da prestação jurisdicional à sociedade como um todo, tal como determina o §3º do Art. 156 do NCPC que estabelece que "*Os tribunais realizarão avaliações e reavaliações periódicas para manutenção do cadastro, considerando a formação profissional, a atualização do conhecimento e a experiência dos peritos interessados*".

Assista a um vídeo do autor sobre *Perícias Judiciais de Insalubridade e Periculosidade*.

uqr.to/ckql

● Falseamento de medições ambientais

Dentre as várias acepções que encontramos para o verbo *falsear*,[35] nos interessa, particularmente, a de "induzir em erro". Ou seja, o comportamento, intencional ou não, com a capacidade de sugerir a compreensão de fato, a tomada de decisão ou a realização de ato cujo resultado será destoante ou desviado da realidade, fora da verdade, posto que realizada com engano ou falsa ideia.

Um equívoco resultante de uma medição pode, por um lado, nos levar a rejeitar algo que está bom e, de outro, a aceitarmos algo que está fora dos padrões. Em ambas as situações, as consequências serão negativas para a empresa e as implicações decorrentes podem ir além do aspecto econômico, podem assumir dimensões legais, com todas as repercussões pertinentes.

Como veremos ao longo deste texto, o falseamento de medições ambientais pode ser resultante da falta de cuidados necessários (seja com relação à capacidade e confiabilidade dos instrumentos ou equipamentos, por exemplo, seja por descuido metodológico), decorrentes muitas vezes da inexperiência na execução destas medições ou, infelizmente, resultante de erro intencional.

No que diz respeito à primeira categoria destes comportamentos, podemos sugerir a introdução de uma rotina de verificações e de procedimentos que devem incluir não apenas as atividades relativas às medições propriamente ditas, mas, inclusive, no tocante aos equipamentos (sua guarda, conservação, montagem e utilização, bem como verificação regular de sua calibração) e que visem assegurar a não interferência do avaliador nas tarefas sob sua condução.

---

[35] FERREIRA, Aurélio Buarque de Holanda. *Novo dicionário da Língua Portuguesa*. 2. ed. Rio de Janeiro: Nova Fronteira, 1997. p. 754.

Neste sentido, a **NHO 01** da **FUNDACENTRO** (2001:26), no tocante à avaliação do agente ruído, é taxativa em afirmar que *"o posicionamento e a conduta do avaliador não devem interferir no campo acústico ou nas condições de trabalho **para não falsear os resultados obtidos**. Se necessário, deve ser utilizada avaliação remota, por meio do uso de cabo de extensão para o microfone, a fim de permitir a leitura a distância"*. (grifo nosso).

Já no que diz respeito à segunda categoria, as ações intencionais, ou seja, aquelas que deliberadamente visam introduzir distorções nos resultados das medições e, em consequência disso, em seus efeitos, tudo o que podemos fazer é buscar conhecer como ocorrem e tentar coibir a sua concretização.

Ciente de que a capacidade dos instrumentos de medir pode se deteriorar com o passar do tempo, ou seja, ocorrendo a perda da confiabilidade quanto à finalidade a que se destinam e, em razão disso, trazer prejuízos aos interesses dos envolvidos, o Conselho Nacional de Metrologia, Normalização e Qualidade Industrial (**CONMETRO**), por intermédio do contido no item 8 da Resolução nº 11, de 12 de outubro de 1988, explicita e taxativamente determina que:

> *"Os instrumentos de medir e as medidas materializadas [...] quando forem utilizados na concretização ou na definição do objeto de atos em negócios jurídicos de natureza comercial, civil, **trabalhista**, fiscal, parafiscal, administrativa e processual; e quando forem empregados em quaisquer outras medições que interessem à incolumidade das pessoas, deverão obrigatoriamente, [...] ser verificados periodicamente."* (grifo nosso).

Assim, todos os equipamentos destinados a medições voltadas à saúde e segurança do trabalho e/ou ambiental devem ser periodicamente verificados. Logo, é obrigação de todos os profissionais que realizam tais medições apresentarem espontaneamente junto aos laudos decorrentes os certificados de calibração atualizados deles, sob pena de se construir inafastável suspeição sobre os resultados oriundos e as conclusões a que dão suporte.

As boas práticas relacionadas às medições relativas à saúde e segurança ocupacional preconizam que a periodicidade desta calibração seja minimamente anual, portanto aplicável aos decibelímetros, dosímetros, medidores de *stress* térmico e demais do gênero, observada a frequência de utilização dos instrumentos, pelo que se pode ampliar os desvios entre o valor real e o valor fornecido por estes. Em outros casos, como nos medidores de gases, em razão das particularidades de seu objeto, tal calibração deve se processar em intervalos máximos de seis meses.

No caso de perícias judiciais em sede trabalhista, versando sobre insalubridade e/ou periculosidade, no intuito de evitar discussões futuras a este respeito, recomendo formular a exigência da apresentação destes documentos (certificados de calibração) no momento da apresentação dos quesitos periciais, pelo que o perito designado pelo Juízo não poderá se furtar a cumprir esta solicitação face à sua importância processual e à gravidade das repercussões do seu não atendimento. A redação desta solicitação poderá encerrar a relação destes quesitos, tal como abaixo:

> *"Desde já, requeremos, nos termos da Legislação vigente, que o(a) Perito(a) do Juízo seja intimado(a) a comparecer em audiência para prestar pessoalmente esclarecimentos acerca da inspeção pericial que proceder neste processo e que, igualmente, apresente os certificados de calibração mais recentes dos equipamentos que forem utilizados para a realização de medições de interesse do mesmo. Outrossim, demandamos por questões suplementares, caso sejam necessárias, para o devido esclarecimento acerca da verdade dos fatos."*

Infelizmente, conforme afirmamos, profissionais inescrupulosos ainda insistem em conduzir medições ambientais mediante artimanhas intencionais que visam fraudar os seus resultados. Ao longo de minha atuação como engenheiro de segurança do trabalho tenho colecionado queixas principalmente a respeito de medições relacionadas aos agentes ruído e calor.

Em relação ao agente calor, os principais falseamentos induzidos dizem respeito a manipulações pertinentes ao valor registrado pelo termômetro de bulbo úmido (Tbn), uma vez que tanto no caso de medições com ou sem carga solar direta, é justamente o valor obtido no Tbn que oferece a maior contribuição à formação do valor do IBUTG.

Convém relembrar que:

a) Para ambientes internos ou externos sem carga solar,
IBUTG = 0,7 Tbn + 0,3 Tg; e

b) Para ambientes externos com carga solar,
IBUTG = 0,7 Tbn + 0,2 Tg + 0,1 Tbs.

Onde Tg – temperatura de globo e Tbs – temperatura de bulbo seco.

É também "erro" frequente o indevido posicionamento da aparelhagem próximo a lugares mais aquecidos do que aqueles habitualmente ocupados pelo trabalhador ao longo de sua jornada, tais como as saídas de fornos, de seladoras a quente etc., sempre com o intuito de obter valores mais elevados do que aqueles a que o trabalhador do caso real estaria sujeito. Portanto, deve-se observar tal disposição e protestar quanto à sua consecução. Ao final deste capítulo trazemos registros fotográficos e fazemos comentários referentes a alguns destes casos.

Para a avaliação ambiental do agente ruído, comumente são tentados falseamentos de duas ordens, de acordo com a metodologia e respectivo equipamento utilizado para a sua avaliação, quais sejam:

a) Medidor de pressão sonora ou decibelímetro: a NHO 01 preconiza que a medição do ruído com a utilização deste equipamento seja realizada com a tomada ao nível do ouvido do trabalhador.

Comentário: Em razão da configuração do posto de trabalho ou da própria altura do trabalhador, este poderá estar protegido ou menos sujeito às ondas de energia sonora provenientes de seu entorno. Nesta situação, com a intenção de fraudar a medição efetua-se a elevação do decibelímetro para a captação dos ruídos de todo o ambiente, que em geral atingem valores maiores que aquele que seria alcançado ao nível do ouvido do operador graças aos efeitos resultantes do arranjo físico em seu entorno.

    b) Integrador de pressão sonora de uso pessoal ou dosímetro de ruído: a NHO 01, que complementa em aspectos específicos a NR 15, preconiza que para situações em que ao longo da jornada laboral ocorre grande variação da exposição do trabalhador ao ruído, ou seja, a exposições não uniformes e/ou não contínuas, de distintos valores em duração e intensidade, pelo que não homogênea a exposição, a avaliação do agente deve se dar com a utilização destes equipamentos.

Comentário: É "erro" também bastante comum a utilização de dosímetros com a finalidade de "amostrar" a exposição ao agente ruído de uma jornada, quando há claramente distintos regimes de exposição quanto aos níveis de ruído a que o trabalhador está sujeito.

Neste sentido, podemos citar o caso da inspeção que visava determinar a insalubridade de um auxiliar de limpeza ou de serviços gerais que em fração muito reduzida de sua jornada de trabalho circulava pela periferia da área industrial de uma fábrica para efetuar a higienização de sanitários e recolher o material servido destes por duas vezes ao longo do dia. O perito judicial quando da condução de sua visita técnica conduziu a medição junto ao trabalhador paradigma percorrendo os ambientes habituais da jornada, sem, contudo, observar a contribuição relativa dos distintos níveis de ruído dos diferentes ambientes. Assim, permanecendo por fração de tempo relativa no ambiente fabril mais do que no administrativo, onde no caso concreto o trabalhador passava a maior parte do tempo de sua jornada, apesar de utilizar protetor auricular de inserção, o perito, equivocadamente acabou por concluir pela insalubridade, por realizar a extrapolação da fração da jornada de trabalho efetivamente amostrada, como se tal se desse de modo uniforme por toda esta.

Vejamos graficamente o que tratamos para o caso concreto em comento:

    i) o uso do dosímetro é aplicável em exposições de elevada irregularidade, quando valores de pico não são suficientes e adequados para caracterizar a exposição ao ruído ocupacional ao ruído, tal como o que ocorre com motoristas de ônibus cuja cabine é aberta ao exterior. A representação do registro dos resultados desta medição (tempo × intensidade de ruído - dB) apresenta uma profusão de intensidades ao longo da jornada;

Conhecimentos Gerais

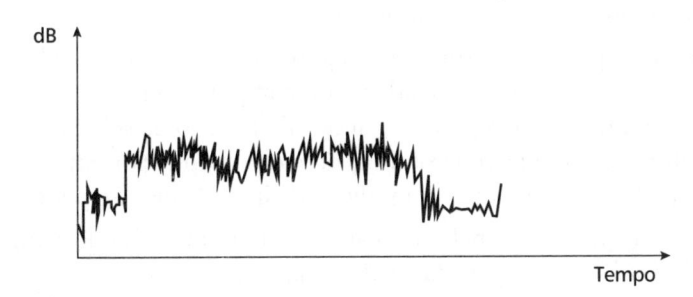

Figura 1.4 Exposição ocupacional a ruídos não uniformes ao longo da jornada.

ii) reparem que, para o registro em análise, ao início e ao final da jornada de trabalho existem depressões ou reduções da intensidade de exposição, o que, sem dúvida, contribuirá para a redução do valor global apurado pelo dosímetro caso ele seja utilizado por toda a jornada, caracterizando-a integralmente. Do contrário, se não forem considerados os distintos perfis de exposição, poderá haver o falseamento (em favor ou em desfavor de determinado interesse). Imaginemos que a fração amostrada se restringisse apenas ao período decorrido na primeira depressão do gráfico. A conclusão alcançada seria de que o valor equivalente à dose amostrada seria bem menor do que a verdadeira exposição. Por outro lado, se a dosimetria compreender apenas um período de elevados em relação à jornada integral, o resultando alcançado, em senso contrário – mas também igualmente equivocado – será de que o nível de ruído equivalente extrapolado para toda a jornada em função da dose amostrada será bem superior à condição real.

Pelo acima exposto, fica nítida a necessidade da estreita observância dos perfis de exposição ao longo da jornada, para que não haja falseamento dos níveis de ruído a que o trabalhador estará sujeito, quando utilizada a dosimetria para tal fim.

A base legal para a utilização das **NHO da FUNDACENTRO**, em caráter suplementar e preferencial ao tratado na Norma Regulamentadora (NR) nº 15, anexo 1, visto tratar de procedimentos específicos, é o Decreto nº 4.882, de 18 de novembro de 2003, que explicita, categoricamente, em seu § 11, abaixo transcrito, que:

"As avaliações ambientais deverão considerar a classificação dos agentes nocivos e os limites de tolerância estabelecidos pela legislação trabalhista, bem como a metodologia e os procedimentos de avaliação estabelecidos pela Fundação Jorge Duprat Figueiredo de Segurança e Medicina do Trabalho – FUNDACENTRO."

Quando ocorrerem situações como as relatadas neste capítulo, mais que considerarmos inconsistentes as avaliações decorrentes, estas devem, em razão de sua própria essência, ser consideradas nulas, posto que, intencionalmente ou não, são falsas, não refletem a verdade a respeito dos fatos.

Ademais do que até aqui tratamos, veja-se o que discorremos sobre os deveres e princípios ou fundamentos norteadores do comportamento e da ação de todos aqueles que tomam parte em processos judiciais, bem como sobre o crime de falsa perícia e sobre a substituição de peritos, no capítulo anterior em que apresentamos "Considerações sobre a perícia judicial de insalubridade e periculosidade".

Por fim, à guisa de conclusão, cabe-nos reiterar o dito latino que diz: *Falsum quod est, nihil est.* (O que é falso, de nada vale!).

Sugestões de leitura

BRASIL. Novo Código de Processo Civil (NCPC) – Lei nº 13.0105, de 16 de março de 2015.

BRASIL. Código Penal Brasileiro (CPB) – Decreto-lei nº 3.914, de 9 de dezembro de 1941.

BRASIL/CONMETRO. Resolução nº 11, de 12 de outubro de 1988.

BRASIL. Decreto nº 4.882, de 18 de novembro de 2003.

BRASIL/MTE/FUNDACENTRO. Norma de Higiene Ocupacional nº 01. *Procedimento Técnico – Avaliação de Exposição Ocupacional ao Ruído*. Brasília: 2001.

FUNDACENTRO. Sítio institucional. Disponível em: <www.fundacentro.gov.br>.

	Comentário: campânula do termômetro de bulbo úmido, que deveria estar completamente preenchida com água, está recoberta com material isolante (isopor), o que impedirá a atuação da umidificação na redução da temperatura que deveria ser corretamente registrada se tal ocorresse.	Não se trata de mero equívoco, mas de erro intencional. A equação de cálculo do IBUTG em ambientes internos é composta pela contribuição da medida obtida junto ao termômetro de globo e ao termômetro úmido ($0{,}3\,Tg + 0{,}7\,Tbn$).
 	Comentário: o pavio de umidificação está roto e não recobre por completo a haste do termômetro "úmido", o que impedirá a atuação da umidificação na redução da temperatura que deveria ser corretamente registrada se tal ocorresse, além de favorecer o seu aquecimento.	Não se trata de mero equívoco, mas de erro intencional. Pois, como acima explicitado, quanto maior for a temperatura do "termômetro úmido", maior o IBUTG, logo a potencialidade de insalubridade.

Conhecimentos Gerais

● Quanto custa um acidente?

Quanto representará para uma empresa, em termos monetários, o acidente, a doença profissional ou o sinistro de qualquer natureza ocorrido com um de seus funcionários? Será que as empresas têm a real noção de que as perdas monetárias causadas por estes vão além do custo de substituição do trabalhador e do custo previdenciário? Afinal, o que forma e qual a relação custo-benefício da implantação de um sistema de gerenciamento de riscos de caráter preventivo?

Para responder devidamente a essas perguntas, há a necessidade de compreendermos a real extensão do dano causado por um evento indesejado.

Os primeiros estudos sobre os aspectos econômicos da segurança do trabalho datam do final da década de 1920. H. W. Heinrich definiu os custos dos acidentes como formados por custos diretos (Cd), também designados como custos segurados (assistência médica, indenizações e encargos acessórios de gestão) – cobertos pelo prêmio do seguro –, e indiretos (Ci) ou não segurados. Estes últimos representariam o tempo perdido pelo acidentado e pelos demais trabalhadores, bem como os recursos demandados para a adequada investigação do sinistro, o tempo despendido na seleção e formação de um substituto, decréscimos no volume e na qualidade da produção pela queda do moral dos companheiros do acidentado que resultariam perdas comerciais, atingindo, inclusive, a imagem da empresa.

Dessa forma, para Heinrich, os custos totais relacionados ao evento poderiam ser expressos como: $Ct = Cd + Ci$.

Em seus estudos, buscou estabelecer uma relação entre Cd e Ci, estabelecendo uma relação linear ($Cd = amCi$), onde o valor definido entre estes foi de 1:4. Ou seja, que os custos diretos representavam apenas a quinta parte dos custos totais (ou perdas monetárias) causados por um acidente. Pode-se, então, dizer que, para esse modelo, a maior parte dos custos de um acidente era representada por variáveis de difícil mensuração e, por conseguinte, quantificação.

Entre os anos de 1945 e 1970, Roland P. Blake realizou diversos estudos em empresas e encontrou proporções que variavam desde 1:1 a 1:8, o que dava sustentação ao valor médio sugerido por seu antecessor.

Em continuidade, Heinrich expandiu o conceito de acidente, trazendo para a análise o levantamento dos acidentes sem lesão. Dessa forma, deu início a uma forma bastante peculiar de apresentação dos danos causados por acidentes em uma organização. A expressão na forma de pirâmides de gravidade representa a relação entre as lesões incapacitantes, de menor gravidade ou não incapacitantes, e os acidentes sem lesão, em quantidades. Em suas investigações encontrou a relação 1:29:300, em que, para cada lesão incapacitante, ocorriam 29 não incapacitantes e 300 acidentes sem lesão.

- Lesão incapacitante — 1
- Lesões não incapacitantes — 29
- Acidentes sem lesão — 300

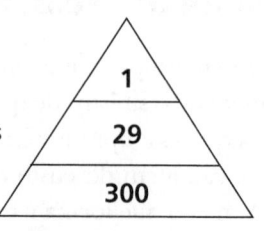

Figura 1.8 Distribuição relativa da gravidade de lesões nos acidentes ocupacionais.

Partindo desses estudos, na década de 1960, Frank Bird Jr. Formulou sua teoria de controle de perdas e, após exaustiva pesquisa, encontrou a relação 1:100:500. Incluiu em sua análise, caracterizando como acidentes sem lesão pessoal, aqueles em que ocorressem danos puramente à propriedade. Ao final dessa mesma década, um novo estudo patrocinado pela *Insurance Company of North America* refinou o trabalho de Bird, alcançando uma relação mais precisa, na qual desdobrando a pirâmide resultou a relação 1:10:30:600.

- Acidente com lesão grave
- Acidente com lesão leve
- Acidente com dano à propriedade
- Acidente sem lesão ou danos previsíveis

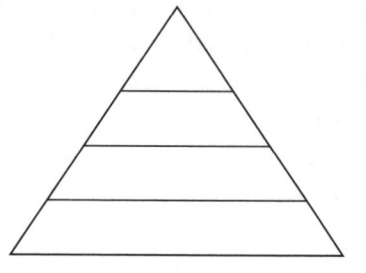

Figura 1.9 Diagrama de Bird.

Em 1962, no *Journal of the American Sociecty of Safety Engineers*, Morris B. Wallach expôs sua teoria sobre contabilização do custo do sinistro laboral, tomando como base cinco fatores intervenientes na produção: mão de obra, maquinaria, instalações, material e tempo.

Mais tarde, partindo desse mesmo princípio, Diego Andreoni formulou como custo dos acidentes os gastos ou perdas que destes resultam, como:

$Ct = Cfp + Cfs + Cvp + Cvs + Cl + Cm + Ce$, onde:

Ct – custo total do acidente;

Cfp – custo fixo de prevenção;

Cfs – custo fixo de seguros sociais;

Cvp – custo variável da prevenção;

Cvs – custo variável dos seguros;

Conhecimentos Gerais

Cl – custo associado às lesões;

Cm – custo por perdas materiais, de maquinaria ou de equipamentos;

Ce – custos eventuais ou excepcionais.

J. Fletcher prosseguiu o trabalho de Bird. Em 1970, propôs programas de controle total de perdas com o objetivo de minimizar todas as oportunidades que pudessem interferir ou comprometer o funcionamento do sistema homem-máquina-ambiente. Em 1979, Skiba, com base em um estudo realizado na Alemanha, propôs uma nova hierarquia que incluía um novo elemento – os *Quase acidentes* (ainda que em estimativa) –, de onde surgiu uma nova relação entre as frequências de ocorrência dos efeitos mais graves e dos demais efeitos decorrentes de um acidente:

- Acidente mortal
- Acidente com 3 ou mais dias de afastamento
- Acidente com até 3 dias de afastamento
- Acidente sem afastamento (exceto o dia do ocorrido)
- Acidente só com primeiros socorros
- *Quase acidentes*

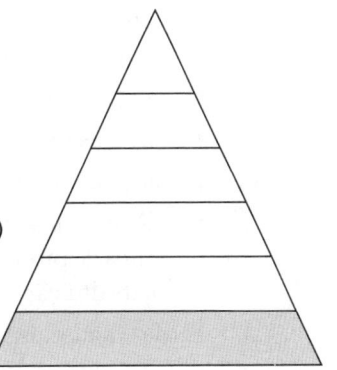

Figura 1.10 Pirâmede de Bird – modelo refinado.

Os modelos em questão servem para atestar a importância dos pequenos acidentes ou de menor gravidade – muitas vezes negligenciados – para a formação do custo global do sistema de prevenção, representando parte tão importante em sua composição quanto os de menor gravidade.

Em meados dos anos 1970, a partir de estudos desenvolvidos por Willie Hammer, a serviço da Força Aérea e do Programa Aeroespacial Norte-americano, desenvolveu-se a Engenharia de Segurança de Sistemas, trazendo em seu bojo a ideia da necessidade da visão sistêmica de prevenção aplicada a um complexo de partes ou componentes, a exemplo de naves e aeronaves. Esse conceito foi bem aceito pelos especialistas da área e sua utilização vem sendo difundida desde então.

Para gerenciar o sistema de custos dos acidentes e estabelecer uma relação custo-benefício, devemos responder à seguinte questão: *Que elementos compõem cada uma das parcelas ou classes dos custos relacionados aos acidentes*, sejam estes com vítimas ou apenas com danos materiais?

As perdas, em sentido econômico, decorrentes do sinistro, podem ser agrupadas em:

a) Perdas por danos a pessoas:
- por indenizações a trabalhadores e a terceiros;
- pelo transporte (terrestre e aéreo, se for o caso) e cuidados médicos, inclusive hospitalares, cirúrgicos, internação e com medicamentos, durante todo o período demandado, devidos ao(s) acidentado(s);

b) Perdas relativas a aspectos legais:
- honorários advocatícios, de gestores e de peritos em causas trabalhistas;
- encargos empregatícios: horas-extras, adicional de férias, aposentadorias e demais despesas reflexas;
- encargos e sanções referentes a infrações relativas à saúde e segurança do trabalho;
- seguros públicos e privados;
- perdas previstas em demais contratos etc.;

c) Perdas em equipamentos:
- Resultantes de danos causados à maquinaria, ferramentas, gabaritos de produção e instalações (relativos, por exemplo, ao reparo, substituição e perda de valor de revenda ou residual);

d) Perdas materiais:
- danos ocorridos com as matérias-primas, em processamento, produtos acabados ou semiacabados;
- perdas de fluidos (óleo, água, vapor etc.) ou outros produtos de uso indireto na produção;
- por danos à edificação ou a componentes de sua estrutura;

e) Perdas produtivas:

e.1) No aspecto técnico:
- perda de uniformidade e o aumento da possibilidade de erros na produção;
- redução no rendimento produtivo;
- atrasos na produção e na entrega de produtos;

e.2) No aspecto humano:
- baixa no moral, na condição física e psíquica dos trabalhadores;

- possíveis dificuldades quando da reinserção laboral do acidentado – necessidade de reabilitação ou de mudança de função – assegurada por lei ao trabalhador;[36]
- perdas familiares decorrentes dos cuidados com o acidentado (por exemplo, alguém ter que deixar de trabalhar por certo período de tempo, com a respectiva perda dos rendimentos daquele familiar) e/ou a redução do rendimento familiar em termos econômicos (quando comparados os rendimentos do indivíduo ativo face ao seguro-acidente ou aposentadoria), que atinge, dessa forma, a própria empresa e outras empresas, vez que decresce o poder aquisitivo em sentido amplo;

f.1) Pelo(s) envolvido(s) no acidente:
- parada de produção e a demanda de um período de afastamento – ainda que mínimo – para a retomada do ritmo normal da condição de trabalho;

f.2) Por parte dos companheiros de trabalho:
- para socorro direto e indireto ao(s) envolvido(s);
- para informarem-se do ocorrido;
- por razões emocionais e de outras naturezas;

f.3) Por parte dos superiores hierárquicos:
- para socorro direto e indireto ao(s) envolvido(s);
- para restabelecer a normalidade e a ordem, bem como para a elaboração de relatos sobre o ocorrido;
- para selecionar e treinar o(s) substituto(s), quando necessário;
- para investigar o acidente e elaborar estratégias que visem evitar a reincidência do evento;
- para atender o(s) acidentado(s) e seus familiares;
- para acompanhar procedimentos legais e assessorar as decisões da empresa referentes a estes;
- pela redução da atenção ao desenvolvimento regular das atividades desempenhadas pelos demais trabalhadores;

g) Perdas de mercado:
- responsabilidade civil por fato do produto e outras atribuições da empresa em relação ao Código de Defesa do Consumidor;[37]

---

[36] Ver Leis nºs 8.212 e 8.213, de 24 de junho de 1991, versando sobre o custeio e os benefícios da Previdência Social.
[37] Lei nº 8.078, de 11 de setembro de 1990.

- indenizações e penalidades pelo não cumprimento de acordos estabelecidos;
- devoluções e reclamações dos clientes, quando não houver a perda da aceitação do produto por estes ou a busca por outros fabricantes e/ou fornecedores.

A estas se acrescentam as perdas de imagem sofridas pela empresa, de difícil mensuração e que, certamente, requerem um grande esforço e investimentos para a reversão. Por tudo isso, não resta dúvida em afirmar que é fundamental estabelecer todas as diretrizes de uma política de saúde e segurança integral que vise zero perda, introduzindo as ações necessárias ao seu atendimento nas atividades rotineiras da organização, de modo a assegurar a sua plena execução, limitando, assim, as oportunidades de acidentes a casos aleatórios, ou seja, a aqueles não previsíveis sob qualquer aspecto. Desta feita, em não havendo como determiná-los ou antecipá-lo, não haverá o planejamento prévio da organização no intuito de evitá-los, por mais remotas que sejam as chances de sua ocorrência.

Por fim, cabe chamar a atenção para a ordem de grandeza econômica que os acidentes do trabalho representam em uma sociedade, conforme Dwyer (2006:22) explicita em seu excelente texto, alertando que "calcula-se que o custo médio de todos os tipos de acidentes de trabalho nos países desenvolvidos corresponda a 4% do PIB anual".

Agora, em breve exercício de imaginação, tente dimensionar em quanto tais perdas importarão em cenários de subnotificação de acidentes do trabalho e de uma rudimentar cultura de prevenção e de adequação das condições de trabalho.

Sugestões de leitura

BONASTRE, Ramón et al. *Manual de seguridad y salud en el trabajo* – nuevos conceptos. Barcelona: Ariel, 1996.

CAVALCANTI, Flavio de Queiroz B. *Responsabilidade civil por fato do produto no Código de Defesa do Consumidor*. Belo Horizonte: Del Rey, 1996.

CORTEZ DIAS, José Maria. *Técnicas de prevención de riesgos laborales*. 2. ed. Madri: Tébar Flores, 1997.

DWYER, Tom. *Vida e morte no trabalho* – acidentes do trabalho e produção social do erro. Campinas: UNICAMP; Rio de Janeiro: Multiação, 2006.

HERRER, Jesús Bernal. *Formación general de seguridad e higiene del trabajo* – aspectos teóricos, prácticos y legales de la salud laboral. Madri: Tecnos, 1996.

MIGUEL, Alberto Sérgio R. S. *Manual de higiene e segurança do trabalho*. 4. ed. Porto: Porto, 1998.

NUNES, Luiz Antonio Rizzatto. *Curso de direito do consumidor*. 2. ed. São Paulo: Saraiva, 2005.

Conhecimentos Gerais

> Assista a um vídeo do autor sobre *Repercussões do Acidente de Trabalho*.
>
> uqr.to/ckqm

● Seguros na indústria

Uma das maiores preocupações do setor produtivo é a ocorrência de um evento ou sequência de eventos de tal magnitude capaz de comprometer a continuidade de suas atividades. Sinistros como incêndios, inundações e acidentes envolvendo trabalhadores, atingindo não apenas estes, mas as instalações, a maquinaria e o meio ambiente próximo ou circundante podem ensejar, além dos danos humanos, perdas materiais traduzidas em valores e imateriais, como imagem institucional e sentimentos alheios, de mais difícil mensuração. Enfim, prejuízos de diversas ordens podem trazer dificuldades financeiras para a atuação das empresas ou mesmo culminar com a ruína destas.

Eventos incertos e danosos aos projetos organizacionais podem ocorrer, com maiores ou menores probabilidades, e, por esta razão, fazem parte das expectativas regulares da empresa que, para Carvalho de Mendonça apud Almeida (2006:47), é

> *"a organização técnico-econômica que se propõe a produzir mediante a combinação dos elementos natureza, trabalho e capital, bens ou serviços destinados à troca (venda), com a esperança de realizar lucros, **correndo os riscos** por conta do empresário, isto é, daquele que reúne, coordena e dirige esses elementos sob sua responsabilidade".* (grifo nosso)

Explicita Castiel (1999:40-41) que risco dá a ideia da probabilidade de ocorrência indesejável (mesmo mórbida ou fatal) ou de medidas relacionadas à probabilidade de desfechos desfavoráveis. O sentido probabilístico pode, então, ensejar a noção de algo não mensurável, incerto, subjetivo ou sujeito a algum grau de crença ou, ainda, uma incerteza mensurável por meio de técnicas probabilísticas com o intuito de objetivar ou racionalizar certa análise.

Os impactos negativos desses eventos podem ser de diferentes ordens. Algumas vezes, face aos valores envolvidos serem de pequena ou reduzida monta, as próprias empresas assumem por conta própria as possíveis perdas, constituindo ou não um fundo de reserva específico para tal fim. Outras vezes, em se tratando de valores de maior monta, é preferível transferir a terceiros parte deste risco, quando não for possível ou interessante suportarem sozinhas as consequências do sinistro. As empresas cuja atividade precípua é receber para si os riscos patrimoniais de outras empresas são as seguradoras. O seguro é o contrato que estabelece a transferência desses riscos. A distribuição de riscos comuns entre um conjunto de empresas e a concretização dos eventos indesejados junto a apenas uma fração destes cotistas resulta nesta contratação por valores menores de que seria exigido para suportar integralmente seus efeitos. Desta feita, fica o patrimônio das empresas liberado para outras finalidades.

Infelizmente, nem todos os riscos podem ser transferidos. Para que haja interesse da seguradora, é necessário que o risco responda à regularidade estatística e apresente uma previsibilidade. Estes riscos com comportamento estatístico conhecido são o que chamamos de ordinários e fazem parte de nossas atividades regulares, numa ordem econômica e social estabelecida que traz em si certa segurança. Por sua natureza imprevisível em consequências materiais e econômicas, bem como por sua ocorrência associada a eventos extraordinários ou catastróficos, muitos destes riscos causados pela ação humana (rebeliões, guerras, revoluções, terrorismo etc.) ou pela ação da natureza (enchentes, terremotos, erupções vulcânicas etc.) são, a princípio, inasseguráveis, sendo riscos excluídos das apólices comuns. Todavia, estas podem, de acordo com tarifas especialmente elaboradas para tal fim, ser contratadas em caráter adicional. De certo, a imprevisibilidade desta sinistralidade ou a possível intencionalidade de atos fraudulentos visando obter ganhos decorrentes do seguro perfazem valores mais elevados a serem contratados.

Reconhecendo a importância dos seguros para a manutenção das atividades empresariais e para a sociedade em geral, ressalta Buranello (2006:17-18):

> *"o setor seguros tem um papel altamente relevante nas economias modernas, contribuindo para o crescimento econômico e preservando o acervo patrimonial de uma sociedade (...) contribuindo na formação de capital e das forças produtivas, na defesa econômica contra o risco. Dando segurança às pessoas e às sociedades, resguardando a produção, promovendo a circulação e a distribuição de riquezas, possibilitando a geração de crédito, reforçando, enfim, a economia nacional".*

Não é de se estranhar que a atividade securitária tenha destacada intervenção estatal, estando as seguradoras sujeitas a rigoroso controle, em razão dos impactos potenciais e dos interesses associados. Outrossim, neste mesmo sentido, a legislação nacional institui, entre outros, seguros obrigatórios relativos a incêndio e transporte de bens pertencentes a pessoas jurídicas.

Quando os valores envolvidos no seguro ultrapassam a capacidade de retenção ou reserva financeira de uma seguradora, esta é obrigada, de acordo com a legislação nacional, a realizar um compartilhamento do risco em associações de seguradoras, o cosseguro, e, por vezes, o seguro deste seguro, o resseguro, que funciona como uma cadeia de seguros. Estas estratégias visam preservar a estabilidade do sistema securitário e garantir a liquidação do sinistro ao segurado. Ou seja, de assegurar que os valores relacionados às indenizações poderão ser cobertos e estarão prontamente disponíveis quando requeridos.

Os cidadãos podem contar com dois tipos de seguros: o seguro social e o seguro privado. O seguro social é aquele em que o Estado se apresenta como segurador, gerindo determinados riscos que, em razão de sua natureza intrínseca, assume. Por sua vez, seguros privados são todos aqueles contratados em consonância com as regras de mercado. Podemos dizer que, sem dúvida, os seguros sociais também atendem a interesses empresariais: auxílio-doença ou por acidente, aposentadoria por invalidez, pensão por morte acidental e, ainda, os gastos com a reabilitação profissional, como resultantes do seguro de acidentes do trabalho (calculado em alíquotas de 1%, 2% ou 3% sobre o faturamento das empresas, segundo o risco que sua atividade oferece aos seus trabalhadores).

Seguindo a mesma regra de formação de um fundo único com as contribuições de cada segurado (empresas e trabalhadores, no caso), o seguro social constitui-se, entre outras prestações do Estado, como uma cobertura recíproca em situações decorrentes de acidentes pessoais com afastamentos temporários e permanentes, seja por invalidez ou morte. Desta forma, a "saúde" do seguro social está diretamente ligada às ações e projetos relacionados à melhoria das condições de trabalho, relacionadas às questões de saúde e segurança no trabalho. Ou seja, os investimentos e resultados neste sentido contribuem decisivamente para ganhos compartilhados por toda a sociedade. Assim, o próprio Estado traça políticas relacionadas à temática, além de desenvolver estudos e campanhas de conscientização quanto ao assunto. Daí, por exemplo, decorre a importância da adequada notificação de acidentes e doenças do trabalho pelo sistema nacional de saúde. Segundo dados do Instituto Nacional do Seguro Social (INSS), benefícios acidentários e aposentadorias especiais alcançam anualmente cifras de alguns bilhões de reais. É incontestável dizer que prevenir é o grande negócio!

Inúmeros eventos com danos ambientais têm demonstrado que o gerenciamento das operações deve estar em estreita relação com as diretrizes e políticas de gestão de riscos. Em geral, os sinistros ambientais, em razão de sua natureza extraordinária, são segurados de maneira limitada às despesas com medidas de emergência, não sendo cobertas despesas de danos continuados (o que os tornaria ordinários), o que descaracteriza o que as seguradoras chamam de "poluição súbita". Igualmente, em regra, não são cobertas pelo seguro multas impostas pelas autoridades, cujos valores não podem ser previamente determinados para o seu adequado suprimento.

A contratação de seguros estimula as partes envolvidas, contratada e contratante, a avaliar com cuidado a extensão dos riscos a proteger, o que requer uma cuidadosa análise preliminar dos riscos, seguida de criteriosa vistoria daquilo que se pretende segurar, para que nenhuma destas venha a dimensionar de maneira equivocada os valores pertinentes, trazendo prejuízos a esta ou àquela, no caso da concretização do sinistro.

Assim como as seguradoras exigem condições mínimas para aceitarem contratar seguros para unidades industriais no que diz respeito ao estado ou condição das edificações, maquinaria e instalações, a construção de novas unidades ou a reorganização espacial, bem como melhorias físicas e de gerenciamento de processos daquelas já existentes podem trazer economia no prêmio de seguros. A vistoria ou inspeção das condições vigentes é direito assegurado ao segurador previamente à aceitação da contratação ou durante a sua vigência.

Os prêmios, que são as quantias pagas pelo segurado às seguradoras, têm como fatores de cálculo, entre outros, os valores contratados, a cobertura estabelecida ou riscos aceitos e a franquia, que é a parcela de risco assumida pelo próprio segurado, como parte das despesas referentes à indenização a que fará jus caso o evento indesejado se concretize. A apólice é o documento que formaliza o contrato e suas condições, incluindo cláusulas de regulação, muitas destas de caráter obrigatório por força da lei. Ou seja, formaliza a aceitação da cobertura solicitada.

Chama-se sinistro a concretização do risco ou do evento indesejado, ensejando, de imediato, a comunicação de sua ocorrência ao segurador, para que sejam iniciadas as tratativas pertinentes para a sua cobertura ou indenização, dentro do limite contratado, correspondendo ao valor integral ou parcial do objeto do seguro, quando este objeto se tratar de um bem material. É importante observar que, em alguns casos, a indenização será feita com base em valores de mercado, ou seja, não estabelecidos *a priori*, o que deve ser observado atentamente quando apresentada a proposta para a sua contratação.

Seguros de vida, de saúde, de instalações e da maquinaria em geral estão entre aqueles que podem ser contratados junto a seguradoras. Maiores informações sobre seguros podem ser buscadas nos sítios da Superintendência de Seguros Privados (SUSEP) (<www.susep.gov.br>), do Ministério da Previdência e Assistência Social (<www.mpas.gov.br>) e do Instituto de Resseguros do Brasil S.A. (IRB Brasil RE) (<www.irb-brasilre.com.br>), além daqueles de seguradoras privadas.

Sugestões de leitura

ALMEIDA, Amador Paes de. *Curso de falência e recuperação de empresa*. 22. ed. São Paulo: Saraiva, 2006.

MARTINS, João Marcos Brito. *Direito de seguro*: responsabilidade civil das seguradoras. 2. ed. Rio de Janeiro: Forense Universitária, 2004.

BURANELLO, Renato Macedo. *Do contrato de seguro*: o seguro garantia de obrigações contratuais. São Paulo: Quartier Latin, 2006.

CASTIEL, Luis David. *A medida do possível... saúde, risco e tecnobiociências*. Rio de Janeiro: Contracapa/FIOCRUZ, 1999.

CHINAGLIA JR., Arlindo et al. *Previdência Social no Brasil*. São Paulo: Fundação Perseu Abramo, 2003.

GUIMARÃES, Antônio Márcio da Cunha. *Contratos de seguros internacionais*. São Paulo: Revista dos Tribunais, 2002.

Conhecimentos Gerais

ROCHA, Janes. *Guia Valor Econômico de Seguros*: pessoas e bens. São Paulo: Globo, 2003.

WALD, Arnoldo. *Obrigações e contratos*. 16. ed. São Paulo: Saraiva, 2004.

● Ações administrativas voltadas à segurança do trabalho[38]

Muito além das imposições legais e das atribuições que estas lhes imputam, os administradores podem contribuir sobremaneira para desenvolver o hábito da segurança do trabalho em suas organizações. Criatividade, sensibilidade e um pouco de conhecimento do comportamento humano podem significar importantes contribuições para este fim.

As organizações nada mais são do que um complexo sistema sociotécnico. Então, compreender a formação, a existência e a dinâmica da organização formal e informal dos grupos de trabalho, bem como conhecer o potencial dos recursos físicos e tecnológicos, obtendo um equilíbrio entre os interesses desses grupos que convivem lado a lado – as necessidades psicológicas e sociais dos trabalhadores e as pressões e necessidades tecnológicas do ambiente – com ótima economia e eficiência, são tarefas a cargo dos gestores dessa organização.

Em realidade, há todo um conjunto de ações que podem ser realizadas, a um baixo custo, para mudar os costumes e as tradições que fazem parte do dia a dia dos trabalhadores de uma empresa. Esse processo, visando instaurar uma nova cultura nas pessoas e, por consequência, na organização, deve iniciar-se ainda na seleção e contratação de pessoal. Aptidões, habilidades e valores podem ser levantados, ainda que de maneira preliminar, por meio de uma breve entrevista. Durante a fase de introdução do novo funcionário no trabalho, a percepção que ele tiver do ambiente – físico e social – onde permanecerá significativa parte de seu dia o influenciará sobre como comportar-se no cotidiano. Por isso, aspectos como ordem, limpeza e asseio pessoal, bem como a própria organização e utilização dos espaços por meio de um *layout* adequado, frequentemente relegados a um plano inferior, são importantes. Muitas empresas têm trabalhado estes e outros aspectos. Encontramos ambientes compartilhados – sem divisórias – o que facilita a comunicação e a integração, com iluminação especial e, até mesmo, com música ambiente, entre outros detalhes objetivando "humanizar" os locais de trabalho que poderíamos destacar.

A sistemática de apresentação e de fornecimento de informações tem grande influência sobre o comportamento do trabalhador diante da tarefa. Informações verbais tendem a permitir interpretações distorcidas, que vão modificando-se com o passar do tempo e dependem muito da memória daquele que as recebe.

---

[38] Com a colaboração dos alunos da disciplina *Condições de Trabalho e Meio Amb*iente, do período 1/98.

Para evitar problemas dessa ordem, é desejável que sejam disponibilizadas, por escrito, as instruções que orientarão a execução das tarefas. Devido ao baixo nível de escolaridade dos trabalhadores de nossa região, e também buscando facilitar a interpretação e o aprendizado do conteúdo dessas informações, ao redigir procedimentos, manuais, ordens de compras e de serviço e demais documentos de caráter orientativo, o administrador deverá ter cuidados ao trabalhar com os conceitos e não prender-se aos termos e outras "tecnicidades" comumente encontradas nesses escritos, que dificultam a interpretação por parte dos trabalhadores. A linguagem deverá conter, sempre que possível, o uso de sinalizações (cores e formas) no ambiente de trabalho e ser exemplificativa.

A realização de um acompanhamento social, objetivando perceber o indivíduo por trás da máquina e das máscaras de isolamento que alguns fazem questão de manter, pode trazer resultados surpreendentes. Verificar a integração interpessoal, o nível de satisfação no trabalho, a qualidade de vida fora do trabalho (a distância da moradia ao trabalho, o transporte daquela para este, as condições de alimentação e repouso, o suporte da família enquanto o trabalhador está fora do lar, se há necessidade de complementação de renda em outra atividade remunerada etc.) são elementos que podem fornecer subsídios para o gestor interpretar os atrasos e o absenteísmo, além de propiciar fundamentos para a formulação de uma política de benefícios e de remuneração variável.

Quando da introdução de novatos na função, o treinamento em situação real é por demais importante. A observação de seu comportamento nessa situação pode propiciar ao administrador a visão de suas ações e reações quando solicitadas no dia a dia da empresa e, dessa forma, o estabelecimento de planos que busquem melhorar e adequar seu desempenho. Entretanto, ainda não é comum, na maior parcela das organizações brasileiras, a introdução do trabalhador na função por meio de treinamentos que incluam, entre outros aspectos, o desempenho da tarefa com segurança. Dispensar alguns minutos ou mesmo alguns dias para a instrução sobre como ser mais produtivo, ter qualidade superior na tarefa executada e como não se expor de maneira desnecessária a riscos que podem ser evitados por medidas de certo modo simples, parece não ter lugar em face da imperiosa necessidade de ter produção antes e acima de qualquer outro interesse.

Também não é comum a promoção de ações educativas que propiciem hábitos saudáveis entre os trabalhadores. Questões como bebida, fumo, repouso, alimentação, higiene pessoal e uma variada gama de assuntos cujo debate interno na empresa traria a reflexão e, por intermédio desta, a possibilidade de ganhos pessoais e coletivos não fazem parte do planejamento administrativo. O que percebemos na maioria das organizações é um imenso distanciamento entre as pessoas de todos os setores e níveis, ou seja, as pessoas não se conhecem, o que resulta em uma desarmonia de percepções e até mesmo de valores e interesses. Ao contrário de existirem equipes ou grupos de trabalho, temos, de fato, coletividades que compartilham um mesmo espaço ou ambiente de trabalho.

Conhecimentos Gerais

Enfim, as pessoas não se conhecem. Então, promover a adequada integração, não apenas para satisfazer às campanhas oficiais, poderá traduzir-se como significativa vantagem competitiva da organização.

A atividade de prevenção pode e deve estar sempre presente nas atividades acessórias de produção – manutenção, compras e escolha de fornecedores etc. Ferramentas e materiais de má qualidade somente serão utilizados na produção porque foram adquiridos, valem dinheiro e, por isso – como pensam alguns –, têm que necessariamente ser usados. Produtos de baixa qualidade podem trazer maior prejuízo para a empresa por seu uso do que pelo próprio valor de aquisição. O custo humano ou material – máquinas, ferramentas ou matéria-prima – causado por um acidente pode ser muitas vezes superior a esse valor investido inadequadamente. Por sua vez, a correta manutenção deverá trazer a confiabilidade e a disponibilidade do uso das máquinas e dos sistemas. Por isso, é importante que também seja alvo de um planejamento minucioso e tão profissional quanto os demais setores da empresa.

É imprescindível ao bom administrador escutar, conhecer as várias opiniões emitidas no ambiente de trabalho sobre as condições e as necessidades para realizá-lo. Ao ouvir, poderá despertar para fatos e situações que até então não lhe estavam à mostra. Saber como executar as tarefas também é importante, pois lhe confere a capacidade de sentir e ter a sensibilidade para captar as percepções e cognições tão próximas quanto possível daquele que lhe apresenta a informação ou mesmo para ir além do que lhe é apresentado.

Outra forma de atuação dos trabalhadores com o apoio dos gestores da organização pode dar-se pelo estabelecimento de grupos de melhoria da segurança ou Círculos de Controle de Segurança (CCS), que funcionariam de modo semelhante aos CCQs, como grupos de caráter permanente, que se reúnem regularmente com o intuito de discutir e buscar soluções para os problemas relacionados à segurança nos diversos setores da empresa. As sugestões e as ideias daqueles que estão mais próximos da problemática apresentada podem dar contribuições mais apropriadas para saná-la. Não é raro, por meio dessas sugestões, o desenvolvimento de acessórios e de outros instrumentos que propiciem maior segurança e produtividade para o trabalho, entre outras possibilidades da atuação participativa desses grupos.

Por outro lado, ações rotineiras relativas às orientações quanto ao uso adequado de ferramentas, à não improvisação e aos riscos associados ao mau uso destas também devem fazer parte dos cuidados do gestor na organização. A ideia de que um "jeitinho" poderá facilitar ou apressar a execução de determinada atividade ainda é bastante comum no estereótipo comportamental do trabalhador, ou, melhor dizendo, do cidadão brasileiro. Creio que seja dispensável falar sobre o que poderá advir dessas "improvisações".

As particularidades inerentes à natureza do trabalho a ser realizado devem orientar os cuidados e as ações específicas quanto à segurança durante sua realização. Por exemplo, no caso de trabalho em hospitais, a necessidade de controle da infecção hospitalar que pode trazer prejuízos à saúde dos pacientes, visitantes das mais diversas ordens – parentes dos pacientes, representantes etc. – e dos próprios trabalhadores desse ambiente – médicos, enfermeiros, assistentes sociais, estudantes, entre outros. O planejamento e a execução das ações devem processar-se de maneira integrada, pois, se ocorrer qualquer falha em qualquer dos segmentos, os demais também poderão ser atingidos, independentemente de terem cumprido, satisfatoriamente ou não, as ações preventivas que lhes cabiam nesse sistema.

A avaliação contínua do ambiente de trabalho e da forma como ele é realizado, por meio de visitas não programadas aos diversos espaços da organização, pode traduzir-se numa forma barata e profícua de levantamento e de monitoração da condição de trabalho. A verificação do desempenho individual e do papel das equipes, levantando as diversas ocorrências, também pode indicar necessidades de intervenção.

A principal tarefa a ser buscada pelo administrador é, antes de tudo, preparar a organização para uma cultura voltada para a segurança. Conhecimentos técnicos e criatividade são os requisitos básicos indispensáveis para que esse objetivo seja satisfatoriamente atingido em termos de prazo, custo e efetividade. Trabalhar as lideranças, tornando-as parceiras e promotoras dessa cultura, é um ponto fundamental desse processo. Estimular a cooperação entre as pessoas e as equipes e promover a educação em termos de segurança é o passo inicial desse processo.

Monotonia e estresse sempre estarão presentes em quaisquer atividades humanas, sejam estas profissionais ou não. Minimizar essas possibilidades de desgaste, seja ele físico, emocional ou de qualquer outra ordem, para propiciar a maximização do potencial de cada ser, é papel do administrador. Em resumo, a correta valorização do ser humano, observada a individualidade traduzida em potencialidades e necessidades, entre outras particularidades que podem variar em função de idade, sexo, experiência etc., é dever do gestor que deseja fazer de sua organização um lugar melhor para si e para aqueles com os quais convive.

Sugestões de leitura

ATLAS. Manuais de Legislação. *Medicina e segurança do trabalho*. 79. ed. São Paulo: Atlas, 2017. v. 16.

AYLIFFE, G. A. J. et al. *Controle de infecção hospitalar*: manual prático. Rio de Janeiro: Revinter, 1998.

BISSO, Ely Moraes. *O que é segurança do trabalho*. São Paulo: Brasiliense, 1990. (Coleção primeiros passos).

COHEN, Ernesto et al. *Avaliação de projetos sociais*. Petrópolis: Vozes, 1993.

FRANÇA, Ana Cristina Limongi et al. *Stress e trabalho*: guia básico com abordagem psicossomática. São Paulo: Atlas, 1997.

HELOANI, José Roberto. *Organização do trabalho e administração*: uma visão multidisciplinar. São Paulo: Cortez, 1994.

2
Conhecimentos Técnicos

● Ergonomia: considerações iniciais

O que é ergonomia? É o termo designativo da aplicação multidisciplinar de conhecimentos que trata de uma série de cuidados que envolve o homem e as particularidades inerentes a cada tarefa que realiza na condição de trabalho, observadas as características e limitações individuais. Para tanto, esse trabalho deve ser entendido em sua forma mais ampla, não apenas relacionado ao esforço físico, mas em todas as suas dimensões. Só assim serão plenamente atingidos os objetivos de potencializar os resultados desse trabalho e de minimizar os esforços, o desgaste e os possíveis danos à integridade da saúde humana provenientes dessa condição.

Ainda pouco conhecida do público em geral, a *ergonomia* vem assumindo papel de destaque crescente na concepção de modernos ambientes de trabalho, que envolvem a relação do homem com as diversas tecnologias presentes nesses ambientes e as necessidades de qualidade, de produtividade e de redução de custos inerentes à produção.

No *Dicionário crítico sobre trabalho* e *tecnologia*,[1] publicado pelas Editoras Vozes e da UFRGS, a *ergonomia* recebe destaque às p. 69-76. Cabe ressaltar os dois critérios com base nas quais os verbetes constantes do dicionário foram selecionados, conforme extraídos da apresentação da obra:

i. *"Os 50 verbetes [...] sem os quais é impossível referir-se às várias dimensões do mundo do trabalho."*

---

[1] CATTANI, Antonio David (Org.) *Trabalho* e *tecnologia:* dicionário crítico. Petrópolis: Vozes; Porto Alegre: UFRGS, 1997.

ii. *"Como segundo critério de seleção buscaram-se aqueles termos e conceitos [...] que traduzem as novas percepções sobre o mundo do trabalho."*

É sobre a *ergonomia*, de importância inconteste nos dias atuais, e sobre a potencialidade de seus benefícios que trataremos nas próximas páginas.

Ergonomia: a ciência do conforto humano, a busca do bem-estar, a promoção da satisfação no trabalho, a maximização da capacidade produtiva, a segurança plena etc. São muitas as definições empregadas para expressar o conceito de ergonomia. Todavia, é consenso que seu objetivo é proporcionar ao homem condições de trabalho que lhe sejam favoráveis, com o intuito de torná-lo mais produtivo por meio de um ambiente de trabalho mais saudável e mais seguro, que solicite destes menores exigências e, por consequência, concorra para um menor desgaste, resultando, portanto, em menores oportunidades de danos à integridade de sua saúde.

Etimologicamente, *ergonomia* deriva de *ergos* – trabalho – e *nomos* – leis. Seria, então, a ergonomia o estudo das leis que regem o trabalho. Com esse significado, o termo foi utilizado pela primeira vez em 1857 na publicação intitulada *Ensaios de ergonomia*, pelo polonês Woitej Yastembowky. Posteriormente, em 1949, foi criada, na Inglaterra, a entidade pioneira na área: a – Ergonomics Research Society (ERS), com a proposição do termo *ergonomics* para expressar o estudo do relacionamento entre o homem e seu trabalho, em seu aspecto macro, e da solução dos problemas resultantes dessa relação. Em 1957, surge nos EUA a *Human Factors Society* e em 1961 a International Ergonomics Association (IEA). Em 1970, realizou-se, em Estrasburgo, Áustria, o I Congresso Internacional de Ergonomia, no qual foi definido o objeto da ergonomia:

> *"elaborar, com a contribuição das diversas disciplinas científicas que a compõem, um corpo de conhecimentos que, com uma perspectiva de aplicação, deve desembocar em uma melhor adaptação ao homem dos meios tecnológicos de produção e dos ambientes de trabalho".*

Em 1983, foi criada a Associação Brasileira de Ergonomia (Abergo),[2] entidade que congrega os profissionais nacionais com interesse na temática e que realiza encontros bienais para promovê-la por todo o Brasil. Em 1998, foi lançado o Núcleo de Ergonomia Aplicada do Recife (Near), cuja perspectiva é tornar-se o centro de referência estadual sobre as temáticas relacionadas à saúde e segurança do trabalho e correlatas, em convênio instituído com uma base formada na Universidade Federal de Pernambuco (UFPE), Centro de Reabilitação Profissional do Instituto Nacional do Seguro Social em Pernambuco (CRP/INSS)

---

[2] Para a Abergo, "a ergonomia objetiva modificar o processo de trabalho para adequar a atividade de trabalho às características, habilidades e limitações das pessoas com vistas ao desempenho eficiente, confortável e seguro".

e a Regional da Fundação Jorge Duprat Figueiredo de Saúde e Segurança do Trabalho (Fundacentro), além de uma série de organizações públicas e privadas.[3]

Conceitualmente, as aplicações da ergonomia dividem-se segundo o foco de sua intervenção. De acordo com a divisão tradicional, seus campos são: ergonomia de produto – que se ocupa da investigação e do projeto dos objetos e utensílios dos quais o homem se utiliza para realizar seu trabalho – e a ergonomia de produção – de caráter mais amplo, que investiga as condições segundo as quais o trabalho humano é realizado. Para alguns autores, a ergonomia também pode ser classificada segundo estratos dos elementos que caracterizam a relação do homem com seu trabalho. Assim, surgem a ergonomia geométrica, a ergonomia ambiental, a ergonomia temporal e a ergonomia das organizações. A concepção geométrica trata basicamente do estudo das formas e dimensões do ser humano e suas necessidades de espaço, bem como das repercussões daí decorrentes. A ergonomia ambiental ocupa-se dos fatores que constituem os ambientes térmico, acústico, eletromagnético, mecânico, visual e atmosférico. A ergonomia temporal, por sua vez, investiga a problemática das demandas do tempo incidentes sobre o bem-estar do trabalhador. A ergonomia organizacional analisa a evolução da organização em seus aspectos coletivos – sua estrutura, cultura, processos de comunicação, modelo de gestão, entre outros fatores.

Enfim, cabe à ergonomia, em uma incessante procura, buscar proporcionar ao homem o estreito equilíbrio entre si mesmo, o seu trabalho e o ambiente no qual este é realizado, em todas as suas dimensões. Cabe ainda compatibilizar limitações e capacidades, respeitando as diferenças individuais (sexo, idade, treinamento, compleição física etc.).

Sua intervenção pode se dar em três momentos na organização. Em primeiro lugar, numa intervenção de concepção, em que, antes da formulação de tarefas e da estruturação de um trabalho, a metodologia de análise ergonômica atua com um papel preventivo. É de menor custo e apresenta melhores resultados. Todavia, tem contra si o fato de exigir conhecimentos mais profundos e uma maior experiência por parte do ergonomista. Num segundo momento, uma vez já existindo a situação concreta, não estabelecida conforme critérios de adequação do trabalho ao homem, configura-se a intervenção corretiva na tentativa de solucionar ou, ao menos, minimizar os problemas detectados. O terceiro momento caracteriza-se pela necessidade de atuação proativa dos próprios trabalhadores como agentes de mudança e de melhoria da qualidade de vida no trabalho. É a ergonomia de conscientização ou de mudança que assume um papel fundamental no dia a dia das organizações como instrumento de acompanhamento da evolução do processo produtivo. Neste sentido, muitas organizações têm implantado

---

[3] Informações sobre os projetos em andamento e o desenvolvimento do Near podem ser obtidas no *site*: <www.ufpe.br/near>.

com sucesso "Comitês de Ergonomia", grupos permanentes que se reúnem de forma contínua e de acordo com uma programação de estudos definida, como parte de programas de ergonomia mais amplos.

Como "escolas" de ergonomia, destacam-se a Ergonomia Americana – também conhecida como *human factors* – e a Ergonomia Francesa. A escola americana investiga o trabalho na óptica do sistema homem-máquina, utiliza-se de conhecimentos de fisiologia e psicologia. Ao incorporar elementos de sociologia constituiu o que se denominou macroergonomia. Por sua vez, a escola francesa, a microergonomia, trata de investigar as relações do homem com o trabalho tomando como ponto central a análise homem-atividade, ou seja, a execução do trabalho propriamente dita. Usa como técnicas a análise ergonômica do trabalho e a antropotecnologia. Esta última se ocupa de estudar os impactos e as dificuldades de adaptação ocorridas quando da transferência de tecnologias diante das características bastante distintas entre as realidades de origem e de destino.

Sendo aplicada ao projeto de máquinas, equipamentos, sistemas e tarefas, a ergonomia encontra campo em todas as atividades humanas. Com larga aplicação nos sistemas industriais, avança no setor de serviços despertando interesses junto aos bancos, hospitais, escritórios e em ambientes de ampla utilização da informática (inúmeros são os estudos que se dedicam à investigação da interface em *softwares*), alcança notável destaque nas novas exigências dos produtos como, por exemplo, nas embalagens, e chega até o ambiente doméstico muitas vezes despercebida: barbeadores, panelas e escovas de dentes, além de móveis e controles remotos são resultantes de projetos de ergonomia não identificados como tal.

Quando surgiu ou foi feita a primeira intervenção em ergonomia? Qual a origem da ergonomia?

A ergonomia é tão antiga quanto a própria existência humana, pois surgiu da necessidade concreta. É essencialmente aplicada. Quando o homem percebeu que, com um tacape que se conformava bem à sua mão, poderia caçar e se defender melhor de predadores – animais e outros homens, embora não tivesse ideia do que fazia, sem notar ou saber, exerceu a ergonomia. Quando vemos nas ruas um gari que, para reduzir o seu cansaço ao final do dia, alonga o cabo de sua vassoura com um pedaço de cano, intuitivamente também exerce a ergonomia. E assim surgem boas soluções, especialmente com aqueles que conhecem em detalhes o que realizam, cujo conhecimento jamais deve ser desprezado.

Sugestões de leitura

BUSTAMANTE, Antonio. *Diseño ergonómico en la prevención de la enfermidad laboral*. Madri: Diaz de Santos, 1995.

DEJOURS, Christophe. *O fator humano*. Rio de Janeiro: FGV, 1997.

DUL, J.; WEERDMEESTER, B. *Ergonomia prática*. São Paulo: Edgard Blücher, 1995.

Conhecimentos Técnicos

FERNANDEZ-RIOS, Manuel et al. *Diseño de puestos de trabajo para personas com discapacidad*. Madri: Instituto de Migraciones y de Servicios Sociales, 1998.

FIALHO, Francisco et al. *Manual de análise ergonômica no trabalho*. Curitiba: Genesis, 1995.

FISCHER, Frida Marina et al. *Tópicos de saúde do trabalhador*. São Paulo: Hucitec, 1989.

GALLEGO, Santiago González. *La ergonomía y el ordenador*. Barcelona: Marcombo, 1990.

GRANDJEAN, Etienne. *Manual de ergonomia*: adaptando o trabalho ao homem. Porto Alegre: Artes Médicas, 1998.

IIDA, Itiro. *Ergonomia*: projeto e produção. São Paulo: Edgard Blücher, 1990.

LAVILLE, Antoine. *Ergonomia*. São Paulo: EPU, 1977.

MARIN, Santiago Pereda. *Ergonomía*: diseño del entorno laboral. Madri: Eudema, 1993.

ORTIZ, Lourdes Pérez. *Las necesidades de las personas mayores*: vejez, economía y sociedad. Madri: Instituto de migraciones y de servicios sociales, 1997.

SANTOS, Neri dos et al. *Antropotecnologia*: a ergonomia dos sistemas de produção. Curitiba: Genesis, 1997.

TORTOSA, Lourdes et al. *Ergonomía y discapacidad*. Madri: Instituto de migraciones y de servicios sociales, 1997.

UBIERNA, José Antonio Juncà. *Movilidad y transporte accesible*. Madri: Instituto de Migraciones y de Servicios Sociales, 1997.

VELÁZQUEZ, Francisco Farrer et al. *Manual de ergonomía*. 2. ed. Madri: Fundación Mapfre, 1997.

VERDUSSEN, Roberto. *Ergonomia*: a racionalização humanizada do trabalho. Rio de Janeiro: Livros Técnicos e Científicos, 1978.

WISNER, Alain. *Por dentro do trabalho*: ergonomia: método e técnica. São Paulo: FTD, Oboré, 1987.

● Antropometria estática e dinâmica

O corpo humano há muito tempo serve de parâmetro para a elaboração de projetos e para a realização de medições. Justamente como base para o sistema de medições, foi descoberta uma terrível problemática: as dimensões corpóreas variam de ser para ser, assim como a massa desse corpo. As dimensões e as formas de uma pessoa não serviam como modelo para nada que não fosse produzido especificamente para o corpo fonte dessas medidas. Os côvados e as braças, as polegadas e o palmo, os passos e o pé, enquanto unidades de medida, guardavam uma relação biunívoca com seus "proprietários". Em que pese essa "desvantagem", o uso do sistema vigora, em algumas aplicações, até hoje. Digamos que "sob medida" numa fabricação individual – de maneira artesanal.

Sabemos que, com o crescimento populacional, esse modo de produção, além de ter custo elevado, não seria capaz de atender à demanda de certos produtos. Seria simples um novo modelo de produção em função das medidas? Simples como adotarmos uma medida média? Lembremos que uma média pode representar a combinação de extremos que podem compensar-se mutuamente.

Veremos adiante que esta solução não deve ser adotada. Deixemos por conta da imaginação de cada um identificar quais seriam os problemas decorrentes de projetos que levassem em consideração a média de valores. Usemos como ponto de partida da reflexão, por exemplo, valores obtidos junto a duas pessoas: uma com 1,80 m e a outra 1,40 m.

A solução encontrada foi a padronização. Mas como, se as pessoas são tão diferentes?

Ao longo do tempo, uma série de estudos sobre as variações das dimensões corpóreas em uma população e a distribuição destas, chegou à conclusão de que seria possível agrupá-las, com o atendimento de critérios de confiança estatística bem definidos, em faixas ou categorias que variavam em relação à altura do pesquisado. Isto é, que todas as partes do corpo guardavam uma relação com a altura e que as variações entre as alturas dos indivíduos podiam ser tratadas na forma de uma distribuição estatística.

Nos estudos sobre a variação das dimensões dos indivíduos, enquanto coletivo, pôde-se estabelecer o grau de atendimento para esta população. Por exemplo, 95% das pessoas de uma localidade, a um dado nível de confiança, podem passar por um portal que tenha 2,10 m; numa poltrona de 60 cm de largura, 99% das pessoas podem sentar-se confortavelmente, também com um nível de confiança definido, e assim por diante.

Num espaço de trabalho, fazemos uso dessas mesmas técnicas e raciocínio. Podemos utilizar tabelas de referência para as dimensões de uma população, ou efetuar a medição dos prováveis trabalhadores para aquela unidade, que constituem critérios de amostragem, e então, projetá-las e construí-las em função desses dados. Quando desenvolvemos um projeto com base naqueles que irão utilizar-se dele, dizemos que este é orientado para o consumidor, ou, do inglês, *consumer oriented*.

O termo *antropometria* significa, literalmente, medição, estudo das medidas do corpo humano. Vem do grego *antropo* (homem) e *metron* (medida).

Embora muito presente no nosso dia a dia, pouco nos damos conta da importância desse estudo. Suas aplicações industriais estão relacionadas, entre outras, à fabricação de calçados, roupas, ferramentas, mobília etc.

No dimensionamento dos postos de trabalho, é importante conhecermos os conceitos de antropometria estática e dinâmica:

- **Antropometria estática**: diz respeito ao estudo das dimensões individuais das partes do corpo humano. Não são levadas em consideração as possibilidades e necessidades de movimento dessas partes. Por exemplo, a largura dos pés, o comprimento do braço etc.
- **Antropometria dinâmica**: por sua vez, diz respeito ao estudo das dimensões de conjuntos de partes do corpo associadas e ao alcance proporcionado por estas partes. Nesse estudo, são observadas as

Conhecimentos Técnicos

necessidades e possibilidades de movimentos relativos, inclusive com a verificação da rotação do tórax, da cabeça, observados os limites de extensão, abdução etc.

De posse desses conceitos, o projetista de ambientes e de produtos pode adequar as dimensões destes aos usuários. Para isso, faz uso de alguns princípios como áreas preferenciais de alcance ou de conforto e alcance máximo. Esses critérios, associados à estabilidade do corpo e às exigências posturais impostas para a execução da tarefa, devem ser rigorosamente observados quando da definição da posição relativa de objetos no espaço no entorno do trabalhador e das imposições de posturas e de movimentos associados a estes.

Devido ao elevado custo e demanda de tempo, além do esforço produtivo e de coordenação que representaria adequar para cada usuário às medidas em seu posto de trabalho, o que seria ideal, mas conduziria a dificuldades no compartilhamento ou utilização desse mesmo posto por usuários que se sucedessem, admitindo-se que uma amostra de determinada população se distribui normalmente, estabelecemos, a partir da média e do desvio-padrão dessa amostra, os intervalos de confiança que representam a possibilidade de um percentual de elementos.

Assim, a expressão do intervalo de confiança resultante dos valores amostrais em função desses percentis pode ser dada por:

$$P_{p\%} = \chi + k.s, \text{ e}$$
$$P_{(100-p)\%} = \chi - k.s$$

Onde: "χ" é a média aritmética da amostra e "s" é o desvio-padrão associado. Vejamos no Quadro 2.1 a relação entre percentis e o coeficiente K:

Quadro 2.1 Percentis e coeficiente K

Percentis $_{(p,\ 100-p)}$	Coeficiente (K)
10,0 – 90,0	1,282
5,0 – 95,0	1,645
2,5 – 97,5	1,960
1,0 – 99,0	2,236
0,5 – 99,5	2,576

Os percentis 5,0 e 95,0% são largamente adotados para limites de referência. Para esses, a equação anterior é expressa como:

$$P_{5\%} = \chi + 1,645.s,$$
$$P_{95\%} = \chi - 1,645.s$$

Isso significa que, por exemplo, para uma amostra de estaturas com média de 1,70 cm e desvio-padrão de 5,0 cm, obteremos como valores limites 161,775 em (LI) e 178,225 cm (LS),[4] o que corresponderá à interpretação de que há uma possibilidade de 5% da população em análise ter estatura abaixo de LI e de 5% estar acima de LS. Em outras palavras, 90% se encontrarão entre LI e LS.

Com o intuito de agilizar o trabalho de levantamento de medidas corpóreas, é comumente utilizado o artifício de calcular as demais medidas desejadas ou necessárias a partir de medidas conhecidas, quando as correlações estatísticas forem altas (80% ou mais). A mais usual destas estimativas, que sempre trazem consigo uma margem de erro, é descrever os comprimentos de partes do corpo em função da estatura.

O uso da estatura também é utilizada para outras estimativas como, por exemplo, para o cálculo da superfície corpórea de especial interesse nos estudos de conforto térmico. A equação de Dubois & Dubois, Apud Mondelo (1997:55), expressa a superfície corporal – SC (m^2) em função da altura – H (m) e do peso corporal – Pc (Kg), como sendo:

$$SC = 0,202 \ Pc^{0,425} \ H^{0,725}$$

Outra maneira de minimizar a necessidade de medição, quando isso não for possível ou economicamente viável, é recorrer ao uso de tabelas de "*standards*" ou padrão. Todavia, ainda é reduzido o número de estudos no país que tratam do assunto, de forma que tampouco existem medidas antropométricas normalizadas para a população nacional. Acreditamos que o uso de padrões de outros países pode ser desaconselhado por causa das diferenças de biótipos e demais particularidades genéticas de cada raça. Contudo, estudos realizados demonstram que os brasileiros guardam estreita semelhança com os mediterrâneos em termos de medidas estáticas, podendo, então, as medidas derivadas dos estudos desses povos (franceses, italianos, portugueses, espanhóis e gregos) ser utilizadas como indicadores para situações nacionais.

Para os casos em que a amostra é composta por a% de homens e b% de mulheres, Kroemer, Apud Miguel (1998:490) sugere utilizar a expressão: $P = a.P_a + b.P_b$, para fins de cálculo das medidas que atenderão à população mista.

Uma forma prática e segura de reduzir a possibilidade de erros no estabelecimento das medidas que deverão reger as decisões do projeto em relação àqueles de maiores ou menores dimensões, sem a preocupação de se conhecer se os futuros usuários serão do sexo masculino ou do feminino, é utilizar o critério de máximos e mínimos a partir da exigência da função. A exemplificação é a melhor forma de esclarecimento para esta afirmação:

    a. Quando desejamos assegurar que o maior número de pessoas possa passar sob uma porta, adotaremos como referência o limite superior

---

[4] LI – limite inferior e LS – limite superior.

da série de medidas. Ou seja, apenas o percentual de indivíduos cuja altura se encontre acima daquele valor não poderá passar livremente sem se abaixar. O critério escolhido foi o de máxima dimensão.

b. Por sua vez, se desejamos dimensionar qual a máxima largura que uma mesa deverá ter para que qualquer indivíduo sentado possa alcançar os pratos servidos no lado oposto desta (e em perpendicular a este) sem a necessidade de se levantar, usaremos como referência o limite inferior da série de medidas. Neste caso o critério será o de mínima dimensão. Apenas as pessoas com medidas inferiores à de referência não poderão servir-se sem a necessidade de se levantar.

Podemos, então, concluir que deveremos fazer uso ora de medidas máximas, ora de medidas mínimas para o projeto de um posto ou ambiente de trabalho em que atuem simultaneamente ou sucessivamente pessoas de diferentes estaturas, como forma de buscar o atendimento de cada uma destas.

Todavia, existem algumas situações que devem ser previstas mesmo que para estas os conhecimentos de antropometria tenham reduzida valia. Por exemplo, quando há necessidade de se dimensionar o espaço para o sentar e o abrir de pernas de uma gestante – o qual pode variar em função do volume que o seu ventre assumir.

Como recomendação final, lembramos a importância de ter sempre disponíveis gabaritos (ou figuras) com os valores angulares médios das rotações voluntárias das diversas partes do corpo (mão, pernas, antebraço, braço e cabeça, bem como aqueles referentes às áreas de visão ótima e máxima) na hora de elaborar o projeto do trabalho. Essa recomendação é especialmente válida no tocante à localização de mostradores e dos dispositivos de comando associados.

Sugestões de leitura

DUL, J.; WEERDMEESTER, B. *Ergonomia prática*. São Paulo: Edgard Blücher, 1995.

IIDA, Itiro. *Ergonomia:* projeto e produção. São Paulo: Edgard Blücher, 1990.

MARQUES, Amélia Pasqual. *Manual de goniometria*. São Paulo: Manole, 1997.

MIGUEL, Aberto Sérgio S. R. *Manual de higiene e segurança do trabalho*. 4. ed. Porto: Porto Editora, 1998.

MONDELO, Pedro R. et al. *Ergonomía:* confort y estrés térmico. 2. ed. Barcelona: Universitat Politécnica de Catalunya, 1997.

PANERO, Julius et al. *Las dimensiones humanas en los espacios interiores:* estándares antropométricos. 7. ed. Barcelona: Gustavo Gili, 1996.

SERRANO, Ricardo da Costa. *Novo equipamento de medições antropométricas*. São Paulo: Fundacentro, 1996.

SMITH, Laura K. et al. *Cinesiologia clínica de Brunnstrom*. São Paulo: Manole, 1997.

WIRED, Rolf. *Atlas de anatomia do movimento*. São Paulo: Manole, 1986.

● Amostragem do trabalho e registro de imagens

No cotidiano de uma indústria é comum realizarmos comparações acerca do método de trabalho real, isto é, aquele verificado na situação concreta e que, por vezes, não raro, difere do trabalho prescrito (aquele que foi anteriormente registrado e padronizado pela empresa), pelo que se requer a observação detalhada do exercício laboral de um trabalhador específico ou de um coletivo de trabalhadores visando identificar diferenças quanto ao método adotado, às variações posturais na realização de tarefas, bem como quanto ao resultado produtivo alcançado e, ainda, em relação às exigências que lhes são impostas para tanto. Tal situação pode causar variações de desempenho entre trabalhadores e resultar, dentro de certos limites, distorções no dimensionamento da capacidade produtiva e dos custos de produção associados.

Para tanto, seria desejável a obtenção de dados referentes a todos os indivíduos envolvidos. Entretanto, isto nem sempre é possível de se obter face ao grande número de trabalhadores a observar, o que tornaria custoso e demorado tal processamento por um lado e que, de outro lado, poderia se tornar sem efeito diante do transcurso de tempo decorrido entre a primeira e a última das observações registradas. Nesse período poderiam, também, se processar mudanças significativas no próprio processo produtivo, como da introdução de uma nova tecnologia, de um novo produto ou de sua produção sob encomenda, seja pela alteração do volume a ser produzido ou em mudanças introduzidas na organização do trabalho etc. Enfim, de uma série de fatores que descaracterizariam por completo aquele cenário inicial, o qual se desejava conhecer.

Para uma intervenção ordenada será necessária a descrição dos atuais métodos de trabalho, a tomada de um destes como referência ou procedimento padrão inicial, para sua posterior melhoria, resultando, por fim, na definição e no registro de um novo procedimento de trabalho a ser adotado por toda a organização. Neste sentido, quando este coletivo ou a duração das tarefas for de tal tamanho que traga dificuldades quanto à observação individual de trabalhadores e das ações executadas, será necessário nos valermos de técnicas estatísticas de amostragem para determinarmos quantos destes e destas deveremos estudar para que seja possível assumirmos a representatividade da medição em relação ao universo de indivíduos e de repetições na execução do método. Ou seja, em relação às variações naturais no mesmo indivíduo e entre indivíduos na realização das tarefas a seu encargo, distribuindo-os segundo critérios adequados para a análise dos dados coletados, como, por exemplo, de acordo com o turno de trabalho em que exercem a sua jornada de trabalho, se trabalham em diferentes unidades de uma mesma empresa (sujeitos a distintos estilos e perfis gerenciais, bem como a diferentes relações interpessoais entre pares e superiores e subordinados etc.), quanto ao tempo de exercício da função, na própria empresa ou não, ou, ainda, quanto a qualquer outra característica que justifique a sua estratificação para posterior análise.

Nesta esteira, será preciso determinar igualmente quantos ciclos de produção ou repetições do conjunto básico de atividades que compõem a tarefa devem ser observados para que se considere consistente todo o conjunto de dados observados e coletados referentes a cada trabalhador ou grupo de trabalhadores. Em geral, utilizam-se as considerações para amostragem de populações finitas – parametrizada de acordo com o objetivo do estudo em desenvolvimento. Entretanto, em se tratando de um pequeno número de trabalhadores (dez ou menos), é recomendável que o registro de dados seja efetuado para a totalidade dos trabalhadores dedicados às tarefas sob investigação.

Quando nos dedicamos à análise ergonômica de tarefas, seja visando à melhoria do método de trabalho, seja visando à introdução de facilidades de produção (gabaritos, novas ferramentas etc.) ou o incremento da segurança e ampliação do conforto com a consequente redução dos esforços desprendidos, é fundamental o registro de imagens.

Com o advento das máquinas fotográficas eletrônicas, com cada vez maior capacidade de armazenamento e qualidade dos dados registrados, a preços também cada vez mais acessíveis – e, geralmente, com a função filmadora incorporada –, uma série de facilidades para a tomada (o registro), o armazenamento e a destinação[5] do material a analistas geograficamente distanciados foram incorporadas ao cotidiano dos profissionais que lidam com a investigação do trabalho humano.

Fotografias e filmagens não devem ser consideradas substitutas da observação *in loco*, mas quando comparadas com esta sem a tomada de registros – o que praticamente não mais se admite –, apresentam vantagens, por permitirem:

a) *A análise de uma mesma situação de trabalho por mais de uma pessoa:* ainda que não presente à coleta ou registro de imagens, face às atuais facilidades de transmissão e destinação de arquivos eletrônicos, amplia-se a possibilidade de análise e interpretação das imagens. Considerações ou opiniões de duas ou mais pessoas tendem a ser melhores e mais completas do que aquelas provenientes de uma única visão ou percepção.

b) *A percepção de detalhes não anotados ou não descritos:* como cerca de 60% dos estímulos de um ambiente nos chega pelos olhos, sua multiplicidade dificulta a imediata percepção de detalhes, muitos dos quais de proporções muito pequenas em relação ao ambiente, o que somente ocorre *a posteriori,* com a ampliação de detalhes de algumas imagens.

---

[5] Não confundir *destinação*, o que implica o envio a quem de direito, segundo critérios previamente estabelecidos, com a *distribuição* aleatória, sem critérios, tão comuns nestes tempos de Internet e das facilidades acima relacionadas, o que pode implicar questões de danos à imagem das pessoas e à propriedade da empresa, que constituem violação a direitos alheios e que sujeitará os causadores ou infratores às penalidades previstas em lei.

c) *A comparação ao longo do tempo:* como nos registros de imagens em geral, é possível o acompanhamento – lado a lado – da evolução temporal de determinados aspectos sob estudo, como as posturas adotadas e o próprio método de trabalho, o que permitirá a avaliação das intervenções porventura propostas e executadas ou em execução.

d) *A visão geral e local do posto de trabalho:* uma sequência estruturada de imagens deve incluir o registro da visão geral do posto de trabalho, bem como de determinados detalhes do mesmo, favorecendo, assim, a compreensão de sua inserção no ambiente em estudo nos aspectos macro e micro, bem como propiciando uma primeira apreensão das influências do entorno.

e) *O registro das influências do entorno:* um posto de trabalho nunca é um elemento isolado em uma planta industrial. Ele está natural e intimamente ligado a outros postos de trabalho e às operações nestes realizadas, os quais, na análise daquele, devem ser considerados. Um posto tem de ser alimentado por matérias oriundas de outros postos, ter a produção dele resultante deslocada para outros locais da fábrica, o que demanda a utilização de meios de movimentação das cargas, bem como deve ter espaços adequados para acesso e saída do trabalhador do próprio posto de trabalho, considerando-se as necessidades pertinentes a cada uma das faces operativas da maquinaria, as quais podem estar limitadas pelos elementos da vizinhança etc.

f) *O detalhamento de interpretações:* a possibilidade de ampliações e o registro em aproximação *(close* ou *zoom)* de determinados detalhes favorece e, dentro de certos limites, facilita a própria interpretação dos registros realizados, o que, sem dúvida, será reforçado pela experiência dos analistas envolvidos, o que comentamos mais adiante.

Para que o registro desse instante (por esta razão também denominado de registro instantâneo) seja fidedigno e representativo em relação à jornada de trabalho, alguns cuidados devem ser tomados, dentre os quais podemos citar relativos a:

a) *O esclarecimento prévio dos objetivos do trabalho em execução:* por vezes, é importante uma reunião com supervisores e mesmo com alguns outros trabalhadores da empresa para o esclarecimento da motivação do registro de imagens, pois, para algumas pessoas, o simples fato de sua imagem estar sendo registrada causa-lhes profundo incômodo, o que pode, inclusive, comprometer o seu desempenho e o exercício normal da execução da tarefa – ritmo e posturas, que seria desejável para o analista em atuação.

b) *O horário de registro das imagens em relação à jornada:* com o avançar da jornada, as posturas assumidas pelo trabalhador variam naturalmente, seja em razão da fadiga, seja por seu corpo buscar – ainda que inconscientemente – posturas que lhe sejam mais cômodas, "menos" desconfortáveis, que lhes imponha menores exigências, como o que ocorre, por exemplo, no trabalho sentado por longas jornadas. Assim, não é adequado registrar imagens em horários predefinidos, seja ao início, meio ou fim da jornada de trabalho. Requer-se, portanto, que seja assegurada a aleatoriedade do horário de coleta e registro de imagens.

c) *O posicionamento do analista (que registra a imagem) em relação ao trabalhador e ao posto:* para que os ângulos – e, em razão disso, o próprio conteúdo das imagens registradas – não reste prejudicado e, tampouco, a sua presença interfira no andamento regular ou normal do processo, Sendo possível, a tomada de imagens deve se dar com o registro segundo os três eixos ortogonais e em cada uma das direções, considerando-se o centro do posto de trabalho como o centro deste sistema de coordenadas, perfazendo um mínimo de seis registros, aos quais devem ser acrescidos registros da visão geral do posto de trabalho e de tantos outros quantos forem necessários para o registro de detalhes.

d) *As interferências no processo:* sombras provocadas por máquinas e elementos da edificação, bem como a presença de ventiladores, exaustores ou outros equipamentos devem ser evitados, pois podem mascarar o registro de detalhes da atuação do operador. Deve-se ater cuidado, também, quanto aos espaços disponíveis para a tomada dos registros, uma vez que a proximidade entre o analista e o ponto focal da imagem que se pretende registrar pode provocar distorções quanto a inclinações, ângulos etc. das imagens efetivamente obtidas ou registradas.

e) *A "atuação para a filmagem":* quando não há o esclarecimento prévio dos objetivos do estudo em execução, isto é, o porquê do registro de imagens, este poderá ser falseado em razão de os trabalhadores em observação modificarem as suas habituais posturas ou maneiras de execução das tarefas, como se estivessem atuando em um filme, como se fossem atores, mantendo ou alterando "poses" e ritmos, de acordo com aquilo que entendem ser mais interessante ser registrado. Por isso, é fundamental que o analista seja percebido como um elemento natural daquele ambiente de trabalho, pelo que se recomenda que o início do registro de imagens somente se dê após um período de observação a olho nu, com o registro descritivo simples (textual), que servirá de aproximação ou de integração entre analista(s) e observado(s).

f) *A interpretação das imagens:* embora algumas considerações sobre o que deve ou não ser registrado possam ser formuladas em caráter generalizado, assim como a respeito das leituras e avaliações decorrentes dos registros, em última instância, cabe ao analista-chefe (que pode contar com o apoio ou não de uma equipe para tal tarefa) decidir continuadamente sobre tais aspectos. Neste sentido, é importante destacar a necessidade de uma entrevista prévia com alguns dos envolvidos ou mesmo com a direção da empresa no intuito de apreender informações que podem também servir-lhe de orientação quanto à execução dos registros, bem como para a compreensão do implícita ou explicitamente expresso nestes registros. Ademais, como todas as outras atividades humanas, muito destas decisões dependerão da experiência acumulada em atividades similares anteriormente realizadas, o que somente terá lugar com o passar do tempo e com o aprendizado obtido nestas ocasiões. O que, enfim, faz parte do amadurecimento e crescimento profissional de cada um dos envolvidos.

A título de conclusão, convém lembrar que em razão das muitas facilidades introduzidas pelo registro de imagens por meio digital, estão a possibilidade do desdobramento quadro a quadro de filmes – afinal, filmes nada mais são do que uma sequência de fotografias obtidas com mínimo intervalo de tempo entre si – e o tratamento destas imagens em *softwares* diversos, que permitem desde intervenções quanto à qualidade da imagem propriamente dita, até a modificação de seus parâmetros espaciais (giro, rotação, inclinação etc.) e a obtenção de estimativas de ângulos e distâncias entre pontos a partir das próprias imagens, o que representa significativo avanço ao hoje considerado rudimentar processo de imprimir fotos, traçar coordenadas de controle sobre acetato ou outro meio transparente e estimar os ângulos nas imagens, com o uso de transferidores e esquadros – que boa parte da atual juventude pouco chegou a conhecer ou aprendeu a manipular.

Por fim, nunca é demais lembrar que o registro de imagens sempre deverá ser previamente autorizado por quem de direito e detentor de autoridade e legitimidade para tanto, em especial quando se tratar da prestação de serviços de consultoria aplicada.

Sugestões de leitura

BARBOSA FILHO, Antonio Nunes. *Métodos e organização da produção*. Material didático de disciplina do Curso de Especialização em Gestão da Produção (não publicado). Recife: DEP/UFPE, s/d.

BAUER, Martin W., GASKELL, George. *Pesquisa qualitativa com texto, imagem e som*: um manual prático. Petrópolis: Vozes, 2002.

COZBY, Paul C. *Métodos de pesquisa em ciências do comportamento*. São Paulo: Atlas, 2003.

GIL, Antonio Carlos. *Métodos e técnicas de pesquisa social*. 5. ed. São Paulo: Atlas, 1999.

PESSIS, Anne-Marie. *Registro visual na pesquisa em ciências sociais*. Recife: EdUFPE, 2000.

VIEIRA, Sonia. *Estatística experimental*. 2. ed. São Paulo: Atlas, 1999.

Organização do trabalho. trabalho noturno e em turnos

O "projeto do trabalho", especificando o conteúdo e o método de execução das atividades, faz parte da chamada "organização do trabalho". Nessa, também são apresentadas as habilidades necessárias ao trabalhador, o local e os meios de realização das operações e as orientações relativas à execução do trabalho, individualmente ou em equipe.

Dois focos são colocados quando da elaboração do projeto do trabalho. A *tarefa* a ser executada e as exigências desta ao indivíduo que vai executá-la ou o *homem* com relação a suas necessidades sociais e psicológicas. Nesse contexto devem ser inseridas as expectativas e o histórico individual, dentro e fora da organização, de cada uma e de todas as pessoas, por mais distintas que possam ser, para que se possa formular um modelo de interpretação das diversas ordens e formas de relacionamento entre os seres humanos e as suas posturas diante do poder ou da submissão, e suas reações a estes.

A extensão do conteúdo, restringido pela especialização ou ampliado pela polivalência ou pela rotação, influencia a produtividade do trabalhador. Por outro lado, a repetitividade da tarefa e os horários em que estas serão ou têm que ser realizadas também condicionam ou determinam tal produtividade.

Por fim, podemos assumir que as organizações são um complexo sistema sociotécnico, onde o equilíbrio das necessidades sociais e psicológicas dos trabalhadores, bem como das pressões e das necessidades tecnológicas do ambiente produtivo, tem que ser buscado para o bem-estar das pessoas e da própria organização. Uma das formas de trabalho mais desgastantes impostas aos trabalhadores é o "trabalho em turnos", assim definido por Rutenfranz (1989:13):

> *"Cada uma das formas de organização da jornada diária de trabalho em que são realizadas atividades em diferentes horários ou horário constante, porém incomum (por exemplo, período noturno permanente)."*

Como formas básicas da organização dos turnos, temos a classificação em "permanentes" e "alternados ou rodiziantes". O sistema de organização em turnos é dito permanente quando há a constância do trabalho em determinado horário, diurno, vespertino ou noturno. O horário da jornada não varia com o passar do tempo. São típicos de certas ocupações. São exemplos clássicos os vigias ou guardas-noturnos, trabalhadores em compensação bancária, pessoal de manutenção de rede metroviária etc.

É importante compreendermos por que existe o trabalho em turnos e que dinâmica social leva a essa forma de organização do trabalho. A partir desse conhecimento, o gestor poderá efetuar intervenções visando minimizar as consequências danosas à integridade dos trabalhadores e também se preparar para o atendimento da população que incorpora novas e crescentes necessidades a cada dia. É esse fato a causa primária do incremento dessa forma de trabalho no setor terciário, o qual, por sua vez, se expande período após período. Temos, então, como principais motivos do trabalho em turnos:

a. **Atendimento da população**: conforme exposto acima, os serviços básicos e as atividades ligadas a estes são exemplos marcantes. Todavia, exigências das populações locais fazem com que haja uma tendência inegável ao estabelecimento de diferentes oportunidades de atendimento de suas necessidades. Podemos citar aqui as lojas 24 horas (farmácias, supermercados etc.) que surgem para que as pessoas que não poderiam dispor destas em horário convencional possam fazê-lo;

b. **Causas tecnológicas**: o processo, por suas características, impõe a necessidade do trabalho em jornadas incomuns. Por exemplo, em indústrias químicas e metalúrgicas, onde a duração do processo pode chegar a superar dezesseis horas. Podemos dizer que a escolha dos profissionais por áreas de atuação ligadas a tais processos é consciente e se dá ainda na sua formação, posto que há o conhecimento prévio dos pressupostos da rotina de trabalho na futura carreira;

c. **Imposições econômicas**: fazem com que, devido ao elevado custo do equipamento e das instalações produtivas, haja necessidade de maximização da produção. Ocorre o que Rutenfranz (1989:22) chama de *"maximização unilateral do ganho em detrimento das condições humanas"*. É uma forma bastante comum e de larga utilização em face da submissão de trabalhadores que necessitam a todo custo garantir o seu emprego como meio de sobrevivência.

Determinam sobremaneira a formação do trabalho em turnos as imposições de produção para o atendimento de uma demanda existente, seja no setor de serviços, seja na produção industrial. Dizemos que a organização funciona em "sistema de três turnos" quando nessa há trabalho pela manhã, à tarde e à noite. Por sua vez, o trabalho contínuo ou em turnos ininterruptos de revezamento caracteriza-se pelo atendimento da demanda durante 24 horas diárias e nos sete dias semanais. Assim, há a necessidade da presença constante de pessoal para produzir. Quando ocorre a presença de trabalhadores durante as vinte e quatro horas do dia e durante cinco ou seis dias e havendo interrupção da produção nos fins de semana, denominamos esta forma de turno semicontínuo. Por fim, quando a jornada diária é inferior a vinte e quatro horas, dizemos que este se dá em turno descontínuo. A duração das jornadas, bem como a quantidade de turmas de trabalhadores são estabelecidas nas normas legais e nos acordos trabalhistas. No Brasil, o mais comum é o trabalho descontínuo, onde as empresas interrompem suas atividades aos sábados e/ou domingos.

Toda vez que o planejamento de uma atividade implicar trabalho em turnos, o gestor deverá estar ciente de seus possíveis efeitos sobre o organismo das pessoas. O corpo humano é regido por ritmos biológicos ou naturais. Assim, ao trabalhar em horários "estranhos", o organismo tenta se adaptar a essa condição e sofre desgastes que podem, inclusive, comprometer sua capacidade produtiva. Ritmo circadiano (do latim *circa* – em torno de – e *die* – dia) é a expressão que designa o ciclo diário das funções orgânicas – funções físicas e processos psíquicos. Dessa forma, existirão pessoas que estarão mais bem adaptadas a exercer atividades em determinado período do dia do que outras e vice-versa. Essa "disposição" para trabalhar em determinados horários, que leva as pessoas a serem comumente definidas como "matutinas" ou "vespertinas", deve ser considerada pelo gestor na escolha de pessoal para a formação dos grupos de trabalho.

O ritmo circadiano é regido pela frequência espontânea que regula os ritmos endógenos ou funções fisiológicas do corpo, independentemente das manifestações do exterior sobre este e pelos indicadores de tempo[6] que fornecem uma sincronização dos ritmos internos à periodicidade de 24 horas diárias. Este fenômeno pode ser facilmente compreendido se observarmos a necessidade de regulação biológica que é requerida de um indivíduo que realize viagens aéreas para leste ou oeste ultrapassando três ou mais fusos horários, por exemplo, entre o Brasil e a Europa. A percepção de claro-escuro é a mais comum das formas de orientação das funções corpóreas para a maioria dos seres vivos. Contudo, a inserção de novos costumes e de indicadores próprios, como a noção de horário e do comportamento social do meio no qual está inserido, faz com que, para o ser humano, a regra não seja válida. Os indicadores de tempo social e, portanto, cognitivo dos homens influenciam decisivamente a duração do ciclo diário que pode variar entre 22 e 27 horas. A ideia de estar trabalhando em desacordo com a ordem natural da sociedade em que vive conduz o trabalhador a uma não adaptação do ritmo biológico às imposições trazidas pelo trabalho noturno. Como resultado das exigências do trabalho em turnos, o corpo sofre desgastes de diversas ordens, conforme o achado na literatura abaixo relacionado:

a. **Efeitos biológicos**: decorrentes do descompasso entre os esforços impostos e as respostas do organismo associadas a estes. A desarmonia entre ritmos e periodicidades naturais e hábitos forçados gera problemas diversos, sendo os mais comuns aqueles relacionados ao desempenho, ao sono e à alimentação a seguir detalhados.

b. **Ritmo de desempenho**: há mais de cem anos é conhecido o curso diário da disposição para o trabalho e que seu perfil pode variar de

---

[6] O termo *original*, em alemão, para expressar indicador de tempo é *zeitgeber*, forma bastante usual na literatura que trata da temática trabalho em turnos.

pessoa para pessoa ao longo do dia, em função das atividades que exerce e das exigências que estas lhe impõem.

c. **Ritmo e perturbações do sono**: a renovação das energias do corpo depende em muito do descanso proporcionado pelo sono. O nível de atenção e de coordenação motora e mental é sensivelmente perturbado pelo cansaço não dissipado. A qualidade do ambiente de descanso e a alternância sono/vigília, atrelada a durações e padrões de sono, são fundamentais para esta finalidade.

d. **Perturbações do apetite**: causadas pela alteração dos horários de refeição, de repouso e de trabalho.

e. **Dores de estômago e intestino**: originadas da alimentação irregular que compromete a digestão e que, assim, resulta em dores ou em outras disfunções no aparelho digestivo.

As dificuldades de adaptação à condição de trabalho apresentadas resultam em danos ao estado geral de saúde e, como tal, algumas doenças devem ser consideradas favorecidas pela atividade ocupacional. Todavia, nem sempre é possível considerar uma relação causa-efeito direta. Doenças do trato digestivo, como úlcera estomacal ou duodenal, estão associadas a fatores de risco como sexo, idade, consumo de estimulantes etc. O trabalho em turnos, dessa forma, é mais um desses fatores e não pode ser considerado causa única.

O relato de efeitos do trabalho em turnos na vida social dos trabalhadores, bem como na vida de seus familiares, é presença marcante em grande parte dos estudos referentes à questão. O fenômeno da sensação de exclusão social e queixas quanto a incompatibilidades de tempo para atividades de lazer e outras necessidades sociais, como o contato com amigos, vizinhos ou mesmo para tarefas domésticas, são frequentes. Não raro, trabalhadores sujeitos a esses regimes de trabalho apresentam dificuldades para o convívio social.

Como agravante, numa tentativa de potencializar a sensação de disposição para o trabalho, quebrar a monotonia e de manter a atenção, muitos trabalhadores recorrem ao uso de estimulantes. Como resultado direto, tem-se um elevado número de casos de dependência do álcool, fumo, cafeína e mesmo, em alguns casos, de drogas. Tais substâncias geralmente trazem para o indivíduo uma série de efeitos nocivos à saúde, uma vez que, comumente, as doses consumidas são excessivas. O uso prolongado dessas substâncias pode, segundo sua ação específica, reduzir a capacidade de atenção e de reação, respiratória e física, além de causar distúrbios digestivos e no sistema nervoso de seu usuário. Para a organização estas representam uma preocupação a mais. Ao lado da redução da capacidade produtiva, também representam erros e acidentes potenciais que causarão danos à produção, ao patrimônio material da empresa e infelizmente, sobretudo, ao trabalhador, trazendo toda uma cadeia de perdas. Em face do exposto, é por demais importante a ação preventiva das organizações no combate ao uso de tais

Conhecimentos Técnicos

substâncias. A opção mais indicada nesse sentido é adequar, quando possível, a forma de organização do trabalho às aptidões do trabalhador.

Podemos dizer, em geral, que a existência de condições prévias individuais, tanto físicas como psicológicas, favorece a redução das dificuldades ou a possibilidade de adaptação individual, resultando em critérios positivos ou negativos de escolha por esta ou aquela pessoa que desejamos proteger dos danos que as acometerão, caso sejam elencadas para essa forma de trabalho. A esse respeito, expressa Rutenfranz (1989:67):

> *"Estes critérios só têm sentido se os turnos puderem ser aplicados com liberdade de escolha, portanto, sem que ninguém tenha que fazê-lo por imposições de ordem econômica ou ideológica."*

O conhecimento de motivos de exclusão de trabalhadores dos turnos já é de domínio dos médicos há mais de quatro décadas. Ou seja, pessoas portadoras de doenças gástricas e do intestino, diabéticos, epilépticos ou em estado de depressão, bem como aquelas com distúrbios da visão e da circulação, deveriam ser afastadas ou impedidas desse trabalho. Já que, muitas vezes as imposições de demanda e, por conseguinte, a presença de trabalhadores leva o gestor dessa produção a determinar a organização do trabalho na forma de turnos ou noturno.

Esperamos que a discussão desenvolvida nesse texto tenha sido válida no sentido de conscientizá-los de que o custo humano e mesmo de capital para obtê-la é demasiado alto, já que a remuneração do trabalho noturno é superior à do diurno.[7] Sirva também para orientá-los de que maneira deverá agir no interesse de salvaguardar a saúde de seus funcionários e, talvez, a sua própria, caso trabalhe nas mesmas condições.

Como última recomendação, deixamos a sugestão de verificar os requisitos legais que regem a matéria, expressos, por exemplo, na CF/88, CLT, Decreto nº 27.402, que regulamenta o descanso semanal remunerado, Leis nºs 5.811/72 e 5.889/73, que tratam, respectivamente, de especificidades sobre o regime de trabalho na indústria petroquímica e de similares e para o trabalho rural.

Sugestões de leitura

BARNES, Ralph M. *Estudo de movimentos e de tempos*: projeto e medida do trabahho. São Paulo: Edgard Blücher, 1988.

DELA COLETA, José Augusto. *Acidentes do trabalho*: fator humano, contribuições da psicologia do trabalho, atividades de prevenção. 2. ed. São Paulo: Atlas, 1991.

DEJOURS, Christophe et al. *Psicodinâmica do trabalho*: contribuições da escola dejouriana à análise da relação prazer, sofrimento e trabalho. São Paulo: Atlas, 1994.

---

[7] Art. 7º, inciso IX, da Constituição Federal.

GRANDJEAN, Etienne. *Manual de ergonomia*: adaptando o trabalho ao homem. Porto Alegre: Artes Médicas, 1998.

HELOANI, Roberto. *Organização do trabalho e administração*: uma visão multidisciplinar. São Paulo: Cortez, 1994.

HUBERMAN, Leo. *História da riqueza do homem.* 19 ed. Rio de Janeiro: Zahar, 1983.

LEPLAT, Jacques et al. *Introdução à psicologia do trabalho.* Lisboa: Fundação Calouste Gulbenkian, 1983.

MENDES, René. *Patologia do trabalho.* São Paulo: Atheneu, 1995.

RUTENFRANZ, Joseph et al. *Trabalho em turnos e noturno.* São Paulo: Hucitec, 1989.

● Riscos ambientais

O trabalho, antes mesmo de ser o meio de sustento do homem e de sua família, é um importante meio de satisfação pessoal. Por meio dele, o indivíduo expressa sua criatividade, exercita seu potencial analítico e formula pensamentos, criando em torno de si todo um significado especial para o cotidiano das atividades que realiza. Adicionalmente, ao trabalhar, cada cidadão desenvolve novos hábitos, novos relacionamentos sociais, novos conhecimentos e, assim, contribui para o atendimento direto e indireto das necessidades da sociedade na qual está inserido e para a própria evolução desta.

Diariamente, o ambiente, as ferramentas, as máquinas e as posturas assumidas, entre outras variáveis presentes no ambiente de trabalho, nos colocam à mercê de oportunidades de danos a nossa integridade e a nossa saúde. Se estes irão se concretizar, não podemos afirmar. Todavia, poderemos estimar, com determinado grau de certeza, as chances com que cada um desses elementos do cotidiano do trabalho poderá contribuir para esta concretização indesejada. A cada uma dessas oportunidades de danos à integridade ou à saúde de uma pessoa em seu ambiente de trabalho denominamos de *riscos ambientais*.

Caberá, então, ao gestor desse ambiente executar um roteiro de atividades que culminará na eliminação ou na minimização de tais possibilidades.

Como ponto de partida, deverá ser identificada toda e qualquer possibilidade de risco. Em seguida, deverão ser avaliadas quanto a sua potencialidade danosa e chances de ocorrência. Para tanto, proceder-se-ão avaliações qualitativas e/ou quantitativas, segundo a necessidade de determinação exigida para cada fator de risco. Na execução dessa etapa, poderão ser realizadas medições e observações *in loco*. Também são comuns análises a partir de imagens reproduzidas (filmagens ou registros fotográficos) e a coleta de amostras diversas a serem estudadas em laboratórios adequadamente capacitados para tal fim.

Após a caracterização da totalidade dos riscos percebidos em determinado ambiente de trabalho, o gestor poderá decidir por uma ordem prioritária de intervenções no intuito de proteger as pessoas expostas a estes. Buscará idealmente a eliminação das fontes desses riscos. Verificada a impossibilidade de tal realização, por critérios técnicos ou mesmo de ordem econômica, deverá proceder ao isolamento. Isto é, criar barreiras visando restringir o contato entre as pessoas e tais fontes. Em algumas situações a ordem de eficiência é suficiente para eliminar as possibilidades de efeitos danosos oferecidas. Entretanto, outras vezes, tais barreiras funcionam apenas como atenuantes ou redutores desse potencial. Nessa situação requer-se, como última e adicional instância de proteção, a utilização de equipamentos de proteção individual. Em qualquer uma destas situações, é exigida a correta e necessária sinalização dos riscos ambientais como forma de orientar a ação dos usuários de determinado ambiente e para prevenir "descuidos" por desconhecimento ou desinformação das características presentes, aparentes ou não. Como elemento central dessa sinalização encontramos o mapa de riscos, que, como a própria denominação sugere, trata-se de uma alocação visual, seguindo cores e formas predefinidas que simbolizam o tipo e o grau do risco, em uma planta baixa dos vários setores da organização, indicando ou informando de tais ocorrências. Assim, os mapas de riscos auxiliam na orientação quanto aos procedimentos necessários à garantia da integridade das pessoas usuárias de cada um dos espaços da empresa, sejam habituais, transitórios ou meramente circulantes. O mapeamento de riscos, técnica aplicada na elaboração de mapas de riscos, será alvo de análise específica no capítulo que tratará do Programa de Prevenção de Riscos Ambientais – (PPRA), constante da NR-9.

Como etapa final, mas não conclusiva, desse processo, deverá o gestor providenciar o acompanhamento e o controle das proteções oferecidas. Para isso será realizada uma série de avaliações no próprio ambiente e em seus usuários que poderão ser submetidos a exames de provas funcionais (testes audiométricos, de esforço respiratório, cardíaco, muscular etc. na investigação de processos degenerativos, de lesões, de falência funcional ou outros tipos de danos) ou fornecer material para exames laboratoriais. Esses materiais fornecidos – sangue, fezes, urina, fios de cabelo etc. –, quando submetidos à parametrização da condição biológica que representam, são denominados biomarcadores ou indicadores biológicos. A frequência com que esses materiais serão recolhidos para análise, que exames serão exigidos e em que condições fazem parte do contexto do Programa de Controle Médico de Saúde Ocupacional – PCMSO – são procedimentos que estão regulamentados na NR-7. Essa norma, em seu anexo I, apresenta um quadro contendo parâmetros para controle biológico da exposição a alguns agentes químicos e outro com parâmetros para a monitoração da exposição ocupacional a alguns riscos à saúde, como ruído, benzeno, radiações ionizantes (radiação alfa, beta, gama, raios X e nêutrons – este último de escasso uso industrial), aerodispersóides – que são todas aquelas partículas que se encontram em suspensão no ar, ou seja, dispersos neste e que podem ser nocivos à saúde (por exemplo, poeiras, fibras, fumos), gases e vapores e condições hiperbáricas (onde o trabalhador é obrigado a suportar pressões maiores que a atmosférica, sendo exigidos cuidados especiais de descompressão – por exemplo, nos trabalhos submersos).

Para concluirmos este tópico, resta-nos conhecer a classificação desses riscos. Em termos gerais, existem cinco grupos de riscos, a saber: riscos químicos, riscos biológicos, riscos físicos, riscos de acidentes e riscos ergonômicos.

Os riscos químicos representam os elementos presentes no campo de atuação da toxicologia, que estuda os efeitos nocivos decorrentes das interações de substâncias químicas com o organismo. Entre essas formas, destacamos as névoas, neblinas, fumos, poeiras, gases e vapores. Os riscos biológicos relacionam-se à capacidade de organismos vivos – bactérias, fungos, helmintos, protozoários e vírus, entre outros chamados patogênicos – causarem doenças ao organismo humano. Os riscos físicos são aqueles que compreendem danos de variáveis como ruído, vibração, temperaturas extremas (altas e baixas), pressões anormais, radiações ionizantes e não ionizantes. Os riscos de acidentes são decorrentes, podemos dizer, da presença material de oportunidades de dano: sobreaquecidas resultantes do atrito entre peças outras, partes móveis, arestas cortantes, sistemas motores desprotegidos etc. Outros autores também utilizam a classificação de riscos de acidentes, como a presença de piso irregular, o trânsito de meios de deslocamento de cargas, fiação exposta etc.

Por fim, temos os riscos ergonômicos, que podem assumir uma variada gama de particularidades. Vão desde uma inadequação antropométrica, situação bastante comum em nossas empresas, até mesmo a discussões acerca da prescrição das tarefas e das informações fornecidas para seu cumprimento. Da interpretação dos sinais e do reconhecimento dos comandos e das ações requeridas na sua execução do controle de mecanismos, a análise da jornada, passando pelas posturas viciosas e exigências individuais, a interação com a mobília, a condição de conforto oferecida pela vestimenta e calçados, pela rotina de atividades, habilidades e preferências pessoais do trabalhador, respeitando-se as mais distintas diferenças individuais, resultando numa adaptação deste ao seu trabalho e vice-versa. Pelo descrito, podemos observar que o espectro da investigação ergonômica vai muito além do que estabelece o escasso e superficial conteúdo apresentado na NR-17.

Alguns autores consideram apenas como riscos ambientais os riscos físicos, químicos e biológicos, desconsiderando os riscos de acidentes e ergonômicos. São seguidores da escola americana. Creio que centram suas atenções na análise de variáveis que podem, de alguma forma, ser prontamente mensuradas e que não podem, de certa forma, assumir caráter subjetivo como os elementos do grupo de riscos mecânicos e ergonômicos. Prefiro considerar os cinco grupos, porque assim há uma maior abrangência de análise e por consequência da extensão de cuidados que deverão ser resultantes. Em outras palavras, prezando pela maximização da abrangência da identificação, e, portanto, dando partida para a maximização das possibilidades de avaliação e controle, estas deverão resultar na maximização da busca da proteção.

Conhecimentos Técnicos

Do exposto ao longo deste capítulo, podemos dizer que se constituirá um importante elemento do bem-estar do trabalhador e, dessa forma, de sua capacidade laborativa e da produtividade da organização, a isenção ou, se esta não for possível, a minimização de oportunidades de dano a sua saúde ou integridade. Assim, todas as atividades produtivas a serem desempenhadas por qualquer trabalhador em uma organização deveriam ser cuidadosamente analisadas para que este fim fosse alcançado.

Sugestões de leitura

AMÂNCIO FILHO, Antenor et al. *Saúde, trabalho e formação profissional*. Rio de Janeiro: Fiocruz, 1997.

BAPTISTA, Hilton. *Higiene e segurança do trabalho*. s/l.: SENAI/DN, 1974.

BENSOUSSAN, Eddy et al. *Saúde ocupacional*. Rio de Janeiro: Cultura Médica, 1988.

_____ . *Medicina e meio ambiente*. Rio de Janeiro: Cultura Médica, 1992.

ATLAS. Manuais de Legislação. *Segurança e medicina do trabalho*. 79. ed. São Paulo: Atlas, 2017. v. 16.

MIRANDA, Carlos Roberto. *Introdução a saúde no trabalho*. São Paulo: Atheneu, 1998.

SALIBA, Tuffi Messias et al. *Higiene do trabalho e programa de prevenção de riscos ambientais*. São Paulo: LTr, 1997.

● Ruídos e sua prevenção

O som pode nos oferecer agradáveis sensações, como a recordação de situações anteriormente vividas, promover o relaxamento total e nos proporcionar verdadeiras pérolas por meio das harmonias e ritmos das músicas e das canções. Todavia, pode nos provocar sensações incômodas e até mesmo dolorosas. Quando o som assume este caráter indesejável, geralmente o chamamos de ruído. Sobre o ruído, tão presente em nosso dia a dia, é que iremos tratar neste texto.

A percepção do som é importante para o ser humano. Com esta podemos ter noção da posição e da distância de objetos, do meio e de outras pessoas. Contudo, o ruído afeta o homem simultaneamente nos planos físico, psicológico e social. Diversos estudos estão sendo conduzidos para determinar adequadamente a ação do ruído sobre sistemas outros, além do auditivo. A literatura especializada registra alterações gastrointestinais (hipermotilidade e hipersecreção gastroduodenal), na visão (dilatação da pupila), cardiocirculatórias (vasoconstrição e hipertensão arterial), neuropsíquicas (ansiedade, irritação, alteração do ritmo sono-vigília etc.) e alterações na habilidade (redução do rendimento, aumento do número de erros e da possibilidade de acidentes). A isso tudo acrescentem-se as constantes dificuldades introduzidas na comunicação entre pessoas provocadas por ruídos oriundos das mais diversas fontes.

Pelo exposto, e por aquilo que vivemos em nosso cotidiano, podemos considerar a poluição sonora uma das formas de maior potencial danoso à saúde. Não é incomum a queixa de pessoas com redução na capacidade auditiva (hipoacusia), observando-se que os jovens formam a maior parcela de afetados por estarem continuamente expostos a ambientes ruidosos em excesso. O espectro audível é muito extenso, variando de 16 a 20.000 Hertz. De igual forma, se considerarmos em nível de potência ou intensidade o limiar de audição a 10^{-12} W e o limiar de dor em 10^2 W, justifica-se o emprego das escalas na base de 10 e sua denominação em homenagem a Bell. Significa dizer que as oportunidades de dano auditivo também são extensas.

As medidas de controle do ruído são basicamente de três ordens: na fonte, no meio e no homem. Prioritariamente, quando tecnicamente viável, a intervenção deve se dar na fonte, em seguida no meio e, em última instância, no homem.

O controle na fonte pode ser buscado com a execução de medidas técnicas na maquinaria e de medidas administrativas na produção. A redução da concentração de máquinas, a instalação de sistemas amortecedores, a reprogramação e redistribuição das operações, a substituição de peças de materiais rígidos por absorventes e a manutenção adequada estão entre as providências que podem ser tomadas no sentido de minimizar a emissão de ruídos na fonte.

Para o controle do meio, o administrador deve evitar a propagação por meio do isolamento – da fonte e do receptor – e maximizar as perdas energéticas por absorção. O enclausuramento da fonte, o uso de barreiras, a adequação das características do ambiente – piso, paredes e teto – e dos materiais utilizados na construção, permitindo o tratamento acústico deste, e o posicionamento dos painéis de controle fora da superfície das máquinas e, portanto, das áreas de incidência de maior ruído, estão entre as medidas que podem ser tomadas com relação à intervenção no meio.

Em último lugar, dentre as prioridades de controle, está o controle no homem ou no receptor. As medidas resumem-se à redução do tempo de exposição e à proteção sobre o indivíduo.

Quadro 2.2 Limites de tolerância (Anexo 1 – NR-15)

Nível de ruído dB (A)	Máxima exposição diária permissível
85	8 horas
86	7 horas
87	6 horas
88	5 horas
89	4 horas e 30 min.

Conhecimentos Técnicos

Nível de ruído dB (A)	Máxima exposição diária permissível
90	4 horas
91	3 horas e 30 min.
92	3 horas
93	2 horas e 40 min.
94	2 horas e 15 min.
95	2 horas
96	1 hora e 45 min.
98	1 hora e 15 min.
100	1 hora
102	45 minutos
104	35 minutos
105	30 minutos
106	25 minutos
108	20 minutos
110	15 minutos
112	10 minutos
114	8 minutos
115	7 minutos

A tabela, extraída da NR-15, apresenta os limites de tolerância para ruído contínuo ou intermitente, a forma comumente encontrada (Quadro 2.2). Ou seja, para aqueles que não se caracterizem como de impacto (que apresentam picos de energia acústica de curta duração). A sua leitura indica a permanência máxima que poderá ser efetuada por um indivíduo, sem proteção, de modo que não haja dano à saúde do trabalhador durante sua vida laboral. Não é permitida a exposição de indivíduos que não estejam devidamente protegidos em relação a ruídos superiores a 115 dB (A).[8] A não observação desta recomendação configura-se como risco grave e eminente.

Quando o trabalhador estiver exposto a diferentes níveis de ruídos por períodos distintos, deve ser considerada a combinação dos seus efeitos, de modo que a soma das seguintes frações não exceda a unidade. Se isso ocorrer, indicará que o efeito combinado excede ao limite de tolerância.

---

[8] dB (A) significa medição realizada com instrumento de nível de pressão sonora operando em circuito de compensação "A" e circuito de resposta lenta (Slow).

Conhecimentos Técnicos

$$\frac{C_1}{T_1} + \frac{C_2}{T_3} + \frac{C_3}{T_3} + ... + \frac{C_n}{T_n} \geq 1,0$$

Onde: C_n é o tempo total de exposição a um nível de ruído específico; T_n é a máxima exposição diária permissível a este nível, segundo o Quadro 2.3.

É pertinente salientar que o uso não contínuo dos protetores resulta em uma proteção muito inferior àquela atenuação indicada pelo fabricante e comprovada pelos órgãos competentes, por meio do Certificado de Aprovação (CA).

Quadro 2.3 Uso de protetores em % do tempo da jornada

50%	75%	88%	94%	98%	99%	100%*
5	9	13	16	18	19	20
4	8	11	13	14	14	15
3	6	8	9	9	10	10
2	3	4	4	5	5	5
Tempo em minutos de não uso na jornada**						
240	120	60	30	10	5	0

* atenuação nominal do protetor.
** considerada a jornada diária de 8 horas.

Por exemplo, um protetor que fornece uma atenuação de 15 dB(A) quando usado em tempo integral (100% da jornada) atenuará somente 4 dB(A) se for utilizado em 50% do tempo de exposição. Assim, conclui-se que, para garantir a eficácia da proteção, é necessário o uso constante do protetor.

Similarmente ao ambiente interior das organizações, os ambientes externos também são merecedores de atenções especiais pelo gestor, uma vez que o ruído gerado por sua empresa poderá causar transtornos à vizinhança ou, de forma contrária, a vizinhança poderá causar transtornos em seus trabalhadores. A proximidade de uma via de grande circulação poderá agregar níveis de ruído excessivos ao ambiente interno e assim tornar-se necessário o tratamento acústico da edificação com o uso de materiais adequados a este propósito. Todavia, em alguns casos também será necessária a redistribuição interna dos equipamentos (mudança de *layout*) e mesmo algumas alterações de ordem física (mudança de vias de circulação de pessoas, de materiais e de ventilação, além de exclusões de paredes e troca de equipamentos).

A avaliação da presença de ruído de distintas fontes, seja de fundo, seja produzidas em seu interior, em um mesmo ambiente, é de particular interesse para o gestor. Em alguns casos, há a necessidade de verificar se a introdução de uma nova máquina produzirá um efeito que, em conjunto com as demais

Conhecimentos Técnicos

fontes, não superará os limites de tolerância estabelecidos. Ou, se isso acontecer, qual dessas deverá, sem prejuízos para o processo, ser alvo de atenção especial ou até mesmo retirada do ambiente. Tal situação não implica a adição ou subtração direta de níveis de ruído, porque a pressão sonora é uma grandeza de variação logarítmica e não aritmética. Para facilitar a realização de tais operações envolvendo ruídos de diferentes fontes, podemos nos valer de tabelas como as que seguem.

Por exemplo, se a medição obtida em um ambiente que contém um dado equipamento é de 90 dB (A), quando ligado, é de 85 dB (A), quando desligado, a sua contribuição real é de 88 dB (A) e o restante deve-se aos ruídos de fundo. Por sua vez, se esse ambiente for tratado acusticamente – anulando os efeitos de fundo – e se for introduzido um segundo equipamento cuja medição com o primeiro desligado seja de 80 dB (A), o resultado final com o funcionamento de ambos será de 88,6 dB (A). Acresceremos 0,6 àquele de maior intensidade, resultante da diferença de 8 decibéis entre estes (88 dB − 80 dB). Para o cálculo do efeito de vários equipamentos simultaneamente, será considerado um par de fontes, cuja resultante entrará em composição com uma terceira e assim sucessivamente até não existirem mais possibilidades de combinação, considerando-se, inclusive, os ruídos de fundo quando presentes.

Quadro 2.4 Soma de níveis sonoros

Diferença entre medições	Incremento ao ruído de maior intensidade
0	3
1	2,6
2	2,2
3	1,8
4	1,5
5	1,2
6	1
7	0,8
8	0,6
9	0,5
10	0,4
11 e 12	0,3

Quadro 2.5 Subtração de níveis sonoros

Diferença entre medições	Decréscimo do ruído de maior intensidade
< 3	> 3
3	3
4 e 5	2
6 a 9	1
> 10	0

Outro aspecto muito importante a considerar acerca do ruído é que a sua intensidade é reduzida com o aumento da distância da fonte emissora. A cada duplicação da distância em campo livre, isto é, sem obstáculos, o ruído diminui em 6 dB (A). Também tem influência sobre os resultados da medição a posição relativa do aparelho de medição (sentido de propagação sonora). Por isso é importante caracterizar a localização referencial da tomada de medições para uma melhor interpretação do apresentado.

Devido a uma série de exigências a que é submetida em nosso cotidiano e à extensão de problemas que pode trazer a nossa saúde, a audição é merecedora de cuidados específicos por intermédio do Programa de Conservação Auditiva – PCA. Como bem conceitua Santos (1996:81), é *"um conjunto de medidas a serem desenvolvidas com o objetivo de prevenir a instalação ou evolução de perdas da audição"*. Fazem parte desse conjunto de medidas, como diretrizes do PCA:

a. Avaliação e monitoramento da exposição ao ruído.
b. Tomada de medidas de controle ambiental e organizacional.
c. Avaliação e monitoramento audiológico.
d. Uso de protetores auriculares.
e. Aspectos educativos, inclusive higiênicos.
f. Avaliação sistemática da eficácia e dos instrumentos do programa.

Sugestões de leitura

CONSEJO INTERAMERICANO DE SEGURIDAD. *Manual de fundamentos de higiene industrial.* Englewood (NJ), 1981.

MACEDO, Ricardo. *Manual de higiene do trabalho na indústria.* Lisboa: Fundação Calouste Gulbenkian, 1988.

MARANO, Vicente Pedro. *Medicina do trabalho*: exames médicos admissionais, periódicos, provas funcionais. 3. ed. São Paulo: LTr, 1997.

TEJEDA, Carlos de la Colina et al. *Acústica de la edificación.* Madri: Uned, 1997.

Conhecimentos Técnicos

SALIBA, Tuffi Messias et al. *Higiene do trabalho e programa de prevenção de riscos ambientais*. São Paulo: LTr, 1997.

SANTOS, Ubiratan de Paula et al. *Ruído*: riscos e prevenção. 2. ed. São Paulo: Hucitec, 1996.

UGARTEBURU, Pedro Miguel Lanas. *Conocimiento, evaluación y control del ruído*. San Sebastián: Asociación para la Prevención de Accidentes, [s.d.].

VIEIRA, Sebastião Ivone et al. *Medicina básica do trabalho*. Curitiba: Genesis, 1995. 5 v, v. 3.

● Riscos elétricos

Extremamente necessária em todo o mundo pelas facilidades que acrescentou ao dia a dia do homem moderno, a energia elétrica caracteriza-se, também, pela vasta potencialidade de riscos que pode oferecer. Quem em criança não "levou um choquinho" que o ensinou a manter-se longe das tomadas e interruptores? Devemos manter-nos afastados de equipamentos elétricos, principalmente se não estivermos com as extremidades do corpo – mãos e pés – perfeitamente secos. Desde sua geração, distribuição e utilização das mais variadas formas, a energia elétrica continua presente em nossas vidas como uma das principais forças motrizes da humanidade. Conhecê-la melhor e procurar compreender por que ocorrem tantos acidentes com esta e as formas de preveni-los é o objetivo deste capítulo.

O choque elétrico é uma perturbação que se manifesta no organismo humano, quando é percorrido por uma corrente elétrica. Os efeitos dessa perturbação dependem de determinadas condições, a saber:

    a. O percurso da corrente elétrica pelo corpo humano.[9]
    b. A intensidade da corrente.[10]
    c. A espécie de corrente elétrica (CA ou CC).
    d. A tensão elétrica.
    e. O tempo de duração do choque elétrico.
    f. A frequência da corrente elétrica (Hz).
    g. As condições orgânicas do indivíduo.

As principais perturbações causadas ao organismo decorrentes do choque elétrico, em ordem crescente de periculosidade, são:

    a. **Cãimbras**: em si, não trazem maiores problemas. Porém, podem originar outros de maior gravidade, como a queda de andaimes ou a soltura de materiais que poderão atingir pessoas abaixo.

---

[9] Ver Tabela 1.
[10] Ver Tabela 3.

b. **Tetanização**: enrijecimento muscular que, em alguns casos, pode impedir que o trabalhador solte o elemento de tensão.
c. **Parada respiratória**: decorrente da paralisação dos músculos respiratórios cuja gravidade pode variar em função de sua duração.
d. **Fibrilação**: quando as fibras musculares do coração perdem o seu sincronismo normal, ocorrendo uma parada da função de bombeamento e de onde decorrem todos os danos referentes à ausência de tal função no organismo.
e. **Queimaduras**: poderão assumir intensidades e danos diversos. Seus efeitos poderão levar o indivíduo, inclusive, à morte. Sua ocorrência se dá pela ação da própria corrente sobre a pele do acidentado ou por salpicaduras de material fundente originário do efeito térmico produzido por aquela. Também é importante destacar que a gravidade da lesão provocada depende do órgão afetado, a exemplo dos tecidos nervosos que não suportam temperaturas superiores a 45°C sem que ocorram danos vitais.

Tabela 2.1 Correlação entre o percurso da corrente e seu efeito sobre o coração

Trajeto da corrente (desde – até)	Fator
Mão esquerda – pé esquerdo, pé direito ou ambos os pés	1,0
Duas mãos – dois pés	1,0
Mão esquerda – mão direita	0,4
Mão direita – um ou dois pés	0,8
Costas – mão direita	0,3
Costas – mão esquerda	0,7
Peito – mão direita	1,3
Peito – mão esquerda	1,5
Nádegas – mão esquerda, mão direita ou ambas as mãos	0,7

Indica também que correntes de intensidade diferentes podem causar danos similares em função dos percursos por estas percorridos. Por exemplo, uma corrente de 200 mA que percorra o corpo da mão esquerda à direita terá o mesmo efeito que uma corrente de 80 mA cujo percurso seja mão esquerda – pés. O fator de corrente do coração permite o cálculo do perigo da fibrilação para diferentes correntes, relacionadas pela fórmula:

$$I_{ref} = I_{a-b} \cdot fator,$$

onde:

I_{ref}: é a corrente de referência entre a mão esquerda e os dois pés;

I_{a-b}: é a corrente que percorre o corpo entre dois pontos outros e tem seu efeito comparado ao daquela de referência em relação ao perigo de fibrilação.

A necessidade de socorro imediato é marcante para o caso de acidentes com energia elétrica. A alteração de pulsação ritmada do músculo cardíaco por uma corrente de maior intensidade do que a normal caracteriza a fibrilação ventricular. A ausência de imediata intervenção pode resultar em significativa redução da probabilidade de reanimação em questão de segundos. A título de ilustração podemos apresentar a tabela contendo os dados resultantes da Curva de Drinker (Apud Miguel 1998:193).

Tabela 2.2 Probabilidade de reanimação (%) em função do tempo decorrido entre o acidente e a intervenção (minutos)

Tempo decorrido (min.)	Sucesso (%)
1	95
2	90
3	75
4	50
5	25
6	1
8	0,50

Assim como a maior parte dos problemas relativos à segurança, as medidas de proteção contra contatos com eletricidade devem fazer parte das rotinas da organização. Uma intervenção preventiva deverá contemplar, entre outros aspectos:

a. *Proteção contra contato direto:*
   - afastamento do trabalhador da rede elétrica;
   - uso de barreiras;
   - isolação adequadamente realizada.
b. *Proteção contra contato indireto*:
   - erro na instalação elétrica ou defeitos de isolação;
   - energização de peças metálicas.
c. *Cuidados extras*:
   - ferramentas inadequadas;

- lugares úmidos;
- manutenção de equipamentos;
- proteção do trabalhador.

Uma fonte muito corriqueira de choques elétricos é a instalação inadequada de lâmpadas elétricas. Comumente, não é observada por "práticos", que se apresentam como eletricistas, a distribuição da fase, do neutro e ainda da posição do interruptor em relação a estes:

1º) Na instalação do interruptor no neutro e a fase instalada diretamente ao receptáculo e à lâmpada, há o risco de choque elétrico ao manuseio do conjunto pela possibilidade de toque acidental na rosca – parte metálica.

2º) Na instalação do interruptor à fase instalada diretamente ao receptáculo e à lâmpada, e o neutro ligado diretamente à parte superior (botão), há o risco de choque elétrico ao manuseio do conjunto pela possibilidade de toque acidental na rosca – parte metálica; a lâmpada poderá estar queimada e o interruptor ligado.

3º) A disposição correta consiste na instalação do interruptor na fase e a ligação deste ao botão, bem como a ligação do neutro à parte da rosca. Tal disposição favorece a proteção do usuário, pois, ainda que acidentalmente, este toque a parte metálica, a corrente circulará preferencialmente pelo caminho mais fácil (a linha do neutro).

Cabe também aqui lembrar que grande parte dos incêndios ocorridos nas empresas tem origem em curto-circuitos decorrentes de sobrecargas na rede elétrica mal planejada e/ou instalada. Por isso, é imprescindível que tais serviços sejam feitos por profissionais verdadeiramente habilitados e que sejam utilizados materiais da melhor qualidade – segundo especificações técnicas definidas adequadamente para as finalidades a que se destinam.

Tabela 2.3 Principais valores da intensidade da corrente elétrica com efeitos conhecidos sobre o corpo humano {I = f(t); f = 50/60 Hz}

I(A)	Efeitos sobre o corpo humano
20 a 100 . 10^{-6}	Fibrilação ventricular para sinais elétricos aplicados diretamente ao nível do miocárdio ou do encéfalo e de f < 1000 Hz
0,02 . 10^{-3}	Percepção sensorial ao nível de retina: fosfeno
0,045 . 10^{-3}	Percepção sensorial da língua
0,1 . 10^{-3}	Ligeiras contrações musculares dos dedos
0,8 a 1 . 10^{-3}	Percepção cutânea

Conhecimentos Técnicos

I(A)	Efeitos sobre o corpo humano
$6 \cdot 10^{-3}$	Percepção cutânea dolorosa e de *não largar*
$8,8 \cdot 10^{-3}$	Impossibilidade de autolibertação *(não largar)* para 0,5% dos indivíduos
10 a $15,5 \cdot 10^{-3}$	Impossibilidade de autolibertação para 100% dos indivíduos
$20 \cdot 10^{-3}$	Possibilidade de asfixia se t > 3 min. e se o trajeto da corrente atinge o diafragma (ex.: contato mão-mão)
$30 \cdot 10^{-3}$	Possibilidade de fibrilação ventricular (probabilidade > 50% se t > 1,5 do ciclo cardíaco)
$70 \cdot 10^{-3}$	Fibrilação ventricular se t ≥ 1 segundo
$80 \cdot 10^{-3}$	Fibrilação ventricular quase certa se t ≥ 1 segundo
2 a 3	Inibição dos centros nervosos do ser humano
20	Queimaduras muito importantes, mutilações

Fonte: adaptada de Miguel (1998:203).

A natureza do choque elétrico depende, como vimos, de diversas características da corrente. A adequada intervenção em socorro imediato e mesmo o tratamento posterior podem ser significativamente adequados a partir desse conhecimento. Em tal fato reside a importância de reconhecer o elemento causador do choque. Daí decorre a sua classificação nos seguintes tipos:

- **Choque estático**: ocorre quando há o contato físico com capacitor carregado.
- **Choque dinâmico**: ocorre quando há contato físico com condutor energizado.
- **Choque atmosférico**: ocorre por ação de descarga atmosférica no corpo humano.

Por fim, resta lembrar que as informações sobre a alimentação e operação das distintas redes que compõem a malha elétrica de uma empresa também devem constar do plano geral de emergência e, por isso, devem estar disponíveis a todos e ser conhecidas por diversas pessoas na organização.

Sugestões de leitura

ANTÓN, Manuel Llorente. *Riesgos laborales en la industria eléctrica*. Madri: Ediatec, 1997.

ASSOCIAÇÃO BRASILEIRA DE NORMAS TÉCNICAS. *Instalações elétricas de baixa tensão*: NBR 5410. Rio de Janeiro: ABNT, 1981.

_____. *Segurança na execução de obras e serviços de construção*: NBR 7678. Rio de Janeiro: ABNT, 1983.

BRUNER, John M. R. et al. *Eletricity, safety and the patient.* Chicago: Year Book Medical Publishers, 1989.

GUSMÃO, Luís Henrique Puccinnelli et al. *Instalações elétricas em canteiros de obras.* São Paulo: Fundacentro, Sinduscon/SP, 1991.

MIGUEL, Alberto Sérgio S. R. *Manual de higiene e segurança do trabalho.* 4. ed. Porto: Porto Editora, 1998.

LUNA, Aelfo Marques. *Os perigos da eletricidade.* Recife: Chesf/DC, 1987.

VIEIRA, Sebastião Ivone et al. *Medicina básica do trabalho.* Curitiba: Genesis, 1995. v. 3.

● Riscos na maquinaria e sua proteção

Por um longo período de sua história, a humanidade dispôs apenas de sua força muscular e de algum ferramental para a realização das tarefas de seu cotidiano. Grandes eram os esforços e reduzidos os resultados produtivos. Depois, se valeu da força animal para serviços de tração, o que ampliou sua capacidade de realizar trabalho. Por fim, com a introdução da mecanização e de sua evolução alcançou patamares de volume e de velocidade de produção que permitiram níveis de produtividade jamais vistos.

É inegável o impacto que as máquinas causaram sobre a forma de produzir. Por um lado, reduziram o esforço empregado diretamente pelo trabalhador na produção e ampliaram a capacidade produtiva. E, por outro, estabeleceram ritmos e demandaram habilidades crescentes. De tal maneira foram as mudanças introduzidas que não tardaram a surgir reações contrárias à sua utilização. Este movimento, que chegou a preconizar e a concretizar a destruição da maquinaria em algumas fábricas inglesas, ficou conhecido como ludismo ou ludita (em razão da liderança exercida por Ned Ludd). A contrarreação na Inglaterra foi intensa e em 1812 o *Frame Braking Act* estabeleceu a pena de morte para quem causasse deliberadamente a sua destruição. Não é de causar estranheza que o medo do desconhecido ainda cause temores e reações intensas em relação à tecnologia. Ainda nos dias atuais há aqueles que se negam a utilizar os recursos possibilitados pelos computadores, celulares e outras facilidades da evolução tecnológica. Como não poderia deixar de ser, podem ser chamados ou tomados como neoluditas.

Ao lado das vantagens obtidas com a introdução da maquinaria, igualmente afloraram aspectos negativos. Ritmos excessivos de produção, manutenção deficiente – por que não dizer precária – e a existência de partes móveis, aquecidas e de brusco movimento, arestas cortantes, além dos sistemas de transmissão de força e os elementos de operação propriamente ditos, causaram e ainda causam muitos acidentes entre os trabalhadores. Projetos que prestigiaram a produção relegando a um plano inferior a integridade do operador tornaram prensas, modeladoras e masseiras, guilhotinas, laminadoras, dobradoras, serras circulares, desfibradores de sisal e injetoras, entre outras máquinas, referência frequente a mutilações nos membros superiores e as tornaram sinônimos de estatísticas indesejadas, sendo

Conhecimentos Técnicos

responsáveis por significativa parcela do total de acidentes registrados no país (ver Tabela 2.4).

Quando nos referimos à ampliação da capacidade produtiva propiciada por um aparato, temos que considerar também para tal finalidade, além das máquinas, todas as ferramentas, pois estas servem justamente a este propósito: ampliar a capacidade de trabalho do ser humano. Então, ferramentas manuais, elétricas ou não, devem ser analisadas quanto à segurança oferecida ao usuário.

Como veremos, muitas são as oportunidades de acidentes com máquinas em geral. Felizmente, as soluções requeridas para estas situações já estão devidamente estabelecidas. Basta pô-las em prática, sem que haja exceções!

Tabela 2.4 Acidentes de trabalho típicos atingindo mãos, dedos e braços – 2002/ 2004

Parte(s) atingida(s)	Total 2002	Total 2004	Variação %
(a) Mão (exceto punho ou dedos)	35.753	37.000	3,5
(b) Dedo	86.185	106.514	23,6
(c) Membros superiores (partes múltiplas)	2.852	2.812	– 1,4
(d) Membros superiores (não informado)	3.125	3.100	– 0,8
(e) Antebraço (entre punho e cotovelo)	11.836	15.428	30,4
(f) Braço (entre punho e ombro)	13.269	12.921	– 2,6
(g) Braço (acima do cotovelo)	5.321	4.719	– 11,3
Total de acidentes (de "a" até "g")	158.341	182.494	15,3
Total de acidentes no ano (em geral)	323.879	371.482	14,1

Fonte: Anuário Estatístico da Previdência Social (2004) apud *Revista Proteção* (2006:38).

Certa vez, ao visitar uma marcenaria de uma pequena cidade, passei pela seguinte situação: um garoto de seus 16 ou 17 anos, fazendo as vezes de marceneiro, sem fazer uso de nenhum equipamento de proteção individual para proteger-lhe olhos e face, mãos ou pés, cortou fora a cabeça de um prego robusto e, de imediato, o introduziu no mandril de uma furadeira manual. Ao ver que o observava com atenção, questionou-me, com ares de escárnio:

– Que é isso, professor! Nunca viu uma "broca de prego"?

Creio ser desnecessário qualquer comentário a respeito do ocorrido...

Asfahal (2005:277) destaca que 18% das notificações apresentadas pela OSHA[11] ao setor industrial provêm do descumprimento das regulamentações

---

[11] *Occupational Safety and Health Administration*, órgão de fiscalização das condições de trabalho e da legislação aplicável nos EUA. Correspondente, no Brasil, às Superintendências Regionais do Trabalho.

técnicas relacionadas ao assunto. Em primeiro lugar, destaca "condições perigosas mecânicas" que devem ser controladas por dispositivos de proteção:

    a) O ponto de operação.

    b) O mecanismo de transmissão de força.

    c) O ponto inicial de compressão ou de entrada.

    d) Peças rotativas ou de movimento alternado.

    e) Aparas, faíscas ou desprendimento de peças.

Na medida em que, com o uso crescente da maquinaria, os esforços físicos foram sendo liberados, inúmeros eventos indesejados causaram acidentes das mais diversas gravidades, alguns, inclusive, fatais, pelo que se fez necessário reprojetar, adequar ou substituir algumas destas máquinas e equipamentos, com o intuito de evitar condições de risco grave e iminente, das quais podem resultar possíveis graves sequelas e, inclusive, morte. Em decorrência, tendo como consequência queimaduras, intoxicações agudas, esmagamentos, fraturas diversas, quedas de altura e perda de membros ou de olhos e choques elétricos intensos.

Acidentes com máquinas podem ocorrer não apenas durante a sua operação, mas também quando as atividades de manutenção ou limpeza são executadas. Nesses casos, mecanismos de aviso e travamento da fonte de alimentação e dos interruptores para seu acionamento são recomendados. Outra condição favorável à ocorrência de acidentes com máquinas é a conservação de alguma forma de energia nestas ainda quando desligadas. Então, liberar ou restringir tal energia (hidráulica ou pneumática, por exemplo) deve ser igualmente alvo da atenção dos responsáveis pela segurança na organização.

Em outros equipamentos são comuns intertravamentos, que seccionam funções, como o que ocorre nas portas de microondas domésticos e de elevadores, de modo que estes não atuam enquanto aquelas estiverem abertas.

O desenvolvimento da eletrônica tem contribuído para o surgimento de novas tecnologias aplicadas à proteção de máquinas.

Quanto à segurança de ponto de operação de uma dada máquina, Asfahal (2005: 295), referindo-se às prensas, destaca que devem ser buscados nesse projeto:

    1. *Métodos que proíbem categoricamente o operador de atingir a zona de perigo.*

    2. *Métodos que proíbem o operador de atingir a zona de perigo quando o aríete está em movimento.*

    3. *Métodos que proíbem o operador de atingir a zona de perigo somente quando as matrizes estão se fechando.*

    4. *Métodos que não proíbem o operador de atingir a zona de perigo, mas que param o aríete antes que o operador possa atingir a zona de perigo.*

Conhecimentos Técnicos

Deve-se, portanto, buscar eliminar o que se define por risco grave e iminente, nos moldes da NR 3:

> *NR 3.1.1 Considera-se grave e iminente risco toda condição ambiental de trabalho que possa causar acidente do trabalho ou doença profissional com lesão à integridade física do trabalhador.*

Faz-se, então, imperativo inafastável assegurar a proteção do trabalhador frente às máquinas, sendo este operador destas ou não, estacionárias ou móveis, independentemente de sua atuação sobre estas. Ainda que o faça de maneira indevida, a sua integridade não poderá estar sujeita a potencial dano ou lesão. Para tanto, sistemas de segurança (vide 12.38)[12] devem aplicados a esta maquinaria, de modo a serem capazes de impedir ocorrências indesejadas, mesmo que ocorra o seu acionamento indevido, tentativas de burla por parte dos operadores (vide 12.24.e), a sua religação acidental ou, mesmo, que seus componentes – em especial os eletrônicos porventura utilizados como parte desse sistema protetivo – venham a falhar.

Neste sentido, impõe a Consolidação das Leis do Trabalho:

> *Art.184 As máquinas e os equipamentos deverão ser dotados de dispositivos de partida e parada e outros que se fizerem necessários para a prevenção de acidentes do trabalho, especialmente quanto ao risco de acionamento acidental.*
>
> *Parágrafo único. É proibida a fabricação, a importação, a venda, a locação e o uso de máquinas e equipamentos que não atendam ao disposto neste artigo.*
>
> *Art.185 Os reparos, limpeza e ajustes somente poderão ser executados com as máquinas paradas, salvo se o movimento for indispensável à realização do ajuste.*
>
> *Art.186 O Ministério do Trabalho estabelecerá normas adicionais sobre proteção e medidas de segurança na operação de máquinas e equipamentos, especialmente quanto à proteção das partes móveis, distância entre estas, vias de acesso às máquinas e equipamentos de grandes dimensões, emprego de ferramentas, sua adequação e medidas de proteção exigidas quando motorizadas ou elétricas.*

Em face da possibilidade da falha de componentes por motivos os mais diversos, deve-se, como compromisso inafastável, buscar o máximo grau de segurança que o estado da arte possa providenciar. Se requer, portanto, a contínua avaliação da tecnologia disponível para a devida atualização e ampliação da performance do sistema de segurança em operação.

Devemos compreender como máquina, segundo o estabelecido na norma NBR NM 213-1 e por suas sucessoras, o "conjunto de peças ou de órgãos ligados entre eles, em que pelo menos um é móvel, e, se for o caso, acionadores, circuitos

---

[12] As notas de referência entre parênteses dizem respeito aos itens da NR que tratam do aspecto abordado, pelo que devem ser cuidadosamente lidas e interpretadas.

de comando e de potência etc., reunidos de maneira solidária em vista de uma aplicação definida, notadamente para a transformação, o tratamento, o deslocamento e o acondicionamento de um material".

Ainda segundo essa norma, é igualmente considerado como máquina "um conjunto de máquinas que, a fim de concorrer a um único e mesmo resultado, são dispostos e comandados de maneira a serem solidários em seu funcionamento".

A NR 12 (Segurança no Trabalho com Máquinas e Equipamentos) traz uma vasta série de requisitos e de orientações para que as empresas possam implementar medidas que assegurem essa proteção requerida. Nesse sentido, impõe exigências tanto de caráter executivo quanto de caráter programático. Ou seja, prescreve a aplicação de proteções mecânicas e de dispositivos eletroeletrônicos interligados, bem como medidas gerenciais de caráter duradouro e continuado visando assegurar a proteção integral do trabalhador e de todos aqueles que possam vir a ter sua integridade ameaçada em razão de ocorrências indesejadas resultantes do uso da maquinaria.

Podemos resumir dizendo que a NR 12 estabelece duas ordens de ações visando a proteção no trato com máquinas e equipamentos: uma no plano físico (primária) e outra no plano gerencial (secundária – contínua e sistemática). Ou seja, para a adequada satisfação dessa norma, medidas de duas ordens devem ser satisfeitas: a instalação da proteção física propriamente dita, à qual se agrega os requisitos do sistema de acionamento e/ou comando, e o atendimento contínuo do estabelecido no plano de gerenciamento.

Esse programa de gerenciamento da segurança da maquinaria visa assegurar que a operação ou o simples acesso às máquinas seja seguro e exercido com máximo grau de confiabilidade possível ao longo de todas as etapas de seu ciclo de vida.

Impõe-se, assim, que um sistema de segurança seja projetado, instalado e mantido ao longo do ciclo de vida da maquinaria, em todas as situações em que com ela houver interação humana: desde a sua instalação, nas fases de ajustes ou preparação para a produção, em regime de operação regular, durante intervenções de manutenção ou de atualização tecnológica, em situações especiais e, mesmo, durante seu desmonte, seja para fins de atualização tecnológica, para descarte e reciclagem de partes ou componentes ou, ainda, para uma destinação final.

Dessa feita, novas máquinas somente devem ser adquiridas se em perfeita consonância com os requisitos da NR 12. Por sua vez, máquinas projetadas, produzidas e instaladas anteriormente a essa norma devem ser adequadas às suas exigências ou ser substituídas quando tal adequação não for possível ou economicamente viável.

A NR 12 é uma norma abrangente que traz orientações sobre diversos aspectos quanto à utilização de maquinarias em unidades produtivas. Entre elas, podemos destacar requisitos no tocante a:

- Arranjo físico e instalações (vide 12.6 a 12.13).
- Instalações e dispositivos elétricos (vide 12.14 a 12.23).

- Dispositivos de partida, acionamento e parada (vide 12.24 a 12.37).
- Sistemas de segurança (vide 12.38 a 12.55).
- Dispositivos de parada de emergência (vide 12.56 a 12.63).
- Meios de acesso permanentes (vide 12.64 a 12.76).
- Componentes pressurizados (vide 12.77 a 12.84).
- Aspectos ergonômicos (vide 12.94 a 12.105).
- Riscos adicionais (vide 12.106 a 12.110).
- Sinalização (vide 12.116 a 12.124).

O primeiro passo, entre uma sequência de ações a ser realizada para o atendimento do estabelecido na NR 12,[13] é realizar os levantamentos básicos para a confecção do inventário da maquinaria, cuja finalidade é servir de memória técnica dessa maquinaria e providenciar a rastreabilidade de todas as intervenções nela executadas, de modo a preservar o nível de segurança do sistema de segurança ao longo das fases de utilização das máquinas ou equipamentos (*vide* 12.1.1 ou 12.133).

> *12.153. O empregador deve manter inventário atualizado das máquinas e equipamentos com identificação por tipo, capacidade, sistemas de segurança e localização em planta baixa, elaborado por profissional qualificado ou legalmente habilitado.*
>
> *12.153.1. As informações do inventário devem subsidiar as ações de gestão para aplicação desta Norma.*
>
> *12.153.2 O item 12.153 não se aplica:*
>
> *a) às microempresas e às empresas de pequeno porte, que ficam dispensadas da elaboração do inventário de máquinas e equipamentos;*
>
> *b) a máquinas autopropelidas, automotrizes e máquinas e equipamentos estacionários utilizados em frentes de trabalho.*

Podemos dizer que, em linhas gerais, o inventário consiste, entre outros aspectos, no cadastramento e registro de todas as intervenções sofridas pela maquinaria, visando assegurar a continuidade da capacidade protetiva da maquinaria, devendo trazer informações quanto a sua descrição, localização na empresa, as intervenções realizadas (quando, o que, quem etc.), o documento que originou a intervenção (se uma prestação externa – nota fiscal; se uma prestação interna – ordem de serviço), estado ou condição dos dispositivos do sistema de segurança, data da próxima verificação ou intervenção etc.

---

[13] Vide o fluxograma para implementação da NR 12 constante do Anexo I deste capítulo.

Na busca da definição dos elementos protetivos necessários para prover o nível de segurança requerido para cada máquina, deve-se levantar todas as oportunidades de perigo nos distintos cenários de interação humana:

- No ajuste da maquinaria para início de produção.
- Em regime de pleno trabalho.
- Nas atividades de manutenção e limpeza.
- Em situações extraordinárias ou especiais.

Ou seja, tal olhar deve estender-se ao longo de todo o ciclo de sua vida útil, para cada zona ou ponto de perigo identificado, levando-se em conta as áreas de eventual projeção de partes ou componentes. Nesse sentido, vide itens 12.111 a 12.115.

As principais tarefas desse processo interativo são a identificação dos perigos, a estimativa e a análise do risco, que, em conjunto, levam à apreciação da segurança da máquina. Para tanto, podem ser utilizados, sem ordem de preferência, alguns dos métodos para análise de perigos e estimativa de riscos, dentre os quais a análise preliminar de perigos (APP), o estudo do perigo e operabilidade (Hazop), a árvore de análise de falhas (FTA), o modo de falhas e análise de efeitos (FMEA) e o Delphi.

Embora não listado entre os acima citados, o método HRN (descrito no Anexo I), por fornecer uma gradação quanto às possíveis ocorrências indesejadas junto às zonas ou pontos de perigo, termina por indicar prioridades ou uma hierarquia para a intervenção, sendo, por isso, largamente utilizado. Ademais, propicia a comparação das condições anteriores e posteriores à introdução de medidas protetivas, servindo ao intuito da apreciação da eficácia de sua adoção.

Somente após o levantamento integral dos potenciais perigos e dos riscos associados às máquinas em todas as possíveis interações humanas, bem como de uma ordem prioritária de intervenções entre as distintas máquinas do parque produtivo de uma empresa, será possível transformar adequadamente os conhecimentos disponíveis acerca de cada máquina e de medidas protetivas aplicáveis em um projeto de segurança para estas.

Cabe destacar o conceito de "riscos adicionais", conforme o item 12.106:

12.106. Para fins de aplicação desta Norma, devem ser considerados os seguintes riscos adicionais:

a) substâncias perigosas quaisquer, sejam agentes biológicos ou agentes químicos em estado sólido, líquido ou gasoso, que apresentem riscos a saúde ou integridade física dos trabalhadores por meio de inalação, ingestão ou contato com a pele, olhos ou mucosas;

b) radiações ionizantes geradas pelas máquinas e equipamentos ou provenientes de substâncias radiativas por eles utilizadas, processadas ou produzidas;

c) radiações não ionizantes com potencial de causar danos a saúde ou integridade física dos trabalhadores;

d) *vibrações;*

e) *ruído;*

f) *calor;*

g) *combustíveis, inflamáveis, explosivos e substâncias que reagem perigosamente; e*

h) *superfícies aquecidas acessíveis que apresentem risco de queimaduras causadas pelo contato com a pele.*

Resta claro o item 12.4 ao determinar prioridades quanto às medidas de proteção no tocante à maquinaria:

1) Em primeiro lugar, as medidas de engenharia ou proteções coletivas, que atuam independente de qualquer ação ou comportamento deste ou daquele trabalhador.

2) Em seguida, devem ter lugar as medidas de caráter administrativo ou organizacional, em especial os procedimentos e respectivos treinamentos (para o efetivo reconhecimento dos perigos e riscos no ambiente de trabalho, para se possa processar a prevenção cognitiva) e, por fim, o último e mais precário recurso protetivo.

12.130. Devem ser elaborados procedimentos de trabalho e segurança específicos, padronizados, com descrição detalhada de cada tarefa, passo a passo, a partir da análise de risco.

12.130.1. Os procedimentos de trabalho e segurança não podem ser as únicas medidas de proteção adotadas para se prevenir acidentes, sendo considerados complementos e não substitutos das medidas de proteção coletivas necessárias para a garantia da segurança e saúde dos trabalhadores.

12.132. Os serviços em máquinas e equipamentos que envolvam risco de acidentes de trabalho devem ser planejados e realizados em conformidade com os procedimentos de trabalho e segurança, sob supervisão e anuência expressa de profissional habilitado ou qualificado, desde que autorizados.

3) Os equipamentos de proteção individual também não podem ser a única medida para tal finalidade, uma vez que, não raro, são insuficientes para assegurar a efetiva preservação da integridade dos trabalhadores.

Explicita a NR 12 que a verificação deve ser atividade inserida na rotina da operação da maquinaria, quando estabelece:

12.131. Ao início de cada turno de trabalho ou após nova preparação da máquina ou equipamento, o operador deve efetuar inspeção rotineira das condições de operacionalidade e segurança e, se constatadas anormalidades que afetem a segurança, as atividades devem ser interrompidas, com a comunicação ao superior hierárquico.

E, para tanto, a operação, manutenção, inspeção e demais intervenções em máquinas e equipamentos devem ser realizadas por trabalhadores habilitados, qualificados, capacitados ou autorizados para este fim.

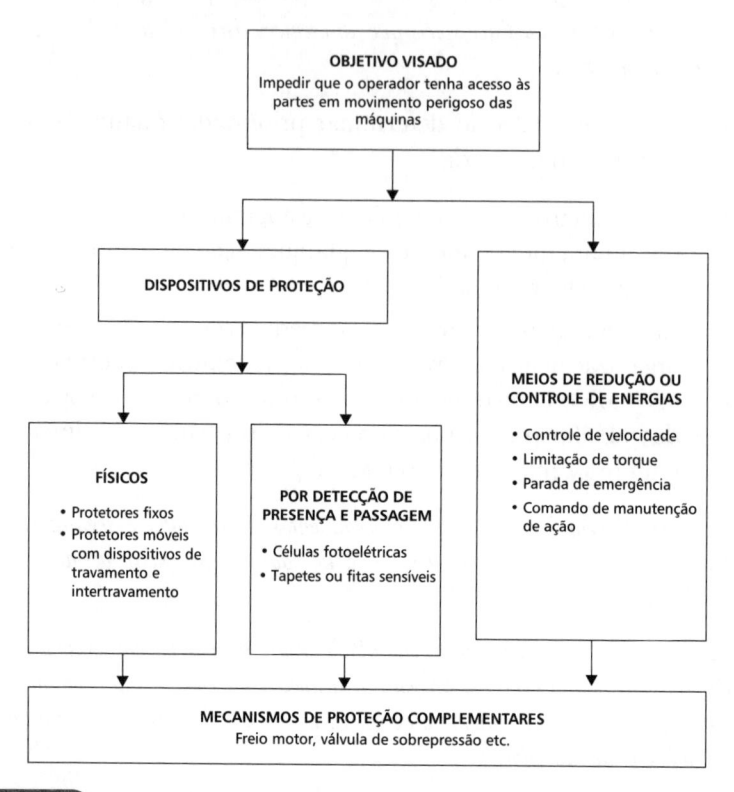

```
                    OBJETIVO VISADO
            Impedir que o operador tenha acesso às
              partes em movimento perigoso das
                         máquinas
                            │
            ┌───────────────┴───────────────┐
            ▼                               ▼
   DISPOSITIVOS DE PROTEÇÃO        MEIOS DE REDUÇÃO OU
            │                     CONTROLE DE ENERGIAS
            │                     • Controle de velocidade
            │                     • Limitação de torque
   ┌────────┴────────┐            • Parada de emergência
   ▼                 ▼            • Comando de manutenção
 FÍSICOS      POR DETECÇÃO DE       de ação
 • Protetores PRESENÇA E PASSAGEM
   fixos      • Células fotoelétricas
 • Protetores • Tapetes ou fitas sensíveis
   móveis com
   dispositivos de
   travamento e
   intertravamento

       MECANISMOS DE PROTEÇÃO COMPLEMENTARES
           Freio motor, válvula de sobrepressão etc.
```

Figura 2.1 Resumo do processo de redução de risco mecânico de máquinas e equipamentos.

Fonte: adaptada de SESI/RJ, SRTE/RJ (2012, p. 33).

Entendendo-se uma máquina como constituída por um segmento operativo, sob a coordenação de um sistema de comando, cuja força de atuação fornecida ou por esta gerada enseja as principais oportunidades de dano aos trabalhadores, a partir destes poderemos delinear os elementos básicos para o projeto de proteção. Por essa razão, ao conteúdo da NR 12 integra-se, em especial, o contido na NR 10 e demais normas aplicáveis às redes, instalações e dispositivos elétricos, assim como em face das demais formas de força ou energia existentes na máquina. Isto é, para o adequado atendimento da NR 12, os requisitos da NR 10 e demais normas aplicáveis, de modo integrado, devem ser necessariamente satisfeitos, sobretudo porque impossível, a priori, afastar dos trabalhadores que lidem com a maquinaria ou em seu entorno os riscos oriundos dessas energias.

Conhecimentos Técnicos

Assim sendo, as redes e as instalações atinentes devem ser projetadas e mantidas de modo a prevenir, por meios seguros, os perigos de choque elétrico, incêndio, explosão e outros tipos de acidentes. As instalações elétricas das máquinas e equipamentos devem possuir dispositivo protetor contra sobrecorrente e sobretensão, devendo ser aterradas, conforme as normas vigentes, além das instalações, carcaças, invólucros, blindagens ou partes condutoras que possam ficar sob tensão. Importante destacar que quadros e redes de alimentação devem igualmente ser constituídos para tal intuito, razão pela qual são proibidas nas máquinas e equipamentos:

- A utilização de chave geral como dispositivo de partida e de parada.
- A utilização de chaves tipo faca nos circuitos elétricos.
- A existência de partes energizadas expostas de circuitos que utilizam energia elétrica.

A proteção dos trabalhadores frente aos elementos de uma máquina se dará, idealmente, pelo enclausuramento desta. Ou seja, com a completa eliminação de um possível contato, de acesso às áreas de risco. Todavia, tal condição pode não ser possível por algumas razões, dentre as quais destacamos:

- A necessidade de acesso regular às máquinas para a troca de ferramentas, ajustes, introdução de matérias a serem processadas etc.
- O custo mais elevado das chapas em relação às telas, assim como o peso a ser adicionado às estruturas.
- A possibilidade da interferência sobre o desempenho da própria maquinaria, como o sobreaquecimento e outras implicações sobre o rendimento produtivo.

Para atender aos requisitos de segurança e de operação da máquina ou equipamento, a neutralização das fontes de risco pode ser dada pela adoção da distância como forma de manter as pessoas afastadas das fontes de risco, impedindo a exposição do corpo ou partes do corpo ao fenômeno perigoso. Normalmente esses elementos são conhecidos como "barreiras de proteção".

A determinação da distância de segurança versus a altura da "barreira de proteção" é feita em função da avaliação do risco e a posição da fonte de perigo.

> *12.41. Para fins de aplicação desta Norma, considera-se proteção o elemento especificamente utilizado para prover segurança por meio de barreira física, podendo ser:*
>
> *a) proteção fixa, que deve ser mantida em sua posição de maneira permanente ou por meio de elementos de fixação que só permitam sua remoção ou abertura com o uso de ferramentas específicas; e*
>
> *b) proteção móvel, que pode ser aberta sem o uso de ferramentas, geralmente ligada por elementos mecânicos à estrutura da máquina ou a um elemento fixo próximo, e deve se associar a dispositivos de intertravamento.*

Cabe especial destaque o expresso no item 12.44 da **NR**, a seguir transcrito:

12.44 A proteção deve ser móvel quando o acesso a uma zona de perigo for requerido uma ou mais vezes por turno de trabalho, observando-se que:

a) a proteção deve ser associada a um dispositivo de intertravamento quando sua abertura não possibilitar acesso à zona de perigo antes da eliminação do risco; e

b) a proteção deve ser associada a um dispositivo de bloqueio quando sua abertura possibilitar o acesso à zona de perigo antes da eliminação do risco.

Também merece destaque o contido em 12.47 e 12.50:

12.47 As transmissões de força e os componentes móveis a ela interligados, acessíveis ou expostos, devem possuir proteções fixas ou móveis com dispositivos de intertravamento que impeçam o acesso por todos os lados.

12.50 Quando a proteção for confeccionada com material descontínuo, devem ser observadas as distâncias de segurança para impedir o acesso às zonas de perigo, conforme previsto no Anexo I, item A.[14]

As interfaces homem-máquina devem receber atenção especial, sobretudo no tocante ao acionamento e paradas de emergência. Comandos de partida ou acionamento devem possuir dispositivos que impeçam seu funcionamento automático ao serem energizados em todas as formas de energia existentes na máquina (elétrica, pneumática etc.). Sua ativação deverá se dar em dois estágios – força e movimento –, ficando este último condicionado à atuação direta do operador, após a interrupção dessa energia, inclusive quando acionada a parada de emergência.

Convém destacar, também, no tocante ao aspecto energização e aos perigos presentes no cotidiano dos trabalhadores que lidam com máquinas, de onde resulta um elevado número de ocorrências indesejadas, tanto com trabalhadores do quadro funcional das empresas como com terceirizados – vide, por exemplo, os relatos dos acidentes de n. 2, 12 e 37 do capítulo específico mais adiante –, a importância do bloqueio e liberação de energias quando do encerramento das operações, do afastamento do operador de seu posto de trabalho ou, ainda, nas atividades de limpeza e manutenção. Sobretudo nesta última, cabe a utilização das técnicas de bloqueio, como o uso de cadeados múltiplos, além da ativação sempre em dois estágios anteriormente citada. E estas medidas devem tomar parte habitual nos procedimentos de segurança da organização.

De outro lado, a seleção, montagem e verificação da capacidade de operação dos componentes da parada de emergência devem levar em consideração não só as condições de operação previstas (frequência de ativação, por exemplo), assim como as possíveis agressões do meio em que deverá atuar (considerando-se, entre outros fatores, a presença de poeira, umidade, temperaturas

---

[14] Reproduzido no Anexo IV deste capítulo.

elevadas, vibrações, corpos estranhos, como grãos, penas, gravetos etc.). Estes componentes devem ser posicionados de modo a permitir fácil acesso e atuação pelo operador ou outrem que necessitem operá-los sem risco. Nesse sentido, quando a máquina for dividida em distintas seções ou zonas de operação (e de emergência), o sistema de parada de emergência deve ser projetado visando a uma fácil identificação da correspondência entre o acionamento e as respostas pretendidas nas respectivas áreas correspondentes. Podem ser utilizados: botoeiras tipo cogumelo, alavancas, pedais, barras e cabos. Quando do uso destes dois últimos, deve-se levar em conta:

- A máxima deformação possível dos componentes e a deformação requerida para a ativação do sistema.
- Quando do acionamento, a distância livre entre o acionador e a parte mais próxima da máquina (para não ocorrer interferências e/ou acidentes).
- A força demandada para o acionamento (e o perfil do trabalhador atuante no posto).
- A geração obrigatória da parada na eventualidade da quebra ou desconexão dos elementos do sistema de parada (atuação positiva).

Regra geral, os dispositivos de partida, acionamento e parada das máquinas devem ser projetados, selecionados e instalados de modo que:

- Não se localizem em zonas perigosas.
- Possam ser acionados ou desligados em caso de emergência por outra pessoa que não seja o operador.
- Impeçam acionamento ou desligamento involuntário pelo operador ou por qualquer outra forma acidental.
- Não acarretem riscos adicionais.
- Não possam ser burlados.

Uma importante etapa do processo do projeto protetivo diz respeito à definição das partes de sistemas de comando (vide os itens 12.42 e 12.43), uma vez que estes têm, intrinsecamente, funções de segurança. São os comandos que devem fornecer a estrutura de controle do funcionamento, acionamento e parada, bem como do acompanhamento dos componentes aplicados quanto a possíveis falhas; ou seja, preparação para a atuação (energização e desenergização dos circuitos) e para a intervenção corretiva quando falhas forem detectadas.

De acordo com os requisitos de atuação com mínima falha que se almeja para determinado sistema de comando de uma máquina, estabelecido conforme a expectativa de evitação, frequência de exposição ao risco e severidade do dano resultante em caso do não atendimento dos níveis de performance (PL) esperados, categorizados pela NBR 14153/1998, se estabelecerá a arquitetura desse sistema, bem como serão selecionados cada um de seus componentes e respectivos graus de confiabilidade.[15]

Uma vez realizadas todas as intervenções requeridas para prover a segurança devida no trato com a maquinaria, ou seja, com a adequação desta em relação ao estabelecido na nova NR 12, as ações de caráter programático devem ter lugar para assegurar a continuidade da efetividade dessas proteções em caráter permanente. Nesse sentido, devem ser atualizados os procedimentos operativos (vide os itens 12.130 a 12.134) para cada um dos cenários e situações descritos na apreciação dos riscos, bem como provido o devido treinamento (vide os itens 12.135 e seguintes) dos operadores segundo o estabelecido nesses procedimentos. Adicionalmente, devem ser observadas as exigências de documentação na forma de manuais (vide os itens 12.125 a 12.129).

Por fim, cabe destacar que o processo de apreciação do risco para alcançar da segurança requerida é um processo interativo, no qual distintas medidas para a redução dos riscos devem ser conduzidas até se atingir a satisfação desejada para as diversas interações ao longo da vida da máquina, devendo ser emitidas as pertinentes Anotações de Responsabilidade Técnica (ART) quanto ao projeto desenvolvido e implementado, uma vez que essas atividades podem resultar de atuações solidárias de distintos profissionais.

Sugestões de leitura

ABNT. NBR 5410. *Instalações elétricas de baixa tensão*. Rio de Janeiro, 2004.

_____. NBR 5419. *Proteção contra descargas atmosféricas* – partes 1 a 4. Rio de Janeiro: ABNT, 2015.

_____. NBR 12.100. Segurança de máquinas – *Princípios gerais de projeto:* apreciação e redução de riscos. Rio de Janeiro: ABNT, 2013.

_____. NBR 14.153. Segurança de máquinas – *Partes de sistemas de comando relacionados à segurança:* princípios gerais para projeto. Rio de Janeiro: ABNT, 2013.

_____. NBR 13.759. Segurança de máquinas – *Equipamentos de parada de emergência – aspectos funcionais:* princípios para projeto. Rio de Janeiro: ABNT, 1996.

ASFAHAL, C. Ray. *Gestão de segurança do trabalho e saúde ocupacional*. São Paulo: Reichmann & Autores Editores, 2005. p. 277-322.

BRASIL. *Decreto-Lei n.º 5.452, de 1º de maio de 1943*. Consolidação das Leis do Trabalho.

BRASIL/MTE. *Norma Regulamentadora n. 12 – Segurança no trabalho em máquinas e equipamentos*.

_____. *Norma Regulamentadora n. 10 – Segurança em instalações e serviços em eletricidade*.

OIT. *Enciclopedia de salud Y seguridad en el trabajo*. Genebra, 2000. 4. ed. 4v. v. 2. Capítulos 56-58.

REVISTA PROTEÇÃO. *Proteção de máquinas:* cuidado redobrado. Ano XIX, v. 177, p. 34-50, set. 2006.

---

[15] Veja o fluxograma contido no Anexo II deste capítulo. Quanto às arquiteturas sugeridas, veja o contido em SESI/RJ, SRTE/MTE, 2012.

SILVA, Yone Caldas. O preparo para o trabalho de risco. *Psicologia: ciência e profissão*, 2000, 20 (4), 2-15.

VICENTE, Kim. *Homens e máquinas*: como a tecnologia pode revolucionar a vida cotidiana. Rio de Janeiro: Ediouro, 2005.

Manuais e cartilhas

ABRAMEQ, SEBRAE/RS. *Cartilha de segurança em máquinas e equipamentos para calçados* – requisitos mínimos de segurança. Novo Hamburgo, 2010.

FIBRA. *NR – 12: segurança no trabalho em máquinas e equipamentos*: manual de orientação sindical e trabalhista. Brasília, 2015.

SESI/RJ, SRTE/RJ. *Segurança de máquinas e equipamentos de trabalho* – meios de proteção contra os riscos mecânicos. Rio de Janeiro, 2012.

SINDUSFARMA. *Cartilha NR 12*. São Paulo, 2015.

● ANEXO I

Fluxograma para implementação da NR 12

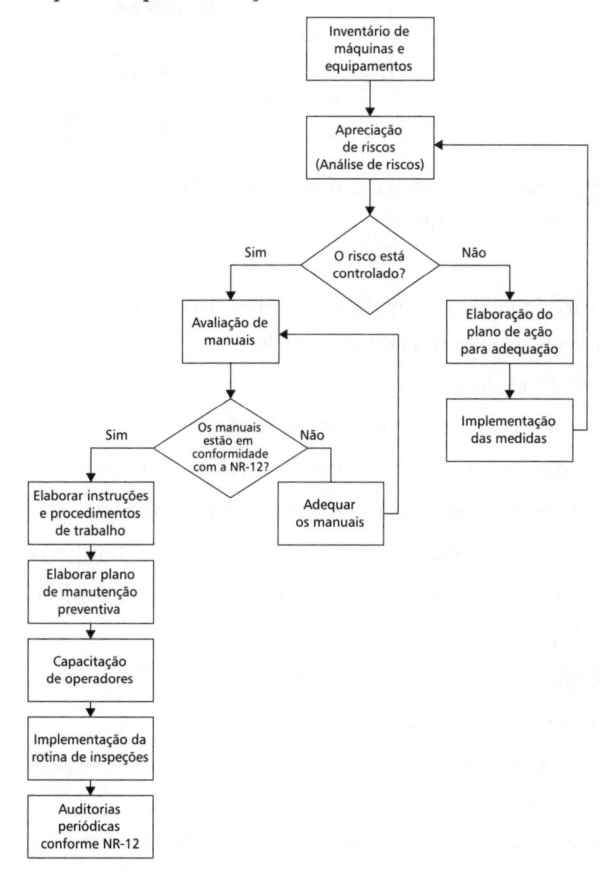

Figura 2.2 Fluxograma para implementação da NR 12.
Fonte: Adaptado de Sindusfarma (2015, p. 23).

● ANEXO II

Fluxograma para a definição da categoria do sistema de comando de uma máquina, em conformidade com a NBR 14153/1998 – Segurança de máquinas – Partes de sistemas de comando relacionados à segurança – Princípios gerais para projeto.

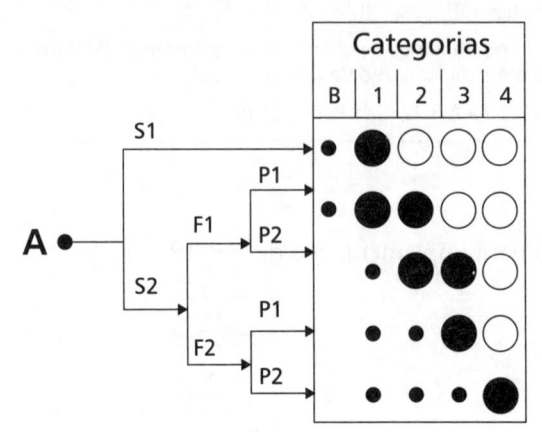

Figura 2.3 Fluxograma para a definição da categoria do sistema de comando de uma máquina.

A – ponto de partida para a estimativa do risco para partes relacionadas à segurança de sistemas de comando

S – severidade do ferimento

S1 – ferimento leve (normalmente reversível)

S2 – ferimento sério (normalmente irreversível) incluindo morte

F – frequência e/ou tempo de exposição ao perigo

F1 – raro a relativamente frequente e/ou baixo tempo de exposição

F2 – frequente a contínuo e/ou tempo de exposição longo

P – possibilidade de evitar o perigo

P1 – possível sob condições específicas

P2 – quase nunca possível

B, 1 a 4 – Categorias para partes relacionadas à segurança de sistemas de comando

⬤ Categorias preferenciais para pontos de referência.

● Categorias possíveis que requerem medidas adicionais.

◯ Medidas que podem ser superdimensionadas para o risco relevante.

ANEXO III

APRECIAÇÃO DOS RISCOS DA MAQUINARIA – METODOLOGIA HRN

A Metodologia HRN (Hazard Rating Number), estabelecida pela norma ISO 14121-1:2007, é um método qualitativo baseado na opinião de especialistas que, por consenso, se valem da combinação de quatro parâmetros quantificáveis para a avaliação do risco quanto à exposição de trabalhadores no tocante à maquinaria. A saber:

- probabilidade de ocorrência de estar em contato com o risco (PO);
- frequência de exposição (FE);
- grau de possíveis danos ou de severidade (GS); e
- número de pessoas expostas ao risco (NP).

A avaliação da condição concreta para cada um destes parâmetros é estimada com base nas seguintes referências:

Para a probabilidade de ocorrência (PE):

Para a probabilidade de ocorrência (PO)	
0,033	Quase impossível
1	Altamente improvável
1,5	Improvável
2	Possível
5	Alguma chance
8	Provável
10	Muito provável
15	Certo

Para a frequência de exposição (FE):

Para a frequência de exposição (FE)	
0,5	Anualmente
1	Mensalmente
1,5	Semanalmente
2	Diariamente
4	Em termos de hora
5	Constantemente

Quanto ao grau de possíveis danos (GDP):

Grau de possíveis danos ou de severidade (GS)	
0,1	Arranhão/Contusão leve
0,5	Dilaceração/doenças moderadas
2	Fratura/enfermidade leve
4	Fratura/enfermidade grave
6	Perda de um membro/olho
10	Perda de dois membros/olhos
15	Fatalidade

Quanto ao número de pessoas expostas ao risco (NP):

Número de pessoas expostas ao risco (NP)	
1	1 – 2 pessoas
2	3 – 7 pessoas
4	8 – 15 pessoas
8	16 – 50 pessoas
12	Mais que 50 pessoas

Por fim, o índice de avaliação é resultante do produto de cada um destes parâmetros. Assim, o HRN = PO × FE × GS × NP. O resultado obtido, então, determina uma categorização para cada risco dos equipamentos e orienta quanto ao horizonte e tempo para as intervenções, caso sejam requeridas, conforme a tabela de pontuação HRN.

Deste levantamento inicial, obtém-se uma ordem de priorização para intervenções, às quais, logo após a implantação das medidas protetivas sugeridas em cada área, zona ou ponto da máquina, deve-se aplicar nova avaliação com os mesmos parâmetros, de modo a avaliar a consistência e a necessidade ou não de nova intervenção.

É importante frisar que é admissível a tomada de providências em caráter provisório, temporário, como forma preliminar de reduzir o índice HRN e as chances de ocorrência de um evento indesejado e, afastadas ou vencidas as restrições anteriormente existentes (disponibilidade de mão de obra, componentes para pronta entrega, recursos financeiros ou outro), as soluções definitivas podem e devem ser implantadas de forma duradoura.

HRN	Risco	Categoria	Interpretação	Intervenção
0- 5	Insignificante	1	Oferece um risco muito baixo para a saúde e segurança.	Desnecessária.
5-50	Baixo, porém significativo	2	Contém riscos necessários para a implementação de medidas de controle de segurança.	Em médio prazo.

Conhecimentos Técnicos

HRN	Risco	Categoria	Interpretação	Intervenção
50- 500	Alto	3	Oferece possíveis riscos; necessitam que sejam utilizados medidas de controle urgentemente.	Em curto prazo.
Acima de 500	Inaceitável	4	É inaceitável manter a operação do equipamento na situação em que se encontra.	Imediata.

● ANEXO IV

Extratos da NR 12 referentes à proteção mecânica

Parte do corpo	Ilustração	Abertura	Distância de segurança sr		
			Fenda	Quadrado	Circular
Ponta do dedo	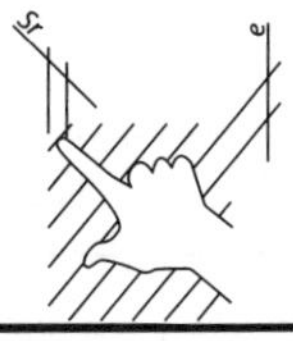	$e \leq 4$	≥ 2	≥ 2	≥ 2
		$4 < e \leq 6$	≥ 10	≥ 5	≥ 5
Dedo até articulação com a mão	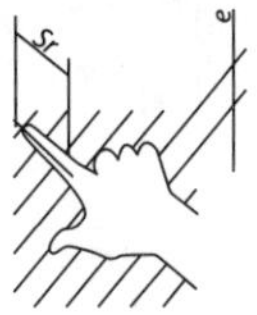	$6 < e \leq 8$	≥ 20	≥ 15	≥ 5
		$8 < e \leq 10$	≥ 80	≥ 25	≥ 20
		$10 < e \leq 12$	≥ 100	≥ 80	≥ 80
	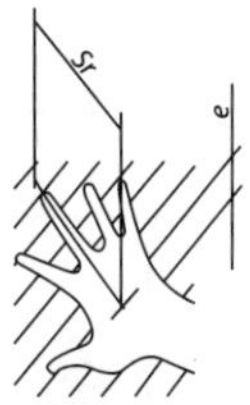	$12 < e \leq 20$	≥ 120	≥ 120	≥ 120
		$20 < e \leq 30$	≥ 850 [1]	≥ 120	≥ 120
Braço até junção com o ombro	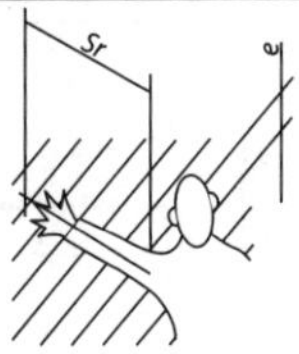	$30 < e \leq 40$	≥ 850	≥ 200	≥ 120
		$40 < e \leq 120$	≥ 850	≥ 850	≥ 850

1) Se o comprimento da abertura em forma de fenda é ≤ 65 mm, o polegar atuará como um limitador e a distância de segurança poderá ser reduzida para 200 mm.

Figura 2.4 Proteção mecânica.

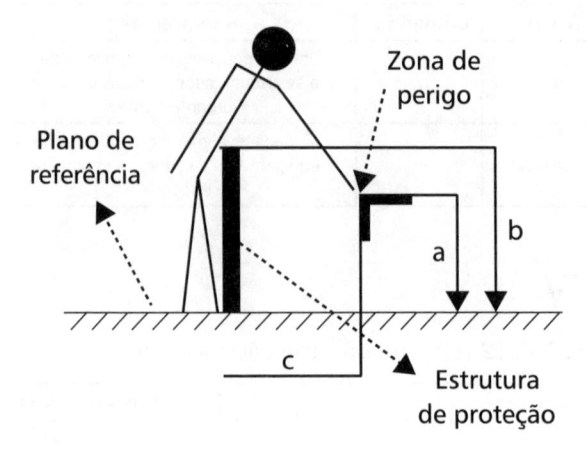

Conhecimentos Técnicos

Limitação do movimento	Distância de segurança *sr*	Ilustração
Limitação do movimento apenas no ombro e axila	≥ 850	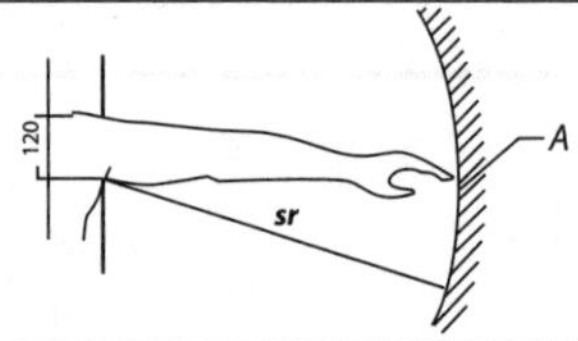
Braço apoiado até o cotovelo	≥ 550	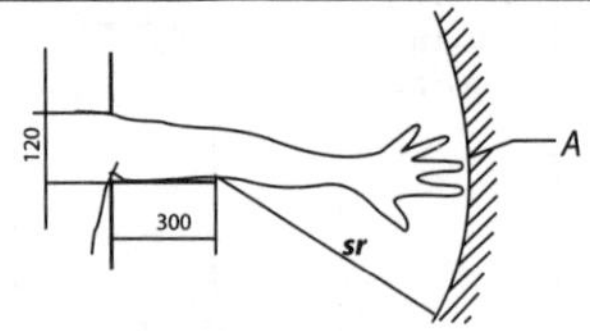
Braço apoiado até o punho	≥ 230	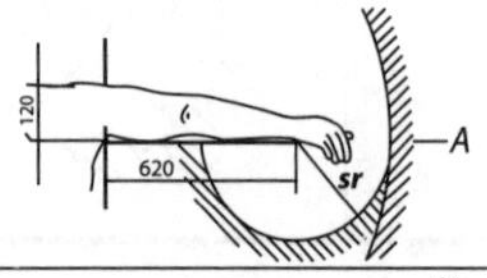
Braço e mão apoiados até a articulação dos dedos	≥ 130	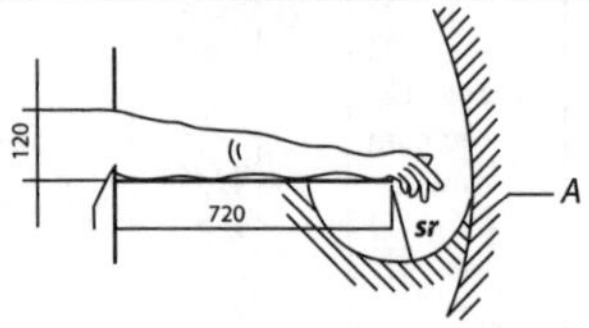

A : faixa de movimento do braço
[1] diâmetro de uma abertura circular, lado de uma abertura quadrada ou largura de uma abertura em forma de fenda.

Figura 2.5 Proteção mecânica.

Conhecimentos Técnicos

Quadro 2.6 Alcance sobre estruturas de proteção – Alto risco (dimensões em mm)

Altura da zona de perigo a	Altura da estrutura de proteção b[1]									
	1000	1200	1400[2]	1600	1800	2000	2200	2400	2500	2700
2700[3]	-	-	-	-	-	-	-	-	-	-
2600	900	800	700	600	600	500	400	300	100	-
2400	1100	1100	900	800	700	600	400	300	100	-
2200	1300	1200	1000	900	800	600	400	300	-	-
2000	1400	1300	1100	900	800	600	400	-	-	-
1800	1500	1400	1100	900	800	600	-	-	-	-
1600	1500	1400	1100	900	800	500	-	-	-	-
1400	1500	1400	1100	900	800	-	-	-	-	-
1200	1500	1400	1100	900	700	-	-	-	-	-
1000	1500	1400	1100	800	-	-	-	-	-	-
800	1500	1400	1100	800	-	-	-	-	-	-
600	1400	1300	800	-	-	-	-	-	-	-
400	1400	1200	400	-	-	-	-	-	-	-
200	1200	9000	-	-	-	-	-	-	-	-
0	1100	500	-	-	-	-	-	-	-	-

[1] Estruturas de proteção com altura inferior a 1000 mm (mil milímetros) não estão incluídas por não restringirem suficientemente o acesso do corpo.
[2] Estruturas de proteção com altura menor que 1400 mm (mil e quatrocentos milímetros) não devem ser usadas sem medidas adicionais de segurança.
[3] Para zonas de perigo com altura superior a 2700 mm (dois mil e setecentos milímetros), ver figura 2.
Não devem ser feitas interpolações dos valores desse quadro; consequentemente, quando os valores conhecidos de "a", "b" ou "c" estiverem entre dois valores do quadro, os valores a serem utilizados serão os que propiciarem maior segurança.

Fonte: ABNT NBR NM-ISO 13852:2003 – Segurança de máquinas – Distâncias de segurança para impedir o acesso a zonas de perigo pelos membros superiores.

Assista a um vídeo do autor sobre *Segurança em Máquinas*.

uqr.to/ckqo

● Conforto térmico: temperatura, umidade e ventilação

Em face da necessidade de regulação de temperatura de seu organismo, o ser humano pode ser considerado uma complexa máquina térmica. As trocas de calor que realiza ao executar suas atividades metabólicas colocam-no diante da necessidade de reposições energéticas, de água e sais. Estas, se não forem adequadamente supridas, podem trazer-lhe graves prejuízos à saúde.

Erroneamente, é por demais comum, na percepção daqueles não iniciados, a ideia de que a condição térmica e o conforto a ela associado estão direta e tão somente vinculados à temperatura do ambiente no qual o trabalhador executa suas atividades. Por vezes, sequer consideram a intensidade do esforço físico despendido.

Além da temperatura, devemos também considerar a umidade e a ventilação ou a circulação local, cada qual com suas particularidades e exigências que, em conjunto, definirão uma condição termicamente confortável. Nesse sentido, terão influência, entre outros fatores, as vestimentas, a posição e a localização geográfica das edificações, bem como suas características construtivas (materiais, dimensões, cobertas etc.). Há ainda a influência das exigências físicas impostas pela atividade realizada. Em alguns casos, chega a ser significativa a influência térmica do aquecimento provocado em um ambiente pelo sistema de iluminação e pelos equipamentos elétricos, devendo, nesses casos, seus efeitos ser igualmente considerados.

Adicionalmente, deverá ser observado o fato de que ocorrem variações da necessidade de ventilação em função das características do ar, de acordo com as estações climáticas e também da altitude do local em relação ao nível do mar. As diferenças de concentração de oxigênio no ar, ao longo do ano, em função desses parâmetros, é um bom exemplo.

O homem é um animal homeotérmico. Necessita, para sua sobrevivência, manter a temperatura interna de seu organismo constante. Essa temperatura é da ordem de 37°C, com variações admissíveis entre 36,1 e 37,2°C, sendo os valores de 32 e 42°C os limites extremos para a sobrevivência, em estado de enfermidade.

Por essa característica, o corpo humano pode ser comparado a uma máquina térmica, uma vez que sua energia é conseguida por fenômenos térmicos. A energia térmica produzida pelo organismo advém de reações químicas internas, sendo a mais importante a combinação do carbono, introduzido no organismo sob a forma de alimentos, com o oxigênio, extraído do ar pela respiração.

Os primeiros estudos acerca da importância do conforto térmico datam do início deste século. As novas exigências e o intenso trabalho físico imposto aos operários introduzidos pela Revolução Industrial resultaram, em nome do rendimento produtivo e dos interesses de produção associados a este, no interesse do estudo das influências das atividades desenvolvidas pelo indivíduo. Nesse aspecto, devem ser observadas variáveis como: vestimentas, características do ambiente que proporcionam trocas de calor entre o corpo e o ambiente, sexo, idade, biotipo, hábitos alimentares e demais variáveis determinantes nas trocas de calor e reposição energética.

A partir de então, foram desenvolvidos índices de conforto térmico com base em diferentes aspectos do conforto, conforme apresentado a seguir:

- **Índices biofísicos**: baseiam-se nas trocas de calor entre o corpo e o ambiente, correlacionando os elementos do conforto com as trocas de calor que dão origem a esses elementos.
- **Índices fisiológicos**: baseiam-se nas reações fisiológicas originadas por condições conhecidas de temperatura seca do ar, temperatura radiante média, umidade do ar e velocidade do ar.
- **Índices subjetivos**: baseiam-se nas sensações subjetivas de conforto experimentadas nas condições em que os elementos de conforto térmico variam.

A observação cuidadosa das condições termo-higrométricas é por demais importante. Algumas situações de aparente conforto em termos de sensação podem ser danosas do ponto de vista fisiológico. Um ambiente de baixo teor de umidade pode levar o indivíduo a desidratar-se, por não perceber que o suor é rapidamente evaporado e, por isso, necessitando ser reposto por meio de pronta hidratação nem sempre atendida.

Hoje, cada vez mais são utilizados sistemas de climatização de ambientes interiores. Certamente tal possibilidade se traduz em um significativo ganho na condição de trabalho em regiões como a nossa onde as temperaturas médias anuais superam facilmente 26°C. Todavia, se não forem operados e mantidos adequadamente,[16] estes sistemas podem oferecer uma série de oportunidades de risco aos usuários desses ambientes.

Costa (1974:200) define condicionamento de ar como o *"processo pelo qual são controladas, simultaneamente, a temperatura, a umidade e a movimentação do ar em recintos fechados"*. Devemos observar que o condicionamento de ar, quando destinado ao conforto humano, terá valores prefixados para a temperatura, a umidade relativa e a movimentação ou circulação do ar.

Para a avaliação da exposição ao calor, a legislação brasileira estabelece o uso do índice de bulbo úmido – termômetro de globo (IBUTG), de acordo com a norma ISO 7243. Este método pode ser considerado simples e introduz uma vantagem adicional, porque elimina o uso de anemômetros e, por conseguinte, os

---

[16] Veja a referência à Portaria nº 3.523, do Ministério da Saúde, no capítulo onde forem analisados os riscos biológicos.

problemas relativos à obtenção de velocidades médias do ar pelo ambiente. Para o cálculo do IBUTG, considerando-se a presença ou não de carga solar (insolação) no ambiente de trabalho no momento da medição, temos:

Ambientes internos ou externos sem carga solar:

$IBUTG = 0,7\ Tbn + 0,3\ Tg$

Ambientes externos com carga solar:

$IBUTG = 0,7\ Tbn + 0,2\ Tg + 0,1\ Tbs$

Onde Ti é a leitura de temperatura obtida com os seguintes equipamentos:

Tbn – temperatura de bulbo úmido natural (°C);
Tg – temperatura de globo;
Tbs – temperatura de bulbo seco.

Os limites de tolerância para exposição ao calor segundo o IBUTG, em função do regime de trabalho e do consumo calórico referente ao metabolismo (podendo este ser intermitente com períodos de descanso no próprio local de serviço ou em outro ambiente de descanso termicamente mais ameno), estão no anexo 3 da NR-15. Para efeitos legais, estes períodos de descanso são considerados como tempo efetivo de serviço.

Uma opção alternativa ao cálculo do IBUTG é o método de Fanger ou índice de valoração médio (IVM). Nesse método, a avaliação de um ambiente, integrando vários fatores que determinam o conforto térmico, é apresentado como uma porcentagem de pessoas insatisfeitas (PPI) com as condições térmicas nas quais realizam suas atividades. É, portanto, um índice de caráter subjetivo. Sua importância foi reconhecida pela utilização de seus princípios na elaboração da norma ISO 7730.

Sugestões de leitura

BENEDICTO, Maria de Lourdes et al. *Manual de dietas para o restaurante industrial*. São Paulo: Atheneu, 1997.

CONSEJO INTERAMERICANO DE SEGURIDAD. *Manual de fundamentos de higiene industrial*. Englewood (NJ), 1981.

COSTA, Ennio Cruz da. *Física aplicada à construção*: conforto térmico. 4. ed. São Paulo: Edgard Blücher, 1974.

COUTINHO, Antonio Souto. *Conforto e insalubridade térmica em ambientes de trabalho*. João Pessoa: UFPB, 1998.

COUTO, Hudson de Araújo. *Ergonomia aplicada ao trabalho*: manual técnico da máquina humana. Belo Horizonte: Ergo, 1995. v. 1.

FROTA, Anésia Barros et al. *Manual de conforto térmico*. 2. ed. São Paulo: Studio Nobel, 1995.

VIEIRA, Sebastião Ivone et al. *Medicina básica do trabalho*. 2. ed. Curitiba: Genesis, 1995. v. 1.

Conhecimentos Técnicos

● Trabalho sob exposição solar

No cotidiano do campo ou das cidades diversos profissionais realizam atividades ao ar livre, em espaços abertos, no exterior das edificações, sujeitando-se diretamente às intempéries, aos efeitos do clima e de seus condicionantes, em especial à exposição solar. Entre as ocupações comumente submetidas a tais condições, podemos citar os agricultores em suas distintas variantes (tratoristas, por ex.), agentes de trânsito e assemelhados, entregadores de mercadorias, carteiros, limpadores de fachadas de edificações, trabalhadores da construção civil e de plataformas marítimas, marinheiros, pescadores e jardineiros.

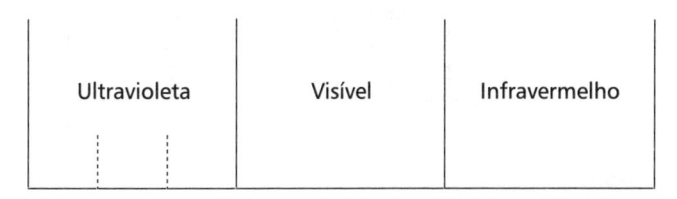

| Ultravioleta | Visível | Infravermelho |

Comprimento de onda *(nm)*

Figura 2.6 Espectro das radiações solares.

É preciso, entretanto, ter em mente que nem toda exposição à radiação solar ou aos raios ultravioleta (UV) é indesejada. Pequenas doses são benéficas para os seres humanos porque favorecem a produção da vitamina D, essencial à saúde, e encontram aplicação terapêutica para algumas enfermidades (raquitismo, psoríase etc.).

São as radiações compreendidas entre 250 e 400 nm, notadamente a faixa UV-A, que têm potencial danoso em função do seu poder de penetração nas camadas da pele. Cabe, então, compreender que é a exposição por períodos prolongados, de modo não controlado ou sem os devidos cuidados, que implicará perigos à saúde dos indivíduos expostos.

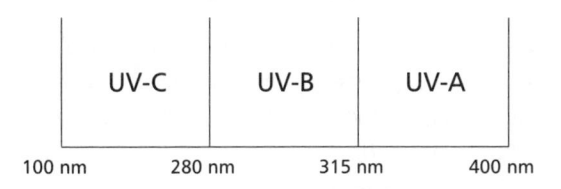

| UV-C | UV-B | UV-A |

100 nm   280 nm   315 nm   400 nm

Figura 2.7 Comprimentos de onda para as radiações UV (A, B e C).

Uma maneira prática de apresentar ao grande público a necessidade de proteção quanto à exposição solar, em face dos níveis de radiação e sua contribuição efetiva para resultar queimadura na pele humana é o Índice de Ultravioleta. Este é uma medida da energia incidente por unidade de área. Cada valor nessa escala corresponde a 25 mW/m2. Assim, quanto maior o Índice UV (IUV), maior será o risco de queimaduras em decorrência dessa exposição durante determinado período de tempo.

Quadro 2.7 Índice UV por nível de exposição e tempo máximo de exposição.

Índice UV	Nível	TME* (minutos)
0, 1, 2	Baixo	-
3, 4, 5	Moderado	45
6, 7	Alto	30
8, 9, 10	Muito alto	15
11 ou +	Extremo	10

*TME: tempo máximo de exposição.

Quanto às medidas protetivas requeridas em função do IUV, são sugeridas (WHO, 2002):

- O nível baixo (IUV 1 e 2) não requer proteção específica durante a exposição.
- Os níveis moderados e alto de exposição (IUV 3 a 7) requerem proteção, ao que se recomenda: manter-se à sombra durante as horas centrais do dia, utilizar camisa, creme protetor e chapéu.
- Os níveis muito alto e extremo (IUV 8 ou superior) demandam proteção extra no tocante a: evitar sair ao sol durante as horas centrais, sendo imprescindíveis o uso de camisa, creme protetor, chapéu e óculos escuros.

A intensidade da radiação UV incidente em determinada localidade não é uniforme em relação às demais, posto que é resultante do seguinte conjunto de fatores:

- **Altura do Sol**: quanto mais alto o Sol no céu, maior será o nível de radiação. Logo, esse nível depende do horário e da época do ano em que se der a exposição. Os maiores níveis ocorrem por volta do meio-dia e no verão.
- **Latitude**: quanto mais próximo da linha do equador, mais intensa será a radiação.
- **Nebulosidade**: na ausência de nuvens recebemos maior quantidade de radiação UV, que pode ser alta mesmo em dias nublados por efeito do espalhamento, similar à refletância, elevando os níveis totais a que somos expostos.

- **Camada de ozônio**: ocorrem variações da camada de ozônio e de sua capacidade de absorção da radiação UV ao longo do ano e mesmo durante um único dia.
- **Altitude**: à medida que nos deslocamos para o alto, deparamos com uma camada de atmosfera cada vez mais fina a nos proteger por absorver menos os raios UV. Uma subida de 1.000 metros de altitude pode resultar um incremento de 10% a 12% dos níveis de radiação.
- **Reflexo das superfícies adjacentes**: como a do próprio chão e superfície de águas, que provocam reflexão e espalhamento da radiação incidente sobre elas.

Nesse sentido, a NR 21, que trata dos trabalhos a céu aberto, estabelece:

21.1. Nos trabalhos realizados a céu aberto, é obrigatória a existência de abrigos, ainda que rústicos, capazes de proteger os trabalhadores contra intempéries.

21.2. Serão exigidas medidas especiais que protejam os trabalhadores contra insolação excessiva, o calor, o frio, a umidade e os ventos inconvenientes.

21.4. Para os trabalhos realizados em regiões pantanosas ou alagadiças, serão imperativas as medidas de profilaxia de endemias, de acordo com as normas de saúde pública.

Juchem et al. (1998) apontam que "para um indivíduo de pele normal há cinco perigos da exposição solar", a saber:

1. *os efeitos agudos (queimadura solar, fototoxicidade induzida por medicamentos);*
2. *os riscos a longo prazo da exposição descontrolada e repetida resultando no desenvolvimento de modificações actínicas ou dermatohelioses (rugas, envelhecimento precoce da pele, adelgaçamento irregular da epiderme, telangiectasias, máculas hiperpigmentadas);*
3. *o desenvolvimento de lesões pré-malignas (ceratoses celulares) e malignas (carcinoma basocelular, carcinoma espinocelular e melanomas);*
4. *a consequência do dano fotoquímico cumulativo aos olhos desprotegidos resultando no escurecimento das lentes (envelhecimento da lente) e formação de catarata nuclear;*
5. *a alteração da resposta imune e da função e distribuição dos componentes do sistema imunológico causando uma incompetência imune seletiva.*

A percepção quanto aos efeitos danosos da exposição prolongada e reiterada à luz solar sobre a pele deve encontrar em cada indivíduo um agente ativo para a identificação de sinais de alerta, em se tratando, em especial, da ocorrência de melanoma, considerada a principal doença fatal originada na pele (JUCHEM et al.). Nesse sentido, convém destacar a importância do autoexame, quando do banho ou em outras ocasiões, como o vestir-se, verificando-se a integridade da pele e as características "ABCD" de manchas ou pintas que eventualmente possam surgir ou se modificar. Ao exame cuidadoso, devemos observar se estas têm:

- A – Assimetria dos bordos;
- B – Bordos irregulares ou mal definidos;
- C – Cor ou pigmentação não uniforme;
- D – são de Diâmetro superior a 6 milímetros.

Manchas com essas descrições, assim como feridas na pele que coçam, descamam, sangram ou não cicatrizam em até cerca de um mês, bem como aumentam de tamanho ou ganham proeminência, são indicativo de alerta e da necessidade imediata de atenção médica especializada.

Ali (1997) explicita que "o câncer cutâneo ocupacional é doença pouco conhecida em virtude de dificuldades em se estabelecer o nexo causal, devido ao período de latência longo (5 a 50 anos) que decorre desde as primeiras exposições ao agente até o aparecimento das manifestações cutâneas". E que, para esse processo, vários fatores podem concorrer, dentre os quais se destacam os:

- genéticos (cor da pele e dermatose preexistente);
- imunológicos: para indivíduos imunodeprimidos;
- ambientais: o tipo da radiação e as características da exposição.

A melanina é um pigmento natural que tem função fotoprotetora; ou seja, que exerce ação protetora contra a ação da luz e da radiação. Ocorrem três tipos: a eumelanina, que vai do castanho ao preto; a feomelanina, que varia do amarelo ao vermelho; e a alomelanina, que tem coloração negra e ocorre apenas em vegetais. Pessoas negras e morenas possuem maiores quantidades eumelanina, enquanto as loiras e ruivas possuem maiores quantidades de feomelanina. As eumelaninas têm alto peso molecular, sendo insolúveis em quase todos os solventes. Já as feomelaninas são solúveis em álcalis diluídos. Logo, aquelas são mais eficientes que estas na proteção contra os raios UV. Não podemos deixar de citar que o uso de diuréticos, antibióticos e outras drogas pode aumentar a sensibilidade da pele em relação a essa radiação, assim como a ingestão de alimentos fotossensibilizantes.

Para a definição da potencial insalubridade quanto à exposição solar, nos deparamos com dois problemas de complexa resolução prática:

- a dificuldade para o estabelecimento concreto da contribuição da tríade – tipo de pele, tempo de exposição e presença ou ausência de proteção, para a determinação do limiar de causalidade entre uma condição laboral específica – que pode se dar de forma descontínua e não uniforme, logo não estável – e a configuração da insalubridade em seus efeitos, que se resolve mediante a ausência da previsão legal, portanto não aplicável aos casos em exame, embora não se possa prescindir da precípua necessidade de prevenção visando a preservação da integridade dos trabalhadores sujeitos aos comprovados efeitos deletérios dessa exposição; e

- a não uniformidade da condição termoambiental no transcurso do ano, que termina por conferir cenários precários para a perfeita caracterização da insalubridade por exposição ao calor, uma vez que variáveis climáticas – ventilação, umidade e mesmo as temperaturas – sofrem oscilações ao longo do dia e do calendário, por vezes com significativas mudanças diárias desses parâmetros de região para região em uma mesma localidade de nosso país. Assim sendo, se requer a avaliação de cada caso em específico, assumindo-se, para tanto – não sem possível incerteza quanto às conclusões alcançadas –, para fins de suporte à decisão ou julgamento *post facto*, o que geralmente sucede em demandas judiciais dessa natureza, estimativas quanto ao período de dias anuais em que a condição a ser pretensamente determinada está ou esteve presente nas condições de trabalho.

Resta-nos, então, atuar no sentido de evitar o exercício laboral que sujeite os trabalhadores aos potenciais infortúnios da tarefa. Enquanto na primeira situação nos valemos, em particular, de medidas de proteção individual (uso de protetor solar, chapéus com abas largas, capuz ou touca árabe, óculos de proteção contra luminosidade intensa e radiações, além de vestimentas apropriadas, inclusive com mangas para a proteção do braço e do antebraço), ao que se soma a limitação quanto ao horário de não exposição preferencial (entre as 10 h e 16 h, nem sempre viável), no tocante à segunda situação – ou seus efeitos – devem ser tomadas adicionalmente à limitação do horário de exposição medidas similares àquelas requeridas para ambientes internos. Ou seja, a rigorosa manutenção do equilíbrio hidroeletrolítico (entre água e sais minerais, imprescindível para a fisiologia humana), por meio da pronta, adequada e permanente reidratação, assim como a realização de pausas visando o descanso térmico e o favorecimento da termorregulação.

Nesse sentido e em consonância com o que explicitamos, determina o Tribunal Superior do Trabalho (TST) na OJ n. 173 da SDI-1/TST, de 14 de setembro de 2012:

ADICIONAL DE INSALUBRIDAE. ATIVIDADE A CÉU ABERTO. EXPOSIÇÃO AO SOL E AO CALOR.

I – Ausente previsão legal, indevido o adicional de insalubridade em atividade a céu aberto, por sujeição à radiação solar. (Art. 195 da CLT e Anexo 7 da NR 15 – Portaria n. 321.4/1978 do MTE).

II – Tem direito ao adicional de insalubridade o trabalhador que exerce atividade exposto ao calor acima dos limites de tolerância, inclusive em ambiente externo com carga solar, nas condições previstas no Anexo 3 da NR 15 da Portaria n. 321.14/78 do MTE.

Enfim, podemos resumir dizendo que o que acarreta a insalubridade não será a incidência das radiações provenientes dos raios solares, mas as condições térmicas às quais o trabalhador estará submetido. Todavia, sendo inegável o potencial danoso da incidência da radiação solar sobre a pele e os olhos e, sobretudo, em razão da susceptibilidade individual, não se pode abrir mão dos cuidados relativos à redução dessa exposição.

À guisa de conclusão, cabe ponderar que, se por um lado, a quantidade média de "dias de sol" disponíveis ao longo de determinado período de tempo pode se tornar uma vantagem competitiva para o nosso país, como no caso da produção de flores, frutas e outros produtos que se beneficiam dessa presença de luz e calor, como ocorre, por exemplo, no nordeste brasileiro, em algumas localidades onde tais cultivos se destacam, de outro, a intensa e reiterada exposição ao sol pode causar efeitos deletérios sobre a saúde humana.

É preciso estar atentos aos sinais de agravos à saúde daqueles expostos e, em sendo constatado estrito nexo causal entre as condições de trabalho e uma dessas ocorrências, por exemplo, lesão à córnea em trabalhadores de salinas e areeiros, ou à pele nestas e em outras ocupações, devem ser registradas como resultado do trabalho exercido e emitida a pertinente Comunicação de Acidente de Trabalho (CAT) junto ao Instituto Nacional do Seguro Social (INSS), nos termos do Decreto n. 3.048, de 6 de maio de 1999, que institui o Regulamento da Previdência Social, seja on-line, por meio de aplicativo apropriado ou nas agências do INSS, após o cuidadoso preenchimento do formulário específico da CAT[17].

Sugestões de leitura

ALI, Salim Amed. *Dermatoses ocupacionais*. São Paulo: Fundacentro, 1994.

BRASIL/MTE. Norma Regulamentadora n. 21. Trabalhos a céu aberto.

CONSEJO INTERAMERICANO DE SEGURIDAD. *Manual de fundamentos de Higiene Industrial*. Englewood: 1981.

COUTO, António et al. *Fluidos e electrólitos do corpo humano* – da Fisiologia à Clínica. Lisboa: Lidel, 1996.

HAYASHIDE, Juliana Midori et al. *Doenças de pele entre trabalhadores rurais expostos à radiação solar*. Estudo integrado entre as áreas de Medicina do Trabalho e Dermatologia. *Revista Brasileira de Medicina do Trabalho*. v. 8, n. 2, 2010.

JUCHEM, Patrícia Pretto et al. Riscos à Saúde da Radiação Ultravioleta. *Revista da SociedadeBrasileira de Cirurgia Plástica*. v. 13, n. 2, abr./maio/jun. 1998.

LaDOU, Joseph. *Medicina ambiental y laboral*. Cidade do México: Manual Moderno, 1999.

---

[17] Disponíveis em <http://www.inss.gov.br/servicos-do-inss/camunicacao-de-acidente-de-trabalho-cat/>.

Conhecimentos Técnicos

REY, Luís. *Dicionário de termos técnicos de medicina e saúde*. Rio de Janeiro: Guanabara Koogan, 1999.

WORLD HEALTH ORGANIZATION (WHO). Global Solar UV Index – a pratical guide. Genebra: 2002.

● Trabalho em ambientes artificialmente frios

Apesar de vivermos em um país tropical, em razão de necessidades específicas de determinados processos produtivos, alguns trabalhadores podem exercer atividades em ambientes a baixas temperaturas, notadamente aqueles artificialmente frios, em instalações especialmente construídas para este fim. De imediato, podemos imaginar a produção de sorvetes e assemelhados. Este é um exemplo real, contudo não único. Muitos dos produtos originados na agricultura, na pecuária, na pesca e na aquicultura, enfim, sobremaneira nas indústrias alimentares, assim como aqueles resultantes do processamento destes, como a indústria de carnes e derivados, necessitam receber refrigeração para a adequada preservação de suas qualidades, ainda nas instalações produtoras, bem como durante o transporte e o armazenamento até a sua disponibilização ao mercado consumidor. Graças a esse recurso, sobretudo quando localizados a grande distância dos produtores, podemos ter ao nosso dispor carnes, peixes, crustáceos, frutas e alimentos nos mais diversos estágios de preparação, que prescindem dessa facilidade para chegar aos intermediários e destinatários finais da cadeia de consumo. E essa é uma realidade cada vez mais presente nas sociedades modernas, inclusive em nossos lares.

Para cumprirem o papel que lhes cabe na cadeia logística junto ao segmento, a atuação dos distintos atores envolvidos costuma requerer para a armazenagem e o transporte destes produtos, instalações apropriadas ao volume movimentado na forma de navios, caminhões e câmaras frigoríficas. Neste sentido, os produtores, os atacadistas e mesmo alguns varejistas, para fazer uso dessas utilidades, provocam a entrada e a permanência de trabalhadores no interior desses ambientes artificialmente frios, por fração de sua jornada laboral, para a realização de operações relativas ao abastecimento, à separação ou ao fracionamento e à retirada de lotes dessas mercadorias para fazê-los chegar aos consumidores, inclusive os domésticos.

As condições dessa atmosfera no tocante a temperatura e circulação do ar, assim como em relação à umidade, podem provocar danos à integridade daqueles que adentram e exercem atividades sob tais exigências. Por um lado, em decorrência da perda da preservação da temperatura corporal – uma vez que o balanço térmico será negativo – e, por outro, em razão da duração desta exposição. A literatura técnica registra uma gama de manifestações que podem resultar do trabalho nessas condições, que vão desde afecções na pele a problemas circulatórios, que podem culminar com a hipotermia e, em caso extremo, com o falecimento do obreiro, se este não receber as orientações e as atenções devidas para tal exercício.

A exposição ao frio implica alterações sobre o funcionamento do corpo humano, sobretudo no sistema cariorrespiratório. Têm lugar mudanças na frequência inspiratória, conjugada com a cardíaca, ao que se soma a vasoconstricção, o que também ocorre junto às vias respiratórias (provocando sensação de dificuldade respiratória ou broncoespasmo) e o incremento da produção de secreções (broncorreia). Nestes ambientes se reduz a sensação de sede, a qual pode até mesmo desaparecer, o que contribui para potencializar a desidratação, em razao da percepção subjetivo equivocada da não necessidade de reidratação continuada.

Santos e Almeida (2006) relatam que tais afecções alcançam não só trabalhadores com histórico de doenças respiratórias, como a asma, mas tamem aqueles outros sem registro de distúrbios de natureza similar, sendo comum apresentarem, com a reiteração ou com a progressão do tempo de exposição ao frio, inflamações e/ou infecções na cavidade nasal e na traqueia, assim como desconforto orofaringeano ao deglutir (odinofagia). Alertam, ainda, que a exposição a longo prazo ao frio poderá provocar perturbações cardiovasculares, como a hipertensão arterial e a redução da contratilidade cardíaca, levando a um maior risco de enfarte agudo do miocárdio, anginas e acidente vascular cerebral, em especial as mulheres que, por sua fisiologia, apresentam maior sensibilidade aos efeitos do frio sobre o seu organismo.

Patologias preexistentes, como o diabetes, o hipotireodismo ou de natureza cardiocirculatória, bem como o uso de algumas substâncias, como o álcool, o fumo ou presentes em determinadas medicações, (ansiolíticos e antidepressivos, entre estes), resultam interferências nos processos de regulação térmica, com consequente redução da tolerância ao frio, pelo que recomenda evitar a sujeição e a execução de atividades nestes ambientes por trabalhadores que façam uso regular dessas substâncias. A presença do frio traz, ainda, modificações sobre o rendimento produtivo do trabalhador, em razão do que a duração das tarefas sob tais condições deve ser ponderada em relação ao que seria esperado como desempenho regular em ambiente termicamente ameno.

Além de provocar lesões em partes expostas do corpo como a face, o queixo e o pavilhão auditivo, o frio também tem ação danosa sobre as extremidades, em especial os dedos dos pés e das mãos.

Ali (1995) destaca o eritema pérnio, o frotsbite, o fenômeno de Raynaud e o pé de imersão como as principais ocorrências resultantes da exposição ocupacional ao frio, a respeito das quais explicita:

- quanto ao tratamento para o eritema: *"usar roupas adequadas ao frio, proteger as mãos e os pés com luvas, meias especiais com botas apropriadas. Lavar as mãos e pés em água morna. Evitar contato com água fria e ambientes frios"*;
- quanto à tipologia da gravidade das lesões por deficiência circulatória provocadas pelo *frostbite*, as classifica como sendo de:

"1º grau – Lesões com hiperemia e edema;

2º grau – Lesões com hiperemia, edema, vesículas ou bolhas;

3º grau – Lesões com necrose da epiderme, derme ou subcutâneo;

4º grau – Lesões necróticas profundas, [resultando] *perda de extremidades".*

E, para o tratamento, recomenda: *"Reaquecer as áreas afetadas em água morna (40-42 ºC) até que a coloração do leito ungueal volte à normalidade. Não usar fonte calórica seca. A dor localizada deve ser tratada com analgésicos*[...] *De um modo geral, as lesões graus 1 e 2 e aquelas não infectadas apresentam melhor prognóstico";*

- quanto à patologia de Raynaud, marcada por sensibilização idiopática[18] recorrente, que pode ter origem secundária ao frio, deve-se buscar a causa primária e a terapêutica dos casos reside *"fundamentalmente em se proteger o trabalhador contra o frio e o estresse emocional, evitar o fumo por sua ação vasoconstrictora";*

- para o pé de imersão, anota: *"Ocorre em trabalhadores com os pés expostos a água fria ou em ambientes úmidos e sem proteção adequada por longos períodos. Os pés se tornam frios, adormecidos, azulados, sem pulso e, às vezes, com tegumento macerado. O tecido isquêmico*[19] *torna-se mais suscetível à infecção e esta pode ocorrer em alguns casos. O tratamento pode ser conduzido de modo similar ao do frostbite".*

Como medida auxiliar de prevenção, se recomenda o controle da umidade no interior do calçado, que pode ser resultante, também, da sudorese originada nos membros inferiores, pelo que se sugere a troca das meias em uma frequência tal que impeça a umidificação dos pés, ademais do contido na NR 36.10.1.2: "Nas atividades com exposição ao frio, devem ser fornecidas meias limpas e higienizadas diariamente".

A verificação da insalubridade por frio se dá de modo qualitativo. O anexo 9 da NR 15 – Atividades e operações insalubres/frio – expressa em seu único item:

As atividades ou operações executadas no interior de câmaras frigoríficas, ou em locais que apresentem condições similares, que exponham os trabalhadores ao frio, sem a proteção adequada, serão consideradas insalubres em decorrência de laudo de inspeção realizada no local de trabalho.

Portanto, a condição primária para a caracterização da insalubridade em razão do frio se dá pela verificação da adequação do conjunto dos meios

---

[18] "Diz-se de um processo ou doença que surge espontaneamente ou que tem causa obscura ou desconhecida" Rey (1999).
[19] "Anemia localizada devido à redução do fluxo sanguíneo para determinado órgão ou tecido" Rey (1999).

de proteção disponíveis, aos quais nos referiremos mais adiante. De outro lado, pode-se assumir que o atendimento desse requisito não se constitui excludente da concessão do adicional. Deve-se observar também o contido na CLT, que estabelece em seu art. 253:

> *Para os empregados que trabalham no interior das câmaras frigoríficas e para os que movimentam mercadorias do ambiente quente ou normal para o frio e vice-versa, depois de 1 (uma) hora e 40 (quarenta) minutos de trabalho contínuo, será assegurado um período de 20 (vinte) minutos de repouso, computado esse intervalo como de trabalho efetivo.*
>
> *Parágrafo único – Considera-se artificialmente frio, para fins do presente artigo, o que for inferior, nas primeira, segunda e terceira zonas climáticas do mapa oficial do Ministério do Trabalho, Indústria e Comércio, a 15° (quinze graus), na quarta zona a 12° (doze graus), e nas quinta, sexta e sétima zonas a 10° (dez graus).*

Enquanto alguns autores consideram que o conjunto de EPI adequados às condições do ambiente (temperatura, umidade etc.) é suficiente para elidir a insalubridade por frio, me alinho àqueles que entendem ser necessário atender simultaneamente o contido no artigo da CLT supracitado.

As zonas climáticas referidas são definidas no art. 2o da Portaria n. 21, de 26 de dezembro de 1994, da Secretaria de Segurança e Medicina do Trabalho do Ministério do Trabalho e Emprego, que assim estabelece:

> *Para atender ao disposto no parágrafo único do art. 253 da CLT, define-se como primeira, segunda e terceira zonas climáticas do mapa oficial do MTb, a zona climática quente, a quarta zona, como a zona climática subquente, e a quinta, sexta e sétima zonas, como a zona climática mesotérmica (branda ou mediana) do mapa referido no art. 1º desta Portaria.*

Da confrontação do contido nesta portaria com o "Mapa Brasil climas" do IBGE (Instituto Brasileiro de Geografia e Estatística), reproduzido ao final deste capítulo,[20] teremos:

- como primeira, segunda e terceira zonas climáticas temos toda a região Norte, boa parte do Brasil central, as localidades contidas no semiárido e o Nordeste oriental (estendendo-se até o Rio de Janeiro) com temperatura média anual superior a 18°C. *Frio artificial* = $t < 15°C$;
- como quarta zona climática (subquente), com temperaturas médias de 15°C a 18°C, em pelo menos um mês ao ano, temos as regiões

---

[20] A versão completa deste mapa pode ser obtida em: <ftp://geoftp.ibge.gov.br/mapas_tematicos/mapas_murais/clima.pdf>. Acesso em: 15 set. 2016.

dos estados de Goiás, São Paulo, Mato Grosso, Mato Grosso do Sul e Minas Gerais e no Distrito Federal (Brasília). *Frio artificial = t < 12°C*;
- como quinta, sexta e sétima zona climáticas temos localidades, em especial, da região Sul do país, do mesotérmico (brando e mediano). *Frio artificial = t < 10°C*.

Cabe ressaltar que o acima mencionado serve apenas como parâmetro preliminar para a determinação da zona climática, uma vez que a localização precisa de cada unidade produtiva, sobretudo em regiões de transição climática, deve ser estabelecida para a devida caracterização das exigências de pausas em relação às temperaturas de referência (10, 12 ou 15°C).

Quando as temperaturas do ambiente forem inferiores a −8 °C, o regime diário de trabalho deve ser diferenciado, seguindo-se as orientações constantes do quadro único deste capítulo. O não cumprimento da pausa térmica pode resultar no pagamento do adicional de insalubridade, acrescido do pertinente às horas-extras, conforme o caso, ainda que o obreiro não trabalhe específica ou exclusivamente em câmara frigorífica, conforme a Súmula 438 do TST.

Súmula 438/TST. Jornada de trabalho. Horas extras. Intervalo para recuperação térmica do empregado. Ambiente artificialmente frio. Hermenêutica. CLT, art. 253. Aplicação analógica. Res. 185/2012, de 14/9/2012.

> *O empregado submetido a trabalho contínuo em ambiente artificialmente frio, nos termos do parágrafo único do art. 253 da CLT, ainda que não labore em câmara frigorífica, tem direito ao intervalo intrajornada previsto no "caput" do art. 253 da CLT.*

O que se coaduna ao explicitado na NR 36.13.1:

> *Para os trabalhadores que exercem suas atividades em ambientes artificialmente frios e para os que movimentam mercadorias do ambiente quente ou normal para o frio e vice-versa, depois de uma hora e quarenta minutos de trabalho contínuo, será assegurado um período mínimo de 20 minutos de repouso, nos termos do art. 253 da CLT.*

Vejamos: no caso em que o operário, em razão de seu labor, fizer jus ao intervalo intrajornada básico, ou seja, 20 minutos em cada duas horas diárias, e não usufruí-lo, fará jus a receber o período não gozado como se horaextra fosse, na proporção de 80 minutos diários, com acréscimo de 50%, observada jornada semanal, durante todo o pacto laboral, com reflexos sobre décimo terceiro salário, férias com o terço constitucional e Fundo de Garantia por Tempo de Serviço(FGTS), mesmo que já remunerado com o pagamento do adicional de insalubridade por frio. A esse respeito, veja-se a decisão do Processo n. 0000711-83.2014.5.10.010 da 10a Vara do Trabalho de Brasília.

Deve ser observado, adicionalmente, para fins de socorro e evacuação no caso de evento indesejado no interior de câmaras frigoríficas, as determinações do item NR 36.2.10:

> *36.2.10.1 As câmaras frias devem possuir dispositivo que possibilite abertura das portas pelo interior sem muito esforço e alarme ou outro sistema de comunicação que possa ser acionado pelo interior, em caso de emergência.*
>
> *36.2.10.1.1 As câmaras frias cuja temperatura for igual ou inferior a −18°C devem possuir indicação do tempo máximo de permanência no local.*

Considerações no tocante aos aspectos ergonômicos do trabalho de abate e processamento de carnes e derivados serão tratados no capítulo apropriado sobre ergonomia aplicada à agroindústria, assim como aqueles relativos a outros aspectos de segurança, como acidentes no trato com animais, vazamentos de amônia e outras particularidades.

De acordo com os estabelecido na NR 6 [Item 6.6.1][21] e a partir do Anexo I dessa norma (lista de equipamentos de proteção individual), para atividades em ambientes frios, podemos apresentar o seguinte rol de EPI, que devem ser utilizados em conjunto para prover a proteção devida contra a condição potencialmente danosa:

A.2.a) capuz ou balaclava para proteção de crânio e pescoço;

B.2.d) protetor facial para proteção de face contra riscos de origem térmica;

E.1.a) vestimentas para proteção do tronco contra riscos de origem térmica;

F.1.d) luvas para proteção contra agentes térmicos;

F.3.e) manga para proteção contra agentes térmicos;

G.1.c) calçado para proteção dos pés contra agentes térmicos;

G.2.a) meia para proteção dos pés contra baixas temperaturas;

G.4.c) proteção das pernas contra agentes térmicos;

H.1.a) macacão para proteção do tronco e dos membros superiores e inferiores contra agentes térmicos.

---

[21] Cabe ao empregador quanto ao EPI: a) adquirir o adequado ao risco de cada atividade; b) exigir seu uso.

Conhecimentos Técnicos

Sugestões de leitura

ALI, Salim Amed. Dermatoses ocupacionais. In: MENDES, René. *Patologia do Trabalho*. Rio de Janeiro: Atheneu, 1995.

BRASIL/MTE. NR 36 – *Saúde e Segurança no Trabalho em empresas de abate e processamento de carnes e derivados*.

COUTINHO, Antonio Souto. *Conforto e insalubridade térmica em ambientes de trabalho*. João Pessoa: EdUFPB, 1998.

MORAN, Emilio F. *Adaptabilidade humana*. São Paulo: EdUSP, 1994.

REY, Luís. *Dicionário de termos técnicos de medicina e saúde*. Rio de Janeiro: Guanabara Koogan, 1999.

SANTOS, M., ALMEIDA, A. Saúde Ocupacional e Baixas Temperaturas. Revista Portuguesa de Saúde Ocupacional online, 2016, v. 2, pp. 1-5.

WELLS ASTETE, Martin et al. *Riscos físicos*. São Paulo: Fundacentro, 1991.

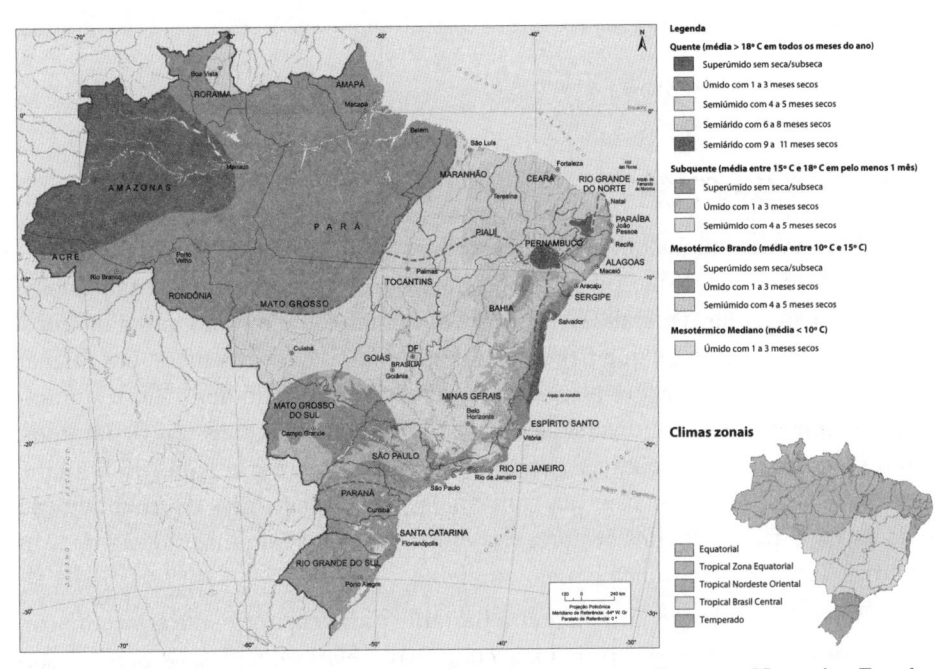

Nota: atualizado pela Diretoria de Geociências, Coordenação de Recursos Naturais e Estudos Ambientais, em 2002.

Figura 2.8 Mapa de zonas climáticas.

Fonte: NIMER, E. Modelo metodológico de classificação de climas. *Revista Brasileira de Geografia*, Rio de Janeiro, v. 41, n. 4, p. 59-89, out./dez. 1979.

Quadro 2.8 Regime de Trabalho em baixas temperaturas

FAIXA DE TEMPERATURA DE BULBO SECO (°C)	MÁXIMA EXPOSIÇÃO DIÁRIA PERMISSÍVEL PARA PESSOAS ADEQUADAMENTE VESTIDAS PARA EXPOSIÇÃO AO FRIO
15,0 a −17,9 (*)	Tempo total de trabalho no ambiente frio de 6 horas e 40 minutos, sendo quatro períodos de 1 hora e 40 minutos alternados com 20 minutos de repouso e recuperação térmica, fora do ambiente frio.
12,0 a −17,9 (**)	
10,0 a −17,9 (***)	
−18,0 a −33,9	Tempo total de trabalho no ambiente frio de 4 horas, alternando-se 1 hora de trabalho com 1 hora de repouso e recuperação térmica, fora do ambiente frio.
−34,0 a −56,9	Tempo total de trabalho no ambiente frio de 4 horas, alternando-se 1 hora de trabalho com 1 hora de repouso e recuperação térmica, fora do ambiente frio.
−57,0 a −73,0	Tempo total de trabalho no ambiente frio de 5 minutos, sendo o restante da jornada cumprida obrigatoriamente fora do ambiente frio.
Abaixo de −73,0	Não é permitida exposição ao ambiente frio seja qual for a vestimenta utilizada.

(*)Faixa de temperatura válida para trabalhos em zona climática quente, de acordo com o mapa oficial do IBGE.
(**)Faixa de temperatura válida para trabalhos em zona climática subquente, de acordo com o mapa oficial do IBGE.
(***)Faixa de temperatura válida para trabalhos em zona climática mesotérmica, de acordo com o mapa oficial do IBGE.
Fonte: Wells Astete, Giampaoli e Zidam (1991).

● Riscos químicos

Diariamente, ainda que não percebamos, estamos em contato com uma infinidade de químicos. Estão presentes na maioria dos produtos industrializados − nos plásticos, nas ligas metálicas, nos medicamentos e, até mesmo, nos alimentos. Todavia, não é incomum que a presença desses materiais se manifeste por formas desagradáveis como reações alérgicas da pele, dos pêlos, do aparelho respiratório, das mucosas etc. Tal diversidade de químicos com os quais nos deparamos, muitos dos quais com ações extremamente rápidas sobre o organismo humano − algumas até mesmo letais − faz com que sejam merecedores de uma atenção toda especial por parte dos gestores das empresas e dos administradores de seus sistemas de saúde, segurança e meio ambiente.

Oga (1996:4-5), em uma maneira bastante didática, apresenta conceituação acerca da toxicologia e dos principais conceitos a ela associados, os quais destacamos a seguir:

- **Toxicologia**: é a ciência que estuda os efeitos nocivos decorrentes das interações de substâncias químicas com o organismo.
- **Agente tóxico ou toxicante**: é a entidade química capaz de causar dano a um sistema biológico, alterando seriamente uma função ou levando-o à morte, sob certas condições de exposição.

- **Veneno**: é um agente tóxico que altera ou destrói as funções vitais. Segundo alguns autores, o termo é reservado especificamente para designar substâncias provenientes de animais, onde teriam importantes funções de autodefesa ou de predação, como é o caso do veneno de cobra, de abelha etc.
- **Droga**: é toda substância capaz de modificar ou explorar o sistema fisiológico ou estado patológico, utilizada com ou sem intenção de benefício do organismo receptor.
- **Fármaco**: é toda substância de estrutura química definida, capaz de modificar ou explorar o sistema fisiológico ou estado patológico, em benefício do organismo receptor.
- **Antídoto**: é um agente capaz de antagonizar os efeitos tóxicos de substâncias.
- **Toxicidade**: é a propriedade que têm os agentes tóxicos de promoverem danos às estruturas biológicas, por meio de interações físico-químicas; ou seja, a capacidade inerente e potencial do agente tóxico para provocar efeitos nocivos em organismos vivos.
- **Ação tóxica**: é a maneira pela qual um agente tóxico exerce sua atividade sobre estruturas teciduais.
- **Xenobiótico**: é o termo usado para designar substâncias químicas estranhas ao organismo.

Rahde et at. (1992: 11-13) aponta outra série de conceitos associados à toxicologia, cujo conhecimento se faz por demais importante. São eles:

- **Dose**: é a quantidade de substância administrada a um organismo.
- **Dose tóxica**: é aquela quantidade administrada que provoca a aparição de efeitos tóxicos.
- **Dose média efetiva**: é a dose de substância que provoca um efeito específico em 50% dos animais de experimentação (sic), em um grupo padrão, dentro de determinadas circunstâncias, previamente definidas.
- **Dose letal**: é a quantidade de substância que provoca a morte do organismo.
- **Dose letal média (DL50)**: é um caso definido de dose média efetiva, em que o efeito específico é a morte.
- **Relação dose-resposta**: expressa a relação entre a dose e um número relativo de indivíduos que respondem com uma resposta, qualitativa e quantitativa [...]. Efeito que, habitualmente, refere-se à alteração biológica individual. Enquanto resposta, é a expressão da proporção da população que manifesta certo efeito.

- **Perigo**: associado à toxicidade de um agente, é a probabilidade de que este cause um efeito prejudicial ao organismo, nas condições habituais de produção e utilização.
- **Estimativa de risco**: é a determinação dos tipos e quantidades de efeitos adversos à saúde, esperados após a exposição a determinado agente.
- **Efeito colateral**: é qualquer efeito não pretendido de um produto farmacêutico e que surge nas doses normalmente utilizadas, sendo relacionado a propriedades farmacológicas da droga.
- **Reação adversa**: é a resposta a uma droga prejudicial e não pretendida, ocorrendo em doses normalmente utilizadas no homem para a profilaxia, diagnóstico ou terapêutica de doenças, ou para modificação de uma função fisiológica.

Tratando da ocorrência dos eventos que geram a intoxicação, seus sinais e sintomas, especialmente as fases da intoxicação, Oga (1996:5-6), mais uma vez, apresenta seus ensinamentos de forma didática:

1. **Fase de exposição**: é a fase em que as superfícies externa ou interna do organismo entram em contato com o toxicante. É importante considerar, nessa fase, a via de introdução, a frequência e a duração da exposição, as propriedades físico-químicas, assim como a dose ou a concentração do xenobiótico e a susceptibilidade individual.
2. **Fase de toxicocinética**: inclui todos os processos envolvidos na relação entre a disponibilidade química e a concentração do fármaco nos diferentes tecidos do organismo. Intervêm nessa fase a absorção, a distribuição, o armazenamento e a excreção das substâncias químicas. As propriedades físico-químicas dos toxicantes determinam o grau de acesso aos órgãos-alvo, assim como a velocidade de sua eliminação pelo organismo.
3. **Fase de toxicodinâmica**: compreende a interação entre as moléculas do toxicante e os sítios de ação, específicos ou não, dos órgãos e, consequentemente, o aparecimento de desequilíbrio homeostático.
4. **Fase clínica**: é a fase em que há evidências de sinais e sintomas, ou ainda alterações patológicas detectáveis mediante provas diagnósticas, caracterizando os efeitos nocivos provocados pela interação do toxicante com o organismo.

Rahde et al. (1992:15-22) descrevem o assunto com simplicidade e clareza, podendo-se destacar os seguintes tópicos:

"Toxicocinética – estuda os fenômenos envolvidos na passagem do agente químico através das membranas, analisando de forma especialmente quantitativa os processos de

absorção, distribuição, biotransformação e eliminação das substâncias do organismo. Os processos não se apresentam de forma sequencial ou linear e as fases podem ocorrer simultaneamente."

"Absorção – representa o transporte de uma substância desde o seu local de administração até a corrente circulatória. Os agentes químicos devem ultrapassar muitas barreiras antes de alcançar os tecidos suscetíveis."

"Biodisponibilidade – representa a quantidade do agente químico que finalmente alcança a circulação sistêmica. Este conceito relaciona parâmetros específicos, tais como os níveis sanguíneos e urinários de substância após a sua administração, e pode ser fator importante para determinar a eficácia clínica de um fármaco ou a toxicidade de uma substância."

"Distribuição – é o processo no qual uma substância absorvida e/ou seus metabólitos[22] circulam entre os compartimentos orgânicos."

"Biotransformação/metabolização – o papel mais importante da biotransformação consiste na conversão de compostos lipofílicos pouco excretáveis em formas tendendo à polaridade, sendo mais facilmente eliminados pela urina. O fígado tem grande importância nesse processo devido à elevada concentração de enzimas transformadoras na sua estrutura."

"Excreção – os agentes químicos ou seus produtos de biotransformação são eliminados do organismo por diversas vias, conforme as suas características físico-químicas. A via mais importante é a de excreção renal. Os pulmões excretam gases e substâncias voláteis. O estômago e intestino também atuam como órgãos de excreção."

"Estudo da Toxicocinética das substâncias – possui importância significativa, visto permitir avaliar com maior precisão os efeitos tóxicos produzidos no organismo. Fornece informações relevantes a respeito do início, duração e intensidade do efeito tóxico, bem como prevê o aparecimento de repercussões locais, sistêmicas e embriotóxicas, entre outras, decorrentes da exposição. Esse conhecimento também fornece substrato aos profissionais da área biomédica para o desenvolvimento de atitudes adequadas no diagnóstico, prevenção e tratamento das intoxicações."

"Toxicodinâmica – pode ser definida como o estudo das interações bioquímicas e fisiológicas da substância no órgão-alvo e do mecanismo de ação tóxica. O conhecimento desse mecanismo é importante para uma avaliação racional dos riscos tóxicos, bem como para elaboração de medidas preventivas. Há substâncias que interagem com os receptores biológicos de maneira reversível, provocando alterações funcionais, que habitualmente desaparecem com a eliminação do agente, como é o caso da maioria dos

---

[22] Metabólitos – produtos derivados de modificações estruturais do elemento original.

fármacos. Ao contrário, agentes tóxicos, com frequência, atuam quimicamente, de modo irreversível, sobre sistemas de macromoléculas ou membranas, resultando lesões e por vezes morte celular."

Em virtude de sua amplitude, o estudo da toxicologia encontra diversos campos de atuação. A toxicologia analítica pode ser definida como a parte fundamental dessa ciência. É essa que trata da busca e consolidação dos meios de detecção e definição do toxicante e das alterações bioquímicas que esse provoca no organismo. À toxicologia médica ou clínica compete o atendimento do paciente exposto ao agente tóxico ou do intoxicado, diagnosticando-o para em seguida ministrar a terapêutica específica. Cabe à toxicologia experimental investigar e elucidar os mecanismos de ação do toxicante no sistema biológico e avaliar os efeitos dessa ação. A ecotoxicologia, ramo recente, se preocupa com os efeitos nocivos causados ao meio ambiente pelo uso cada vez mais intenso de praguicidas e herbicidas.

Visando a um melhor tratamento de suas diversas aplicações, a toxicologia apresenta especialidades de atuação. Para a gestão de empresas, é de particular interesse o desenvolvimento da toxicologia ambiental (que estuda os efeitos nocivos causados pela interação de agentes químicos contaminantes do ambiente com o organismo humano), e industrial ou ocupacional (que centra suas atenções nas interações do ambiente de trabalho, com o indivíduo exposto). Cabe também destacar outras atuações da toxicologia: alimentos, medicamentos, cosméticos e toxicologia social.

Devido a sua natureza química, além das substâncias puras e seus muitos compostos nas formas de líquidos e de pós, devem merecer destaque as formas de gases, vapores e aerodispersóides.

Gás: é a denominação genérica de substâncias que, em condições normais de temperatura e pressão (CNTP – 25°C, 760 mm Hg), estão no estado gasoso.

Vapor: é a fase gasosa de uma substância que nas CNTP é líquida ou sólida. A condição de saturação do vapor ocorre quando é atingida uma máxima concentração, a determinada temperatura, de onde qualquer incremento dessa acarretará a transformação do vapor em líquido ou sólido.

Para efeito da monitoração ambiental e para a intervenção do gestor em seu estado, gases e vapores são estudados como um único grupo de análise. Comumente, os gases e vapores são classificados quanto a sua ação sobre o organismo humano:

1. Gases e vapores irritantes: são aqueles que produzem irritações na pele, conjuntiva ocular e vias respiratórias, como exemplos de tecidos de contato direto. Subdividem-se em:
    a. *irritantes primários*: sua ação se dá em caráter local. Ex.: amônia, soda cáustica, ácidos clorídrico e sulfúrico;

Conhecimentos Técnicos

b. *irritantes secundários*: sua ação é tóxica sobre todo o organismo. Ex.: Gás sulfídrico (H_2S).

2. Gases e vapores anestésicos: são aqueles que têm ação depressiva sobre o sistema nervoso central. Subdividem-se em:

   a. *anestésicos primários*: de definição similar aos gases irritantes;

   b. *anestésicos de efeito sobre as vísceras;*

   c. *anestésicos de efeito sobre o sistema formador do sangue;*

   d. *anestésicos de efeito sobre o sistema nervoso.*

A avaliação dos gases e vapores pode ser considerado simples. Usualmente, são utilizados *tubos colorimétricos* (contêm reagentes que apresentam variações de cor à presença das substâncias em estudo), *dosímetros passivos* (nos quais a impregnação do meio se dá por difusão e adsorção das substâncias em análise) e *bombas gravimétricas* (com a passagem forçada de um volume de ar conhecido por um meio de retenção específico; ao final do processo, a amostra é enviada a um laboratório para a análise devida).

São consideradas aerodispersóides todas as partículas que se encontram em suspensão no ar e que podem ser nocivas à saúde. Nessa definição encontramos as partículas de origem líquida (névoas e neblinas) e aquelas de origem sólida (poeiras, fibras e fumos metálicos).

As *névoas* e *neblinas* são formadas a partir da ruptura mecânica de um líquido ou por condensação de vapores de substâncias que se encontram no estado líquido à temperatura ambiente. A diferenciação da condição é dada em função do diâmetro da partícula (névoa – Æ > 0,5 µm e neblina – Æ < 0,5 µm).

As *poeiras* são produzidas a partir da ruptura mecânica de sólidos e apresentam Æam produzidas a partir da ruptura mecân condensação de vapores de substâncias que são sólidas à temperatura ambiente. Por sua vez, as fibras também são produzidas a partir da ruptura mecânica de sólidos. Porém, diferenciam-se das poeiras por sua forma em que predomina um comprimento de cerca de 3 a 5 vezes a medida de seu diâmetro.

Quanto ao seu efeito sobre a organismo humano, podemos classificá-las em:

a. **Pneumoconióticas**: capazes de provocar pneumoconioses[23] (por ex.: silicose, asbestose etc.);

b. **Tóxicas**: cujo efeito se processa tanto por ingestão quanto por inalação (chumbo, mercúrio etc.);

---

[23] Pneumoconiótico – qualidade daquilo que pode causar doença pulmonar (Pneumoconiose). Geralmente associada à inalação de poeiras de determinados materiais.

c. **Alergênicas**: que desencadeiam processos alérgicos (resina epóxi e algumas madeiras);[24]
d. **Inertes**: cujo resultado de ação se manifesta na forma de enfermidades leves e reversíveis (bronquites, resfriados etc.).

Algumas dessas partículas, em função do material que as origina, devem receber atenção especial do gestor. Nessa categoria poderemos destacar o "asbesto", a "sílica livre cristalizada", o "manganês e seus compostos" e o "negro de fumo", os quais têm seus limites de tolerância estabelecidos na legislação brasileira, especificamente nos anexos da NR-15. Para as substâncias não contempladas na legislação brasileira, a recomendação usual é recorrer aos limites estabelecidos pela ACGIH,[25] que têm aceitação científica internacional.

Por sua vez, a avaliação de poeiras consiste em um sistema composto por uma bomba de amostragem e de filtros. Após o processamento da amostragem, e também das replicações necessárias ao bom resultado estatístico do estudo, segue-se o cálculo da concentração de poeira e a comparação dos valores amostrados com o estabelecido como limite de tolerância (LT) ou Threshold Limit Value (TLV), forma bastante comum na literatura sobre a temática.

É sempre oportuna a lembrança de que, mesmo os medicamentos e muitas das substâncias que estão facilmente disponíveis em nossas residências e nas organizações nas quais trabalhamos, são produtos originados na síntese química e como tal devem merecer especial cuidado de nossa parte, seja no lar, seja no trabalho. As recomendações e as informações constantes nos rótulos, nas bulas e nas demais fontes confiáveis quanto à guarda, conservação, deslocamento, manipulação ou destinação final de embalagens, entre outras formas de cuidados quanto ao trato, como os "guias para emergência de produtos perigosos", devem estar disponíveis e ser lidas cuidadosamente, pois são adequadas e necessárias aos propósitos de prevenção e de socorro para acidentes envolvendo químicos.

Em último caso, convém destacar que a maioria das capitais e das principais cidades brasileiras já dispõe de Centros de Informação e de Atendimento Toxicológico. É importante que o gestor tenha sempre à mão o telefone do centro de sua cidade. No Recife, o Ceatox funciona na sede da Secretaria da Saúde, à Praça Oswaldo Cruz. Telefone: 0800.722.6001 (tele-atendimento 24h por dia) / (81) 3181.6450 / 6451 / 6166 (fax). ceatox@saude.pe.gov.br

---

[24] Uma boa indicação de leitura complementar é: FONSECA, Aureliano. *Manual de dermatologia ocupacional.* Rio de Janeiro: Colina, 1985.
[25] No Brasil, a ABHO (Associação Brasileira de Higienistas Ocupacionais) edita regularmente, em português, versões atualizadas dos dados publicados pela ACGIH (*American Conference of Governmental Industrial Hygienists*).

Conhecimentos Técnicos

Sugestões de leitura

GELMINI, Gerson Augusto. *Agrotóxicos*: legislação básica. Campinas: Fundação Cargill, 1991. v. 1 e 2.

HACHET, Jean-Charles. *Toxicologia de urgência*: produtos químicos industriais. São Paulo: Andrei, 1997.

MACEDO, Ricardo. *Manual de higiene do trabalho na indústria*. Lisboa: Fundação Calouste Gulbenkian, 1988.

OGA, Seizi. *Fundamentos de toxicologia*. São Paulo: Atheneu, 1996.

RAHDE, Alberto Furtado et al. *Toxicologia da boca*. Porto Alegre: Sagra/DC Luzzatto, 1992.

ROUJAS, Françoise et al. *Intoxicações agudas*: diagnóstico, o que se deve fazer. São Paulo: Andrei, 1993.

SAVARIZ. Manoelito. *Manual de produtos perigosos*: emergência e transporte. 2. ed. Porto Alegre: Sagra/DC Luzzatto, 1994.

SCHENKEL, Eloir Paulo (Org.). *Cuidados com os medicamentos*. Porto Alegre: UFRGS: Sagra/DC Luzzatto, 1991.

SOUZA e SILVA, José Fernando (Org.). *Legislação do Ministério Público IV*: direito ambiental. Recife: Procuradoria Geral de Justiça, 1998.

● A informação sobre segurança na empresa

Onde há produção sempre haverá a necessidade de informações que auxiliem a empresa na gestão das condições e do ambiente de trabalho e, por assim dizer, da saúde e bem-estar de seu corpo funcional.

A maior parte das empresas, em especial as de micro e pequeno porte, desconhece a existência e a importância de ter disponíveis informações sobre as questões relacionadas à segurança, quer relativas às próprias pessoas, quer em relação ao processo produtivo e à produção em si. O desconhecer vai além de saberem estar sujeitas às exigências legais pertinentes, passa por onde buscarem e, principalmente, quanto ao que buscarem. Mais ainda, por vezes, não têm ideia do que disponibilizarem ao seu corpo funcional.

O primeiro ponto a ser discutido é a própria noção de informação. Podemos entender que uma informação é toda e qualquer forma de estímulo capaz de provocar uma reação, de maneira que ocorra uma interação entre a emissão e a recepção desta. Ou seja, ocorre uma influência recíproca entre os agentes desse processo. A emissão provoca no receptor a interpretação da necessidade ou não de intervenção sobre o sistema, de modo a alterar ou a manter o estado vigente, incita a uma reação. Assim, a informação de segurança deverá ter distintos aspectos, entre os quais podemos citar:

a. Promover a prevenção e a ação proativa.
b. Propiciar a identificação, sinalização e localização de riscos.

c. Orientar quanto à tomada de providências e ao uso de recursos materiais.
d. Fornecer orientações técnicas para o trato com os elementos e situações de risco.

Certamente há uma vasta gama de informações que podem ser utilizadas e, portanto, necessitam ser elaboradas para cada caso concreto. Destacamos, a seguir, aquelas que julgamos de aplicação mais comum à maioria das empresas.

- Procedimentos e autorizações.
- Regulamentos.
- Ficha química.
- Rotulagem (preventiva).
- Mapa de riscos.
- Sinalização e cores na segurança.
- Planos de evacuação e emergência.

Podemos definir os procedimentos de segurança como o conjunto de prescrições ou recomendações necessárias para assegurar a realização da tarefa ou das operações com o pleno atendimento dos requisitos de eficiência e segurança. São muito mais do que simples orientações. Devem estar sempre disponíveis na forma escrita, de maneira a propiciarem a uniformidade de interpretação e eliminarem, tanto quanto possível, a tomada de decisões subjetivas durante a execução das tarefas. Ademais, o registro escrito serve de memória técnica para o acompanhamento da evolução dos procedimentos das atividades preparatórias, bem como da própria atividade finalística a ser desempenhada ou cumprida. Assim, devem, entre outras informações, fornecer a sequência de atividades a serem realizadas para o cumprimento da tarefa, explicitando como proceder e como não proceder (geralmente descrito na forma de recomendações positivas), as ferramentas, dispositivos e medidas preliminares de segurança a serem utilizados e/ou tomados.

Quando assumimos como exemplar um determinado procedimento, porque o seu cumprimento assegura a totalidade dos resultados esperados, entendemos que este deve ser padronizado, passando a servir como procedimento-padrão. Este, em razão de sua aplicação, pode receber denominações distintas, como procedimento operacional-padrão (POP), ficha de instrução de manutenção (FIM) ou outra qualquer que sirva às mesmas finalidades.

As autorizações, permissões ou liberações dizem respeito ao reconhecimento da necessidade da realização de determinadas tarefas que ensejem um risco de grandeza considerável, pelo que se faz requerer competências e condições específicas para a sua execução. Necessitam, para tanto, que apenas e tão somente na estreita observância desses requisitos pessoais e instrumentais seja autorizada a sua consecução. Recebem comumente a denominação de permissão para trabalho de risco (PTR), tais como a permissão para trabalho em altura (PTA), em espaços confinados, trabalho a quente, em escavações e sob determinadas atmosferas. As liberações podem ser entendidas como a efetiva autorização para a realização da tarefa em tela e servem exclusivamente para a programação definida nesta, devendo ser igualmente escritas.

Por sua vez, regulamentos dizem respeito ao conjunto ou coletânea de exigências legais no tocante à segurança que devem ser atendidos pela empresa para a consecução de suas atividades. Outrossim, regulamentos internos são o conjunto de normas internas e que compõem um todo harmônico que orientam a política e a operação da empresa no tocante à produção segura e, em regra, alinhada aos requisitos ambientais, de qualidade e de responsabilidade social (num modelo de gestão integrada envolvendo saúde, segurança, meio ambiente e qualidade de processo).

Convém destacar que, para fins de perícia judicial, todos os documentos escritos, desde que amplamente divulgados e disponibilizados aos trabalhadores, têm valor de recomendações ou práticas relativas à saúde e segurança no trabalho. Para a adequada gestão dos químicos em utilização na empresa, o setor de saúde ocupacional deverá recorrer às fichas de informações de segurança de produto químico (FISPQ) ou simplesmente ficha química (em inglês, MSDS – *Material Safety Data Sheet*) que, entre outras informações, deverá conter, quando aplicável:

1. Quanto à identificação do produto:
    a. nome comercial, químico e popular;
    b. família química;
    c. número ONU – para transporte e emergência de produtos perigosos;
    d. composição química;
    e. propriedades físico-químicas.
2. Quanto à gestão dos riscos associados:
    a. riscos iminentes e cuidados especiais;
    b. limites de tolerância e doses letais;
    c. toxicocinética e toxicodinâmica;
    d. meios de proteção requeridos;
    e. ações de primeiros socorros e informações a serem prestadas aos socorristas;
    f. recomendações quanto ao combate a incêndios, ao armazenamento e ao transporte;
    g. potenciais impactos ambientais;
    h. recomendações adicionais.

3. Quanto à gestão da qualidade das informações prestadas:
   a. número e codificação da ficha química;
   b. data de última e da próxima revisão de conteúdo;
   c. registros ou Códigos para acesso a informações compiladas em bases de dados, por exemplo:
      c.1. RTECS (*Registry of Toxic Effects of Chemical Substances*) – Registro de efeitos tóxicos de substâncias químicas, compilação de informações técnicas disponíveis na literatura;
      c.2. CAS (*Chemical Abstract Service*) – serviço de dados, ou mais precisamente, de artigos científicos, provido pela American Chemical Society (ACS) sobre substâncias químicas, dispondo de inúmeras informações científicas sobre estas. Cada substância recebe um código ou registro que a descreve ou a identifica de maneira específica.
   d. Responsável pela confecção e revisão do conteúdo.

A análise da FISPQ indicará a oportunidade de danos à integridade dos trabalhadores e, desta forma, indicará que produtos deverão ser substituídos ou limitados em seu uso, quando não for possível excluí-los do processo produtivo.

Quando se faz necessário o deslocamento de produtos que, em razão de suas características, são considerados nocivos à saúde dos indivíduos, ao meio ambiente e à segurança pública, estes devem ser classificados como "produtos perigosos". Eles, em razão desse potencial nocivo, podem ter, entre outras, natureza explosiva, inflamável ou tóxica. Para tal transporte, que pode se dar em áreas densamente povoadas, regras específicas devem ser rigorosamente levadas a termo. Para tanto, deve ser observada a combinação de orientações de normas e de resoluções técnicas, a exemplo do contido na Resolução nº 5232/2016 da Agência Nacional de Transportes Terrestres,[26] nas normas da ANBT pertinentes, bem como nas normas setoriais da indústria química, uma vez que a confecção do painel de identificação ou do rótulo de risco e das guias para uso local, no caso de acidentes envolvendo tais produtos, é de responsabilidade do seu fabricante.

No intuito de reduzir de forma contínua e progressiva os riscos de acidentes nas operações de transporte e distribuição de produtos químicos, a Associação Brasileira da Indústria Química (ABIQUIM)[27] tem realizado esforços junto a transportadoras e operadores logísticos que prestam serviços à indústria química visando ao seu desenvolvimento com base em um modelo de avaliação do desempenho nas áreas de segurança, saúde, meio ambiente e qualidade das empresas

---

[26] Disponível em: <http://portal.antt.gov.br/index.php/content/view/50082/Resolucao_n__5232.html>.
[27] Para maiores informações: <www.abiquim.org.br>.

Conhecimentos Técnicos

aplicado com sucesso na Europa pelo Conselho Europeu das Federações das Indústrias Químicas (Cefic).[28]

O painel de identificação, na cor laranja, contendo duas linhas de informações, é um conjunto de informações a respeito das características do produto a ser transportado e que o individualiza para tal fim: a primeira delas, em sua parte superior, especifica as características, de modo a orientar os cuidados a serem tomados no caso de emergências; a segunda linha é a numeração ONU, que serve, adicionalmente, de parâmetro para a comunicação da ocorrência às autoridades. Rótulos de risco são formas de sinalização utilizadas quando os produtos perigosos não podem ser precisamente identificados pelo painel de segurança e pela documentação referente ao transporte dos mesmos.

```
X 3 3 8
1 2 9 5
```

Figura 2.9 Exemplo de rótulo de risco.

Do exposto na Figura 2.9, a numeração superior indica:

1. produto explosivo;
2. gás ou emana gás;
3. líquido ou produto inflamável;
4. sólido inflamável ou produto fundido;
5. produto oxidante;
6. produto tóxico;
7. produto radioativo;
8. produto corrosivo;
9. perigo de reação violenta por decomposição ou polimerização;
0. ausência de risco secundário;
X. não pode ser molhado, reage com a umidade.

A repetição do mesmo número indica um reforço no risco. Teremos: 33 – líquido muito inflamável; 333 – líquido altamente inflamável; 88 – produto muito corrosivo; 888 – produto altamente corrosivo. No exemplo apresentado, o "Triclorossilano" (número ONU 1295) deve receber atenção como produto corrosivo, muito inflamável e perigoso quando molhado.

Por fim, mas não por último, como componente da documentação necessária e requerida para o transporte dos produtos perigosos, temos as "Guias

---

[28] Disponível em: <http://www.cefic.be/>.

de Emergência", que dizem respeito à gama de cuidados que devem ser tomados quando da concretização de eventos indesejados envolvendo tais produtos. Basicamente constam duas classes de informações para providências imediatas:

a. Os riscos potenciais relacionados ao fogo ou explosão e os riscos para a saúde.

b. As ações de emergência requeridas, tais como: isolamento da área e afastamento de pessoas, observação da posição dos ventos, utilização imediata de equipamentos de proteção (equipamentos autônomos de respiração, por exemplo), bem como ações contra o fogo (inícios de incêndio ou a sua prevenção), derramamento ou vazamento e prestação de primeiros socorros a possíveis vítimas.

Na indústria e na agricultura é comum o uso fracionado de produtos químicos que são transferidos para serem utilizados e, mesmo, armazenados por algum período em embalagens diferentes daquelas nas quais foram originalmente adquiridos ou recebidos. Em algumas situações, tais como em laboratórios, misturas ou soluções são preparadas a partir de uma série de componentes, conferindo agora, em conjunto, uma série de características e, portanto, exigindo uma gama de cuidados, diferentes daqueles exigidos para cada um deles isoladamente. Assim, também não é incomum que durante o uso e a conservação a informação do conteúdo exato do produto manipulado seja de domínio de apenas uma ou poucas pessoas.

A rotulagem preventiva, por sua vez, como o próprio nome sugere, diz respeito ao conjunto básico de informações necessárias ao adequado trato e armazenagem desses produtos químicos, tais como composição, potencial e mecanismo de danos, ações de primeiros socorros e telefones de emergência, obtidas junto às fichas de segurança química do respectivo produto.

O mapa de riscos, a sinalização e o uso de cores na segurança são tratados em capítulos específicos, assim como planos de evacuação e emergência (gestão de sinistros).

Sugestões de leitura

ABNT/NBR 7500 – Identificação para o transporte terrestre, manuseio, movimentação e armazenamento de produtos [e demais normas da série 7501-7504].

ABNT/NBR 7501 – Transporte terrestre de produtos perigosos – Terminologia.

ABNT/NBR 9735 – Conjunto de equipamentos para emergências no transporte terrestre de produtos perigosos.

ABNT/NBR 14725 – Ficha de informações de segurança de produto químico (FISPQ).

ANTT/BRASIL/Ministério dos Transportes – Resolução nº 5.232/2016. Aprova as Instruções Complementares ao Regulamento do Transporte Terrestre de Produtos Perigosos.

Conhecimentos Técnicos

> SAVARIZ, Manoelito. *Manual de produtos perigosos*: emergência e transporte. 2. ed. Porto Alegre: Sagra: D.C. Luzzato, 1994.

● Elementos do trabalho na agropecuária e setores afins

Durante muitos anos, os tratores e implementos agrícolas foram os melhores exemplos do que de pior existia em termos da ausência de ergonomia aplicada ao trabalho rural. Conduzir um veículo difícil de manobrar exigindo grande esforço físico (os mais antigos utilizando alavancas e pedais), além do controle da trajetória à frente e do resultado da operação às suas costas, impunha ao tratorista frequente torção do tronco e, não raro, resultavam acidentes. E, quando estes não ocorriam, igualmente não eram raras as queixas a respeito dos efeitos nocivos destas exigências.

Hoje em dia, com a evolução da maquinaria agrícola, vê-se à disposição dos grandes proprietários uma vasta gama de opções de tratores com todo um conjunto de facilidades para a sua operação, a exemplo de cabines climatizadas e condução e operação por *joysticks* que demandam controle fino de posição ao invés de exigirem qualquer maior aplicação de força para o seu controle. A depender da disponibilidade de capital para investimento, pode-se, inclusive, adquirir tratores operados remotamente, a distância, isto é, sem requerer a presença física do operador no campo, junto a este, uma vez que os mais recentes modelos de tratores podem ser controlados por sistemas automatizados que utilizam sistemas de georreferências ou geoposicionamento (o popular GPS) dentro dos limites demarcados de uma propriedade ou de uma gleba de uma cultura específica.

Todavia, estas não estão disponíveis a baixo custo. Por enquanto, somente os grandes proprietários ou aqueles que possuem acesso ao crédito para a produção rural em montantes compatíveis possuem condições para adquiri-las. Entretanto, quando isto acontece, ocorre a liberação dos antigos equipamentos para a (re) venda que acabam sendo disponibilizados aos pequenos produtores, que buscam ampliar o rendimento produtivo de suas terras, sendo também destinados a estes todos os problemas associados anteriormente descritos. Tem-se, por assim dizer, um ciclo natural de transferência de tecnologia gerado pela dinâmica da economia. Por fim, há de se considerar, em outro importante viés face às características agrárias de nosso país, os micro produtores que ainda utilizam ferramentas manuais, cujos cabos seguem a geometria de seus materiais e demandam de seus usuários esforços de grande monta, incompatíveis com a obtenção de sua subsistência.

Ademais desses meios materiais, preocupações de outras ordens no tocante à produção agropecuária, seja em pequena escala até as de maior porte, têm de se fazer presentes, seja no tocante aos químicos de uso agrícola (pesticidas ou agrotóxicos), na corriqueira presença de animais peçonhentos neste ambiente produtivo ou mesmo nas possíveis interações do trabalhador com patógenos presentes nos animais com os quais lida em seu cotidiano (doenças presentes em aves, no gado, roedores etc.).

Apesar de, nas últimas décadas, o Brasil ter-se destacado como um dos maiores produtores agrícolas do mundo, a ponto de, por muitas vezes, receber a alcunha de "celeiro do mundo", tais preocupações têm alcançado destaque nas atividades de prevenção, proteção e melhoria das condições de trabalho, o que também contribui decisivamente para a ampliação dos resultados da produção. O incremento produtivo do setor se deve, entre outros fatores, ao incremento no esforço de desenvolvimento de novas variedades por diversos institutos de pesquisa dedicados às temáticas relacionadas, sejam vinculados às universidades, às empresas privadas ou por entidades com esta finalidade precípua, a exemplo da Empresa Brasileira de Pesquisa Agropecuária (Embrapa), em suas diversas unidades espalhadas por todo o país,[29] que realizam pesquisas isoladamente ou em cooperação. Acrescente-se, ainda, a abertura de novos espaços agrícolas, o que vem ampliando ao passar dos anos a área cultivada, conforme demonstram dados do Ministério da Agricultura, Pecuária e Abastecimento.[30]

Discussões envolvendo variedades transgênicas, sejam no tocante à segurança ambiental em relação a distintos cultivos, sejam no tocante à implementação de linhas de investigação voltadas à redução do uso de agrotóxicos, pelo desenvolvimento de variedades modificadas que dispensem o uso destes por deterem propriedades para tal fim ou por reduzirem a acumulação destes, quando de sua aplicação, têm crescido e alcançado destaque em diversos segmentos de nossa sociedade.[31] Sem dúvida, a primeira das estratégias ou perspectiva é ambientalmente mais segura, pois contribuirá para reduzir a aplicação e a consequente produção, comercialização e transporte de agrotóxicos, eliminando uma série de oportunidades de acidentes (e efeitos indesejados decorrentes destes), em todas as fases de ciclo de consumo, o que trará, também, benefícios para os destinatários finais dos produtos agrícolas além de agregar valor aos mesmos.

Por um lado, serão necessárias políticas públicas para o acesso às sementes com estas propriedades, visando propiciar competitividade para os pequenos produtores, em um debate de caráter muito mais amplo do que a segurança ocupacional dos envolvidos e ao qual não podemos nos furtar, uma vez que, em muitos rincões de nosso país, agrotóxicos ou defensivos agrícolas ainda são comumente chamados de "remédio para plantas", contribuindo para cenários de incremento

---

[29] Veja-se em: <http://www.embrapa.br>.
[30] Disponível em: <http://www.agricultura.gov.br>.
[31] Veja-se, por exemplo, os desdobramentos da chamada Lei de Biossegurança (Lei nº 11.015, de 24 de março de 2005).

Conhecimentos Técnicos

de seu consumo e do número de acidentes decorrentes deste uso indiscriminado.[32] De outro, será necessária e imprescindível uma rigorosa fiscalização e o efetivo cumprimento da legislação no tocante ao uso e comercialização de agrotóxicos.

É taxativa a Constituição Federal ao instituir em seu art. 225, § 1º, V, que incumbe ao Poder Público: *"controlar a produção, a comercialização e o emprego de técnicas, métodos e substâncias que comportem risco para a vida, a qualidade de vida e o meio ambiente"*.

Neste sentido, dispõe a Lei nº 7.802, de 11 de julho de 1989, sobre a pesquisa, a experimentação, a produção, a embalagem e rotulagem, o transporte, o armazenamento, a comercialização, a propaganda comercial, a utilização, a importação, a exportação, o destino final dos resíduos e embalagens, o registro, a classificação, o controle, a inspeção e a fiscalização de agrotóxicos, seus componentes e afins. Ao que devemos acrescentar o estabelecido no Decreto nº 4.074, de 4 de janeiro de 2002, que regulamenta a citada lei, além de determinar requisitos para o registro destes produtos e para a receita agronômica (arts. 64 a 67), atribuição específica de engenheiros agrônomos e florestais, que deverá individualizar os dados referentes à propriedade e cultura destinatária, conteúdo, dosagens e quantidade total, o intervalo de segurança entre aplicações, aspectos da gestão preventiva quanto ao manejo e armazenamento, dentre outras instruções requeridas.

Em razão de seu potencial danoso, todas as atividades humanas que digam respeito ao trato com agrotóxicos, desde a sua produção, passando por sua distribuição, até a utilização e destinação final de resíduos, devem se dar estritamente orientadas pelos princípios da precaução, da prevenção e da informação. Neste sentido, a legislação pertinente, em especial a Lei nº 9.974, de 6 de junho de 2000, que disciplina a destinação final de embalagens vazias de agrotóxicos, estabelece deveres para toda a cadeia produtiva e de comercialização e de consumo. Isto é, impõe-se responsabilidades para os fabricantes, os canais de distribuição e agricultores, além de próprias para o Poder Público. Além destas, obrigações específicas (Lei nº 7.802, Art. 14, *f*), são adicionalmente impostas para o contratante de trabalhador que realizar as aplicações ou o uso efetivo de agrotóxico em seu interesse.

Um bom ponto de partida para conhecer sobre o adequado trato com embalagens de agrotóxicos vazias é o Instituto Nacional de Processamento de Embalagens Vazias (Inpev), que disponibiliza gratuitamente em seu sítio na Internet excelente curso interativo acerca de sua devida destinação.[33] O principal motivo para a correta destinação final para tais embalagens é diminuir o risco para a saúde das pessoas e de contaminação do meio ambiente. Dentre as atribuições de cada ator social envolvido neste intuito, podemos citar:

---

[32] Veja-se o disposto no *site* do Sistema Nacional de Informações Tóxico-Farmacológicas (SINITOX), disponível em: <www.fiocruz.br/sinitox>.
[33] Disponível em:<http://inpev.avga.isat.com.br/>.

a) Ao agricultor cabe:
1. realizar a tríplice lavagem ou sob pressão, de acordo com o produto utilizado e a forma de aplicação;
2. inutilizar a embalagem, evitando o seu reaproveitamento (uso indevido);
3. armazenar temporariamente esta embalagem em sua propriedade até o momento de sua condução ao ponto de entrega;
4. entregar na unidade de recebimento indicada na nota fiscal até um ano após o ato de compra;
5. manter o comprovante de entrega das embalagens por um ano.

b) Ao canal de comercialização (distribuidores e cooperativas) compete:
1. ao vender o produto, indicar na nota fiscal o local de retorno das embalagens utilizadas;
2. disponibilizar e gerenciar o local de recebimento;
3. emitir o comprovante de entrega;
4. orientar e conscientizar o agricultor.

Quanto ao fabricante ou indústria:
1. recolher as embalagens vazias devolvidas às unidades de recebimento;
2. dar a adequada destinação final, seja a reciclagem ou a incineração;
3. orientar e conscientizar o agricultor.

c) Por fim, cabe ao Poder Público:
1. fiscalizar o funcionamento do sistema de destinação final.
2. emitir as licenças de funcionamento para as Unidades de Recebimento de acordo com os órgãos competentes de cada Estado.
3. apoiar os esforços de educação e conscientização do agricultor quanto às suas responsabilidades dentro do processo.

Outra importante base de dados acerca da temática é o Agrofit – Sistema de Agrotóxicos Fitossanitário, que permite a consulta pública de ingredientes ativos, por grupo químico, de acordo com o cultivo no qual é utilizado e classe de aplicação do agrotóxico, segundo o registrado no Ministério da Agricultura, Pecuária e Abastecimento (Mapa).[34] Por definição constante nesta mesma página, trata-se de *"Banco de informações de agrotóxicos e indicação de uso para combate a pragas, plantas*

---

[34] Disponível em: <http://extranet.agricultura.gov.br/agrofit_cons/principal_agrofit_cons>.

Conhecimentos Técnicos

daninhas e doenças, com o objetivo de oferecer alternativas eficazes na solução dos problemas fitossanitários."

Em outra direção, mas também de grande utilidade à sociedade em geral, temos o Programa de Análise de Resíduos de Agrotóxicos em Alimentos (Para), que foi iniciado em 2001 pela Agência Nacional de Vigilância Sanitária (Anvisa)[35] e que tem por objetivo avaliar continuamente os níveis de resíduos de agrotóxicos nos alimentos *in natura* que chegam à mesa dos consumidores, fortalecendo a capacidade do Governo em atender a segurança alimentar, evitando assim, possíveis agravos à saúde da população.

Em se tratando de estudo que se destina à apreciação de potencial insalubridade frente ao trato com produtos químicos, é necessário o estabelecimento do risco que pode ser definido como *"a probabilidade de uma substância produzir efeitos indesejáveis à saúde ou ao meio ambiente sob condições específicas"*, cuja intensidade depende de dois fatores, a saber: as características tóxicas do produto, inerentes às suas propriedades químicas e as condições de uso ou exposição, que representam fator decisivo na expressão do risco, conforme a seguir:

Quadro 2.9 Intensidade da toxicidade e exposição ao risco

Risco =	Toxicidade x	Exposição
Alto	Alta	Alta
Baixo	Alta	Baixa
Alto	Baixa	Alta
Baixo	Baixa	Baixa

O que se avalia, portanto, é o *risco* no exercício de cada tarefa, composta por um conjunto de atividades, que determina a exposição, de acordo com as condições em que esta se processa.

A exposição, por sua vez, é caracterizada pela frequência e duração da utilização do material químico, confrontada com a presença (ou ausência) de meios protetivos, tecnicamente reconhecidos como tal (veja-se, por exemplo, os Certificados de Aprovação que determinam a avaliação compulsória de um Equipamento de Proteção Individual – EPI) e efetivamente em uso pelo trabalhador na fração de jornada a que esteve exposto àquele produto.

Para tanto, conforme explicitam Oga (1996) e Patnaik (2002), podemos entender que a *"Composição química é o conjunto de moléculas dos elementos químicos constituintes de uma certa substância"* e que qualquer variação nesta estrutura, por mínima

---

[35] Para maiores informações, ver o disponível em: <www.anvisa.gov.br>.

que seja, ensejará a formação de uma nova substância ou composto, em suas propriedades e, por conseguinte, em seus efeitos, inclusive sobre os seres vivos.

Zambrone e Mello (1996) apontam os Organofosforados, Carbamatos, Organoclorados, Piretroides, Cumarínicos, Bipiridilos e o Pentaclorofenol (fungicida de ampla aplicação na preservação de madeiras e popularmente conhecido como "pó da china") como os principais produtos que exigem maior atenção em sua utilização. Uma boa referência quanto às intoxicações agudas provocadas por alguns destes produtos é Caldas (2000), que pode ser obtido integral e gratuitamente desde o sítio na Internet da Organização Pan-Americana da Saúde,[36] com a possibilidade de acesso a uma vasta gama de outras publicações de interesse, ou ainda, em *link* direto.[37]

Cabe esclarecer que a pessoa (o agricultor ou qualquer outro cidadão) que estiver transportando, produzindo, embalando, comercializando, armazenando, aplicando e/ou utilizando agrotóxicos ilegais poderá estar cometendo distintos crimes e, por esta razão, estará sujeito às respectivas penalidades, a saber:

a) **Crime ambiental:** conforme previsto no art. 56 da Lei nº 9.605/98, de 12 de fevereiro de 1998. (Lei dos Crimes Ambientais) com pena de reclusão e ainda multa;

b) **Crime de contrabando ou descaminho:** consoante o disposto no Art. 334 do Código Penal, ensejando pena de reclusão (de 1 a 4 anos). Entretanto, não somente o agricultor ou o destinatário final estará sujeito à penalidade prevista, mas também o transportador e todos que, de qualquer maneira, contribuíram para a prática do crime enquadram-se no mesmo dispositivo penal;

c) **Crime de sonegação fiscal:** aquele que vender ou transportar mercadorias sem a emissão de notas fiscais poderá ser autuado pela Receita Federal por sonegação fiscal;

d) **Crime específico previsto na Lei nº 7.802/89 (lei dos agrotóxicos):** assevera o art. 15 da referida lei que, aquele que comercializa, transporta ou usa agrotóxicos não registrados e em desacordo com a citada Lei, pratica crime, sujeito à pena de reclusão de 2 a 4 anos e multa. O item IX do art. 17 da Lei nº 7.802/89 determina que, a critério do órgão competente, sejam destruídos os vegetais (soja, feijão, trigo, algodão etc.), e alimentos processados com os referidos vegetais, nos quais tenha havido a aplicação de agrotóxicos de uso não autorizado no Brasil (contrabandeados). Mais ainda, o mesmo artigo legal, em seu parágrafo único, manda que

---

[36] Disponível em: <http://new.paho.org/bra>.
[37] Disponível em: <http://www.cepis.org.pe/tutorial12/fulltex/intoxicacoes.pdf>.

a autoridade fiscalizadora faça a divulgação das sanções impostas aos infratores desta lei.

Assim, o produtor rural que comprar e fizer uso de agrotóxico ilegal, além de poder ser processado criminalmente por receptação de contrabando e crime ambiental, poderá ter sua lavoura interditada (de imediato não poderá vender sua safra), e posteriormente destruída, por meio de incineração.

Além destas penalidades, caso ocorram danos à saúde ou mesmo a morte causada pelo uso indevido de agrotóxicos, sejam ilegais ou por inadequação de sua prescrição, explicita Machado (2007) que, em razão do ilícito que deram origem, os responsáveis por tanto estarão sujeitos às previsões do Código Penal Brasileiro no que diz respeito a estas ocorrências indesejadas.

Seguindo esta orientação, em nota técnica divulgada em 15 de janeiro de 2010,[38] a Agência Nacional de Vigilância Sanitária (Anvisa), preocupada com a difusão da prática não autorizada de uso de agrotóxicos (herbicidas) para o controle de plantas daninhas em áreas urbanas especialmente em praças, jardins públicos, canteiros, ruas e calçadas, em condições não controladas pelos órgãos públicos competentes e suas implicações de diversas ordens para a saúde humana e ambiental, bem como todo o conjunto de exigências técnicas para a sua utilização, determinou, por meio de sua Diretoria Colegiada, que a prática da capina química em área urbana não deve ser permitida, posto que tal prática não esteja autorizada pela Agência ou por qualquer outro órgão, inclusive, por não haver em nosso país o registro de nenhum produto específico para tal finalidade.

Sugestões de leitura

ALMEIDA, Pedro José. *Intoxicação por agrotóxicos*. São Paulo: Andrei, 2002.

BARBOSA FILHO, Antonio Nunes. *Segurança do trabalho na agropecuária e na agroindústria*. São Paulo: Atlas, 2017.

BRASIL. Lei nº 7.802, de 11 de julho de 1989 (Lei de agrotóxicos).

BRASIL. Decreto nº 4.074, de 4 de janeiro de 2002. *Regulamenta a Lei nº 7.802/1989 e dá outras providências*.

BRASIL. Resolução CONAMA nº 334, de 3 de abril de 2003.

CALDAS, Luiz Querino de Araújo (Org.). *Intoxicações exógenas agudas por carbamatos, organofosforados, compostos bipiridílicos e piretroides*. Niterói: UFF – Centro de Controle de Intoxicações – Hospital Universitário Antonio Pedro, 2000.

FONSECA, Aureliano. *Manual de dermatologia ocupacional*. Rio de Janeiro: Colina, 1985.

MACHADO, Paulo Affonso Leme. *Direito ambiental brasileiro*. 15. ed. São Paulo: Malheiros, 2007.

OGA, Seizi. *Fundamentos de toxicologia*. São Paulo: Atheneu, 1996.

---

[38] Disponível em: <http://portal.anvisa.gov.br>.

PATNAIK, Pradyot. *Propriedades nocivas das substâncias químicas*. Belo Horizonte: Ergo, 2002. 2 v.

REIS, Ângelo Vieira et al. *Motores, tratores, combustíveis e lubrificantes*. Pelotas: EdUFPel, 1999.

THRUSFIELD, Michael. *Epidemiologia veterinária*. 2. ed. São Paulo: Roca, 2004.

ZAMBRONE, Flávio Ailton Duque; MELLO, José Carlos Martins de. *Tratamento geral das intoxicações*: principais substâncias químicas utilizadas na agricultura. Rio de Janeiro: Collart, Murtinho e Velloso: Cyanamid, 1996. (Série informações toxicológicas, v. 1.)

● Contato com animais peçonhentos e com substâncias naturais

Com o crescimento das cidades, a expansão das fronteiras agrícolas, bem como pela abertura de vias terrestres, quer rodovias ou ferrovias, houve, naturalmente, uma redução dos espaços para a fauna regional nas localidades onde se processou tal fenômeno. Como consequência, ampliaram-se as possibilidades de contato entre alguns animais e os trabalhadores que laborarem nestes ambientes. Tanto na remoção da cobertura vegetal existente, como no cultivo de lavouras que oferecem condições propicias para a presença desses animais (como a cana-de-açúcar, o arroz, as bananas e o bambu) e, ainda, em ambientes que podem oferecer alimentos e moradia ou proteção, sobretudo das intempéries, como apriscos, galinheiros, silos e assemelhados e nos demais espaços junto a outras atividades desenvolvidas no campo que possam servir a estes fins. Assim, não raro temos notícias de acidentes envolvendo cobras, escorpiões, aranhas e alguns insetos, como abelhas e vespas, ademais de alguns tipos de formigas e lagartas.

Tais animais, em presença humana, ao se sentirem ameaçados, por instinto de sobrevivência e como forma de defesa, por meio de glândulas excretoras, investem contra as pessoas, buscando atingi-las com substâncias tóxicas produzidas por estas. A gravidade dos efeitos pode variar desde ardência e incômodo local, passando por variável sensação dolorosa, assim como resultar necrose da área afetada e, inclusive, a morte dos indivíduos porventura atingidos, que não contarem com os equipamentos de proteção apropriados durante o exercício das atividades em que ocorrer essa interação ou com a assistência de socorro adequado em tempo hábil.

Os animais peçonhentos distinguem-se dos demais considerados venenosos porquanto estes últimos têm ação tóxica somente quando ingeridos e, também, dos zoonóticos cujo efeito danoso aos trabalhadores se dá pela ação de microrganismos patogênicos, transmitidos direta ou indiretamente por estes. As zoonoses, doenças humanas de origem animal, serão tratadas em capítulo específico mais adiante.

Dentre as espécies de maior interesse, em razão do número de casos registrados por todo o país e quanto a potencial gravidade de consequências, devemos destacar os ofídios e os aracnídeos (aranhas e escorpiões). Todavia, não podemos deixar de citar a ocorrência da peçonha em himenópteros (abelhas, vespas, formigas e marimbondos) e nos lepidópteros (em especial as "taturanas" ou "lagartas de fogo") que, em razão da sensibilização prévia e da susceptibilidade dos indivíduos atingidos pelas toxinas do animal, podem levar a graves reações, inclusive provocando choque anafilático que pode resultar fatal se as intervenções requeridas não forem realizadas a contento.

Um dos aspectos comumente destacados no imaginário popular no tocante à conduta de socorro em caso de acidentes com ofídios – ou com outros animais peçonhentos – seria o reconhecimento da espécie causadora do evento, para a orientação quanto ao antígeno a ser ministrado à vítima. Certamente, essa informação, se disponível e de modo confiável, será de utilidade, todavia não se faz imprescindível.[39]

Não se deve despender tempo na procura e eventual captura do animal peçonhento, retardando por minutos preciosos o deslocamento, assim como a ação de assistência que se requerem imediatos e, tampouco, realizar qualquer intervenção baseada em crendices, remédios populares ou práticas ancestrais. A ocorrência é potencialmente grave e, como tal, deve ter pronto atendimento por profissionais habilitados quanto às medidas para o suporte ao acidentado. Nesse sentido, de modo bastante esclarecedor, Azevedo-Marques, Cupo e Hering (2003) explicitam que:

> *Tais acidentes* [com animais peçonhentos] *devem ser atendidos em unidades equipadas para urgências e emergências clínicas, não só pela exigida rapidez na neutralização das toxinas inoculadas pela picada, como pela frequente necessidade de introdução de medidas de sustentação das condições vitais dos pacientes [...] o diagnóstico habitualmente realizado é o PRESUMÍVEL, que se baseia na observação dos sintomas e sinais presentes no acidentado, em consequência das atividades tóxicas, desenvolvidas pela inoculação de determinado tipo de veneno. O atual conhecimento da composição dos venenos e seus principais efeitos sobre o organismo humano permitem ao médico reconhecer o gênero do animal envolvido no acidente e selecionar o antídoto adequado mesmo na ausência da serpente.* (destaque no original).

Tão importante para o sucesso da administração do tratamento, assim como para a minimização de eventuais consequências indesejadas do episódio, quanto à disponibilidade do antídoto e sua aplicação em tempo hábil, o que depende sobremaneira do tempo decorrido entre o acidente e a neutralização das toxinas inoculadas na ocorrência, será a conduta de primeiros socorros à vítima, que

---

[39] Em nosso país, os acidentes com serpentes, por ordem decrescente de incidência, decorrem de jararacas *(Bothrops jararaca)*, cascavéis *(Crotalus durissus)*, surucucus *(Lachesis muta)* e cobras-corais *(Micrurus corallinus)*. Quanto aos escorpiões, os casos de maior gravidade, em sua maioria, são resultantes de acidentes com o escorpião-amarelo *(Tityus serrulatus)*. Já no tocante às aranhas, as armadeiras *(Phoneutria)* são as responsáveis pelo maior número de ocorrências.

podem ser prestados por qualquer pessoa e nos quais devem ser observadas as seguintes orientações:

1. Manter o acidentado em repouso, deitado e aquecido, minimizando a sua movimentação, para que a circulação do veneno no corpo não favoreça sua ação sobre a vítima.
2. Não se deve espremer o local da picada, sugar o ferimento ou aplicar qualquer produto sobre a área afetada.
3. Tampouco deve ser realizado garrote ou torniquete, o que pode causar sérias consequências.
4. Deve-se, apenas, limpar o local com água, água e sabão ou soro fisiológico, recobrindo-o com um pano ou outro material limpo, quando possível, em especial se já existirem bolhas, as quais não devem ser rompidas.
5. Se a vítima não apresentar vômitos, pode-se oferecer água, para manter a hidratação.
6. É importante remover pulseiras, relógios, anéis e outros adornos que possam, em caso de inchaço do local afetado, causar estreitamento e, até mesmo interrupção do fluxo sanguíneo.
7. Conduzi-lo, pronta e imediatamente, ao atendimento especializado para a aplicação do soro específico.

No caso de acidentes com abelhas, vespas e similares, nas espécies em que o ferrão se desprende do corpo junto com parte das estruturas do abdômen do inseto (autotomia ou autoamputação), geralmente há inoculação de maior quantidade de material tóxico. A remoção desses ferrões deve se dar por raspagem com o auxílio de uma lâmina (ou algo que sirva a tal propósito), jamais por seu pinçamento, uma vez que a compressão da glândula ligada a estes poderá introduzir quantidade adicional do veneno ainda restante nestas. Não raro, nestes acidentes podem ocorrer reações alérgicas severas, especialmente quando em crianças, sendo requeridas medidas frente à eventual choque anafilático, insuficiência respiratória e demais consequências danosas aos afetados.

Embora geralmente de menor gravidade, acidentes com escorpiões e aranhas podem causar graves incômodos e também demandam socorros e cuidados específicos, como a aplicação de compressas quentes para o alívio da dor local e o uso de medicação sob prescrição médica.

Por sua vez, quando do contato com taturanas, o local deve ser lavado abundantemente com água fria, recebendo compressas frias e medicação local ou outra recomendada, conforme o caso.

É importante destacar que a maior parte dessas ocorrências pode ser evitada por meio de práticas prevencionistas, como o manejo dos ambientes (ordem e limpeza, por exemplo), assim como a utilização regular dos equipamentos de

Conhecimentos Técnicos

proteção adequados (incluindo botas de cano alto ou perneiras etc.) e o reconhecimento da presença desses animais nos arredores dos espaços de produção. O manual da FUNASA (2001) traz uma série de recomendações neste sentido, as quais podem e devem ser introduzidas, de modo simples e direto, no cotidiano da empresa agrícola ou rural.

De outro lado, desde há muito é sabido em diversas partes do mundo que algumas seivas, extratos e derivados ou subprodutos de processos agrícolas podem oferecer oportunidades de danos à integridade dos trabalhadores, notadamente pelo contato com estes ou por sua ingestão, sendo, portanto, requeridos cuidados específicos para a sua manipulação, preparação e consumo. No Brasil, um exemplo clássico deste saber em nosso país é a preparação da mandioca-brava (*Manihot esculenta, Manihot utilissima*), comumente produzida nos cultivos de subsistência de comunidades tradicionais, em especial nas regiões Norte e Nordeste do Brasil. Embora esses pequenos agricultores possam desconhecer as características ou até mesmo o mecanismo de ação do ácido cianídrico resultante do processamento da raiz (encontrado, sobretudo, na manipueira, calda amarelada de aspecto leitoso obtida na prensagem da mandioca para a extração da fécula), a experiência mostrou-lhes que a presença desse ácido pode causar efeitos danosos à saúde[40] quando a ingestão é realizada sem o devido cozimento (que volatiliza o subproduto) ou quando são consumidas porções do caule e das folhas, assim como ocorre de modo similar no caso de algumas batatas devido à existência de uma toxina presente nestes segmentos (glicoalcaloide) cujo consumo por vezes se faz por meio de infusões (chás).

Algumas outras culturas, como a do fumo, trazem oportunidades de dano à integridade dos trabalhadores nas distintas etapas de sua produção. Seja pelos esforços exigidos, seja pelo uso de defensivos agrícolas em diferentes fases do cultivo, assim como no contato direto com o próprio produto. Há diversos relatos acerca do adoecer no trato com esta plantação, o que demanda atenção dos profissionais de SST, em especial se lembrarmos que o Brasil é o maior produtor mundial da folha de tabaco, originado, sobretudo, nas plantações familiares, em sua maioria propriedades de até médio porte. São descritos sintomas que caracterizam a "doença da folha verde do tabaco (DFTV)" ou "*Green tobacco sickness (GTS)*", resultante do contato com a nicotina liberada pelas folhas verdes do fumo, quando de sua colheita: "um quadro clínico de vômitos, náuseas, tonturas e cefaleia, dores abdominais, diarreia, alterações da pressão arterial e da frequência cardíaca durante ou após a exposição à *Nicotiana tabacum*", registram Riquinho e Hennington (2014).

---

[40] Podem ser observados efeitos de graus diversos: desde falta de ar, taquicardia, taquipneia, acidose metabólica, agitação, confusão mental, convulsão, coma até morte.

Outro exemplo de cuidados habituais necessários quanto à fase de colheita e demais atividades que ensejam a manipulação do produto agrícola **é** o cultivo das pimentas vermelhas, como a malagueta (*Capsicum frutescens*) e similares devido à presença da capsaicina, um alcalóide responsável por sua ação picante e que confere a essas pimentas uma série de qualidades benéficas à saúde humana, sejam alimentares ou farmacológicas, motivo pelo qual cresce o interesse da comunidade científica pelo produto. Todavia, em face de sua elevada capacidade de irritar pele e mucosas, recomenda-se a proteção de mãos, olhos e nariz com o uso de luvas, óculos de segurança, máscaras. Luvas e máscaras devem ser descartadas após manuseio, uma vez que ficam impregnadas de modo duradouro com a substância, assim como a rigorosa higienização de todos os utensílios utilizados durante as distintas fases do seu processamento.

Com linguagem bastante acessível, em artigo de revisão, isto é, que busca apresentar um panorama geral ou estado da arte a respeito de determinada temática, Reis (2010) discorre sobre fitodermatoses, ou seja, dermatoses provocadas por plantas, e fornece preciosas informações acerca de inúmeras possibilidades dessas ocorrências no âmbito ocupacional, razão pela qual recomendamos a leitura atenta do texto original,[41] que cita potencial danoso existente em determinados vegetais como a hortelã e o alho, em flores como as margaridas e em algumas frutas, com destaque para as cítricas, o caju e a manga, entre outras.

O ácido anacárdico, de consistência oleosa e presente na castanha-de-caju (*Anacardium occidentale*), quando em contato com a pele, provoca queimaduras químicas, as quais costumam provocar a corrosão das digitais dos dedos, comumente desnudos no arcaico processamento manual das castanhas, no qual estas são queimadas para a retirada da casca e aproveitamento da amêndoa. Somente com o afastamento da atividade pelo tempo necessário haverá a reconstituição da integridade da pele local e das digitais.

O bergapteno presente nas folhas da figueira (*Ficus carica*) e em seus frutos ainda verdes causam dermatite com erupções vesiculosas e pruriginosas (*Feigenbaun dermatites*), com forte reação à fotossensibilização, pelo que se preconiza a proteção integral das mãos e de outras partes do corpo expostas ao contato quando da colheita e o manejo dessa fruta, sendo recomendada, inclusive, a utilização de avental impermeável em algumas etapas de seu processamento.

Cuidados semelhantes devem ser tomados quando do processamento do agave (*Agave sisalana*), por causa de sua calda ácida, largamente utilizada como meio de controle de algumas pragas de outras plantas. Aqui cabe um alerta adicional: de situação bastante comum em algumas comunidades ou regiões do país, em razão da falta de acesso ao mercado de químicos de uso agrícola regular e da orientação de profissionais especializados ou, ainda, em razão de usos tradicionais

---

[41] Disponível em: <www.scielo.br/pdf/abd/v85n4/v85n4a09.pdf>. Acesso em: 15 set. 2016.

ou de pretensa produção de produtos orgânicos, não raro se utiliza, sem a tomada dos devidos cuidados, de misturas ou preparados com potencial gravoso para humanos. Nesse sentido, convém também a verificação prévia dos requisitos para a prevenção de acidentes e a limitação dessas aplicações aos preparados já reconhecidos em suas finalidades, devidamente avaliados e registrados em publicações de órgãos de reconhecida competência no segmento, como a Embrapa (vide box ao final do capítulo). Nesse sentido, por exemplo, temos a publicação de Barbosa et al. (2006).

Não poderíamos deixar de citar a borracha natural derivada do processamento do citosol, ou látex, recolhido junto às seringueiras (*Hevea brasiliensis*), que contém em sua composição vários alergênicos (cerca de 35% de hidrocarbonetos, em especial o isopreno,[42] o monômero básico dos polímeros). Em seu pré-preparo tradicional, o látex é coagulado na forma de bolas (denominadas pelas, com massa aproximada de 40 kg), sendo misturado ao ácido pirolenhoso, subproduto tóxico derivado da queima da madeira. De outro modo, para aplicações em que é necessário processá-lo em estado líquido, isto é, sem ocorrer a coagulação, produto igualmente perigoso, a amônia é adicionada ao "leite" extraído ainda nos seringais.

Ainda no cultivo dos seringais, os extratores do látex podem ser acometidos por grave mazela decorrente do contato com larvas de mariposas (*Premolis semirufa*), popularmente conhecidas como pararama. O quadro inicia-se logo após o contato com as cerdas existentes no dorso das larvas, originando coceiras, tumefação e edemas periarticulares nos dedos atingidos, vindo o processo a se tornar crônico e causar a imobilidade articular, constituindo o que Seixas (2000) traz registrado como "reumatismo ou doença dos seringais".

A lista de situações ou casos citados neste capítulo é meramente exemplificativa. Não serve ao intuito de estabelecer a conduta própria diante da ocorrência de acidente com animais peçonhentos ou com substâncias naturais, as quais exigem a avaliação prévia e recomendações quanto às intervenções devidas por intermédio de especialistas. Cabe ao profissional de SST atuante no segmento, com o apoio destes, estabelecer as rotinas de socorro e de atenção frente aos potenciais eventos indesejados, sobretudo com rigoroso planejamento prévio e com a antecipação dos riscos específicos em cada cultivo ou processo produtivo.

Como parte da resposta primária[43] requerida aos empreendimentos produtivos em atenção à integridade de todos os trabalhadores que executem atividades em seu interesse, por força do estabelecido na NR 31, fica determinado que:

---

[42] [C5H8]: 2-metil-1,3-butadieno, número CAS 78-79-5.
[43] Orientações básicas sobre primeiros socorros de caráter geral estão disponíveis para download em aplicativo gratuito para telefones celulares, em versões IOS e Android, disponibilizado pela Cruz Vermelha Brasileira (buscar por Socorrista Cruz Vermelha Brasileira).

31.5.1.3.6. Todo estabelecimento rural deverá estar equipado com material necessário à prestação de primeiros socorros, considerando-se as características da atividade desenvolvida.

31.5.1.3.7. Sempre que no estabelecimento rural houver dez ou mais trabalhadores o material referido no subitem anterior ficará sob cuidado de pessoa treinada para esse fim.

31.5.1.3.8. O empregador deve garantir remoção do acidentado em caso de urgência, sem ônus para o trabalhador.

31.5.3.10. Em caso de acidentes com animais peçonhentos, após os procedimentos e primeiros socorros, o trabalhador deve ser encaminhado imediatamente à unidade de saúde mais próxima do local.

Por fim, cabe também lembrar que mesmo algumas plantas cultivadas com fins decorativos ou para a comercialização orientada a este fim podem ser tóxicas e, por isso, requererem atenção quando de sua manipulação e em face de eventual contato com partes do corpo e ingestão acidental. Os centros de referência toxicológica[44] de todo o país detêm ampla gama de informações a esse respeito. Nesse sentido, podemos elencar: o tinhorão, a coroa-de-cristo, a aroeira, a saia-branca, o copo-de-leite, o avelós, a espirradeira, o comigo-ninguém-pode e o chapéu-de--napoleão, dentre outras que podem receber distintas denominações populares nas diferentes regiões do nosso vasto território.

Sugestões de leitura

ALMEIDA, Waldemar Ferreira de. Trabalho agrícola e sua relação com a saúde/doença. In: MENDES, René. *Patologia do trabalho*. Rio de Janeiro: Atheneu, 1985.

AZEVEDO-MARQUES, Marisa M.et al. *Acidentes por animais peçonhentos: serpentes peçonhentas*. Medicina, Ribeirão Preto, 36: 480-489, abr./dez. 2003.

BARBOSA, Flávia Rabelo et al. *Uso de inseticidas alternativos no controle de pragas agrícolas*. Petrolina: Embrapa Semiárido, 2006. (Documentos, 191)

BRASIL – Ministério da Saúde. *Manual de diagnóstico e tratamento de acidentes por animais peçonhentos*. 2.ed. Brasília: Fundação Nacional de Saúde, 2001.

BRASIL – FUNDACENTRO. *Prevenção de acidentes com animais peçonhentos*. São Paulo, 2001.

BUENO DE SÁ, Adriano et al. Alergia ao látex. In: *Revista Brasileira de Alergia e Imunopatologia*. 2010; 33 (5): 173 – 183: látex, alergia, sensibilização.

---

[44] Por intermédio do telefone 0800-722-6001, qualquer cidadão poderá acessar os serviços da Rede Nacional de Centros de Informação e Assistência Toxicológica (Renaciat),coordenada pela Agência Nacional de Vigilância Sanitária (Anvisa), e ter acesso à unidade mais próxima de sua localidade. No Recife, temos o Centro de Assistência Toxicológica de Pernambuco, localizado na Praça Oswaldo Cruz, s/n, Boa Vista. Telefones diretos: (81) 3181-6452/ 6453/6454/6455, fax: (81) 3181-6164 e e-mail: ceatox@saude.pe.gov.br.

Conhecimentos Técnicos

CONSELHO REGIONAL DE MEDICINA VETERINÁRIA DO ESTADO DE SÃO PAULO (CRMV-SP). *Manual de Responsabilidade Técnica e Legislação*. 2. ed. São Paulo, s/d.

CUPO, Palmira et al. Acidentes por animais peçonhentos: escorpiões e aranhas. Medicina, Ribeirão Preto, 36: 490-497, abr./dez. 2003.

FONSECA, Aureliano. *Manual de dermatose ocupacional*. Rio de Janeiro: Colina, 1985.

ORMOND, José Geraldo Pacheco. *Glossário de termos usados em atividades agropecuárias, florestais e ciências ambientais*. 3. ed. Rio de Janeiro: BNDES, 2006.

REIS, Vitor Manoel Silva. Dermatoses provocadas por plantas (fitodermatoses).In: *Anais Brasileiros de Dermatologia*. 85 (4): 479-489, 2010.

RIQUINHO, Deise L.; HENNIGNTON, Élida A. Cultivo do tabaco no sul do Brasil: Doença da folha verde e outros agravos à saúde. *Ciência & saúde coletiva*. 19 (12): 4797-4808, 2014.

SAMPAIO, Aloísio Costa; LEONEL, Sarita (Orgs.). *A figueira*. São Paulo: UNESP, 2011.

SEIXAS, Roberto Senna. *Universo das síndromes e doenças*. Salvador: EdUFBa, 2000.

O serviço Informação Tecnológica em Agricultura (Infoteca-e) reúne e permite acesso a informações sobre tecnologias produzidas pela Empresa Brasileira de Pesquisa Agropecuária (Embrapa), as quais se relacionam às áreas de atuação de seus demais centros de pesquisa, e está disponível em: <www.infoteca.cnptia.embrapa.br/infoteca/>.

O Repositório Acesso Livre à Informação Científica da Embrapa (Alice) destina-se a reunir, organizar, armazenar, preservar e disseminar, na íntegra, informações científicas produzidas por pesquisadores da Embrapa e editadas em capítulos de livros, artigos em periódicos indexados, artigos em anais de congressos, teses e dissertações, notas técnicas, entre outros, e está disponível em: <www.alice.cnptia.embrapa.br/>.

● Zoonoses e segurança no trato com animais

Há milhares de anos, a domesticação de animais tem propiciado à humanidade recursos os mais diversos para a satisfação de muitas de suas necessidades. De um lado, podemos nos referir aos produtos primários dessa criação: o leite, a carne, os ovos e o mel, por exemplo. De outro, podemos fazer menção ao emprego de derivados para a fabricação de utensílios com as mais distintas aplicações: a cera, a lã, o couro, os ossos... Devemos citar, também, a larga utilização da tração animal como força motriz, ainda muito usual em numerosas regiões do mundo. E, por fim, mas não menos importante, não podemos nos esquecer destes simplesmente como companhia: cães, gatos e outros.

Além do contato habitual com alguns destes animais, muitos em estreita interação cotidiana, ademais dos sinantrópicos (aqueles que convivem conosco sem que tenhamos decidido por tal condição: insetos, aves, roedores e outros mais, que se aproximam das instalações humanas para aproveitar oportunidades de obtenção de moradia, alimentação etc.), ampliou-se a proximidade com animais silvestres, em especial nas áreas rurais, o que culminou com a transmissão de doenças entre estes e as pessoas, de consequências de vasta amplitude, alcançando, inclusive, em determinados casos, desfecho fatal.

Todos os animais, incluindo-se aqueles que coabitam nossos lares (até mesmo o peixinho do aquário), devem ser considerados portadores naturais de microrganismos patogênicos, os quais podem estar restritos a algumas espécies, sendo, portanto, específicas destes e outras, como no caso da raiva e da salmonela, contar com várias espécies disseminadoras, cuja transmissão poderá se dar:

- Por contato direto com o animal infectado.
- Por contato com fluidos e excreções dos animais infectados.
- Por via aérea e pela água contaminada.
- Por meio de hospedeiros, como insetos e roedores.
- Pelo consumo de alimentos derivados desses animais ou contaminados durante o seu processamento em condições inadequadas.

Assim, ademais das implicações ocupacionais, há de se cuidar dos potenciais comprometimentos de caráter mais amplo, no tocante à disseminação de doenças que podem ser veiculadas pelos alimentos produzidos ou manipulados nestes estabelecimentos. Severas restrições comerciais, bem como a necessária eliminação ou tratamento dos animais e dos trabalhadores fonte pode resultar prejuízos significativos para toda a cadeia econômica envolvida, quer pela perda ou redução da produção, danos à imagem, dentre outras.

Deve-se observar a possibilidade (e a viabilidade) de medidas profiláticas junto aos plantéis, bem como junto aos profissionais. Um ponto de partida, no que diz respeito aos trabalhadores que lidam com animais, é o calendário de vacinação ocupacional da Sociedade Brasileira de Imunizações[45] que deve receber, conforme o caso, sob orientação médica, as devidas sugestões complementares.

Em face dessa possibilidade se requer, portanto, que na ocorrência ou suspeita de doença adquirida ou de natureza animal, ou seja, apenas de sintomas destas, um médico infectologista e/ou veterinário deverão ser prontamente consultados, porquanto são requeridas medidas apropriadas previstas no item NR 31.18, que reproduzimos ao final deste capítulo. Caso inexistam estes profissionais à disposição da organização, os Serviços de Saúde animal e humana local, conforme o caso, deverão ser notificados, sobretudo em razão da necessidade do estabelecimento de medidas de defesa sanitária animal e para início dos tratamentos requeridos. Nesse sentido, impõe a notificação obrigatória de doenças animais a Instrução Normativa n. 50/2013, do MAPA, dentre outras atribuições

---

[45] Disponível em: <http://sbim.org.br/images/files/calend-sbim-ocupacional-2015-16-150902-spread.pdf/>. Acesso em: 20 set. 2016.

do produtor relacionadas ao Sistema Único de Atenção à Sanidade Agropecuária (Suasa), instituído na Lei Agrícola (n. 8.171/1991).

Deve-se, sobretudo, orientar o comportamento do trabalhador manipulador de animais e de seus derivados, visando assegurar comportamentos de higiene pessoal e práticas de procedimentos laborais com o intuito de favorecer e controlar a sua própria saúde, reduzindo as oportunidades de adoecimento e de perigos que possam afetar a produção, tais como descontinuidades ou lesões de pele, da boca, bem como afecções nos tratos respiratório e digestivo.

Inseridas nas boas práticas de fabricação (BPF), medidas profiláticas como a vacinação e o acompanhamento parasitológico, assim como o controle microbiológico de superfícies, colaboram não apenas para a prevenção da veiculação de doenças por intermédio da manipulação dos alimentos, mas, sobretudo, para o acompanhamento da saúde laboral e extralaboral. Nesse sentido, veja-se o instituído pela Portaria SVS/MS n. 326 e o contido na RDC/ANVISA n. 275, em complemento a esta.

Nos ambientes de produção agrícola e florestal, inúmeras são as possibilidades de zoonoses, oriundas dos mais diferentes agentes patogênicos (vírus, fungos, bactérias, protozoários, riquétsias etc.), quer provenientes do trato com animais de criação, quer pelo contato direto ou indireto com animais silvestres e sinantrópicos. Algumas dessas doenças são há muito conhecidas quanto aos seus agentes e mecanismos, assim como no tocante às medidas de prevenção e tratamentos. Outras, infelizmente, não.

Ao momento em que apresentamos breves comentários acerca de algumas destas, que selecionamos por considerarmos de interesse para os propósitos deste livro, destacando-se, em especial, dentre aquelas relacionadas no anexo da Lei n. 8.213/1991 e que reproduzimos ao final deste capítulo, cabe ressaltar da importância da consulta prévia e do preparo para lidar com estas, por intermédio do suporte apropriado a ser buscado junto aos profissionais e serviços especializados, quer de natureza pública ou privada.

De outro lado, não podemos deixar de registrar também a possibilidade de acidentes, os mais diversos, no trato com animais, dentre os quais coices, bicadas, mordeduras etc., quando do exame, marcação, tratamento – inclusive vacinação, preparação para o abate e outras atividades comuns dessa lide, pelo que a NR 31 estabelece:

> *31.18.2 Em todas as etapas dos processos de trabalhos com animais devem ser disponibilizadas aos trabalhadores informações sobre:*
>
> *a) formas corretas e locais adequados de aproximação, contato e imobilização;*
>
> *b) maneiras de higienização pessoal e do ambiente;*
>
> *c) reconhecimento e precauções relativas a doenças transmissíveis.*

Passemos, então, ao exame dessas doenças animais de caráter zoonótico.

A incidência de doenças bacterianas como a brucelose, a tuberculose e a leptospirose, além de causar perdas junto aos animais infectados, resulta riscos à saúde dos demais animais de produção ainda não afetados por seus causadores, bem como às pessoas diretamente envolvidas no seu trato e, de modo indireto, àquelas que convivem com estas.

A brucelose, que pode acometer indistintamente suínos, ovinos, caprinos e bovinos, possui distribuição mundial e afeta, em especial, o sistema reprodutivo destes últimos, causando abortamentos durante a gestação, o que pode implicar redução progressiva do rebanho em função da queda de natalidade, ademais de causar sérias restrições comerciais, em virtude da possibilidade de infecção humana.

A tuberculose, por sua vez, acomete o ser humano, mamíferos em geral e aves; é uma doença prevalentemente pulmonar, cuja transmissão se dá, em geral, por via aérea (no ar expirado pelos infectados). Nos bovinos, registra-se que o bacilo pode ser veiculado, também, nas excreções (nasais, fezes, urina, vaginais e uterinas), bem como pelo sêmen. Animais em manejo de confinamento, em razão de sua proximidade, estão mais sujeitos às transmissões, sendo sua ocorrência mais frequente em vacas leiteiras, de maior longevidade produtiva.

Os cuidados de saúde com o rebanho, além da pasteurização como pré-requisito essencial para o consumo de leite e derivados, são condições fundamentais para a redução das possibilidades das infecções, sobretudo na população infantil. Todavia, em algumas localidades, por questões culturais, ainda há a insistência no consumo e produção de derivados do leite *in natura*. A profilaxia ocupacional é obtida com a vacinação BCG (bacilo de Calmette-Guérin).

A leptospirose, cuja transmissão se dá por meio da água, do solo e de restos de animais contaminados, é uma das zoonoses que requerem maior atenção em todo o mundo. Todas as espécies animais, assim como os humanos, são sensíveis aos microrganismos causadores da doença, que têm a capacidade de sobreviver em ambientes úmidos por períodos prolongados, o que amplia sobremaneira os riscos de exposição e de infecção daqueles que tenham contato com estes.

É importante destacar que os ratos, quando infectados, podem superar a condição crônica, tornando-se assintomáticos. Contudo, permanecem disseminadores de leptospiras, excretadas em sua urina. Desse modo, é fundamental o controle desses roedores nos arredores da área produtiva, ao que se deve somar a utilização de EPI adequados (sobretudo calçados e luvas de proteção) para as tarefas a ser realizadas, a aplicação de desinfetantes (hipoclorito de sódio, p. ex.) nas superfícies potencialmente contaminadas, assim como a drenagem das águas pluviais e das áreas alagadiças, medidas estas com a finalidade de inviabilizar ou de impedir a eventual sobrevivência do agente.

Ainda no tocante às zoonoses de origem bacteriana, não podemos deixar de citar a salmonelose, que se acredita ser a de maior dispersão em todo o mundo.

No ser humano, a contaminação pelo agente, após um período de incubação variável de 6 a 72 horas, resulta grave enfermidade, causando náuseas, febre, vômitos, cefaleia, diarreia e dores abdominais. Não há vacina humana. A principal forma de contaminação é oral. Nesse sentido, são fundamentais os cuidados requeridos para a manipulação e/ou processamento da produção, em especial de aves, suínos e bovinos.

Quanto às doenças virais, em meio a muitas, podemos citar a raiva, a febre aftosa, a doença de Newcastle (típica de aves) e a encefalite equina, que acometem distintos grupos animais.

Dentre as doenças que podem afetar as aves,[46] as respiratórias merecem destacada atenção, sobretudo por causa de seu potencial zoonótico e dentre estas a doença de Newcastle e a ornitose, também conhecida como psitacose (quando acomete psitacídeos) e clamidiose (quando seres humanos e outros mamíferos são afetados).

A doença de Newcastle é altamente contagiosa e causa elevada mortalidade em aves de qualquer idade. Além da forma respiratória, a mais comum, pode provocar, de modo combinado ou não, lesões nos sistemas nervoso e digestivo. As medidas de controle demandam a completa e imediata higienização do local, com o devido isolamento dos grupos de aves, para a realização da vacinação, que deve ser executada sob rigoroso controle e exercício das práticas de biossegurança, como o uso de luvas e de máscaras, seguido de seu pronto descarte e cuidadosa lavagem das mãos, uma vez que os vírus dessa doença, inclusive os presentes na vacina, podem causar conjuntivite nos seres humanos.

A ornitose, de modo similar, causa dificuldades respiratórias, enterite e morte, sendo considerada doença grave, igualmente contagiosa e de difícil tratamento. O controle requer a eliminação de potenciais focos ou reservatórios, sendo sugerido o sacrifício das demais aves do plantel que possam ser portadoras do agente infeccioso e a posterior cremação das carcaças, sempre observando-se os cuidados necessários para o manuseio para esse fim, ademais de rigorosa higiene do local e dos aparatos do criadouro.

"Nos humanos, a *C. psittaci* produz um espectro de manifestações clínicas que variam desde pneumonia grave e sepse com elevada taxa de mortalidade até infecções leves e inaparentes", destacam Jawetz, Melnick e Adelberg (1999).

A febre aftosa é outra doença altamente contagiosa que acomete, em especial, animais biungulados (bovinos, bubalinos, suínos, caprinos, ovinos e alguns animais silvestres, como a capivara). As lesões nos cascos resultam em dificuldades

---

[46] Junto às quais, em relação exemplificativa, seja de origem viral, fúngica, bacteriana ou outra, podemos listar: ornitose, micoplasma, colibacilose, aspergilose, encefalomielite aviária, salmonelose, estafilocose, boreliose, tuberculose, coccidiose, pausterelose, bouba, coriza e bronquite infecciosa, entero-hepatite, doenças de Marek e de Newcastle.

na locomoção, o que provoca, entre outras restrições, limitações à alimentação, agravadas pela formação de pápulas e posteriormente aftas nas gengivas, língua e lábios dos animais. Entre as perdas podemos elencar acentuada redução na produção de carne e leite e mesmo na fertilidade do rebanho.

Não havendo tratamento, resta adotar como medida profilática a vacinação segundo as recomendações e calendário da defesa sanitária. A doença é transmissível pelo leite, carne e saliva do animal infectado, sendo também possível se dar a contaminação pelo ar e pela água, além de modo indireto pelo contato com objetos e utensílios do trato do rebanho doente.

A encefalomielite equina é doença viral transmitida por meio da picada de mosquitos contaminados, em ciclo no qual os cavalos são hospedeiros, razão pela qual sua vacinação anual é obrigatória, assim como no tocante à raiva, uma vez que pode ser transmitida pelo sangue, excreções e saliva do animal infectado.

A raiva, em animais de maior porte, como os bovinos, equinos, caprinos e ovinos, é geralmente resultante da transmissão por intermédio da mordedura de morcegos infectados. Há registros de que animais da fauna silvestre, como raposas e lobos, podem ser fontes de transmissão, que deve ser controlada pela prevenção da difusão entre indivíduos, associando-se a vacinação dos animais domésticos com a eliminação daqueles infectados, sobretudo a presença dos transmissores.

No tocante às riquetsioses, a febre Q, igualmente conhecida como febre dos matadouros, é o exemplo a destacar. A seu respeito, Cardoso (1998, p. 141) registra que:

> *Têm havido casos epidêmicos em matadouros, com maior concentração de casos nos setores de produção de farinha de ossos (moagem) e no recolhimento de placentas e vísceras. Têm sido associados a aerossóis, originados, provavelmente da manipulação [de] placentas e líquidos amnióticos. Outro grupo ocupacional exposto é constituído de trabalhadores do setor pecuário e habitantes de fazendas de criação de bovinos, caprinos e ovinos.*

A esporotricose – vulgarmente conhecida como doença dos jardineiros – é uma micose subcutânea provocada por fungos (*Sporothrix schenckii*) que vivem em vegetações, em geral gramíneas, roseiras e horticulturas. É considerado de natureza ocupacional para os trabalhadores que lidam com essas atividades. O *S. schenckii*, que se encontra disseminado por todo o mundo, após introdução traumática na pele, provoca infecção crônica que pode levar à formação de lesão necrótica ou ulcerativa.

O mormo, causado pela bactéria *Burkholderia mallei*, no passado denominada *Pseudomonas mallei*, é uma doença infectocontagiosa de natureza muito grave para os equídeos (cavalos, asnos e mulas) e para a qual não há vacina, sendo requerido o isolamento, sacrifício e posterior cremação dos animais afetados, assim como a rigorosa desinfecção de todo o material que teve contato com esses animais. É passível de transmissão aos humanos e a outros mamíferos. Recentemente recebeu destaque na grande mídia nacional em decorrência de possível reemergência, sendo registrados alguns casos em distintas regiões do país. A enfermidade, que em sua forma mais violenta acomete os pulmões, tem como sintomas, entre outros, a febre e a secreção nasal, com a presença de sangue e pus. O contágio pode se dar a partir dessas secreções, assim como da urina, das fezes e de meios contaminados (água e alimentos, inclusive), ocorrendo por via digestiva, respiratória, genital ou cutânea, na existência de lesão.

Medidas como o controle do trânsito, a vermifugação e a vacinação de criação, assim como o controle da umidade e a limpeza dos locais de permanência e trato, incluindo, também, o controle de vetores como roedores e insetos, podem contribuir sobremaneira para a redução de doenças nos animais, assim como sua potencial transmissão aos seres humanos, devendo, portanto, ter caráter regular e permanente nos ambientes de produção agrícola.

No ambiente rural são frequentes as interações de trabalhadores e mesmo de seus familiares com animais domésticos e de criação. Estas podem oportunizar diversas doenças, inclusive parasitárias. Dentre estas, podemos citar, por exemplo, a toxoplasmose e a leishmaniose, muito comuns em animais de companhia.

Neste contexto, merecem destaque as zoonoses originadas em ectoparasitas. Ou seja, naqueles que vivem na superfície ou que se aprofundam na pele de seus hospedeiros, como os carrapatos e pulgas. Os parasitas externos que acometem os animais podem provocar graves enfermidades nos seres humanos, gerando agravos à saúde e, consequentemente, à capacidade laboral dos afetados, além das doenças próprias daqueles, razões pela qual têm importância não só veterinária mas também para a saúde pública.

Os carrapatos podem causar às pessoas a febre maculosa (carrapato-de-cavalo ou estrela) e a borreliose ou doença de Lyme (carrapato *Ixodes*),[47] ambas de origem bacteriana (*Rickettsia rickettsii* e *Borrelia burgdorferi*, respectivamente). A melhor maneira de prevenir sua ocorrência, em caráter ocupacional ou não, é, uma vez identificada a presença desses vetores junto aos animais, tomar medidas preventivas contra uma potencial infestação, com o uso de carrapaticidas aprovados pelos órgãos de saúde animal, assim como a higienização e limpeza dos locais de convívio e aglomeração, bem como dos ambientes em que circulam, uma vez que em seu ciclo natural o carrapato desprende-se dos animais e vai ao solo, onde coloca seus ovos e por meio da vegetação alcança-os novamente.

Nessa esteira, não podemos deixar de citar insetos que parasitam o homem: pulgas e piolhos em particular. Convém destacar que, via de regra, tal não ocorre

---

[47] Uma boa revisão sobre o tema pode ser encontrada em: SCHWARTZ, Brian S. Doença de Lyme Ocupacional. In: BOWLER, Rosemarie M.; CONE, James E. *Segredos em Medicina do Trabalho* – Respostas necessárias ao dia a dia: em rounds, na clínica, em exames orais e escritos. Porto Alegre: Artmed, 2001. p. 148-155.

por contato com animais infestados, pois, em geral, apresentam especificidade de hospedeiro. Ou seja, cada variedade parasita apenas uma espécie animal.

Sendo desprovidos de asas, utilizam mecanismos diferentes de deslocamento ou de propagação: as pulgas têm as patas traseiras adaptadas para grandes saltos. Já os piolhos são transmitidos pelo contato direto, pelo uso compartilhado de objetos (como pentes, bonés, capacetes, travesseiros, toalhas e outros), sobretudo aqueles do couro cabeludo (*Pediculus capitis*), que, ao lado do piolho do corpo e das axilas (*Pediculus humanus*) e do púbis (*Pthirus pubis*), vulgarmente conhecido como chato, são as espécies que acometem os seres humanos. Nesta condição, recomenda-se o imediato afastamento do ambiente laboral dos trabalhadores acometidos pelos parasitas para evitar que estes se alastrem aos demais.

Quanto às pulgas, podemos classificá-las em três grupos de interesse:

- *Pulex irritans* – que têm como principal hospedeiro o ser humano.
- *Xenopsy cheopis* – presentes nos ratos domésticos, transmissoras da peste bubônica e do tifo.
- *Tunga penetrans* – que têm hospedeiros porcos, cães, gatos, bovinos e o ser humano.

As pulgas, sobretudo estas últimas, merecem atenção em dois níveis: como parasitas propriamente ditos, se instalando (penetrando na pele) na sola dos pés, espaços interdigitais e cantos ou sob as unhas, em particular, e como vetores, propiciando agravos à saúde provocados por bactérias e fungos, como o *Clostridium tetani* (causador do tétano), em infecção secundária após a expulsão ou retirada do parasita alojado (que recebe a denominação popular de bicho-de-pé ou bicho-de-porco).

As fêmeas dessa pulga, uma vez fecundadas, buscam hospedeiros para parasitar – são exclusivamente hematófagas – até o desenvolvimento e a expulsão dos ovos, dando início a um novo ciclo reprodutivo, razão pela qual se faz necessário, além de cuidar dos animais e trabalhadores afetados, realizar medidas de prevenção e controle, com o uso permanente de calçados, sobretudo em terrenos arenosos e secos, bem como a higienização dos habitáculos dos animais domésticos e de criação e suas periferias, assim como dos demais ambientes que possam ser propícios à permanência e proliferação das pulgas, inclusive com a aplicação de inseticidas apropriados em casos de infestação.

O tratamento do bicho-de-pé consiste na extirpação asséptica dos parasitas, aliado aos cuidados para evitar infecções secundárias (com a aplicação de antibióticos tópicos aplicados na área afetada, associados a outros de largo espectro, bem como à vacina antitetânica, conforme prescrição médica) e recidivas, uma vez que um mesmo trabalhador afetado pode hospedar diversos parasitas em distintos estágios de desenvolvimento.

Conhecimentos Técnicos

Apesar de muitas vezes ser considerada de menor importância em razão da costumeira incidência ou "popularidade", a tungíase (infecção causada pela pulga da família *Tunga penetrans*), quando não tratada adequadamente, em caráter persistente, quando em associação com infecções causadas por outros microrganismos patogênicos, pode possibilitar necrose do tecido circundante, ocorrência do tétano, deformação e perda das unhas e, até mesmo, em alguns casos, evoluir para gangrena, causando a perda de partes dos dedos e outras complicações. Não se pode, portanto, negligenciar os cuidados estritamente requeridos e, tampouco, providenciar apenas "soluções ou medicações caseiras" para o tratamento.

Ainda em relação às zoonoses originadas em animais domésticos e que podem acometer o trabalhador rural (ou urbano) causando-lhes prejuízos, temporários ou permanentes, à capacidade laboral não podemos deixar de citar as verminoses causadas por nematódeos de cães e gatos, em especial a *larva migrans* em suas formas cutânea, visceral e ocular.

Na forma cutânea, a mais comum (vulgarmente conhecida como verme de cachorro), cuja contaminação ocorre com frequência em solos arenosos, úmidos e com temperaturas elevadas (condições propícias para o desenvolvimento do patógeno), as larvas penetram na pele desprotegida – em geral os pés – e migram para a epiderme, causando intensa coceira ao deslocamento do agente, formando lesões serpiginosas (razão pela qual recebe, também, o nome popular de verme geográfico). Não raro ocorrem infecções secundárias e a formação de eczemas (pequenas vesículas). O tratamento consiste na crioterapia (aplicação de gelo sobre os locais afetados) associada a medicações específicas prescritas por médico, conforme a evolução do caso.

A forma visceral, mais grave, ocorre por ingestão acidental de ovos, por contato com o solo contaminado e excreções (fômites) ao levar as mãos sujas ou objetos indiretamente contaminados à boca (canetas, por exemplo). Decorre, portanto, sobretudo, de hábitos higiênicos. As consequências podem resultar variadas, sendo atingidos órgãos como o fígado, os pulmões e, eventualmente, o coração e o cérebro, condições que podem ser fatais.

Já na forma ocular, comumente unilateral e relacionada a um histórico de ocorrência visceral, quando a larva se instala no globo ocular, a sua migração ou movimentação e a resposta inflamatória vinculada podem causar danos à visão. Exames oftalmológicos apropriados contribuem para o adequado diagnóstico e posterior tratamento.

Muitas são as possibilidades de exposições a distintos patógenos no meio rural, ainda que não relacionadas necessariamente ao ambiente laboral, mas que mesmo assim merecem nossa atenção. Poderemos citar, por exemplo, o contágio pelo *T. cruzi* (causador da doença de Chagas) e por outros helmintos, como o "amarelão" retratado em Rey (2001).

2 Conhecimentos Técnicos

Por fim, cabe ressaltar que sendo inúmeras as oportunidades de doenças adquiridas no trato animal, seja diário ou eventual, nos espaços habitualmente frequentados por estes e cercanias, somente com a devida e necessária orientação de profissionais de área médica, o diagnóstico e o tratamento, com todas as suas implicações, devem se processar. Diante das dificuldades de acesso a esses profissionais, por motivos econômicos, entre outros, vale relembrar diariamente a máxima: "Prevenir é bem melhor que remediar!".

Sugestões de leitura

ACHA, Pedro N., SZYFRES, Boris. *Zoonosis y enfermedades transmisibles comunes al hombre y a los animales.* 3. ed. 3 v. Washington/DC: Organización Panamericana de la Salud (OPAS), 2003. (Publicación Científica y Técnica No. 580).

ANDRADE, A. et al. (Orgs.). *Animais de Laboratório:* criação e experimentação. Rio de Janeiro: Fiocruz, 2002.

BRASIL. *Regulamento da inspeção industrial e sanitária de produtos de origem animal* (RIISPOA) – Lei n. 1.283, de 18 de dezembro de 1950, e Decreto n. 30.961, de 29 de março de 1952 e alterações posteriores.

BRASIL. Ministério da Agricultura, Pecuária e Abastecimento (Mapa). Instrução Normativa n. 50, de 24 de setembro de 2013. *Lista de doenças animais de notificação obrigatória.*

BRASIL. Mapa – Secretaria de Defesa Agropecuária. *Encefalopatia espongiforme bovina (EEB)*: doença da vaca louca. Brasília: Mapa/SDA, 2008.

BRASIL. Agência Nacional de Vigilância Sanitária. *Encefalopatia espongiforme transmissível*: caderno técnico. Brasília: Anvisa, 2004.

_____. RDC/Anvisa n. 275, de 21 de outubro de 2002. *Dispõe sobre o Regulamento técnico de procedimentos operacionais padronizados aplicados aos estabelecimentos produtores/industrializadores de alimentos e à Lista de verificação das boas práticas de fabricação em estabelecimentos produtores/industrializadores de alimentos.*

BRASIL. Ministério da Saúde – Secretaria de Vigilância em Saúde. *Doenças infecciosas e parasitárias*: guia de bolso. 8. ed. rev. Brasília: MS/SVS, 2010.(Série B. Textos Básicos de Saúde).

_____. Portaria n. 326, de 30 de julho de 1997. *"Regulamento técnico – Condições higiênico-sanitárias e de boas práticas de fabricação para estabelecimentos produtores/industrializadores de alimentos".*

CARDOSO, Telma Abdalla de Oliveira. Biossegurança no manejo de animais em experimentação.In ODA, Leila, ÁVILA; Suzana Machado (Orgs.). *Biossegurança em laboratórios de saúde pública*. Brasília: Ministério da Saúde, 1998.

FERNANDES, Francisco Cortes; FURLANETO, Antônio. Riscos biológicos em aviários. *Rev. Bras. Med. Trab.*, Belo Horizonte, v. 2, n. 2, abr./jun. 2004.

JAWETZ, MELNICK & ADELBERG. *Microbiologia médica.* 21. ed. Rio de Janeiro: Guanabara Koogan, 2000.

MASSARD, C. L.; FONSECA, A. H. *Carrapatos e doenças transmitidas comuns ao homem e animais.A Hora Veterinária* 135 (1): 15-23, 2004.

MORAES, Márcia Vilma G. *Enfermagem do Trabalho:* programas, procedimentos e técnicas. 4. ed. São Paulo: látria, 2012.

NEVES, David Pereira et al. *Parasitologia humana.* 11. ed. Rio de Janeiro: Atheneu, 2005.

Conhecimentos Técnicos

NÚNCIO, Maria Sofia; ALVES, Maria João (ed.). *Doenças associadas a artrópodes, vetores e roedores.* Lisboa: Instituto Nacional de Saúde Doutor Ricardo Jorge, 2014.

REY, Luis. *Um século de experiência no controle da ancilostomíase.Revista da Sociedade Brasileira de Medicina Tropical.* 34 (1): 61-67, jan./fev. 2001.

TRABULSI, Luiz Rachid et al. *Microbiologia.* São Paulo: Atheneu, 1999.

31.18 Trabalho com animais

31.18.1 O empregador rural ou equiparado deve garantir:

a) imunização, quando necessária, dos trabalhadores em contato com os animais;

b) medidas de segurança quanto à manipulação e eliminação de secreções, excreções e restos de animais, incluindo a limpeza e desinfecção das instalações contaminadas;

c) fornecimento de desinfetantes e de água suficientes para a adequada higienização dos locais de trabalho.

31.18.2 Em todas as etapas dos processos de trabalhos com animais devem ser disponibilizadas aos trabalhadores informações sobre:

a) formas corretas e locais adequados de aproximação, contato e imobilização;

b) maneiras de higienização pessoal e do ambiente;

c) reconhecimento e precauções relativas a doenças transmissíveis.

31.18.3 É proibida a reutilização de águas utilizadas no trato com animais, para uso humano.

31.18.4 No transporte com tração animal devem ser utilizados animais adestrados e treinados por trabalhador preparado para este fim.

Quadro 2.10 Agentes patogênicos causadores de doenças profissionais ou do trabalho, conforme previsto no art. 20 da Lei n. 8.213, de 1991

DOENÇAS INFECCIOSAS E PARASITÁRIAS RELACIONADAS COM O TRABALHO

(Grupo I da CID-10)

DOENÇAS	AGENTES ETIOLÓGICOS OU FATORES DE RISCO DE NATUREZA OCUPACIONAL
I – Tuberculose (A15-A19.-)	Exposição ocupacional ao *Mycobacterium tuberculosis* (Bacilo de Koch) ou *Mycobacterium bovis*, em atividades em laboratórios de biologia, e atividades realizadas por pessoal de saúde, que propiciam contato direto com produtos contaminados ou com doentes cujos exames bacteriológicos são positivos (Z57.8).
II – Carbúnculo (A22.-)	Zoonose causada pela exposição ocupacional ao *Bacillus anthracis*, em atividades suscetíveis de colocar os trabalhadores em contato direto com animais infectados ou com cadáveres desses animais; trabalhos artesanais ou industriais com pelos, pele, couro ou lã. (Z57.8).

DOENÇAS	AGENTES ETIOLÓGICOS OU FATORES DE RISCO DE NATUREZA OCUPACIONAL
III – Brucelose (A23.-)	Zoonose causada pela exposição ocupacional a *brucellamelitensis*, *B. abortus*, *B. suis*, *B. canis*, etc., em atividades em abatedouros, frigoríficos, manipulação de produtos de carne; ordenha e fabricação de laticínios e atividades assemelhadas. (Z57.8).
IV – Leptospirose (A27.-)	Exposição ocupacional à *Leptospira icterohaemorrhagiae* (e outras espécies), em trabalhos expondo ao contato direto com águas sujas, ou efetuado em locais suscetíveis de ser sujos por dejetos de animais portadores de germes; trabalhos efetuados dentro de minas, túneis, galerias, esgotos em locais subterrâneos; trabalhos em cursos d'água; trabalhos de drenagem; contato com roedores; trabalhos com animais domésticos e com gado; preparação de alimentos de origem animal, de peixes, de laticínios etc. (Z57.8).
V – Tétano (A35.-)	Exposição ao *Clostridium tetani*, em circunstâncias de acidentes do trabalho na agricultura, na construção civil, na indústria ou em acidentes de trajeto (Z57.8).
VI – Psitacose, ornitose, doença dos tratadores de aves (A70.-)	Zoonoses causadas pela exposição ocupacional à *Chlamydia psittaci* ou *Chlamydia pneumoniae*, em trabalhos em criadouros de aves ou pássaros, atividades de veterinária, em zoológicos e em laboratórios biológicos, etc.(Z57.8).
VII – Dengue [Dengue clássico] (A90.-)	Exposição ocupacional ao mosquito (*Aedes aegypti*), transmissor do arbovírus da dengue, principalmente em atividades em zonas endêmicas, em trabalhos de saúde pública e em trabalhos de laboratórios de pesquisa, entre outros. (Z57.8).
VIII – Febre amarela (A95.-)	Exposição ocupacional ao mosquito (*Aedes aegypti*), transmissor do arbovírus da febre amarela, principalmente em atividades em zonas endêmicas, em trabalhos de saúde pública e em trabalhos de laboratórios de pesquisa, entre outros. (Z57.8) (Quadro XXV).
IX – Hepatites virais (B15-B19.-)	Exposição ocupacional ao vírus da hepatite A (HAV); vírus da hepatite B (HBV); vírus da hepatite C (HCV); vírus da hepatite D (HDV); vírus da hepatite E (HEV), em trabalhos envolvendo manipulação, acondicionamento ou emprego de sangue humano ou de seus derivados; trabalho com "águas usadas" e esgotos; trabalhos em contato com materiais provenientes de doentes ou objetos contaminados por eles. (Z57.8).
X – Doença pelo vírus da imunodeficiência humana (HIV) (B20-B24.-)	Exposição ocupacional ao vírus da imunodeficiência humana (HIV), principalmente em trabalhadores da saúde, em decorrência de acidentes perfurocortantes com agulhas ou material cirúrgico contaminado, e na manipulação, acondicionamento ou emprego de sangue ou de seus derivados, e contato com materiais provenientes de pacientes infectados. (Z57.8).
XI – Dermatofitose (B35.-)e outras micoses superficiais (B36.-)	Exposição ocupacional a fungos do gênero *Epidermophyton*, *Microsporum* e *Trichophyton*, em trabalhos em condições de temperatura elevada e umidade (cozinhas, ginásios, piscinas) e outras situações específicas de exposição ocupacional. (Z57.8).
XII – Candidíase (B37.-)	Exposição ocupacional à *Candida albicans*, *Candida glabrata*, etc., em trabalhos que requerem longas imersões das mãos em água e irritação mecânica das mãos, tais como trabalhadores de limpeza, lavadeiras, cozinheiras, entre outros. (Z57.8).
XIII – Paracoccidioidomicose (blastomicose sul-americana, blastomicose brasileira, doença de Lutz)(B41.-)	Exposição ocupacional ao *Paracoccidioides brasiliensis*, principalmente em trabalhos agrícolas ou florestais e em zonas endêmicas. (Z57.8).
XIV – Malária (B50 – B54.)	Exposição ocupacional ao *Plasmodium malariae*, *Plasmodium vivax*, *Plasmodium falciparum* ou outros protozoários, principalmente em atividades de mineração, construção de barragens ou rodovias, em extração de petróleo e outras atividades que obrigam a entrada dos trabalhadores em zonas endêmicas (Z57.8).

Conhecimentos Técnicos

DOENÇAS	AGENTES ETIOLÓGICOS OU FATORES DE RISCO DE NATUREZA OCUPACIONAL
XV – Leishmaniose cutânea (B55.1)ou leishmaniose cutâneo-mucosa (B55.2)	Exposição ocupacional à *Leishmania braziliensis*, principalmente em trabalhos agrícolas ou florestais e em zonas endêmicas, e outras situações específicas de exposição ocupacional. (Z57.8).

Nota: 1. As doenças e os respectivos agentes etiológicos ou fatores de risco de natureza ocupacional listados são exemplificativos e complementares.

● Riscos biológicos

O que teriam em comum uma criação de aves e um laboratório de análises médicas? Uma farmácia e um consultório odontológico? Um zoológico e um necrotério?

O ponto em comum é que diariamente uma vasta série de ocupações coloca diversos profissionais em contato com organismos vivos, visíveis ou não. Esse conflito pode se dar também em hospitais, clínicas e assemelhados, bem como em agroindústrias, fazendas e criadouros em geral. Alguns desses organismos podem causar danos ao ser humano. Assim, esses profissionais, devido às características inerentes às atividades que exercem, fazem parte de um grupo que, se não forem tomadas as providências requeridas para sua proteção, ficará seriamente sujeito aos riscos oferecidos – os riscos biológicos.

Os agentes biológicos perigosos[48] estão organizados em quatro classes, nas quais a ordem crescente do número indica um perigo maior.

A classe 1 contempla os agentes não perigosos ou de mínimo perigo que não exigem equipamentos ou profissionais experimentados para a sua manipulação, admitindo-se o emprego de técnicas geralmente aceitáveis para materiais não patógenos.

A classe 2 está representada por agentes de perigo potencial comum. Inclui todos os agentes que podem provocar enfermidades com graus variados de gravidade como consequência de inoculações acidentais, infecção ou outro mecanismo de penetração cutânea, mas que geralmente podem ser controlados, de forma segura e adequada, por técnicos de laboratório.

Figura 2.10 Símbolo internacional de riscos biológicos.

---

[48] Em alguns estudos encontramos a expressão de agentes infectantes como sinônimo de risco biológico.

O trato com material bioperigoso classe 2 deve limitar-se a instalações cujo pessoal responsável tenha habilitação igual ou superior ao esperado àquelas de um departamento de microbiologia de nível médio.

A classe 3 inclui patógenos que requerem condições restritivas especiais. Por isso, somente devem ser trabalhados por profissionais especialmente habilitados, sob a supervisão de expertos e na orientação de procedimentos estabelecidos para tal finalidade. As condições restritivas incluem instalações de acesso controlado, pressão negativa nos ambientes de trabalho e com recirculação de ar somente após a adequada descontaminação por filtros de alta eficiência.

Na classe 4, são enquadrados os agentes que requerem as condições restritivas mais estreitas, por sua extrema periculosidade ou porque podem causar epidemias.

Os requisitos exigidos incluem aqueles requeridos para os agentes de classe 3. Adicionalmente exigem-se, entre outras medidas, áreas e edificações plenamente isoladas e sistemas de respiração autônoma.

Entre os agentes biológicos perigosos, distribuídos nas categorias anteriormente elencadas, encontramos bactérias, riquétsias, clamídias, vírus, fungos, protozoários e parasitas.

As principais formas de contágio são:

a. **Contágio direto**: por vias respiratórias, relações sexuais, beijo ou pela pele;

b. **Contágio indireto**: por meio de objetos contaminados pelo doente (fômites) ou por intermédio do ar ambiente;

c. **Transmissão por vetores mecânicos**: feita geralmente por insetos que têm contato com o material contaminado e em seguida fazem a deposição deste nos alimentos ou outras vias sujeitas à ingestão;

d. **Transmissão por vetores biológicos**: para que o ciclo biológico do infectante possa ser completo, sem o qual se quebra o elo da cadeia de transmissão da doença, há necessidade de um hospedeiro intermediário. Como exemplo, destacamos o mosquito *anofeles* que abriga o plasmódio, causador da malária. Em igual situação está o *aedes aegypti* em relação à dengue;

e. **Transmissão por vetores intercalados**: ocorre quando, para completar seu ciclo de vida, o agente etiológico necessita de mais de um vetor para infestar o homem. Como exemplo clássico temos a esquistossomose, em que o *schistosoma* lança seus ovos na água, para em seguida se transformarem em larvas que parasitarão o *planorbidae* (caramujo), em cujo interior completa seu ciclo de desenvolvimento para, assim, poder infectar um hospedeiro intermediário ou o próprio homem;

f. **Transmissão por meio de alimentos**: água não tratada, leite e seus derivados sem a devida pasteurização, frutas mal lavadas e demais formas de alimentação mal cozidas ou mal conservadas tornam-se perigosas e comuns formas de contágio por agentes biológicos;

g. **Transmissão pelo solo**: algumas formas de agentes biológicos permanecem ativas na superfície do solo e mesmo a alguns centímetros abaixo desta.

A água e o ar constituem-se os principais meios de disseminação de vetores e, por conseguinte, de doenças. Seja pela falta de tratamento quando utilizada para consumo, seja porque arrasta consigo contaminantes para o solo e para os próprios cursos d'água que podem ser utilizados para fins de irrigação ou para uso industrial e, também, por ser recurso escasso em muitas regiões do planeta, a água deve ser merecedora de atenção especial em sua relação com as doenças. Todavia, pode ocorrer que, embora a água chegue tratada adequadamente em algumas instalações, os reservatórios e sistemas de distribuição estejam contaminados e o uso dessa água resultará em danos àqueles que a consumirem. Então, tubulações e reservatórios farão necessariamente parte das atenções dos gestores em relação à saúde de seus trabalhadores e à segurança e qualidade de seus processos.

Quanto aos tratos relativos ao ar, o Ministério da Saúde editou a Portaria nº 3.523, que instituiu uma série de cuidados técnicos com a qualidade do ar de interiores em ambientes climatizados. Nessa Portaria, fica estabelecido que sistemas de climatização com capacidade acima de 15.000 kcal/h (60.000 Btu/h) deverão manter um responsável técnico habilitado para, entre outras atribuições, implantar e garantir a execução de um plano de manutenção, operação e controle – PMOC –, para tal sistema de climatização no intuito de preservar a saúde dos usuários desses ambientes. Entre outras determinações, é apresentada a necessidade de garantir a renovação do ar interior na razão de 27 m^3/h/pessoa ocupante desse espaço. Por fim, configura-se que o não-cumprimento do exposto caracteriza infração sanitária sujeita às penalidades previstas na lei.

Quanta às vias de penetração, podemos destacar:

a. Via cutânea.
b. Via respiratória.
c. Via digestiva.
d. Via parenteral.
e. Via ocular, forma rara, mas possível (vírus do tracoma).

O controle das fontes de transmissão, de animais ou mesmo do homem – doente, na condição de portador ou comunicante[49] – deve se basear, inicialmente, nas

---

[49] Pessoas que tenham estado em contato com indivíduos ou com animais doentes e, dessa forma, expostas à infecção, devem ser mantidas sob vigilância para efeito de controle, segundo determinado período, de acordo com o agente ou doença provocada por este.

condições higiênicas dos ambientes de trabalho e sanitários. Adicionalmente, podem ser tomadas providências como a vacinação de indivíduos sãos. Acima de tudo, a conscientização, o treinamento e a formação de bons hábitos são imprescindíveis.

Ambientes de maiores possibilidades de contágio, como áreas de lavanderias, laboratórios, salas de cirurgia e de curativos de hospitais, devem seguir rigorosos procedimentos de segurança e limpeza. Trabalhadores que realizem trato ou manejo de animais, e os espaços utilizados nessas tarefas, devem ser igualmente cuidados.

Embora o uso de meios de esterilização, como autoclaves e estufas, tenha contribuído sensivelmente para a redução de possibilidades de contaminação com instrumentos e vestimentas não descartáveis, a falta de vigilância e mesmo de orientações para o tratamento dos materiais conduzidos ao lixo em muitos dos municípios brasileiros coloca em situação de risco muitas pessoas. Essas, embora não trabalhem nos ambientes onde são comumente encontrados tais materiais, ficam expostas a esses pelo seu acondicionamento, coleta e/ou destinação inadequados. Como agravante desse destrato, podemos citar o fato de que o lixo que não sofre as intervenções necessárias pode servir de meio de proliferação de microorganismos e contaminar os veios aquíferos, de onde resultará uma vasta relação de problemas.

O surgimento de doenças "emergentes", como as causadas pelos *vírus ebola* e por *príons*, tem levado as autoridades de saúde de diversos países a dedicar especial atenção à questão. Adicionalmente, também são alvo de preocupações governamentais as tecnologias envolvendo alterações na estrutura dos seres vivos (tecnologia do DNA recombinante), para as quais existem orientações específicas de segurança. No Brasil, tal responsabilidade está a cargo da Comissão Técnica Nacional de Biossegurança – CTNBio.[50]

Embora não sejam causadas somente por origem biológica, as dermatoses do trabalho estão entre as principais ocorrências de distúrbios provocados por ambientes e condições de trabalho agressivas. Por isso, o relato a seguir é merecedor do destaque destinado neste escrito (Fonseca, 1985:19):

> *"Dermatoses do trabalho: serão quaisquer alterações da pele ou dos seus anexos, com ou sem modificação do aspecto e da estrutura, direta ou indiretamente causadas por tudo aquilo que seja manejado na atividade profissional, exista no ambiente de trabalho ou condições do exercício profissional."*

O Prof. Noronha de Miranda, apud Sounis (1991:143), reuniu em quinze grupos as diversas ocupações em que os trabalhadores estão mais sujeitos a contrair dermatoses:

1. Profissões do meio rural.
2. Indústrias químicas (cloro, iodo, flúor, bromo, enxofre, fósforo, arsênico, sódio, potássio, carbono etc.).

---

[50] Informações adicionais podem ser encontradas em: <www.ctnbio.gov.br>.

3. Indústrias de pele – sapateiros, trabalhadores de couro, peleiros (sulfato de cromo, resorcina etc.).
4. Indústria têxtil – trabalhadores de confecções (algodão, lã, seda etc.).
5. Operários da construção (cimento, cal, ladrilhos, telhas, asfalto, pedras etc.)
6. Trabalhadores no processamento de azeites minerais (lubrificantes, gasolina, parafina etc.).
7. Operários em destilação de hulha (benzol, naftalina, cresóis, acridina, alcatrão etc.).
8. Operários da alimentação – açougueiros, pescadores, padeiros (conservas, vinicultura, açúcar etc.).
9. Operários de minério e metalurgia (ferro, cobre, mercúrio, estanho, ouro, prata, cromo, níquel etc.).
10. Profissões sanitárias – médicos, dentistas, enfermeiros (raio X, hanseníase, tuberculose, formol, éter, atropina, estreptomicina etc.).
11. Indústrias de materiais corantes (anilinas, derivados acridínicos etc.).
12. Indústrias elétricas (queimaduras, metalizações etc.).
13. Operários das artes gráficas – linotipistas, fotógrafos (chumbo, tintas de impressão etc.).
14. Operários das indústrias de goma, perfumistas, vernizes, essências, solventes, resinas, cabeleireiros (acetonas, anilinas, ácido fórmico, acético, lático etc.).
15. Domésticas, lavadeiras (intertrigos, onicomicoses, sabão, detergentes).

As dermatoses profissionais[51] segundo suas causas determinantes, são classificadas em: biológicas, químicas, físicas e mecânicas.

Quadro 2.11 Dermatoses profissionais: causas biológicas

Causas biológicas	
Por microorganismos	bactérias
	fungos
	vírus e riquetésias
Por protozoários	leishmânias
	tripanossomos
Por parasitos	ancilostomídeos

---

[51] Adaptado de Sounis (1991:138).

Quadro 2.12 Dermatoses profissionais: causas químicas

Causas químicas	
Compostos inorgânicos	álcalis
	ácidos
	metais e metaloides
Compostos orgânicos	tintas e vernizes
	fibras sintéticas
	substâncias corantes
	solventes e plastificantes
	derivados do petróleo
	sabões e detergentes
Por produtos vegetais (fitodermias)	poeiras
	pólen
	resinas e lacas

Quadro 2.13 Dermatoses profissionais: causas físicas

Causas físicas	
Calor	queimaduras
	intermação
	insolação
Frio	ragádias
	enregelamento dos membros
	queimaduras pelo frio
	pés de imersão
Radiações	luz solar
	luz ultravioleta
	luz infravermelha
	raio X
	rádio

Quadro 2.14 Dermatoses profissionais: causas mecânicas

Causas mecânicas
atritos e fricções
traumatismos

Conhecimentos Técnicos

Sugestões de leitura

AYLIFFE, G. A. J. et al. *Controle de infecção hospitalar*. Rio de Janeiro: Revinter, 1998.

BRASIL. Ministério da Saúde. *Portaria nº 3.523*. Brasília, 1998.

CLÍNICAS DE ODONTOLOGIA DA AMÉRICA DO NORTE. *Controle da infecção e segurança no consultório*. Rio de Janeiro: Interlivros, 1991. v. 2.

FONSECA, Aureliano. *Manual de dermatologia ocupacional*. Rio de Janeiro: Colina, 1985.

GRIST, N. R. *Manual de biossegurança para o laboratório*. 2. ed. São Paulo: Santos, 1995.

MACEDO, Ricardo. *Manual de higiene do trabalho na indústria*. Lisboa: Fundação Calouste Gulbenkian, 1988.

RICHTER, Carlos A. et al. *Tratamento de água*: tecnologia atualizada. São Paulo: Edgard Blücher, 1991.

SALIBA, Tuffi Messias et al. *Higiene do trabalho e programa de prevenção de riscos ambientais*. São Paulo: LTr, 1997.

SOUNIS, Emilio. *Manual de higiene e medicina do trabalho*. 3. ed. São Paulo: Ícone, 1991.

TEIXEIRA, Pedro et al. *Biossegurança*: uma abordagem multidisciplinar. Rio de Janeiro: Fiocruz, 1996.

VALLE, Silvio. *Regulamento da biossegurança em biotecnologia*: legislação brasileira. Rio de Janeiro: Fiocruz, 1996.

VIEIRA, Sebastião Ivone et al. *Medicina básica do trabalho*. 2. ed. Curitiba: Genesis, 1995. v. 2.

● Iluminação e seus efeitos sobre o desempenho humano

Os olhos humanos são responsáveis pela maioria dos estímulos que chega ao homem. Dessa forma, assumem papel fundamental sobre o desempenho humano, quer na própria percepção, quer no controle das ações e movimentos realizados pelo homem. Todavia, a percepção é delineada por um processo subjetivo dominante de onde resultam as *sensações ilusórias* ou *ilusões*. As influências das cores e linhas sobre as formas e volumes, a duração dos estímulos e dimensões emocionais podem afetá-la.

A iluminação oportuna em termos de quantidade e qualidade (brilho, cor etc.) da luz e sua distribuição no ambiente, favorecidas pela correta escolha de sistemas de luminárias e lâmpadas e pelas características construtivas das superfícies da edificação (piso, teto e paredes), são fatores importantes para o atingimento da *performance* visual requerida durante a execução das tarefas. Para tanto, devem ser também levadas em consideração as possíveis deficiências e as modificações ocorridas naturalmente no rendimento visual em função da idade.

Para o estudo da iluminação e de seus efeitos sobre a visão e o desempenho associado a essa função, é de particular interesse o conhecimento do grupo de radiações capazes de estimular a retina do olho humano e produzir a sensação luminosa (e de cor associada). Recebem o nome de radiações visíveis e seus comprimentos de onda variam no intervalo de 380 e 760 nm[52] (observe a Figura 2.11).

100×10^3 m	Ondas radioelétricas	780 nm	Infravermelho
10^3 m			
1m	Ondas hertzianas	630 nm	Vermelho
10^{-3} m		590 nm	Laranja
	Radiação visível	570 nm	Amarelo
100 nm	Radiação ultravioleta	450 nm	Verde azul
10 nm	Raios X		Violeta
0,1 nm		380 nm	
	Raios cósmicos		Ultravioleta

Figura 2.11 O espectro eletromagnético.

Estando a percepção de cores associada ao comprimento de onda das radiações, podemos afirmar que o olho humano não é igualmente sensível a todas as cores do espectro visível. Logo, em função dessa variação de percepção, podemos inferir que existirão situações em que o uso de uma cor deverá ser preferido ao de outra e vice-versa.

Em relação ao sol, como fonte principal de luz (natural), cabem cuidados especiais quando do projeto de iluminação. Em face de sua variação de posição em relação à terra ao longo do ano, a incidência de seus raios luminosos e, por consequência, da iluminação proveniente desse, também variará de acordo com a posição geográfica assumida pela construção. É oportuno destacar que as características construtivas de edificação terão influência na entrada de luz externa ao seu interior. Destacamos, entre outras, o pé-direito, as fachadas e as áreas de penetração da luz solar (claraboias, venezianas, janelas, portas e similares), além, é claro, das cores das superfícies (paredes, piso e teto).

Um dos inconvenientes à possibilidade de iluminação natural dos ambientes é o fato de que as superfícies de janelas ou fachadas de vidro comumente utilizadas com tal finalidade têm significativa influência sobre a condição térmica do ambiente interior. Os custos de instalação, manutenção e operação dos sistemas de climatização serão maiores do que dos sistemas de iluminação, além da agravante de que esses sistemas têm maior complexidade de equacionamento. Isso ocorre em consequência de um domínio técnico de iluminação artificial que pode

---

[52] Nanômetro (1 nm = 10^{-9} m). Também é usual a utilização da unidade ângstron para comprimentos de onda visível (1Å = 10^{-10} m).

Conhecimentos Técnicos

atender às necessidades pertinentes, de modo que a orientação do projeto de edificação por esses prevalece na maioria das vezes.

Por outro lado, há um significativo número de defensores da necessidade de o trabalhador ter visão ao ambiente externo e que a falta dessa visão resultaria em um trabalho desconfortável ou mesmo desagradável. Em algumas situações esse argumento pode ser compreendido, todavia, em outras, as próprias peculiaridades do processo requerem um ambiente isolado por completo do ambiente exterior. Assim, as pessoas executam seu trabalho de forma natural e mesmo prazerosa.

Para que as condições de trabalho relativas à iluminação sejam apropriadas ao indivíduo, devemos verificar os seguintes fatores:

a. Reconhecimento e correção das deficiências visuais de cada um dos usuários do posto de trabalho ou do ambiente (como parte de uma sistemática contínua de monitoração). Sabemos que, com o avanço da idade, surgem naturalmente diferenças na capacidade de percepção das imagens e que estas podem resultar em erros na leitura de dispositivos de informação que, por sua vez, podem ocasionar erros na produção e mesmo acidentes.

b. O nível de iluminamento recomendado em função das tarefas a serem desenvolvidas,[53] uma vez que o tipo de atividade influencia os requisitos de iluminamento do recinto.

c. A distribuição e a uniformidade do iluminamento nos planos iluminados.[54]

d. As diferenças de iluminamento no campo visual devem ser limitadas às proporções apresentadas no Quadro 2.15, objetivando evitar a sensação de mal-estar provocada pelo deslumbramento.[55]

Quadro 2.15 Proporções a observar entre distintos pontos focais do campo de visão

Distintos pontos do campo de visão	Proporção a observar
Ponto focal e superfície de trabalho	3:1
Ponto focal e espaço circundante	10:1
Fonte de luz e fundo	20:1
Máxima diferença do campo visual	40:1

---

[53] Ver NBR 5413 (NB 57). Embora revogada e substituída pela ISSO IEC 8995/2013, as dificuldades para a implementação desta última, resultou, na prática, na continuidade da adoção daquela.
[54] Observe a Figura 3.
[55] Quando um fluxo luminoso de alta intensidade atinge o nosso olho, há uma perturbação da capacidade visual, dificultando ou mesmo impedindo a função visual perfeita.

e. A adequada reprodução das cores dos objetos e dos ambientes. Uma vez que a cor percebida é função da radiação refletida, devemos observar o *índice de reprodução das cores* – IRC (que varia em uma escala de 0 a 100) ou a *reprodutibilidade cromática* de acordo com o tipo de lâmpada[56] usada para a iluminação local.

f. A escolha de luminárias que, em conjunto com as lâmpadas selecionadas, observando-se também o aspecto econômico de sua utilização, resultarão na solução a ser adotada buscando garantir a satisfação das condições anteriores.

Quadro 2.16 Índice de reprodução das cores de acordo com o tipo de lâmpada

Tipo de lâmpada	IRC
Incandescente	100
Incandescente de halogênio	100
Gás xenônio (arco longo)	98
Fluorescente Luz do dia / Branca de luxo	76-79
Vapor de mercúrio	47
Vapores múltiplos (iodeto metálico)	80-95
Vapor de sódio (alta pressão)	35

g. As características do próprio ambiente. Segundo essas, o projeto de iluminação deverá se harmonizar com o todo. Assim, não deverá e tampouco poderá ser tratado de forma isolada.

É importante destacar que, sendo a luz uma forma de energia, essa perde intensidade à medida que se distancia de sua fonte. Por isso, as medições devem levar em consideração a superfície de trabalho e o ponto sobre o qual estão centradas as atenções visuais – o ponto focal, sendo este a referência para todo projeto de iluminamento.

Existe no mercado uma vasta gama de luminárias que, ao lado de funções decorativas, proporcionam uma conveniente distribuição de luz, além de evitar o ofuscamento e proteger as lâmpadas contra agressões do meio. Catálogos de bons fabricantes são uma fonte segura e confiável de informações.

---

[56] Ver tabelas no apêndice deste capítulo.

Conhecimentos Técnicos

Deve-se observar também que podemos recorrer a esquemas de distribuição das próprias luminárias no recinto como formas adicionais de distribuição espacial de luz. Assim, podemos executar a disposição dessas nos seguintes casos:

a. **Iluminamento geral**: aplicado em escolas e escritórios, proporciona condições de visão similares em todos os pontos do recinto;
b. **Iluminamento geral localizado**: comum em indústrias, onde é necessário o iluminamento de setores específicos de uma área. Os espaços intermediários são iluminados a partir da escolha conveniente da altura de instalação das luminárias;

Diversos sistemas de iluminação			
		Distribuição do fluxo luminoso (%)	
Curva fotométrica	Classificação	Para o semiespaço superior	Para o semiespaço inferior
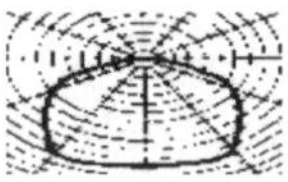	Direta	0 – 10	100 – 90
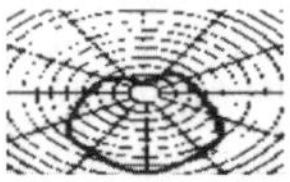	Semidireta	10 – 40	90 – 60
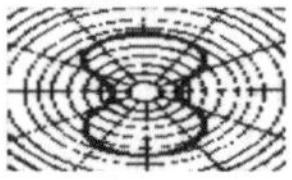	Mista	40 – 60	60 – 40
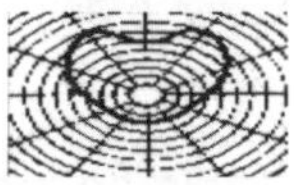	Semi-indireta	60 – 90	40 – 10
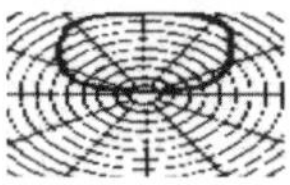	Indireta	90 – 100	10 – 0

Figura 2.12 Classificação das luminárias para iluminação interior.

Fonte: Moreira (1987: 111).

c. **Iluminamento suplementar**: pela exigência de intensa iluminação localizada em pontos restritos, são utilizados focos dirigidos. Um exemplo típico desse uso são os mostruários e vitrines;
d. **Iluminamento combinado**: por razões de conforto, precisão e segurança ou ainda decorativas, ocorre o uso simultâneo de dois ou mais dos sistemas elencados.

Tão importante para a eficiência do sistema luminoso quanto a escolha correta do tipo de lâmpadas e luminárias é a adequada manutenção desse. O acúmulo de poeiras ao longo de sua vida útil reduz significativamente seu rendimento (por perdas no poder de reflexão das luminárias e do fluxo luminoso das lâmpadas).

As condições ambientais quanto à presença de agentes poluidores que podem contribuir para a sujidade do conjunto (luminárias e lâmpadas) e quanto à facilidade de manutenção deste orientam-nos no estabelecimento de um programa de manutenção do sistema.

De acordo com estas condições, os ambientes são classificados em três tipos:

a. **Ambientes limpos**: a limpeza e a substituição pode ser realizada de forma fácil devido à existência de pouca poeira: escritórios, laboratórios, bibliotecas, salas de aula etc. São os ambientes tipo I.
b. **Ambientes de média sujidade**: de maior dificuldade de acesso e limpeza do conjunto, devido, em geral, ao pé-direito mais elevado: oficinas, almoxarifados, refeitórios e auditórios são exemplos. São os ambientes tipo II.
c. **Ambientes sujos**: onde a presença excessiva de agentes danosos e a dificuldade de acesso agravam a situação existente: indústria mecânica pesada, fundições, cozinhas etc. São os ambientes tipo III.

Como já citado anteriormente, a presença de sujeiras (pó, fuligem, gordura etc.) depositadas sobre o conjunto contribui para a queda de seu rendimento luminoso. A título de ilustração, apresentamos a seguir um quadro comparativo entre a manutenção do sistema (intervalo entre limpezas consecutivas) e o decréscimo de seu rendimento em função desta (observe Quadro 2.17).

Quadro 2.17 Influência da manutenção ambiental sobre o rendimento do sistema luminoso

Intervalo entre limpezas (meses)	Rendimento/Condição do ambiente		
	Tipo I	Tipo II	Tipo III
0	1,00	1,00	1,00
2	0,97	0,92	0,85

Conhecimentos Técnicos

Intervalo entre limpezas (meses)	Rendimento/Condição do ambiente		
	Tipo I	Tipo II	Tipo III
4	0,95	0,87	0,76
6	0,93	0,85	0,70
12	0,90	0,78	0,61
18	0,87	0,75	0,56
24	0,84	0,71	0,50

Enfim, podemos concluir que a iluminação é de extrema importância para a produtividade da organização, devendo, assim, ser cuidadosamente planejada, instalada e mantida. Listamos, a seguir, algumas variáveis a serem observadas para projeto e avaliação da iluminância de interiores:

- Materiais de acabamento.
- Disposição da maquinaria.
- Detecção de adaptação.
- Possibilidade de utilização correta da fonte de luz.
- Leituras no ponto de interesse.
- Tipo de tarefa.
- Iluminamento mínimo ditado pela norma.
- Necessidade de incremento no iluminamento.
- Necessidade de incremento nas luminárias.
- Detecção de variação de potência nas lâmpadas e sua reposição.
- Estado de conservação (maquinaria, ambiente e sistema de iluminação).
- Condições em que se procedem as leituras.

Sugestões de leitura

ASSOCIAÇÃO BRASILEIRA DE NORMAS TÉCNICAS. *Iluminância de interiores:* NBR 5413 (NB 57). Rio de Janeiro: ABNT, 1991.

ASSOCIAÇÃO BRASILEIRA DE NORMAS TÉCNICAS. *Verificação da iluminância de interiores*: NBR 5382. Rio de Janeiro: ABNT, 1985.

GRANDJEAN, Etienne. *Manual de ergonomia*: adaptando o trabalho ao homem. Porto Alegre: Artes Médicas, 1998.

HOPKINSON, R. G. et al. *Iluminação natural.* 2. ed. Lisboa: Fundação Calouste Gulbenkian, 1980.

IIDA, Itiro. *Ergonomia*: projeto e produção. São Paulo: Edgard Blücher, 1990.

MIGUEL, Alberto Sérgio R. S. *Manual de higiene e segurança do trabalho*. 4. ed. Porto: Porto Editora, 1998.

MOREIRA, Vinícius de Araújo. *Iluminação & fotometria*: teoria e aplicação. 3. ed. São Paulo: Edgard Blücher, 1987.

VELÁZQUEZ, Francisco Farrer et al. *Manual de ergonomía*. 2. ed. Madri: Fundación Mapfre, 1997.

VERDUSSEN, Roberto. *Ergonomia*: a racionalização humanizada do trabalho. Rio de Janeiro: LTC, 1978.

Apêndice – Níveis – padrão de iluminamento

Atividades		Iluminamento médio (lux)	
		ABNT	IES
Escritórios	Salas de trabalho	250	700
	Salas de desenho	400	1.500
	Arquivos	200	300
Escolas	Salas de aulas	200	700
	Salas de desenho e artes manuais	350	1.000
	Refeitório	100	300
	Auditório	60	150
	Quadro-negro	250	1.500
Lojas	Circulação	100	300
	Área de exposição	350	1.000
	Balcões, mostruários	600	2.000
	Exposições de realce	1.500	5.000
	Depósito	80	300
Indústrias	Fabricação em geral	300	500
	Depósito	60	200
	Inspeção comum	300	500
	Inspeção delicada	500	1.000
	Empacotamento e encaixotamento	80	500
	Montagem simples	200	500
	Montagem delicada	1.000	5.000
Hospitais	Enfermaria	160	300
	Sala de operações	450	1.000
	Mesa de operações	6.000	25.000
	Laboratório	200	500
Bibliotecas	Iluminação geral	100	300
	Mesas	300	700
	Estantes	140	300
	Fichário	250	700

Conhecimentos Técnicos

Lâmpadas de descarga fluorescente

Potência (watts)	15 W	20 W	30 W	40 W

Cores	Fluxo luminoso (lúmens)			
Luz do dia	680	1.000	1.710	2.350
Branca fria	730	1.140	1.890	2.800
Branca morna	760	1.170	1.930	2.900
Branca	760	1.170	1.930	2.900

Algumas propriedades das cores

Cor	Reflete a luz em	Ilusão física	Efeito psicológico	Particularidades
Vermelho	25%	Aumento de volume, de peso e de calor.	Estimulante, dominador, induz à violência.	Aumenta as pulsações e a tensão sanguínea.
Azul	25%	Refrescante. Diminuição de peso.	Repousante, acalma os nervos. Restitui a vitalidade. Leva à introspecção.	Faz baixar a tensão muscular e a pressão sanguínea. Afasta os insetos. Resiste mal à luz.
Amarelo	55%	Cor de alta visibilidade. Aumento de volume.	Estimula o sistema nervoso, convida à ação, ao esforço.	Afasta os mosquitos.
Laranja	40%	Impressão de calor e aumento de volume.	Efeito tônico. Proporciona euforia, inspira alegria.	Favorece a digestão. Por sua grande intensidade, é pouco fatigante.
Verde	34%	Refrescante.	A mais repousante das cores. É indicada contra a fadiga e insônia	Diminui a pressão.
Violeta	25%	Cor fria. Diminuição de volume.	Soporífero, provoca melancolia e favorece ao misticismo. É favorável às pessoas nervosas.	Resiste mal à luz.
Preto	5%	Aumento de peso e calor. Diminuição de volume	Repousante, mas deprimente.	Absorve todos os raios luminosos.
Branco	85%	Aumento de volume.	Fatigante. Deve-se empregá-lo ligeiramente "quebrado".	Síntese de todas as cores. Repele o calor.

Índices mínimos de reprodução de cores

Reprodução de cores desejada	Índice	Exemplos de recintos
Excelente	90	Indústrias têxtil, química e gráfica, museus e terapia médica.
Boa	80	Escritórios, salas de reunião, lojas e residências.
Razoável	60	Corredores, escadas e locais de trabalho pesado.
Nenhuma	–	Iluminação pública, indústrias de fundição e laminação, depósitos de sucata, cais de porto, trabalho de escavação etc.

● Iluminação – definições básicas

Luz: aspecto visual da energia radiante que um observador humano constata pela sensação visual, determinado pelo estímulo da retina ocular (DEE ABNT).

Fluxo luminoso de uma fonte: fluxo de energia emitido em todas as direções por essa fonte no espaço.

Lúmen: é a quantidade de luz irradiada por uma abertura de 1,0 m² por uma fonte, de intensidade de uma vela, em todas as direções, localizada no centro de uma esfera de 1,00 m de raio (l vela = 12,56 lúmens).

Iluminamento: é a densidade superficial de fluxo luminoso recebido. É medido em luxes (lux).

Lux = Lúmen/m²

Luminância: é a medida de luminosidade emitida ou refletida por uma superfície.

● Saúde e segurança dos olhos

Na maior parte das ocupações, os nossos olhos são responsáveis pela percepção dos principais estímulos necessários à adequada execução das tarefas sob encargo dos trabalhadores. Para tanto, são continuamente submetidos ou expostos a condições de trabalho que, direta ou indiretamente, podem resultar em consequências indesejadas sobre estes, desde a fadiga visual até mesmo lesões em diversas intensidades quanto aos seus efeitos sobre o sistema ocular (funções ou estruturas).

Goodner (1999:105) relata que "desde muito tempo se conhecem os riscos de dano ocular para técnicos de raios-x, sopradores de vidro, soldadores e outros trabalhadores expostos a radiação ionizante, infravermelha e ultravioleta".

Conhecimentos Técnicos

Ademais, também são conhecidos potenciais danos aos olhos face à exposição a quantidades excessivas de luz visível, queimaduras por substâncias químicas, por projeção de partículas (aquecidas, lacerantes ou perfurantes) ou, ainda, por impactos no crânio, em vasos abdominais e torácicos ou diretamente sobre o globo ocular, bem como em razão de enfermidades de outras origens que possam afetar, por exemplo, a pressão intraocular ou provocar a degenerescência de seus elementos anatômicos (a córnea, a conjuntiva, o nervo ótico, a retina etc.).

Em razão do que foi apresentado, é imperativo reafirmar que todos os cuidados requeridos para a manutenção da integridade da visão devem ser levados a termo não apenas pela empresa, como igualmente pelo próprio trabalhador. Assim, há que se exigir a adoção de medidas técnicas preventivas e protetivas pertinentes, bem como aquelas relativas ao acompanhamento regular e à intervenção em prol da saúde ocular, quando necessário.

Para que o sistema ocular possa captar adequadamente os estímulos e formar as imagens, quatro mecanismos principais têm lugar:

a) O primeiro destes é a acuidade visual, a agudeza ou a capacidade de distinguir detalhes a certa distância, curta ou não, sob certo nível de iluminação.

b) O segundo é a acomodação que diz respeito à focalização ou formação da imagem em relação à retina, quanto ao controle da quantidade de luz incidente, configurando, portanto, a nitidez.

c) O terceiro é a convergência que é o movimento conjugado de ambos os olhos para a focalização de um mesmo objeto.

d) O quarto destes diz respeito à percepção de cores, ou seja, das radiações eletromagnéticas visíveis.

E, embora não percebamos, para o exercício destes mecanismos, os nossos olhos são continuamente exigidos. Com o passar dos anos, há naturalmente uma degradação funcional de nossos olhos (astenopia), que trazem consigo sintomas relacionados à fadiga ocular, como desconfortos, lacrimejamento e cefaleia (REY, 1999:77).

Por vezes, nos queixamos da "vista cansada". A presbiopia, conforme explicita Rey (1999:623), é causada pela *"diminuição fisiológica da amplitude de acomodação da vista, em função do envelhecimento, causada pela menor elasticidade do cristalino ou por uma redução do poder de acomodação do músculo ciliar"*.

Alguns tipos de atividades, tais como aquelas relacionadas ao uso de terminais de vídeo, impõem um amplo conjunto de exigências visuais aos trabalhadores. A "Síndrome da visão do (usuário) de computador" ou *Computer Vision Syndrome (CVS)* atinge a grande maioria dos usuários de computadores que fazem uso deste equipamento por períodos prolongados ou continuados (para jornadas diárias de seis horas ou mais, tais cifras alcançam 80% ou mais dos usuários) e que não tomam determinados cuidados relacionados à visão.

Em tal condição, são frequentes relatos de cansaço visual, vermelhidão nos olhos, a sensação de "olhos secos" e o lacrimejamento, que ocorre em reação à redução da lubrificação do globo ocular pela diminuição da frequência do piscar, da ampliação da exposição da superfície ocular e, muitas vezes, do ressecamento resultante da desumidificação dos ambientes – e o consequente aumento da evaporação nos olhos – provocada por condicionadores de ar, em especial em razão da exposição direta destes aos fluxos de ar incidentes.

Há, também, relatos de embaçamento visual transitório, ou seja, reversível, com a percepção alterada de cores (em geral opostas ou complementares às dos caracteres ou imagens visualizadas no computador). Este efeito é conhecido como "Efeito de McCollugh" e não caracteriza sinal ou sintoma de lesão ocular de qualquer espécie.

Outras vezes, ao final de jornadas prolongadas junto aos computadores – mesmo quando desconsideradas as inadequações de ordem biomecânica do posto de trabalho[57] – são relatadas dores de cabeça (e no pescoço, em razão de sua sustentação em distintas posturas). Estas podem ser decorrentes do contínuo "focar e refocar" a que os olhos do trabalhador são submetidos para adequarem-se à intensidade e diversidade de luz (e cores) que lhes chega, no intuito de manter a definição da imagem percebida, necessária para a execução das tarefas com o uso de computadores, o que termina por sobrecarregar a musculatura responsável pela modulação da luz incidente nos olhos.[58]

Para fazer frente a estes problemas, cuidados relativos à duração da jornada, como a adoção de pausas regulares para o relaxamento da musculatura ocular (5 ou 10 minutos a cada 30/60 minutos trabalhados), bem como o uso de colírios lubrificantes para a melhoria da lubrificação dos olhos, a investigação das exigências biomecânicas (a postura e a adequação antropométrica, por exemplo) e a adequação da iluminação do posto de trabalho (como a existência de ofuscamentos direto e indireto, e o contraste das superfícies limitantes, isto é, entre o computador e o seu entorno) são medidas de simples execução e que, em geral, trazem benefícios em curto horizonte de tempo e exigem investimentos de reduzida monta.

O uso de proteção ocular (simples ou conjugada com a facial) configura-se como a mais importante e eficaz estratégia para a prevenção de lesões aos olhos, sejam de origem mecânica, química, térmica ou em decorrência de radiações. Assim, óculos com lentes ou filtros especiais, com abas laterais ou com vedação integral (contra gases, vapores e aerodispersoides – poeiras, fumos, névoas ou neblinas) são elementos de uso pessoal indispensáveis.

---

[57] Neste sentido, veja-se o item "Considerações posturais e sobre o trabalho sentado" deste livro.
[58] Os monitores de computadores são compostos por minúsculos pontos (*pixels*) os quais o olho não consegue focar com precisão, por isso há um contínuo "focar e refocar", com o respectivo controle ou regulação da luz incidente nos olhos para a adequada visualização das atividades em execução.

Conhecimentos Técnicos

Cabe, por fim, destacar que não apenas a exposição ocupacional, mas, também, aquela decorrente da bioacumulação (devido à ingestão de alimentos de origem animal ou vegetal contaminados)[59] podem levar a danos oculares, a exemplo de compostos de mercúrio cujas lesões podem levar ao comprometimento da visão de cores, assim como os agrotóxicos organofosforados que têm ação neurotóxica e, assim, afetando o nervo ótico terminam por conduzir à cegueira. Para saber mais a respeito de casos de danos decorrentes de bioacumulação, busque, dentre outras, informações sobre a contaminação da Baía de Minamata (Japão) e dos grãos tratados com fungicidas mercuriais no Iraque.

Sugestões de leitura

AZEVEDO, Fausto Antonio. *Toxicologia do mercúrio*. São Carlos: RIMA, São Paulo: InterTox, 2003.

GOODNER, Ernest K. *Lesiones del ojo*. In: LaDOU, Joseph. *Medicina laboral y ambiental*. México: Manual Moderno, 1999. p. 105-122.

KLINTWORTH, Gordon K.; HITCHCOCK, Michael. *The eye*. In: CRAIGHEAD, John E. *Pathology of environmental and occupational disease*. St. Louis: Mosby, 1995. p. 601-631.

POULSEN, Eric J.; KLINTWORTH, Gordon K. *Lesões e exposições oculares ocupacionais*. In: BOWLER, Rosemarie M. CONE, James E. *Segredos em medicina do trabalho*. Porto Alegre: Artmed, 2001. p. 321-327.

REY, Luís. *Dicionário de termos técnicos de medicina e saúde*. Rio de Janeiro: Guanabara Koogan, 1999.

REY, Paule; MEYER, Jean-Jacques. Vision y trabajo. In: OIT. *Enciclopedia de Salud Y Seguridad en el Trabajo*. 2. ed. Madri: OIT, (s/d).

VOLLMER, Sophia A. M. *Visão ocupacional*. São Paulo: CIPA, 1996.

● Luz, cor e segurança

A energia radiante emitida por uma fonte luminosa ou refletida por um corpo é recebida por nossa retina e pelo cristalino, indo alcançar a porção cromossensível da retina constituída por células denominadas de *cones* e *bastonetes*. A capacidade seletiva dessas células para ondas de diferentes comprimentos gera alterações químicas específicas para cada variação, que convertidas em estímulos neuro-elétricos chegam ao cérebro como percepções de luz e cores. O conhecimento desse processo vem permitindo o uso racional de cores para diferentes finalidades associadas à segurança. Assim, podemos dizer que existem explicações científicas para que as cores sejam utilizadas diferentemente em razão dos requisitos de sua aplicação, dos estímulos e das respostas associadas que se deseja. Ou seja, podemos também dizer

---

[59] Vejam-se a este respeito os dados do Programa de Análise de Resíduos de Agrotóxicos em Alimentos (Para) disponíveis no *site* da Agencia Nacional de Vigilância Sanitária (www.anvisa.gov.br).

que existe uma variação de visibilidade e de legibilidade das cores, bem como percepções e comportamentos associados. Sejam simbólicos, como o uso do preto para o luto ou para a associação do branco à pureza, bem como para um hiato temporal entre visão e ação de resposta, como no caso do uso do vermelho para indicar equipamentos de proteção e combate a incêndio.

Do parágrafo acima podemos notar que uma combinação adequada de cores nos diversos elementos do ambiente pode contribuir para melhorar o rendimento produtivo do trabalhador, reduzindo o desgaste nas exigências visuais, ajudando na execução das atividades e, por conseguinte, melhorando a qualidade de sua produção, bem como ajudando a reduzir acidentes.

Diversos estudos indicam preferências relativas entre cores, dispersas por fatores como cultura, idade, sexo e lugar onde o indivíduo em análise trabalha e/ou reside. O uso dessas preferências associado a contrastes das cores e do nível de iluminação contribui para destacar no campo visual partes de produtos ou equipamentos, identificar formas, volumes, distâncias e outras formas de informação visual. As cores emprestam à vida um encanto todo especial. Letreiros, embalagens e sinalizações de segurança se tornam mais perceptíveis graças à presença e às variações das cores.

Os usos das cores na segurança

Considerando as finalidades específicas de sua aplicação, as cores podem ser:

- **De Identificação:** para assinalar características particulares. Por exemplo, finalidade de tubulações, conteúdo de cilindros, escaninhos, gavetas etc.;
- **Dissimulantes:** para acobertar ou dissimular pontos em destaque, a fim de que não desviem a atenção da área de trabalho;
- **Diferenciantes:** realçando áreas ou detalhes intencionalmente, tais como partes móveis de máquinas, áreas de depósito ou circulação;
- **Focalizantes:** destacam pontos importantes, como tampos abertos ou campo de trabalho de máquinas e, em geral, são usadas em associação com dissimulantes;
- **De Segurança:** devem chamar a atenção e significar mensagem indicando precaução ou perigo.

O *vermelho* é utilizado em equipamentos de combate a incêndio, como extintores, hidrantes, caixas de alarme. Excepcionalmente pode indicar advertência e perigo, sob forma de luzes ou botões interruptores de circuitos elétricos.

O *laranja* identifica as partes móveis e perigosas de máquinas e equipamentos, como engrenagens, polias e tampas de caixas protetoras (que devem ser pintadas do lado interno, ficando visíveis se abertas).

Conhecimentos Técnicos

O *amarelo* indica "cuidado" em escadas, vigas, bordas perigosas, partes salientes de estruturas, equipamentos de transporte e de manipulação de material. Pode ser combinado com faixas ou quadrados pretos quando houver a necessidade de melhorar a visibilidade, como em para-choques, ou para delimitar locais de trabalho perigosos.

O *verde* é usado pela segurança industrial para identificar equipamentos de primeiros socorros, macas, chuveiros de segurança e quadros para exposição de cartazes sobre segurança.

O *azul* indica equipamentos fora de serviço, pontos de comando e partidas ou fontes de energia, bem como é utilizado para sinalização de advertência ou de obrigatoriedade de uso de equipamentos de proteção.

O *branco* é usado para demarcar áreas de corredores, locais de armazenagem e em torno de equipamentos de emergência.

O *preto* é utilizado em coletores de resíduos em geral. Em alguns casos, são utilizados coletores de cores diferenciadas em razão da natureza do material recolhido ser reciclável (verde, amarelo, vermelho e azul para vidros, plásticos, papéis e metais, respectivamente).

No uso de cores para a sinalização de tubulações, temos:

- *Vermelho* – água e materiais para combate ao incêndio.
- *Verde folha* – água.
- *Verde nilo* – água potável.
- *Azul mar* – ar comprimido.
- *Amarelo* – gases não liquefeitos.
- *Laranja* – ácidos.
- *Lilás* – álcalis.
- *Marrom* – qualquer outro fluido.
- *Platina* – vácuo.
- *Branco* – vapor.
- *Alumínio* – gases liquefeitos, inflamáveis e combustíveis de baixa viscosidade.
- *Cinza escuro* – eletrodutos.
- *Preto* – inflamáveis e combustíveis de alta viscosidade.

Um outro uso industrial das cores é quando da catalogação e posterior identificação de materiais em almoxarifados, bem como para a distinção de pessoal, quer pelas roupas profissionais, quer pelos crachás ou capacetes de identificação de área funcional.

Outros efeitos das cores

A combinação das cores em um ambiente, proveniente das luzes presentes (natural e artificial) e das reflexões das diversas superfícies, pode resultar em sensações visuais distorcidas. Isto é, diferentes das "reais" cores do objeto ou superfície observada (aquela comparada com iluminação solar ou natural). Como ilustração apresentamos em anexo os efeitos dessa combinação sobre a pele e sobre as paredes coloridas. Por isso, é importante durante o projeto do ambiente verificar a necessidade e a capacidade da reprodução de cores do conjunto de lâmpadas e luminárias escolhido. Além disso, as cores das superfícies do ambiente têm significativa influência sobre o rendimento ou eficiência luminosa desse sistema.

Uma outra distorção de percepção pode se dar quanto à sensação de volume, temperatura ambiente e bem-estar. Tal efeito característico das cores é conhecido como psicodinâmica e está ilustrado no apêndice da página 142 (algumas propriedades das cores).

A variação das cores

O conhecimento de como efetuar combinações entre cores ou de como estas ocorrem é de grande valia para a segurança quando há a necessidade de diferenciações entre tonalidades de uma mesma cor (identificação de concentrações de efluentes, por exemplo). Sabemos que as cores primárias, ou seja, aquelas que não podem ser obtidas a partir de misturas de outras, são classificadas em primárias da luz e de corantes. Essas cores primárias são o vermelho, o verde e o azul, as quais em mistura produzem o branco. Este fenômeno é conhecido como síntese aditiva. As primárias corantes são o amarelo, o magenta e o verde-azul ou cian, que são misturas de pares das cores primárias. Estas em conjunto produzem o preto no fenômeno de síntese subtrativa. Estes fenômenos são de fácil reprodução em laboratórios com o uso de fontes de luz branca e de filtros coloridos.

Para a adequada identificação de cores, o sistema mais utilizado é o Sistema Munsell de cores, que se baseia na determinação de três grandezas: matiz, tonalidade ou gama (associada ao comprimento de onda dominante); luminosidade, claridade, valor ou brilho (claro ou escuro – diferenciação pelo teor de branco ou preto presente na cor); e saturação, intensidade, pureza ou croma (que é a qualidade da cor que a faz se diferenciar do cinza de mesma luminosidade). Ainda podemos citar outros sistemas utilizados no estudo das cores e de suas variações: Triângulo de Maxwell, Sistemas Ostwald e de Hickthier e Diagrama de cores de Wright.

Cabe também destacar certas características fisiológicas das cores. Estão relacionadas à capacidade de "memória" e integrativa de estímulos de nossos olhos. Assim, o gestor de segurança deverá estar atento a possíveis contrastes simultâneos e sucessivos, visibilidade e legibilidade das cores. O contraste simultâneo diz respeito à sensação de modificações da claridade e de saturação na presença de cores distintas. É o que faz com que percebamos de forma diferente um mesmo objeto quando colocado em fundos de cores diferentes. O contraste sucessivo, por sua vez, é devido à memória visual que é mantida por alguns segundos, o que pode induzir a uma leitura de cor equivocada. A visibilidade diz respeito à capacidade de atração de uma cor e depende do contraste e de sua pureza. Em geral, a cor se torna mais visível quando tem no fundo a sua cor complementar. Devem ser usadas cores vibrantes quando se quer chamar a atenção, contudo, tendo-se o cuidado de observar o inconveniente de que são fatigantes, não devendo, por isso, ser usadas quando a atenção requerida for permanente. A legibilidade cresce quando os letreiros têm fundo mais claro do que os títulos, que devem ser de cores puras. A legibilidade depende também do tipo de letra e de suas proporções, bem como do nível de iluminamento e do movimento relativo entre a imagem e o observador. Experimentos sobre visibilidade das cores apresentaram como preferenciais os seguintes resultados, em ordem decrescente:

- *Azul sobre branco.*
- *Preto sobre amarelo.*
- *Verde sobre o branco.*
- *Preto sobre o branco.*
- *Verde sobre o vermelho.*
- *Vermelho sobre o amarelo.*
- *Vermelho sobre o branco.*
- *Laranja sobre o preto.*
- *Preto sobre o magenta.*
- *Laranja sobre o branco.*

Caberá também ao gestor de segurança da organização verificar a existência de anomalias na visão das cores por parte dos trabalhadores, o que pode resultar em problemas na produção, em tecelagens e gráficas, por exemplo, e em possibilidade de acidentes, como na percepção de temperaturas de superfícies. Entre estas destacamos a discromatopsia, que é a confusão ou não distinção entre certas cores (protanopsia – insensibilidade ao vermelho, o que leva a indistinções entre vermelhos, amarelos e verdes; deuteranopsia – insensibilidade ao verde, percepção de misturas de azul e vermelho; e tritanopsia – não percepção do azul, o que resulta percepções apenas baseadas no vermelho e no verde e acromatopsia, que é a incapacidade total para ver as cores). Este último caso é muito raro e para tais pessoas a sua visão é um gradiente de cinzas.

Pelo que vimos, é inegável a importância do conhecimento e uso de cores em relação a aspectos de segurança em uma empresa. Sua aplicação resulta em ganhos para a saúde do trabalhador, na produção e, assim, para a empresa e toda a sociedade.

> **Sugestões de leitura**
>
> ASSOCIAÇÃO BRASILEIRA DE NORMAS TÉCNICAS. *Cores para canalizações* – NBR 6493. Rio de Janeiro: ABNT, 1994.
>
> _____ . *Cores para segurança*: NBR 7195. Rio de Janeiro: ABNT, 1995.
>
> GRANDJEAN, Etienne. *Manual de ergonomia*: adaptando o trabalho ao homem. Porto Alegre: Artes Médicas, 1998.
>
> HOPKINSON, R. G. et al. *Iluminação natural*. 2. ed. Lisboa: Fundação Calouste Gulbenkian, 1980.
>
> IIDA, Itiro. *Ergonomia*: projeto e produção. São Paulo: Edgard Blücher, 1990.
>
> MIGUEL, Alberto Sérgio R. S. *Manual de higiene e segurança do trabalho*. 4. ed. Porto: Porto Editora, 1998.
>
> MOREIRA, Vinícius de Araújo. *Iluminação & fotometria*: teoria e aplicação. 3. ed. São Paulo: Edgard Blücher, 1987.
>
> PHILIPS Lighting Division. *Manual de iluminação*. 3. ed. Eindhoven, Holanda: PHILIPS, 1986.
>
> VELÁZQUEZ, Francisco Farrer et al. *Manual de ergonomía*. 2. ed. Madri: Fundación MAPFRE, 1997.
>
> VERDUSSEN, Roberto. *Ergonomia*: a racionalização humanizada do trabalho. Rio de Janeiro: LTC, 1978.

● Sinalização

Sinalizar deve ser tomado como uma vasta gama de ações e medidas que visam informar da proximidade de uma situação de perigo, para a qual se deve ter atenção, com a identificação e a adoção de um comportamento desejável a fim de evitar eventos indesejados, seja em relação às pessoas, seja em relação à produção em si, seja em relação aos meios materiais da organização.

Sinalizar pode assumir a função de demarcar áreas visando ordenar, coibir ou obrigar o trânsito de pessoas ou veículos industriais, segundo notas e vias preestabelecidas. Pode ser a recomendação para a utilização deste ou daquele meio de proteção, a indicação da presença de elementos potencialmente nocivos, o destaque para uma melhor visualização de partes de máquinas e de canalizações etc.

Diversas são as formas de informar, orientar e prescrever comportamentos em relação à segurança nas instalações e nos ambientes.

A sinalização deve ser empregada, quando for necessário:

a. Chamar a atenção dos trabalhadores sobre a existência de riscos e as respectivas proibições e obrigações associadas.

b. Alertar os trabalhadores sobre uma situação de emergência que requeira medidas de prevenção ou evacuação.

c. Facilitar aos trabalhadores a localização e a identificação de determinados meios ou instalações de proteção, evacuação, emergência ou primeiros socorros.

d. Orientar ou guiar os trabalhadores quando da realização de manobras perigosas.

Entretanto, seu uso deverá se limitar a situações em que:

a. Não seja possível eliminar o risco.
b. Não seja possível adotar sistemas de proteção.
c. Não seja possível proteger as pessoas.
d. Seja medida complementar de outras técnicas de segurança, mediante intervenção corretiva ou de concepção.
e. Seja meio suplementar (e essencial) de conscientização.

Em geral, a sinalização é estruturada em categorias, cada qual com formatos e cores específicas aos fins a que se destinam:

a. Sinais de advertência (que informam a presença de riscos de determinada natureza – triangulares e figura sobre fundo amarelo).
b. Sinais de proibição (que informam sobre a não possibilidade de determinada ação – circulares com tarja vermelha e figura sobre fundo branco).
c. Sinais de obrigação (como, por exemplo, aqueles que indicam a necessidade do uso de determinado meio de proteção).
d. Sinais de indicação de equipamentos de combate a incêndios e salvamento (incluindo vias de evacuação).
e. Sinalização de comunicação em geral.

Uma forma específica de sinalização a respeito da natureza, localização e intensidade dos riscos é o mapeamento de riscos, que teve origem no Movimento Operário Italiano (MOI) (final dos anos de 1960). Sua finalidade inicial era a investigação e o controle dos ambientes de trabalho e tinha como princípios: valorização do saber e experiência operária, participação, corresponsabilidade e não delegação, de forma que cada trabalhador teria atuação proativa na determinação das condições de trabalho a que estava sujeito e na construção de alternativas para a melhoria destas.

O avançar e a conquista dos direitos dos trabalhadores, inclusive no tocante às dimensões do trabalho que influíam diretamente na integridade deles, foram fruto de um longo processo de embates contra o poder instituído e contra a classe patronal. Para a compreensão deste processo histórico, recomendo o excelente texto de Trindade (2002). A história dos direitos humanos, como hoje os conhecemos, inicia-se na luta "capital x trabalho" e alcançou toda a sociedade de forma mais ampla.

No momento vigente,[60] os operários entendiam não ser admissível deixar a cargo de seus empregadores a responsabilidade exclusiva acerca das questões relacionadas à sua própria integridade. Por um lado, por não acreditarem na transparência das informações e, de outro, por entenderem que eles próprios eram os únicos a realmente conhecerem em detalhes as condições de trabalho a que estavam sujeitos e as implicações destas sobre seu cotidiano e qualidade de vida no trabalho.

O mapa de riscos deve ser entendido como parte da estratégia da empresa em sinalizar e comunicar os riscos do ambiente de trabalho. Ao indicar a localização, a natureza e a intensidade de um risco em uma planta baixa de um ambiente, serve ao intuito de fornecer subsídios para as medidas de prevenção e proteção requeridas, orientando quanto ao comportamento a ser adotado no transitar ou executar tarefas naquele ambiente.

No Brasil, as responsabilidades pertinentes ao mapeamento de riscos estão estabelecidas na NR- 5 – Item 5.16, que traz como atribuições da CIPA identificar os riscos do processo de trabalho e elaborar o mapa de riscos, com a participação do maior número de trabalhadores. E para tanto deve-se buscar diagnosticar as condições de trabalho e recomendar melhorias como resultado do esforço e do conhecimento conjunto de trabalhadores e técnicos especializados.

A elaboração do mapa de riscos traz em si uma série de resultados positivos para a organização, além da obtenção do próprio mapa. A sua construção se dá num processo educativo e organizativo, em que há a quebra do aspecto fragmentário (não apenas os especialistas podem contribuir), reforçando que a SST é uma questão coletiva, não apenas individual e, por fim, dá margem ao planejamento de intervenções que trazem ganhos a todos os envolvidos.

Na elaboração do mapa de riscos deve-se realizar:

a. Levantamento e sistematização do processo de produção.
b. Preenchimento da documentação constante na NR-5.

Para o levantamento das informações pertinentes ao processo de produção é recomendável a elaboração do fluxograma de produção, a descrição dos equipamentos, das instalações e das equipes de trabalho com o rol de atividades a serem exercidas por cada trabalhador. Além disso, recomenda-se, ainda, a elaboração de uma tabela de controle que associa as condições de trabalho existentes e possíveis manifestações danosas delas sobre a integridade dos trabalhadores, servindo de alerta e meio de orientação à instalação de situações indesejadas. Essa tabela deverá conter o seguinte conjunto de informações:

Grupo de risco x *Fontes* x *Sintomas* x *Doença do trabalho* x *Acidente*

---

[60] Recomendo, para uma melhor compreensão do momento histórico, político, econômico e social vigente, o filme "A classe operária vai ao paraíso" (Direção de Elio Petri, Itália, 1972).

Conhecimentos Técnicos

O preenchimento da documentação constante na NR-5 resulta na representação gráfica sobre a planta baixa do local de trabalho, incluindo o arranjo físico, ou seja, o próprio mapa de riscos, e indicará por meio de círculos:

a. O grupo de risco, de acordo com a cor padronizada (ver Quadro 2.18).
b. O número de trabalhadores expostos ao risco, o qual deve ser anotado dentro do círculo.
c. A especialização ou natureza do risco.
d. O potencial do risco, representado de acordo com a gravidade de efeitos (Figura 2.12), quando comparado a riscos de mesma natureza.

Quadro 2.18 Representação por cores, segundo o grupo de risco

Grupo	Risco	Cor
1	físicos	verde
2	químicos	vermelha
3	biológicos	marrom / bege
4	ergonômicos	amarela
5	acidentes	azul

Na representação dos riscos no mapa, quando um risco estiver disperso pelo ambiente, recomenda-se a colocação do círculo externamente à planta, o que indica esta condição de generalização, e quando num mesmo ponto ocorrerem riscos de naturezas distintas, o círculo indicativo deverá ser dividido em parcelas correspondentes, cada qual indicada na cor respectiva, sendo a gravidade estabelecida pelo maior potencial relativo entre estes.

Símbolo	Proporção	Tipos de riscos
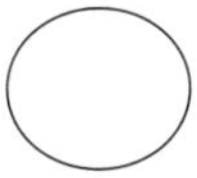 ◯	4	Grande
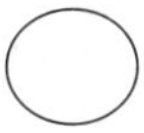 ◯	2	Médio
 ◯	1	Pequeno

Figura 2.12 Tabela de gravidade.

Embora esta ferramenta, de aplicação relativamente fácil, tenha sido prontamente implementada em grande parte das empresas nacionais, há dúvidas quanto à sua efetividade. A maior dificuldade das empresas no mapeamento dos riscos ambientais está na falta de capacidade, informação e subsídios técnicos para identificar, avaliar e controlar os riscos existentes dentro de seus processos produtivos. Ou seja, na qualidade das informações que são utilizadas para a sua construção. Por outro lado, muitas vezes, a sua execução a cargo, exclusivo da CIPA e não dos trabalhadores em geral, conforme a proposta original, pode resultar em perdas preciosas de conteúdo.

Em relação às limitações da análise quantitativa da nocividade no trabalho quanto aos químicos, Mattos e Queiroz (1996) apontam:

i. Restrito conhecimento sobre os efeitos da exposição ocupacional em relação ao grande número de substâncias disponíveis no mercado.
ii. Desconhecimento dos efeitos dos químicos combinados entre si e outros fatores, tais como calor, umidade, fumo, consumo de álcool, estado nutricional do afetado etc.
iii. Avaliações ambientais duvidosas, face à ausência da validação de metodologias de avaliações ambientais.
iv. A desconsideração das susceptibilidades individuais quando da comparação das informações de limites e sintomas e sinais de contaminações.

Quanto à gradação relativa à ausência de critérios para a gradação de riscos, esses mesmos autores apresentam as seguintes orientações (alcance dos efeitos danosos):

- *A possibilidade de morte iminente.*
- *Acidentes e lesões irreversíveis.*
- *A quantidade de pessoas expostas.*

Embora não seja de uso rotineiro no país, o Diagrama de Hommel (Figura 2.13), como meio de identificação de riscos químicos, vem ganhando espaço e adeptos de sua utilização cada vez maior em razão de sua simplicidade. Consiste numa representação gráfica de uma pirâmide tetraedral vista por cima, onde cada uma de suas faces indica a natureza e o potencial de determinado risco, com a utilização de cores, números e símbolos, conforme abaixo:

Diagrama de Hommel

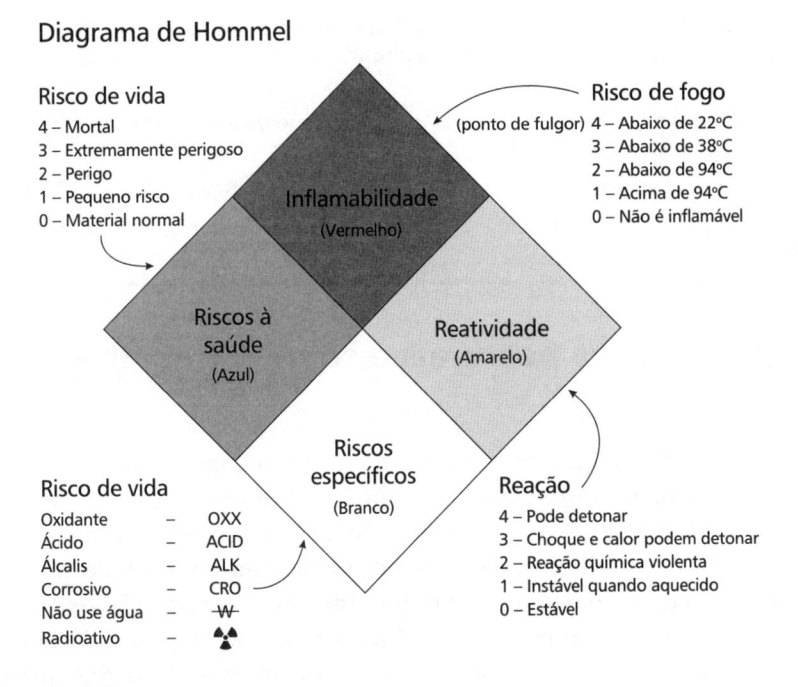

Risco de vida
4 – Mortal
3 – Extremamente perigoso
2 – Perigo
1 – Pequeno risco
0 – Material normal

Inflamabilidade
(Vermelho)

Risco de fogo
(ponto de fulgor) 4 – Abaixo de 22°C
3 – Abaixo de 38°C
2 – Abaixo de 94°C
1 – Acima de 94°C
0 – Não é inflamável

Riscos à saúde
(Azul)

Reatividade
(Amarelo)

Riscos específicos
(Branco)

Risco de vida
Oxidante – OXX
Ácido – ACID
Álcalis – ALK
Corrosivo – CRO
Não use água – W
Radioativo – ☢

Reação
4 – Pode detonar
3 – Choque e calor podem detonar
2 – Reação química violenta
1 – Instável quando aquecido
0 – Estável

Figura 2.13 Diagrama de Hommel.

Além da leitura detalhada da NR-5 no tocante à elaboração do mapeamento de riscos, indicamos algumas normas relativas à sinalização:

- NR-26 – Sinalização de Segurança.
- NBR-6493 – Emprego de cores para identificação de tubulações.
- NBR-7195 – Cores para segurança.
- NBR-9077 – Saídas de emergência em edifícios.
- NBR-10898 – Sistema de iluminação de emergência.
- NBR-13434 (partes 1, 2 e 3) – Sinalização de segurança contra incêndio e pânico:
    - Parte 1 – Princípios de projeto.
    - Parte 2 – Símbolos e suas formas, dimensões e cores.
    - Parte 3 – Requisitos e métodos de ensaio.

> **Sugestões de leitura**
>
> CORTÉS DÍAZ, José Maria. *Técnicas de prevención de riesgos laborales*: seguridad e higiene en el trabajo. 2. ed. Madri: Tébar Flores, 1997.
>
> MATTOS, Ubirajara; QUEIROZ, Aline Reis. Mapa de risco. In: TEIXEIRA, Pedro; VALLE, Sílvio (Org.). *Biossegurança*: uma abordagem multidisciplinar. Rio de Janeiro: Fiocruz, 1996.
>
> SAVARIZ, Manoelito. *Manual de produtos perigosos*: emergência e transporte. 2. ed. Porto Alegre: Sagra: D.C. Luzzato, 1994.
>
> SUÁREZ, Oscar. *La seguridad en obras*. 2. ed. Buenos Aires: Revista Vivienda, 2006.
>
> TRINDADE, José Damião de Lima. *História social dos direitos humanos*. São Paulo: Peirópolis, 2002.

● Considerações posturais e sobre o trabalho sentado

Na sociedade atual, o trabalho na posição sentada assume destaque todo especial. A maior parte das atividades que realizamos assim é desenvolvida, principalmente devido à maciça utilização de microcomputadores nos mais diversos setores das organizações que em muito têm contribuído para tanto. Em face desse contexto de inegável importância para a condição de trabalho e sobre os resultados oriundos deste, o administrador de empresas deverá lançar sobre o trabalho sentado uma série de observações e de cuidados que destas deverão resultar.

É muito comum observarmos posturas desajeitadas causadas por assentos inadequados, em espaços apertados e com uma distribuição de materiais que deveriam estar ao alcance das mãos fugindo ao conceito do que chamamos de área de conforto para alcance. Quer individualmente ou em conjunto, tais características contribuem para um desgaste desnecessário da coluna, dos membros e de outras partes do corpo do trabalhador que realiza suas atividades cotidianas nessa posição. Adicionalmente, deveremos nos preocupar devido ao aumento crescente das jornadas de trabalho e pela falta de pausas e de exercícios que poderiam minimizar tais efeitos danosos.

Ao percorrermos os ambientes de trabalho, poderemos verificar que existem condições e disposições diferentes para o trabalho sentado. Algumas pessoas dispõem de cadeiras "confortáveis" e outras, devido às exigências de mobilidade das tarefas executadas e/ou restrições de espaço, têm ao seu dispor apenas simples e, às vezes, improvisados assentos. Observamos que, ao longo dos anos, a mobília nas organizações reflete um sinal de *status* e de demarcação de classes ou hierarquias, revelando uma preocupação maior com o impacto de sua aparência do que com sua funcionalidade. Ou seja, de forma predominante sobre a atividade, posição ou postura de seu usuário.

Então, o que diferencia a cadeira do assento profissional? Mais uma vez recorremos ao dicionário[61] e lá encontramos:

> *"Assento: s. m. 1 – Objeto ou lugar em que a gente se senta. 2 – Lugar em que alguma coisa está assente; base. 3 – Tampo de cadeira, banco, sofá, etc."*

> *"Cadeira: s. f. 1 – Peça de mobiliário que consiste num assento com costas, e às vezes, com braços, dobrável ou não, para uma pessoa."*

Do exposto, verificamos que é a presença ou a ausência de um encosto que os diferencia. Este, por sua vez, terá a finalidade de apoiar as costas e dar-lhes suporte para manter o equilíbrio de nosso tronco, que é continuamente exigido nas diversas posturas assumidas durante a jornada de trabalho.

As posturas são influenciadas por todo um conjunto de disposições espaciais de materiais e objetos de interesse para o desempenho da atividade aos quais deveremos ter alcance manual ou visual. Assim, o assento ou cadeira, a mesa ou bancada e demais acessórios de seu entorno formam uma unidade integrada que, isoladamente ou associada, traz implicações e exigências sobre nossas costas, pescoço e visão, bem como para as pernas e membros superiores.

Embora a posição sentada possa ser considerada menos desgastante do que a posição em pé, aquela traz uma série de alterações na frágil estabilidade de nosso corpo. Os ossos da bacia realizam uma rotação e, com isso, ao sentarmos, a curvatura lombar é alterada e mesmo chega a se inverter quando nos inclinamos para a frente – o que é fato bastante comum. A pressão intervertebral eleva-se à medida que "fechamos" o ângulo formado entre nosso tronco e as coxas. Com isso há um esticamento de todas as estruturas – bastante sensíveis – que ficam na parte de trás da coluna e que nessa condição não tardarão a fazer aparecer dores indesejadas.

Da mesma forma que no levantamento manual excessivo de cargas, as paredes dos discos intervertebrais enfraquecem, tendem a apresentar fissuras e podem gerar, em casos extremos, um problema de maior gravidade, denominado de "hérnia".[62] Um encosto que apóie a base da coluna lombar, além de servir de suporte, contribui para a estabilidade e a sustentação do peso do tronco, porque parte desse esforço é transferida para o apoio. A inclinação do tronco para um dos lados do corpo igualmente deve ser evitada, pois gera uma sobrecarga assimétrica para as estruturas do corpo e provoca dores musculares no pescoço e no tronco. Por isso, deve-se evitar manter o corpo apoiado em apenas um dos braços e a cabeça constantemente inclinada para um dos lados – como ocorre

---

[61] FERREIRA, Aurélio Buarque de Holanda. *Novo dicionário da língua portuguesa*. 2. ed. 36ª reimpressão. Rio de Janeiro: Nova Fronteira, 1997, p. 184 e 309.
[62] O vazamento do material do núcleo comprime os nervos, gerando dor, sensação de formigamento local e que pode se irradiar por toda a extensão do nervo.

quando mantemos o fone de um telefone preso entre o ombro e um dos ouvidos. Muitas vezes, a distribuição espacial inadequada nos leva a baixar e mesmo torcer o tronco para pegarmos algo em um plano inferior. Por meio de um estudo do arranjo físico do posto de trabalho e com o uso de cadeiras com rodízios, isso pode ser minimizado.

Quando estamos sentados, além de nossa coluna lombar, outras regiões do corpo são afetadas porque fazem parte de um conjunto de flexibilidade limitada. As mudanças de posição contínuas e a constante inclinação para frente e para os lados, de forma similar, podem gerar desconforto e dores no pescoço. Isso pode ser minimizado com o estudo da localização de mostradores e dispositivos de informação que devem ser visualizados com certa frequência, bem como pela observação da curvatura assumida pelo pescoço proporcionada pelos elementos do posto em seu conjunto (alturas de mesa e bancadas de apoio, cadeira e suas distâncias, como também os monitores e acessórios). Recomenda-se que o ângulo formado com a linha vertical, quando o pescoço é inclinado para a frente, não ultrapasse 20° (sendo 30° a condição extrema). Quanto maior for esse ângulo, menor será o tempo necessário para o surgimento de dores na região.

A postura estática e a compressão das nádegas e coxas reduzem a circulação local e o retorno do sangue ao coração afetando, desta maneira, os membros inferiores. As possibilidades de danos às pernas podem ser elevadas sensivelmente pela falta do hábito da regulagem da altura do assento quando essa permite ajustes. Por isso, além de pôr à disposição dos funcionários cadeiras e outros equipamentos com recursos que podem prevenir danos à saúde, é por demais importante que o gestor realize junto ao seu pessoal uma conscientização sobre o papel de cada indivíduo nesse processo preventivo, bem como nos demais momentos e setores da empresa. Em ocupações em que é predominante a presença de trabalhadores do sexo feminino, por exemplo nas confecções, o gestor deverá ter cuidados adicionais com a retenção de líquidos (que pode ser observado pelo inchaço das pernas das trabalhadoras), principalmente devido às alterações introduzidas no corpo por fases do ciclo menstrual. Em certos períodos, ocorre a elevação da temperatura corporal e, por conseguinte, da área genital, contribuindo para o surgimento de problemas circulatórios – varizes, por exemplo – e para a proliferação de microorganismos, se não houver uma correta higiene íntima.

Contribuirá significativamente para uma melhor ventilação da área de contato de assento a escolha de tecidos não sintéticos para o revestimento (napa, plásticos ou similares), comumente utilizados.

Quando não for possível o ajuste da altura de assento, poderá ser utilizado um apoio para os pés que deverá permitir a movimentação deles e servir para o repouso das pernas. Para tanto é necessário que sejam observadas durante sua construção as características de dimensões e formas que atendam a tais exigências.

Como um último ponto de análise, trataremos dos efeitos do trabalho sentado sobre os membros superiores, seja nas mãos, punhos, ombros ou cotovelos e nas estruturas anatômicas a esses associados, localizadas no interior das articulações (sinóvias, cápsulas e ligamentos) ou ao seu redor (nervos, tendões, músculos e fáscias). Apoiar os braços em quinas de mesas por períodos prolongados levará a uma redução da irrigação local gerada pela compressão de vasos e mesmo resultará na compressão de nervos, o que trará prejuízos às funções do membro. Ocorrerá também uma sobrecarga de exigências estáticas sobre os cotovelos, ombros e punhos quando não forem observadas as alturas do assento, da bancada de trabalho ou as relações entre estas em função das dimensões do corpo do usuário ou usuários do posto de trabalho, fazendo com que tais partes "suportem" exigências acima do que seria normal ou aconselhável.

Como elementos fundamentais a serem considerados na escolha de cadeiras ou assentos, podemos apontar as seguintes orientações:

1. *Existe um assento adequado para cada tipo de função*: ou seja, não é recomendável, sem a devida análise funcional, adquirir um mesmo tipo e qualidade de mobília para todos os espaços da organização, ainda que possam ser obtidos descontos pela compra em quantidade.
2. *As dimensões do assento devem ser adequadas à antropometria do usuário*: isso reforça a orientação anterior e leva à necessidade de projetar postos de trabalho de acordo com as características reais do futuro usuário, abandonando a ideia de padrões ou estereótipos humanos.
3. O *assento deve permitir variações de postura*, pois estas são buscadas naturalmente como forma de obter um melhor conforto e, como tal, o *encosto deve ajudar no relaxamento.*
4. A *aquisição dessas deverá levar em conta a relação entre a altura do assento e a de trabalho*: portanto, de nada servirá uma boa cadeira se o todo não atender a tal exigência.
5. *Deverá ser também considerada condição básica de conforto a facilidade para sentar e para levantar*: caso contrário, quedas, acidentes ou posturas indevidas podem resultar em danos pessoais, bem como materiais.
6. *A densidade do acolchoamento deverá ser observada, como item fundamental na distribuição da pressão sobre a região glútea, influindo na dureza do assento e área de contato, e também na estabilidade da coluna ao permanecermos sentados.*

Outro importante aspecto a destacar é a crescente participação de pessoas portadoras de deficiência no mercado de trabalho. Para muitas dessas, o fato de sua mobilidade estar atrelada a uma cadeira de rodas não se configura qualquer empecilho a sua capacidade produtiva. Em verdade, o que se configura como impedimento absurdo é a falta de condições de acesso a seu local de trabalho adequadas, como também a inobservância do planejamento de áreas para manobras. Significa dizer que o atendimento dessas e de outras necessidades desse grupo de profissionais também deverá fazer parte das preocupações dos gestores comprometidos com o bem-estar de seus funcionários e com a imagem de suas empresas.

Sugestões de leitura

ARNAO, Amparo Candelos et al. *Guia de acesso al ordenador*: para personas com discapacidad. Madri: Instituto de Migraciones y Servicios Sociales, 1997.

BUSTAMANTE, Antonio. *Diseño ergonómico*: en la prevención de la enfermedad laboral. Madri: Díaz de Santos, 1995.

COURY, Helenice Gil. *Trabalhando sentado*: manual para posturas confortáveis. 2. ed. São Carlos: EDUFSCar, 1995.

GALLEGO, Santiago González. *La ergonomía y el ordenador*. Barcelona: Marcombo, 1990.

IIDA, Itiro. *Ergonomia*: projeto e produção. São Paulo: Edgard Blücher, 1990.

PANERO, Julius et al. *Las dimensiones humanas em los espacios interiores*: estándares antropométricos. 7. ed. Barcelona: Gustavo Gili, 1996.

PUENTE, Rakel Poveda et al. *Guía de selección y uso de sillas de ruedas*. Madri: Instituto de Migraciones y Servicios Sociales, 1998.

● Permissão para Trabalho (PT)

Certas situações laborais submetem trabalhadores a atividades cuja execução coloca em risco imediato a sua integridade ou a de terceiros, requerendo, em razão disso, que haja um rigoroso controle para a sua concretização, seja no tocante à requisição, autorização para a realização e determinação do executante, seja na verificação de sua conclusão e liberação da área ou da utilidade para sua posterior utilização.

Em tais situações se faz requerida a emissão de um documento que deve conter todas as recomendações necessárias e suficientes para assegurar a adequada realização destas atividades. A este documento chamamos de Permissão para Trabalho de Risco (PTR) ou, simplesmente, Permissão para Trabalho (PT).

Como agentes envolvidos na avaliação das condições ambientais nas quais se dará a execução das atividades, bem como para a obtenção e utilização da permissão para trabalho, temos: o emissor da ordem de serviço, o executor (indivíduo ou equipe) e o aprovador ou autorizador. A condição de emissor diz respeito

Conhecimentos Técnicos

às pessoas habilitadas a demandarem aquele tipo de atividade ou serviço. O executor diz respeito às pessoas habilitadas e qualificadas para a sua execução, seja individualmente, seja em equipe. Cabe aqui destacar que quando nos referimos à competência individual nos referimos a determinada tarefa específica no conteúdo da atividade, uma vez que, como regra básica de segurança, uma atividade de risco não deve ser realizada por um indivíduo sozinho. O aprovador ou autorizador é o responsável formal pela autorização e pela verificação da conclusão da tarefa.

A permissão para trabalho é uma autorização prévia, em geral de caráter obrigatório, na qual se estabelece todo o conjunto de condições e requisitos para a execução de determinada tarefa. Sendo via de regra de natureza pessoal, determina a competência exigida de um indivíduo ou de uma equipe de trabalhadores para a consecução das atividades ou serviços pertinentes, bem como estabelece atribuições para cada um dos membros desta equipe. Como exemplo, temos a permissão para trabalho em altura (**PTA**), a permissão para entrada e trabalho em ambientes confinados ou em atmosferas especiais, a permissão para trabalho envolvendo riscos elétricos e a permissão para trabalho a quente.

Subentende-se, então, que em razão de sua natureza e/ou da situação em que o trabalho deverá ser realizado, essa permissão deverá trazer determinações acerca dos procedimentos, informações sobre a programação (dia, horário e duração prevista – início e fim), equipamentos e meios de segurança necessários para a adequada caracterização do feito. Do exposto, deve-se concluir, ainda, que a sua emissão deve se processar a cada evento, não tendo, assim, vida útil após determinado período, posto que a dinâmica das variáveis do cenário em que a ação humana terá lugar poderá exigir posturas e a tomada de providências distintas entre dois momentos ou duas realidades com pequena distância temporal entre estas.

É importante ressaltar que a PT tem uma vida definida. Ou seja, não pode ser emitida e transcorrer tempo significativo entre a sua emissão e a realização da operação nela orientada, vez que as condições, para as quais foi autorizada e prescrita, podem se alterar de tal maneira que não faça qualquer sentido realizá-la como se os cenários iniciais não mudassem em nada. Convém igualmente destacar que para sua emissão, como parte do ciclo de produção, devem ser levados a termo atividades preliminares, como a verificação da disponibilidade de ferramental e de equipamentos de proteção e de segurança, inclusive para imediata reposição durante a operação, bem como o travamento e bloqueio de mecanismos de acionamento ou outro capaz de pôr em marcha o sistema acidentalmente.

Seu conteúdo não é de simples recomendações, mas de prescrições que deverão assegurar a integridade não somente dos trabalhadores que executarão as tarefas no equipamento ou ambiente em análise, mas de todos aqueles que direta ou indiretamente possam ser atingidos por erros nesta tarefa, assim como de todo o sistema produtivo envolvido.

Emitidas a cada oportunidade em que se faz necessária determinada intervenção de risco iminente, as condições previamente existentes devem ser alvo de uma análise preliminar de riscos (APR), que deve ser levada a termo por todos os envolvidos em sua execução. As condições para a sua emissão pelo autorizador da PT devem ser firmadas na presença ou em conjunto com aqueles que realizarão a tarefa. Isso se deve ao potencial de consequências danosas para a integridade das pessoas envolvidas na execução de tais atividades, para o próprio sistema produtivo e de terceiros que utilizam os recursos do mesmo. Isso posto, é extremamente recomendável que o preenchimento e/ou os levantamentos requeridos para a emissão da permissão de trabalho sejam levados a efeito de maneira coletiva pelo autorizador e pelos executantes. Por igual razão a verificação de sua conclusão deve se dar também de modo coletivo.

Ainda que a equipe anseie pela execução da tarefa e concorde com a emissão da permissão, mesmo assim, baseando seu julgamento em sua experiência e prática, o autorizador pode negar-se a autorizá-la e emiti-la, já que, ao autorizar a realização da tarefa, não há a "transferência" da segurança da mesma aos executantes e repousa sobre ele a autoridade maior do evento. Deve, para tanto, ter independência e competência para questionar interesses de produção que, em hipótese alguma, jamais podem prevalecer sobre a integridade das pessoas e do sistema, valendo-se, também, para tal finalidade, da realização de eventuais auditorias de campo e do acompanhamento integral da execução da tarefa.

Após iniciada a atividade, mesmo com a adequada previsão para a sua duração, pode haver casos em que haja o prolongamento de sua extensão para além do inicialmente programado. Em tais situações devemos observar o seguinte:

 a. Quando para a conclusão da atividade for demandada pequena fração de tempo adicional (em regra até um máximo de 2 horas), de modo que uma nova equipe não seja envolvida em uma tarefa de risco com a qual não teve contato em seu início ou origem, se mantidas as condições, será possível admitir o seu prolongamento pela mesma equipe que a iniciou.
 b. Quando para a conclusão da atividade demandada a fração de tempo for superior a duas horas ou o prolongamento da jornada puder pôr em risco, por si só, a integridade da equipe executante, a tarefa deve ser encerrada e nova permissão deve ser emitida para reinício da mesma, na jornada seguinte.
 c. Quando a duração da atividade perdurar mais de um dia, para cada dia deve ser emitida e concluída uma permissão para trabalho à luz da verificação das condições efetivas ao início e final de cada novo

dia, de maneira a se constatar a continuidade ou não das condições previamente observadas.

As permissões devem ser emitidas em um mínimo de duas vias, uma das quais seguirá, obrigatoriamente, junto com a equipe executora, e a outra servirá de meio de acompanhamento gerencial. Procedimentos das empresas servem como fonte de direito. Face ao seu teor, deve haver o arquivamento obrigatório das permissões executadas, de modo a servir de instrumento de avaliação da própria rotina de trabalho.

Outrossim, ainda que emitida a permissão para trabalho, o executante (um ou mais dos membros da equipe executante) pode recusar-se a realizar o trabalho de risco, caso não concorde, justificadamente, com as avaliações prévias realizadas, com as prescrições decorrentes ou na mudança das condições inicialmente levantadas que possam ser capazes de colocar em risco a si mesmo, outro membro da equipe ou um terceiro. Será, então, pertinente e necessário o registro dos motivos da recusa, o que deverá, de imediato, originar um processo de investigação ou de auditoria acerca do relatado. Certamente a permissão para trabalho tem um caráter procedimental, todavia esta em hipótese alguma não substitui o treinamento e o conhecimento requeridos para a execução das atividades nesta descritas. Entretanto, a revisão rotineira das permissões executadas, como parte da estratégia de melhoria do sistema de saúde e segurança do trabalho de uma empresa, servirá para a reciclagem dos antigos e para o treinamento de novos trabalhadores.

A literatura descreve dois tipos de permissões. As permissões "abertas" e as "fechadas". As segundas dizem respeito às listas de verificação previamente elaboradas para ambientes e atividades cujas condições se repetem ao longo do tempo, cujo amplo conhecimento anterior permite o estabelecimento de requisitos previsíveis para a avaliação dos cenários e as prescrições de segurança pertinentes. Ao se responder SIM, significa dizer que há a necessidade das providências de prevenção e proteção específicas para tal situação, uma vez que as consequências indesejadas devem estar previstas e devem ser evitadas. Verifica-se, portanto, por meio destas listas o atendimento ou não dos requisitos e recomendações aplicáveis.

O tipo "aberto" consiste em realizar o levantamento "caso a caso", tendo os mesmos objetivos e finalidades do "fechado". Todavia, o levantamento não se resume ao conjunto de informações já estabelecido em um impresso previamente elaborado. Vantagens e desvantagens relativas de cada um destes são citadas por profissionais envolvidos com a segurança nas empresas. Resta, então, afirmar, independentemente do tipo adotado, que estes são imprescindíveis para a consecução das atividades de risco.

Ou seja, em ambos os modelos deve haver a antecipação dos riscos envolvidos e o detalhamento das medidas preventivas e de proteção requeridas. Não havendo o atendimento destas, a permissão não pode ser concretizada e, tampouco, o trabalho esperado pode ser levado a termo.

A título de exemplo reproduzimos no capítulo relativo a ambientes confinados uma permissão para trabalho em ambientes desta natureza, constante no anexo II da Norma Regulamentadora nº 33 (NR-33).

Sugestões de leitura

ASFAHL, C. Ray. *Gestão de segurança do trabalho e de saúde ocupacional*. São Paulo: Reichmann e Autores Editores, 2005.

KLETZ, Trevor A. *O que houve de errado?* Casos de desastres em indústrias químicas, petroquímicas e refinarias. São Paulo: Makron Books, 1993.

SAMPAIO, Gilberto Maffei A. *Pontos de partida... em segurança industrial*. Rio de Janeiro: Qualitymark, 2003.

Quadro 2.19 Exemplo de permissão para trabalho – sistema "fechado"

PARÂMETRO	SIM	NÃO	N.A.
Energia elétrica			
Energia térmica			
Energia hidráulica			
Energia pneumática			
Energia mecânica			
Produtos inflamáveis			
Produtos químicos			
Espaço confinado			
Altura			
Escavações			
Elevação de cargas			
Atmosfera explosiva			
Etc.			

Conhecimentos Técnicos

Quadro 2.20 Modelo ilustrativo de permissão para trabalho (sistema "aberto")

Data: Hora: Setor ou Local: Emissor: (Nome com letras maiúsculas e função) Validade desta permissão: até ___ (hora) do mesmo dia em que foi autorizada
Onde será feito o trabalho?
(Seja preciso ao descrever o local, por exemplo, "ao lado direito e interno do portão de entrada de caminhões")
O que tem que ser feito?
(Separe em etapas o trabalho a ser feito – use os espaços abaixo para descrever os detalhes dessas etapas)
Etapa 1:
Etapa 2:
Etapa 3:
Mais etapas? Descreva-as abaixo, numerando-as:
Riscos
(Descreva os riscos que cada etapa apresenta)
Medidas de proteção
(As medidas de proteção devem cobrir todos os riscos identificados)
Executor do trabalho: (nome com letras maiúsculas e função)
Autorizado por: (nome com letras maiúsculas e função)

Fonte: SAMPAIO, Gilberto Maffei A. *Pontos de partida... em segurança industrial.* Rio de Janeiro: Qualitymark, 2003.

Assista a um vídeo do autor sobre *Permissão para Trabalho de Risco.*

uqr.to/ckqp

● Ambientes confinados

Algumas situações laborais exigem que trabalhadores realizem atividades em ambientes cuja dificuldade de acesso e de permanência colocam em risco imediato a sua integridade. Não raro, estes espaços têm aberturas para entrada e saída limitadas em número e dimensões, suas características construtivas e geometria favorecem a formação de uma atmosfera onde o acúmulo de contaminantes se contrapõe à presença de oxigênio, tornando deficiente a condição para a respiração natural, sendo passível, ainda, a ocorrência de explosões ou inundação repentina, de modo que esses espaços não são adequados para a ação continuada por trabalhadores.

Apesar de todas estas adversidades, muitas vezes a presença humana é necessária para que a tarefa seja adequadamente realizada. Em razão do reconhecimento de todo este potencial, medidas preventivas, bem como práticas operacionais de proteção, devem ser levadas a termo para que tais serviços sejam realizados em plena segurança.

Segundo a NR-33:[63] *"Espaço Confinado é qualquer área ou ambiente não projetado para ocupação humana contínua, que possua meios limitados de entrada e saída, cuja ventilação existente é insuficiente para remover contaminantes ou onde possa existir a deficiência ou enriquecimento de oxigênio."* Esta mesma norma traz em seu anexo III um glossário com algumas definições úteis ao entendimento do seu objetivo, onde temos:

a. **Contaminantes**: gases, vapores, névoas, fumos e poeiras presentes na atmosfera do espaço confinado;
b. **Deficiência de oxigênio**: atmosfera contendo menos de 20,9% de oxigênio em volume na pressão atmosférica normal, a não ser que a redução do percentual seja devidamente monitorada e controlada;
c. **Enriquecimento de oxigênio**: atmosfera contendo mais de 23% de oxigênio em volume;
d. **Atmosfera IPVS – Atmosfera Imediatamente Perigosa à Vida ou à Saúde**: qualquer atmosfera que apresente risco imediato à vida ou produza imediato efeito debilitante à saúde;
e. **Engolfamento**: *é o envolvimento e a captura de uma pessoa por líquidos ou sólidos finamente divididos;*
f. **Inertização**: deslocamento da atmosfera existente em um espaço confinado por um gás inerte, resultando numa atmosfera não combustível e com deficiência de oxigênio;
g. **Supervisor de entrada**: pessoa capacitada para operar a permissão de entrada com responsabilidade para preencher e assinar a Permissão de Entrada e Trabalho (PET) para o desenvolvimento de entrada e trabalho seguro no interior de espaços confinados;
h. **Trabalhador autorizado**: trabalhador capacitado para entrar no espaço confinado, ciente dos seus direitos e deveres e com conhecimento dos riscos e das medidas de controle existentes;
i. **Vigia**: trabalhador designado para permanecer fora do espaço confinado e que é responsável pelo acompanhamento, comunicação e ordem de abandono para os trabalhadores;

---

[63] Disponível em <www.mte.gov.br>, item Legislação.

j. **Purga**: método de limpeza que torna a atmosfera interior do espaço confinado isenta de gases, vapores e outras impurezas indesejáveis por meio de ventilação ou lavagem com água ou vapor.

Galerias pluviais e de efluentes, tubulações em geral, silos e tanques de armazenamento de combustíveis são exemplos desse tipo de ambiente.

A análise das definições formuladas na NR-33 nos leva ao entendimento de que tarefas dessa natureza demandam uma equipe formada por um mínimo de três trabalhadores: o supervisor de entrada, o trabalhador autorizado e o vigia, cada qual com um conjunto de funções bem definidas. Embora o item 33.3.4.6 estabeleça que o supervisor de entrada possa exercer a função de vigia, tal liberalidade deve ser entendida como admitida com restrições em razão das características dos ambientes onde as tarefas possam se dar. Por exemplo, em cavidades que exijam o suporte contra queda de altura ou outro ambiente em que, similarmente, em algumas situações, seja requerida a imediata intervenção para a prestação de pronto salvamento ao trabalhador confinado.

Há em tais ambientes a necessidade do contínuo monitoramento das condições da atmosfera a que estará sujeito o trabalhador, bem como sobre a movimentação de fluidos no interior do ambiente, principalmente quando sujeitos à inundação e ao vazamento de fluidos ao seu interior. Cuidados adicionais devem ser tomados quando da realização de atividades a quente que podem oportunizar a ignição ou explosão do material dessa atmosfera.

Figura 2.14 Sinalização para identificação de espaço confinado.

Sugestões de leitura

Associação Brasileira de Normas Técnicas (ABNT). Espaço Confinado – Prevenção de acidentes, procedimentos e medidas de proteção: NBR 16.577. Rio de Janeiro, 2017.

_____. Armazenamento de líquidos inflamáveis e combustíveis — Entrada em espaço confinado em tanques subterrâneos e em tanques de superfície: 14.606. Rio de Janeiro: 2013.

SILVA, Yone Caldas. O preparo para o trabalho de risco. *Psicologia*: ciência e profissão, 20 (4), 2-15, 2000.

Apêndice – Permissão de Entrada e Trabalho – PET (NR-33 – ANEXO II)

Caráter informativo para elaboração da Permissão de Entrada e Trabalho em Espaço Confinado		
Nome da empresa:		
Local do espaço confinado:	Espaço confinado nº:	
Data e horário da emissão:	Data e horário do término:	
Trabalho a ser realizado:		
Trabalhadores autorizados:		
Vigia:	Equipe de resgate:	
Supervisor de Entrada:		
Procedimentos que devem ser completados antes da entrada		
1. Isolamento	S ( )	N ( )
2. Teste inicial da atmosfera: horário _____		
Oxigênio		% O$_2$
Inflamáveis		%LIE
Gases/vapores tóxicos		ppm
Poeiras/fumos/névoas tóxicas		mg/m^3
Nome legível/assinatura do Supervisor dos testes:		
3. Bloqueios, travamento e etiquetagem	N/A (A) S ( )	N (A)
4. Purga e/ou lavagem	N/A (A) S ( )	N ( )
5. Ventilação/exaustão – tipo, equipamento e tempo	N/A ( ) S ( )	N ( )
6. Teste após ventilação e isolamento: horário _____		
Oxigênio		% O$_2$ > 19,5% ou < 23,0 %
Inflamáveis		%LIE < 10%
Gases/vapores tóxicos		ppm
Poeiras/fumos/névoas tóxicas		mg/m^3
Nome legível/assinatura do Supervisor dos testes:		
7. Iluminação geral	N/A ( ) S ( )	N ( )
8. Procedimentos de comunicação:	N/A ( ) S ( )	N ( )
9. Procedimentos de resgate:	N/A ( ) S ( )	N ( )

Conhecimentos Técnicos

10. Procedimentos e proteção de movimentação vertical:	N/A ( )	S ( )	N ( )
11. Treinamento de todos os trabalhadores? É atual?	N/A ( )	S ( )	N ( )
12. Equipamentos:			
13. Equipamento de monitoramento contínuo de gases aprovados e certificados por um Organismo de Certificação Credenciado (OCC) pelo INMETRO para trabalho em áreas potencialmente explosivas de leitura direta com alarmes em condições:		S ( )	N ( )
Lanternas	N/A ( )	S ( )	N ( )
Roupa de proteção	N/A ( )	S ( )	N ( )
Extintores de incêndio	N/A ( )	S ( )	N ( )
Capacetes, botas, luvas	N/A ( )	S ( )	N ( )
Equipamento de proteção respiratória "autônomo" ou sistema de ar mandado com cilindro de escape	N/A ( )	S ( )	N ( )
Cinturão de segurança e linhas de vida para os trabalhadores autorizados	N/A ( )	S ( )	N ( )
Cinturão de segurança e linhas de vida para a equipe de resgate	N/A ( )	S ( )	N ( )
Escada	N/A ( )	S ( )	N ( )
Equipamentos de movimentação vertical/suportes externos	N/A ( )	S ( )	N ( )
Equipamentos de comunicação eletrônica aprovados e certificados por um Organismo de Certificação Credenciado (OCC) pelo INMETRO para trabalho em áreas potencialmente explosivas _____	N/A ( )	S ( )	N ( )
Equipamento de proteção respiratória autônomo ou sistema de ar mandado com cilindro de escape para a equipe de resgate _____	N/A ( )	S ( )	N ( )
Equipamentos elétricos e eletrônicos aprovados e certificados por um Organismo de Certificação Credenciado (OCC) pelo INMETRO para trabalho em áreas potencialmente explosivas _____	N/A ( )	S ( )	N ( )
Legenda: N/A – "não se aplica"; N – "não"; S – "sim".			
Procedimentos que devem ser completados durante o desenvolvimento dos trabalhos			
Permissão de trabalhos a quente	N/A ( )	S ( )	N ( )
Procedimentos de Emergência e Resgate			
Telefones e contatos: Ambulância:_____ Bombeiros:_____ Segurança:_____			

Obs.:
- A entrada não pode ser permitida se algum campo não for preenchido ou contiver a marca na coluna "não".
- A falta de monitoramento contínuo da atmosfera no interior do espaço confinado, alarme, ordem do Vigia ou qualquer situação de risco à segurança dos trabalhadores implica no abandono imediato da área.
- Qualquer saída de toda equipe por qualquer motivo implica a emissão de nova permissão de entrada. Esta permissão de entrada deverá ficar exposta no local de trabalho até o seu término. Após o trabalho, esta permissão deverá ser arquivada.

● O trabalho em altura

Em sua origem, a palavra *acidente* deriva do latim "accidens", particípio de "accidere" (ad + cadere), que significa, em termos gerais, "cair", "ir ao chão". De modo similar, incidente deriva de "incidens" (in + cadere), que nos chegou como sinônimo de ocorrência fortuita, eventualidade, "episódio repentino que reduz significativamente as margens de segurança sem, contudo, as anular, apresentando por isso apenas potenciais consequências para a segurança", diferenciando-se daquele que denota "acontecimento repentino e imprevistos, provocados pela ação do homem ou da natureza". LOURENÇO (2001: 17-21)[64].

Em um exercício de livre apreciação acerca do exposto, podemos alcançar a seguinte conclusão: acontecimentos não planejados (indesejados) que levam um trabalhador, do ponto em que se encontra executando as atividades ao seu encargo ao chão (ou a um nível inferior qualquer), os denominamos de "queda de nível" que, por suas características, comumente resultam, observando-se os ambientes ou as condições de sua ocorrência, consequências gravosas – inclusive morte – e são originadas por ação ou omissão daqueles que devem atuar em prol da integridade deste obreiro, inclusive si próprio.

E quando uma atividade é executada 2,00 m (dois metros) acima do nível inferior (ou do chão, inclusive da linha d'água) e há inafastável risco de queda considera-se esta "trabalho em altura", segundo definição constante na legislação vigente (NR 35.1.2).

Diversas situações do cotidiano expõem trabalhadores a potenciais quedas de alturas superiores a dois metros, uma vez que devem exercer tarefas em postos de trabalho que requerem sua elevação até estes postos ou com possibilidade de queda em razão de desníveis de altura, tais como o trabalho em fachadas, em telhados, em fossos ou valas, na poda de árvores, em redes aéreas, em construções e montagens elevadas, dentre outras que requerem permissão prévia para a sua consecução, segundo a dinâmica específica para esta concessão.

Para o exercício de atividades nestas condições, não apenas os aparatos materiais devem receber cuidadosa atenção antes da liberação do serviço, mas também os próprios trabalhadores que serão os seus potenciais executantes porque se requer de ambos, homens e equipamentos, a mais estreita confiabilidade. Além disso, em se tratando de atividades em áreas externas, as condições atmosféricas, tais como chuvas, o teor de umidade e a presença de ventos (em direção e intensidade) devem ser verificadas previamente à liberação da execução do serviço, bem como o nível de iluminação requerido e o disponível para tanto.

---

[64] LOURENÇO, Luciano. Ocorrências, incidentes, acidentes e desastres. Disponível em: <http://www.uc.pt/fluc/nicif/Publicacoes/Colectaneas_Cindinicas/Download/Colecao_I/Artigo_I.pdf>.

Conhecimentos Técnicos

De acordo com o preconizado pela Associação Nacional de Medicina do Trabalho (ANAMT),[65] candidatos a tais funções devem ser submetidos a rigorosa avaliação clínica, sendo, inclusive, submetidos a exames específicos, para que, somente assim, possam vir a ser considerados aptos (ou não) para tal encargo, com a emissão do devido Atestado de Saúde Ocupacional (ASO) correspondente, que os habilitará para tanto do ponto de vista médico.[66]

Quando o serviço a ser executado demandar a utilização de andaimes, atenções devem ser tomadas não apenas durante o uso, mas também previamente à sua montagem e quando de sua desmontagem, pois em cada um destes distintos momentos, acidentes podem ser originados. Deve-se verificar, por exemplo, se os pranchões a serem utilizados estão livres de rachaduras ou trincas, graxas ou óleos e se a sua superfície não está pintada ou com sujidade tal que possa mascarar estas indesejadas imperfeições estruturais, bem como se possuem travamento lateral para evitar seu escorregamento ou deslizamento. Ademais, devem-se verificar as condições do piso sobre o qual será montado, se devidamente plano e resistente à carga que deverá suportar (a do próprio andaime, o peso dos trabalhadores e dos materiais a serem depositados sobre esta para a execução do serviço), não sendo permitida jamais a improvisação de calços. Todos os andaimes (sejam apoiados ao piso ou solo, ou suspensos, mais conhecidos como balancins) devem ser munidos com sistemas de guarda-corpo e rodapés.

Os balancins individuais (conhecidos popularmente como cadeirinhas, que somente deverão ser utilizados quando o do tipo plataforma não puder sê-lo, conforme o item NR 18.15.49 e seguintes) devem dispor de dupla trava automática, sendo um trava-quedas na própria cadeira e uma trava na manivela de acionamento manual (para subida e descida pelo próprio operador) sendo provida, também, de suporte para ferramentas e demais materiais em uso (tintas, revestimentos a aplicar etc.). Para evitar a queda destes, poderá ser requerido o uso de tela protetiva logo abaixo dos equipamentos ou, o mais comum no caso de ferramentas, deverão estar presas ao trabalhador por guias de sustentação. Estes balancins somente devem ser ancorados em elementos estruturais do edifício (de preferência pontos de ancoragem específicos para tal fim e estabelecidos na própria construção), não devendo jamais ser improvisados meios para tanto. O usuário da cadeira suspensa deverá, adicionalmente, utilizar cinto de segurança tipo paraquedista ligado a um trava-queda em corda guia independente.

---

[65] Sugestão de Conduta Médico Administrativa – SCMA nº 01/2004. Exames complementares para trabalhadores em trabalho em altura.
[66] Atualmente a SCMA n. 01/2004 encontra-se revogada. As diretrizes da ANAMT referentes às condutas dos profissionais de medicina do trabalho podem ser consultadas em <https://www.anamt.org.br/portal/diretrizes/>.

Adicionalmente, em todas as situações consideradas trabalho em altura, deve-se verificar a pronta disponibilidade dos EPIs obrigatórios, a distância em relação às redes e instalações elétricas, bem como a presença de árvores que possam encobri-las ou de outras oportunidades de acidentes, como a presença de colmeias ou de equipamentos de produção que devam ser bloqueados e devidamente sinalizados como pontes rolantes, esteiras ou mesmo passagens de empilhadeiras e de pedestres. O que implica dizer que será necessária a sinalização e o isolamento da área no entorno do local do serviço a ser executado (em um raio de dois metros além do perímetro de serviço).

Quanto à Construção Civil, é devido destacar que queda de nível é uma das principais causas dos acidentes graves nessa indústria, muitos dos quais, infelizmente, fatais. Em face destes cenários, ademais das recomendações de medidas preventivas relacionadas a tarefas com riscos desta natureza disponíveis em distintos itens da NR 18, devemos fazer cumprir o constante na Norma Regulamentadora n. 35 (NR 35), que detalha e aprofunda a temática.

Quando o trabalho demandar a utilização de escadas, tal como no caso dos andaimes, uma rigorosa inspeção prévia à sua utilização deve ser feita, assim como a verificação do local que servirá de base à sua instalação. Neste sentido, deve-se observar se os degraus estão firmemente fixados às longarinas (inspecione a condição dos parafusos e demais elementos de fixação). Todas as partes do conjunto devem estar isentas ou livres de trincas e/ou rachaduras. Deve-se observar, também, se as sapatas estão bem fixadas, são antiderrapantes e estão em boas condições de uso. Cuidados específicos devem ser tomados em relação às escadas de madeira, que deverão estar livres de pinturas ou outras sujidades capazes de mascarar a presença de nós, trincas ou rachaduras, além de farpas. O espaçamento entre os degraus deve ser uniforme (entre 25 e 30 cm). É importante avaliar a adequação da forma de fixação da escada contra a estrutura do prédio (se por amarração ou segurada por outrem). Por fim, no caso de escadas extensíveis deve-se verificar se estas possuem limitador de curso e corda para movimentação do segundo lance, bem como se esta está em boas condições de uso.

Os itens 12 e 13 da NR 18 trazem prescrições quanto à proteção no uso de escadas, rampas e passarelas provisórias e contra quedas de altura aplicáveis à construção civil, mas que podem ser adotadas em outras indústrias, quando condições semelhantes se fizerem presentes, tais como a proteção de vãos abertos e fossos, como também contra a projeção e queda de materiais.[67]

---

[67] Recomendações técnicas pertinentes a estes temas podem ser obtidas em: <http://trabalho.gov.br/seguranca-e-saude-no-trabalho/normatizacao/normas-regulamentadoras/norma-regulamentadora-n-18-condicoes-e-meio-ambiente-de-trabalho-na-industria-da-construcao>.

Conhecimentos Técnicos

Mais além do que ser uma norma de caráter específico quanto à atividade, a NR 35 trata as questões relacionadas a esta como inerentes a um sistema de gestão integrada de segurança ocupacional, que engloba não apenas medidas técnicas e ações preventivas, mas também estabelece responsabilidades, regras de seleção, uso, inspeção e manutenção de equipamentos individuais de acordo com as condições de execução da tarefa no caso em exame, bem como determina o planejamento frente a prováveis situações de emergência, com a necessária preparação para o resgate e primeiros socorros, de modo a minimizar as potenciais consequências da ocorrência de um evento indesejado, dentre as quais a (Síndrome da) suspensão inerte.[68]

Sobretudo, a NR 35 [em 35.4.2] preconiza que o planejamento das tarefas com demandas relacionadas ao trabalho em altura deve se orientar pelas seguintes premissas, em hierarquia:

a) *medidas para evitar o trabalho em altura, sempre que existir meio alternativo de execução;*

b) *medidas que eliminem o risco de queda dos trabalhadores, na impossibilidade de execução do trabalho de outra forma;*

c) *medidas que minimizem as consequências da queda, quando o risco de queda não puder ser eliminado.*

Ao que complementarmente [35.4.5] estabelece:

Todo trabalho em altura deve ser precedido de Análise de Risco.

Neste mesmo sentido, DÍAZ (1997: 206) sugere que a atuação preventiva no trato com atividades em altura deve seguir três etapas, segundo seus objetivos:

"*1. Impedir a queda – eliminando os riscos, mediante a concepção e organização do trabalho (segurança integrada) ou em sua falta impedir as quedas com proteção coletiva;*

2. Limitar a queda – recorrendo à colocação de redes de proteção quando não a queda;

3. Proteger individualmente – quando não é possível utilizar proteções coletivas ou como medida complementar."

Admitindo-se que todas as medidas de proteção coletiva requeridas para determinada tarefa com risco de queda de altura foram levadas a termo e, ainda assim, resta inafastável tal possibilidade, resta-nos determinar qual o EPI a ser utilizado em cada uma das situações encontradas em determinado ambiente ou condição de trabalho.

Entende-se por equipamento de proteção individual contra quedas de altura, os destinados a suportar uma pessoa a partir de um ponto de ancoragem

---

[68] Vide apêndice ao final deste capítulo.

para evitar a queda ou para detê-la em condições de segurança, seja de posições elevadas, de bordas de lugares profundos ou junto a aberturas entre níveis distintos. De acordo com a sua aplicação, podemos classificá-los em:

a) Dispositivos de sustentação;
b) Dispositivos antiquedas;
c) Sistemas antiquedas; e,
d) Dispositivos de descida.

Dispositivos de sustentação são equipamentos de proteção destinados a sustentar ou suportar o trabalhador enquanto realiza trabalho em altura, nas atividades em que o usuário não necessite deslocar-se ou quando o realiza, a direção e a amplitude do movimento são limitadas, porquanto não há a possibilidade de queda livre (ex. talabarte simples).

Dispositivo antiquedas – em sua aplicação busca deter a queda do usuário, limitando o percurso em sua ocorrência e, ainda, o impacto da transferência de energia do movimento abrupto ao trabalhador, de modo a não causar-lhe dano adicional. Neste sentido é importante a verificação do ponto de ancoragem em relação a potencial queda, expressa pelo conceito de "fator de queda", representado na Figura 2.15 para três situações distintas.

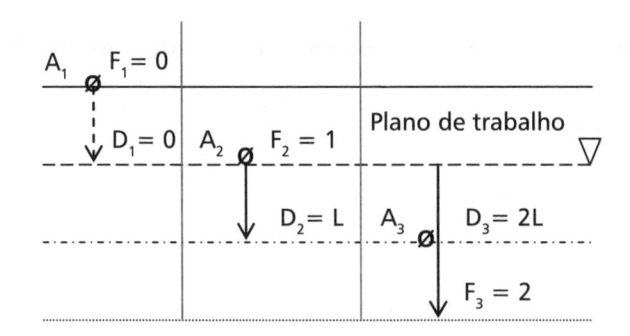

Ai – Ponto de ancoragem
Di – Percurso da queda
Fi – Fator de queda = [Di/L]
L – Comprimento do talabarte

Figura 2.15 Representação esquemática de diferentes fatores de queda, em relação à posição de ancoragem.

São formados pelo conjunto de um cinto tipo paraquedista, cuja função é suportar o obreiro durante a queda e depois de sua parada, e um sistema parada simples ou de bloqueio automático, que pode ser deslizante (com possibilidade de deslocamento em relação ao ponto de ancoragem) ou retrátil. Quando da aplicação deste último, é importante destacar que, de acordo com a NBR 14.628, este não

Conhecimentos Técnicos

pode ser fixado em ponto com resistência menor que 15 kN (ou capaz de suportar 1.500 kg) e deve ser ligado diretamente ao cinto do trabalhador, não sendo permitido alongá-lo com talabarte ou outro dispositivo. Formas indevidas de uso do equipamento poderão ocasionar lesões, como as queimaduras por atrito entre este e o corpo do usuário. Faz-se necessário, então, igualmente prevenir tais ocorrências. Neste intuito, contribuirá decisivamente o hábito de vestir e ajustar corretamente o cinto a cada utilização, ainda que esta se dê por diminuto intervalo de tempo.

Ademais da redução do potencial impacto sobre o corpo do trabalhador, o uso de ponto de ancoragem acima de sua cabeça reduz, substancialmente, a possibilidade da queda em pêndulo ou em balanço, o que comumente ocasiona o choque do corpo em queda contra a própria estrutura ou contra objetos em seu envoltório. Portanto, essa forma de ancoragem deve ser rigorosamente prioritária às demais possibilidades de sua execução.

Por sua vez, o sistema antiquedas, assim como os dispositivos antiquedas, têm como missão frear e deter a queda livre de um trabalhador, de modo que ao final desta a energia cinética originada na queda seja absorvida em grande parte pelos elementos do sistema e que os esforços transmitidos ao usuário sejam admissíveis. O projeto deve contemplar de forma conjunta os pontos e elementos de ancoragem, linhas de vida ou de ancoragem, bem como do cinto paraquedista e talabarte, contendo o absorvedor, quando disponível.

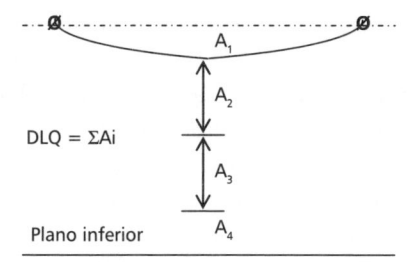

Figura 2.16 Representação esquemática da distância livre de queda (DLQ) ao plano inferior de uma queda.

Um dos dados mais importantes do projeto de uma linha de vida, assim como a resistência de seus apoios e de sua capacidade de carga, que devem constar na pertinente Anotação de Responsabilidade Técnica (ART), é a "distância livre de queda", que deve assegurar que em qualquer ponto desta o usuário não atingirá, para a sua segurança, o plano rígido imediatamente inferior àquele em que realiza trabalho.

Sua representação esquemática pode ser observada na Figura 2.16. Teremos que DLQ = ΣAi, onde:

A_1 – deflexão média da linha de vida, determinada em projeto;

A_2 – comprimento do talabarte totalmente distendido;
A_3 – distância da argola dorsal até a ponta do pé do usuário;
A_4 – vão livre entre o usuário até o plano ou ponto inferior mais próximo.

Linhas de vida são particularmente úteis quando o trabalhador necessita de alguma mobilidade e autonomia para o exercício de sua tarefa, não podendo ficar restrito apenas ao alcance permitido por sua corda de ancoragem (pontual). Assim, podem ser classificadas em vertical ou horizontal conforme o sentido requerido para o movimento. Quanto à sua amarração na estrutura podem ser permanentes (ou fixas) e móveis, conforme o grau de sua utilização. Linhas fixas, em geral, estão disponíveis em fachadas e em outros locais, onde são executados serviços com maior frequência. Já nas móveis, que se constituem como sistemas temporários, têm preservados os pontos e dispositivos de ancoragem previamente instalados, para facilidade de (re)instalação e estão presentes em locais de menor intensidade de acesso, como telhados, beirais com cordas, rampas e em outros locais de menor intensidade de acesso para a realização de tarefas ou serviços.

Por fim, temos os dispositivos de descida ou de salvamento, por meio dos quais uma pessoa pode descer a uma velocidade controlada, desde uma posição mais elevada até outra inferior, com autonomia ou com o auxílio de terceiros.

Como o principal meio protetivo para o trabalho em altura é o cinto de segurança em suas distintas configurações (para trabalho em torres, telhados, espaços confinados etc.), suas condições devem ser rigorosamente inspecionadas a cada uso, sendo necessário reportar imediatamente ao setor responsável pela segurança do trabalho na organização qualquer atuação deste equipamento. Ou seja, ocorrendo a sua utilização em queda, havendo a colocação deste sob carga, um novo uso deste mesmo equipamento somente poderá ser autorizado após rigorosa inspeção e avaliação técnica. Para tanto, devem ser verificados se as tiras do cinto estão livres de cortes, rasgos, falhas na costura, fios soltos, rotos ou esgarçados que servem como indicativos para a sua substituição. De igual sorte devem ser verificadas as travas de segurança (mosquetões) quanto à sua capacidade de atuação imediata e, ainda, se o cinto possui dois talabartes, ambos não apresentando nenhum ponto solto, rompido ou desgastado.

Quando da realização de atividades em telhados (que detalharemos em capítulo seguinte), deverão ser observadas, inicialmente, as condições atmosféricas. Caso estas sejam consideradas desfavoráveis à realização plenamente segura deste trabalho, o mesmo não deverá ser liberado. Com o mesmo rigor deverão ser verificados os pontos de fixação do cinto de segurança (em cabo guia no prédio, em uma viga ou outro), o percurso de deslocamento e seus meios protetivos (pranchas de madeira ou similares), bem como a necessidade do desligamento prévio de equipamentos que emanem gases em local próximo ao de execução do serviço em planejamento, tais como fornos e exaustores ou outros que possam comprometer a atuação segura em altura.

Conhecimentos Técnicos

Serta et al. (2013) apresentam um retrato da situação fática nos canteiros obras curitibanos no tocante ao uso, conservação, adequação à finalidade (especificações) e conforto dos EPI para trabalho em altura disponibilizados em algumas obras de capital paranaense, dentre outras dimensões exigíveis nas NR 6, NR 18 e NBR 15.836. Apesar das limitações do estudo no tocante ao número de casos (apenas 4), localização e características das construções analisadas e do momento de seu levantamento (segundo semestre de 2012), os resultados, bem como as recomendações de melhoria para as situações encontradas em relação às normas citadas – acreditamos – são válidas para todo o país. Ademais, a possível reprodução da pesquisa efetuada, com eventuais ampliações e/ou refinamentos, inclusive quanto às proteções coletivas e aspectos de outras normas não contempladas por esta, junto a empreendimentos com similaridades ou mesmo distintos, sem dúvida, serão de relevada importância para ampliar a visão das questões envolvidas e o seu futuro – desejamos próximo – equacionamento no panorama nacional.

Adicionalmente, em todas as situações consideradas trabalho em altura, deve-se verificar a pronta disponibilidade dos EPIs obrigatórios, a distância em relação às redes e instalações elétricas, bem como a presença de árvores que possam encobri-las ou de outras oportunidades de acidentes, como a presença de colmeias ou de equipamentos de produção que devam ser bloqueados e devidamente sinalizados como pontes rolantes, esteiras ou mesmo passagens de empilhadeiras e de pedestres. O que implica dizer que serão necessários a sinalização e o isolamento da área no entorno do local do serviço a ser executado (em um raio de 2 metros além do perímetro de serviço).

Como regra final, convém lembrar que todo trabalho de risco (com a possibilidade de dano de grande intensidade ao trabalhador, inclusive sua morte) não poderá jamais ser realizado por um único trabalhador, sendo requerida, portanto, a presença de, no mínimo, um outro trabalhador, executando atividades de vigia ou mesmo de auxiliar de execução em nível do piso. Além do que, o documento autorizativo deverá conter as assinaturas do responsável pela emissão da permissão e de seus executantes, que concordarão ou não com as pretensas condições de sua execução, cabendo-lhes, igualmente, nestas atividades, a possibilidade de recusa justificada (cf. NR 35.4.7 e 35.4.8).

Sugestões de leitura

Associação Brasileira de Normas Técnicas (ABNT) – Normas relacionadas ao tema deste capítulo:

NBR/Ano	Título
6494:1990	Segurança nos andaimes. (versão corrigida 1991)
14626:2010*	Equipamento de proteção individual contra queda de altura — Trava-queda deslizante guiado em linha flexível.
14627:2011	Equipamento de proteção individual contra queda de altura — Trava-queda guiado em linha rígida.

14628:2010*	Equipamento de proteção individual contra queda de altura — Trava-queda retrátil.
14629:2010*	Equipamento de proteção individual contra queda de altura — Absorvedor de energia.
15834:2010*	Equipamento de proteção individual contra queda de altura – Talabarte de segurança.
15835:2010*	Equipamento de proteção individual contra queda de altura — Cinturão de segurança tipo abdominal e talabarte de segurança para posicionamento e restrição.
15836:2010*	Equipamento de proteção individual contra queda de altura — Cinturão de segurança tipo paraquedista.
15837:2010*	Equipamento de proteção individual contra queda de altura – Conectores.
15475:2013	Acesso por corda - Qualificação e certificação de pessoas (versão corrigida 2015)
15595:2016	Acesso por corda - Procedimento para aplicação do método
16489:2017	Sistemas e equipamentos de proteção individual para trabalhos em altura

2010* - versão corrigida 2011.

BRASIL. Ministério do Trabalho e Emprego. Norma Regulamentadora nº 18 (NR 18) – Condições e meio ambiente de trabalho na indústria da construção.

BRASIL. Ministério do Trabalho e Emprego. Norma Regulamentadora nº 35 (NR 35) – Trabalhos em altura.

DÍAZ, José Maria Cortés. *Técnicas de prevención de riesgos laborales*. 2. ed. Madrid: Tébar Flores, 1997.

FUNDACENTRO. *Medidas de proteção contra quedas de altura* – Recomendação técnica de procedimentos (RTP n. 01). Brasília: 2001.

SANTOS, Juan Ramón Muñoz et al. *Guía de seguridad para trabajos en altura*. Vitória-Gasteiz: Servicio Central de Publicaciones del Gobierno Vasco, 1998.

SERTA, Roberto et al. *Segurança em altura na construção civil* – equipamentos, procedimentos e normas. São Paulo: Pini, 2013.

Apêndice – Efeitos da suspensão inerte

A síndrome da suspensão inerte (de Boudrier ou choque ortostático) é um efeito mórbido, potencialmente fatal, resultante do represamento ou restrição da circulação sanguínea nos membros inferiores, correspondente a cerca de 20% do volume corpóreo, que demanda apurados cuidados para o resgate e condução do acidentado a um serviço de urgência, sobretudo devido à possibilidade da superposição de efeitos trombóticos e de sérios danos vasculares, mesmo após o salvamento, a retirada do cinto e a tomada das demais providências primárias, inclusive quando decorrentes pequenos períodos de suspensão.

Nesta esteira, quanto mais tempo a vítima permanecer sem se mover, suspensa, maiores serão os riscos para a sua saúde. Formigamentos, náuseas, tonturas e hipertermia costumam ser sintomas iniciais do quadro clínico. Depois de resgatada não deve ser deitada, levada à horizontal ou ser posta de pé, mas deve restar sentada com as pernas flexionadas por intervalo de tempo, no mínimo, igual ao da suspensão visando à prevenção de potenciais agravamentos. Por isso, sempre que acontecer a queda da posição de trabalho e o trabalhador ficar em suspensão, incentive-o a manter os membros inferiores ativos, em movimento, como contribuição para evitar a inconsciência que pode dificultar o próprio resgate e, se possível, a promover o alívio da pressão localizada com o uso de dispositivos de apoio como a fita de suspensão pós-queda, o pedal de emergência ou assentos de suspensão, procedendo ao adequado resgate no menor prazo possível.

Conhecimentos Técnicos

Passemos à leitura da NR 35, sobre trabalho em altura:

35.1. Objetivo e Campo de Aplicação

35.1.1 Esta Norma estabelece os requisitos mínimos e as medidas de proteção para o trabalho em altura, envolvendo o planejamento, a organização e a execução, de forma a garantir a segurança e a saúde dos trabalhadores envolvidos direta ou indiretamente com esta atividade.

35.1.2 Considera-se trabalho em altura toda atividade executada acima de 2,00 m (dois metros) do nível inferior, onde haja risco de queda.

35.1.3 Esta norma se complementa com as normas técnicas oficiais estabelecidas pelos Órgãos competentes e, na ausência ou omissão dessas, com as normas internacionais aplicáveis.

35.2. Responsabilidades

35.2.1 Cabe ao empregador:

a) garantir a implementação das medidas de proteção estabelecidas nesta Norma;

b) assegurar a realização da Análise de Risco - AR e, quando aplicável, a emissão da Permissão de Trabalho - PT;

c) desenvolver procedimento operacional para as atividades rotineiras de trabalho em altura;

d) assegurar a realização de avaliação prévia das condições no local do trabalho em altura, pelo estudo, planejamento e implementação das ações e das medidas complementares de segurança aplicáveis;

e) adotar as providências necessárias para acompanhar o cumprimento das medidas de proteção estabelecidas nesta Norma pelas empresas contratadas;

f) garantir aos trabalhadores informações atualizadas sobre os riscos e as medidas de controle;

g) garantir que qualquer trabalho em altura só se inicie depois de adotadas as medidas de proteção definidas nesta Norma;

h) assegurar a suspensão dos trabalhos em altura quando verificar situação ou condição de risco não prevista, cuja eliminação ou neutralização imediata não seja possível;

i) estabelecer uma sistemática de autorização dos trabalhadores para trabalho em altura;

j) assegurar que todo trabalho em altura seja realizado sob supervisão, cuja forma será definida pela análise de riscos de acordo com as peculiaridades da atividade;

k) assegurar a organização e o arquivamento da documentação prevista nesta Norma.

35.2.2 Cabe aos trabalhadores:

a) cumprir as disposições legais e regulamentares sobre trabalho em altura, inclusive os procedimentos expedidos pelo empregador;

b) colaborar com o empregador na implementação das disposições contidas nesta Norma;

c) interromper suas atividades exercendo o direito de recusa, sempre que constatarem evidências de riscos graves e iminentes para sua segurança e saúde ou a de outras pessoas, comunicando imediatamente o fato a seu superior hierárquico, que diligenciará as medidas cabíveis;

d) zelar pela sua segurança e saúde e a de outras pessoas que possam ser afetadas por suas ações ou omissões no trabalho.

35.3. Capacitação e Treinamento

35.3.1 O empregador deve promover programa para capacitação dos trabalhadores à realização de trabalho em altura.

35.3.2 Considera-se trabalhador capacitado para trabalho em altura aquele que foi submetido e aprovado em treinamento, teórico e prático, com carga horária mínima de oito horas, cujo conteúdo programático deve, no mínimo, incluir:

a) normas e regulamentos aplicáveis ao trabalho em altura;

b) análise de Risco e condições impeditivas;

c) riscos potenciais inerentes ao trabalho em altura e medidas de prevenção e controle;

d) sistemas, equipamentos e procedimentos de proteção coletiva;

e) equipamentos de Proteção Individual para trabalho em altura: seleção, inspeção, conservação e limitação de uso;

f) acidentes típicos em trabalhos em altura;

g) rondutas em situações de emergência, incluindo noções de técnicas de resgate e de primeiros socorros.

35.3.3 O empregador deve realizar treinamento periódico bienal e sempre que ocorrer quaisquer das seguintes situações:

a) mudança nos procedimentos, condições ou operações de trabalho;

b) evento que indique a necessidade de novo treinamento;

c) retorno de afastamento ao trabalho por período superior a noventa dias;

d) mudança de empresa.

35.3.3.1 O treinamento periódico bienal deve ter carga horária mínima de oito horas, conforme conteúdo programático definido pelo empregador.

35.3.3.2 Nos casos previstos nas alíneas "a", "b", "c" e "d", a carga horária e o conteúdo programático devem atender a situação que o motivou.

35.3.4 Os treinamentos inicial, periódico e eventual para trabalho em altura podem ser ministrados em conjunto com outros treinamentos da empresa.

35.3.5 A capacitação deve ser realizada preferencialmente durante o horário normal de trabalho.

35.3.5.1 O tempo despendido na capacitação deve ser computado como tempo de trabalho efetivo.

35.3.6 O treinamento deve ser ministrado por instrutores com comprovada proficiência no assunto, sob a responsabilidade de profissional qualificado em segurança no trabalho.

35.3.7 Ao término do treinamento deve ser emitido certificado contendo o nome do trabalhador, conteúdo programático, carga horária, data, local de realização do treinamento, nome e qualificação dos instrutores e assinatura do responsável.

35.3.7.1 O certificado deve ser entregue ao trabalhador e uma cópia arquivada na empresa.

35.3.8 A capacitação deve ser consignada no registro do empregado.

35.4. Planejamento, Organização e Execução

35.4.1 Todo trabalho em altura deve ser planejado, organizado e executado por trabalhador capacitado e autorizado.

35.4.1.1 Considera-se trabalhador autorizado para trabalho em altura aquele capacitado, cujo estado de saúde foi avaliado, tendo sido considerado apto para executar essa atividade e que possua anuência formal da empresa.

35.4.1.2 Cabe ao empregador avaliar o estado de saúde dos trabalhadores que exercem atividades em altura, garantindo que:

a) os exames e a sistemática de avaliação sejam partes integrantes do Programa de Controle Médico de Saúde Ocupacional - PCMSO, devendo estar nele consignados;

b) a avaliação seja efetuada periodicamente, considerando os riscos envolvidos em cada situação;

c) seja realizado exame médico voltado às patologias que poderão originar mal súbito e queda de altura, considerando também os fatores psicossociais.

35.4.1.2.1 A aptidão para trabalho em altura deve ser consignada no atestado de saúde ocupacional do trabalhador.

35.4.1.3 A empresa deve manter cadastro atualizado que permita conhecer a abrangência da autorização de cada trabalhador para trabalho em altura.

35.4.2 No planejamento do trabalho devem ser adotadas, de acordo com a seguinte hierarquia:

a) medidas para evitar o trabalho em altura, sempre que existir meio alternativo de execução;

b) medidas que eliminem o risco de queda dos trabalhadores, na impossibilidade de execução do trabalho de outra forma;

c) medidas que minimizem as consequências da queda, quando o risco de queda não puder ser eliminado.

35.4.3 Todo trabalho em altura deve ser realizado sob supervisão, cuja forma será definida pela análise de risco de acordo com as peculiaridades da atividade.

35.4.4 A execução do serviço deve considerar as influências externas que possam alterar as condições do local de trabalho já previstas na análise de risco.

35.4.5 Todo trabalho em altura deve ser precedido de Análise de Risco.

35.4.5.1 A Análise de Risco deve, além dos riscos inerentes ao trabalho em altura, considerar:

a) o local em que os serviços serão executados e seu entorno;

b) o isolamento e a sinalização no entorno da área de trabalho;

c) o estabelecimento dos sistemas e pontos de ancoragem;

d) as condições meteorológicas adversas;

e) a seleção, inspeção, forma de utilização e limitação de uso dos sistemas de proteção coletiva e individual, atendendo às normas técnicas vigentes, às orientações dos fabricantes e aos princípios da redução do impacto e dos fatores de queda;

f) o risco de queda de materiais e ferramentas;

g) os trabalhos simultâneos que apresentem riscos específicos;

h) o atendimento aos requisitos de segurança e saúde contidos nas demais normas regulamentadoras;

i) os riscos adicionais;

j) as condições impeditivas;

k) as situações de emergência e o planejamento do resgate e primeiros socorros, de forma a reduzir o tempo da suspensão inerte do trabalhador;

l) a necessidade de sistema de comunicação;

m) a forma de supervisão.

35.4.6 Para atividades rotineiras de trabalho em altura a análise de risco pode estar contemplada no respectivo procedimento operacional.

35.4.6.1 Os procedimentos operacionais para as atividades rotineiras de trabalho em altura devem conter, no mínimo:

a) as diretrizes e requisitos da tarefa;

b) as orientações administrativas;

c) o detalhamento da tarefa;

d) as medidas de controle dos riscos características à rotina;

e) as condições impeditivas;

f) os sistemas de proteção coletiva e individual necessários;

g) as competências e responsabilidades.

35.4.7 As atividades de trabalho em altura não rotineiras devem ser previamente autorizadas mediante Permissão de Trabalho.

35.4.7.1 Para as atividades não rotineiras as medidas de controle devem ser evidenciadas na Análise de Risco e na Permissão de trabalho.

35.4.8 A Permissão de Trabalho deve ser emitida, aprovada pelo responsável pela autorização da permissão, disponibilizada no local de execução da atividade e, ao final, encerrada e arquivada de forma a permitir sua rastreabilidade.

35.4.8.1 A Permissão de Trabalho deve conter:

a) os requisitos mínimos a serem atendidos para a execução dos trabalhos;

b) as disposições e medidas estabelecidas na Análise de Risco;

c) a relação de todos os envolvidos e suas autorizações.

35.4.8.2 A Permissão de Trabalho deve ter validade limitada à duração da atividade, restrita ao turno de trabalho, podendo ser revalidada pelo responsável pela aprovação nas situações em que não ocorram mudanças nas condições estabelecidas ou na equipe de trabalho.

35.5 Sistemas de Proteção contra quedas (NR)

35.5.1 É obrigatória a utilização de sistema de proteção contra quedas sempre que não for possível evitar o trabalho em altura. (NR)

35.5.2 O sistema de proteção contra quedas deve: (NR)

a) ser adequado à tarefa a ser executada; (NR)

b) ser selecionado de acordo com Análise de Risco, considerando, além dos riscos a que o trabalhador está exposto, os riscos adicionais; (NR)

c) ser selecionado por profissional qualificado em segurança do trabalho; (NR)

d) ter resistência para suportar a força máxima aplicável prevista quando de uma queda; (NR)

e) atender às normas técnicas nacionais ou na sua inexistência às normas internacionais aplicáveis; (NR)

f) ter todos os seus elementos compatíveis e submetidos a uma sistemática de inspeção. (NR)

35.5.3 A seleção do sistema de proteção contra quedas deve considerar a utilização: (NR)

a) de sistema de proteção coletiva contra quedas - SPCQ; (NR)

b) de sistema de proteção individual contra quedas - SPIQ, nas seguintes situações: (NR)

b.1) na impossibilidade de adoção do SPCQ; (NR)

b.2) sempre que o SPCQ não ofereça completa proteção contra os riscos de queda; (NR)

b.3) para atender situações de emergência. (NR)

35.5.3.1 O SPCQ deve ser projetado por profissional legalmente habilitado. (NR)

35.5.4 O SPIQ pode ser de restrição de movimentação, de retenção de queda, de posicionamento no trabalho ou de acesso por cordas. (NR)

35.5.5 O SPIQ é constituído dos seguintes elementos: (NR)

a) sistema de ancoragem; (NR)

b) elemento de ligação; (NR)

c) equipamento de proteção individual. (NR)

35.5.5.1 Os equipamentos de proteção individual devem ser: (NR)

a) certificados; (NR)

b) adequados para a utilização pretendida; (NR)

c) utilizados considerando os limites de uso; (NR)

d) ajustados ao peso e à altura do trabalhador. (NR)

35.5.5.1.1 O fabricante e/ou o fornecedor de EPI deve disponibilizar informações quanto ao desempenho dos equipamentos e os limites de uso, considerando a massa total aplicada ao sistema (trabalhador e equipamentos) e os demais aspectos previstos no item 35.5.11. (NR)

35.5.6 Na aquisição e periodicamente devem ser efetuadas inspeções do SPIQ, recusando-se os elementos que apresentem defeitos ou deformações. (NR)

35.5.6.1 Antes do início dos trabalhos deve ser efetuada inspeção rotineira de todos os elementos do SPIQ. (NR)

35.5.6.2 Devem-se registrar os resultados das inspeções: (NR)

a) na aquisição; (NR)

b) periódicas e rotineiras quando os elementos do SPIQ forem recusados. (NR)

35.5.6.3 Os elementos do SPIQ que apresentarem defeitos, degradação, deformações ou sofrerem impactos de queda devem ser inutilizados e descartados, exceto quando sua restauração for prevista em normas técnicas nacionais ou, na sua ausência, em normas internacionais e de acordo com as recomendações do fabricante. (NR)

35.5.7 O SPIQ deve ser selecionado de forma que a força de impacto transmitida ao trabalhador seja de no máximo 6kN quando de uma eventual queda; (NR)

35.5.8 Os sistemas de ancoragem destinados à restrição de movimentação devem ser dimensionados para resistir às forças que possam vir a ser aplicadas. (NR)

35.5.8.1 Havendo possibilidade de ocorrência de queda com diferença de nível, em conformidade com a análise de risco, o sistema deve ser dimensionado como de retenção de queda. (NR)

35.5.9 No SPIQ de retenção de queda e no sistema de acesso por cordas, o equipamento de proteção individual deve ser o cinturão de segurança tipo paraquedista. (NR)

35.5.9.1 O cinturão de segurança tipo paraquedista, quando utilizado em retenção de queda, deve estar conectado pelo seu elemento de engate para retenção de queda indicado pelo fabricante. (NR)

35.5.10 A utilização do sistema de retenção de queda por trava-queda deslizante guiado deve atender às recomendações do fabricante, em particular no que se refere: (NR)

a) à compatibilidade do trava-quedas deslizante guiado com a linha de vida vertical; (NR)

b) ao comprimento máximo dos extensores. (NR)

35.5.11 A Análise de Risco prevista nesta norma deve considerar para o SPIQ minimamente os seguintes aspectos: (NR)

a) que o trabalhador deve permanecer conectado ao sistema durante todo o período de exposição ao risco de queda; (NR)

b) distância de queda livre; (NR)

c) o fator de queda; (NR)

d) a utilização de um elemento de ligação que garanta um impacto de no máximo 6 kN seja transmitido ao trabalhador quando da retenção de uma queda; (NR)

e) a zona livre de queda; (NR)

f) compatibilidade entre os elementos do SPIQ. (NR)

35.5.11.1 O talabarte e o dispositivo trava-quedas devem ser posicionados: (NR)

a) quando aplicável, acima da altura do elemento de engate para retenção de quedas do equipamento de proteção individual; (NR)

b) de modo a restringir a distância de queda livre; (NR)

c) de forma a assegurar que, em caso de ocorrência de queda, o trabalhador não colida com estrutura inferior. (NR)

35.5.11.1.1 O talabarte, exceto quando especificado pelo fabricante e considerando suas limitações de uso, não pode ser utilizado: (NR)

a) conectado a outro talabarte, elemento de ligação ou extensor; (NR)

b) com nós ou laços. (NR).

35.6. Emergência e Salvamento

35.6.1 O empregador deve disponibilizar equipe para respostas em caso de emergências para trabalho em altura.

35.6.1.1 A equipe pode ser própria, externa ou composta pelos próprios trabalhadores que executam o trabalho em altura, em função das características das atividades.

35.6.2 O empregador deve assegurar que a equipe possua os recursos necessários para as respostas a emergências.

35.6.3 As ações de respostas às emergências que envolvam o trabalho em altura devem constar do plano de emergência da empresa.

35.6.4 As pessoas responsáveis pela execução das medidas de salvamento devem estar capacitadas a executar o resgate, prestar primeiros socorros e possuir aptidão física e mental compatível com a atividade a desempenhar.

Glossário

Absorvedor de energia: Elemento com função de limitar a força de impacto transmitida ao trabalhador pela dissipação da energia cinética.

Análise de Risco - AR: avaliação dos riscos potenciais, suas causas, consequências e medidas de controle.

Ancoragem estrutural: elemento fixado de forma permanente na estrutura, no qual um dispositivo de ancoragem ou um EPI pode ser conectado.

Atividades rotineiras: atividades habituais, independente da frequência, que fazem parte do processo de trabalho da empresa.

Avaliação de conformidade: demonstração de que os requisitos especificados em norma técnica relativos a um produto, processo, sistema, pessoa são atendidos.

Certificação: atestação por organismo de avaliação de conformidade relativa a produtos, processos, sistemas ou pessoas de que o atendimento aos requisitos especificados em norma técnica foi demonstrado.

Certificado: que foi submetido à certificação.

Cinturão de segurança tipo paraquedista: Equipamento de Proteção Individual utilizado para trabalhos em altura onde haja risco de queda, constituído de sustentação na parte inferior do peitoral, acima dos ombros e envolta nas coxas.

Condições impeditivas: situações que impedem a realização ou continuidade do serviço que possam colocar em risco a saúde ou a integridade física do trabalhador.

Dispositivo de ancoragem: dispositivo removível da estrutura, projetado para utilização como parte de um sistema pessoal de proteção contra queda, cujos elementos incorporam um ou mais pontos de ancoragem fixos ou móveis.

Distância de frenagem: distância percorrida durante a atuação do sistema de absorção de energia, normalmente compreendida entre o início da frenagem e o término da queda.

Distância de queda livre: distância compreendida entre o início da queda e o início da retenção.

Elemento de engate: elemento de um cinturão de segurança para conexão de um elemento de ligação.

Elemento de engate para retenção de quedas: elemento de engate projetado para suportar força de impacto de retenção de quedas, localizado na região dorsal ou peitoral.

Elemento de fixação: elemento destinado a fixar componentes do sistema de ancoragem entre si.

Elemento de ligação: elemento com a função de conectar o cinturão de segurança ao sistema de ancoragem, podendo incorporar um absorvedor de energia. Também chamado de componente de união.

Equipamentos auxiliares: equipamentos utilizados nos trabalhos de acesso por corda que completam o cinturão tipo paraquedista, talabarte, trava-quedas e corda, tais como: conectores, bloqueadores, anéis de cintas têxteis, polias, descensores, ascensores, dentre outros.

Estrutura: Estrutura artificial ou natural utilizada para integrar o sistema de ancoragem, com capacidade de resistir aos esforços desse sistema.

Extensor: componente ou elemento de conexão de um trava-quedas deslizante guiado.

Fator de queda: razão entre a distância que o trabalhador percorreria na queda e o comprimento do equipamento que irá detê-lo.

Força de impacto: força dinâmica gerada pela frenagem de um trabalhador durante a retenção de uma queda.

Conhecimentos Técnicos

Força máxima aplicável: Maior força que pode ser aplicada em um elemento de um sistema de ancoragem.

Influências Externas: variáveis que devem ser consideradas na definição e seleção das medidas de proteção, para segurança das pessoas, cujo controle não é possível implementar de forma antecipada.

Operação Assistida: atividade realizada sob supervisão permanente de profissional com conhecimentos para avaliar os riscos nas atividades e implantar medidas para controlar, minimizar ou neutralizar tais riscos.

Permissão de Trabalho – PT: documento escrito contendo conjunto de medidas de controle, visando ao desenvolvimento de trabalho seguro, além de medidas de emergência e resgate.

Ponto de ancoragem: parte integrante de um sistema de ancoragem onde o equipamento de proteção individual é conectado.

Profissional legalmente habilitado: trabalhador previamente qualificado e com registro no competente conselho de classe.

Riscos adicionais: todos os demais grupos ou fatores de risco, além dos existentes no trabalho em altura, específicos de cada ambiente ou atividade que, direta ou indiretamente, possam afetar a segurança e a saúde no trabalho.

Sistema de acesso por cordas: Sistema de trabalho em que são utilizadas cordas como meio de acesso e como proteção contra quedas.

Sistema de posicionamento no trabalho: sistema de trabalho configurado para permitir que o trabalhador permaneça posicionado no local de trabalho, total ou parcialmente suspenso, sem o uso das mãos.

Sistema de Proteção contra quedas - SPQ: Sistema destinado a eliminar o risco de queda dos trabalhadores ou a minimizar as consequências da queda.

Sistema de restrição de movimentação: SPQ que limita a movimentação de modo que o trabalhador não fique exposto a risco de queda.

Sistema de retenção de queda: SPQ que não evita a queda, mas a interrompe depois de iniciada, reduzindo as suas consequências.

Suspensão inerte: situação em que um trabalhador permanece suspenso pelo sistema de segurança, até o momento do socorro.

Talabarte: dispositivo de conexão de um sistema de segurança, regulável ou não, para sustentar, posicionar e/ou limitar a movimentação do trabalhador.

Trabalhador qualificado: trabalhador que comprove conclusão de curso específico para sua atividade em instituição reconhecida pelo sistema oficial de ensino.

Trava-queda: dispositivo de segurança para proteção do usuário contra quedas em operações com movimentação vertical ou horizontal, quando conectado com cinturão de segurança para proteção contra quedas.

Zona livre de queda – ZLQ: região compreendida entre o ponto de ancoragem e o obstáculo inferior mais próximo contra o qual o trabalhador possa colidir em caso de queda, tal como o nível do chão ou o piso inferior.

Segurança do trabalho nas atividades em telhados

Por todo o mundo, desde longa data, os povos – cada qual ao seu modo – celebram a colaboração dos amigos e de profissionais especialmente contratados para a execução de uma das partes mais complexas da construção de uma edificação: a cobertura ou telhado. O encerramento das etapas principais da empreitada, como a colocação da viga-mestra, marcava o momento de celebrar a casa nova, a proximidade de habitá-la em família e, por conseguinte, oferecer uma festa de agradecimento pelo empenho e dedicação à feitura da habitação tornou-se costume.

Na França, há a festa da "Pendaison de la crémaillère" (o ato de pendurar a corrente para a sustentação do caldeirão da cozinha), nos EUA a "Housewarming party" (ou a festa do aquecimento da casa, em sentido literal ou de afastar os maus espíritos pela presença do fogo, para a qual cada convidado traz um feixe de lenha para a lareira do anfitrião). Os escandinavos celebram a "Inflyttningsfest", os alemães a "Richfest" e no Brasil, por herança ibérica, tem-se a Festa da Cumeeira que se dá entre a colocação da viga-mestra e a aposição da cumeeira (ou cimeira) propriamente dita, que é o ponto mais elevado da coberta, cuja linha determina a repartição de águas em um telhado.

Esta tradição, declamada inclusive em nosso cancioneiro popular ("É a viga, é o vão, festa da cumeeira..."),[69] nos grandes centros urbanos adaptou-se e se transformou na recepção de apresentação da morada (da nova morada ou quando de um novo proprietário) aos amigos e familiares, como celebração de um marco importante na vida social: a independência, a conquista, a solidificação de um sonho e de todos os demais significados que um lar possa assumir para um indivíduo ou para as famílias.

Entretanto, a construção, limpeza, desconstrução ou a reparação de telhados, comumente necessárias, ou mesmo a execução de outros serviços ao nível destes pode ensejar uma série de oportunidades de eventos indesejados, sobretudo as quedas que, infelizmente, costumam ser bastante graves, quando não fatais, pelo que a segurança do trabalho nestas condições receberá especial atenção no presente texto.

Sendo causa comum de acidentes fatais na indústria em geral e na de construção em particular, as quedas, quando originadas em telhados, podem decorrer de distintos fatores, isoladamente ou em conjunto, dentre os quais podemos citar:

a) Falta de treinamento ou de domínio técnico para a execução da tarefa e das atividades associadas.

---

[69] Águas de Março, de Tom Jobim.

b) Inadequada avaliação clínica quanto à aptidão para o exercício da tarefa, em face das exigências físicas e mentais a suportar, em particular no tocante às limitações impostas em razão de distúrbios como a diabetes, labirintite, hipertensão, epilepsia e acrofobia (medo de altura).

c) Ausência de planejamento ou improvisação na execução das atividades, que pode ser traduzida pelo uso de ferramentas e equipamentos de proteção inapropriados, inclusive calçados, cordoalhas e meios de acesso, como escadas mal apoiadas ou fixadas, assim como o a não utilização de plataformas elevatórias e outras facilidades técnicas.

Neste sentido, é imperativo ressaltar que independentemente da duração estimada para a realização da tarefa (se muito curta ou longa), em razão das muitas oportunidades de risco para os próprios executantes, assim como para terceiros, cada uma de suas atividades componentes devem ser estritamente planejadas, sem o que não devem ter lugar. Obras em cobertas e telhados podem ser relativas à construção, reparação de partes ou do todo, substituição de aparatos nestes instalados ou localizados (como exaustores, sistemas de refrigeração ou de iluminação, por exemplo), assim como para a sua avaliação estrutural e até mesmo para a sua desmontagem ou desconstrução. Enfim, um sem-número de atividades pode exigir o atuar sobre telhados.

Considerando-se superadas as restrições de qualificação e aptidão de cada um dos membros da equipe para o trabalho em telhados, já que a condição de risco grave e iminente impede a realização dessas tarefas sob supervisão e vigilância, é necessária a emissão de permissão para trabalho de risco, com a respectiva atribuição de funções, assim como das medidas protetivas e preventivas a adotar no sentido de assegurar a execução segura e eficaz da tarefa.

Para tanto, a primeira etapa diz respeito à caracterização do telhado junto ao qual terá lugar a tarefa, segundo os seguintes aspectos:

1. Quanto ao seu estado ou condição:

1.1. Telhado em construção ou a construir, cuja condição remete às medidas inerentes ao processo construtivo adotado, conforme a estrutura, se de madeira, metálica, alvenaria ou conjugados com outros materiais, como por exemplo, com vidros, policarbonatos ou outros materiais.

Intervenções em telhados em execução ou ainda a executar trazem a vantagem da integração devida das medidas de segurança associadas às de construção, o que deve ocorrer, nos termos da normativa técnica nacional vigente, desde a fase de projeto, quando devem ser incorporadas àquelas.

1.2. Se já construídos, cuja medida imediata será realizar uma apreciação de solidez e segurança, atribuindo-lhe a avaliação de rígido ou frágil.

Por sua vez, quando a atuação futura ou próxima vier a se dar em um telhado do qual se desconhece o estado de solidez de seus componentes ou dos dispositivos associados à segurança do trabalho em altura (pontos de fixação de ancoragem, por exemplo), demandará dos supervisores ou responsáveis pela atividade uma apurada apreciação da condição de trabalho, dos equipamentos a utilizar, assim como das técnicas para a execução da tarefa a ter lugar.

1.3. Um telhado será declarado frágil, em seu todo ou em partes, quando a zona ou área sob apreciação for considerada incapaz de suportar o peso de um trabalhador apoiado sobre ela, mesmo que em deslocamento, ou quando igual condição resultar da deposição, ainda que por período de tempo reduzido, de qualquer carga sobre esta, representando ameaça à sua integridade.

Neste sentido, por exemplo, deve-se evitar transitar por sobre beirais, os quais não foram projetados para suportar cargas ou esforços e podem falhar se submetidos a esta exigência.

Cabe destacar que esta fragilidade pode ser acentuada pela severidade das condições ambientais a que este telhado estiver sujeito, como a própria ação do sol, chuvas poeiras etc., assim como do lapso de tempo decorrido em sua vida útil. Neste sentido, partes do telhado em fibrocimento, vidro (como claraboias ou solares), plásticos ou materiais assemelhados e até mesmo peças metálicas sob corrosão, bem como quando mal posicionadas sobre os elementos de sua sustentação, se constituem como locais de trabalho sob iminente risco de queda, para o que serão requeridas inafastáveis medidas de segurança para a sua consecução, tanto na esfera preventiva quanto na protetiva.

2. O passo seguinte será avaliar o mecanismo básico de uma eventual queda, a partir da geometria desse telhado, que poderemos classificar como planos ou inclinados (nos quais se inserem as configurações especiais, como as abóbodas). Esta diferenciação é importante para que seja possível definir os meios de prevenção e proteção frente ao potencial mecanismo da queda: se por fragilidade do telhado (como visto anteriormente), por escorregamento, nos beirais ou periferias, por aberturas nas coberturas, assim como para a definição dos modos de deslocamento ao longo destes, que deverão ser igualmente planejados quanto ao uso de passarelas (para telhados planos ou inclinados, conforme o caso), equipamentos para a sustentação ou contra quedas e demais acessórios necessários para cada situação.

3. Sem dúvida, será devido planejar o acesso ao local de trabalho e deste ao ponto de partida (subida e descida), por escadas (que deverão estar fixadas e apoiadas, em sua porção superior e inferior) por plataformas, andaimes ou por cordas.

4. Por fim, será necessário planejar como fazer face aos riscos adicionais, dentre os quais destacamos: possível presença de insetos peçonhentos, quedas de materiais, atuação sob chuvas ou ventos, ofuscamento pela luz solar etc.

Insetos como abelhas, maribondos e vespas podem causar sérios transtornos quando da realização de trabalhos em altura. Alguns destes costumam construir suas colmeias em beirais ou sob telhados, junto aos quais buscam abrigo, em especial nas épocas mais quentes do ano. É de boa monta atentar para a ocorrência destes nas imediações do local de serviço, o que pode indicar a sua presença na forma de enxames em pontos mais elevados de árvores, arbustos ou de telhados. É preciso saber como lidar e, em especial, quando não lidar com estes, posto que tal medida requeira a intervenção de profissionais especializados neste mister.

A queda de materiais, por sua vez, pode se constituir como um perigo grave, razão pela qual jamais se deve lançar qualquer objeto de um telhado ao chão. Quando for necessária a baixada de materiais, esta deve se dar em calhas e os de maior porte devem ser içados e baixados até o solo sob amarração. Deve-se proceder ao isolamento e sinalização das áreas sob a zona de trabalho, assim como as de projeção e adjacentes para a queda de materiais, conforme estabelece a **NR 18.18.2**.

Redes de proteção, assim como vias de passagem para transeuntes cobertas e o uso de ferramentas amarradas ao pulso ou ao cinturão do trabalhador (conhecidos como cordões de segurança para ferramentas), as quais somente devem ser transportadas em contenedores ou bolsas apropriadas para tal fim, devem tomar parte na rotina de obras em telhados.

A boa prática recomenda que, após a conclusão de cada atividade em execução, todas as sobras de materiais devem ser imediatamente removidas, não sendo, portanto, adequado deixar restos destes sobre os telhados. O movimento de águas pode resultar no transporte, decomposição e deposição destes nas calhas, provocando a redução de sua vida útil e antecipando ou promovendo um prematuro trabalho em altura, que de outro modo não teria lugar. Neste propósito, resíduos decorrentes de serviços anteriores devem ser igualmente removidos.

É preciso estar atento à possibilidade de ofuscamento direto ou indireto pela luz solar. Esta pode incidir sobre o material da cobertura do local ou de construções nas imediações e causar a perda de referências como distância e profundidade, sendo bastante um pequeno lapso para a ocorrência de um acidente. Por esta razão, recomenda-se que todo o trabalhador em altura utilize óculos de proteção com lentes escurecidas (para radiação ultravioleta).

Outro ponto de fundamental importância para o trabalho em telhados diz respeito à dinâmica de execução da tarefa. Deve-se ter em mente a possibilidade de, quando pertinente, ter múltiplos acessos em relação ao ponto atual de trabalho, como forma de redução do deslocamento dos trabalhadores sobre o telhado, bem como para o fornecimento de materiais para uso futuro à medida de sua exata utilização (telhas, por exemplo), visando minimizar a formação de depósitos elevados. Igualmente, devem-se utilizar práticas de outras atividades em altura como realizar ainda em solo todas as atividades que não demandem estrita realização em altura, como a montagem de subconjuntos, fixações primárias etc.

Em situações em que se fizerem necessárias a utilização de equipamentos, como máquinas de soldar ou a elevação e o depósito temporário de telhas ou outros materiais, em condições de carga não suportada pelo telhado no qual se realiza a intervenção, deve-se avaliar a possibilidade da utilização de andaimes metálicos como estrutura auxiliar de apoio, em razão de sua capacidade de suportar esforços por vezes ser maior do que a daquele. Será devido, para tanto, a apreciação dos riscos dessa aplicação e a tomada das medidas de segurança pertinentes.

Quando da elevação e deposição de cargas se der por equipamentos mecanizados, cuidados adicionais devem ser estabelecidos quanto à entrega dessas cargas, em especial no tocante à posição dos trabalhadores em relação à manobra em execução, sobretudo quanto esta for unitizada e a massa deste conjunto puder provocar a ruptura da estrutura do telhado ou quando esta puder deslizar em direção à posição em que estes se encontram, assim como eventual queda durante a liberação de amarras ou de embalagens unitizadoras.

Cabe também observar a prescrição de rigoroso impedimento de trabalho em telhados sob chuvas, ventos fortes ou superfícies escorregadias, explicitado no item NR 18.18.4 (cujo texto reproduzimos ao final deste capítulo). Por este motivo, por vezes, se faz necessário, antes da execução do serviço propriamente dito, realizar cuidadosa limpeza no local de trabalho, assim como utilizar calçados condizentes com o tipo de superfície sobre a qual se dará eventual deslocamento.

Outro aspecto que não pode ser olvidado diz respeito aos meios de comunicação a adotar entre aqueles em altura e os demais membros da equipe, para a melhor coordenação de atividades de suporte, como a movimentação de materiais, informações sobre as condições climáticas (chuvas e ventos em aproximação, p. ex.), o suprimento de bebidas para a hidratação dos trabalhadores (não esquecer do fato de esse trabalho ser comumente realizado sob exposição solar, quando não raro a execução de trabalhos a quente, como a colocação de mantas asfálticas para a impermeabilização, dentre outras tarefas que podem resultar na desidratação daqueles expostos a estas condições). Neste sentido, deve-se dar prioridade aos sistemas via rádio e por telefonia celular, que têm como vantagem adicional a possibilidade de serem recebidos por múltiplos usuários simultaneamente, inclusive por outrem remoto ao local de trabalho.

Por fim, cabe lembrar a inafastável obrigação da contínua e permanente avaliação das condições de serviço dos equipamentos e acessórios individuais para segurança no trabalho em altura, os quais devem ser substituídos de pronto

Conhecimentos Técnicos

quando da identificação de impropriedades para o uso a que se destinam (rupturas, descosturas, perfurações, desfiações ou cortes nas fitas de nylon, por exemplo, ainda que parciais, assim como no caso de amassados, ferrugem ou sinais de corrosão dos componentes metálicos). Recomenda-se que esta verificação seja diária, bem como a imediata troca dos sistemas que tenham atuado e sido submetidos a esforços quando da queda de trabalhadores, ainda que não aparentem os elementos potenciais de falha indicados.

Sugestões de leitura

ASSOCIAÇÃO BRASILEIRA DE NORMAS TÉCNICAS. NBR 16.489 – Sistemas e equipamentos de proteção individual para trabalhos em altura: Recomendações e orientações para seleção, uso e manutenção. Rio de Janeiro: ABNT, 2017.

OSHA-EU. Trabalhar com segurança em telhados. Agência Europeia para a Segurança e Saúde no Trabalho, 2004. (Factsheet n. 49).

SILVA FILHO, Edvaldo Nunes. *Manual do supervisor de trabalho em altura*. João Pessoa: Imprell, 2017.

Vejamos a NR 18.18, sobre telhados e coberturas:

18.18 Telhados e Coberturas

18.18.1 Para trabalho em telhados e coberturas devem ser utilizados dispositivos dimensionados por profissional legalmente habilitado e que permitam a movimentação segura dos trabalhadores.

18.18.1.1 É obrigatória a instalação de cabo guia ou cabo de segurança para fixação de mecanismo de ligação por talabarte acoplado ao cinto de segurança tipo paraquedista.

18.18.1.2 O cabo de segurança deve ter sua(s) extremidade(s) fixada(s) à estrutura definitiva da edificação, por meio de espera(s) de ancoragem, suporte ou grampo(s) de fixação de aço inoxidável ou outro material de resistência, qualidade e durabilidade equivalentes.

18.18.2 Nos locais sob as áreas onde se desenvolvam trabalhos em telhados e ou coberturas, é obrigatória a existência de sinalização de advertência e de isolamento da área capazes de evitar a ocorrência de acidentes por eventual queda de materiais, ferramentas e ou equipamentos.

18.18.3 É proibida a realização de trabalho ou atividades em telhados ou coberturas sobre fornos ou qualquer equipamento do qual possa haver emanação de gases, provenientes ou não de processos industriais.

18.18.3.1 Havendo equipamento com emanação de gases, o mesmo deve ser desligado previamente à realização de serviços ou atividades em telhados ou coberturas.

18.18.4 É proibida a realização de trabalho ou atividades em telhados ou coberturas em caso de ocorrência de chuvas, ventos fortes ou superfícies escorregadias.

18.18.5 Os serviços de execução, manutenção, ampliação e reforma em telhados ou coberturas devem ser precedidos de inspeção e de elaboração de Ordens de Serviço ou Permissões para Trabalho, contendo os procedimentos a serem adotados.

18.18.5.1 É proibida a concentração de cargas em um mesmo ponto sobre telhado ou cobertura.

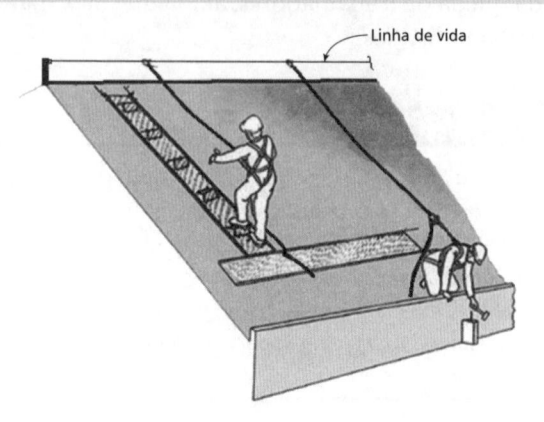

Figura 2.17 Exemplos de utilização de passarelas para deslocamento sobre telhados – plana e inclinada, com degraus.

Fonte: Disponível em: <www.gulin.com.br>.

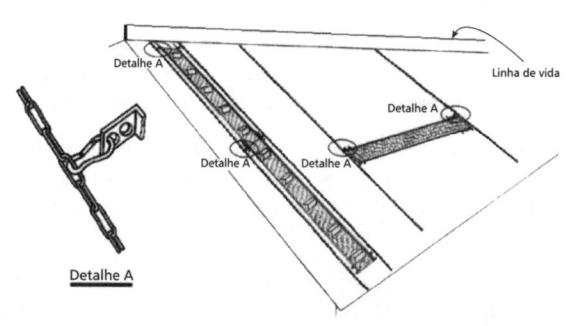

Figura 2.18 Passarelas no telhado e detalhamento de elementos de fixação.

Fonte: Disponível em: <www.gulin.com.br>. Acesso em: 30 ago. 2018.

Assista a um vídeo do autor sobre *Plano de Segurança Ocupacional em Demolições*.

uqr.to/ckqq

● Trabalho a quente – riscos e prevenção

Para a conclusão e perfeita entrega de empreendimentos civis, componentes ou produtos resultantes de processos tipicamente mecânicos, notadamente em materiais metálicos, são agregados às construções: tubulações, corrimãos, portas e escadas, estruturas para a fixação e proteção de máquinas e equipamentos, assim como para a segurança em geral – grades, alambrados, grelhas e outros. Alguns destes são produzidos externamente, trazidos à obra, sendo montados e/ou instalados nos espaços e locais apropriados. Por outras vezes, são produzidos, a partir da disponibilidade de matéria-prima e da maquinaria específica, no próprio canteiro, em centrais destinadas a este fim, sendo ajustados ou adaptados às particularidades da edificação, conforme o caso.

Comumente, os processos utilizados para tanto, por intermédio dos quais se executa o corte, a conformação, a união e o acabamento desses artefatos, costumam originar faíscas, calor, centelhas ou fagulhas etc., eventos capazes de fornecer energia suficiente para iniciar uma ignição, a partir da qual podem resultar incêndios e explosões, fenômenos associados ao fogo, sendo, por esta razão, denominados de processos de "Trabalho a quente", pelo que a sua aplicação deve ser precedida de uma série de medidas de prevenção e controle para evitar os potenciais efeitos indesejados[70]. Por definição, de acordo com o constante na NR 34 (34.5.1), "considera-se trabalho a quente as atividades de soldagem, goivagem, esmerilhamento, corte e outras que possam gerar fontes de ignição tais como aquecimento, centelha ou chama".

Além dos riscos relativos ao calor originado nestes processos, com inafastável risco de queimaduras térmicas, há de se preocupar, também, dentre outros riscos, com choques elétricos, radiações incidentes sobre olhos e pele, bem como a inalação de particulados diversos e seus efeitos sobre distintos órgãos do corpo humano, sendo, por isso, a proteção respiratória mandatária na execução destas tarefas.

Numerosos são os potenciais efeitos deletérios da sujeição dos trabalhadores aos subprodutos ou resíduos da solda, sobretudo quando da absorção destes por via pulmonar, uma vez que a via respiratória é o modo mais importante da penetração no corpo humano dos contaminantes derivados destes processos. Há registros de efeitos indesejados sobre os sistemas respiratório, nervoso e reprodutor, sobre órgãos internos (baço e fígado, em especial), além de sobre a pele e os olhos anteriormente citados.

Infelizmente, não raro, mesmo quem tem uma mínima atuação no setor industrial tem conhecimento de inúmeras ocorrências de acidentes envolvendo atividades a quente.

---

[70] Convém destacar, entretanto, que em algumas atmosferas, sob condições específicas, determinadas intervenções e, mesmo, ações corriqueiras, como o caminhar, acender lâmpadas ou dar partidas em motores, podem provocar igual resultado. Estas são as consideradas "atmosferas explosivas".

A exposição desprotegida e reiterada aos fumos metálicos leva a um quadro agudo de natureza sistêmica conhecido como febre dos fumos, da fumaça da solda ou, ainda, dos soldadores. Tem como sintomas marcantes uma febre súbita e aumento dos glóbulos brancos (leucocitose), em razão da absorção dos óxidos metálicos. A síndrome tem como sintomas primários a tosse, a salivação excessiva e a sensação de fraqueza, que se intensifica em poucas horas (entre 6 a 12 horas), resultando intensa sudorese, dores musculares generalizadas, assim como nas articulações, vertigens e dispneia que podem conduzir a calafrios e alucinações convulsivas, que caracterizam a forma mais grave da patologia.

O nexo causal já estabelecido entre as atividades de trabalho a quente e um vasto conjunto de afecções que pode afetar os trabalhadores do segmento impõe aos gestores das condições de trabalho relacionadas a estas um estreito domínio destas por meio de medidas de controle ambiental, proteção individual e um rigoroso acompanhamento da saúde ocupacional dos indivíduos potencialmente atingidos pelos riscos associados. Neste intuito, se apresenta como medida essencial a disponibilização de informativos e o treinamento deste pessoal para o pronto reconhecimento dos sintomas associados a ocorrências indesejadas, de modo que imediatas providências possam ser tomadas em seu auxílio para a reversão dos quadros associados, pelo que se requer cuidadoso programa de exames médicos para monitoramento da saúde individual, envolvendo audiometria e a saúde pulmonar, assim como por meio da verificação de marcadores sanguíneos, como, no hemograma, a presença de chumbo, manganês e de outros contaminantes.

É importante ressaltar que em razão de sua especialização, é comum que os serviços relacionados a elementos metálicos, seja para fabricação ou instalação original, assim como nas intervenções de manutenção ou para a restauração da utilidade, sejam realizados por empresas especialmente contratadas para este fim. Ou seja, a atuação destas junto às empresas de construção civil se dá por regime de terceirização. Portanto, cabe renovar aqui a máxima de que "Problemas de um fornecedor hoje, amanhã podem se tornar problemas meus!".

Os processos de soldagem e assemelhados, ainda que aparentemente simples, demandam o domínio de uma série de conhecimentos técnicos para que a qualidade do serviço desejada seja alcançada e para a sua consecução do ponto de vista de saúde e segurança ocupacional possa se dar da melhor forma e dos quais não se pode afastar.

Atividades mal planejadas e, por conseguinte, mal executadas podem sujeitar o contratante a distintas responsabilidades ou obrigações, de onde podem resultar perdas de ordens diversas, com repercussões inclusive sobre o andamento, ou seja, o prazo e o orçamento das obras, em especial no tocante à integridade dos trabalhadores e de todos aqueles que possam ser afetados por eventos indesejados originados nestes processos.

Neste sentido, cabe elencar que as medidas de segurança ocupacional ou de controle quanto aos riscos provenientes dos processos de soldagem devem se dar em três direções, relativamente a:

1) Ao ambiente em que estes se processam;

O primeiro fator a ser observado para a segurança dos trabalhadores nas atividades de soldagem diz respeito ao ambiente em que estas se processarão, pois os riscos inerentes a estas podem alcançar não apenas os diretamente envolvidos, mas todos aqueles na área de influência da tarefa.

É fundamental ter disponíveis extintores manuais para combate a princípios de incêndios que podem se originar da projeção de respingos ou de partículas aquecidas, bem como de vazamentos ou do acúmulo de fluidos inflamáveis em galerias, encanamentos ou outras aberturas e tubulações. Deve-se, portanto evitar a presença de materiais combustíveis nas proximidades da área de operação, nos quais um potencial incêndio possa instalar-se e se alastrar. Deve-se, também, observar a posição dos ventos em relação ao posto de trabalho para não permitir a transposição de atmosferas e de riscos entre ambientes contíguos, assim como sujeitar os trabalhadores às concentrações de particulados emanados nos processos localizados nas imediações ou vizinhança.

De igual modo, é imprescindível, sobretudo em atmosferas de reduzida renovação de ar, a utilização de sistemas de exaustão e de suprimento autônomo de ar respirável, quando pertinente. Por fim, pode-se fazer uso de mesas ou bancadas especialmente reservadas às operações com a captação localizada das emissões em postos de trabalho devidamente destinados para estas operações.

2) Aos equipamentos propriamente ditos, assim como aos dispositivos de segurança, incluindo-se as vestimentas.

O gerenciamento das condições dos equipamentos de soldagem e seus acessórios é parte integrante das ações de SST nas atividades relacionadas ao trabalho a quente. A correta instalação e manutenção de cada conjunto, assim como a contínua inspeção destes quanto à sua adequação ao uso pretendido deve se pautar pela não permissão de improvisações e da não aceitação de componentes não plenamente íntegros. Ou seja, daqueles que se encontrem danificados, requeiram emendas, o uso de extensões ou, ainda, o auxílio de vedantes a sua utilização. Tudo isto deve ser estrita e prontamente rejeitado.

Em razão da possibilidade da projeção de partículas a altas temperaturas, quando não incandescentes, nas atividades de soldagem e assemelhadas, deve-se cuidar da proteção dos olhos e da face como um todo, sendo, portanto, imprescindível quando do uso de óculos protetivos simples, ainda que específicos para a função de soldador, a utilização de protetores faciais, sendo preferíveis os equipamentos que consorciam ambas as aplicações. Neste sentido, podemos destacar as máscaras de solda manuais (com visor fixo ou articulado) e automáticas, em geral incorporadas a capacetes e fabricadas em polipropileno ou celeron, e, ainda, aquelas do tipo escudo, que possuem uma empunhadura para sustentação direta pelo operador, o que pode retardar a proteção desejada por frações de tempo capazes de promover lesões oculares, pelo que são consideradas arcaicas ou obsoletas, embora continuem sendo livremente comercializadas.

Ao final do capítulo, relacionamos alguns equipamentos de proteção individual recomendados para o uso habitual nestas atividades.

3) Aos envolvidos na tarefa.

Em alguns empreendimentos, as atividades de soldagem se revestem de tal relevância que, por inúmeras vezes, é necessário o estrito rastreamento entre o serviço e a operação executada e o seu executante, a ponto de qualquer desencontro nesta correlação, ou seja, entre o previamente programado e devidamente aprovado neste sentido e o que se encontra em execução, ou já executado, poder ensejar a suspensão imediata da intervenção e, mesmo, do contrato em curso, tamanha a contribuição da soldagem para a solidez, a segurança e a qualidade da obra.

Desta feita, em razão do elevado número de parâmetros a decidir a coordenar quanto às variáveis influentes no processo, cabe destacar que profissionais de soldagem, via de regra, são ou devem ser profissionais diferenciados quanto à sua qualificação, sendo por isso, não raro, remunerados em valores acima da média da indústria da construção para trabalhadores com igual tempo de experiência e escolaridade.

Para tanto, é preciso compreender a amplitude do termo "soldagem", que enseja uma gama de processos de união de peças geralmente metálicas, cada um destes com riscos bastante próprios, resultantes de suas especificidades. Em síntese, podemos diferenciá-los em três categorias, a saber:

1) Soldagem a gás – no qual um gás é utilizado como combustível para a fusão do material de ligação, ou seja a fonte de calor é de origem química, e não como coadjuvante do processo (inertização da atmosfera, p. ex.), sendo a mais comum das formas de soldagem (Figura 2.19).

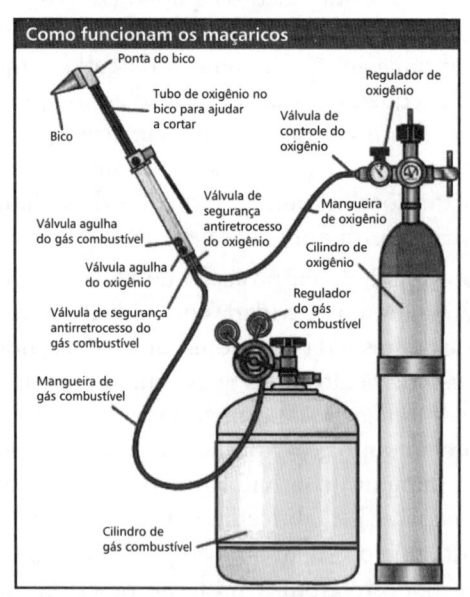

Figura 2.19 Representação esquemática de uma estação de soldagem oxiacetilênica e seus acessórios.

Conhecimentos Técnicos

Embora não sujeitos integralmente aos requisitos da NR 13, os cilindros ou recipientes transportáveis para fluidos comprimidos devem ser inspecionados sob a responsabilidade de um profissional habilitado, bem como submetidos a manutenção, de acordo com recomendações do fabricante, códigos e normas nacionais e internacionais específicas, conforme estabelecido no item NR 13.2.2, sendo aplicáveis as exigências quanto à operação e demais tratos com estes aparatos. Desta feita, são devidos cuidados especiais com os cilindros de gases e seus conteúdos em todos os momentos de interação no canteiro de obras. No apêndice deste capítulo, elencamos cuidados de ordem geral e específicos segundo o tipo de gás, se oxigênio ou acetileno, o mais comum dos gases combustíveis utilizados neste processo.

Importante a destacar quanto à qualidade da operação de soldagem e à emissão de particulados a regulagem da chama (R)[71], que expressa a relação entre o volume de oxigênio e do gás combustível (acetileno) na queima. Esta medida é útil para a determinação da temperatura disponível para a soldagem, de acordo com os metais a serem unidos e pode ser reconhecida visualmente em razão da aparência (cores) dos segmentos da chama, conforme contido na Figura 2.20 a seguir.

Região	Nome	Tipo de chama (aparência – cor)		
		Neutra	Redutora	Oxidante
1	Cone (dardo)	Branco azulado	Branco	Branco intenso
2	Véu (penacho)	Quase incolor	Roxo alaranjado	Branco quase intenso
3	Envoltório (franja)	Azul alaranjado	Roxo alaranjado	Laranja azulado

Figura 2.20 Regiões da chama do maçarico – aparência (cor) por tipo de chama.

2) Soldagem a arco elétrico – ou com eletrodo consumível, processos nos quais uma grande quantidade de energia de circuitos de baixa tensão e alta amperagem atuam como meio calorífico. Cuidados essenciais são devidos ao aterramento das máquinas, comumente portáteis, bem como quanto aos particulados residuais e à radiação emitida pelo arco elétrico.

---

[71] R = [volume O2/C2H2], cabendo as seguintes considerações:
• Quando R = 1 tem-se a chama neutra ou normal, comum à maior parte dos casos de soldagem. Atinge temperaturas da ordem de 3.000° C.
• Quando R < 1 tem-se maior volume de acetileno, e a chama é dita redutora ou carburante, sendo utilizada para a soldagem de alumínio.
• Quando R > 1 dá-se maior presença de oxigênio, a chama é então oxidante, com aplicações na soldagem de não-ferrosos, como o latão e o bronze.

A radiação emitida por um arco elétrico é proporcional à intensidade de corrente que o gera. Esta, por sua vez, é estabelecida a partir do diâmetro dos eletrodos a fundir ou do processo utilizado na operação. Pode-se dizer que a quantidade de energia que o sistema é capaz de transferir à peça para a execução da operação ou para a deposição do material de união. Nesta esteira, podemos estabelecer a seguinte rede de relações (Figura 2.21):

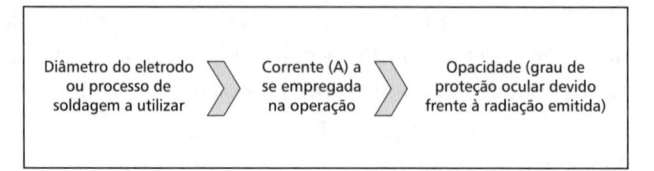

Diâmetro do eletrodo ou processo de soldagem a utilizar ▶ Corrente (A) a se empregada na operação ▶ Opacidade (grau de proteção ocular devido frente à radiação emitida)

Figura 2.21 Inter-relações entre diâmetro do eletrodo consumível (ou da quantidade do material a depositar), a corrente (em ampéres) a ser utilizada e o grau de opacidade do filtro de proteção ocular necessário em face da energia radiante emitida pelo arco elétrico.

Quanto ao grau de proteção ocular a ser disponibilizada aos trabalhadores do segmento, deve-se tomar como ponto de partida o indicado (opacidade – nos Quadros 2.20 e 2.21, esta última apresentada ao final deste capítulo.

Quadro 2.20 Corrente (A) e Tensão (V) elétricas recomendadas em função do diâmetro do eletrodo a ser utilizado na operação de soldagem

Correntes de referência, com base no diâmetro dos eletrodos		
Ø do eletrodo em mm	Corrente recomendada	Tensão recomendada
1.0	20 – 60	20.8 – 22.4
1.6	44 – 84	21.76 – 23.36
2.0	60 – 100	22.4 – 24
2.5	80 ~ 120	23.2 ~ 24.8
3.2	108 ~ 148	23.32 ~ 24.92
4.0	160 ~ 200	26.4 ~ 28
5.0	180 ~ 260	27.2 ~ 30.4

O tipo de corrente elétrica encontrado na obra, alternada (CA) ou contínua (CC), tem relação direta com as características do processo no tocante à efetiva energia disponível no arco elétrico e suas implicações com a qualidade da operação.

Conhecimentos Técnicos

Por não existir polaridade definida na CA, o arco resultante é instável, o que não ocorre na CC. Entretanto, a CA propicia menor queda de tensão ao longo do cabeamento desde a fonte, o que pode ser vantajoso quando o ponto de aplicação se encontrar distante da base, o que contribui para a redução de seu tamanho, peso, consumo e demanda por manutenção do que os equipamentos CC. Por outro lado, em razão de oferecer maior estabilidade ao arco elétrico formado, a CC fornece maior qualidade do depósito, ao que se soma a vantagem de poder ser obtida por geradores, o que resulta autonomia da obra frente ao suprimento oriundo de concessionárias.

A CC permite dois arranjos distintos quanto à polaridade relativa da peça e do eletrodo (polo de referência). Chamamos de "CC com polaridade direta (CCPD ou CC-)" quando conectado o eletrodo no polo negativo e a peça no positivo, de onde se extrai uma maior taxa de fusão do eletrodo. Já quando conectado o eletrodo no polo positivo e, desta forma, a peça no positivo, temos a "CC com polaridade inversa ou invertida (CCPI ou CC+)", de onde provém maior penetração do cordão de solda.

Quadro 2.21 Proteção ocular a ser oferecida ao soldador em função da corrente elétrica necessária segundo o processo de soldagem empregada

Processo	Corrente	Opacidade
Giovagem a Arco	até 500 A	12
	de 500 até 1.000 A	14
Plasmacorte	até 300 A	9
	de 300 até 400 A	12
	de 400 até 800 A	14
Soldagem a plasma	até 100 A	10
	de 100 até 400 A	12
	de 400 até 800 A	14
Soldagem com eletrodo revestido	até 160 A (até 4mm)	10
	de 160 até 250 A (de 4 a 6 mm)	12
	de 250 A até 550 A (acima de 6 mm)	14
Soldagem MIG/MAG	de 60 até 160 A	11
	de 160 A Até 250 A	12
	de 250 A até 500 A	14
Soldagem TIG	até 50 A	10
	de 50 até 150 A	12
	de 150 até 500 A	14

Fonte: ESAB.

As fontes de energia devem ser capazes de prover regulação da tensão, assim como da corrente elétrica, segundo as exigências de cada aplicação (material base, eletrodo – tipo, diâmetro etc.). Quando disponível rede elétrica regular nos canteiros, isto é, em corrente alternada, comumente são utilizados os transformadores para modificar os padrões de alta tensão e baixa corrente para alta corrente e baixa tensão empregados no processo. De outro modo, utilizam-se retificadores que transformam CA em CC, os quais são vantajosos em relação aos geradores por terem operação mais silenciosa e menores custos de instalação, operação e manutenção. A estes se somam, ainda, os inversores que retificam a corrente elétrica, oferecendo-a de modo mais estável, com recursos operacionais eletrônicos que facilitam a soldagem, resultando um menor consumo em relação aos demais tipos de equipamentos, além de serem bem mais leves, o que lhes confere a condição de portáteis. São indicados para operações com eletrodos rutílicos e básicos de até 4,0 mm, com aplicações na soldagem de aço inoxidável, especiais e de baixo carbono, além de em outras ligas de aço e em ferro fundido.

3) Soldagem por resistência – no qual a passagem de corrente elétrica ao lado de compressão dos pontos soldagem, termina por fundi-los apenas no encontro dessas superfícies. São largamente utilizados em processos de produção em massa, como na indústria automobilística e, cada vez mais, avançam em automação. Há, a ressaltar como pontos de atenção a conferir, os riscos de choques elétricos e mecânicos.

Por um lado, a presença do elemento ignidor e, de outro, de combustíveis na atmosfera ou nas cercanias do espaço de trabalho, terminam por exigir rigoroso domínio das condições de sua execução, seja no tocante à qualificação dos trabalhadores, seja no atendimento de requisitos quanto ao ferramental, assim como no tocante aos equipamentos ou medidas preventivas e protetivas necessárias para a sua consecução segura, como preceituam as NR 18, 20 e 34, que em capítulos específicos versam a respeito da temática. Neste sentido, impõe a NR 20:

> *20.13.3 Os trabalhos envolvendo o uso de equipamentos que possam gerar chamas, calor ou centelhas, nas áreas sujeitas à existência de atmosferas inflamáveis,* **devem ser precedidos de permissão de trabalho**. (grifo nosso)
>
> *20.13.4 O empregador deve sinalizar a proibição do uso de fontes de ignição nas áreas sujeitas à existência de atmosferas inflamáveis.*

Ademais destes riscos, poderão estar presentes a possibilidade de choques elétricos, a geração de gases, particulados e outros contaminantes atmosféricos, ao que se somam riscos específicos dos ambientes em que se processam estas atividades, o que pode ser alcançado a partir da interpretação dos comandos normativos estabelecidos no item 18.11 (Operações de soldagem e corte a quente), comentados a seguir:

> *18.11.1 As operações de soldagem e corte a quente somente podem ser realizadas por trabalhadores qualificados.*

O dever de cumprir o estabelecido nesta norma impõe-se em razão do reconhecimento dos riscos graves e iminentes que podem se originar nesses processos. Portanto, é devido ao trabalhador a qualificação para a execução da tarefa, o reconhecimento da situação de trabalho, os meios para a sua execução segura, bem como saber como e quando intervir em situações de anormalidade.

> *18.11.2 Quando forem executadas operações de soldagem e corte a quente em chumbo, zinco ou materiais revestidos de cádmio,* **será obrigatória a remoção por ventilação local exaustora dos fumos originados no processo de solda e corte, bem como na utilização de eletrodos revestidos***. (grifo nosso)*

A soldagem, como processo de união de peças metálicas, é largamente empregado na construção civil e na indústria em geral, no qual ocorre a deposição controlada de material fundente junto a estas. Trata-se, portanto, de um processo que envolve temperaturas elevadas e a formação de resíduos provenientes desse aquecimento, originados tanto no material base, como daquele utilizado como ligante, os quais são desprendidos na atmosfera de trabalho.

Os eletrodos revestidos, conhecidos popularmente como "varetas de soldagem", são constituídos por uma alma metálica, sendo este o material que será depositado como ligante, uma vez que suas características se aproximam do metal base, a qual é recoberta por uma camada de revestimento cuja aplicação está diretamente relacionada à qualidade da solda (por proteger a fusão em curso da contaminação e da oxidação atmosférica, formando crosta de escória para a proteção da área sob junção, além de ionizar e estabilizar o arco elétrico estabelecido).

> *18.11.3 O dispositivo usado para manusear eletrodos deve ter isolamento adequado à corrente usada, a fim de se evitar a formação de arco elétrico ou choques no operador.*

Os resíduos decorrentes da fusão do eletrodo revestido, seja escória, gases, fumos ou vapores, dependem da natureza dos materiais contidos neste revestimento, bem como da intensidade da corrente capaz de promover de modo eficaz o volume de material fundente necessário para processar a adequada união das partes metálicas, o que, por sua vez, está associado ao diâmetro da vareta, da posição em que se processará a soldagem, a penetração desejada no material base e o tipo de corrente empregada no processo (alternada ou contínua).

Se por um lado, os revestimentos dos eletrodos (varetas ou arames, filamentos) são essenciais para assegurar qualidades desejáveis à solda em execução, de outro, os particulados provenientes da queima destes podem trazer sérias implicações à saúde dos trabalhadores, ao que se acrescentam aqueles originados no aquecimento das peças em união (metal base e componentes da liga) e, ainda, do próprio processo utilizado, como, por exemplo, no processo MAG, de onde resulta monóxido de carbono (CO) originado na decomposição do dióxido de carbono (CO2), utilizado como gás protetivo na operação em curso.

A presença de metais como o ferro, o cobre, alumínio, cromo e seus compostos, manganês, chumbo, níquel, cádmio, cálcio, sódio, zinco, flúor (na forma de fluoretos), vanádio e mesmo da sílica e seus silicatos cuja toxicologia ocupacional já está bem estabelecida nos impõe o dever de monitoramento sobre a saúde laboral dos potencialmente afetados por sua ação deletéria. Reconhecer este potencial danoso é o primeiro passo para medidas efetivas de proteção.

Quanto à sua composição e produtos derivados (emissões), podemos classificar os eletrodos segundo os seus tipos mais comuns em:

a) Celulósicos – que contêm alto teor de materiais orgânicos;
b) Rutílicos – que contêm alto teor de óxido de titânio (TiO2);
c) Ácidos – que contêm óxidos de ferro e de manganês, além de silicatos;
d) Básicos – que contêm carbonato de cálcio (CaCO3) e fluorita.

Em razão de seu pioneirismo e simplicidade, a codificação adotada pela da American Welding Society (AWS) para a identificação de eletrodos revestidos, segundo características e aplicações, se tornou referência mundial, razão pela qual é adotada por diversos fabricantes e países. As Figuras 2.22 e 2.23 trazem exemplos deste código para aços carbono e para aços inoxidáveis.

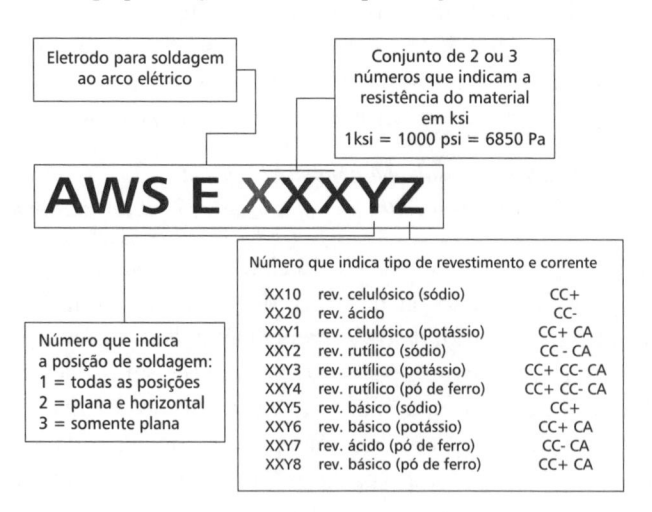

Figura 2.22 Codificação AWS para aços carbono.

Conhecimentos Técnicos

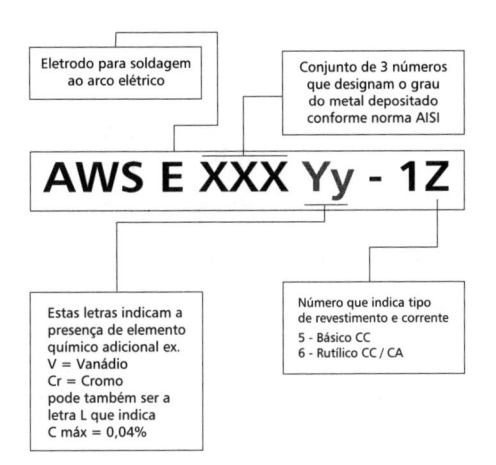

```
                    ┌─ Eletrodo para soldagem       ┌─ Conjunto de 3 números
                    │  ao arco elétrico             │  que designam o grau
                    │                               │  do metal depositado
                    │                               │  conforme norma AISI
                    ▼                               ▼
                AWS E XXX Yy - 1Z
                         ▲                 ▲
                         │                 │
    Estas letras indicam a               Número que indica tipo
    presença de elemento                 de revestimento e corrente
    químico adicional ex.                5 - Básico CC
    V = Vanádio                          6 - Rutílico CC / CA
    Cr = Cromo
    pode também ser a
    letra L que indica
    C máx = 0,04%
```

Figura 2.23 Codificação da AWS para aços inoxidáveis.

Estas informações estão disponíveis nos catálogos de fabricantes e, em geral, constam nas embalagens de comercialização dos eletrodos, os quais devem contar com marcação individual de um código que especifica este conjunto de características, conforme sua destinação de uso. Cabe destacar que, assim como todos os demais produtos químicos, o eletrodo consumível deve contar com ama Ficha de Informações de Produto Químico (FISPQ) específica, que o individualiza quanto aos riscos de sua utilização e medidas de prevenção e controle a ter lugar durante a operação. Esta FISPQ deve ser prévia e cuidadosamente analisada pelo responsável pela gestão da saúde e segurança ocupacional da executante direta e de suas contratantes, quando esta realizar atividades sob regime de prestação de serviços.

Do até aqui apresentado, podemos afirmar que a exposição ocupacional aos particulados originados nas operações de soldagem deve ser compreendida como resultante da combinação dos seguintes fatores:

a) Da composição química das peças a serem unidas e dos materiais de união (em geral eletrodos);

b) Do tipo de processo empregado, com ou sem atmosfera protetora (nos processos MIG, MAG e comum há uma maior geração de fumos do que no processo TIG);

c) Da corrente e tensão elétricas a serem empregadas na operação;

d) Da natureza e da velocidade de deposição ou consumo de eletrodos. Ou seja, da quantidade e da qualidade de suas emissões;

e) Da presença ou não de sistemas de ventilação mecânica no ambiente (seja diluidora ou exaustora);

f) Da presença de óleos e outros contaminantes nas peças a trabalhar e no ambiente laboral, que uma vez aquecidos integrarão a atmosfera respiratória local disponível aos trabalhadores, assim como à circunvizinhança.

18.11.4 Nas operações de soldagem e corte a quente, é obrigatória a utilização de anteparo eficaz para a proteção dos trabalhadores circunvizinhos. O material utilizado nesta proteção deve ser do tipo incombustível.

Esse anteparo ou biombo, em lona vinílica (PVC) ou material similar, terá três finalidades principais: a de não permitir a projeção de fagulhas além da área de trabalho imediata e de conter a radiação luminosa emitida durante a operação de soldagem, além de absorver uma fração do ruído gerado no processo, reduzindo a intensidade da sensação ruidosa no entorno. É preciso estar atento aos sinais que indicam uma potencial lesão ocular originada na soldagem e processos similares. Queixas de dor, sensação de argueiro ou de areia nos olhos, fotofobia (aversão à luz), lacrimejamento, a visão de círculos luminosos ao redor de pontos de luz, assim como a percepção de visão desfocada ou borrada podem ser indícios de que é preciso buscar, com a brevidade possível, atendimento médico especializado.

A exposição desprotegida à radiação emitida no processo de soldagem pode gerar danos à córnea e à conjuntiva, causando fotoqueratite e a catarata, por opacificação do cristalino. Por isto, é imprescindível a utilização de proteção ocular de amplo espectro, capaz de eliminar a quase totalidade da incidência dessa radiação sobre os nossos olhos e, desse modo, de seus potenciais efeitos danosos.

18.11.5 Nas operações de soldagem ou corte a quente de vasilhame, recipiente, tanque ou similar, que envolvam geração de gases confinados ou semiconfinados, é obrigatória a adoção de medidas preventivas adicionais para eliminar riscos de explosão e intoxicação do trabalhador, conforme mencionado no item 18.20 - Locais confinados.

O retrocesso de chamas, também conhecido como "engolimento do fogo", é um fenômeno resultante da diferença entre as velocidades de saída dos gases dos cilindros e da queima da chama no bico do maçarico, sendo, em face da possibilidade de sua ocorrência, o que pode resultar graves consequências, obrigatória – podemos dizer até mesmo indispensável – a instalação de válvulas unidirecionais de refluxo de gás e de retrocesso de chamas. A primeira destas instaladas nas conexões do gás combustível e de oxigênio, à saída dos reguladores, enquanto a segunda destas é instalada à entrada do maçarico, em cada um dos ramos de alimentação.

18.11.6 As mangueiras devem possuir mecanismos contra o retrocesso das chamas na saída do cilindro e chegada do maçarico.

Para apagar o maçarico deve-se aumentar o volume de oxigênio, fechando a válvula de acetileno com brevidade, para em seguida proceder ao fechamento

Conhecimentos Técnicos

completo da válvula de oxigênio. Após isto, devem-se fechar as válvulas dos cilindros e, ao ar livre, realizar a despressurização das mangueiras (abrindo as válvulas das linhas), cujas válvulas devem ser novamente fechadas para a conclusão da operação. É devido destacar a posição relativa das linhas, as respectivas cores das mangueiras e os sentidos de conexão: verde para o oxigênio, com rosca à direita (sentido horário) e vermelho para o acetileno, com rosca à esquerda (sentido anti-horário).

Antes de se acender o maçarico, o que deve ser realizado somente com acendedor apropriado (jamais utilizar chama), deve-se proceder a limpeza do bico abrindo-se brevemente a válvula do oxigênio, após o que deve ser fechada. Quando do acendimento, abra a válvula do combustível e, em seguida a do oxigênio até a adequada regulagem da chama, conforme o tipo de metal a trabalhar.

18.11.7 É proibida a presença de substâncias inflamáveis e/ou explosivas próximo às garrafas de O2 (oxigênio).

Como vimos, a corrente necessária para a fusão dos eletrodos dependerá, dentre outras condicionantes, de seu diâmetro. Nesta esteira, esta poderá variar de valores de cerca de 20 A até acima de 500 A. Ademais, o tipo de corrente empregada tem influência nos efeitos do choque elétrico sobre o corpo humano. As alternadas causam tetania muscular, sendo, por isso, mais perigosas do que as contínuas, as quais causam alterações teciduais. A exposição à energia intensa poderá causar não apenas a destruição pelo calor (queimaduras), mas também a necrose das áreas afetadas.

18.11.8 Os equipamentos de soldagem elétrica devem ser aterrados.

Dentre os cuidados com máquinas de soldagem a arco, devemos destacar:

i) A presença de aterramento robusto, do ponto de vista físico e elétrico;
ii) Que as altas correntes circulantes nos cabos pode resultar sobreaquecimento dos mesmos, razão pela qual devem ser completamente estendidos durante a operação;
iii) Cabos e acessórios danificados devem ser imediatamente substituídos, sendo inutilizados para evitar o uso indevido sob condições improvisadas;
iv) É recomendado não utilizar acessórios ou portar objetos metálicos, como anéis, relógios, celulares ou outros itens que possam ser energizados involuntariamente e provocar acidentes mais graves;
v) Não manusear o equipamento de solda com as luvas molhadas ou sujas de graxa ou óleo, assim como com roupas, sapatos e o piso molhados;
vi) A área de trabalho deve ser mantida sob isolamento, inclusive quando fora de operação, devendo-se adotar a estratégia de energia residual zero.

18.11.9 Os fios condutores dos equipamentos, as pinças ou os alicates de soldagem devem ser mantidos longe de locais com óleo, graxa ou umidade, e devem ser deixados em descanso sobre superfícies isolantes.

Sugestões de leitura

ARAGÃO, Ranvier Feitosa. *Incêndios e explosões* – uma introdução à Engenharia Forense. Campinas: Milennium, 2010.

ASFAHL, C. Ray. *Gestão de Segurança do Trabalho e de Saúde Ocupacional.* São Paulo: Reichmann & Autores Editores, 2005.

ASSOCIAÇÃO BRASILEIRA DE NORMAS TÉCNICAS. NBR 11725: *Conexões e roscas para válvulas de cilindros para gases.* Rio de Janeiro: ABNT, 2008.

_____. NBR 12.176: *Cilindros para gases* - identificação do conteúdo. Rio de Janeiro: ABNT, 2010.

_____. NBR ISO 9809-1: *Cilindros para gases* - Cilindros de aço sem costura, recarregáveis, para gases - Projeto, construção e ensaios - Parte 1: Cilindros de aço temperado e revenido com resistência à tração inferior a 1 100 MPa. Rio de Janeiro: ABNT, 2014.

BRASIL/Ministério do Trabalho – NR 34. Condições e meio ambiente de trabalho na indústria da construção e reparação naval.

_____ – NR 18. Condições e meio ambiente de trabalho na indústria da construção.

_____ – NR 13. Caldeiras, vasos de pressão e tubulações.

BUSCHINELLI, José Tarcísio. *Manual de orientação sobre controle médico ocupacional da exposição a substâncias químicas.* São Paulo: Fundacentro, 2014.

_____, KATO, Mina. *Manual para interpretação de informações sobre substâncias químicas.* São Paulo: Fundacentro, 2012.

CASTOLIN EUTETIC. *Manual de aplicações em soldagem.* 4. ed. Eutetic do Brasil, 2017.

COLACIOPPO, Sérgio. *Avaliação da exposição profissional a fumos metálicos em operações de solda.* Faculdade de Saúde Pública/USP, 1984. (Tese de Doutorado).

ESAB. *Catálogo de produtos* – consumíveis e equipamentos para soldagem e corte. (s/d).

_____. *Regras para segurança em soldagem, goivagem e corte ao arco elétrico.* [Apostila]. (s/d).[72]

HOFFMANN, Salvador. *Soldagem* – técnicas, manutenção, treinamento e dicas. Porto Alegre: Sagra – DC Luzzatto, 1992.

LaDOU, Joseph, HARRISON, Robert J. (orgs.). *CURRENT medicina ocupacional e ambiental: diagnóstico e tratamento.* 5. ed. Porto Alegre: AMGH, 2016.

WAINER, Emílio, BRANDI, Sérgio Duarte, HOMEM DE MELLO, Fábio Décourt (Coord.). *Soldagem – processo e metalurgia.* São Paulo: Edgard Blücher, 1992.

3M – Saúde ocupacional. *Proteção ao soldador.* Catálogo técnico. (s/d).

---

[72] Disponível em: <http://www.esab.com.br/br/pt/education/apostilas/upload/apostila_seguranca_na_soldagem_rev1.pdf>.

Conhecimentos Técnicos

Apêndice – Cuidados com os cilindros (ou garrafas) de gases

a) Regras gerais:

- Devem ser observadas regras de segurança com cilindros de gases em sua recepção, na movimentação, manuseio e armazenagem;

- Acondicione os cilindros por tipo de gás;

- Mantenha distância de segurança entre os cilindros contendo combustíveis (acetileno) e comburentes (oxigênio);

- Identifique os cilindros cheios e separe-os dos vazios;

- Preserve as informações de identificação presentes nos cilindros (rótulos, etiquetas, marcações de fabricação e/ou manutenção etc.);

- Armazene-os em locais abertos, arejados, cobertos e secos, não sujeitos a fontes de calor e de ignição. Fumar nas proximidades deve ser estritamente proibido;

- Atenção redobrada deve ter lugar nas operações em ambientes confinados ou de restrita circulação de ar;

- Não se deve golpear conexões ou forçar para a abertura das válvulas;

- Jamais deve ser buscada a transferência de gases entre cilindros;

- Quando o cilindro não estiver em uso, sua válvula deve permanecer fechada e protegida pelo cabeçote que deve ser mantido atarraxado;

- Cilindros de gases jamais devem ser arrastados ou rolados;

- Quando vazios, os cilindros não podem ser abandonados ou relegados a uma importância inferior a de quando cheios.

b) Quanto ao acetileno:

- Não inclinar além de 45° em relação à vertical, jamais utilizá-lo ou armazená-lo na posição horizontal;

- Não utilizar o conteúdo quando este estiver quase vazio, pois o material a consumir pode ser a acetona na qual o acetileno está dissolvido;

- Não armazenar grande número de unidades;

c) Quanto ao oxigênio:

- Por operarem em altas pressões (acima de 10 MPa), há grave risco no caso de ruptura da válvula do cilindro;

- Por esta razão, devem-se evitar choques e quedas, devendo ser utilizados carrinhos estabilizadores e jamais deixá-los sem fixação;

- Os cilindros vazios devem permanecer com a cobertura protetora para as válvulas, sendo indevida a utilização para fins diversos que não a armazenagem de gases. Jamais se deve tentar abri-los ou cortá-los;

- Há risco de combustão explosiva em presença de combustíveis, como graxa, por exemplo, pelo que as superfícies de trabalho devem estar limpas quando da operação de soldagem.

Equipamentos de proteção individual sugeridos para atividades de trabalho a quente:

- Calçado de segurança com solado isolante e biqueira;

- Óculos com filtros UV, máscara de proteção facial ou capacete com proteção ocular automática;

- Protetores auriculares (preferentemente do tipo concha);

- Blusão de soldador ou avental de raspa de couro;

- Perneiras, mangotes e luvas de raspa de couro;

- Touca de soldador;

- Máscara para fumos de solda, gases e poeiras, conforme o caso e, em algumas situações, sistemas de respiração autônoma, quando da soldagem em ambientes de renovação de ar restrita.

Processo de soldagem ou técnicas relacionadas	Corrente em amperes
Eletrodo revestido / Arames fluxados	9 (40-60) • 10 (80-100) • 11 (125-175) • 12 (225-275) • 13 (350-400) • 14 (450-500)
MIG/Metal Insert Gas (Ar/Ho) Aços, aços ligados, cobre etc.	10 (80-100) • 11 (125-175) • 12 (200-275) • 13 (300-400) • 14 (450-500)
MIG/Metal Insert Gas (Ar/Ho) Alumínio, cobre, níque, outras ligas.	10 (80-100) • 11 (125-175) • 12 (200-250) • 13 (275-350) • 14 (400-450) • 15 (500)
TIG/Tungsten Inert Gas (Ar/Ho) Todos os metais soldáveis	9 (40-60) • 10 (80-100) • 11 (125-175) • 12 (200-275) • 13 (300-400)
MAG / Meta Active Gas (Ar/CO2/Ho/H2) Aços, aços ligados, cobre etc.	10 (80) • 11 (100-125) • 12 (150-175) • 13 (200-275) • 14 (300-400) • 15 (450-500)
Golvagem com ar comprimido	10 (100) • 11 (125-150) • 12 (175-200) • 13 (225-300) • 14 (350-400) • 15 (450-500)
Corte a jato de plasma	11 (125-175) • 12 (200-250) • 13 (275-400)
PAW / Plasma Arc Welding	2,5/4 (0,5-1) • 5 (2,5) • 6 (5) • 7 (10) • 8 (15) • 9 (20) • 10 (30-40) • 11 (60-80) • 12 (100-175) • 13 (200-275) • 14 (300-400) • 15 (450-500)

Dependendo das condições de aplicação, a gama mais baixa e a gama mais alta podem ser usadas.
Os campos mais escuros correspondem às áreas em que o correspondente processo não pode ser usado.

Figura 2.24 Índice de opacidade para lentes de proteção ocular em função da corrente elétrica recomendada para a operação, segundo o processo de trabalho a quente a ser empregado.

● Radiações no ambiente de trabalho

Desde os primórdios da humanidade as radiações estão presentes na vida humana, na forma ionizante ou não ionizante. A luz e o calor do sol, a energia radiante do fogo e minerais como o Urânio e o Radônio presentes na natureza fazem

Conhecimentos Técnicos

parte do cotidiano de algumas pessoas. Para outras pessoas, o contato com estas radiações se dá em razão de suas atividades laborais. Infelizmente, para muitos cidadãos, efeitos potencialmente deletérios continuam desconhecidos, de tal forma que, em razão disso, não é incomum que haja exposição desnecessária e desprotegida. Iremos apresentar as linhas gerais destes efeitos e a proteção às radiações neste capítulo.

Inicialmente se desconhecia a existência, o poder e todo o vasto conjunto de suas aplicações (efeitos controlados) destas energias. Descobertos os mecanismos destes efeitos, novas utilidades puderam ser estabelecidas a partir da definição de meios de proteção aos seus usuários (Figura 2.25).

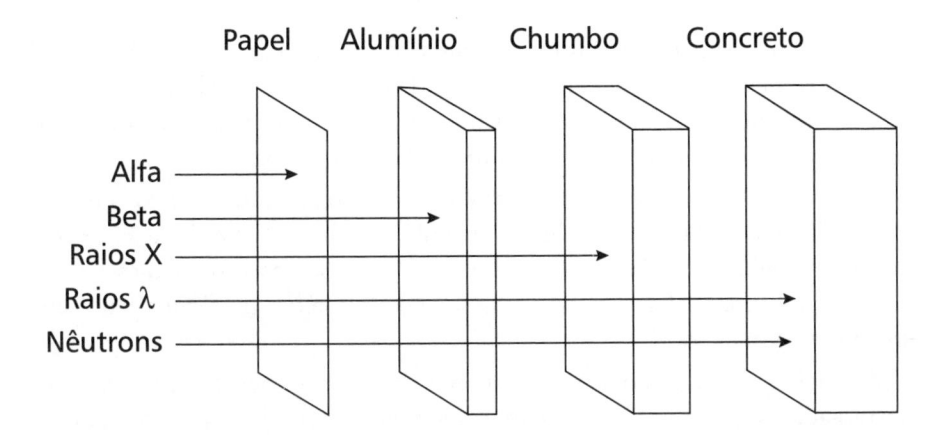

Figura 2.25 Meios de proteção contra a radiação.

As radiações ionizantes são aquelas cujo nível de energia fornecido é suficiente para ionizar átomos e moléculas, ou seja, a energia de interação altera o estado vigente. Com isso, pode danificar nossas células e afetar o material genético (DNA), causando efeitos que podem ser indesejáveis (distúrbios orgânicos em distintos graus, mais ou menos graves e levando até a morte). São exemplos de radiação ionizante as partículas alfa e beta, os raios gama, raios x e nêutrons.

Por sua vez, as radiações não ionizantes (infravermelhas, ultravioletas, microondas, *laser*, radiofrequências e radiações visíveis), por terem níveis de energia relativamente baixos, não têm tal capacidade de interação com as células, porém, também podem causar alguns danos à saúde, em razão do que cuidados específicos para a sua utilização são igualmente requeridos.

Ocorrendo a exposição do corpo humano à radiação, resume Okuno (1988: 45), quatro tipos de eventos podem acontecer:

    a. A radiação passa próximo ou por meio da célula sem produzir dano.
    b. A radiação danifica a célula, mas ela é reparada adequadamente.

c. A radiação mata a célula ou a torna incapaz de se reproduzir.
d. O núcleo de célula é lesado, sem, no entanto, provocar morte celular. A célula sobrevive e se reproduz na sua forma modificada.

Para Tauhata et al. (2003:115),

> *"Os efeitos radioinduzidos podem receber denominações em função do valor da dose e da forma de resposta, em função do tempo de manifestação e do nível orgânico atingido. Assim, em função da dose e da forma de resposta, são classificados em estocásticos e determinísticos; em termos do tempo de manifestação, em imediatos e tardios; em função do dano, em somáticos e genéticos (hereditários)."*

Nos efeitos estocásticos, entre os quais se destaca o câncer, a probabilidade de sua ocorrência está diretamente relacionada com a dose recebida, sem a existência de um valor limiar, ou seja, um valor para uma única exposição que implique em sua ocorrência. Tem-se, portanto, efeito cumulativo.

Nos efeitos determinísticos, por sua vez, a probabilidade da ocorrência do efeito indesejado é 100% caso o limiar seja ultrapassado. Nesta situação temos o eritema (vermelhidão cutânea), a necrose da pele, a opacidade das lentes e a catarata ocular, e, ainda, a depressão do sistema hematopoiético (linfócitos, leucócitos, plaquetas e hemácias).

Os efeitos somáticos dizem respeito aos danos causados diretamente à pessoa irradiada, enquanto os hereditários surgem nos descendentes dos diretamente atingidos em seus órgãos reprodutores.

Quanto ao tempo decorrido desde o evento até o aparecimento dos efeitos, se este for da ordem de poucas horas até semanas, serão considerados imediatos. Aqueles que retardarem anos são considerados tardios ou retardados.

Cabe ressaltar que a susceptibilidade individual pode levar os organismos de indivíduos expostos a condições semelhantes a respostas diferentes. Fatores como o sexo, a idade (crianças e idosos são mais susceptíveis) e o estado geral de saúde podem implicar danos distintos, bem como o tempo necessário para a sua detecção ou aparecimento de sintomas. Há de se considerar ainda a natureza ou tipo de radiação recebida, bem como a sensibilidade relativa do órgão do corpo que foi irradiado (radiossensibilidade), cuja capacidade de resistência se dá na ordem inversa de sua especialização ou diferenciação. Ou seja, é proporcional à capacidade de reprodução de suas células. Assim, as gônadas contêm as células mais sensíveis à radiação, seguidas pela medula óssea eritropoética, cólon, pulmões, estômago, bexiga, mamas, fígado, esôfago, tireóide, pele e superfícies ósseas.

Quanto às aplicações das radiações, podemos destacar como sendo as mais conhecidas aquelas relacionadas ao diagnóstico (a exemplo da radiografia, mamografia, tomografia e do mapeamento com radiofármacos) e ao tratamento de saúde (radioterapia e radioisótopos, por exemplo). Todavia, as radiações também

Conhecimentos Técnicos

encontram lugar de destaque em aplicações industriais (ensaios não destrutivos, medida da espessura ou de níveis de materiais, medida de vazamentos, pesquisa sobre desgaste de motores, conservação de alimentos, esterilização de materiais cirúrgicos etc.), e na agricultura (criação de novas variedades, controle ou eliminação de insetos, alteração do metabolismo de organismos) ou gerais (estudo da poluição do ar, coloração de cristais e datação).

A radioproteção tem como princípio fundamental o uso da radiação em nível tão baixo quanto possivelmente exequível que, em inglês, tem como sigla "ALARA" (*as low as reasonable achievable*). Este princípio, operacionalmente, se desdobra em:

a. **Justificativa:** a exposição à radiação deve ser justificada frente aos benefícios que podem decorrer deste evento, observando-se a real necessidade do paciente e suas características individuais;

b. **Otimização:** todas as exposições devem se dar em níveis tão baixos quanto possível, com a correta utilização de técnicas que assegurem a adequada qualidade do diagnóstico por imagens;

c. **Limitação da dose:** as doses utilizadas em cada evento (e acumuladas por período de referência, mensal ou anual) não devem ser superiores aos limites estabelecidos pelas normas de radioproteção vigentes.

A radioproteção baseia-se, então, em três medidas básicas:

a. A blindagem, que diz respeito à proteção individual, de segmentos corpóreos ou do corpo inteiro, com a finalidade de reduzir a incidência da intensidade da energia radiante, pela formação de barreiras entre a fonte e os indivíduos, direta ou indiretamente expostos (com a construção de ambientes devidamente preparados para tal fim, com paredes, piso e teto de materiais apropriados para tal propósito e a sinalização da operação quando da ativação das fontes).

b. O distanciamento da fonte, uma vez que a intensidade da radiação incidente sobre um corpo é inversamente proporcional ao quadrado da distância entre este e a fonte emissora.

c. Redução do tempo de exposição, pela adequação do tempo de exposição ao mínimo necessário em função da técnica utilizada, ou seja, buscando-se otimizar a relação entre a exposição e os resultados desejados.

Supervisores de radioproteção são os profissionais habilitados e certificados para exercerem atividades relacionadas à elaboração de projetos e à condução de sistemas de radioproteção. Esta qualificação é obtida, entre outros requisitos, após a realização de exames junto à Comissão Nacional de Energia Nuclear (CNEN), consistindo de exame geral acerca da radioproteção e segurança nuclear e de

277

exame específico para áreas de atuação pretendidas pelo candidato, como, por exemplo, aquelas relacionadas às aplicações industriais, combustíveis ou reatores nucleares, medicina nuclear e radioterapia.

Para atividades de campo, como serviços de radiografia industrial, há a necessidade da presença de um profissional certificado pela CNEN para supervisionar as medidas de radioproteção em áreas abertas (Responsável por Instalação Aberta – RIA).

Para acompanhar e avaliar a exposição ocupacional às radiações há a prescrição da monitoração pessoal da dose recebida. Para tanto, são utilizados os detectores de radiação ou dosímetros. São os mais comuns os termoluminescentes (TLD) e os estimulados oticamente (OSD). Têm em seu interior cristais capazes de deter e acumular parte da energia recebida, sendo levados a um laboratório, após certo período de exposição (comumente um mês), para a efetivação da mensuração desta propriedade.

Maiores informações sobre a temática, bem como sobre a legislação pertinente, devem ser buscadas nos sítios do Instituto de Radiodosimetria (<www.ird.gov.br>), da Comissão Nacional de Energia Nuclear (<www.cnen.gov.br>), que estabelecem as principais normativas referentes às questões relativas ao uso, transporte, radioproteção, tratamento de resíduos e instalações nucleares no Brasil, da Agência Nacional de Vigilância Sanitária (<www.anvisa.gov.br>) e do Instituto de Pesquisas Nucleares (<www.ipen.br>), bem como junto à Agência Internacional de Energia Atômica (IAEA) (<www.iaea.org>).

Sugestões de leitura

CARNEIRO LEÃO, Moacir de A. *Princípios de biofísica.* Rio de Janeiro: Guanabara Koogan, 1982.

DIMENSTEIN, Renato; HORNOS, Yvone M. Mascarenhas. *Manual de proteção radiológica aplicada ao radiodiagnóstico.* São Paulo: SENAC, 2001. (Apontamentos Saúde, 60.)

HEILBRON FILHO, Paulo Fernando Lavalle et al. *Segurança nuclear do trabalhador e proteção do meio ambiente.* Rio de Janeiro: E-papers, 2003.

OKUNO, Emico. *Radiações:* efeitos, riscos e benefícios. São Paulo: Harbra, 1988.

SOCIEDAD ESPAÑOLA DE PROTECCIÓN RADIOLÓGICA. *Recomendaciones de la Comisión Internacional de Protección Radiológica:* ICRP 1990. Madri, 1995.

TAUHATA, Luiz et al. *Radioproteção e dosimetria.* Rio de Janeiro: IRD/CNEN, 2003.

TRAVIS, Elizabeth Latorre. *Radiobiologia médica.* Madri: Editorial AC, 1979.

● Vibrações decorrentes do trabalho

Um sem-número de atividades cotidianas submete o corpo humano a exigências de natureza vibratória. Algumas são bastante conhecidas do grande público, como o martelete pneumático, largamente utilizado na construção civil, e a condução de tratores e caminhões. Outras, nem tanto.

Atingindo o corpo inteiro ou apenas segmentos, em especial as mãos e os membros superiores, os efeitos danosos, segundo a literatura especializada, podem incidir, sobretudo, nos sistemas circulatório, neurológico e ósteo-muscular, o que inclui as articulações, ossos e tendões, resultando degradações de diversas ordens sobre estes. Ademais, são também listados potenciais danos aos olhos, ao sistema digestivo e à coluna vertebral, pelo que é devido considerar como muito grave laborar nessas condições sem as devidas intervenções que resultem melhorias efetivas nas condições gerais de trabalho, entre estas a adequação da duração da jornada laboral, bem mais do que o mero fornecimento de equipamentos de proteção individual.

A esse respeito, vejamos o que diz a INSTRUÇÃO NORMATIVA INSS/PRES nº 77 (IN nº 77), de 21 de janeiro de 2015 e atualizações,[73] quando dispõe sobre a aposentadoria especial para trabalhadores expostos a vibrações:

> *"Art. 283. A exposição ocupacional a vibrações localizadas ou no corpo inteiro dará ensejo à caracterização de período especial quando:*
>
> *I - até 5 de março de 1997, véspera da publicação do Decreto nº 2.172, de 5 de março de 1997, de forma qualitativa em conformidade com o código 1.0.0 do quadro anexo ao Decretos nº 53.831, de 25 de março de 1964 ou Código 1.0.0 do Anexo I do Decreto nº 83.080, de 1979, por presunção de exposição;*
>
> *II - a partir de 6 de março de 1997, quando forem ultrapassados os limites de tolerância definidos pela Organização Internacional para Normalização - ISO, em suas Normas ISO nº 2.631 e ISO/DIS nº 5.349, respeitando-se as metodologias e os procedimentos de avaliação que elas autorizam; e*
>
> *III - a partir de 13 de agosto de 2014, para o agente físico vibração, quando forem ultrapassados os limites de tolerância definidos no Anexo 8 da NR-15 do MTE, sendo avaliado segundo as metodologias e os procedimentos adotados pelas NHO-09 e NHO-10 da FUNDACENTRO, sendo facultado à empresa a sua utilização a partir de 10 de setembro de 2012, data da publicação das referidas normas.*

Almeida (1995:492-493) destaca que a vibração presente em certas atividades agrícolas e rurais, a exemplo do trato com motosserras, pode levar à doença dos "dedos brancos por vibração" (DBV). Nessas atividades, o potencial de lesões músculo-esqueléticas aumenta em trabalhadores jovens que ainda não têm o seu sistema ósseo adequadamente consolidado para suportar a intensidade dessas exigências. Ao que explicita que, *"além das perturbações circulatórias nas exposições a vibrações mão-braço, há lesões diretas dos nervos periféricos, músculos, ossos e articulações"*. Por fim,

---

[73] Disponível em: <http://sislex.previdencia.gov.br/paginas/38/inss-pres/2015/77.htm>.

enfatiza o autor que nos estágios finais da doença pode-se perder a habilidade dos dedos, que se tornam duros, resultando, assim, a perda da sensação tátil.

Pode-se considerar o corpo humano como um sistema mecânico complexo, cujas partes modulam – e amortecem – as cargas e vibrações a que são submetidas, sendo compostos por elementos rígidos e elásticos que interatuam para que o mesmo responda devidamente a essas exigências.

Mas, afinal, o que é a vibração?

A vibração pode ser entendida como a oscilação de segmentos de um corpo em torno de determinado ponto fixo ou de referência. O número de repetições desse ciclo durante o período de um segundo é a sua frequência e tem como unidade o Hertz (Hz). Dessa feita, os efeitos da vibração sobre o corpo humano dependem, entre outros fatores, das frequências em que esta ocorre, sendo as baixas frequências (até cerca de 100 Hz) as mais prejudiciais, pois nessa faixa ocorre a ressonância das partes do corpo afetadas (veja-se a Figura 2.26), o que não ocorre normalmente acima de 100 Hz, visto que tais vibrações são, em geral, absorvidas por nossa estrutura.

Ao lado da frequência, a amplitude do deslocamento ou aceleração sofrida pelo corpo em movimento e a sua direção definem, de acordo com Iida (1990:243), a exposição quanto à severidade dos efeitos da sujeição à vibração, observada a sua duração, em patamares ou critérios de avaliação distintos, a saber:

a) *Limite de conforto, sem maior gravidade, como ocorre em veículos de transporte coletivo.*

b) *Limite de fadiga* (ou capacidade de desempenho), *provocando redução na eficiência de trabalhadores, como em máquinas que vibram.*

c) *Limite de exposição* (ou de segurança), *correspondendo ao limiar do risco à saúde.*

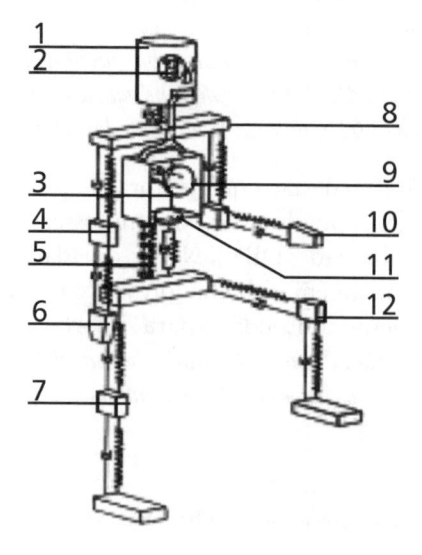

Conhecimentos Técnicos

	Parte do corpo	Frequência de ressonância (Hz)
1.	Cabeça	25
2.	Globo ocular	30 – 38
3.	Tórax	60
4.	Antebraço	16 – 30
5.	Coluna vertebral	10 – 12
6.	Pulso	5 – 200
7.	Perna (rígida)	~20
8.	Ombro	4 – 5
9.	Pulmão	50
10.	Mão-braço	4 – 8
11.	Abdomên	4 – 8
12.	Perna (fletida)	~2

Figura 2.26 Frequências de ressonância para diferentes partes do corpo.

Fonte: Adaptada de Macedo (1988:352).

Conforme determina o anexo 8 da Norma Regulamentadora nº 15 (NR-15), a caracterização da insalubridade por vibração deverá se dar por perícia *in loco* – segundo as diretrizes e os critérios estabelecidos nesta, cujo teor abaixo reproduzimos e comentamos:

> *"Os procedimentos técnicos para a avaliação quantitativa das Vibrações de Mãos e Braços (VMB) e Vibrações de Corpo Inteiro (VCI) são os estabelecidos nas Normas de Higiene Ocupacional da FUNDACENTRO [NHO 09 e 10]*
>
> *Caracteriza-se a condição insalubre caso seja superado o limite de exposição ocupacional diária a VMB correspondente a um valor de aceleração resultante de exposição normalizada (aren) de 5 m/s2. Caracteriza-se a condição insalubre caso sejam superados quaisquer dos limites de exposição ocupacional diária a VCI:*
>
> *a) valor da aceleração resultante de exposição normalizada (aren) de 1,1 m/s2;*
>
> *b) valor da dose de vibração resultante (VDVR) de 21,0 m/s1,75.*
>
> *Para fins de caracterização da condição insalubre, o empregador deve comprovar a avaliação dos dois parâmetros acima descritos.*
>
> *As situações de exposição a VMB e VCI superiores aos limites de exposição ocupacional são caracterizadas como insalubres em grau médio."*

As vibrações para o corpo inteiro ocorrem, em geral, quando do trabalho com máquinas pesadas, enquanto que as vibrações transmitidas à mão são frequentemente exigidas por ferramentas manuais e demais pegas impostas na execução da maior parte das tarefas.

São consideradas vibrações de extrema gravidade, para o corpo inteiro, aquelas cuja aceleração ultrapassar a 10 m/s^2. Por sua vez, corpos em vibração submetidos a 100 m/s^2 de aceleração têm seus órgãos internos afetados, de tal maneira que podem ocorrer sangramentos em distintos graus de intensidade.

As medidas de prevenção dizem respeito à eliminação ou minimização das vibrações em sua fonte, quando possível, ou à limitação da exposição, com o isolamento da fonte ou a interposição de barreiras entre esta e o trabalhador, bem como à redução de sua duração ao longo da jornada laboral.

Grandjean (1998:288), discorrendo sobre algumas atividades em particular, recomenda que, "*do ponto de vista da ergonomia, estabelece-se um valor limite da aceleração das oscilações de 0,3 a 0,45 m/s^2, para uma jornada de 8 horas, no trabalho com tratores, caminhões e máquinas de construção, cujas frequências estão principalmente na faixa de 2 a 5 Hz*".

Pode, igualmente, contribuir para o controle da exposição à vibração a revisão das condições gerais da maquinaria e das instalações produtivas, o que se dá em ações desde o planejamento e aquisição, passando pela definição de sua localização na edificação, sua colocação em funcionamento e manutenção, com o respectivo e adequado gerenciamento dessas condições.

Como, não raro, vibrações também culminam produzindo ruído, pelo que medidas preventivas cujo intuito seja reduzir este terminam por reduzir aquelas e vice-versa. De tal sorte que localizar e identificar fontes ou causas de um agente implica, na maior parte das vezes, alcançarmos igual resultado para o outro agente.

Para a medição das vibrações são utilizados os acelerômetros piezoelétricos, que nada mais são do que sensores de movimento (transdutores), cujo sinal gerado, proporcional à aceleração a que estão submetidos, fornece informações sobre a velocidade e o deslocamento dos mesmos, pela transformação de grandezas mecânicas em sinais elétricos. Em razão de não necessitarem de fontes externas para o seu funcionamento, pois geram campos elétricos quando sujeitos a solicitações mecânicas, os acelerômetros encontram outras aplicações úteis à segurança, como, por exemplo, na monitoração da vibração em motores submetidos a grandes esforços, nos sistemas de freios antiblocantes (**ABS**) e em *airbags*, pelo que alcançam larga aplicação industrial.

Sugestões de leitura

ALMEIDA, Waldemar Ferreira. Trabalho agrícola e sua relação com saúde/doença. In: MENDES, René (Org.). *Patologia do trabalho.* Rio de Janeiro: Atheneu, 1995.

BRASIL/Ministério da Previdência. INSTRUÇÃO NORMATIVA INSS/PRES Nº 77, de 21 de janeiro de 2015.

CAILLIET, René. *Mão*: dor e incapacidade. São Paulo: Manole, 1974. (Síndromes dolorosas).

DRAPINSKI, Janusz. *Manutenção mecânica básica.* São Paulo: McGraw-Hill, 1975.

FUNDACENTRO. *NHO 09: Avaliação da exposição ocupacional a vibrações de corpo inteiro - Procedimento técnico.* São Paulo, 2013.

_____. *NHO 10: Avaliação da exposição ocupacional a vibrações em mãos e braços - Procedimento técnico.* São Paulo, 2013.

GRANDJEAN, Etienne. *Manual de ergonomia*: adaptando o trabalho ao homem. Porto Alegre: Bookman, 1998.

IIDA, Itiro. *Ergonomia*: projeto e produção. São Paulo: Edgard Blücher, 1990.

MACEDO, Ricardo. *Manual de higiene do trabalho na indústria.* Lisboa: Fundação Calouste Gulbenkian, 1988.

SEIXAS, Roberto Senna. *Universo das síndromes e doenças.* Salvador: EdUFBA, 2000.

3

Conhecimentos de Gestão

● Formação de serviços ligados à saúde e segurança no trabalho

A maioria das organizações urbanas brasileiras está isenta da atribuição formal de ter em seus quadros a formação de serviços ligados à saúde e segurança do trabalho. Isso porque o número total de trabalhadores empregados não é igual ou superior a 20 ou a 50, o que obrigaria a organização a formar Cipa e SESMT,[1] respectivamente, independentemente do grau de risco da atividade principal. Entretanto, a legislação é bem clara ao expressar que em qualquer estabelecimento que empregue trabalhador – ou seja, mesmo para um único trabalhador – o administrador terá a obrigação de fazer cumprir as determinações relativas à temática. Então, apesar da ausência do auxílio de profissionais especializados ou simplesmente atentos aos possíveis problemas decorrentes das condições de trabalho e do meio ambiente, sobre o gestor incidirão as responsabilidades por essas e outras eventuais penalidades decorrentes.

Ora, se as condições forem consideradas insatisfatórias pelos órgãos fiscalizadores, os gestores e suas organizações estarão passíveis de punição, independentemente do número de trabalhadores sob seus cuidados. Não deveríamos considerar, então, que quanto mais pessoas pudessem estar atentas à questão da

---

[1] Comissão Interna de Prevenção de Acidente (Cipa); Serviço Especializado em Engenharia de Segurança e em Medicina do trabalho (SESMT). Ver Tabelas 1 e 2 a seguir, extraídas das NRs nºs 5 e 4, respectivamente. Para obter a íntegra das normas, bem como sua atualização, consultar: <http://trabalho.gov.br/index.php/seguranca-e-saude-no-trabalho/normatizacao/normas-regulamentadoras>.

saúde, segurança e meio ambiente não seria mais interessante para essa própria organização e seus gestores?

Infelizmente, para boa parte dos empresários brasileiros e para os seus representantes nos vários níveis hierárquicos de sua organização, o domínio do conhecimento da temática por parte dos trabalhadores, em realidade, representa o terror das constantes denúncias aos órgãos fiscalizadores e de futuras cobranças de indenizações trabalhistas.

Essa visão equivocada reflete a falta de uma política de informações estruturada que os conscientize, assim como a seus empregados, de que, para sobreviverem nos atuais mercados competitivos, suas organizações precisam de produtos de qualidade e de preços atraentes.[2] Assim, nada mais oportuno do que propiciar a maximização do rendimento produtivo de seus funcionários pela adequação das condições de trabalho. Nada mais inoportuno do que desperdiçar capital no pagamento de infrações quando este poderia ser revertido na melhoria das instalações ou em treinamento. Nada mais danoso para uma empresa do que o ultrapassado modelo de luta entre empregadores e empregados onde ambos saem perdendo.

Tabela 3.1 Dimensionamento da Cipa em função do grupo de risco da atividade e do número de empregados no estabelecimento

Grupo de risco	Nº de membros da Cipa	Número de empregados no estabelecimento									
		0 a 19	20 a 29	30 a 50	51 a 80	81 a 100	101 a 120	...	1.001 a 2.500	2.501 a 5.000	5.001 a 10.000	Acima de 10.000 para cada grupo de 2.500 acrescentar
C-1	Efetivos		1	1	3	3	4		9	12	15	2
	Suplentes		1	1	3	3	3		7	9	12	2
C-1a	Efetivos		1	1	3	3	4		9	12	15	2
	Suplentes		1	1	3	3	3		8	9	12	2
C-2	Efetivos		1	1	2	2	3		7	10	11	2
	Suplentes			1	2	2	3		6	7	9	1
C-4	Efetivos			1	1	1	1		3	5	6	1
	Suplentes			1	1	1	1		3	4	4	1

---

[2] Se não forem conseguidos pela redução dos custos, deverão ser obtidos pela redução dos lucros ou de salários. O que não é interessante para ninguém e nenhuma organização, a menos que seja medida extrema em caso de vida ou morte (o que significaria a perda de empregos e dos investimentos realizados).

Conhecimentos de Gestão

Tabela 3.2 Dimensionamento do SESMT em função do grau de risco e do número de empregados no estabelecimento

Grau de risco	Técnicos	50 a 100	101 a 250	251 a 500	501 a 1.000	1.001 a 2.000	2.001 a 3.500	3.501 a 5.000	Acima de 5.000 para cada grupo de 4.000 ou fração acima de 2.000***
3	Téc. Seg. Trab.		1	2	3	4	6	8	3
	Eng. Seg. Trab.				1*	1	1	2	1
	Aux. Enf. Trab.					1	2	1	1
	Enf. Trabalho							1	
	Médico Trab.				1*	1	1	2	1
4	Téc. Seg. Trab.	1	2	3	4	5	8	10	3
	Eng. Seg. Trab.		1*	1*	1	1	2	3	1
	Aux. Enf. Trab.				1	1	2	1	1
	Enf. Trabalho							1	
	Médico Trab.		1*	1*	1	1	2	3	1

* Tempo parcial (mínimo de três horas).

** O dimensionamento total deverá ser feito levando em consideração o dimensionamento da faixa de 3.501 a 5.000 mais o dimensionamento do(s) grupo(s) de 4.000 ou fração acima de 2.000.

Obs.: Hospitais, ambulatórios, maternidades, casas de saúde e repouso, clínicas e estabelecimentos similares com mais de 500 empregados deverão contratar um enfermeiro do trabalho em tempo integral.

Estaríamos em busca de uma sociedade sem luta de classes, na qual haveria o conformismo com as condições de plena satisfação vigentes? Não seria legítima e justa a remuneração do capital empregado na produção e daqueles que "emprestam" sua força de trabalho e as ações que tentam justificar como reivindicações de seus direitos? Seria, então, a presença de uma consciência cabal que culminaria na tão desejada justiça entre capital e trabalho? Certamente que não. Sempre haveria muito a se conquistar, de parte a parte, principalmente após o concreto desenvolvimento da noção e da consciência de coletivo, de que as perdas ocorridas em uma sociedade constituem prejuízos, de modo direto ou indireto, para cada um de seus cidadãos. Perceba ou não o que acontece ao seu redor, em sua empresa, sua rua, vizinhança ou em qualquer lugar onde se encontre.

No Brasil, as cifras alcançadas acidentes do trabalho são assustadoras. Estima-se que anualmente são cerca de 700 mil ocorrências, das quais 2.300 são fatais. Nos últimos 30 anos foram registrados cerca de 30 milhões sinistros ocupacionais, nos quais mais de 100 mil pessoas morreram. O desembolso mensal do Instituto Nacional do Seguro Social (INSS) para custear apenas os afastamentos temporários, por doenças ou por acidentes leves, alcança centenas de milhões de reais. De 2012 a 2016 foram 13, 3 mil mortes e o custo dos afastamentos chegou a R$ 22 bilhões.[3] Esses números penalizam sobremaneira a economia nacional e fazem com que o país assuma lugar de destaque no *ranking* mundial da relação entre o número de trabalhadores acidentados e o total de trabalhadores formais na indústria, segundo dados da Organização Mundial do Trabalho – OIT. Em um país em que grande parcela da mão de obra empregada permanece na informalidade, fato que dificulta os registros acerca da atividade trabalhista, podemos supor que significativa quantidade de acidentes não é registrada e que, também por isso, a ação do Estado em prol do trabalhador não seja realizada de maneira satisfatória.

As perdas aqui assinaladas correspondem ao dano ao indivíduo, pela interrupção permanente ou temporária de sua capacidade produtiva que, de acordo com a legislação vigente, caracteriza o acidente de trabalho. Por essa definição pode-se calcular o custo de suporte ao acidentado. Todavia, devemos considerar que ocorrem outros custos de valoração mais complexa, e que não são analisados como perdas sociais. O afastamento do trabalhador gera a necessidade de substituição, sobre a qual incide a necessidade de formação de um substituto para o correto desempenho da função vaga. Outras vezes, a redução da renda domiciliar força a entrada prematura de jovens no mercado de trabalho – muitos dos quais abandonando seus estudos para sempre.

Tabela 3.3 Quadro comparativo da distribuição de atividades econômicas, do número de empresas e de empregados e das Comunicações de Acidentes do Trabalho – CAT, por grau de risco no Brasil (ano base 1997)

Característica	GR 1 (%)	GR 2 (%)	GR 3 (%)	GR 4 (%)
Distribuição dos graus de risco	7,0	29,0	52,0	12,0
Distribuição das CAT/MPAS	13,5	24,5	62,0	0,0
Distribuição de empresas por GR (MTE)	7,9	61,6	25,4	4,9
Distribuição de trabalhadores por GR (MTE)	25,6	33,0	34,4	6,9

---

[3] Disponível em: <https://www.em.com.br/app/noticia/economia/2017/06/05/internas_economia,874113/brasil-tem-700-mil-acidentes-de-trabalho-por-ano.shtml>.

São inúmeras perdas sociais sucessivas cujos efeitos vão se propagando de geração em geração. Acumulam-se de tal forma que contribuem insidiosamente para comprometer o desenvolvimento da sociedade na qual estamos inseridos, e queiramos ou não, de uma forma ou de outra, cada um de nós pagará uma parcela.

Compete, portanto, ao gestor usar, em favor de sua organização, todo potencial de conhecimento e de vigilância que possa ter disponível. Cabe destacar que para tanto há necessidade de desenvolvimento de uma cultura proativa baseada na confiança e na cooperação mútua. Empregadores e empregados não são e não devem ser concorrentes em interesses. A concorrência real está fora dos muros e muitas vezes longe das vistas. Está nas empresas que conseguem catalisar seus esforços, conquistar e consolidar espaços no mercado. Em face disso, empregadores e empregados deveriam estar bem atentos às intervenções necessárias ligadas à saúde, segurança e meio ambiente nas organizações. Deveria ser parte dos valores e, portanto, dos hábitos das pessoas de uma sociedade. Não seria atribuição exclusiva daqueles que tomam parte nas comissões e que depois se "despreocupam", pois já não fazem mais parte.

Compete a cada trabalhador contribuir para que o ambiente de trabalho seja mais saudável para si, para aquele do turno que se seguirá ou mesmo para aquele que o sucederá, se este não mais estiver na empresa. É bem verdade que é difícil ser tão consciente se a premência de estar empregado e garantir a sobrevivência vem antes da consciência de cidadania.

Também é verdade que a sociedade evolui lentamente. Contudo, mais dia, menos dia, será cobrada exaustivamente das organizações não só a imagem de credibilidade em seus produtos, como também a transparência de suas diretrizes e práticas para com seus funcionários e para com a sociedade como um todo. Responsabilidade social é e significará, acima de tudo, preservar o mercado consumidor.

É atribuição de cada um não deixar as responsabilidades relativas à saúde, segurança e meio ambiente apenas nas mãos daqueles que formam os serviços destinados a esse fim, para que depois possamos cobrar-lhes. O desinteresse, caso se queira chamar assim a omissão, também se configura como culpa.

Os avanços conquistados na formulação das novas versões das normas NR-4 e NR-5, por meio de Comissões Tripartites, isto é, de representantes do Estado, dos empregadores e dos empregados, merecem reconhecimento como uma importante conquista de toda a sociedade.

A distribuição das atividades em grupos de risco contribuiu para uma melhor interpretação dos acidentes e, por consequência, para um melhor planejamento de atividades preventivas e para a formulação de políticas setoriais nesse sentido. A análise detalhada do cenário até então vigente, como retratado na Tabela 3.3, nos leva a concluir que a concentração de empresas, trabalhadores e de acidentes (CAT) exigia um maior detalhamento dos grupos de risco 2 e 3, principalmente.

A continuidade dos estudos das Comissões Tripartites nos traz a expectativa de que, no Brasil, as questões tratadas nesse texto ainda encontrarão dias melhores.

> **Sugestão de leitura**
>
> BARBOSA FILHO, A. N. *Industrialização urbana em Gravatá*. Texto para discussão. Recife: DCA, 1997.
>
> BRASIL. *Revista LIDA*. Brasília: Ministério do Trabalho, 1997. Bimestral.
>
> MISHAN, E. J. *Elementos de análise de custos-benefícios*. Rio de Janeiro: Zahar, 1975.

● Noções de prevenção e combate a incêndios

Infelizmente, a cada dia tornam-se notícia incêndios que acontecem a uma frequência crescente, assumindo seus danos de dimensões indesejadas, algumas vezes pelas vítimas humanas, outras pelas perdas materiais e, em muitos casos, por ambas.

A maior parte dos incêndios ocorre em função de descuidos e, por isso, poderiam ser evitados caso fossem tomadas as devidas precauções.

Estudos diversos indicam que os almoxarifados são os locais das organizações onde os incêndios ocorrem com maior frequência. Matéria-prima destruída, dinheiro queimado e jogado fora. Se houver capital de giro para uma nova aquisição, perde-se capital para outros possíveis investimentos. E se o material ainda não tiver sido pago? É prejuízo em dobro, não sendo incomum uma empresa cerrar suas portas devido a fatos como esse. É preciso cuidado redobrado em ambientes onde há a presença desorganizada ou indevida de material combustível. Tintas, óleos, vernizes ou outro material de fácil combustão (papel, tecidos, madeiras etc.) armazenados junto a estações de trabalho com a presença de fagulhas, centelhas ou superfícies aquecidas, constituem situações ideais para um princípio de incêndio. Merecem também atenção materiais de baixo ponto de ignição estocados em ambientes de temperatura elevada. Algumas vezes não são observadas condutas básicas de segurança: presença de fumantes em ambientes de atmosfera de gases explosivos, pessoas inabilitadas que "tentam pôr em ordem" redes ou circuitos elétricos e usam ferramentas toscas ou "trabalham" com a rede energizada, entre outras. Por outro lado, na literatura técnica, também é bastante comum o relato de incêndios originados a partir de instalações elétricas malfeitas – as gambiarras – ou pelo aquecimento excessivo de motores e de outras partes de uma máquina que foi exigida além de sua capacidade.

Conhecimentos de Gestão

Há, por assim dizer, toda uma série de situações – muitas das quais absurdas – que contribuem para esse acontecimento indesejado.

Em realidade, como bem afirma Miguel (1998:30), temos que realizar um duplo planejamento em relação aos incêndios:

> "O termo **prevenção** aplica-se ao conjunto de medidas tendentes a limitar a probabilidade de que o incêndio se inicie (...). A **proteção** consiste em medidas tendentes a minimizar as consequências do incêndio" (grifos do autor).

A primeira medida consiste em elementos que vão desde o planejamento da edificação, passando pela definição de suas características construtivas (materiais, dimensões, distribuição espacial etc.), até ações de cunho educativo e de formação de hábitos junto ao pessoal da organização. A segunda medida também inclui elementos construtivos, porém de caráter de contenção, a exemplo das portas corta-fogo e de detecção, sinalização e combate aos instantes iniciais do incêndio.

Ambientes com grandes concentrações de público, a exemplo de centros comerciais, cinemas, teatros e salas de exibição, bem como escolas e outros ambientes de grande afluência, inclusive ambientes de lazer como ginásios e estádios, devem ter em seu planejamento de áreas espaços reservados para a necessidade de evacuação desses ambientes. Os procedimentos e as rotas a serem seguidos para garantir a integridade dos usuários devem fazer parte de um plano de evacuação (ou de ação em caso de sinistros) que deve estar inserido no plano geral de emergência da organização. Neste deverão estar contempladas a sistemática de intervenção, as responsabilidades e finalidades de cada ação; devem constar, inclusive, a estrutura e metodologia de planos de simulação.

Um dos elementos mais importantes na atividade de minimização de possibilidades de danos humanos, quando da ocorrência de incêndios, é o tempo gasto na evacuação da edificação. Esse tempo pode ser considerado como o decorrido desde o aparecimento dos primeiros indícios (fumaça, chamas) até o atingimento de um espaço seguro ao ar livre, em ambiente externo à edificação, pelo último de seus ocupantes. Uma expressão comumente aceita para estimar o tempo necessário à evacuação é dada por:

$$T_{ev} = (P/A.C) + (L_m/V)$$

Onde:

T_{ev} – tempo de evacuação (s);

P – número total de ocupantes;

A – largura útil das vias de circulação (m);

C – coeficiente de circulação (valor médio – 1,8 pessoas/m.s);

L_m – comprimento total (m) do percurso de evacuação (situação mais desfavorável);

V – velocidade de circulação (m/s).

Em situação normal:

Vias horizontais: 0,6 m/s;
Escadas: 0,3 m/s;

Em situação de pânico:

Vias horizontais: 0,2 m/s;
Escadas: 0,15 m/s.

De posse dos dados necessários ao cálculo da estimativa, poderemos efetuar as modificações requeridas, tanto na própria definição da construção da edificação quanto nos critérios da distribuição de suas áreas e de sua ocupação, visando adequar as necessidades de sua utilização à garantia de integridade de seus ocupantes. A NR-23 traz instruções iniciais sobre a execução da proteção contra incêndios.

Vale a pena lembrar que o retardamento na intervenção de combate ao princípio de incêndio, mesmo que por poucos minutos, pode ser a diferença entre sua extinção e sua propagação. Por isso, é muito importante que a organização mantenha um rigoroso controle sobre o programa de manutenção dos extintores e das demais formas de proteção contra incêndios. Além do mais, a capacitação do pessoal para a ação é extremamente importante.

Uma orientação: quando da data de recarga dos extintores (semestral, anual etc. – em função do planejamento), o gestor deve aproveitar a oportunidade para realizar treinamento simulado (com a garantia de que os cilindros irão vazios e terão que voltar efetivamente carregados).

Para que os esforços desprendidos no combate e controle de princípios de incêndios alcancem os resultados desejados, alguns elementos básicos são necessários:

1. Conhecer a natureza da origem do fogo e, a partir dessa informação, decidir qual o meio de extinção a ser utilizado adequadamente (por exemplo, não devemos utilizar extintores à base de água para combater incêndios na rede elétrica).
2. Saber como utilizar os meios de extinção (o jato de extintores geralmente deve ser direcionado para a base do fogo e não para as chamas).
3. Materiais combustíveis ainda não em combustão devem ser afastados para que não sejam atingidos pelo calor ou pelo fogo.
4. Os acessos até os meios de extinção devem estar sempre livres e desimpedidos, assim como vias de circulação para permitir, além do combate, a segura evacuação dos ambientes, se necessária.
5. Limpeza e ordem nos ambientes de trabalho ajudam a identificar as formas de ação e dificultam a propagação de princípios de incêndio.

Conhecimentos de Gestão

6. É ideal que os pontos da instalação possam ser servidos por dois extintores ou meios de combate. Assim, se um desses tiver seu acesso bloqueado pelas chamas, há a possibilidade de fazer face ao foco ou ao início de um incêndio por, pelo menos, uma fonte extintora.

Outra orientação: o gestor nunca deve enviar todos os extintores para recarga numa mesma época. No caso de uma eventual necessidade, estará descoberto até devolução.

Cabe aqui também destacar que extintores e hidrantes não são as únicas formas de proteger o patrimônio da organização contra os incêndios. Destacamos como possibilidades adicionais de proteção contra incêndio: instalações fixas de gás carbônico e de espuma, chuveiros *(sprinklers)*, portas corta-fogo, pára-raios, sistemas *mulsifyre* e *protectospray*, mangueiras semirrígidas (mangotinhos), como também a aplicação de materiais especiais nas paredes, piso, teto e tubulações, além de detetores e alarmes.

Um último detalhe: *o telefone de emergência dos bombeiros e 193 é pode ser chamado gratuitamente de qualquer telefone.*

Sugestão de leitura

FAILLACE, Raul Rego. *Escadas e saídas de emergência*. 4. ed. Porto Alegre: Sagra, 1991.

Medidas de segurança contra riscos de incêndio. 2. ed. Lisboa: Rei dos Livros, 1998. (Coletânea de legislação sobre o tema).

MIGUEL, Alberto Sergio R. S. *Manual de higiene e segurança do trabalho*. 4. ed. Porto: Porto Editora, 1998.

NFPA. *Manual de protección contra incendios*. 17. ed. Madri: Mapfre, 1993.

PERNAMBUCO. Código de Segurança contra Incêndio e Pânico para o Estado de Pernambuco – COSCIP. Decreto nº 19.644, de 13-3-1997, *DOE* 14-3-1997.

REIS, Jorge Santos. *Manual básico de proteção contra incêndios*. São Paulo: Fundacentro, 1987.

Figura 3.1 Identificação dos diferentes tipos de extintores.

A simples observação das características físicas dos extintores (como na Figura 3.1) pode ser determinante quando de sua utilização em situações de incêndio. Neste sentido, observar, em especial, as mangueiras e os difusores em sua diferenciação.

● Como os incêndios se originam

Diz a sabedoria popular: "Água morro abaixo e fogo morro acima, ninguém segura." Certamente você já deve ter ouvido esta expressão, bem como deve ter tido notícias dos danos causados por eventos indesejados destas naturezas e da intensidade das perdas associadas a estes. No dia a dia da produção industrial, em particular, diversas são as oportunidades da ocorrência de, principalmente, incêndios, e, em razão disso, cabe ao gestor das condições de trabalho e/ou do patrimônio da empresa tomar todas as medidas necessárias para evitar a concretização destas possibilidades, bem como para mitigar os seus efeitos, caso venham a ter lugar.

Muitas vezes nos questionamos: Como pode ocorrer ou o que o iniciou? Incêndios podem ocorrer sem a intervenção humana. São classificados como naturais e podem ter origem física, físico-química ou biológica. Dentre os primeiros encontramos os originados nos raios; no segundo caso, temos a combustão espontânea de substâncias instáveis e, por fim, a ação de bactérias termogênicas, que é o exemplo clássico do terceiro caso.

Por sua vez, em outras ocasiões, os incêndios podem ser resultantes da ação ou omissão humana. Estes são chamados de incêndios artificiais, posto que não originados em fatos da natureza; podem ser involuntários (ou acidentais) ou, ainda, intencionais. A falta de conhecimentos[4] e de cuidados essenciais são as causas mais comuns dos incêndios acidentais (sobrecargas em redes elétricas, eletricidade estática, calor gerado por peças em atrito, formação de faíscas sobre material combustível etc.), enquanto as mais distintas razões podem originar os eventos de origem dolosa.

O ciclo característico de um incêndio compreende três fases: uma fase inicial, uma fase intermediária e, por fim, a extinção. A fase inicial, por sua vez, é composta por dois estágios: a eclosão e a incubação. É na eclosão que ocorre o foco inicial, quando atingido o ponto de inflamação ou de ignição de um combustível[5] presente, originando o incêndio. Na incubação ocorre a propagação do

---

[4] Veja-se neste sentido, o narrado por Kletz (1993:252-257) que, no capítulo intitulado "Eu não sabia...", versa sobre a possibilidade de explosões com amônia, o perigo nos testes hidrostáticos de vasos de pressão e sobre a possibilidade de motores diesel inflamarem vazamentos de gases.

[5] *Ponto de fulgor, de lampejo* ou *"flash point"* é a temperatura mínima na qual os corpos combustíveis iniciam o desprendimento de vapores que ao entrarem em contato com fontes de calor externo liberam faíscas ou clarões (*flashs*), sem, contudo, continuarem a queimar devido à insuficiência de vapores desprendidos. *Ponto de inflamação,*

calor inicialmente gerado, aquecendo e tomando gradualmente todo o ambiente, até a inflamação generalizada – a fase intermediária (quando ocorre o fenômeno conhecido por *flash over*, quando todo o local é tomado pelas chamas). A extinção, por fim, é a decadência do fogo até o seu completo desaparecimento, seja pela exaustão do material combustível, pela ausência ou carência de oxigênio ou, ainda, pela atuação eficaz dos meios de extinção conhecidos.

A atuação preventiva no tocante aos incêndios favorece a empresa não apenas diretamente em relação a estes, mas, também, indiretamente, como, por exemplo, na redução dos valores desembolsados a título de seguro patrimonial. Neste sentido, é importante que os gestores da empresa voltem sua atenção para a questão com o olhar peculiar de empresas seguradoras. As informações e as ferramentas que estas empresas dispõem para a análise de cada caso concreto são um excelente indicativo de ações e medidas a serem levadas a termo por seus potenciais clientes no intuito de reduzirem os riscos de incêndios, o que traz vantagens a todos os envolvidos nesta relação securitária.[6] Assim, além de oferecerem indicativos de que aspectos devem ser verificados, os materiais desenvolvidos por seguradoras indicam que, caminhos trilhar no sentido de tornarem positivas as avaliações dos seus agentes quando de sua visita às instalações de seus futuros contratantes.

Dentre as várias possibilidades de atenção requeridas, podemos dirigir olhares nas seguintes direções:

a) Fatores de risco de incêndio podem ser internos ou externos às unidades produtivas. São externos todos aqueles não originados em seu interior, mas que podem expor os seus bens ao risco de incêndio, como as características do entorno (edificações, vegetação, outras fábricas, rodovias etc.), bem como às perdas decorrentes deste como a fumaça gerada e o escoamento da água utilizada em operações de combate a incêndio e, ainda, os incêndios criminosos decorrentes de atos de vandalismo.

b) Para fazer face a estes possíveis problemas, o gestor deve atentar para aspectos como a boa separação física entre as edificações, a eliminação de vegetação rasteira (com a criação de aceiros ou a utilização de pedregulho – pedra britada – para tal finalidade), reduzir a presença de

---

de combustão ou "fire point" é a temperatura de queima dos vapores desprendidos que, quando sujeitos ao contato com fontes de calor externo, entram em combustão autossustentável. É a comparação deste parâmetro com a temperatura normalmente vigente no ambiente que diferencia os combustíveis dos inflamáveis (muito acima e muito abaixo desta, respectivamente). Por sua vez, *ponto de ignição* é aquela temperatura na qual os vapores desprendidos entram em combustão pelo simples contato com o oxigênio, mesmo sem a presença de fonte externa de calor. *A explosão* é fenômeno distinto do incêndio caracterizado por uma rápida liberação de altas energias, gerada por pressão excessiva, oxidação ou decomposição extremamente rápida ou outro evento do gênero.

[6] Veja-se, por exemplo, os diversos aspectos tratados na Metodologia *Zurich Grading*, disponível em: <http://www.zurich.com.br/Engriscos>.

material combustível no entorno dos prédios da empresa e promover a utilização de sistemas de monitoramento e vigilância deste espaço.

c) Os riscos internos são decorrentes das características do próprio processo produtivo, dos sistemas elétricos, das atividades de aquecimento e resfriamento, dos trabalhos a quente, das atividades realizadas por terceiros (ou contratados), a presença de materiais inflamáveis (uso e estocagem), dentre outros aspectos.

d) Nos processos produtivos não é incomum a presença de altos níveis de energia, resultando altas pressões e temperaturas, bem como reações químicas de alta intensidade, sendo necessário, portanto, rigoroso controle de sua operação e das condições de uso e armazenamento, o que inclui requisitos das instalações, como aterramento elétrico, a monitoração em tempo real de válvulas e outros dispositivos de segurança, como sistemas de detecção e análise de gases, além da efetiva utilização de capelas e outras formas de aeração requeridas, ademais da estreita necessidade de formação contínua e específica dos trabalhadores envolvidos.

e) Equipamentos de aquecimento (caldeiras e aquecedores de processo, por exemplo) e de refrigeração (torres de refrigeração de processos, por exemplo) podem representar considerável risco de incêndio, seja por sua localização na planta em relação às demais instalações, seja em razão do tipo de equipamento, sua operação, controle e atuação em situações de emergência. Veja-se, nessa esteira, o constante em Magrini (1991) e em Fundacentro (1999).

f) Trabalhos a quente são frequente causa de incêndios industriais. Neste sentido são bastante úteis as recomendações referidas no capítulo sobre segurança nas atividades de manutenção industrial e no tocante às regras de segurança pertinentes que devem ser rigorosamente cumpridas por todos os envolvidos, em especial, pelo corpo funcional terceirizado. Convém lembrar que a empresa contratante é tão responsável pela integridade deste quanto por todos os seus trabalhadores e todos os usuários de suas instalações, a qualquer título.

g) A presença de sujidade (pós, poeira, manchas de óleo e graxas, por exemplo), o acúmulo de materiais e o seu armazenamento em locais indevidos (como passagens e áreas de acesso aos meios protetivos e de primeiros socorros) são o indicativo de que as medidas de organização e limpeza não estão sendo conduzidas a contento. O aumento da carga combustível e o bloqueio de setores da empresa podem contribuir para dificultar o combate ao princípio de incêndio, contribuindo para o seu crescimento e alastramento, o que, sem dúvida, trará incrementos indesejáveis ao seu potencial destrutivo. Desta forma, recipientes para resíduos devem ser constante e regularmente verificados quanto ao volume preenchido, serem mantidos fechados e em lugar apropriado (segregados, quando desejável), com a devida destinação de seu conteúdo. É imprescindível destacar que é imperiosa a proibição do fumo em todas as áreas da unidade produtiva, bem como a regular limpeza de pós e poeiras em todas as áreas.

h) Chamamos a atenção para os "riscos secundários", de atividades secundárias ou de apoio às atividades principais da empresa. Cozinhas industriais, carregamento de baterias de empilhadeiras no interior de depósitos e encolhimento a quente de plásticos na formação de cargas logísticas são algumas das situações que podem originar incêndios em áreas secundárias (que podem estar à cargo de terceirizados), fornecendo condições para este se propagar por toda a planta industrial.

i) O último ponto a ser abordado diz respeito às medidas de gestão e de engenharia que devem ser levadas a termo pela empresa. As medidas de engenharia dizem respeito: à proteção e ao combate ao incêndio, o que inclui os sistemas de detecção e combate ao incêndio, com a formação das brigadas e a disponibilidade do suprimento de água; e à contenção ao incêndio que remete à compartimentação dos espaços da edificação visando minimizar a eventual propagação do fogo e o resultante colapso da construção. Por sua vez, as medidas de gestão dizem respeito à análise sistemática de riscos e de acidentes (o que inclui incidentes) – veja-se a este respeito o contido nos capítulos desde o gerenciamento de riscos até o capítulo sobre auditorias em saúde e segurança do trabalho deste livro –, o treinamento de segurança para todo o corpo funcional e terceirizados, em todos os níveis, a um programa efetivo de manutenção preventiva e de segurança patrimonial das edificações e de todas as instalações da empresa.

Como vimos, os incêndios podem se originar em chamas abertas, em superfícies aquecidas, decorrentes ou não do atrito entre peças e partes móveis de máquinas, assim como de sobrecargas na rede elétrica e nas diversas formas de energia presentes na indústria, o que pode causar, inclusive, explosões, muitas das quais em material pulverulento, tão comuns em determinados processos produtivos. Por vezes, forma-se um ciclo continuado de incêndios e explosões. Há relatos de explosões em elevadores de grãos, em moinhos de cereais, na indústria madeireira, no refino do açúcar, no beneficiamento de algodão, café e pimenta, na fabricação de adubos e em muitos outros granulados. Há, ademais, conforme o quadro a seguir, uma série de substâncias com alta tendência para provocarem combustões espontâneas (em geral óleos e gorduras animais e vegetais que se oxidam rapidamente em contato com o ar, em forte reação exotérmica). Originam, assim, incêndios localizados e que podem se expandir pelo restante da área em que se encontram depositados, pelo que será necessária uma gama de cuidados para a sua adequada estocagem, conservação e uso oportuno.

Sugestões de leitura

DE GRACIA, J. M. Storch. *Manual de seguridad industrial en plantas químicas y petroleras*: fundamentos, evaluación de riesgos y diseño. Madri: McGraw-Hill, 1998.

FUNDACENTRO. *Manual técnico de caldeiras e vasos de pressão*. São Paulo, 1997.

GOMES, Ary Gonçalves. *Sistemas de prevenção contra incêndios*. Rio de Janeiro: Interciência, 1998.

KLETZ, Trevor. *O que houve de errado?*: casos de desastres em indústrias químicas, petroquímicas e refinarias. São Paulo: Makron Books, 1993.

MAGRINI, Rui O. *Riscos de acidentes na operação de caldeiras*. São Paulo: Fundacentro, 1991.

NFPA. *Manual de protección contra incendios*. 17. ed. Madri: MAPFRE, 1991.

VILLAR, Antonio de Mello. *Prevenção a incêndios e explosões*. João Pessoa: EdUFPB, 2002.

ZARZUELA, José Lopes; ARAGÃO, Ranvier Feitosa. *Química legal e de incêndios*. Porto Alegre: Zagra Luzzatto, 1999. (Tratado de Perícias Criminalísticas).

Tabela 3.4 Substâncias com alta tendência para provocarem combustões espontâneas

Substância	Precaução contra aquecimento espontâneo	Observações
Alfafa (alimento)	• Evitar umidade excessiva; • Transportar em carros hermeticamente fechados.	Faíscas, respingos quentes, cigarros acesos, podem provocar "fogo surdo" por alguns dias, antes de se irromper em labaredas.
Amendoim (pele vermelha)	• Evitar armazenamento mal ventilado.	Trata-se da parte do amendoim entre a casca e o próprio amendoim.
Bacalhau (óleo de bacalhau)	• Evitar contato com trapo, estopa, tecido ou materiais combustíveis fibrosos.	Materiais orgânicos impregnados são extremamente perigosos e devem ser guardados em recipientes e locais seguros.
Carvão vegetal	• Guardar frio; • Suprimento de ventilação; • Evitar molhagem seguida de secamento.	Carvão de madeira dura deve ser cuidadosamente preparado e envelhecido.

Substância	Precaução contra aquecimento espontâneo	Observações
Milho para alimentação	• O material deve ser tratado cuidadosamente para manter-se ao abrigo da umidade e "curtido" antes da estocagem.	Usualmente contém apreciável quantidade de óleo, o qual tem a tendência mais ou menos elevada para se aquecer.
Peixe (alimento)	• Conservar umidade de 6% a 12% • Evitar exposição ao calor.	Perigoso se seco em demasia ou empacotado acima de 38°C.
Peixe (óleo)	• Evitar contato com materiais combustíveis fibrosos.	A tendência ao aquecimento varia com a origem.
Peixe seco	• Evitar umidade	Carregamento ou estoque de peixe seco antes de refrigerado é bastante suscetível de aquecimento.
Tinta a óleo	• Evitar contato com trapo, estopa, tecido ou materiais combustíveis fibrosos.	Materiais orgânicos impregnados são extremamente perigosos e devem ser guardados em recipientes e locais seguros.

Fonte: Adaptado de Zarzuela e Aragão (1999:285).

● Programa de prevenção de riscos ambientais (PPRA)

Todo processo produtivo, quer pelas características da maquinaria (forma de acionamento, potência, aquecimento de partes, presença de ferramentas cortantes etc.), quer pelas características dos materiais empregados (fragilidade, toxicidade, inflamabilidade etc.), de alguma forma, ainda que minimamente, oferece oportunidades de risco aos trabalhadores.

Compete, então, ao gestor tomar todas as providencias cabíveis ao estabelecimento das medidas necessárias à proteção desses trabalhadores. Assim, deverá estabelecer, em caráter preventivo, desde as etapas de planejamento das instalações e dos processos, uma série de procedimentos no sentido de promover essa proteção e antecipar as perspectivas de um trabalho plenamente seguro. Já que é inerente à atividade laboral a existência de oportunidades de risco, a organização deverá tomar as seguintes providências:

a. Inicialmente, deverá proceder à identificação ou reconhecimento dos riscos.
b. Em seguida, deverá avaliar os riscos (segundo sua natureza, de forma qualitativa e/ou quantitativa) e a exposição dos trabalhadores a estes (por meio de monitoramento contínuo).
c. Por fim, deverá implantar medidas de controle e verificar a eficácia dessas medidas.

Essas medidas de controle ensejarão medidas relativas ao homem e ao ambiente. Por ordem de prioridade, deverão ser executadas medidas coletivas (controle na fonte – eliminação, redução ou minimização de riscos – e controle na trajetória); medidas administrativas de organização do trabalho (rotatividade de tarefas e de turnos, redução do tempo de exposição etc.); treinamento para a formação de hábitos saudáveis e, como último recurso, o fornecimento de equipamentos de proteção individual (o que comprova um risco resultante da não cobertura das demais medidas ou pela ausência de meios efetivos de proteção).

De posse dessas informações, o gestor terá subsídios suficientes para elaborar, com auxílio técnico, o documento base do PPRA, que engloba em caráter programático atividades gerais de segurança e higiene do trabalho. Tal documento deverá conter como conteúdo mínimo:

a. O planejamento anual de ações a serem desenvolvidas em todos os âmbitos pertinentes e em todos os setores da empresa, contemplando o estabelecimento de metas e prioridades.
b. A estratégia e a metodologia das intervenções.
c. A forma de documentação, registro, manutenção e divulgação dos dados.
d. A periodicidade das intervenções e a forma de avaliação do desenvolvimento destas e de todo o PPRA.

Como elemento fundamental na execução do PPRA, a informação adequada sobre a presença e localização dos diferentes tipos e graus de riscos deverá estar prontamente disponível a todos os interessados de todos os setores da organização. Cumpre esse papel o "mapa de riscos", que é uma avaliação qualitativa de tais aspectos. Cada ambiente da empresa deverá manter de forma atualizada seu mapa de riscos, servindo de orientação sobre os procedimentos (cuidados e forma de ação e proteção) pertinentes ao trabalho ou trânsito seguro por aquele ambiente. As diretrizes e orientações da elaboração do mapeamento de riscos, que são uma das atribuições da Comissão Interna de Prevenção de Acidentes – Cipa, encontram-se no anexo IV da NR-5.

Outras formas de prestação de informação também são bastante úteis e devem fazer parte do esquema prevencionista. O uso de cores e formas para indicar áreas horizontais reservadas ou funções específicas de partes de máquinas ou mesmo de tubulações, bem como a rotulagem preventiva (ver NR-26 – Sinalização de Segurança), é de fácil execução e de baixo custo. Agrega vantagens de ordem e limpeza, além de permitir a imediata identificação do uso e reconhecimento dos cuidados associados.

Sugestões de leitura

BAPTISTA, Hilton. *Higiene e segurança do trabalho*. [s. l.]: Senai/DN, 1974.

DEJOURS, Christophe. *A loucura do trabalho*: estudo de psicopatologia do trabalho. 5. ed. São Paulo: Cortez: Oboré, 1992.

Conhecimentos de Gestão

_____ et al. *Psicodinâmica do trabalho*: contribuições da Escola Dejouriana à análise da relação prazer, sofrimento e trabalho. São Paulo: Atlas, 1994.

SALIBA, Tuffi Messias et al. *Higiene do trabalho e programa de prevenção de riscos ambientais*. São Paulo: LTr, 1997.

● Programa de controle médico de saúde ocupacional (PCMSO)

A saúde dos trabalhadores de uma organização está ligada diretamente ao acompanhamento periódico de seu estado geral e à promoção de atividades que visem inibir todas as oportunidades de risco. Nesse sentido, a higiene pessoal e do ambiente, bem como a ergonomia e a alimentação, assumem papéis primordiais.

Estão elencadas na NR-7 (Portaria nº 24, de 24-12-1994) as orientações formais para implementação, condução e desenvolvimento do PCMSO, inclusive as competências e responsabilidades. Cabe destacar a obrigatoriedade de sua elaboração e implementação por parte de todos os empregadores e instituições que admitam trabalhadores como empregados.

Para levantar elementos que caracterizem a condição da saúde de cada indivíduo, o gestor deverá, inicialmente, investigar o histórico profissional do funcionário. Ao conhecer onde, em que, por quanto tempo e mesmo sob que condições realizou suas atividades, o gestor terá elementos para julgar, com auxilio técnico, os quadros de possíveis doenças profissionais a que estará acometido, em seus diversos estágios, o trabalhador que chega à empresa. Para complementar essa análise preliminar, o gestor deverá também levantar informações a respeito das condições de moradia do candidato a funcionário, pois com base nelas poderá obter notícias sobre endemias e sobre as doenças que, embora não sejam consideradas – em sentido estrito – do trabalho, podem ser trazidas ao ambiente de trabalho e promover graves baixas à saúde de indivíduos e da coletividade e, em última instância, a capacidade produtiva da empresa. Essa fase preliminar à contratação é o que comumente denominamos de exames admissionais.

Após a admissão do trabalhador, apesar de todos os cuidados para se garantir a integridade de sua saúde, o dia a dia da organização poderá oferecer-lhe uma variada gama de oportunidades de agravamento de enfermidades preexistentes ou o surgimento de novas doenças. Para o efetivo acompanhamento do estado ou condição de saúde de cada funcionário, a organização deverá realizar exames periódicos – seja por meio de indicadores biológicos (obtidos a partir do sangue e seus derivados, urina, fezes, pele etc.), seja por provas funcionais (muscular, auditiva, visual, cardiorrespiratória etc.) – cuja natureza e frequência dependerão de fatores tais como: as características individuais (sexo, idade, evolução da saúde etc.), função e atividades desenvolvidas, bem como os riscos (químicos, físicos ou biológicos) associados a estas. De forma complementar, exames deverão ser realizados quando do retorno ao trabalho em razão de afastamento igual ou superior a 30 (trinta) dias, por motivo de acidente ou doença, ocupacional ou não, ou parto; em razão da mudança de função – devendo ser realizados antes da efetiva mudança e, por fim, quando da demissão do trabalhador.

Com a conquista de importante mérito quanto ao direito ao trabalho na legislação referente aos benefícios da Previdência Social, as pessoas com deficiência (PCD) – habilitadas ou reabilitadas – deverão encontrar uma organização capaz de adequar o trabalho a suas habilidades e reais capacidades. Todavia, do ponto de vista da medicina ocupacional, a conceituação de limitações ao trabalho pode assumir critérios mais amplos e uma *visão* de fato imediato, transpondo-se o conceito de PCD para o conceito de subnormalidade. Com propriedade, Marano (1997:76-85) discute sobre a temática:

> *"É considerado subnormal todo aquele que apresenta certas deficiências físicas ou psíquicas não incapacitantes, porém determinantes e em caráter definitivo de uma limitação de sua capacidade de trabalho. (...) Pode-se considerar também como subnormal todo aquele que apresentar um desvio com possível potencial de incapacitação parcial ou total para o trabalho. Nesses casos, podemos enquadrar os portadores de diabete, doença de Chagas, esquistossomose, hipertensão arterial, lues, etc. Poderão esses indivíduos se apresentar em toda a plenitude de sua capacidade de trabalho, apesar das anormalidades. Entretanto, se ocorrer um agravamento das afecções preexistentes, poderá ser observada uma limitação permanente parcial ou total dessa capacidade."*

Assim, além dos cuidados de acompanhamento da saúde, o PCMSO deverá contemplar uma série de atividades específicas relativas à prevenção do alcoolismo, tabagismo e do uso de drogas ou estimulantes diversos, prevenção da Aids/Sida e de outras doenças sexualmente transmissíveis, prevenção de distúrbios osteomusculares relacionados ao trabalho (Dort), bem como de perdas auditivas induzidas pelo ruído (Pair) e de problemas oftalmológicos, além, é claro, de doenças do trato digestivo e dos aparelhos bucal (cáries, desvios da fonação etc.) e circulatório (colesterol, por exemplo) que podem estar relacionadas aos hábitos alimentares. Ou seja, o gestor do PCMSO deverá ter sempre em mente que a saúde é algo indivisível e que deve ser buscada de forma integral e não por partes.

Para fazer face às necessidades de intervenção, o gestor poderá fazer uso da estruturação de atividades na forma de programas: PPR – programa de proteção respiratória –, PCA – programa de conservação auditiva –, POA – programa de orientação alimentar. Enfim, tantos quantos forem requeridos para que a organização alcance o objetivo de saúde integral e plena de seus funcionários.

O Anexo I da NR-7 apresenta as *"diretrizes e parâmetros mínimos para avaliação e acompanhamento da audição em trabalhadores expostos a níveis de pressão sonora elevados"*, que formam os elementos básicos para a elaboração do programa de conservação auditiva (PCA).

Conhecimentos de Gestão

Como medida última estabelecida como parte dos cuidados que as empresas deverão prestar aos seus funcionários, há necessidade de disponibilização de equipamentos e de materiais para a prestação de serviços de primeiros socorros (tratada em capítulo à parte) e aos cuidados de pessoa treinada para esse fim. Todavia, tão importante quanto ter à mão os medicamentos necessários ao socorro do pessoal de uma organização, como analgésicos, antitérmicos, colírios etc., e conhecer a adequação do princípio ativo à sensibilidade individual. Isto é, embora a finalidade de um medicamento seja trazer benefícios ao usuário, em alguns casos, o seu uso poderá causar problemas de diversas ordens. Portanto, com efeito, para reduzir a possibilidade de reações alérgicas – que em situação extrema poderão levar até mesmo à morte – é fundamental a identificação da sensibilidade dos potenciais usuários ao princípio ativo de toda medicação disponível. Por fim, devemos levar em consideração que o nível de sensibilidade a esta ou àquela substância poderá se alterar em função de uma série de variáveis, como o estado de saúde, o padrão de alimentação e a idade.

Sugestões de leitura

BENEDICTO, Márcia de Lourdes et al. *Manual de dietas para o restaurante industrial*. São Paulo: Atheneu, 1997.

FERREIRA, F. A. Gonçalves. *Nutrição humana*. 2. ed. Lisboa: Fundação Calouste Gulbenkian, 1994.

GALAFASSI, Maria Cristina. *Medicina do trabalho*: programa de controle médico de saúde ocupacional (NR-7). São Paulo: Atlas, 1998.

MARANO, Vicente Pedro. *Medicina do trabalho*: exames médicos admissionais, periódicos, provas funcionais. 3. ed. São Paulo: LTr, 1997.

SCHENKEL, Eloir Paulo (Org.) *Cuidados com os medicamentos*. Porto Alegre: UFRGS/Sagra-DC Luzzato, 1991.

● Atenção ao trabalhador do sexo feminino

Apesar de as mulheres brasileiras protagonizarem uma verdadeira revolução na educação, já ocupando mais assentos no ensino superior que a população masculina – o que, certamente, as conduzirá a melhores oportunidades de emprego no futuro próximo em nosso país –, ainda encontram barreiras quanto à remuneração e à promoção no trabalho em relação aos trabalhadores homens.[7] E, apesar de já estarmos caminhando para a segunda década do século XXI, infelizmente, em diversos recantos e organizações – não só do Brasil, mas também pelo mundo afora –, muitas mulheres são cotidianamente vítimas de diferentes

---

[7] A este respeito, veja-se, por exemplo, o excelente conjunto de dados disponível no *site* da Fundação Carlos Chagas dedicado ao trabalho das mulheres no Brasil, em: <http://www.fcc.org.br/mulher/index.html>.

formas de violência – explícita ou não – perpetradas contra si no ambiente laboral (e igualmente fora deste).

No tocante à preservação de sua integridade em decorrência de elementos inerentes ao ambiente de trabalho, face a aspectos gerais de susceptibilidade individual das trabalhadoras, ações específicas devem ser levadas a termo, sem que isso signifique qualquer discriminação positiva ou negativa em relação à política de saúde e segurança ocupacional de determinada organização.

Devemos compreender que estas ações visam propiciar as condições requeridas para esta preservação, numa perspectiva biopsicossocial de sua percepção, sem o que esta não se processará adequadamente. Assim, neste sentido, a legislação pertinente contempla especificidades no tocante à proteção do trabalhador do sexo feminino. Dentre estas, podemos destacar:

a) A Convenção da ONU sobre eliminação de todas as formas de discriminação contra a mulher (introduzida em nosso ordenamento jurídico pelo Decreto nº 4.377, de 13 de setembro de 2002) e seus reflexos na Constituição Federal (art. 5º, I e 7º, XXX).

b) O Capítulo III, Título III da CLT (arts. 372 a 401-B) que versa sobre a Proteção do Trabalho da Mulher.

c) O art. 216-A do Código Penal Brasileiro, que versa sobre o assédio sexual – embora não apenas a mulher possa ser vítima deste crime, mas porque a maior parte das vítimas o seja face ao ainda predomínio de uma cultura machista e de desrespeito à dignidade da pessoa humana em nosso país, posto que as chefias ou cargos diretivos sejam exercidos em sua grande maioria por homens nas organizações nacionais – e que assim dispõe: "Constranger alguém com o intuito de obter vantagem ou favorecimento sexual, prevalecendo-se o agente de sua condição de superior hierárquico ou ascendência inerentes ao exercício do emprego, cargo ou função. Pena: detenção de 1 a 2 anos."

Em algumas atividades produtivas e, notadamente, em algumas ocupações, há nítido predomínio da presença e da atuação de trabalhadoras.[8] Nesta situação, em particular, as medidas ou ações preventivas de caráter específico devem ocorrer com a antecipação de possíveis oportunidades de agressões à saúde e segurança destas trabalhadoras, para que tais ocorrências não venham a ter lugar.

---

[8] Não aprecio o uso da expressão *ocupação típica*, pois em minha percepção, denota um quê de "sexismo", de atribuição de expectativa de papel social, de função reservada para trabalhadores de determinado sexo (idade, religião, origem ou qualquer outra pretensão de caracterização ou individualização, que pode servir de base discriminatória), enfim, fazendo parte de um discurso com o qual não concordo e, por conseguinte, ao qual não me alinho.

Conhecimentos de Gestão

Por exemplo, atividades que demandem exigências decorrentes da permanência de pé ou na posição sentada por longos períodos podem ter implicações sobre o surgimento ou agravamento dos quadros de veias varicosas, em especial nos membros inferiores, causando, muitas vezes, além de repercussões estéticas, absenteísmo em função do quadro doloroso decorrente e para o tratamento destas (por provocarem sensação de peso, inchaço e cansaço nos membros afetados).

No trabalho sentado, ademais do problema acima relatado, relacionado ao fluxo tecidular, resultante da postura adotada e que, segundo refere Carvalho (2001:265), costuma ser agravado nos períodos pré e transmenstrual, gestacional e com o uso de anticoncepcionais hormonais, deve-se ater atenção às condições de higiene íntima das trabalhadoras, orientando-as no tocante a esta, posto que a ingestão de líquidos abaixo do desejado (o que muitas vezes ocorre em função da cobrança por produção e pela limitação de saídas do posto de trabalho para a realização das necessidades fisiológicas por diversos meios) e o abafamento da região pélvica, contribuindo para a elevação da temperatura local face ao excessivo contato com a superfície do assento que não favorece a renovação da atmosfera local (forros de tecidos sintéticos e o uso de almofadas visando algum conforto adicional no sentar são exemplos típicos de inadequações em relação aos fins mencionados), terminam por favorecer a proliferação de organismos da própria flora vaginal e resultando efeitos nocivos que, de outra forma, não teriam lugar, se as medidas preventivas adequadas fossem realizadas.

Por sua vez, profissionais que têm contato com crianças, tais como professores primários e cuidadores infantis estão sujeitos a doenças infectocontagiosas comuns a esta faixa etária e, em razão disso, devem receber atenção quanto às imunizações devidas para não serem acometidos tardiamente por estas. Além deste potencial infortúnio à sua saúde, estes trabalhadores podem vir a sofrer lesões em decorrência de inadequações posturais para a retirada de bebês de dentro de berços, para a elevação destes do chão, dentre exigências outras bastante comuns ao exercício destas atividades.

Cuidados adicionais devem ser planejados quando da gravidez de trabalhadoras que labutem nestas tarefas, face às possíveis implicações para o feto e para a própria gestante e que devem ser providenciados em conjunto pelos responsáveis pela saúde ocupacional da empresa ou organização e pelos médicos que acompanham a gestação.

Ademais destes aspectos já relacionados, o ciclo gestacional culmina por provocar significativas alterações hormonais e posturais (que trazem implicações para o metabolismo – com a possibilidade de desenvolvimento de diabetes, por exemplo –, o andar e o sentar, bem como para ter acesso ao assento e levantar-se deste, o que pode resultar em acidentes na execução desta movimentação).

3 Conhecimentos de Gestão

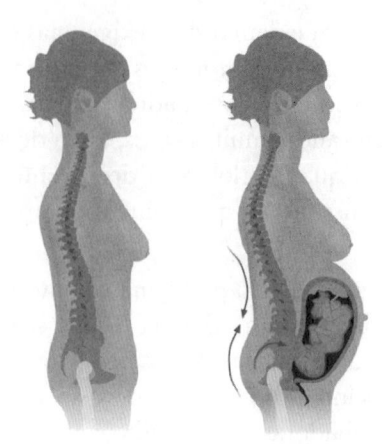

Figura 3.2 Mudança do centro de gravidade feminino com a evolução da gestação e o respectivo aumento da curvatura lombar (hiperlordose) para propiciar o (re)equilíbrio corpóreo.

Muito se questiona a respeito das lesões por esforços repetitivos e o gênero feminino, em razão de o maior número de registros de ocorrências destas afecções ser de trabalhadores mulheres. Embora não se questione a prevalência em si, pelo que não há que se considerar "uma fragilidade feminina", posto que se tal fosse aceito, se teria uma concepção biopsicológica destas afecções, pouco ainda se investiga acerca das exigências que são impostas às trabalhadoras ao longo de todo o seu dia – e não apenas em sua atividade ocupacional principal, mas também em jornadas em busca de remunerações adicionais e em atividades domésticas, o que implica, por vezes, numa dupla ou até mesmo tripla jornada de trabalho, com todas as consequências de seus efeitos negativos sobre um corpo que é uno e indivisível.

Os cenários que indicam a mudança do perfil da chefia familiar, cada vez mais centradas na figura da mulher em nosso país,[9] podem, igualmente, apontar caminhos para o entendimento deste fenômeno tão indesejável da relação entre as LER/DORT e as trabalhadoras, de forma que mais do que uma mera questão de saúde ocupacional, esta pode ser uma questão social de maior amplitude e que, como tal, exija uma intervenção de maior magnitude.

Neste capítulo, procuramos deixar claro que a saúde (e a segurança) do trabalho deve basear-se no conceito fundamental de susceptibilidade individual, ou seja, na resposta de cada indivíduo às exigências de todos os níveis e naturezas que lhes são impostas no ambiente de trabalho (ou fora deste, mas com repercussões neste), pelo que se pode, inclusive, requerer a adoção de medidas ou ações de

---

[9] A este respeito veja-se a "Síntese dos Indicadores Sociais (SIS)", disponível no *site* do Instituto Brasileiro de Geografia e Estatísticas (IBGE), em: <www.ibge.gov.br>.

alcance individual, sejam de caráter preventivo, sejam de cunho protetivo, necessárias à preservação de integridade do trabalhador em função destas demandas.

> **Sugestões de leitura**
>
> ARAÚJO, José Newton Garcia et al. *LER – dimensões ergonômicas e psicossociais*. Belo Horizonte: Health, 1997.
>
> BARAÑANO, Margarita (compiladora). *Mujer, trabajo, salud*. Madrid: Trotta, Fundación 1º de Mayo, 1992.
>
> BARROS, Alice Monteiro. *Proteção à intimidade do trabalhador*. São Paulo: LTr, 1997.
>
> CARVALHO, Geraldo Mota. *Enfermagem do trabalho*. São Paulo: EPU, 2001.
>
> HOLZMANN, Lorena. Divisão sexual do trabalho. In: CATTANI, Antonio David (Org.). *Dicionário crítico sobre trabalho e tecnologia*. 4. ed. Petrópolis: Vozes; Porto Alegre: EdUFRGS, 2002.
>
> MESSING, Karen (Org.). *Comprendre le travail des femmes pour le transformer*. Bruxelles: Bureau Technique Syndical Européen pour la Santé et la Sécurité (BTS), 1999.
>
> NEVES, Magda de Almeida. *Trabalho e cidadania*: as trabalhadoras de Contagem. Petrópolis: Vozes, 1994.
>
> NOGUEIRA, Claudia Mazzei. *A feminização do mundo do trabalho*. Campinas: Autores Associados, 2004.

Prevenção de acidentes. Vestimentas e outras formas de proteção

"Todo trabalhador deseja, ao final da jornada, retornar a casa, encontrar sua família e o descanso." Esta é uma visão romântica do trabalho na qual toma parte como cenário grande parte das empresas brasileiras, contrapondo-se como barreira desse retorno do trabalhador ao lar, são e salvo. Em verdade são as condições de trabalho e o significado destas para os trabalhadores que fazem com que a realidade não lhes pareça agradável. Muitas vezes, além de uma pequena remuneração, tudo mais que a organização tem a oferecer são precárias condições de trabalho. A percepção dos riscos oferecidos, ou mesmo o ato de presenciar ou ter notícia do resultado de um acidente, podem gerar desde um mal-estar passageiro até um conflito emocional interior que desencadeará como reação uma relutância ao trabalho naquelas condições, visto que haverá uma tentativa de proteção, de resguardo da integridade pessoal. A situação se agravará sobremaneira se aquela for entendida como a única oportunidade de emprego e renda disponível. Será uma luta pela sobrevivência de hoje *versus* nada além do que isso.

Como última tentativa de bloquear os possíveis danos que as condições de trabalho podem impor a cada trabalhador, o gestor deverá introduzir a proteção pessoal ou individual. Essa, como última opção, deverá ser compreendida como forma complementar de segurança e jamais como escolha primeira, tampouco como capaz de substituir as demais formas de proteção.

Tais equipamentos de proteção somente deverão ser disponibilizados aos trabalhadores após a identificação e a avaliação do risco constatado, incluindo os meios de proteção disponíveis, bem como após a introdução de um programa de orientação quanto à importância do correto uso e conservação destes.[10] O uso e a higiene inadequados do EPI podem gerar problemas graves como infecções, reações alérgicas etc. Esses cuidados devem ser tomados porque ainda é muito comum a resistência por parte dos trabalhadores em utilizar determinados EPIs, sob alegações de que, se por um lado protegem, por outro incomodam e geram desconforto. Essas alegações em parte são verdadeiras. Muitas empresas preferem "economizar" na qualidade do material oferecido por não perceberem que assim estão reduzindo a capacidade produtiva de seus trabalhadores. Por outro lado, alguns desses equipamentos, principalmente em condições climáticas como em algumas regiões de nosso país, geram sensações de desconforto. Por exemplo, o uso de máscaras de solda em ambientes cuja temperatura possa superar os 30° C. A sudorese facial acentuada é comumente descrita como elemento de desconforto. A reduzida instrução da maior parte dos trabalhadores brasileiros faz com que poucos sejam os que têm o discernimento para não associar as condições particulares do que acomete ou acometeu um outro indivíduo e a sua situação atual. Caberá ao gestor, por compreender esse mecanismo, antecipar-se e esclarecer os fatos adequadamente. Apesar de ser a forma mais precária de proteção,[11] existem situações em que o uso de EPIs encontra recomendações plenas. São elas:

a. A título precário, em período de instalação, substituição ou reparos dos meios que impedem o contato do trabalhador com o produto ou fatores de risco.

b. Em casos de emergência, ou seja, quando a rotina do trabalho é quebrada por qualquer anormalidade, exigindo o uso de proteção complementar e temporária dos trabalhadores envolvidos.

c. Quando o trabalhador se expõe a riscos apenas parcialmente controlados por outros recursos técnicos.

d. Quando o trabalhador se expõe diretamente a riscos não controláveis por outros meios técnicos de segurança.

Comumente os EPIs são classificados em função da parte do corpo a que oferecem proteção, recebendo, por isso, a seguinte classificação:

- Proteção para a cabeça (para o crânio e para o cabelo).
- Proteção visual e facial.

---

[10] Devem ser analisadas com atenção as recomendações contidas na NR-6 – Equipamento de Proteção Individual, e na CLT, em seus arts. 166, 167, 184, 185 e 186, além do 458, § 2º.

[11] Idealmente deveria haver a busca da eliminação das fontes, em seguida a busca do isolamento no meio entre o homem e a fonte e, por último, o oferecimento de EPIs.

- Proteção para o tronco.
- Proteção respiratória (aparelhos purificadores e de isolamento ou autônomos).
- Proteção auricular (de inserção e circum-auriculares ou de concha).
- Proteção para os membros (superiores e inferiores).
- Cinturões de segurança (sustentação estática e dinâmica).
- Roupas especiais para:
    - temperaturas extremas;
    - proteção para radiações;
    - proteção para riscos noturnos;
- Cremes protetores.

Entre os equipamentos de proteção individual mais utilizados, podemos destacar:

- Óculos de segurança.
- Respiradores e máscaras.
- Luvas e dedeiras.
- Mangas, aventais e jaquetas.
- Perneiras e calçados.

Como equipamentos de proteção coletiva, ou seja, aqueles de proteção não restrita a seu usuário imediato, destacamos:

- Capelas de fluxo laminar.
- Equipamentos de socorro imediato (chuveiro, lava-olhos etc.).
- Equipamentos portáteis de oxigênio.
- Extintores de incêndio.
- Exaustores, condicionadores e desumidificadores de ar.
- Circulador/ventilador.
- Autoclaves e microincineradores.
- Barreiras (sanitária, acústica, térmica e radioativa).
- Recipientes especiais para o transporte de rejeitos, animais ou de material contaminado.
- Pipetas mecânicas.
- Dispositivos de segurança em máquinas e equipamentos.

A proteção de máquinas é um capítulo que deveria merecer especial atenção dos gestores, devido ao grande número de acidentes e de oportunidades de acidentes que ocorrem a cada ano nas organizações produtivas. Podemos considerar também que, na literatura técnica,[12] já estão disponíveis informações capazes de orientar a adequada proteção dos pontos de transmissão de força e movimento, bem como dos pontos de operação e das partes móveis, sobreaquecidas etc. Acionamentos bimanuais, guardas estacionárias, mecânicas e de confinamento são dispositivos de baixo custo e de fácil implementação. Outros dispositivos, tais como células fotoelétricas, bastante difundidas, têm custo que pode ser considerado mínimo em relação às oportunidades de proteção que podem oferecer.

Como elemento de conclusão, devemos relembrar que é obrigação das organizações fornecer material de proteção de boa qualidade e confiabilidade. Por isso, deverão exercer um rigoroso controle sobre as origens e a guarda e conservação de seus equipamentos de proteção. Aquela que oferece a seu trabalhador um equipamento incapaz de satisfatoriamente protegê-lo estará infringindo o previsto em lei, da mesma forma que aquela que não oferece a proteção devida. E com agravantes.

É, pois, de suma importância que o gestor compreenda os mecanismos que tratam da responsabilidade civil em acidentes de trabalho. Tortorello (1996:88) apresenta as seguintes citações que deverão servir de base à reflexão:

> *"no art. 159 do Código Civil:*[13] *('aquele que, por ação ou omissão voluntária, negligência ou imprudência, violar direito, ou causar prejuízo a outrem, fica obrigado a reparar o dano'), [...] prevalecendo a teoria da responsabilidade objetiva [...] originária da teoria do risco profissional [...] Somente no caso de provada a integral ausência de culpa da empregadora ficará ela isenta do pagamento de indenização".*

Sugestões de leitura

CORTEZ DÍAZ, José María. *Técnicas de prevención de riesgos laborales*: seguridad e higiene del trabajo. 2. ed. Madri: Tébar Flores, 1997.

OLIVEIRA, Juarez. *Consolidação das Leis do Trabalho*. 21. ed. São Paulo: Saraiva, 1996.

ROUSSELET, Edison da Silva. *A segurança na obra*: manual de procedimentos para implantação e funcionamento de canteiro de obras. Rio de Janeiro: Mauad: Seconci, 1997.

SEGURANÇA E MEDICINA DO TRABALHO. 46. ed. São Paulo: Atlas, 2000. v. 16.

---

[12] A NR-12, que trata de proteção de máquinas e equipamentos, traz entre outras recomendações gerais sobre as instalações e áreas de trabalho, dispositivos de acionamento, partida e parada, manutenção e operação. Traz em seus anexos especificidades no tocante às máquinas para diversos segmentos produtivos, por exemplo: no Anexo VII para panificação e confeitaria, no anexo VII elementos quanto às máquinas para açougue, mercearia, bares e restaurantes, no anexo VIII para prensas e similares, anexo IX para injetoras de materiais plásticos e outros.

[13] Nota de esclarecimento – dispositivo do Código Civil de 1916, correspondente ao art. 186 do novo Código Civil Brasileiro (Lei nº 10.406, de 10-1-2002).

Conhecimentos de Gestão

TORTORELLO, Jayme Aparecido. *Acidentes do trabalho*: teoria e prática. 2. ed. São Paulo: Saraiva, 1996.

ZOCCHIO, Álvaro. *Prática da prevenção de acidentes do trabalho*: ABC da segurança do trabalho. 5. ed. São Paulo: Atlas, 1992.

● Gerenciando o abastecimento da frota e da maquinaria

Em muitos negócios, abastecer é uma necessidade regular. Tratores, caminhões, veículos para transporte de passageiros e de carga, de passeio ou de maior porte, geradores, motosserras e até mesmo aeronaves são exemplos desse consumo que pode representar significativa parcela do custo operacional do empreendimento. Muitas vezes, estes devem ser abastecidos no campo, com a utilização de sistemas de abastecimento móveis. Executar esta operação em condições precárias, não planejadas pode resultar perdas diversas. De um lado, as condições de armazenagem e de abastecimento de um combustível, em especial em se tratando de óleo diesel, poderão comprometer sobremaneira a sua qualidade, o que afetará não apenas o desempenho dos equipamentos, resultando implicações na duração da intervenção, no custo da operação e de manutenção da maquinaria, trazendo impactos negativos sobre o resultado operacional da empresa. E, de outro, dar oportunidade à ocorrência de graves acidentes, com perdas humanas, materiais e ambientais de distintas magnitudes.

Reconhecendo-se a periculosidade potencial dos combustíveis, de cujas características podem se originar acidentes como incêndios, explosões e vazamentos nas atividades relacionadas à sua guarda e manuseio, são estabelecidos e exigidos o rigoroso cumprimento de critérios técnicos para seu armazenamento e consumo, assim como para a construção, operação e desativação das instalações dedicadas a estas finalidades, a respeito dos quais trataremos ao longo deste texto.

Não raro, ao lado da redução dos custos associados a esta demanda, algumas empresas buscam alcançar facilidades logísticas e vantagens adicionais com a adoção de pontos de abastecimento locais, em especial no tocante ao consumo de óleo diesel, nos termos das Resoluções n. 12/2007 da Agência Nacional do Petróleo (ANP) e n. 273/2000 do CONAMA.

São estas que definem o *Ponto de Abastecimento* como sendo a instalação dotada de equipamentos e sistemas destinados ao armazenamento de combustíveis, com registrador de volume apropriado para o abastecimento controlado de equipamentos móveis, veículos terrestres, aeronaves, embarcações ou locomotivas, de propriedade do detentor dessas instalações ou a este assemelhado, quando o uso destes se der no interesse da empresa, conforme as restrições impostas pelo art. 9º da Res. n. 12/2007 da ANP, na qual resta explícita a vedação à comercialização para terceiros não ligados ao empreendimento.

Art. 9º Somente poderão ser abastecidos na instalação do Ponto de Abastecimento equipamentos móveis, veículos automotores terrestres, aeronaves, embarcações ou locomotivas que estejam registrados em nome do detentor das instalações, bem como:

I – os de pessoas jurídicas que sejam coligadas, controladas ou controladoras do detentor das instalações;

II – os que estejam na posse direta do detentor das instalações, legitimamente comprovada...;

III – os de prestadores de serviços contratados pelo detentor das instalações; ou

IV – os que sejam operados por terceiros em virtude de contrato de fornecimento de produtos agrícolas ou pecuários para indústrias, ou contrato de parceria agrícola, pecuária, agroindustrial ou extrativista, firmado com o detentor das instalações.

Dentre as vantagens ou benefícios que podem ser alcançados com a instalação de um ponto de abastecimento no próprio empreendimento (fazenda, obra ou outro), costumeiramente são destacados:

a) Pronta disponibilidade de fornecimento nas atividades regulares, com destaque para aquelas continuadas ou de larga duração como colheitas, operações de movimentação de terras etc., que se processam ao longo das 24 horas do dia, conferindo rapidez no abastecimento e evitando a interrupção da produção ou descontinuidade dos serviços.

b) Eliminação dos deslocamentos da maquinaria até o posto, suprimindo o tempo e o custo despendidos para tanto, além das oportunidades de acidentes de trajeto.

c) Centralização e melhor controle do consumo, permitindo sua otimização, bem como reduzindo a possibilidade de desabastecimento pelo controle adequado do estoque de combustíveis.

d) Menor curso por unidade de volume adquirido em razão da compra direta a um retalhista.

e) Qualidade assegurada do combustível, por meio do melhor controle da condição de serviço do sistema de abastecimento (filtros e acessórios), reduzindo a presença de água e contaminantes que podem comprometer o rendimento e a vida útil dos equipamentos, de onde resultará igual repercussão sobre os custos de sua manutenção.

Previamente à instalação do ponto de abastecimento os responsáveis pela decisão quanto à sua adoção e utilização, deverão centrar atenções em, pelo menos, cinco aspectos distintos, a saber: a estimativa de consumo ou demanda total de combustíveis ao longo da vida do empreendimento, o licenciamento das instalações (incluindo a construção), a operação segura da rotina e gerenciamento dos riscos

Conhecimentos de Gestão

associados, bem como a gestão da periculosidade em razão das atividades exercidas e do ambiente em que estas se processam, os quais examinamos a seguir.

1) O primeiro aspecto a ser considerado na decisão será a estimativa do consumo de combustíveis, em cálculo unitário e total ou global, que deverá ser formulada em duas categorias (equipamentos em geral e veículos de transporte). Esta previsão servirá para indicar uma ordem de grandeza da economia proporcionada pelo abastecimento retalhista em face dos investimentos necessários para tanto, conforme o caso (o que pode ser minimizado pela cessão em comodato dos tanques e outros dispositivos pelo retalhista), para o dimensionamento da tancagem, instalações e acessórios, assim como para a definição da frequência das entregas a serem providenciadas pelo fornecedor:

1.1. Para equipamentos em geral, o consumo e o custo de combustíveis podem ser estimados a partir das seguintes equações:

> Horas de trabalho/mês = Dias de serviço/mês x horas de serviço dia
>
> Consumo mensal = Horas de trabalho/mês x Consumo médio/hora
>
> Consumo total por máquina (CTM) = Consumo mensal x Duração estimada do serviço
>
> Custo de abastecimento = CTM x preço unitário

1.2. Para veículos de transporte:

> Consumo total mensal (CTM) = Consumo médio (l/km) x Deslocamento diário (km) x Dias de serviço/mês
>
> Custo de abastecimento = CTM x preço unitário

Logo, o custo de abastecimento será o somatório dos custos de abastecimento do conjunto total de máquinas e veículos. A diferença de custos totais entre abastecer em postos varejistas e do abastecimento providenciado por retalhistas servirá como parâmetro para o retorno sobre o investimento realizado.

Quando o consumo médio de combustível por equipamento não estiver disponível, é possível estimá-lo a partir dos seguintes parâmetros:

a) Potência nominal (PN em HP = 1,341 x kW);

b) Fator de potência (FP): intensidade média do uso dessa potência (já que a máquina não opera a 100% de sua capacidade de serviço ao longo de toda sua jornada diária);

c) Consumo médio de combustível estimado por HP: 0,15 l/h (para o óleo diesel).

Então, para motores a diesel, uma regra prática é considerar o consumo médio de 0,15 litros de combustível para cada HP de potência, por hora de serviço. Assim, o consumo horário deste combustível para esta máquina em particular poderá ser estimado como: CHC = 0,15 x PN x FP.

Por exemplo, se uma máquina com potência de 120 kW opera ao longo de sua jornada com um fator de potencia de 55%, podemos estimar o seu consumo horário como sendo:

CHC = 0,15 x 120 (x 1,341) x 0,55
CHC = 13,28 l/h.

Com esta informação em mãos, pode-se estimar o consumo e o custo total no abastecimento desta máquina a partir do estabelecido em 1.1.

2) O licenciamento das instalações junto à ANP e demais órgãos competentes, inclusive ambientais, será função de sua caracterização constante de projeto, em rigorosa consonância com o qual será construído (vide os requisitos da série de normas ABNT 17.505), cabendo observar as determinações dos arts. 6° e 7° da Res. n. 12/2007 da ANP:

> *Art. 6° O projeto das instalações para construção ou ampliação da Instalação de Ponto de Abastecimento deverá obedecer às normas da Associação Brasileira de Normas Técnicas - ABNT, às de segurança das instalações, ao código de postura municipal, às do corpo de bombeiros e às exigências do órgão ambiental competente.*
>
> *Art. 7° A construção das Instalações do Ponto de Abastecimento deverá obedecer, rigorosamente, às especificações do projeto aprovado pelos órgãos competentes.*

Bem como o contido no Art. 1° da Res. n. 273/2000, do CONAMA:

> *Art. 1° A localização, construção, instalação, modificação, ampliação e operação de postos revendedores, postos de abastecimento, instalações de sistemas retalhistas e postos flutuantes de combustíveis dependerão de prévio licenciamento do órgão ambiental competente, sem prejuízo de outras licenças legalmente exigíveis.*

3) Quanto ao seu funcionamento ou operação, observando-se nesta esteira o contido no caput do art. 3° da citada resolução e, em particular na exceção estabelecida em seu parágrafo primeiro, que reproduzimos:

> *Art. 3° O funcionamento da instalação do Ponto de Abastecimento depende de autorização de operação na ANP, a ser efetivada mediante o preenchimento e aprovação pela ANP da Ficha Cadastral de instalação de Ponto de Abastecimento.*
>
> *§ 1° Ficam dispensadas da autorização de operação de que trata o caput deste artigo as instalações aéreas ou enterradas com capacidade total de armazenagem inferior a 15 m³ (quinze metros cúbicos ou quinze mil litros), devendo o detentor das instalações cumprir, no entanto, as demais disposições desta Resolução (Acrescemos).*

Conhecimentos de Gestão

Ao que se somam os dispositivos instituídos pela NR 20 (item 20.1.1) que "estabelece requisitos mínimos para a gestão da segurança e saúde no trabalho contra os fatores de risco de acidentes provenientes das atividades de extração, produção, <u>armazenamento, transferência, manuseio e manipulação de inflamáveis e líquidos combustíveis</u>", portanto aplicáveis à condição em comento. (destacamos)

É a NR 20, em 20.19, que traz a exigência de que toda a dinâmica da unidade esteja previamente estabelecida e que seja registrada de acordo com o "Prontuário da Instalação", que deverá contar com:

a) Projeto de instalação;
b) Procedimentos operacionais para:
   - descarregamento,
   - abastecimento de veículos,
   - medição de nível,
   - ensaios.
c) Plano de inspeção e manutenção;
d) Análise de Riscos;
e) Plano de prevenção e controle de vazamentos, derramamentos, incêndios e explosões e identificação das fontes de emissões fugitivas;
f) Certificados de capacitação dos trabalhadores;
g) Análise de Acidentes;
h) Plano de Resposta a Emergências, incluindo, dentre outras medidas:
   - O estabelecimento dos possíveis cenários de emergências, com base nas análises de riscos;
   - A descrição dos recursos necessários para resposta a cada cenário contemplado;
   - A descrição dos meios de comunicação;
   - Os procedimentos de resposta à emergência para cada cenário contemplado;
   - Os procedimentos para comunicação e acionamento das autoridades públicas e desencadeamento da ajuda mútua, caso exista.

Resta determinado em 20.19.3 que *"O Prontuário da Instalação deve estar disponível às autoridades competentes, bem como para consulta aos trabalhadores e seus representantes"*.

5) Por fim, a determinação da condição de periculosidade no trato com inflamáveis se dá mediante a verificação do enquadramento da atividade e do

ambiente ou área de risco em que esta tem lugar. Neste sentido, recorremos ao Anexo 2 da NR 16, de onde se extrai:

- Atividade – item m – operação em postos de serviço e bombas de abastecimento de inflamáveis líquidos, sendo devido o adicional de 30% para o operador da bomba e demais trabalhadores que operam na área de risco;
- A área de risco para o abastecimento de inflamáveis – alínea q – é assim definida: toda área de operação abrangendo, no mínimo, circulo de raio de 7,5 m com centro no ponto de abastecimento e o círculo com raio de 7,5 m na bomba de abastecimento da viatura e faixa de 7,5 m de largura para ambos os lados da máquina.

Convém mencionar que o fato de o motorista conduzir o veículo à área de abastecimento não se configura como condição suficiente para o recebimento do adicional. Veja-se, por exemplo, o contido na decisão do Tribunal Superior do Trabalho (TST), relativa a uma destas demandas (RR-863-34.2011.5.04.0001) e esclarece o relator do caso em comento que:

> *"Esta Corte possui entendimento majoritário no sentido de que o mero acompanhamento não caracteriza a situação perigosa, pois tal atividade não se encontra abarcada pelas hipóteses descritas na Norma Regulamentadora".*

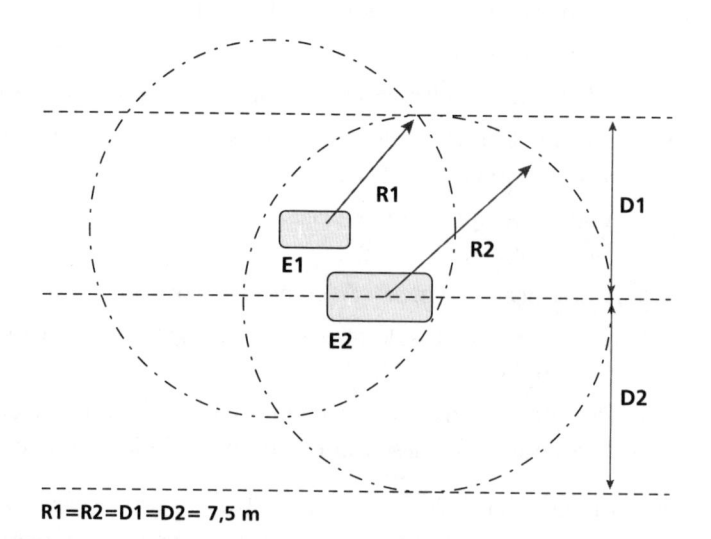

R1=R2=D1=D2= 7,5 m

Figura 3.3 Representação esquemática da área considerada de risco no abastecimento em relação às distâncias de segurança.

Onde:

E1 – equipamento 1: bomba de abastecimento;

E2 – equipamento 2: viatura ou equipamento em abastecimento;

R1 e R2 – medida do raio do círculo que determina a área de risco em relação ao equipamento;

D1 e D2 – afastamento lateral em relação ao abastecimento, que determina a área de risco.

De outro lado, a presença na área de risco, ainda que sem operação relacionada ao abastecimento, poderá ensejar o recebimento do adicional de periculosidade a trabalhadores outros, conforme os termos da Súmula n. 364 do TST abaixo reproduzida:

> *ADICIONAL DE PERICULOSIDADE. EXPOSIÇÃO EVENTUAL, PERMANENTE E INTERMITENTE (inserido o item II) - Res. 209/2016, DEJT divulgado em 01, 02 e 03.06.2016*
>
> *I – Tem direito ao adicional de periculosidade o empregado exposto permanentemente ou que, de forma intermitente, sujeita-se a condições de risco. Indevido, apenas, quando o contato dá-se de forma eventual, assim considerado o fortuito, ou o que, sendo habitual, dá-se por tempo extremamente reduzido. (ex-Ojs da SBDI-1 n.ºs 05 - inserida em 14.03.1994 - e 280 - DJ 11.08.2003)*
>
> *II – Não é válida a cláusula de acordo ou convenção coletiva de trabalho fixando o adicional de periculosidade em percentual inferior ao estabelecido em lei e proporcional ao tempo de exposição ao risco, pois tal parcela constitui medida de higiene, saúde e segurança do trabalho, garantida por norma de ordem pública (arts. 7º, XXII e XXIII, da CF e 193, §1º, da CLT).*

Neste sentido, veja-se a decisão prolatada no caso da caixa da loja de conveniências de um posto de combustíveis julgado no Tribunal Regional do Trabalho da 18ª Região (Goiás)[14] e conforme o próprio TST no caso de motoristas que adentravam a empresa transitando pela área de risco (**AIRR 117/2004-037-03-40.0**).

Em geral, o tanque de superfície (vertical ou horizontal), também conhecido como aéreo (em contraposição ao enterrado ou subterrâneo), ainda que trabalhando a céu aberto, opera sob temperaturas e pressão ambiente, por não estar sujeito à severidade e aos efeitos deletérios provocados por solos ácidos e respectivos lençóis freáticos, bem como quanto ao potencial dano direto sobre estes quando de vazamentos ocorridos nestes últimos, razão pela qual se pressupõe maior rigor quanto ao projeto, fabricação, implantação e sua operação, têm

---

[14] Disponível em: <http://www.trt18.jus.br/portal/noticias/caixa-de-posto-de-combustivel-tambem-tem--direito-a-adicional-de-periculosidade/>.

menores exigências para sua instalação e funcionamento. Por isto, são preferidos na maioria dos empreendimentos que demandam abastecimentos regulares ou constantes, quando inexistentes restrições de área para o seu estabelecimento.

Cabe esclarecer que os tanques aéreos e suas instalações (redes, filtros e bombas) com capacidade total de armazenagem de até 15 m3 (ou 15.000 litros) destinados ao abastecimento da frota autorizada, nos termos da legislação, embora dispensados de autorização prévia de funcionamento por parte da ANP, assim como do licenciamento, estão sujeitos às ações de fiscalização dos órgãos competentes em suas respectivas matérias.

> *§ 4º Para efeito desta Resolução, ficam dispensadas dos licenciamentos as instalações aéreas com capacidade total de armazenagem de até quinze m3, inclusive, destinadas exclusivamente ao abastecimento do detentor das instalações, devendo ser construídas de acordo com as normas técnicas brasileiras em vigor, ou na ausência delas, normas internacionalmente aceitas. (Res. 273/2000 CONAMA e alterações posteriores)*

E, nos termos da NR 20, estas instalações são classificadas como de Classe I, conforme abaixo:

Classe I

a) Quanto à atividade:

a.1 – postos de serviço com inflamáveis e/ou líquidos combustíveis.

b) Quanto à capacidade de armazenamento, de forma permanente e/ou transitória:

b.1 – gases inflamáveis: acima de 2 ton até 60 ton;

b.2 – líquidos inflamáveis e/ou combustíveis: acima de 10 m^3 até 5.000 m^3.

Vale salientar que item 20.19.2 destaca que *"O Prontuário das instalações classe I deve conter um índice e ser constituído em documento único"*.

Cabe igualmente ressaltar que mesmo os tanques aéreos devem receber atenções relativas à segurança construtiva[15], de operação e em situações de emergência, sendo requeridas, dentre outras medidas:

i) A sua alocação no interior de bacias de contenção com, no mínimo, 110% de sua capacidade de armazenagem, dotada de dreno e válvula de passagem exterior;

ii) Guardar distâncias de segurança às vias de circulação e à vizinhança, compatíveis com essa capacidade de armazenagem, sobretudo reservar

---

[15] O empreendedor deverá exigir as Anotações de Responsabilidade Técnica (ART) atinentes aos projetos civis, de segurança mecânica e elétrica das instalações, bem como aquelas referentes à construção e montagem eletromecânica e aos testes e ensaios aplicáveis (laudos de soldas de tetos e costados, resistência da malha de aterramento...), que deverão tomar parte no Prontuário das Instalações.

espaço de passagem para veículo de combate à incêndio com largura igual ou superior a 3,0 metros;

iii) Observar a área de risco para a condição de periculosidade estabelecida nos termos da NR 16 e anexos (conforme exemplificado na Figura 3.3);

iv) A área de abastecimento (ou ilha) deverá ter superfície impermeável, com canaletas coletoras ligadas à caixa de separadora de água e óleo, posicionadas a cerca de meio metro além da projeção estática do maior veículo ou equipamento a ser abastecido pela unidade;

v) A bacia de contenção deverá contar com proteção contra colisões ou abalroamento, como sentinelas, meio fio elevado etc., ser dotada de sinalização de proibição de fumar ou gerar faíscas nas proximidades, de informações obre a presença de líquidos inflamáveis e de identificação de equipamentos de combate a incêndios, ademais de contar com equipamentos elétricos (conjunto de bombas e painéis de acionamento e controle) adequados para atmosferas explosivas e um sistema de aterramento (equipotencialização entre o caminhão e o tanque de armazenagem) para as atividades de (des)carregamento ou entrega do combustível junto ao posto ou ponto de serviço. Não raro os tanques são cedidos em comodato aos usuários pelos fornecedores de combustíveis (revendedor retalhista de combustível) como uma forma de fidelizar o consumo estabelecido na relação comercial.

Em razão das características desse conjunto de atividades, consideradas como de risco, todas as operações somente poderão ter lugar por intermédio de trabalhadores especialmente qualificados para tal fim em treinamentos específicos que devem ser atualizados sob determinada periodicidade, após o que deverão ter pleno domínio dos procedimentos previamente estabelecidos e aprovados pelo proprietário do empreendimento e seu fornecedor. Neste sentido, podemos falar em responsabilidade solidária entre ambos no tocante aos eventos indesejados que possam resultar da utilização desse sistema de abastecimento, conforme estabelecido no caput e parágrafos do Art. 8° da Res. n. 273/2000 do CONAMA.

Art. 8° Em caso de acidentes ou vazamentos que representem situações de perigo ao meio ambiente ou a pessoas, bem como na ocorrência de passivos ambientais, os proprietários, arrendatários ou responsáveis pelo estabelecimento, pelos equipamentos, pelos sistemas e os fornecedores de combustível que abastecem ou abasteceram a unidade, responderão solidariamente, pela adoção de medidas para controle da situação emergencial, e para o saneamento das áreas impactadas, de acordo com as exigências formuladas pelo órgão ambiental licenciador.

§ 1º A ocorrência de quaisquer acidentes ou vazamentos deverá ser comunicada imediatamente ao órgão ambiental competente após a constatação e/ou conhecimento, isolada ou solidariamente, pelos responsáveis pelo estabelecimento e pelos equipamentos e sistemas.

§ 2º Os responsáveis pelo estabelecimento, e pelos equipamentos e sistemas, independentemente da comunicação da ocorrência de acidentes ou vazamentos, deverão adotar as medidas emergenciais requeridas pelo evento, no sentido de minimizar os riscos e os impactos às pessoas e ao meio ambiente.

§ 3º Os proprietários dos estabelecimentos e dos equipamentos e sistemas deverão promover o treinamento, de seus respectivos funcionários, visando orientar as medidas de prevenção de acidentes e ações cabíveis imediatas para controle de situações de emergência e risco.

Desse modo, como corresponsável pela gestão da segurança da unidade, caberá ao retalhista empregar o seu domínio técnico da matéria em prol da integridade da instalação, do meio ambiente e de seus usuários, cabendo, inclusive, a realização de inspeções e de auditorias preventivas, bem como prover treinamento ao pessoal de operação e o fornecimento contínuo de orientações técnicas e de outras informações pertinentes.

No caso de frotas abastecidas com gasolina automotiva e álcool combustível, é usual e até mesmo recomendável a contratação do fornecimento desses combustíveis e de serviços em redes ou em determinadas unidades de postos varejistas, em face da natureza do produto e dos requisitos para a segurança de seu transporte, armazenamento e abastecimento. Todavia, para tanto, se enseja todo um conjunto de tratativas, a apuração regular e o rigoroso controle das quantidades fornecidas para a devida apuração das despesas realizadas, que, em algumas situações, podem se revelar controversas se estas medidas não forem conduzidas a bom termo.

Quando o abastecimento se der no campo ou em canteiro de obras, com o deslocamento de caminhões-comboio até o local em que se encontram os equipamentos (tratores, utilitários etc.), uma série de cuidados deve igualmente ter lugar. Inicialmente cabe destacar que o motorista deve portar consigo a comprovação de que está habilitado para o encargo de "Movimentação e operação de produtos perigosos" (MOPP), conforme estabelecido pelo Conselho Nacional de Transito (CONTRAN) e regulamentado pela Agência nacional de Transporte Terrestre (ANTT), que, assim como o seu ajudante, fará jus ao adicional de periculosidade nos termos da alínea "m" da Tabela 1 do Anexo II da NR 16 ("Transporte de vasilhames contendo inflamáveis em quantidade total igual ou superior a 200 litros).

Além do fornecimento de EPIs (máscara facial contra vapores orgânicos, luvas nitrílicas para combustível, creme de proteção para as mãos etc.),

Conhecimentos de Gestão

recomenda-se a adoção de chuveiros de emergência e lava-olhos nas imediações do ponto de abastecimento, ao que se devem acrescentar as providências recomendadas pela Portaria n. 1.109/2016 do Ministério do Trabalho, que trata da exposição ocupacional ao benzeno, presente em derivados do petróleo, como a gasolina e nos termos da NBR 15.594-1, os recipientes para acondicionamento e transporte de combustíveis devem guardar as seguintes características:

1) Metálicos ou não, devem ser rígidos, devidamente fabricados e certificados para este fim.

2) Quando não metálicos, sua capacidade máxima está limitada a 50 litros e deverá atender aos regulamentos aplicáveis nas distintas esferas governamentais.

3) Nessa condição, deverão ser abastecidos fora do veículo, apoiados sobre o piso, com mínima vazão da unidade abastecedora e adentrando ao máximo o bico no interior do recipiente, cujo jato será direcionados às suas paredes.

4) Para evitar eventual transbordamento no caso de dilatação do produto, os recipientes devem ser abastecidos até a cota de 95% de sua capacidade.

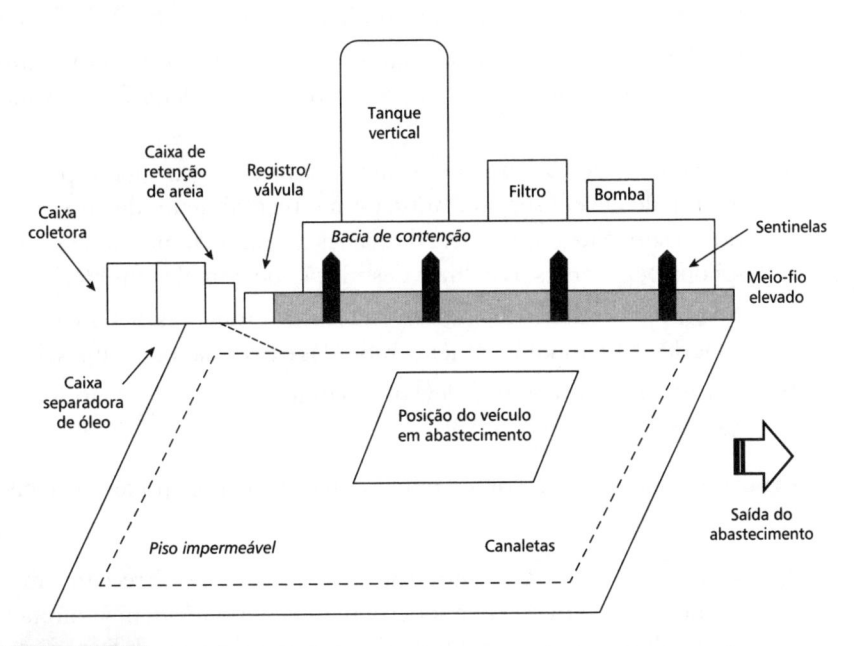

Figura 3.4 Representação esquemática das instalações típicas do ponto de abastecimento fixo (fora de escala).

5) O abastecimento de volumes superiores a 50 litros deve ser feito em contenedores metálicos certificados pelo INMETRO, observando-se a continuidade elétrica do aterramento durante o abastecimento. Deve-se assegurar um mínimo contato do bico com o bocal do recipiente, direcionando-se o fluxo do produto para as paredes do mesmo, para que o descarregamento se dê tão próximo ao fundo quanto possível, minimizando a geração de eletricidade estática.

6) Esta norma trata ainda do abastecimento de motocicletas, que deve se dar sem pessoas sentadas no veículo, em vazão lenta, sem auxílio de funil e mantendo o contato do bico da bomba e o bocal do reservatório durante toda operação.

Durante a operação de abastecimento propriamente dita, como medidas de segurança, podemos listar:

1) Como já afirmado, para evitar o acúmulo de eletricidade estática e provocar uma potencial explosão, estabeleça e mantenha contato entre o bico da bomba e o tubo de combustível do veículo ou equipamento em abastecimento ao longo da operação.

2) Ao serem posicionados para o abastecimento, estes devem permanecer freados, preferentemente calçados e com motor e chave desligados.

3) Os demais veículos ou equipamentos a abastecer, devem guardar uma distância mínima de cerca de três metros daquele na zona de abastecimento.

4) No caso de derramamento, somente materiais específicos para esta finalidade devem ser utilizados, para o recolhimento devido e posterior destinação, como parte das ações de gerenciamento de resíduos sólidos pertinentes (recolha e destinação de embalagens etc.).

5) No caso de contato do combustível com vestimentas dos operadores, estas devem ser imediatamente retiradas e trocadas por roupas limpas.

6) Extintores apropriados devem permanecer próximos ao local de abastecimento.

E, dentre os cuidados adicionais para o abastecimento, podemos elencar que:

1) Tanques estacionários horizontais ou móveis (sobre caminhões-comboio) devem receber coberta para evitar a incidência direta dos raios-solares, poeiras e intempéries, que podem contribuir para a sua deterioração, assim como para dos combustíveis estocados. Entretanto, deve-se observar a necessidade de que a configuração do telhado seja capaz de propiciar a proteção desejada ao mesmo tempo em que evita o acúmulo de vapores.

2) Um dos aspectos muitas vezes desconsiderado no planejamento da implantação do ponto de abastecimento é a relação entre a vazão da bomba (l/min) e o tempo total de abastecimento da frota, cujo dimensionamento deve ser um dos pontos de verificação prévia do projeto.

3) Sempre que imprescindível a transferência de combustíveis dos recipientes maiores (bombonas, tambores etc.) para outros de menor capacidade, especial atenção deve ser destinada à formação de vapores e de eletricidade estática, que deverá ser escoada, sobretudo em se tratando de gasolina, produto altamente inflamável. No caso de equipamentos de pequeno porte com motores a combustão, como no caso de motosserras e outros, deve ser dada a preferência a contenedores comercializados pelos próprios fabricantes destes, uma vez que especialmente desenvolvidos para este fim, ao que se aliam outras facilidades.

Cabe destacar que, nos termos do art. 1º da Lei n. 8.176/1991, constitui crime, passível de pena de detenção de um a cinco anos:

I – adquirir, distribuir e revender derivados de petróleo, gás natural e suas frações recuperáveis, álcool etílico, hidratado carburante e demais combustíveis líquidos carburantes, em desacordo com as normas estabelecidas na forma da lei.

Nesta esteira, fazer uso de garrafas plásticas ou outro recipiente para transporte fracionado de combustíveis, ainda que em pequenas quantidades, se enquadra no tipo penal acima citado.

Sugestões de leitura:

ASSOCIAÇÃO BRASILEIRA DE NORMAS TÉCNICAS. *NBR 17.505 - Armazenamento de líquidos inflamáveis e combustíveis.* Rio de Janeiro: ABNT, 2013. (Série)

- Parte 1: Disposições gerais.
- Parte 2: Armazenamento em tanques, em vasos e em recipientes portáteis com capacidade superior a 3.000 l.
- Parte 3: Sistemas de tubulações.
- Parte 4: Armazenamento em recipientes e em tanques portáteis.
- Parte 5: Operações.
- Parte 6: Requisitos para instalações e equipamentos elétricos.
- Parte 7: Proteção contra incêndio para parques de armazenamento com tanques estacionários.

_____. *NBR 15.594-1 - Armazenamento de líquidos inflamáveis e combustíveis - Posto revendedor de combustível veicular (serviços).* Parte 1: Procedimento de operação. Rio de Janeiro: ABNT, 2015.

_____. NBR 14.639 - Armazenamento de líquidos inflamáveis e combustíveis - Posto revendedor veicular (serviços) e ponto de abastecimento - Instalações elétricas. Rio de Janeiro: ABNT, 2014.

ABNT NBR IEC 60079-14 - Atmosferas explosivas. Parte 14: Projeto, seleção e montagem de instalações elétricas. Rio de Janeiro, 2016.

AGÊNCIA NACIONAL DO PETRÓLEO (ANP). *Resolução n. 12, de 21 de março de 2007*. Estabelece a regulamentação para operação e desativação das instalações de Ponto de Abastecimento e os requisitos necessários à sua autorização.

BRASIL. Lei n. 8.176, de 08 de fevereiro de 1991. Define crimes contra a ordem econômica e cria o Sistema de Estoques de Combustíveis.

_____. *Lei n. 9.478, de 6 de agosto de 1997*. Dispõe sobre a política energética nacional, as atividades relativas ao monopólio do petróleo, institui o Conselho Nacional de Política Energética e a Agência Nacional do Petróleo e dá outras providências.

_____. *Lei n. 9.847, de 26 de outubro de 1999*. Dispõe sobre a fiscalização das atividades relativas ao abastecimento nacional de combustíveis.

BRASIL/CONAMA. *Resolução n. 273, de 29 de novembro de 2000*. Estabelece diretrizes para o licenciamento ambiental de postos de combustíveis e serviços e dispõe sobre a prevenção e controle da poluição.

BRASIL/MTE. *Portaria n. 1.109, de 20 de setembro de 2016*. Exposição Ocupacional ao Benzeno em Postos Revendedores de Combustíveis – Anexo II da NR 9.

_____. *Norma Regulamentadora n. 10* – Segurança em instalações e serviços em eletricidade.

_____. *Norma Regulamentadora n. 16* – Atividades e Operações perigosas.

_____. *Norma Regulamentadora n. 20* - Segurança e Saúde no Trabalho com Inflamáveis e Combustíveis.

PERNAMBUCO. *Código de segurança Contra incêndio e pânico para o Estado de Pernambuco - COSCIP.* Decreto nº. 19.644, de 13 de março de 1997.

POLÍCIA MILITAR DO ESTADO DE SÃO PAULO / Corpo de Bombeiros. *Instrução Técnica n. 25 – Segurança contra incêndio para líquidos combustíveis e inflamáveis*, 2015. (Série).

- Parte 1: Generalidades e requisitos básicos
- Parte 2: Armazenamento em tanques estacionários.
- Parte 3: Armazenamento fracionado.
- Parte 4: Manipulação

Emergências e primeiros socorros

Quando da execução de atividades produtivas, é possível que de algumas situações indesejadas resultem pequenas lesões ou mesmo, em casos mais graves, condições que demandem uma mínima intervenção imediata para que o devido e completo atendimento possa ser posteriormente prestado. Faz-se necessária, então, uma atuação preliminar em tempo hábil. Não se trata de descartar ou desconsiderar a atuação de profissionais especialmente habilitados ou preparados para tal fim, mas atuar em suporte à vida, de tal feita que esse conjunto de ações possa representar diferença significativa em favor do acidentado, de modo a prepará-lo, quando necessário, para a adequada remoção a um hospital. Em razão de suas características de suporte se considera esse atendimento como pré-hospitalar.

Nesse sentido, como disposição final da NR-7, que trata do Programa de Controle Médico de Saúde Ocupacional, impõe-se às empresas obrigações relativas aos primeiros socorros, conforme abaixo:

> *"Todo estabelecimento deverá estar equipado com material necessário à prestação de primeiros socorros, considerando-se as características da atividade desenvolvida; manter esse material em local adequado, e aos cuidados de pessoa treinada para esse fim."*

É importante observar que não há referência alguma à disponibilidade de medicamentos de qualquer natureza, pois os mesmos somente podem ser administrados sob orientação médica. Embora possa ser habitual algumas organizações manterem "farmacinhas", esse hábito é inadequado face à possibilidade do fornecimento indevido de medicamentos a pessoas que não possam ou não devam fazer uso deles. A prescrição de medicamentos é atribuição de competência exclusiva do profissional médico. Não se deve jamais confundir-se materiais para emergências e medicamentos, estes últimos como complementares àqueles. Exceção feita aos locais de trabalho no campo, por força do Precedente Normativo 107, do Tribunal Superior do Trabalho ("Nos locais de trabalho no campo serão mantidos pelo empregador medicamentos e materiais de primeiros socorros").

É possível, também, que seja necessário ministrar algum medicamento ao acidentado, que pode estar, inclusive, inconsciente, seja pelo serviço médico da empresa – caso existente – ou pelo serviço médico ao qual foi encaminhado. Nesse sentido, é imprescindível conhecer incompatibilidades individuais a certos princípios ativos (ou substâncias) presentes nesses medicamentos. Infelizmente, ainda não é habitual a avaliação das suscetibilidades individuais a potenciais alergênicos presentes nos diversos ambientes de trabalho. Se tal fosse realizado, poderia ser de elevada contribuição para informar tais condições. Vale lembrar que estas são dinâmicas, mudam com o passar dos anos. Dessa feita, esses exames devem se processar ou ser renovados periodicamente.

A ação em socorro deve ser tal que o ocorrido não origine outros acidentes ou agrave o estado ou condição daqueles que demandam a sua intervenção. Dessa feita, há de se obterem previamente as habilidades requeridas para tanto, conforme o caso, seja na formação de brigadas de incêndio, na capacitação da CIPA ou em outros cursos específicos nos quais é obrigatório esse saber, a exemplo do estabelecido na NR-10. Em outras palavras, podemos dizer que não há espaço para atuações despreparadas em socorro de terceiros, visto que é possível colocar terceiros, os vitimados e a si mesmo em perigo no afã de realizar uma ação altruísta.

Há de se sinalizar o local da ocorrência, cortar o fornecimento de energia elétrica, atuar sobre princípios de incêndio, conforme o caso, afastar os curiosos e demais pessoas cuja reação possa atrapalhar ou dificultar o socorro, além de comunicar o fato aos serviços especializados (SAMU, por exemplo) e a quem seja responsável pelas medidas pertinentes na empresa. A remoção dos vitimados somente deverá se processar se tal medida for absolutamente necessária para não expô-los a perigos maiores, tais como explosões, desmoronamento de partes da edificação, asfixia por gases etc. Em havendo outras pessoas dispostas a ajudá-lo, distribua as tarefas de modo a atender com a maior presteza e eficiência as vítimas. Contudo, para tanto, será necessário estabelecer uma ordem de prioridade para o atendimento das vítimas levando-se em consideração o potencial risco à vida.

Assim sendo, devem ser considerados como casos de primeira prioridade as situações envolvendo:

- Parada cardíaca e/ou respiratória.
- Obstrução das vias respiratórias.
- Hemorragias graves e fora de controle.
- Traumatismos no crânio e coluna vertebral.
- Envenenamentos.
- Lacerações no tórax ou abdômen com exposição.
- Complicações cardíacas e oriundas da diabete.
- Estado de choque.

Como de segunda prioridade:

- Fraturas múltiplas.
- Queimaduras.

E como de terceira prioridade:

- Fraturas simples.
- Ferimentos de menor gravidade.
- Óbitos (infelizmente, já não há mais o que fazer por estes).

Para o levantamento da ordem de prioridades, alguns sinais devem ser observados:

a) Se a vítima está consciente ao responder sobre o seu nome, onde está, qual o dia da semana etc. De sorte que essa interação poderá contribuir para a intervenção. Respostas erradas ou confusas podem indicar traumatismos cranianos.

b) **A pulsação**: se rápida e fraca pode significar estado de choque; por sua vez, a ausência pode indicar parada cardíaca e a necessidade de imediata reanimação cárdio-pulmonar.

c) **A respiração**: se profunda e penosa pode indicar a obstrução das vias respiratórias, o que demanda ação imediata; rápida e superficial pode indicar estado de choque; com eliminação de sangue e/ou tosse, pode indicar dano aos pulmões por perfuração de costelas fraturadas.

d) **As pupilas**: se desiguais em tamanho indicam traumatismos cranianos; a dilatação pode indicar estado de relaxamento e inconsciência, que decorre de envenenamentos ou ataques cardíacos.

e) **A cor da pele**: vermelhidão pode indicar intoxicações ou traumatismo craniano; a pele azulada ou arroxeada é resultante da redução da oxigenação sanguínea (como por exemplo em paradas cárdio-respiratórias e alguns casos de intoxicação); a pele acinzentada ou pálida indica circulação insuficiente, sendo frequente nos estados de choque.

f) **A capacidade de movimentação**: muitas vezes será necessário auxiliar a vítima ou retirá-la do local onde se encontra com o intuito de preservá-la frente a possíveis danos de maior amplitude; para tanto, é fundamental observar se ela pode fazê-lo mediante apoio ou se tal se faz impossível em razão de paralisia de um dos lados do corpo ou dos membros (indicando hemorragia intracraniana ou fratura na coluna), pelo que serão requeridos maiores cuidados para a realização da operação desejada.

g) **A reação a dor**: queixa de formigamento nas extremidades dos membros e insensibilidade a dor (para verificações nesse intuito podem ser feitos rápidos testes de contato com objetos pontiagudos, tais como canetas, em contato com segmentos do corpo da vítima) podem significar lesões na coluna e, em geral, estão associadas à incapacidade de movimentar-se.

h) **A temperatura do corpo**: mais alta do que o normal pode ser decorrente da exposição a calor excessivo ou de febre. Já mais baixa pode indicar estado de choque ou exposição a temperaturas excessivamente frias sem a devida proteção.

Feito isso, será possível estabelecer alguma prioridade de assistência. Na atividade de primeiros socorros e intervenções de emergência, a manutenção da calma e da ordem são fatores fundamentais para o sucesso. Portanto, afaste do local as pessoas que não mantenham a calma ou cujo comportamento demonstre não terem o ajuste emocional requerido para lidar com a situação. Tê-las por perto poderá dificultar a correta intervenção ou gerar situações desconfortáveis desnecessárias.

Enquanto o socorro médico não chegar, mantenha a vítima em decúbito dorsal (deitada de costas ao chão) e com a cabeça de lado. Após a chegada deste, relate as observações acerca dos sinais anteriormente observados, pois serão de grande valia no atendimento imediato e no tratamento posterior.

Lembre-se: somente desloque a vítima se tal for absolutamente imperativo, conforme já descrito, e as condições necessárias estejam satisfeitas, entre elas o treinamento exigido para tanto.

Por vezes, a reanimação deve ser realizada, o estancamento de hemorragias, pequenas imobilizações e o atendimento a queimados (por produtos químicos, vapor e líquidos aquecidos etc.) podem ser exigidos. Nesse sentido, procedimentos específicos devem ser observados e rigorosamente seguidos (para o que se requer conhecimento e treinamento prévios, incluindo simulações), para cada uma das situações que exijam ou possam exigir intervenções emergenciais ou de primeiros socorros, a exemplo das indicações de Seki et al. (1993).

Ter uma formação adequada de "socorrista" é um conhecimento útil em diversas situações de nosso cotidiano. Seja no ambiente laboral, no ambiente doméstico (onde se dá significativo número de ocorrências) ou mesmo no trânsito intenso de nossas cidades. E nossa atuação, por mínima que seja, feita de maneira adequada, pode fazer toda a diferença.

Sugestões de leitura

BUONO NETO, Antonio; BUONO, Elaine Arbex. *Primeiros socorros e prevenção de acidentes de trabalho e domésticos.* São Paulo: LTr, 1998.

CARVALHO, Geraldo Mota. *Enfermagem do Trabalho.* São Paulo: EPU, 2001.

GUERRA, Sérgio Diniz et al. *Manual de emergências.* Belo Horizonte: Folium, 2001.

NAEMT. PHTLS: *Atendimento pré-hospitalar ao traumatizado.* 6. ed. São Paulo: Elsevier, 2007.

SEKI, Clóvis Toiti et al. *Manual de primeiros socorros nos acidentes de trabalho.* 3. ed. São Paulo: Fundacentro, 1993.

● Gestão da qualidade de vida no trabalho

A expressão *qualidade de vida no trabalho*, supostamente, traz em si contradições.

Qualidade é conceito intrinsecamente subjetivo, dependente de uma série de fatores que constituem a percepção do observador de um dado objeto, pessoa ou evento. O histórico pessoal, sua formação social, postura crítico-ideológica, experiência prévia nesta análise, bem como o tempo que dedica à interpretação do que lhe parece ser (ou o grau de dificuldade que tem para realizá-la). Tal diversidade de aspectos dá ideia desse caráter individual e, portanto, dos indícios, dos fatos e dos requisitos para a construção de um consenso em torno de seu

Conhecimentos de Gestão

significado. Nessa perspectiva, devemos assumir uma natureza relativa de sua definição que se contrapõe à noção de que se possa precisá-la, determiná-la de forma absoluta.

Qualidade de vida pode ser definida como o posicionamento do indivíduo, em resposta física ou mental, diante dos estímulos construídos a partir de suas percepções em confronto com as expectativas elaboradas para determinadas condições reais ou aparentes.

Qualidade de vida no trabalho (QVT) é um fenômeno social e, como tal, sua análise deve ser centrada no contexto histórico, espacial e econômico no qual está inserido. É uma forma simbólica da expressão da percepção do conjunto das condições de trabalho.

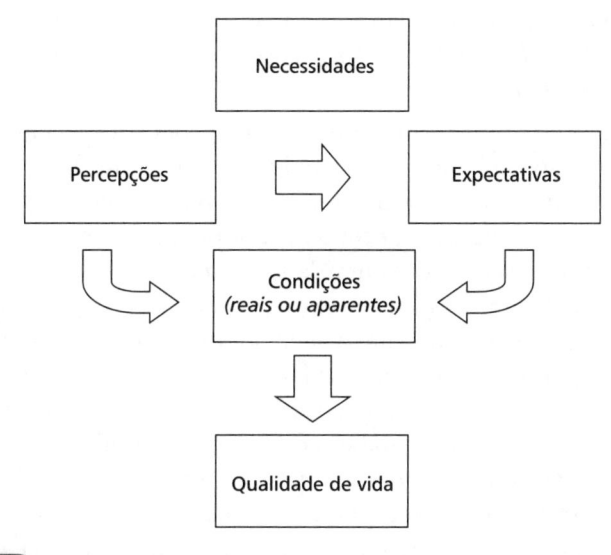

Figura 3.5 Construção do conceito de qualidade de vida.

Fonte: BARBOSA FILHO (2005).

A QVT deve ser percebida como um fenômeno complexo, definida por cada um de nós segundo a nossa própria visão, observando-se ou se levando em conta as nossas limitações do que nos cerca ou está ao alcance de nossos olhos. Assim, em um grupo de trabalhadores, ainda que com muitas similaridades entre si, pode ser vista de várias maneiras. Lidamos com simplificações da realidade complexa que, por isso, poderá sempre aparentar uma incompletude dando margem à sua constante reinterpretação e, dessa forma, a uma contínua evolução. Não se pode, nessa perspectiva, apresentar uma solução ótima, visto que é, por definição, um problema aberto. Permitirá sempre novas e melhores soluções que, todavia, não invalidam as opções anteriormente estabelecidas.

Demo (2001:17), discutindo a abordagem de fenômenos complexos como a QVT, destaca que o método científico

> *"abomina o individual, o subjetivo, o inesperado, o imprevisível, em nome das recorrências com as quais sempre se poderia contar e do mesmo jeito, bem regulares"*, destacando que *"não se poderia fazer um texto válido sobre um fenômeno que não cabe em categorias regulares, mas, por outro lado, nada é tão subjetivo que não deixe transparecer alguma regularidade"*.

Qualidade de vida no trabalho (QVT) é um fenômeno social e, como tal, sua análise deve ser centrada no contexto histórico, espacial e econômico no qual está inserido. É uma forma simbólica da expressão da percepção do conjunto das condições de trabalho.

Para Lazlo apud Limongi-França (2003, p. 44), *"a expressão qualidade de vida no trabalho tem sido usada para descrever valores relacionados com a qualidade de experiências humanas no ambiente de trabalho"*.

A QVT representa um conjunto de percepções e expectativas associadas às condições de trabalho, conforme definidas por Barbosa Filho,[16] devendo ser percebida como um fenômeno social, vez que tal representação está intimamente associada às dimensões jurídicas, econômicas e políticas, em caráter amplo, que regem o cotidiano da sociedade, num dado momento histórico. Tem em si um intrínseco caráter dinâmico. É inegável que o conjunto de percepções e expectativas individuais está intimamente associado ao contexto mais amplo no qual o mundo do trabalho está inserido. Os fatores externos ao ambiente ocupacional trazem ao trabalhador toda uma coleção de significados, incluindo valores e simbolismos, através dos quais estabelece sua visão das atividades e tarefas que desenvolve, bem como das relações interpessoais que estabelece. Por intermédio deste olhar ele estrutura seu comportamento, suas ações e reações.

Qualidade de vida no trabalho é um conceito dinâmico. Dessa forma, tal deve ser entendido não só como expressão dos sentimentos relacionados ao hoje, mas, também, à sua continuidade e evolução ao longo da permanência de um indivíduo na vida da organização. As perspectivas acerca do futuro, configuradas por planos de carreira ou de cargos e salários, ocupam importante lugar na trajetória profissional e de onde se pode inferir estreita ligação com a motivação e a satisfação com o trabalho.

Ou seja, a adequada inserção dos trabalhadores somente se dará plenamente quando não mais houver divergência do conceito (ou do autoconceito) que esses cidadãos fizerem de si próprios dentro e fora do ambiente laboral. Como

---

[16] Para Barbosa Filho (2001:22), condição de trabalho é "toda e qualquer variável presente ao ambiente de trabalho capaz de alterar e/ou condicionar a capacidade produtiva do indivíduo, causando ou não agressão ou depreciações à saúde deste".

Conhecimentos de Gestão

bem coloca Burdeau apud Bonavides (2003:51): "As ideias sobre os fatos são mais importantes que os fatos mesmos."

```
                    ┌──────────────┐
                    │ Necessidades │
                    └──────────────┘
                           │
    ┌───────────┐   ⇨   ┌──────────────┐
    │ Percepções│       │ Expectativas │
    └───────────┘       └──────────────┘
           ↘    ┌──────────────┐    ↙
                │  Condições   │
                │  de trabalho │
                │(reais ou aparentes)│
                └──────────────┘
                       ⇩
                ┌──────────────┐
                │ Qualidade de vida │
                │ no trabalho (QVT) │
                └──────────────┘
```

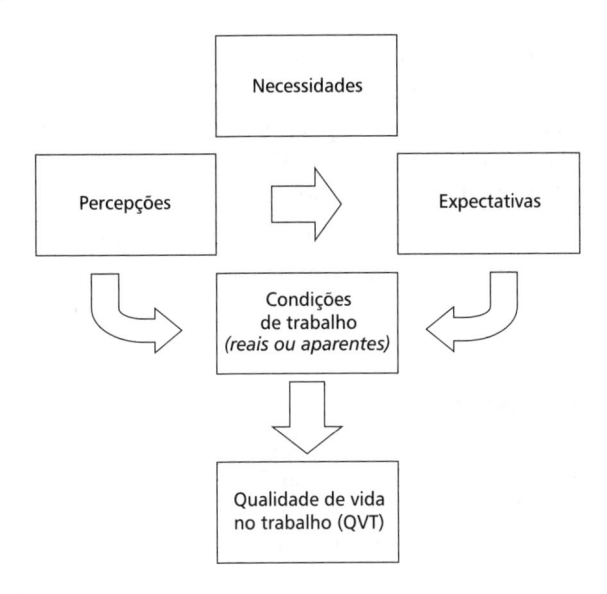

Figura 3.6 Construção do conceito de qualidade de vida no trabalho.

Fonte: BARBOSA FILHO (2005).

Em estudo conduzido alguns anos atrás, por demanda do sindicato de determinada categoria econômica no segmento industrial, foi possível constatar na prática que a percepção das condições de trabalho em muito se deve às relações interpessoais entre os diversos atores envolvidos. Em algumas empresas de maior porte, embora as condições de trabalho, num caráter objetivo, fossem superiores àquelas encontradas em micro e pequenas empresas, onde havia a proximidade e o contato diário com os dirigentes destas empresas, o que não ocorria naquelas, nestas as condições foram descritas como melhores por seus trabalhadores. É inegável, portanto, admitir que o clima organizacional em muito influencia a resposta dos trabalhadores.

E qual a solução para um melhor levantamento destas condições reduzindo-se os vieses das visões dominantes em determinados grupos? Quando se tratar de dimensões subjetivas relativas à qualidade de vida, para alcançarmos tal intento, uma triangulação das percepções deve ser levada a termo. Ou seja, uma tentativa de convergência entre as opiniões de grupos de visões distintas, mediadas pela percepção dos condutores do estudo, buscará equacionar interesses, de maneira a alcançar um equilíbrio entre esses grupos. Para tanto, aqueles que se colocarem no papel de mediadores – ou simplesmente agentes técnicos do processo de investigação da QVT – não devem ser vinculados a quaisquer destes grupos, sob pena de ampliar as distorções entre as visões, posto que, ainda que o desejo de isenção esteja presente, valores, expectativas, preferências e, mesmo, simpatias pessoais concorrerão para o predomínio das ideias com as quais as suas próprias se alinham.

Assim, estabelecidas as dimensões relevantes para cada indivíduo, em confronto com aquelas conexas ao grupo no qual está inserido, deve ser construído um sistema de indicadores, com os respectivos processos de avaliação pertinentes, que, regularmente conduzidos, devem resultar na consolidação das boas (ou favoráveis) condições de trabalho. Do contrário...

Afinal – façam suas reflexões e interpretem a amplitude de significados e verdades contidas nas palavras de Sigmund Freud: "O homem normal ama e trabalha."

Sugestões de leitura

BARBOSA FILHO, Antonio Nunes. *Um modelo de avaliação de qualidade de vida no trabalho para a pessoa com deficiência.* 2005. Tese (Doutoramento em Engenharia de Produção). Recife, UFPE/PPGEP.

BARBOSA FILHO, Antonio Nunes. *Segurança do trabalho e gestão ambiental.* São Paulo: Atlas, 2001.

BOM SUCESSO, Edina de Paula. *Relações interpessoais e qualidade de vida no trabalho.* Rio de Janeiro: Qualitymark, 2002.

BONAVIDES, Paulo. *Ciência política.* 10. ed. São Paulo: Malheiros, 2003.

CANGUILHEM, Georges. *O normal e o patológico.* 5. ed. Rio de Janeiro: Forense Universitária, 2000.

DEMO, Pedro. *Pesquisa e informação qualitativa.* Campinas: Papirus, 2001.

FERNANDES, Eda. *Qualidade de vida no trabalho*: como medir para melhorar. 2. ed. Salvador: Casa da Qualidade, 1996.

GLASERSFELD, Ernest von. A construção do conhecimento. In: SCHNITMAN, Dora Fried. *Novos paradigmas, cultura e subjetividade.* Porto Alegre: Artes Médicas, 1996.

LAPLANTINE, François. *Antropologia da doença.* São Paulo: Martins Fontes, 1991.

LIMONGI-FRANÇA, Ana Cristina. *Qualidade de vida no trabalho*: conceitos e práticas nas empresas da sociedade pós-industrial. São Paulo: Atlas, 2003.

LINHARES, Paulo Afonso. *Direitos fundamentais e qualidade de vida.* São Paulo: Iglu, 2002.

MATURANA, Humberto et al. *A ontologia da realidade.* Belo Horizonte: UFMG, 1997.

MORGAN, Gareth. *Imagens da organização.* São Paulo: Atlas, 1996.

NARDI, Antonio Egídio. *Questões atuais sobre depressão.* São Paulo: Lemos Editorial, 1998.

RAMAZZINI, Bernardino. *As doenças dos trabalhadores.* 2. ed. São Paulo: Fundacentro, 1999.

SIGNORINI, Mário. *Qualidade de vida no trabalho*: e as dimensões da satisfação, do saber e do sagrado no trabalho significativo. Rio de Janeiro: Taba Cultural, 1999.

Conhecimentos de Gestão

● Saúde e segurança do trabalho em organizações públicas

Tais quais as organizações privadas – e tendo como base os mesmos fundamentos legais[17] –, as de natureza pública têm igualmente o dever de zelar pela integridade de todos aqueles que exercem atividades em seu interesse, sejam como parte de seu quadro funcional direto, sejam como terceirizados.

As organizações públicas, em especial, apesar da ainda incipiente cultura da gestão da qualidade de vida no trabalho em suas unidades, entendendo-se como parte desta a gestão da saúde e segurança no trabalho, devem estar atentas a este fundamental aspecto da vida organizacional. Principalmente porque estas tendem a ser perenes e duradouras, quando contrastadas com as organizações privadas (embora muitas destas tenham alcançado tal condição ou envidem continuamente esforços para tal fim).

Neste sentido insere-se a estabilidade do trabalhador público, cuja competência e conhecimentos são apropriados pela organização junto à qual atua em uma dinâmica completamente distinta das privadas, em razão, principalmente, da, em geral, longa atuação ou permanência destes trabalhadores junto ao setor público (e como tal, os cuidados quanto à integridade destes deveriam ser ainda maiores em face de tão marcante particularidade).

Em alguns segmentos da máquina pública, o fator humano tem preponderância sobre os demais recursos produtivos para o atendimento de seus propósitos. Não é preciso ir longe. Veja-se, por exemplo, a área de educação e tome-se como ponto de partida o meu próprio caso como servidor público. Sou professor de magistério superior concursado junto à UFPE desde 1993 (quando então contava com apenas 23 anos de idade). De lá para cá, escrevi livros, introduzi novas disciplinas, preparei e ministrei aulas e palestras em diversos cursos e eventos, bem como me apropriei de um conjunto incomensurável de saberes, como decorrência de cursos de formação, muitas leituras, discussões e reflexões sobre questões relacionadas à vida acadêmica, questões de caráter em diversas esferas ou âmbitos (local, regional, nacional e até mesmo internacional) sempre à custa de investimentos públicos (seja pela remuneração salarial, seja por algum tipo de fomento ou apoio financeiro para tanto). Como hoje, ano de 2010 da Era Cristã, estou com 40 anos de idade, apesar de já estar há cerca de duas décadas em uma organização pública, ainda me resta a perspectiva de mais 30 anos dedicados a este setor, considerando-se a possibilidade de aposentadoria compulsória, aos 70 anos de idade (e imaginem, quase 50 anos como trabalhador público!).

---

[17] A exemplo do disposto no art. 7º, XXII, da CF/1988, segundo o qual os trabalhadores (indistintamente) têm o direito à redução dos riscos inerentes ao trabalho, por meio de normas de saúde, higiene e segurança, bem como o constante nos seus arts. 196 ss, que versam sobre o direito à saúde para todos os cidadãos brasileiros.

Sendo filho de médico – e também professor universitário (UFPB) –, cresci envolto em orientações referentes aos cuidados com a saúde, em diversos aspectos do viver, desde a higiene pessoal, a alimentação saudável, a realização de exames regulares etc., recomendações estas que busco seguir em meu cotidiano e com a periodicidade recomendada pelos especialistas no tocante aos exames cardiológicos, oftalmológicos, urológicos, clínicos e outros, de modo que jamais descuidei de minha saúde e, sendo profissional dedicado à segurança do trabalho, jamais descuidei desta em distintos aspectos de minha vida laboral.

Pois bem, somente há dois anos passados, ou seja, uma década e meia após ingressar no serviço público, recebi a primeira convocatória da instituição pública à qual estou vinculado para realizar sob seus auspícios exames periódicos. Em outras palavras, até aquela data a única preocupação com a minha saúde havia sido o exame admissional e mais nada.

Creio ser desnecessário tecer maiores comentários quanto aos potenciais impactos negativos que podem incidir sobre uma organização pública face à ausência de cuidados com a integridade de seu corpo funcional.

Apesar de a Política Nacional de Segurança e Saúde do Trabalhador (PNSST),[18] desde 2004, apontar para a necessidade da gestão da condição de trabalho nas organizações públicas, somente em 2009 foram efetivadas as bases e os instrumentos apropriados para a realização de exames periódicos por servidores públicos, em consonância com a instituição do Sistema de Atenção à Saúde do Servidor, vinculado à Secretaria de Recursos Humanos do Ministério do Planejamento, Orçamento e Gestão.[19]

Assim estabelece a PNSST:

> *"Para fins desta Política são considerados trabalhadores todos os homens e mulheres que exercem atividades para sustento próprio e/ou de seus dependentes, qualquer que seja sua forma de inserção no mercado de trabalho, no setor formal ou informal da economia. Estão incluídos nesse grupo todos os indivíduos que trabalharam ou trabalham como: empregados assalariados; trabalhadores domésticos; avulsos; rurais; autônomos; temporários;* **servidores públicos***; trabalhadores em cooperativas e empregadores, particularmente os proprietários de micro e pequenas unidades de produção e serviços, entre outros. Também são considerados trabalhadores aqueles que exercem atividades não remuneradas, participando de atividades econômicas na unidade domiciliar; o aprendiz ou estagiário e aqueles temporária ou definitivamente afastados do mercado de trabalho por doença, aposentadoria ou desemprego."* (grifo nosso)

---

[18] Disponível em: <http://www.previdenciasocial.gov.br/arquivos/office/3_081014-105206-701.pdf>.
[19] A legislação específica pode ser encontrada em: <http://www.servidor.gov.br/seg_social/index_seg_social.htm> e, também, em: <https://www1.siapenet.gov.br/saude>.

Conhecimentos de Gestão

Assim, a exemplo das organizações privadas que buscam, cada vez mais, incrementar as suas ações voltadas à melhoria das condições de trabalho de seu corpo funcional, notadamente em forçosa direção estimulada pelo novo modelo de Seguro de Acidentes do Trabalho (SAT) – que impõe às empresas, de certa maneira, sanções econômicas em função do desempenho do seu sistema preventivo de saúde e segurança do trabalho –, as melhores práticas de gestão de pessoas, incluindo-se nestas todas aquelas referentes à preservação da integridade da saúde e segurança ocupacional, devem ser incorporadas à rotina das organizações públicas.

Por sua própria natureza, os entes estatais têm como característica precípua a estabilidade funcional (adquirida após o período de estágio probatório), o que, via de regra, ensejará uma longa permanência do trabalhador em seus quadros funcionais. Desta feita, é fundamental, para a manutenção do nível de excelência almejada para os serviços prestados à população, que ocorra em caráter regular e permanente a avaliação da qualidade de vida no trabalho, posto que, do contrário, poderá instalar-se quadro de insatisfação e mesmo de desmotivação que terá significativos impactos negativos sobre os interesses de seu público-alvo. Não são raros os registros neste sentido, coroados, muitas vezes, com relatos de uma sensação de completo abandono após a nomeação em cargo ou função pública pelo concursado.

Em sentido oposto caminham as organizações públicas que valorizam e acompanham regularmente a satisfação de seus trabalhadores com o exercício labor sob seus cuidados. Para tanto, sem sombra de dúvida, contribui decisivamente a realização de pesquisa de clima organizacional (com a consequente tomada das medidas requeridas para sanar impropriedades constatadas neste levantamento), o que, infelizmente, não é levado a termo na maior parte dos entes e órgãos públicos de nosso país.

Veja-se, a título exemplificativo, o disponível no *site* da Ouvidoria do Servidor Público do Governo Federal[20] – que tem entre outras atribuições, recepcionar, sob determinados requisitos, as denúncias como informação, *notitia criminis* ou acusação contra um ato administrativo, acusação contra conflitos entre chefias e subordinados ou entre servidores, acusação contra órgãos que descumprem ou não observa a norma jurídica ou o devido procedimento legal que deveria seguir, acusação contra pessoas que causem prejuízos ou danos ao patrimônio público, acusação sobre as condições de trabalho oferecidas aos servidores –, no qual pesquisa de opinião indica que o Assédio Moral é tristemente – tema dos mais buscados naquele portal e sobre o qual os participantes da enquete desejariam ter mais informações disponíveis.

Os dados desta pesquisa informal, isto é, mesmo que sem rigor científico, nos faz acreditar que estes cenários são bastante comuns nas organizações públicas, pelo que bem cabe aos servidores públicos a indagação levantada pelo compositor Raul Seixas em sua música *Amigo Pedro*, que diz assim: "Vai todo dia para o trabalho, sem saber se é bom ou se é ruim."

---

[20] <http://www.ouvidoriadoservidor.gov.br/ouvidoriaMP>.

Certa vez ouvi o desabafo de um servidor público que disse: – *"Professor, entra ano e sai ano, há mais de vinte anos, que eu sequer recebo da Administração Central* (disse ele referindo-se à Reitoria da Universidade na qual trabalhava e aos seus órgãos principais, personificando, por meio desta, a autarquia e seus mandatários) *um cartão de agradecimento no aniversário de minha posse como servidor público, apesar de toda a minha dedicação ao meu serviço e à instituição."*

Acredito que não seria de grande dificuldade realizar tal medida e que esta surtiria imenso efeito positivo junto aos trabalhadores das organizações públicas. E melhor, em quase nenhum investimento importaria face aos resultados que, certamente, serão obtidos. Como sugestão, creio que seria interessante fazê-lo, ao menos, para celebrar o primeiro ano do servidor na instituição e regularmente a cada cinco anos subsequentes.

Outro questionamento bastante comum dos servidores públicos face à gestão da saúde e segurança ocupacional de seus empregadores (em fim último, o Estado por meio de seus diversos entes) é que estes seriam tratados como cidadãos de segunda categoria em comparação aos trabalhadores do setor privado. Que a sua integridade vale menos do que a destes, notadamente em relação aos adicionais laborais de insalubridade e periculosidade aplicados em cada caso e que há nítida afronta ao princípio basilar da isonomia estabelecido na Constituição Federal Brasileira.

Neste sentido, veja-se, por exemplo, o contido na Orientação Normativa SRH/MPOG nº 2, publicada no *DOU* em 22/2/2010, que *estabelece orientação sobre a concessão dos adicionais de insalubridade, periculosidade, radiação ionizante e gratificação por trabalhos com Raios-X ou substâncias radioativas, e dá outras providências*, verificando-se o estabelecido nesta norma em confrontação com aqueles estabelecidos na legislação aplicável aos trabalhadores regidos pela CLT.

É bom lembrarmos que quando nos referimos ao serviço público não estamos tratando exclusivamente de autarquias federais, como as Universidades, mas de todas as unidades de prestação de funções estatais em todas as unidades da federação, em seus três níveis, com todas as suas particularidades e diferenças. Estamos nos referindo aos órgãos e entidades públicas em Brasília e nas demais capitais estaduais, bem como nos mais longínquos e pobres municípios de nosso país. Ainda há muito que caminharmos na busca de preservação da integridade dos trabalhadores públicos e da melhoria da prestação de seu labor em favor da população em geral.

Como estudioso da temática, percebo, também em relação a esta, dois Brasis bem distintos: um, onde todos os recursos e conhecimentos técnicos estão disponíveis e outro, no qual, se não há a completa ausência, há, no mínimo, um distanciamento do tratamento especializado, profissionalizado que a questão demanda. É para este segundo Brasil que deveremos, prioritariamente, voltar nossas atenções.

É preciso, por exemplo, desenvolver procedimentos e dispor em manual (isto é, transferir à organização o conhecimento devido e necessário, de modo que este não fique a cargo de algumas pessoas) as orientações devidas de todas as ordens relativas à saúde e segurança ocupacional nas diversas atividades, tais como os serviços de segurança e vigilância em instituições de ensino, hospitais e similares, com orientações sobre o comportamento, acesso (limitações, inclusive), o uso de equipamentos de proteção, o trato com materiais nestes ambientes e a atuação em caso de eventos indesejados (não apenas do ponto de vista da preservação do patrimônio público – quase sempre colocado como função principal – mas, principalmente para a preservação da integridade destes cidadãos a serviço do Estado).

É preciso que ações de saúde e segurança ocupacional voltadas aos servidores públicos façam parte das rotinas de planejamento e programação das organizações públicas, constando efetivamente de seus orçamentos e que sua consecução neste sentido seja fiscalizada e levada a termo adequadamente.

Resta, então, uma última pergunta: Seria possível estabelecer um sistema único, geral, uniforme e irrestrito de proteção e preservação de todos os trabalhadores, independentemente de onde ou a que setor emprestem sua força de trabalho para os interesses nacionais? O que se faz necessário para tanto? Parece-nos que a PNSST indica interesses nesta direção, mas como torná-lo factível e implementá-lo integral e indistintamente por todo nosso país, de dimensões continentais e de tantas diferenças regionais?

Sugestões de leitura

BATALHA, Lílian Ramos. *Assédio moral em face do servidor público*. 2. ed. Rio de Janeiro: Lumen Juris, 2009.

BRASIL. *Lei no 8.112, de 11 de dezembro de 1990.* Dispõe sobre o Regime Jurídico dos Servidores Públicos Civis da União, das autarquias e das fundações públicas federais. (Estatuto do Servidor Público).

DOMINGUES JR., Luiz Roberto Pires et al. *Manual para os serviços de saúde dos servidores públicos civis federais.* Brasília: Ministério do Planejamento Orçamento e Gestão/Secretaria de Recursos Humanos, 2006.

● LER/DORT

Nas últimas décadas do século XX vimos surgir relatos de afecções relacionadas às atividades laborais de duas naturezas que foram descritas como os males ocupacionais do século vindouro. Ao lado das questões relativas à saúde mental no trabalho, as então chamadas lesões por esforços repetitivos (LER) ganharam destaque na mídia em razão dos danos que acometiam certos trabalhadores, em especial as mulheres (cuja prevalência pode ser explicada em parte pelo uso excessivo de partes do corpo em uma dupla jornada – laboral e doméstica – e em razão de uma compleição ou estrutura menos preparada e fisiologicamente determinada, quando comparada à masculina).

Por todo o mundo, ecoaram relatos de contraturas, lesões vasculares, dos tendões, dos nervos – implicando ou não em inflamações (tendinites, tenossinovites, bursites etc.) – e até mesmo fraturas associadas às condições em que certas atividades ocupacionais eram realizadas, com graves consequências para o trabalhador, exigindo, por vezes, o seu afastamento temporário ou em definitivo daquela ocupação e, por conseguinte, trazendo perdas aos sistemas produtivos e prejuízos decorrentes dos gastos com diagnóstico, tratamento e eventual substituição da mão de obra afetada.

De repente, verificou-se que tais cenários não eram mera decorrência de tecnologias ou de condições rudimentares de trabalho. Pelo contrário, pareciam ser decorrentes de um conjunto de variáveis que ganharam destaque na modernidade. Por exemplo, o uso acentuado de microcomputadores e a excessiva fração da jornada – quando não exclusivamente – na posição sentada (sem a adequação do posto de trabalho ao seu usuário, seja em uso sucessivo ou simultâneo).

Os sentires e as limitações foram transmutadas em síndromes[21] – pois talvez assim se tornassem menos aparentes aos olhos da população ou pudessem servir a uma outra estatística, baseada em entidades e não em agrupamentos de sintomas – que invadiram os noticiários e se tornaram sentenças de afastamento e de incapacidade laboral para muitos. De outro lado, testes[22] para avaliação de sua ocorrência se tornariam a última esperança, a absolvição de um suposto pecado ou a sentença condenatória a uma vida reduzida a um valor secundário.

Despertando o interesse de profissionais da área médica e de áreas correlatas à saúde e segurança do trabalho, verificou-se que se fazia pertinente uma abordagem multidisciplinar do problema, uma vez que as repercussões dos efeitos danosos das LER se davam na vida profissional, assim como na vida privada, seja na esfera familiar, seja na esfera social ou pessoal. Em geral acometendo os membros superiores, mas não tão somente estes, as limitações funcionais de diversos graus afetavam a capacidade para o trabalho, bem como para a execução de atividades da vida diária, como manipular objetos e realizar o asseio pessoal, entre outras, visto que as exigências sobre o corpo nesses dois ambientes devem ser levadas em consideração no estudo ou investigação do caso concreto.

Verificou-se, também, que não só a repetição no uso de certas estruturas do corpo causava o quadro, a exemplo da fratura de marcha há muitos anos descrita pela literatura ortopédica, mas também outros fatores contribuíam para a instalação e o desenvolvimento dos sintomas.

---

[21] Síndrome do túnel do carpo, do canal de Guyon, do canal cubital, do pronador redondo, da arcada de Frohse (ou do nervo interósseo posterior) e do desfiladeiro torácico são algumas das síndromes compressivas dos nervos periféricos que acometem as mãos.

[22] Teste de Phalen, de sensibilidade, de Allen, de Finkelstein e outros aplicáveis à avaliação funcional das regiões afetadas são os mais conhecidos.

Na literatura técnica sobre o assunto, algumas denominações são corriqueiras e quase que indistintamente utilizadas, dentre as quais listamos:

LER – Lesões por Esforços Repetitivos.
DORT[23] – Distúrbios Osteomusculares Relacionados ao Trabalho.
LTC – Lesões por Traumas Cumulativos.
DCO – Doença Cervicobraquial Ocupacional.
AMERT – Afecções Músculo-esqueléticas relacionadas ao trabalho.
SSO – Síndrome de Sobrecarga Ocupacional.
TTA – Transtorno por trauma acumulativo.

Como fatores de risco para a ocorrência das LER/DORT, considerando-se o tempo de exposição a tais fatores, dentre outros potencializadores das exigências incidentes sobre os trabalhadores, encontramos na literatura técnica:

a) **A postura adotada (e mantida) para a realização de trabalho:** as posturas desviantes dos membros superiores, pegas de força e em pinça, elevação e manutenção elevada dos ombros, torções excessivas do tronco e dos membros superiores que são decorrentes das características do posto de trabalho e do ferramental em confronto com as características antropométricas do trabalhador em questão.

b) **O movimento e força aplicados:** em gatilho ou aplicação excessiva de força por contato localizado, exposição das extremidades superiores à vibração e a baixas temperaturas (veja-se o capítulo sobre vibrações decorrentes do trabalho).

c) **Fatores psicológicos:** tais como as pressões no trabalho, a invariabilidade da tarefa (monotonia física e/ou psicológica), a situação social do trabalho (percepção do contexto social, de utilidade e o relacionamento interpessoal), o ritmo imposto e o estabelecimento de cotas ou volume de produção.

d) **Características pessoais:** o tipo de musculatura notadamente e o preparo para lidar com esforços físicos.

Para a adequada caracterização da exposição a esses fatores de risco é imprescindível determinar, assim afirma a IN 98/03 do INSS:

a) A região anatômica exposta aos fatores de risco.
b) A intensidade dos fatores de risco.

---

[23] Denominação hoje preferida por especialistas por não determinar causa ou origem (repetitividade) ou efeitos possíveis (lesões), visto que não são únicos ou exclusivos. Admite-se, todavia, o uso indistinto da expressão LER/DORT.

c) A organização temporal da atividade (por exemplo: a duração do ciclo de trabalho, a distribuição das pausas ou a estrutura de horários).
d) O tempo de exposição aos fatores de risco.

Sendo impossível desconsiderar os esforços realizados pelo corpo fora do ambiente laboral, atividades aparentemente rotineiras passaram a ser alvo das atenções preventivas visando preservar a integridade dos trabalhadores. Até mesmo atividades de lazer, como o uso frequente de jogos eletrônicos com a utilização de manípulos (*joysticks*) e botoeiras de acionamento, bem como a condução de motocicletas por longas jornadas, passaram a ser investigadas em suas contribuições para potenciais efeitos danosos sobre certos segmentos do corpo. Ampliou-se e se reforçou a noção de unicidade do corpo físico do trabalhador-cidadão. De certa forma, os cuidados pessoais no tocante aos esforços aos quais o corpo do trabalhador era submetido no âmbito da vida privada ganharam novos contornos, assim como os hábitos alimentares e demais fatores capazes de contribuir para uma condição de vida mais saudável, em sentido mais amplo.

Dessa feita, há de se ater um novo olhar às atividades rotineiras ou mesmo no ambiente doméstico, posto que o seu executar poderá originar ou agravar as exigências sobre certos segmentos ou estruturas de nosso corpo. Logo, se faz necessário dedicar atenção e observar alguns cuidados na realização de atividades, tais como:

a) Bater bolos manualmente.
b) Na amamentação ou sustentação de cargas.
c) Na escrita de textos longos.
d) Ao andar de ônibus segurando na alça superior (elevar os braços e mantê-los suspensos em demasia).
e) Durante a realização de trabalhos manuais como tricô e crochê.
f) Quando da torção ou fricção de objetos (lavagem e limpeza).
g) Na digitação por períodos prolongados ...

Neste último aspecto, limitações foram introduzidas pela legislação pátria: pausas horárias para recuperação e descanso (10 min./60 min.), limitação ao máximo de 8.000 toques/hora e da jornada a 5 horas diárias (NR–17).

De acordo com Nicoletti, as lesões por esforços repetitivos podem ser definidas como

> "*afecções que podem acometer as estruturas anatômicas localizadas no interior das articulações (ligamentos, sinóvias, cápsulas) ou ao seu redor (tendões, músculos, fáscias e nervos), isolada ou associadamente, com ou sem degeneração dos tecidos, atingindo principalmente, porém não somente, os membros superiores, região escapular e pescoço*".

E têm origem ocupacional, decorrente, de forma combinada ou não, de:

1. Uso repetitivo de grupos musculares.
2. Uso forçado de grupos musculares.
3. Manutenção de postura inadequada.

Os tendões e ligamentos são estruturas adaptadas para exercer a função de transmitir as cargas do músculo para o osso (tendão) ou de osso para osso (ligamento). A função principal de ambos é modular a transmissão das forças, de maneira que não haja concentração brusca de cargas entre os vários componentes do sistema músculo-esquelético. As propriedades físicas e químicas dos tendões e ligamentos variam com diversos fatores como a idade, o sexo, a temperatura, a presença de fatores hormonais, atividade etc. E existe um limiar particular de atividade necessária para manter a homeostase[24] de cada tendão e ligamento.

Segundo a IN 98/03 do INSS, as LER/DORT

> *"são resultado da combinação da sobrecarga das estruturas anatômicas do sistema osteo-muscular com a falta de tempo para sua recuperação. A sobrecarga pode ocorrer seja pela utilização excessiva de determinados grupos musculares em movimentos repetitivos com ou sem exigência de esforço localizado, seja pela permanência de segmentos do corpo em determinadas posições por tempo prolongado, particularmente quando essas posições exigem esforço ou resistência das estruturas músculo-esqueléticas contra a gravidade".*

Como sintomas das LER/DORT, de ocorrência isolada ou em conjunto, podemos citar:

a) Dor.
b) Crepitação.[25]
c) Tumoração (aumento do volume localizado em razão de uma lesão).
d) Formigamento.
e) Redução da função.
f) Sensação de peso.
g) Incapacidade temporária.

E como regiões acometidas com maior frequência pelas LER/DORT, mas não as únicas, destacam-se:

1. A região cervical.

---

[24] Constância das condições do ambiente interno para que a ação dos mecanismos do corpo humano se dê de maneira adequada, inclusive a própria restauração desse equilíbrio que pode ser alterado por fatores externos ou pelos efeitos originados na própria ação e que, portanto, devem ser compensados. Adaptado de Rey (1999:413).
[25] Sucessão de pequenos ruídos finos e secos nas articulações. Adaptado de Rey (1999:188).

2. Os membros superiores: os ombros, a mão e o punho e o cotovelo.
3. A região lombar.

Embora a ocorrência das LER/DORT esteja intimamente relacionada à suscetibilidade e características individuais, não raro estas se processam em um quadro de múltiplos casos, pelo que é possível creditar que a incidência decorre em grande parte de fatores organizacionais, tais como o ritmo imposto para a produção e as suas formas de controle, bem como os investimentos em condições materiais de trabalho, incluindo-se, para tanto, a análise ergonômica das tarefas. Assim sendo, se nada for feito para alterar tal cenário, novos casos surgirão. Portanto, se requer uma cuidadosa investigação das potenciais ocorrências para o planejamento das intervenções necessárias, qual seja:

a) Identificar a incidência e a natureza dos sintomas.
b) Levantar e caracterizar os postos de trabalho que possivelmente originam os casos.
c) Quantificar, identificar e avaliar funcionalmente os trabalhadores que apresentam sintomas.

Feito isso, deve-se proceder a uma análise de severidade dos casos, a partir do levantamento das queixas (aparentes ou não) e do histórico médico-ocupacional de cada trabalhador envolvido. Para tanto, podem ser utilizados questionários de levantamento de dados em relação ao conteúdo e duração das tarefas, bem como no tocante ao ferramental, ao método de trabalho e, ainda, quanto às exigências que são impostas ao trabalhador para a sua execução.

Quanto às intervenções requeridas para a melhoria das condições de trabalho, com o intuito de minimizar as oportunidades de ocorrência das LER/DORT, podemos citar algumas preconizadas por Maciel (1997), de três ordens, a saber:

a) Quanto ao posto de trabalho:
   a.1) Modificar as posturas que impõem carga de trabalho estática.
   a.2) Observar as dimensões físicas do posto em relação à adequação antropométrica ao(s) usuário(s).
   a.3) Adequação do ferramental, cabos e controles ao(s) usuário(s).
b) Quanto à organização do trabalho ou medidas de caráter administrativo:
   • Reciclagem ou treinamento no fazer: melhoria ou estabelecimento de um método adequado de trabalho.
   • Incentivar a rotatividade de tarefas com o intuito de reduzir a exposição de certos trabalhadores a determinados tipos de exigências.
   • Modificação dos postos de trabalho e do conteúdo da tarefa, incluindo:

b.1) modificações no mobiliário e no *layout* do posto de trabalho.

b.2) planejamento dos métodos de trabalho:
- colocação de suportes sempre que possível para minimizar a elevação e manutenção em suspensão dos membros superiores;
- ressequenciamento (e modificação) da tarefa para evitar repetições no uso de grupos musculares;
- efetuar a combinação de funções (ou operações);
- substituir a ação humana pela automação em tarefas altamente repetitivas;
- não determinar o ritmo das tarefas; deixar que este seja autodeterminado (segundo necessidades e características de cada indivíduo ao longo da jornada de trabalho);
- estabelecer programação de pausas durante a jornada para permitir o descanso ou recuperação quanto ao esforço realizado pelos segmentos do corpo.

c) Quanto à escolha de ferramentas e suas pegas:

c.1) Evitar forças excessivas de contato ou de compressão e a carga estática.

c.2) Evitar posições desviantes das juntas.

c.3) Evitar os movimentos repetidos dos dedos.

c.4) Evitar vibrações.

Sem dúvida, esse conjunto de cuidados pode ser de utilidade na prevenção da ocorrência das LER/DORT no ambiente laboral. Todavia, convém, mais uma vez, relembrar que estes de nada adiantarão se, a qualquer título, no restante de seu cotidiano os trabalhadores estiverem sujeitos a exigências que possam levá-los ao desenvolvimento dessas afecções. E isso, por vezes, deve ser investigado pelas empresas quando o trabalhador apresentar sintomas condizentes e não resultar nexo causal com a investigação do trabalho realizada por seu setor de saúde e segurança ocupacional.

Sugestões de leitura

BRASIL. INSTITUTO NACIONAL DO SEGURO SOCIAL. *Instrução Normativa da DIRETORIA COLEGIADA nº 98*, de 5.12.2003. Norma Técnica sobre Lesões por Esforços Repetitivos – LER ou Distúrbios Osteomusculares Relacionados ao Trabalho – DORT. [*DOU*: 10.12.2003].

BRASIL. MINISTÉRIO DO TRABALHO E EMPREGO – Secretaria de Inspeção do Trabalho. *Manual de aplicação da NR 17.* Disponível em: <http://trabalho.gov.br/seguranca-e-saude-no-trabalho/publicacoes-e-manuais/item/download/7594_cc1accd9ff0a6a28c4477ef494a6f42b>.

CODO, Wanderley et al. *Indivíduo, trabalho e sofrimento*: uma abordagem interdisciplinar. 3. ed. Petrópolis: Vozes, 1998.

_____ ; ALMEIDA, Maria Celeste C. G. (org.). *LER* – diagnóstico, tratamento e prevenção: uma abordagem interdisciplinar. 2. ed. Petrópolis: Vozes, 1997.

LIMA, Maria Elizabeth Antunes et al. *LER* – dimensões ergonômicas e psicossociais. Belo Horizonte: Health, 1997.

MACIEL, Regina Heloísa. Ergonomia e lesões por esforços repetitivos. In: CODO, Wanderley; ALMEIDA, Maria Celeste C. G. (Org.). *LER – diagnóstico, tratamento e prevenção*: uma abordagem interdisciplinar. 2. ed. Petrópolis: Vozes, 1997. p. 163-201.

NICOLETTI, Sergio. *Lesões por esforço repetitivo* – literatura continuada de LER. Fascículo 2. Publicação técnica da Bristol-Myers Squibb Brasil, [s/d].

OLIVEIRA, Chrysóstomo Rocha et al. *Manual prático de lesões por esforços repetitivos*. Belo Horizonte: Health, 1998.

REY, Luís. *Dicionário de termos técnicos de medicina e saúde*. Rio de Janeiro: Guanabara Koogan, 1999.

SEIXAS, Roberto Senna. *Universo das síndromes e doenças*. Salvador: EdUFBa, 2000.

SINDICATO DOS METALÚRGICOS DE OSASCO E REGIÃO. *Vítimas dos ambientes de trabalho rompendo o silêncio*. 7. ed. Osasco, 2002.

● Segurança no processo produtivo e no projeto do produto

Uma empresa comprometida com a segurança deve estar atenta às características do processo produtivo, bem como às do produto, para assegurar a integridade do trabalhador e do usuário ou consumidor, respectivamente. Ou seja, para quem é responsável pela sua produção e para quem faz/fará uso desta. Claro que essa divisão é um recurso meramente didático, pois, em verdade, quem influencia é influenciado e vice-versa.

A manipulação do produto durante sua fabricação exerce influência sobre a segurança do trabalhador na operação do processo produtivo que conduz. Por sua vez, o próprio processo, em suas várias etapas, influencia o estado ou condição final do produto. Como exemplos, podemos citar a obtenção de uma peça fundida e de um móvel tubular. No primeiro caso, a situação de requerer fundição para sua obtenção coloca o trabalhador à mercê de certos riscos e a técnica de fundição influencia o acabamento da peça, que pode colocar o usuário em contato com arestas cortantes, rebarbas etc. Quanto ao móvel, podemos considerar a forma de união entre as partes componentes, por meio de solda, fixação por parafusos e/ou encaixes, como um dos elementos a serem observados no tocante à segurança para estas ou aquelas situações de risco, ora para o trabalhador, ora para o usuário.

No processo, devemos observar a distribuição relativa de homens, máquinas, materiais e espaços para armazenagem temporária, circulação, entre outros requeridos, e como influenciam, individualmente e em conjunto, o acesso às informações, a circulação de ar, a iluminação, a visualização de certos espaços e locais, as distâncias entre partes móveis, quentes ou cortantes dos meios e as pessoas circulantes, entre as demais variáveis de análise a serem estudadas.

Quanto ao produto, devemos primeiramente observar o material a ser empregado, sua trabalhabilidade, as características e as formas assumidas por este ao falhar ou ao romper-se. Em segundo plano, devemos observar a adequação de massa e volume, antropométrica, facilidade de pega e demais características de conformação anatômica. Devemos adicionalmente estudar as cores, a textura e o acabamento superficial, além das embalagens – contenção, transporte e comercialização. Enfim, todo um conjunto de informações que devem atender a determinadas funções e percepções individuais.

Muitos dos produtos e dos processos que serão desenvolvidos para obtê-los terão uma infinidade de fatores que contribuem para a segurança ou para a insegurança das operações. Deverão, portanto, ser previamente estudados e analisados antes da produção em escala ou mesmo para a obtenção em definitivo de projetos sob encomenda.

Uma das dificuldades maiores desses estudos, e das análises decorrentes, é que grande parte desses fatores pode não ter estudos prévios que determinem os riscos associados à produção em tais condições e mesmo podem ser desconhecidos. Nessa situação, é comum valer-se de aproximações no sentido de buscar parâmetros que possam ajudar na compreensão dos mecanismos que determinam ou formam tais fatores.

Comumente, o tratamento adotado nessa investigação é o uso de modelos, e em seguida, quando aplicável, recorre-se à simulação, numa tentativa de parametrar o comportamento da variável em análise.

Quando é excessivamente alto o número de variáveis a controlar, ou quando a influência individual sobre o sistema não é significativa ou, por outro lado, só será significativa em conjunto, utiliza-se o agrupamento das variáveis como maneira de disciplinar e maximizar as análises, recorrendo-se a critérios de familiaridade e do conhecimento prévio de determinadas situações.

Como resultado dessas simplificações, não é incomum utilizarmos idealizações (modelos) para o estudo do comportamento dessas variáveis. Tais suposições podem agregar ao estudo significativas reduções de custo e de tempo na execução dos estudos, sendo, por isso, frequentemente utilizadas.

Por meio de simulação, modelos são submetidos a ensaios e a condições diversas, nas quais os comportamentos observados irão fornecer elementos para a resposta que deverá ser obtida do sistema físico real. É importante frisar que, não necessariamente, as dimensões, os materiais ou qualquer das especificações serão idênticas entre o modelo e o produto final ou sistema que representa, sendo esta mais uma das vantagens relativas a sua utilização.

O termo *protótipo* designa genericamente o primeiro de uma série, podendo, portanto, ser tomado como o exemplar utilizado para testes preliminares e ajustes.

Dessa forma, representa um laboratório material, ao qual serão incorporadas as correções e novas características desejáveis aos elementos acabados, seja do produto, seja do processo de fabricação.

No projeto do produto, devem ser levados em consideração aspectos de acessibilidade para aquelas partes com as quais deverá interagir o usuário, por exemplo, a troca de um fusível ou de uma lâmpada. Por outro lado, há também a necessidade de que certas partes sejam inacessíveis ao usuário, no sentido de protegê-lo contra eventuais descasos com sua própria segurança, por exemplo, circuitos de alta tensão. A mesma orientação e válida para o processo. Enfim, a maquinaria de um processo é produto de outro fabricante. Este deverá ter os mesmos cuidados para com aqueles que dele se utilizarão para obter determinada produção.

Adicionalmente, deverá ser minuciosamente analisada a interação entre o usuário e a máquina. Os sinais e comandos devem ser dispostos e elaborados de modo que as intervenções correspondam às necessidades de regulagens, e assim os movimentos realizados estarão dentro de um padrão comportamental esperado – estereótipo (reduzindo os erros na interpretação das informações e no uso dos comandos). Para tanto, faz-se necessário um exame detalhado dos mostradores, pedais, alavancas, monitores e botões de comando, observando a visibilidade destes, o erro associado à leitura e se as respostas requeridas são tomadas adequadamente e em tempo hábil. Essas respostas dependem, entre outros fatores, da localização, da percepção e da legibilidade das informações, da associação entre os movimentos dos comandos e dos mostradores, da adequação antropométrica e de dominância (destros e canhotos), bem como dos esforços exigidos, presentes nos dispositivos de informação e nos meios de atuação dos operadores.

Concluímos, então, que não é tarefa fácil dissociar o estudo do produto do estudo do processo. Adicionalmente, podemos observar que as relações de volume de produção a ser obtido e os requisitos de fabricação também estão intimamente ligados. Em razão das quantidades a produzir, teremos variações na escolha da tecnologia do processo, nos espaços reservados para a armazenagem dos materiais – inicial, em processamento e acabados, na quantidade de pessoas trabalhando, na intensidade da circulação dos trabalhadores e dos materiais, no planejamento da manutenção, enfim, numa vasta gama de elementos que têm íntima relação com a questão da segurança.

Sugestões de leitura

BACK, Nelson. *Metodologia de projeto de produtos industriais*. Rio de Janeiro: Guanabara Dois, 1983.

BARBOSA FILHO, Antonio Nunes. *Projeto e desenvolvimento de produtos*. São Paulo: Atlas, 2009.

BAXTER, Mike. *Projeto de produto*: guia prático para o desenvolvimento de novos produtos. São Paulo: Edgard Blücher, 1998.

BAZZO, Walter Antonio et al. *Introdução à engenharia*. 2. ed. Florianópolis: UFSC, 1990.

CASAROTTO FILHO, Nelson et al. *Gerência de projetos/engenharia simultânea*. São Paulo: Atlas, 1999.

GRANDJEAN, Etienne. *Manual de ergonomia*: adaptando o trabalho ao homem. Porto Alegre: Artes Médicas, 1998.

IIDA, Itiro. *Ergonomia*: projeto e produção. São Paulo: Edgard Blücher, 1990.

● Segurança nas atividades de manutenção industrial

Não é incomum o relato de eventos indesejados quando da realização de atividades relacionadas à manutenção em unidades industriais. Grande parte das ocorrências ainda está relacionada à carência de formação profissional específica na área, contudo, esse quadro está em mudança face ao reconhecimento crescente da importância dessas atividades para o desempenho global da empresa. Por outro lado, em significativa parcela das empresas brasileiras, "práticos" continuam à frente dos serviços, seja como gestores, seja como executores. Em ambas as situações, inúmeras as oportunidades de sua concretização são presença frequente ao cotidiano desses e de outros trabalhadores.

A inexistência de folhas de rotina de manutenção, instruções padronizadas ou procedimentos devidamente analisados, experimentados e aprovados dá margem a escolhas baseadas na subjetividade, inclusive quanto ao ferramental, bem como a atitudes reconhecidamente inseguras e à aceitação de condições de trabalho inadequadas. Certamente falta a gestores de empresas e a um grande número de trabalhadores uma cultura de prevenção consolidada. Não há por que duvidarmos de que, podemos dizer, por falta dessa cultura, muita negligência está presente ao cotidiano laboral brasileiro. O objetivo deste capítulo é apresentar dicas sobre técnicas e medidas preventivas, que considero serem de simples implementação e que podem trazer consigo consideráveis melhorias para a segurança nas atividades relacionadas à manutenção. Em grande parte compõem um conjunto de conhecimentos básicos, alguns de amplo domínio, embora sempre seja útil relembrá-los ou sistematizá-los para aqueles que ainda os desconhecem.

1ª *Dica: jamais improvise ferramentas.* As ferramentas foram desenvolvidas a partir de conhecimentos técnicos que configuram a cada uma destas uma aplicação específica. Embora o projeto de ferramentas, em geral, contemple uma margem de segurança antecipando possíveis usos indevidos, submetê-las a esforços para os quais não foram originalmente projetadas não significa que estas possam suportar todos esses esforços. Por mais criativos que possam ser os projetistas ao tentarem antecipar essas situações, certamente não teriam como imaginar a totalidade destas por mais absurdas que pudessem ser. Por exemplo, em uma marcenaria encontrei, certa vez, um ajudante que se preparava para colocar um jogo de dobradiças em uma mobília na qual trabalhava. Cortou a cabeça de um prego de certo diâmetro e colocou-o no mandril de uma furadeira. Para completar a cena, disse-me, em tom de arrogância, já que eu o observava: – Nunca viu uma broca de prego, que engenheiro é o senhor? Acho que estava estampado em minha fisionomia o meu espanto e indignação diante de sua atitude. A repetição sucessiva de práticas como a relatada sem a ocorrência de acidentes leva ao seu realizador a crença de que esta é segura e que há nítida vantagem em realizá-la.

2ª Dica: *sempre utilize os EPIs específicos*. Para toda atividade produtiva, para todas as atividades laborais, existem equipamentos de proteção que devem ser utilizados como elementos complementares aos meios existentes no ambiente. Constitui regra fundamental de segurança considerar que a proteção adicional que estes podem fornecer jamais deve ser desprezada.

3ª Dica: *cuidado na movimentação de cargas*. Para a execução de atividades de manutenção, é comum que se requeira a elevação, o deslocamento e consequente descarregamento de cargas, que podem ser peças, ou partes de máquinas de variados portes ou tamanhos, ou mesmo estas por inteiro. Dessa feita, podem originar-se riscos no trato manual de cargas, para o que devem ser observadas as recomendações ergonômicas pertinentes (veja-se o capítulo Segurança do trabalho em atividades especiais: almoxarifados e similares), e no uso de veículos industriais (empilhadeiras, por exemplo) e nos equipamentos de elevação (desde simples talhas até as pontes-rolantes de maior capacidade de movimentação de cargas). Dessas situações podem originar-se rupturas de cabos e correntes, com a queda dos materiais, que pode resultar danos a estes, a outros recursos produtivos da organização e lesões às pessoas, provocados por impactos, esmagamentos ou outros eventos de semelhante natureza. Convém relembrar da necessidade da inspeção regular e prévia à utilização desses equipamentos (e de seus segmentos mais exigidos, a exemplo das cordoalhas) e que, para a operação de empilhadeiras e de outros meios similares, habilitações específicas são requeridas (conforme o estabelecido na NR–11).

4ª Dica: *libere as energias contidas em máquinas e/ou bloqueie a sua operação durante a manutenção*. Formas de energia residuais (gravitacional, estática, térmica ou pressão em redes, por exemplo) existentes em partes ou componentes de maquinaria podem originar graves acidentes, pelo que devem ser bloqueadas ou desativadas. O bloqueio, comumente conhecido como *lock-out*, pode se dar por travas, cadeados ou lacres que impedem a ação sobre válvulas, painéis, acionadores ou dispositivos do gênero, impossibilitando a partida indevida ou o acionamento indesejado durante as atividades de manutenção, pondo em risco os usuários do sistema e terceiros, bem como aqueles que realizam tais atividades. Ao lado deste, é recomendada a sinalização de proibição ou de reservas quanto ao uso do equipamento ou, ainda, a liberação de seus comandos, por intermédio de etiquetas (*tag-out*), que, por regra, somente poderão ser removidas por pessoas devidamente autorizadas e, em geral, responsáveis pela verificação da conclusão das atividades de manutenção que originaram tal medida de segurança. Veja-se, por exemplo, o que diz a esse respeito a NR–33, que trata do trabalho em ambientes confinados. Tais cuidados são igualmente válidos em todas as ocasiões em que essa segurança

Conhecimentos de Gestão

seja requerida, como ocorre durante as etapas de montagem, instalação, ajustes e de testes de equipamentos.

5ª Dica: *observe as normas de segurança específicas para o uso de discos abrasivos.* Nas atividades de manutenção, os discos abrasivos são largamente utilizados para operações de desbaste, preparação e acabamento de superfícies. Popularmente, tais operações são conhecidas como esmerilhamento. Em primeiro lugar, convém destacar que a velocidade de trabalho é elevada e que as fagulhas projetadas podem alcançar cerca de 1.000°C, o suficiente para gerar danos de maiores proporções, requerendo, portanto, estreito cuidado no trato com as ferramentas utilizadas. Ademais da atenção a ser dedicada quando da montagem e desmontagem, fixação e alinhamento dos discos, é igualmente oportuno ressaltar a natureza do acionamento elétrico dos equipamentos e a consequente necessidade da verificação do estado geral da botoeira e da fiação, além da condição dos discos, em especial no tocante ao desgaste ou à sua integridade (rachaduras, planicidade etc.).

6ª Dica: *atenção redobrada deve ser dedicada a todas as atividades envolvendo trabalho a quente.* Comumente utilizados para o corte de peças ou retirada de componentes metálicos unidos a estruturas de maior porte, além de sua utilização para a soldagem propriamente dita, os maçaricos que utilizam misturas de oxigênio e de acetileno são merecedores de atenções especiais em razão de seu potencial de causar graves acidentes. Inúmeros são os relatos na literatura que tratam de explosões causadas pelo escapamento da mistura oxiacetilênica ou do acetileno puro. Assim sendo, as mangueiras, desde a saída dos cilindros até o ponto do oxicorte (ou de soldagem), devem ser preservadas de todas as possibilidades de dano à sua integridade, bem como deve ser rigorosamente observada a pressão dos gases presentes à mistura (de tal forma que a pressão do acetileno deve ser inferior a 1 kgf/cm², enquanto a do oxigênio deve situar-se entre 4 e 6 kgf/cm²). Além disso, deve-se observar a presença de material inflamável nas proximidades do local do serviço. E, se este se der em locais confinados, deve-se avaliar a atmosfera do ambiente em relação à explosividade. No caso de solda elétrica (ou de eletrodos consumíveis, popularmente conhecidos como "varetas de soldagem"), devem-se ampliar os cuidados relativos à possibilidade de choques elétricos. Para tanto, atenções devem ser voltadas a fatores que potencializem tal acidente, ou seja, a presença de água e umidade (mesmo do suor do corpo, recobrindo a pele e vestimentas que devem ser prontamente trocadas quando úmidas em excesso, assim como braços e rostos devem ser secados) e as condições gerais da maquinaria (incluindo as linhas de alimentação, de aterramento e de retorno, conectores e tenaz). Também é importante destacar nessas operações a necessidade de proteção respiratória adequada, do corpo e da face contra a projeção de partículas aquecidas e a proteção dos olhos quanto à radiação emitida nessas atividades, o que, infelizmente, por muitas vezes é negligenciado pelo desuso ou pelo retardamento da colocação ou justaposição dos óculos de proteção quando do início do uso do maçarico. Neste último ponto, convém igualmente ressaltar que a radiação emitida pode atingir e causar danos a terceiros que não estejam diretamente envolvidos na atividade, pelo que se requer a colocação de anteparos ou tapumes que visem eliminar ou minimizar essa projeção, servindo como elementos de proteção coletiva.

7ª Dica: *exija dos trabalhadores terceirizados o mesmo comprometimento em relação à preservação da integridade pessoal e ambiental no exercício das atividades aos seus cuidados quanto dos seus subordinados diretos.* É sempre importante lembrar que a responsabilidade pelo bem-estar de todos aqueles que exercerem atividades em suas instalações em seu interesse será, em última instância, intransferivelmente sua (e de nada adianta argumentar que o terceiro dispõe de suas próprias oficinas dentro dos limites de seus domínios). E tal significa solidariedade no tocante a demandas judiciais relativas a saúde e segurança do trabalho (insalubridade, periculosidade ou acidentes do trabalho). Portanto, além de propiciar o acesso às informações necessárias quando estes participarem de treinamentos de integração ao sistema de saúde e segurança de sua empresa, verifique a adequação dos EPIs fornecidos quanto à finalidade a que se destinam (confira os CAs e o correto preenchimento das fichas de EPI, exigindo a substituição dos mesmo, quando necessário). Vale a máxima que diz que um problema de seu fornecedor hoje, amanhã passa a ser seu. Então, treine e oriente todos os prestadores de serviços. Convém, igualmente, lembrar que nas cláusulas de regulação do contrato de terceirização devem estar previstas exigências relacionadas ao comportamento dos trabalhadores no que diz respeito ao cumprimento dos requisitos legais relativos à temática, entre estes o uso de EPIs e a fiscalização da condição e do efetivo uso destes, pelo que se poderá impor sanções diversas, até mesmo o encerramento do contrato.

Sugestões de leitura

ASFAHL, C. Ray. *Gestão de segurança do trabalho e de saúde ocupacional.* São Paulo: Reichmann, 2005.

FUNDACENTRO. *Manual técnico de caldeiras e vasos de pressão.* São Paulo, 1997.

MAGRINI, Rui de Oliveira. *Segurança do trabalho na soldagem oxiacetilênica.* 2. ed. São Paulo: Fundacentro, 1999.

PADÃO, Marcio E. *Segurança do trabalho em montagens industriais* – o homem como peça fundamental. Rio de Janeiro: LTC, 1991.

● Segurança no trato com ar comprimido

O ar atmosférico, por ser abundante, compressível e facilmente transportável (sobretudo quando comprimido), tem baixo custo de obtenção e de destinação. Em razão destas propriedades, é largamente utilizado como fonte de energia em situações em que são requeridas pressões elevadas.

O ar, tal como conhecemos, é uma mistura de diversos gases, contendo materiais em suspensão (poeiras minerais, vegetais, pólen, microorganismos e outras impurezas), certa quantidade de água dissolvida (na forma de vapor d'água que confere a condição de umidade relativa), inodora, incolor, não tóxica (a menos da presença de contaminantes com esta característica) e não inflamável, ainda que contribua para a combustão.

Para cada aplicação ou necessidade de energia pneumática (movimentação e elevação de cargas, motores com ferramentas rotativas ou de impacto etc.), em unidades fabris ou em canteiros de obras, haverá um compressor com características ou capacidades específicas.

Neste intuito, o ar deve ser captado, comprimido e armazenado para uso segundo uma pressão e vazão de trabalho demandadas no ponto de aplicação, ao qual é transportado por meio de redes ou tubulações. Este sistema tem como componentes principais os elementos listados na Figura 3.7, sobre cujas funções discorreremos a seguir.

Na construção civil, o ar comprimido encontra diversas aplicações que ampliam significativamente a produtividade e a capacidade de serviço junto às obras, razão pela qual ganha cada vez mais importância junto ao segmento, dentre as quais listamos:

- Máquinas de chapisco e reboco, bombeamento de concreto e sua distribuição.
- Perfuratrizes, cinzéis e marteletes (corte e quebra de concreto, desmonte de rochas...).
- Desobstrução e passagem de tubulações subterrâneas.
- Sistemas de pintura industrial e de pavimentos.
- Transporte pneumático.
- Sistemas de resfriamento, secagem e sucção.
- Rebitadeiras, pistolas para pregos e grampos, lixadeiras, parafusadeiras, furadeiras etc.

Além destes usos, merece destaque especial a sua aplicação na execução de tubulões, cuja condição de trabalho hiperbárico merece registro e atenções especiais em razão de suas particularidades.

Para que seu uso possa se dar de forma mais abrangente, em distintas condições de serviço, isto é, de pressão e vazão, é preciso o rigoroso controle da presença de contaminantes, razão pela qual é necessária a sua purificação, o controle de sua compressão (em especial de vazamentos), bem como do acréscimo da temperatura que resultará sobre o fluido neste processo.

É preciso atentar para o ponto de admissão ou as condições nas quais se dá a tomada do ar, uma vez que para sua utilização em aplicações produtivas, via de regra, visando a sua compressão, o ar deve alcançar as seguintes qualidades: encontrar-se seco, limpo e em baixa temperatura.

i) Seco para reduzir a formação de condensado, uma vez que a água pode trazer prejuízos à funcionalidade das redes e dos equipamentos, impondo-lhes corrosão e desgaste prematuro de peças e componentes, o que compromete a eficiência e a segurança do sistema.

ii) Limpo – livre de partículas sólidas em suspensão, assim como de gases ácidos, que podem ser igualmente prejudiciais aos equipamentos, reduzindo a vida útil das partes e o desempenho do sistema como um todo, aumentando, assim, os custos de sua operação e manutenção.

iii) O incremento da temperatura do ar captado contribui para a ineficiência do sistema, uma vez que diminui a massa específica do ar, aumentando em igual proporção o seu volume, o que termina por consumir maior potência do sistema de compressão e de toda a operação para idênticas condições de trabalho desejadas (pressão e vazão).

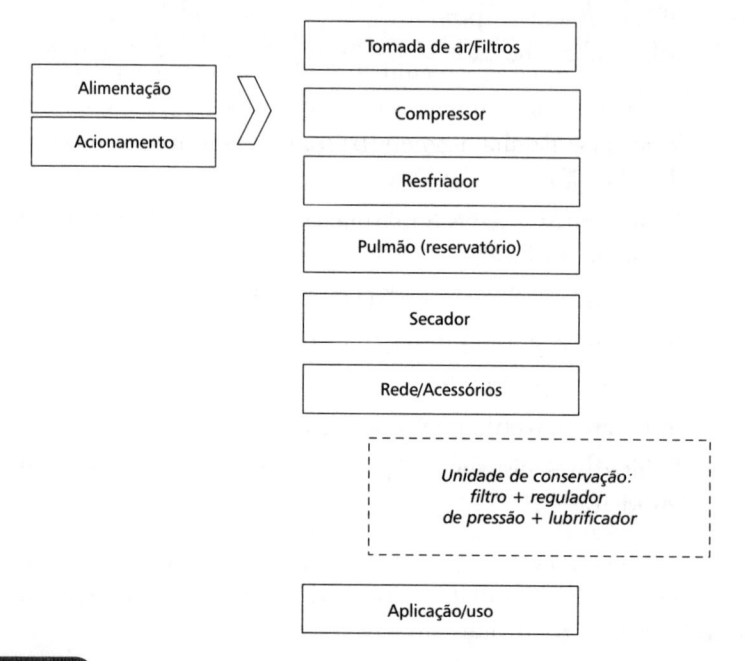

Figura 3.7 Esquema geral de uma unidade geradora de ar comprimido (funções/requisitos).

Para tanto, se faz necessário eliminar o condensado na rede, por meio de separadores e purgadores; efetuar o adequado resfriamento do ar comprimido no reservatório (ou pulmão), evitando a localização destes próximos a fontes de calor, bem como à exposição solar, ademais da captação em condições favoráveis de limpeza e de temperatura, devendo-se evitar a tomada junto a motores de combustão e áreas com elevado sujidade. Convém lembrar que o processo de compressão em si resulta no aumento da temperatura do fluido comprimido[26].

A presença de gases ácidos, que contribuem para a corrosão das partes metálicas do sistema (compressor, pulmão, tubulações, acessórios, válvulas e atuadores), pode ser constatada por meio da análise da água condensada, o que permite verificar se o problema está presente, assim como estabelecer a solução apropriada à situação encontrada.

O compressor, nada mais é do que um mecanismo acionado por um motor cuja potência e, portanto, consumo de energia é proporcional ao esforço de compressão empregado ao fluido. Constitui-se como elemento fundamental do sistema, uma vez que a eficiência deste e daquele estão intrinsecamente associados. Podem ser classificados em dois tipos: de pistão e de parafuso, apresentando este último maior eficiência de conversão e capacidade de operar continuamente em plena carga, o que reflete em seus custos de aquisição, cuja decisão deverá ser suportada pela intensidade de uso do equipamento.

O pulmão ou reservatório tem como funções armazenar o ar comprimido para posterior consumo, estabilizar a pressão a ser fornecida, com o auxílio de uma válvula reguladora de pressão e eliminar, em primeiro estágio, a umidade do ar, realizada por intermédio de um dreno, acoplados a este.

Em obras de construção civil, os compressores de ar, para utilização junto a ferramentas ou equipamentos pneumáticos, ou ainda para uso em atividades de manutenção geral (automotiva, inclusive), são comumente alugados. Ou seja, de propriedade de terceiros, pelo que é devido atentar para distintos aspectos durante o seu recebimento, antes de sua aceitação e colocação em operação.

Compressores são equipamentos que por sua natureza comportam uma gama variada de riscos.

Antes de se usar um compressor, é preciso verificar a integridade e as condições de funcionamento de todos os dispositivos da rede, sobretudo as válvulas e manômetros, dentre outros relacionados à segurança do sistema, sob aferição-calibração.

  a) Vazamentos de óleo podem originar risco de incêndio e explosões. Equipamentos com vazamentos aparentes devem ser rejeitados.
  b) Verifique o estado geral do equipamento, de mangueiras e suas conexões – em razão do risco de ruptura durante a operação. Remendos

---

[26] Notas técnicas de fabricantes indicam que cada Bar de pressão adicional requerida pelo serviço gera um acréscimo de 4% no consumo de energia e que para cada 4 °C na temperatura do ar captado, amplia-se em 1% a demanda de potência para a compressão.

e "soluções técnicas provisórias de caráter permanente" demandam pronta substituição das partes afetadas.

c) Verifique a presença e os dados de placa – atentar para data de fabricação e as informações referentes às condições de trabalho. Equipamentos sem placa devem ser rejeitados.

d) Verificar a presença de fissuras na carcaça – acompanhar a pressão de trabalho e risco de sobrepressão.

e) Verificar o funcionamento da válvula de retenção – é a parte mais importante do equipamento devendo ser testada ou inspecionada quando do seu recebimento e na conclusão das operações.

f) Recomenda-se não operar compressores com mais de cinco anos de uso, quando este não for submetido à revalidação por teste hidrostático.

g) Não receber ou utilizar compressores sem o respectivo manual de instruções ou caderno de encargos, os quais deverão conter informações sobre a instalação, operação e manutenção do equipamento.

Nenhuma operação de manutenção ou de desconexão de partes ou componentes deve ser feita sem o alívio prévio da pressão da instalação ou ferramenta, o que pode ser obtido ao se fechar o suprimento e realizar breve acionamento dos atuadores para o uso ou a descarga da energia residual, o que contribuirá para a redução do possível efeito de ricocheteamento (rápida liberação de energia sem a devida capacidade de suporte das mangueiras) e do ruído (ou sibilo) de alta intensidade.

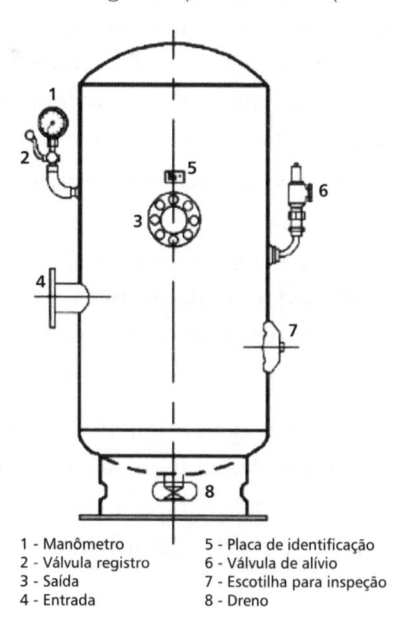

1 - Manômetro
2 - Válvula registro
3 - Saída
4 - Entrada
5 - Placa de identificação
6 - Válvula de alívio
7 - Escotilha para inspeção
8 - Dreno

Figura 3.8 Reservatório típico para uso industrial.

Atenção para os níveis de ruído oriundos do equipamento, assim como para a ocorrência de vazamentos e outras projeções que podem ser originadas na operação. Requerido o constante uso de EPI (protetor auricular, facial / olhos, máscara e vestimentas).

Como parte da rotina de verificação diária do sistema, com o devido registro no caderno de encargos, conforme o caso, devem ser verificados:

- O nível de óleo do motor.
- O nível de óleo hidráulico.
- O nível de água do radiador.
- O nível de óleo diesel.
- A ocorrência de vazamentos de óleo e ar.
- O estado e a fixação das proteções das partes móveis.
- A abraçadeira na mangueira de saída.
- O sensor de temperatura do óleo hidráulico.
- O sistema de reboque e pneus.
- O nivelamento para serviço (pré-operação).
- A disponibilidade de calços e travamentos.
- A saída de ar voltada para baixo.
- Os instrumentos de controle.
- As instalações elétricas.
- A disponibilidade e a adequação do extintor de incêndio.
- As condições das válvulas de alívio e de alimentação da rede.

Quando da realização de obras no campo ou ao ar livre, costuma-se utilizar sistemas de compressão unitizados, assentados sobre rodantes que permitem o seu pronto deslocamento até o local de demanda. São recobertos com carenagens que conferem ao equipamento certa robustez, provendo proteção contra agressões ambientais (poeiras, intempéries etc.), além de promover o enclausuramento do ruído gerado em seu interior, propiciando melhores condições de trabalho no seu entorno, bem como servindo ao intuito do direcionar o ar em captação. Assim sendo, sobretudo em razão desta última qualidade, estes compressores jamais devem trabalhar sem esta cobertura, pois nessa condição seu desempenho será negativamente afetado.

Outra aplicação bastante comum para compressores, desta feita de menor porte, é a sua utilização em oficinas automotivas, para suporte às atividades de manutenção das frotas (como inflar, retirar e fixar pneus com o uso de chaves do tipo catraca, p. ex.). Estes equipamentos, apesar de seu reduzido porte em relação àqueles utilizados nas demais atividades produtivas, podem igualmente ofertar oportunidades de perigo, assim como originar eventos indesejados, inclusive fatais, em razão das ondas de energia provocadas pela expansão do ar comprimido, por incêndios e outras ocorrências relacionadas ao seu uso ou conservação indevida. Neste sentido, veja-se o contido no apêndice deste texto sobre "Acidentes com pneus sobre pressão".

Recomenda-se, na prática diária, utilizar a regulação de pressão, partindo-se de valores mais baixos até se alcançar a pressão de trabalho desejada. De igual modo, deve-se evitar utilizar o ar comprimido como meio de limpeza, para soprar lascas, limalhas ou quaisquer outros materiais. Se tal for inevitável, não se pode prescindir da utilização de equipamentos de proteção apropriados, como de impedir a presença de outros trabalhadores ou de transeuntes neste entorno, uma vez que o ar poderá arremessar fragmentos e mesmo pequenas peças contra partes frágeis do corpo daqueles em seu campo de alcance.

A curta distância, o ar comprimido é capaz de perfurar tímpanos, deslocar e causar graves danos aos olhos, além de provocar lesões bolhosas na pele, introduzindo sujidades sob esta e até resultar acidente fatal, quando, por exemplo, do ricocheteamento de mangueiras e seus conectores, razão pela qual a NR 34 explicita:

34.16.5.2. É proibido o uso de ar comprimido como processo de limpeza.

É enfática a norma ao expressar a proibição em caráter geral, seja para o asseio pessoal, seja para a higienização de superfícies e de máquinas e equipamentos, uma vez que este ar soprado pode propelir resíduos como limalhas, grãos de areia ou similares em direção a partes frágeis do corpo, bem como colocar em suspensão poeiras e outras partículas que, ao serem inaladas, podem provocar danos à saúde, ademais de outras que podem penetrar sob a pele ou em seus poros, como óleos e o próprio ar comprimido, o que pode originar uma outra série de efeitos danosos indesejados.

Apesar de as tubulações, em especial as mangueiras, serem fabricadas para suportar condições de trabalho severas, prefira conduzi-las por via elevada, em uma altura na qual não possam provocar tropeços ou serem danificadas por veículos ou pela queda de materiais sobre estas. De igual modo, o fluxo de ar nas tubulações flexíveis jamais deve ser interrompido dobrando-as. Para tanto, devem ser utilizadas as válvulas pertinentes.

Danos causados por situações por situações como as anteriormente descritas, assim como por conexões inadequadas podem gerar acidentes na obra. Neste sentido, veja-se – por similaridade – o contido no item 34.14.14 (NR 34), que estabelece que "no emprego de linhas flexíveis, deve ser adotado cabo de segurança para evitar chicoteamento".

Reservatórios de sistemas de ar comprimido comportam-se como vasos de pressão, pelo que devem ser operados e regularmente inspecionados à luz do estabelecido na NR 13, dentre outros aspectos, para a verificação das seguintes exigências:

i) A resistência mecânica, submetendo-os a teste hidrostático periódico, bem como à verificação da integridade da chapa de suas paredes, por ultrassom.

ii) A confiabilidade dos dispositivos de informação e de segurança: manômetros ou pressostatos e válvulas de retenção e de segurança, as quais devem tomar parte em um plano de manutenção, para assegurar a confiabilidade do equipamento e de todo o sistema de ar comprimido.

iii) Neste sentido, mesmo nos períodos de uso reduzido ou em razão desta condição, cuidados relativos ao abastecimento e partida devem ter lugar, dos quais destacamos:

- mantenha o reservatório de combustível sempre abastecido em nível máximo, ao final de cada jornada de serviço, o que reduzirá a presença de ar neste sistema, assim como para evitar a condensação de umidade no espaço vazio do tanque, circunstâncias que contribuirão para um melhor funcionamento do equipamento;
- mantenha o conjunto suspenso sobre cavaletes quando este tiver que permanecer estacionado por longos períodos, como forma de poupar os pneus que deverão estar em estado de pronto uso, quando o seu deslocamento for necessário;
- verifique o nível da água do sistema de arrefecimento, bem como utilize aditivos anti-corrosão recomendados pelo fabricante;
- de igual modo, controle o nível de óleo do motor e do compressor, observando a inclinação do conjunto (recomenda-se não exceder a 15 graus em qualquer direção), uma vez que poderá resultar lubrificação insuficiente de determinadas partes, contribuindo para o seu desgaste prematuro. Se necessário, providencie o nivelamento com a utilização de suportes apropriados para esta finalidade;
- seja em compressores estacionário ou móveis, deve-se drenar diariamente o pulmão e a rede, a fim de eliminar o condensado existente no sistema;
- o filtro localizado à tomada de ar do compressor deve ser verificado quanto á sua integridade e limpeza, em intervalos regulares de tempo, uma vez que o seu estado ou condição tem grande influência sobre o desempenho e a segurança operacional do sistema;

iv) Ao realizar a pressurização das redes (ou das mangueiras), deve-se fazê-lo aos poucos, isto é, gradativamente, posto que se está fornecendo energia a estas, sendo devida a verificação de conexões e travas de segurança, o que reduzirá o risco de desconexão durante a execução das operações produtivas, conforme preceitua a NR 18, no item 18.9.8:

18.9.8. As conexões dos dutos transportadores de concreto devem possuir dispositivos de segurança para impedir a separação das partes quando o sistema estiver sobre pressão.

De outro lado, para o alívio da pressão da instalação ou ferramenta, deve-se fechar o suprimento e realizar breve acionamento para descarga da energia residual, o que também contribuirá para a redução do potencial ricocheteamento e do ruído sibilante de alta intensidade.

Quando as ferramentas ou equipamentos acoplados à rede de ar comprimido estiverem fora de uso, em manutenção ou em limpeza, esta rede deve permanecer despressurizada.

Somente após expressa autorização do operador da ferramenta pneumática, resultante da verificação prévia das condições para a operação desta, é que deve ser liberada a alimentação da rede por outro trabalhador.

Não realize intervenções de manutenção (o que inclui a substituição de acessórios fixados no reservatório sob pressurização) com o compressor ligado ou com os componentes do sistema pneumático pressurizado, condição em que se deve afastar de seu raio de ação, cortando o suprimento de ar e desligando o compressor. Ainda que para ações de aparente menor importância, como remover o bujão para completar o óleo do compressor, deve-se ter a certeza de que este está completamente despressurizado, o que, do contrário, poderá causar grave acidente.

Ao longo deste capítulo, pudemos observar que em uma mesma indústria ou obra é possível encontrarmos diferentes compressores destinados aos mais variados usos, para o que se requer capacidades (volumes de reservatório e vazões), pressões de trabalho e potências de compressão. Em mera comparação, a título exemplificativo, podemos destacar conforme abaixo:

i) em oficinas mecânicas, marcenarias e postos de serviço em geral, utiliza-se comumente compressores de poucos Hp de potência e vazão máxima de 10 pcm[27];

ii) para as demais atividades na indústria e para a construção civil utiliza-se compressores de 40 pcm ou mais, sendo possível alcançar vazões de 250, 300 até cerca de 1.000 pcm, com potências de 60 a 200 Hp e pressões de serviço variáveis.

---

[27] 1 pcm (pé3/min) = 28,7 l/min.

Conhecimentos de Gestão

Para a adequada seleção em termos de desempenho e custo operacional, para fins de aquisição ou de locação de um compressor, deveremos levar em julgamento as seguintes variáveis:

1. Qual a pressão e vazão requeridas para a operação de cada um dos equipamentos a serem empregados no empreendimento?
2. Serão estes utilizados simultaneamente?
   2.1. A vazão requerida será a soma dos consumos individuais acrescida das perdas normais do sistema.

Convém destacar que: vazamentos representam grande desperdício de energia, trazendo reduções sobre a pressão de trabalho, por conseguinte da potência disponível nas ferramentas, afetando o seu desempenho e onerando o custo das operações associadas.

Devemos ter sempre em mente que para cada +1 bar na pressão de serviço representa o acréscimo de 4% no consumo de energia.

Neste sentido, cabe ressaltar que o custo do consumo de energia pode superar, com folga, o custo de aquisição de um dado equipamento. Exemplificamos:

Para um equipamento de 100 Hp (x 0,746= 74,6 kW)

Custo anual de energia (consumo)

74,6 kW x 8.000/ano x R$ 0,10/kWh x 0.9 (eficiência) = R$ 66.311,00/ano

Custo do equipamento: R$ 45.000,00

Inegável, portanto, a importância do gerenciamento das condições de operação da rede, do correto dimensionamento do equipamento e do sistema, bem como do controle de vazamentos associados a este.

3. Existe a previsão da introdução de outros equipamentos nesta rede em um futuro próximo?

A disponibilidade e as necessidades para a logística de equipamentos de grande porte nem sempre podem ser prontamente atendidas, para eventual substituição por subdimensionamento.

4. Quais as formas de suprimento de força disponíveis ou a desenvolver?

Rede de energia elétrica ou gerador a combustão e seus respectivos acessórios devem ser levados em conta no custo de implantação e de operação do sistema.

5. Qual a forma de resfriamento ideal para o equipamento: ar ou água?
6. Quais as condições de instalação e de operação para cada um dos componentes desse sistema?

Conhecimentos de Gestão

Sugestões de leitura

ASFAHL, C. Ray. *Gestão de Segurança do Trabalho e de Saúde Ocupacional*. São Paulo: Reichmann & Autores Editores, 2005.

ASSOCIAÇÃO BRASILEIRA DE NORMAS TÉCNICAS. *NBR ISO 8573-1*. Ar comprimido — Contaminantes e classes de pureza. Rio de Janeiro: ABNT, 2013.

BRASIL/MTE. Norma Regulamentadora n. 13 – Caldeiras e vasos de pressão.

MACINTYRE, A. J. *Ventilação industrial e controle da poluição*. 2. ed. Rio de Janeiro: LTC, 1990.

STEWART, Harry L. *Pneumática & Hidráulica*. 3. ed. Sao Paulo: Hemus, 2002.

Apêndice – Acidentes com pneus sob pressão

Na labuta diária, no campo e nas estradas, os pneus, em sua função de ponto de união entre o veículo e o terreno, sejam aqueles montados em caminhões, tratores ou outros meios, são constantemente submetidos a esforços que podem lhes causar danos, sendo necessário, com certa frequência, quando viável a continuidade de seu uso, mediante intervenção técnica qualificada, reparos em sua estrutura ou componentes. Em função da carga vertical a que serão submetidos e da velocidade de deslocamento para a operação a ser realizada, assim como em função da bitola e do número de camadas do pneu, este pode receber insuflação de pressões médias em torno de 6 a 30 psi (lb/pol^2), podendo alguns destes alcançar valores extremos de até 80 psi.

Erros de operação resultantes de procedimentos e ferramentas inadequados ou utilizados por profissionais não capacitados ao longo das etapas do processo de recuperação dos pneus podem provocar a ruptura de elementos desse conjunto, cujos efeitos dão origem a graves consequências.

A onda de expansão provocada pelo ar contido no interior do pneu (durante o seu enchimento ou retirada da roda do veículo, pois é aquecido no deslocamento pelo atrito com as vias de rolamento), assim como a projeção de partes da câmara (quando existente) ou do próprio pneu e até mesmo da roda, pode causar sérias injúrias ao executante da operação e àqueles que se encontrem em sua área de alcance, levando-os, inclusive, em alguns casos a óbito.

Em razão desse potencial, se recomenda que as operações de enchimento de montagem/ desmontagem do pneu se dê com o auxílio de uma célula de contenção, comumente conhecida como grade ou gaiola de segurança, equipamento indispensável para o trato seguro com pneus nestas operações e de acordo com procedimentos que assegurem a integridade de seus executantes.

31.12.72 Nas atividades de montagem e desmontagem de pneumáticos das rodas, que ofereçam riscos de acidentes, devem ser observadas as recomendações do fabricante e as seguintes condições:

a) os pneumáticos devem ser completamente despressurizados, removendo o núcleo da válvula de calibragem antes da desmontagem e de qualquer intervenção que possa acarretar acidentes; e b) *o enchimento de pneumáticos só poderá ser executado dentro de dispositivo de clausura ou gaiola adequadamente dimensionada, até que seja alcançada uma pressão suficiente para forçar o talão sobre o aro e criar uma vedação pneumática.*

Figura 3.9 Gaiola para enchimento de pneumáticos.

Além do uso regular do aparato, são sugeridas como boas práticas as seguintes medidas:

- Verificar cuidadosamente a existência de trincas, fissuras, empenos ou qualquer outro dano que possa comprometer a integridade das rodas.
- Não ultrapassar as pressões especificadas para cada tipo de pneu.
- Controlar a distância, com apoio de uma grade de segurança, pressão e vazão de enchimento.

● Erro humano

Não é incomum que numa mesma produção coexistam máquinas de origens diversas, projetadas em épocas diferentes, segundo práticas e aspectos técnicos e culturais distintos. De igual maneira, as interações entre os operadores e a maquinaria podem se dar de distintas formas. Atuar sobre máquinas que executam operações similares, mas que exigem dos operadores aprendizados e intervenções não uniformes pode ensejar oportunidades de erros e acidentes na produção, seja pelo excesso de informações a serem memorizadas, seja pela expectativa de respostas invariáveis.

Durante a operação do sistema produtivo há a necessidade de se perceber o estado vigente e intervir, se necessário, visando mantê-lo ou alterá-lo para uma condição desejada. Os elementos que fornecem informações ao operador, como mostradores e painéis, indicando o estado ou condição do sistema, para uma ou mais variáveis, são denominados de dispositivos de informação. Por sua vez, aqueles sobre os quais o operador atua para alterar ou manter o estado vigente são os dispositivos de intervenção ou de controle. Estes podem ser volantes, pedais, teclados, alavancas ou simples botoeiras, de ajuste discreto ou contínuo.

Assegura Norman (2006:8) que "a maioria dos acidentes é atribuída a erro humano, mas em todos os casos o erro humano foi resultado direto da má qualidade do *design*". Ou seja, decorrentes de *bad designs*, concepções inadequadas de objetos e ambientes que potencializam a oportunidade de falhas e acidentes pela equivocada tomada de decisão ou a sua má utilização pelo acionamento indevido ou em condições desfavoráveis, resultando situações indesejadas, ampliando o desgaste na execução de tarefas, bem como o tempo necessário para a sua realização, além de contribuir para a redução do desempenho operacional e econômico do sistema produtivo ou, ainda, para a ocorrência de danos pessoais e/ou materiais.

Designs de exclusão impossibilitam a ocorrência de determinado evento e, em razão disto, do acidente potencialmente resultante. É o caso do não acionamento de um forno de microondas enquanto a sua porta externa não estiver devidamente travada e da não-abertura de portas de um veículo enquanto este não estiver parado.

Designs de prevenção são aqueles que dificultam a ocorrência de determinado evento, mas não o tornam impossível. Como exemplo, podemos citar a colocação de um gradil em torno de uma piscina, o que pode dificultar, mas não impede acesso de crianças a esta.

Designs à prova de falhas são aqueles que asseguram a redução dos efeitos de ocorrências indesejadas, tais como os *air bags* em automóveis, que, embora não possam evitar a colisão, na maioria dos casos diminuem a gravidade dos impactos e de potenciais lesões.

Reason (2002:173 ss) considera importante distinguir entre duas possíveis contribuições ou tipos de erros às falhas de sistemas. Erros ativos, aqueles cujos efeitos são notados, percebidos ou sentidos de imediato, e os erros latentes. Estes últimos podem ter suas reações adversas mascaradas por um longo período, apenas tornando-se evidentes quando combinados com outros fatores. Em geral, descreve o autor, erros ativos estão associados ao desempenho dos operadores primários de sistemas complexos, como pilotos, controladores de tráfego aéreo etc. Por sua vez, erros latentes têm origem na atuação de *designers*, decisores de alto nível, gerentes e pessoal de manutenção, além dos operários responsáveis pela manufatura do sistema. Em razão disto, a análise de acidentes passados e da confiabilidade desses sistemas indicou que *design* ruim ou *bad design*, instalação incorreta, manutenção inadequada e decisões equivocadas foram decisivos para a consecução do evento indesejado, conclui.

Por outro lado, quem não "arranhou" a marcha à ré de um veículo de fabricante diverso daquele com o qual está acostumado a dirigir ou se equivocou na tentativa de abrir uma fechadura cuja tranca esteja colocada de maneira invertida em relação ao padrão adequado? Muitas vezes, apesar de vermos ou percebermos tal diferença, quando agimos não levamos em consideração tal condição e fazemos como se nenhuma modificação tivesse tomado lugar. À tal maneira de agir denominamos estereótipo comportamental, que nada mais são que reações aprendidas, que ocorrem amplamente de forma inconsciente e "automática". Estes estereótipos são decorrentes de situações culturais dominantes e devem ser observados quando da introdução de máquinas e equipamentos oriundos de outras culturas, bem como na substituição da maquinaria com a qual os trabalhadores já estão "acostumados".

Além dos erros provenientes da inadequada configuração da maquinaria ou de ambientes, que implicam erros de estereótipo, estes também podem ser originados de intervenções inadequadas decorrentes do dolo ou intenção de cometer erro na atuação e de situações em que se assume tal possibilidade, de forma consciente ou não.

Quanto à atitude ou comportamento do indivíduo diante das situações que resultam em atos inseguros, podemos estabelecer três modalidades. São elas: a negligência, a imperícia e a imprudência.

A imprudência diz respeito à situação em que se comete um ato inseguro de forma consciente. Ou seja, consciente de que está contribuindo para a insegurança, para a ocorrência de efeitos indesejados. A imperícia, por sua vez, é a situação em que se comete um ato inseguro de forma inconsciente, por não se saber que se está correndo risco de acidentes. Já na negligência, o ato inseguro tem lugar pela não realização da medida de segurança que deveria ter lugar. Ou seja, por omissão, deixa-se de atuar da forma segundo a qual seria recomendável.

Todas estas estão associadas em maior ou menor grau à formação do profissional, seja pelos treinamentos recebidos, seja pela inadequação de procedimentos que são disponibilizados, bem como por sua conscientização quanto ao papel proativo que deve ter no tocante à sua própria integridade, de terceiros, do sistema produtivo e do entorno ambiental.

Por fim, compete também destacar a possibilidade da ocorrência de falhas na operação de máquinas ou sistemas produtivos quando o trabalhador está submetido a cargas excessivas (sobrecarga) ou quando superada a sua capacidade de trabalho (fadiga física ou mental – seja em razão da duração da jornada ou outra dimensão das condições de trabalho). Por isso, devem-se evitar horas extras em caráter contínuo, em detrimento ou ausência de atividades de lazer e de descanso. O excesso de trabalho pode provocar o fenômeno do *karoshi*, conceituado pelos japoneses como a exaustão decorrente de extensas jornadas de trabalho e que, em casos extremos, pode provocar até mesmo a morte do trabalhador.

Sugestões de leitura

KRUMM, Diane. *Psicologia do trabalho*: uma introdução à psicologia industrial/organizacional. Rio de Janeiro: LTC, 2005.

NORMAN, Donald A. *O design do dia a dia*. Rio de Janeiro: Rocco, 2006.

REASON, James. *Human error*. Cambridge: Cambridge University, 2002.

VICENTE, Kim. *Homens e máquinas*: como a tecnologia pode revolucionar a vida cotidiana. Rio de Janeiro: Ediouro, 2005.

Assista a um vídeo do autor sobre *Formação continuada em Saúde e Segurança do Trabalho*

uqr.to/ckqs

● Segurança em áreas portuárias e afins

Áreas portuárias (marítimas ou em águas interiores), aeroportuárias e afins são áreas estratégicas não somente no tocante a aspectos econômicos relacionados ao trânsito de passageiros e de mercadorias, mas também, e em razão disso, estratégicas do ponto de vista de segurança das instalações (incluindo todo o conjunto de infraestrutura necessário ao seu adequado funcionamento), bem como de seus usuários, em todos os níveis.

O intenso tráfego de pessoas e de mercadorias entre cidades de um país ou mesmo de distintos continentes por essas vias faz com que ocorrências em um ponto da malha de deslocamentos, ainda que a muitas milhas de distância, possa trazer prejuízos a toda a rede. Assim, atrasos ou outros eventos indesejados, tais como os possivelmente oriundos de ameaças terroristas as mais diversas, põem em alerta todo o sistema global de transportes aéreo e marítimo. Não há como desconsiderarmos a possibilidade de que atos desta natureza sejam planejados, iniciados e postos em prática em qualquer lugar do mundo. Depois dos atentados de 11 de setembro de 2001 nos Estados Unidos da América, verificou-se que fragilidades da segurança física de um longínquo ponto de embarque qualquer – de pessoas ou de cargas – podem colocar em risco todas as demais localidades que estejam na rota daquele meio de deslocamento.

Em outras palavras, para a adequada preservação do patrimônio, das cargas e da incolumidade das pessoas, seja em seu ponto de origem ou de partida, seja no ponto de destino final, seja nos pontos de passagem e parada intermediários, todas as localidades que tomam parte nestas rotas devem cumprir exigências de segurança comuns e do interesse de todos os envolvidos.

Áreas portuárias e aeroportuárias, via de regra, funcionam como complexos conglomerados produtivos. A proximidade física, facilidades logísticas e a integração de processos que, comumente, compartilham matérias-primas de mesma natureza faz crescer o interesse das empresas por se instalarem em seus domínios. A estas particularidades some-se uma elevada e constante demanda de atividades de manutenção e serviços correlatos, o que termina por provocar um intenso transitar de terceirizados. Todos estes fatores, por sua vez, em conjunto, ampliam a complexidade da gestão dos riscos ocupacionais e ambientais em seus limites. Há, então, a precípua necessidade de fazer convergir todas as ações e intervenções preventivas, além daquelas de caráter emergencial, bem como todos os aspectos regulatórios para cada uma das atividades e atores envolvidos.

Assim, no tocante aos portos, além das especificidades das NR 29[28] e 30,[29] que tratam da Saúde e Segurança no Trabalho Portuário e Aquaviário, respectivamente, são documentos básicos a Lei nº 8.630, de 25 de fevereiro de 1993, também conhecida como a Lei dos Portos, e o Decreto nº 1.972, de 30 de julho de 1996, que estabeleceu a criação e a formação da Comissão Nacional de Segurança Pública nos Portos, Terminais e Vias Navegáveis (CONPORTOS), que entre suas atribuições tem a adequação dos portos brasileiros às normas do Código Internacional de Proteção de Navios e Instalações Portuárias (*International Ship and Port Facility Security – ISPS Code*).[30]

Segundo os seus próprios dizeres, os objetivos deste Código são:

1. *Estabelecer uma estrutura internacional envolvendo a cooperação entre Governos Contratantes, órgãos Governamentais, administrações locais e as indústrias portuária e de navegação a fim de detectar ameaças à proteção e tomar medidas preventivas contra incidentes de proteção que afetem navios ou instalações portuárias utilizadas no comércio internacional.*
2. *Estabelecer os papéis e responsabilidades dos Governos Contratantes, órgãos Governamentais, administrações locais e as indústrias portuária e de navegação em nível nacional e internacional a fim de garantir a proteção marítima.*
3. *Garantir a coleta e troca eficaz de informações relativas a proteção.*
4. *Prover uma metodologia para avaliações de proteção de modo a traçar planos e procedimentos para responder a alterações nos níveis de proteção.*
5. *Garantir que medidas adequadas e proporcionais de proteção sejam implementadas.*

Deste modo, em nível local, o *ISPS Code* tem como finalidade primária orientar o estabelecimento e a manutenção do plano de segurança da instalação portuária que deve contemplar, como itens básicos, a vigilância, o treinamento de pessoal, o controle de acessos (terrestre e marítimo), a delimitação de áreas para

---

[28] Institui a proteção obrigatória contra acidentes e doenças profissionais e a adoção de medidas para propiciar primeiros socorros adequados a acidentados visando, dentre outras ações, alcançar as melhores condições possíveis de segurança e saúde aos trabalhadores portuários.
[29] Ao momento do fechamento deste capítulo, está sob consulta pública a futura NR 34 – Condições e Meio Ambiente de Trabalho na Indústria da Construção e Reparação Naval (NR-34).
[30] Uma tradução livre do ISPS Code ao português pode ser obtida em: <https://www.ccaimo.mar.mil.br/convencoes_e_codigos/codigos/isps>.

cargas perigosas, os níveis de segurança (procedimentos básicos) e sobre o sistema de troca de informações com os demais atores interessados.[31]

A certificação de um porto de acordo com o estabelecido no *ISPS Code* qualifica-o a operar com os mais distintos tipos de navios comerciais (em especial os graneleiros, porta-contêineres e de carga geral) empregados no tráfego marítimo internacional, equiparando-o aos melhores portos do mundo, no que diz respeito, principalmente, ao tratamento destinado às cargas de alimentos e de medicamentos, sem o que já não é mais possível efetuar exportações para alguns dos grandes mercados do mundo, como os EUA e Europa.

Adicionalmente, como medidas pertinentes de alcance nacional, deveremos considerar o contido nas Portarias SEP nº 104, de 29 de abril de 2009, que dispõe sobre a criação e estruturação do Setor de Gestão Ambiental e de Segurança e Saúde no Trabalho nos portos e terminais marítimos, bem como naqueles outorgados às Companhias Docas e de nº 121, de 13 de maio de 2009, que dispõe sobre as Diretrizes para a organização das Guardas Portuárias.

Ainda na área portuária e marítima, devemos mencionar os seguintes documentos, em especial aqueles da Organização Marítima Internacional (IMO)[32] e seus respectivos anos de implementação:

a) Código Internacional para o Gerenciamento da Operação Segura de Navios e para a Prevenção da Poluição – *International Safety Management Code (ISM CODE)* – que diz respeito à construção e operação de navios, visando a preservação do meio ambiente e dos mares.

b) Convenção Internacional para a Prevenção da Poluição por Navios – *International Convention for the Prevention of Pollution from Ships* (também conhecida como MARPOL 1973, tendo sido revisada em 1978).

c) Convenção Internacional para a Salvaguarda da Vida Humana no Mar – *International Convention for the Safety of Life at Sea* (SOLAS) – de 1974 e revista em 1988.

d) Convenção Internacional para Segurança de Contêineres – *International Convention for Safe Containers* (CSC) – 1972.

Apesar da extensa regulamentação e da ampla gama de cuidados exigíveis no trato com cargas perigosas, incluindo aspectos do projeto e operação de navios, sinistros de grande magnitude têm ocorrido com petroleiros, a exemplo do passado com os navios Exxon Valdez em 1989 (na costa do Alasca, EUA) e com

---

[31] Neste sentido, veja-se o disponível em: <http://gisis.imo.org/Public>, página do Sistema Global de Informações Integradas de Navegação (*Global Integrated Shipping Information System*) da Organização Marítima Internacional (IMO).

[32] A respeito destas Convenções e Códigos, veja-se o disponível em: <www.ccaimo.mar.mil.br>.

o Prestige em 2002 (na costa da Galícia, Espanha),[33] que jogaram ao mar toneladas de petróleo bruto e derivados, causando incomensuráveis danos ao meio ambiente, com igual intensidade de perdas econômicas. Sem dúvida, como se pode depreender, a grande preocupação das nações banhadas por mares e oceanos se assenta no poder transfronteiriço destes eventos indesejados. Ainda que tenham lugar em águas internacionais, por força das correntes marinhas, culminam por impor ou concretizar danos em águas em, por conseguinte, em sistemas costeiros nacionais muito distantes do ponto de sua ocorrência.

Nessas situações, se faz necessário e é da maior importância que medidas adequadas sejam tomadas pelas tripulações em tempo hábil, de acordo com procedimentos testados e aprovados quanto à sua eficiência, com o intuito de evitar ou minimizar potenciais danos ambientais originados em navios. Neste sentido, veja-se, por exemplo, o estabelecido nos anexos da MARPOL, quanto ao Plano de Emergência de Poluição por óleo a Bordo – *Shipboard Oil Pollution Emergency Plan* (SOPEP) – Anexo I, regra 26 (em vigor desde 1º de abril de 1995) e o Plano de Emergência para Poluição Marinha originada a Bordo de Navios – *Shipboard Marine Pollution Emergency Plan* (SMPEP) – Anexo II, regra 16 (em vigor desde 1º de janeiro de 2003). Estes documentos tratam da contingência de derrames a bordo, da conscientização da tripulação quanto à importância do preparo para as emergências, através de exercícios regulares e padronizam os procedimentos de comunicação e combate à poluição por óleo e derivados e por substâncias perigosas, respectivamente.

No tocante à segurança marítima e transporte de produtos perigosos por esta via, outra excelente fonte de informações é a Agência Europeia de Segurança Marítima, cujo *site* contém vasta área de documentos técnicos disponíveis gratuitamente.[34] Veja-se, por exemplo, os excelentes Planos de Ação para Poluição por Óleo (preparação e resposta) e de Ação para Substâncias Nocivas e Perigosas, que se alinham àqueles estabelecidos na MARPOL.

No Brasil, merece especial destaque o contido na Lei nº 9.966, de 28 de abril de 2000, que dispõe sobre a prevenção, o controle e a fiscalização da poluição causada por lançamento de óleo e outras substâncias nocivas ou perigosas em águas sob jurisdição nacional, que em seu art. 2º, inciso XX, define plano de contingência como sendo o "conjunto de procedimentos e ações que visam à integração dos diversos planos de emergência setoriais, bem como a definição dos recursos humanos, materiais e equipamentos complementares para a prevenção, controle e combate da poluição das águas". Ademais, veja-se o contido na Lei nº 7.661, de 16 de maio de 1988, que versa sobre o Plano Nacional de Gerenciamento Costeiro, e na Lei nº 10.233, de 5 de junho de 2001, que, dentre

---

[33] A este respeito veja-se o disponível em: <http://bd.camara.gov.br/bd/bitstream/handle/bdcamara/989/medidas_prevencao_juras.pdf?sequence=I>.
[34] Disponíveis em: <https://extranet.emsa.europa.eu/index.php>.

outros aspectos, dispõe sobre a reestruturação dos transportes aquaviário e terrestre, criando o Conselho Nacional de Integração de Políticas de Transporte, a Agência Nacional de Transportes Terrestres (ANTT), a Agência Nacional de Transportes Aquaviários (ANTAQ) e o Departamento Nacional de Infraestrutura de Transportes (DNIT), atribuindo a cada um destes órgãos os respectivos objetivos e competências.

Ademais de ocorrências em alto-mar poderem alcançar o litoral, há igualmente a possibilidade de eventos ocorridos em terra causarem estragos no ambiente marinho, além de em outras unidades produtivas em seu entorno, comprometendo não só as atividades regulares destas, mas também toda a circunvizinhança. Diante destas razões, em áreas portuárias se requer o estabelecimento de planos de controle de emergência (PCE) para eventuais sinistros havidos nas unidades individualmente envolvidas, e, também, em seu coletivo, por intermédio de planos de apoio ou auxílio mútuo (PAM), conforme preconiza a NR-29.

Em nosso país, é exemplar o modelo de gestão do PAM adotado pelo Porto de Santos, conforme consta em seu estatuto,[35] sendo estruturado como uma organização civil, com o envolvimento da iniciativa privada, sem fins lucrativos, que objetiva assegurar e viabilizar a efetiva observância das normas pertinentes, o aprimoramento técnico, a troca de informações e do conhecimento integrado dos riscos potenciais de cada empresa e comuns a todas estas, definindo ações rápidas, eficientes e coordenadas no âmbito da circunscrição de seu porto organizado.

Quanto ao conteúdo, duração e às condições laboral dos trabalhadores do setor, podemos, de um lado, recorrer ao Manual do trabalho portuário e, de outro, à Instrução Normativa nº 19), ambas do Ministério do Trabalho e Emprego.[36] Esta última dispõe sobre os procedimentos da fiscalização das condições do trabalho, segurança e saúde de vida a bordo de embarcação comercial nacional ou estrangeira, utilizadas na navegação marítima, fluvial ou lacustre sob jurisdição nacional. Para tanto, em sentido amplo, estabelecendo diretrizes para a sua avaliação, assim define no parágrafo único de seu artigo 1º:

> *"Consideram-se condições de trabalho e de vida a bordo, entre outras, aquelas relativas às normas de manutenção e limpeza das áreas de alojamento e trabalho a bordo, a idade mínima, os contratos de engajamento, a alimentação e o serviço de quarto, o alojamento da tripulação, a contratação, a lotação, o nível de qualificação, as horas de trabalho, os atestados médicos, a prevenção de acidentes de trabalho, os cuidados médicos, os pagamentos em caso de acidente ou doença do trabalho, o bem-estar social e questões afins e a repatriação."*

---

[35] Disponível em: <http://www.portodesantos.com.br/down/estatuto-pam.pdf>.
[36] Disponíveis, respectivamente, em: <http://www.mte.gov.br/fisca_trab/pub_manual_portuario.zip> e em: <http://www.mte.gov.br/legislacao/instrucoes_normativas/2000/in_20000927_19 .pdf>.

Conhecimentos de Gestão

Quanto ao transporte aéreo, de complexidade e amplitude de exigências semelhantes ao relacionado ao transporte marítimo, a partir do *site* da Biblioteca Digital da Agência Nacional de Aviação Civil (Anac),[37] é possível acessar uma vasta gama de documentos referentes à segurança da operação, procedimentos e seus manuais operacionais, *sites* de autoridades aeronáuticas, além de toda a legislação nacional e internacional pertinentes.

Por fim, no que diz respeito ao transporte de passageiros, é devido destacar o contido nas **NBR** 15450 (Acessibilidade de passageiros no transporte aquaviário) e **NBR** 14723 (Acessibilidade à pessoa portadora de deficiência no transporte aéreo comercial), dentre outras normas brasileiras referentes a distintos aspectos da acessibilidade em diferentes meios de transporte e que podem ser consultadas gratuitamente em sua íntegra.[38] Nessa esteira, é também devido o conhecimento do contido na Resolução de Diretoria Colegiada – RDC nº 217, de 21 de novembro de 2001, da Agência Nacional de Vigilância Sanitária (Anvisa), que estabelece o Regulamento Técnico com vistas à promoção da vigilância sanitária de viajantes, embarcações que operem transportes de cargas e/ou viajantes, portos organizados e terminais aquaviários instalados no território nacional, bem como da prestação de serviços de interesse da saúde pública e produção e circulação de bens em embarcações e terminais portuários.

Adicionalmente devem-se consultar as RDC nº 01, 02, 21, 56, 68, 72, 81, 306, 345 e 346, que em suas especificidades tratam de particularidades relativas à vigilância em saúde em portos e aeroportos,[39] de acordo com o estabelecido no Regulamento Sanitário Internacional.[40] É também de interesse conhecer o disposto nas Resoluções Conama de nº 4, de 9 de outubro de 1995, que estabelece as chamadas Áreas de Segurança Portuária ASAs e de nº 5, de 5 de agosto de 1993, que, por sua vez, trata o gerenciamento de resíduos sólidos gerados nos portos, aeroportos, terminais ferroviários e rodoviários.

Sugestões de leitura

ASSOCIAÇÃO BRASILEIRA DE NORMAS TÉCNICAS. *Cargas perigosas – Manipulação em áreas portuárias – Procedimento*: NBR 14253. Rio de Janeiro: ABNT, 1988.

_____. *Acessibilidade de passageiros no transporte aquaviário*: NBR 15450. Rio de Janeiro: ABNT, 2006.

_____. *Acessibilidade à pessoa portadora de deficiência no transporte aéreo comercial*: NBR 14273. Rio de Janeiro: ABNT, 1999.

---

[37] Disponível em: <http://www.anac.gov.br/biblioteca/biblioteca2.asp>.
[38] Disponível em: <http://portal.mj.gov.br/corde/normas_abnt.asp>.
[39] Todas estas RDC e outras aplicáveis à temática estão disponíveis em: <http://www.anvisa.gov.br/paf/legislacao/resol.htm>.
[40] Uma versão em espanhol deste Regulamento pode ser obtida em: <http://apps.who.int/gb/ebwha/pdf_files/WHA58/A58_55-sp.pdf>.

BRASIL. Lei nº 7.661, de 16 de maio de 1988. *Plano Nacional de Gerenciamento Costeiro.*

_____. Lei nº 8.630, de 25 de fevereiro de 1993.

_____. Lei nº 9.966, de 28 de abril de 2000.

_____. Lei nº 10.233, de 5 de junho de 2001.

_____. Decreto nº 1.972, de 30 de julho de 1996.

BRASIL/MINISTÉRIO DO MEIO AMBIENTE. Resolução Conama nº 4, de 9 de outubro de 1995.

_____. Resolução Conama nº 5, de 5 de agosto de 1993.

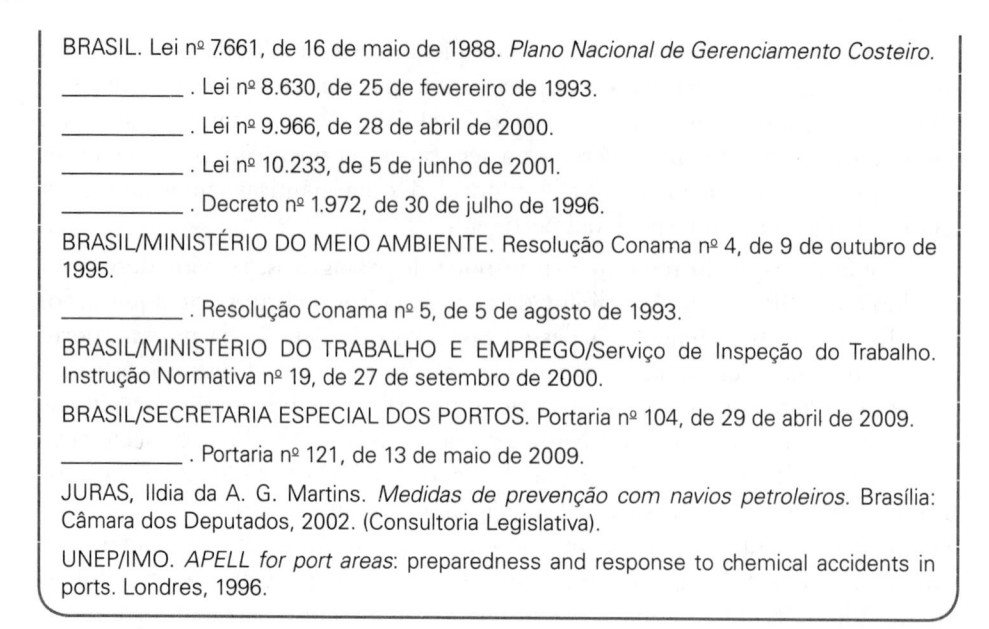

BRASIL/MINISTÉRIO DO TRABALHO E EMPREGO/Serviço de Inspeção do Trabalho. Instrução Normativa nº 19, de 27 de setembro de 2000.

BRASIL/SECRETARIA ESPECIAL DOS PORTOS. Portaria nº 104, de 29 de abril de 2009.

_____. Portaria nº 121, de 13 de maio de 2009.

JURAS, Ildia da A. G. Martins. *Medidas de prevenção com navios petroleiros.* Brasília: Câmara dos Deputados, 2002. (Consultoria Legislativa).

UNEP/IMO. *APELL for port areas*: preparedness and response to chemical accidents in ports. Londres, 1996.

● Sinalização de obras em vias terrestres

A preponderância do modal rodoviário como meio para o transporte de cargas e de passageiros em nosso país, em detrimento da utilização de outros modais, como o ferroviário, por exemplo, termina por impor a utilização dessas vias por um crescente número de veículos, nas zonas urbanas e fora destas, em vias locais e mesmo em rodovias. Não raro, essa intensidade de tráfego, eventos da natureza (inundações, desmoronamentos etc.) e acidentes veiculares, os mais diversos, provocam danos aos pavimentos, com a recomposição dos mesmos e dos demais elementos auxiliares para o pronto reparo das vias, visando à restauração de sua capacidade de serviço. Dessa intervenção podem resultar, adicionalmente, alterações em sua geometria, alargamentos, mudanças de traçados, introduções de obras de arte etc.

Ademais das intervenções citadas, podemos acrescentar todo um conjunto de obras junto às redes de energia elétrica, águas, coleção de águas pluviais, esgotos, outros dutos e tubulações comumente enterradas nas imediações das vias ou diretamente sob estas, assim como os serviços acessórios, tais como, dentre outros, a varredura da pista, limpeza de bueiros, poda de árvores, limpeza de canais e córregos marginais.

Constituem obras nas vias públicas todas as intervenções para implantação ou manutenção de equipamentos urbanos ou de infraestrutura urbana nas vias ou logradouros públicos. Os equipamentos urbanos são todos os bens públicos ou privados, de utilidade pública, destinados à prestação de serviços necessários ao funcionamento da cidade, implantado mediante autorização do Poder Público

Conhecimentos de Gestão

local, em espaços públicos ou privados. Por sua vez, a infraestrutura urbana diz respeito aos sistemas de drenagem, água e esgoto, comunicações e energia elétrica, entre outros, que proveem melhorias às vias públicas e serviços ou utilidades às edificações, residenciais ou de outros fins.

Para a consecução dessas intervenções, as empresas de engenharia devem observar os procedimentos recomendados, de acordo com a natureza e as condições para a sua realização, como o prazo disponível para a feitura da obra e o ambiente em que esta terá lugar. Ademais destes procedimentos quanto aos objetivos da intervenção, não podemos deixar de observar que esta trará implicações quanto à segurança do trânsito na via, sendo, portanto imprescindível observar o que institui em suas preliminares o Código de Trânsito Brasileiro (CTB):

> *Art. 1º O trânsito de qualquer natureza nas vias terrestres do território nacional, abertas à circulação, rege-se por este Código.*
>
> *§ 1º Considera-se trânsito a utilização das vias por pessoas, veículos e animais, isolados ou em grupos, conduzidos ou não, para fins de circulação, parada, estacionamento e operação de carga ou descarga.*
>
> *§ 2º* **O trânsito, em condições seguras, é um direito de todos** *e dever dos órgãos e entidades componentes do Sistema Nacional de Trânsito, a estes cabendo, no âmbito das respectivas competências, adotar as medidas destinadas a assegurar esse direito.* (grifo nosso)

Para o que, em seguida, conceitua vias terrestres e assemelhadas:

> *Art. 2º São vias terrestres urbanas e rurais as ruas, as avenidas, os logradouros, os caminhos, as passagens, as estradas e as rodovias, que terão seu uso regulamentado pelo órgão ou entidade com circunscrição sobre elas, de acordo com as peculiaridades locais e as circunstâncias especiais.*
>
> *Parágrafo único. Para os efeitos deste Código, são consideradas vias terrestres as praias abertas à circulação pública,* **as vias internas pertencentes aos condomínios constituídos por unidades autônomas e as vias e áreas de estacionamento de estabelecimentos privados de uso coletivo.** (grifo nosso)

Conforme estabelece o CTB em seu art. 88, em consonância com as características das vias, para a execução de obras, impõe-se, como alerta para motoristas e pedestres, a devida sinalização das intervenções em curso e a realizar, segundo as especificidades do caso, bem como a devida restauração da sinalização viária, se esta for afetada pela obra.

> *Art. 88. Nenhuma via pavimentada poderá ser entregue após sua construção,* **ou reaberta ao trânsito** *após a realização de obras ou de manutenção, enquanto não estiver devidamente sinalizada, vertical e horizontalmente,* **de forma a garantir as condições adequadas de segurança na circulação.**

Parágrafo único. **Nas vias ou trechos de vias em obras deverá ser afixada sinalização específica e adequada.** (grifo nosso).

É taxativo o CTB ao determinar que a obrigação de sinalizar é do responsável pela execução ou manutenção da obra (Art. 95, § 1º) e que os pedestres, como partícipes mais frágeis nesse ambiente, devem receber atenção prioritária, o que deve ser verificado e fiscalizado pelas autoridades competentes, conforme institui este mesmo artigo do CTB, em seu *caput*:

> *Nenhuma obra ou evento que possa perturbar ou interromper a livre circulação de pedestres, ou colocar em risco sua segurança, será iniciada sem permissão prévia do órgão ou entidade de trânsito com circunscrição sobre a via.*

Cabe, portanto, ressaltar que a segurança para a circulação de pedestres deve ser rigorosa e devidamente preservada como regra geral (Art. 68, §§ 5º e 6º):

> *§ 5º - Nos trechos urbanos de vias rurais e nas obras de arte a serem construídas, deverá ser previsto passeio destinado à circulação dos pedestres que não deverão, nessas condições, usar o acostamento.*
>
> *§ 6º - Onde houver obstrução da calçada ou da passagem para pedestres, o órgão ou entidade com circunscrição sobre a via deverá assegurar a devida sinalização e proteção para circulação de pedestres.*

Importante destacar que é considerada grave infração o fato de o condutor de veículo automotor não reduzir a velocidade veicular ao aproximar-se de locais sinalizados com advertência de obras ou de trabalhadores na pista, conforme inciso VII do art. 220 do CTB, o que o sujeita, além da punição pecuniária (multa) e o registro da ocorrência para fins de deméritos e, por conseguinte, a manutenção ou perda da habilitação (direito à condução), a eventual responsabilização civil e criminal se da ação decorrer ilícitos nestas esferas.

> *Art. 220. Deixar de reduzir a velocidade do veículo de forma compatível com a segurança do trânsito:*
>
> *...*
>
> *VII - ao aproximar-se de locais sinalizados com advertência de obras ou trabalhadores na pista;*

Cabe, entretanto, esclarecer que, para tanto, é preciso fornecer as condições para a adequada identificação da existência da obra nas proximidades e do comportamento que se espera em relação a esta. Nesse sentido, a sinalização da obra terá como peculiaridade o uso complementar de dispositivos e de sinalização auxiliares combinados com a sinalização vertical, horizontal e semafórica regulares, em configuração e aplicação temporárias, para dar suporte à segurança viária, devendo ser realizada em dois níveis – no local da obra propriamente

Conhecimentos de Gestão

dita e no seu entorno ampliado ou área de influência – com o fito de cumprir os seguintes objetivos:

> *NR 18.27.3 A sinalização de segurança em vias públicas deve ser dirigida para alertar os motoristas, pedestres e em conformidade com as determinações do órgão competente.*

a) Advertir motoristas e pedestres da existência da obra, com antecedência suficiente para orientar quanto ao proceder no caso de aproximação ou naquelas imediações (a presença de estreitamentos, desvios, inversão de fluxo, barreiras etc.), assim como quanto à escolha de rotas e horários alternativos, buscando minimizar eventuais transtornos que dela possam decorrer;

Figura 3.10 Sinalização de advertência – exemplos.

b) Delimitar o contorno imediato da intervenção, separando o espaço do trânsito de veículos e pedestres, além daquele agora reservado para o uso dos trabalhadores, conforme necessidades da operação, para a segurança de cada um destes em suas ações.

Figura 3.11 Sinalização de advertência – barreira móvel.

NR 18.6.11. As escavações realizadas em vias públicas ou canteiros de obras devem ter sinalização de advertência, inclusive noturna, e barreira de isolamento em todo o seu perímetro.

É necessário ter em mente que esta sinalização deverá contribuir, além de para a segurança e fluidez do trânsito, reduzindo os riscos de acidentes e congestionamentos, para a preservação das condições de acessibilidade em relação aos pedestres.

Em vias urbanas, em razão das restrições impostas ao tráfego nas imediações da obra (área livre para passagem, velocidade média inferior etc.), a área destinada à proteção posterior pode ser reduzida e, até mesmo, eventualmente suprimida para dar lugar ao imediato retorno à situação normal, propiciando, assim, o retorno do fluxo à faixa bloqueada, o que contribuirá para a redução de seus impactos sobre a circulação de veículos neste entorno.

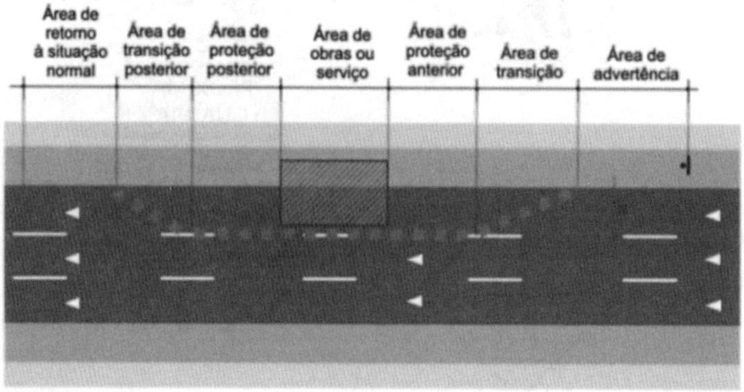

Figura 3.12 Áreas de segurança em obras viárias, segundo destinação.

Convém destacar que para a execução desta obra devem ser observados requisitos no tocante à qualidade de atividade de construção em si, afinal é este o propósito principal da ação em curso (o que evitará retrabalhos e a imposição de nova intervenção e conseguinte interrupção parcial ou total de elementos da via etc.), quanto à segurança ocupacional de seus executantes (para o que se soma o disposto nas normas trabalhistas e as constantes naquelas estabelecidas pelas autoridades de trânsito), notadamente quanto à sinalização e eventual bloqueio da via, como medida integrante deste propósito. Além disso, medidas adicionais de segurança ao nível do trabalhador devem ser tomadas, sendo expresso na NR 18 que:

18.27.2 É obrigatório o uso de colete ou tiras refletivas na região do tórax e costas quando o trabalhador estiver a serviço em vias públicas, sinalizando acessos ao canteiro de obras e frentes de serviços ou em movimentação e transporte vertical de materiais.

Conhecimentos de Gestão

Tais cuidados devem se estender, também, aos demais espaços dos arredores utilizados em apoio à obra, como, por exemplo, aqueles destinados à armazenagem temporária de materiais e resíduos, bem como à maquinaria e veículos em serviço e às instalações temporárias, inclusive as utilizadas como alojamento, instalações sanitárias e escritórios, conforme estabelecido na NR 18.4.3.

18.4.1.3 Instalações móveis, inclusive contêineres...

Figura 3.13 Marcador de alinhamento.

É importante ressaltar que em todas as intervenções em vias públicas, sobretudo naquelas no âmbito urbano e cuja duração seja considerada de longo prazo (em nossa concepção, por período igual ou superior a três dias úteis), é devido prover com antecedência informação aos potencialmente afetados pela obra, comunicando-lhes acerca do evento, de suas consequências e das medidas mitigadoras sugeridas para tanto. Mais do que respeito ao outro, em sua condição de cidadão, busca-se prover elementos para a minimização dos transtornos ou consequências indesejadas, tomada de providências e planejamento da vida familiar ou empresarial.

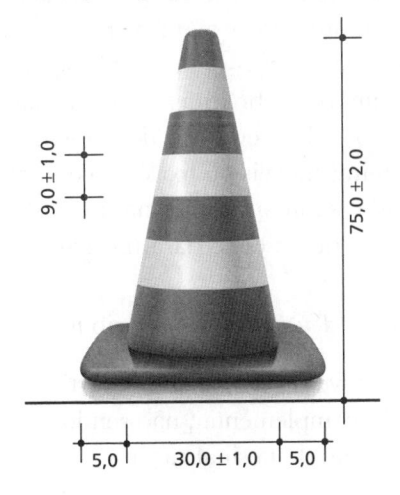

Figura 3.14 Dispositivo de uso temporário – cone.

Tal medida poderá se dar por meio de faixas (plásticas ou de tecido) ou ainda por panfletos impressos, trazendo mapas de rotas na vizinhança, e distribuídos nas imediações do local onde terá lugar a obra. Em alguns casos, é devido fazê-lo por correspondência ou visita pessoal aos endereços dessa vizinhança, em especial quando a intervenção afetar diretamente polos geradores de tráfego intenso (como escolas, faculdades, hospitais, conjuntos residenciais e/ou comerciais). Essa comunicação, contendo informações sobre o tipo de intervenção, as alterações previstas no sistema viário local e da região, conforme cada caso, duração prevista para a obra, recomendações (atitudes, cuidados a tomar, vias alternativas etc.), assim como meios de contato para reclamações e informações adicionais, deveria ser providenciada pela municipalidade (nos termos do § 2º do Art. 95 do CTB) ou entidade responsável pela administração do espaço (em se tratando de um recinto privado, por exemplo, condomínio residencial, distrito industrial ou área de porto controlado). Entretanto, nada impede que esta seja levada a cabo pelo executante ou por seus contratados, como parte de sua estratégia de segurança viária para a obra e, por conseguinte, destinada aos seus trabalhadores.

Nesse mesmo sentido, de minimizar eventuais transtornos indesejados, acessos à obra e ao seu entorno, a movimentação de cargas e materiais, bem como a circulação da maquinaria podem sofrer restrições em determinados horários, como os de entrada e saída de escolas, bem como em horários considerados de pico para centros comerciais e assemelhados. Não seria exagero algum, para certos casos, planejar e executar o gerenciamento de tráfego resultante da intervenção.

São as características da via, se estrada ou rodovia, se no perímetro urbano ou rural, se simples, ou dupla, a intensidade e o tipo de veículos do tráfego na região, a velocidade média habitualmente desenvolvida no trecho a intervir, assim como a existência de áreas adjacentes ou próximas para a instalação do canteiro de obras e das utilidades necessárias para a realização da futura obra, que fornecem as orientações primárias sobre que elementos devem ser utilizados como dispositivos de sinalização e de prevenção de acidentes (por exemplo, se serão utilizados tapumes, barreiras móveis ou fixas, de concreto ou de plástico etc.). A estas se acrescentem dados sobre a própria natureza da intervenção a executar, assim como do espaço em que esta se dará (no leito da via, calçadas, canteiro central etc.).

A sinalização de obras deverá ter como atributos:

1. Legalidade: deve ser formulada a partir do estabelecido no CTB e na legislação complementar, não sendo, portanto, permitido inovar (criar) no âmbito desta sinalização.

2. Padronização: ademais de contemplar o estritamente contido no CTB, devem-se seguir os parâmetros estabelecidos, observando o critério de uniformização. Ou seja, sinalizar situações similares com os mesmos critérios ou fundamentos.
3. Clareza e suficiência: o conjunto da sinalização deve ser de fácil percepção e compreensão, comunicar objetivamente, utilizando para tal fim elementos suficientes e necessários para a finalidade.
4. Precisão e confiabilidade: corresponder à situação existente, de modo preciso e confiável, para não haver dúvidas quanto ao conteúdo e expectativas de respostas ou comportamentos.
5. Visibilidade e legibilidade: aspecto relacionado à distribuição ou posicionamento das informações no entorno da obra, de modo a serem percebidas com a devida antecedência em termos de distância e tempo para a atuação necessária.
6. Manutenção e conservação: estar limpa, conservada e, portanto, visível ao longo de toda a duração da obra, inclusive com a sua pronta reposição quando danificada.

Neste intuito, será bastante útil, além de uma visita prévia para levantamento local, para a elaboração do descritivo situacional e das condições atuais visando ao planejamento do sistema de sinalização, consultar o Manual de sinalização de obras da Cia. de Engenharia de Tráfego (CET) do Município de São Paulo[41], em especial em seu capítulo 10, que traz 21 projetos-tipo de sinalização temporária para situações comuns em obras urbanas, agrupados por tipo de intervenção, local do bloqueio e características da via afetada. Para rodovias, vide também o disposto na Publicação IPR 738 do DNIT[42], assim como nas Resoluções do Conselho Nacional de Trânsito (CONTRAN) e na legislação complementar.

No intuito de auxiliar a indicação da necessidade de redução de velocidade em presença de obras, sonorizadores podem ser instalados em vias urbanas, de acordo com o contido na Res. n. 39/1998 do CONTRAN.

Art. 6º Os sonorizadores só poderão ser instalados em vias urbanas, sem edificações lindeiras, e em rodovias, em caráter temporário, quando houver obras na pista, visando alertar o condutor quanto à necessidade de redução de velocidade, sempre devidamente acompanhados da sinalização vertical de regulamentação de velocidade.

---

[41] Disponível em: <www.cetsp.com.br/media/392043/msuvol08_obrasrev1.pdf>.
[42] Disponível em: <http://ipr.dnit.gov.br/normas-e-manuais/manuais/documentos/738_manual_sinalizacao_obras_emergenciais_rodovias.pdf>.

A consulta às demais normas de sinalização urbana da CET/SP, incluindo-se o projeto de ciclovias, ponto de ônibus e outros, pode ser realizada por intermédio do sítio internet da empresa (www.cetsp.com.br).

> **Sugestões de leitura:**
>
> ASSOCIAÇÃO BRASILEIRA DE NORMAS TÉCNICAS. *NBR - 5101: Iluminação Pública - Procedimento*. Rio de Janeiro, 2012.
>
> BRASIL. Lei n. 9.503, de 23 de setembro de 1997. *Código de Trânsito Brasileiro* (CTB).
>
> BRASIL/CONTRAN. Res. n. 39, de 21 de maio de 1998. Estabelece os padrões e critérios para a instalação de ondulações transversais e sonorizadores nas vias públicas disciplinados pelo Parágrafo único do art. 94 do Código de Trânsito Brasileiro.
>
> _____. Res. n. 160, de 22 de abril de 2004. Aprova o Anexo II do Código de Trânsito Brasileiro.
>
> _____. Res. n. 180, de 26 de agosto de 2005. Aprova o *Vol. I – Sinalização Vertical de Regulamentação do Manual Brasileiro de Sinalização de Trânsito*.
>
> _____. Res. n. 243, de 22 de junho de 2007. Aprova o *Vol. II – Sinalização Vertical de Advertência do Manual Brasileiro de Sinalização de Trânsito*.
>
> _____. Res. n. 486, de 7 de maio de 2014. Aprova o *Vol. III – Sinalização Vertical de Indicação do Manual Brasileiro de Sinalização de Trânsito*.
>
> BRASIL/DNIT. *Manual de sinalização rodoviária*. 3.ed. Rio de Janeiro, 2010. (IPR. Publ. 743).
>
> _____. *Manual de sinalização de obras e emergências em rodovias*. 2.ed. Rio de Janeiro, 2010. (IPR. Publ. 738).
>
> BRASIL/CONTRAN. *Resolução n. 160/2004 e alterações posteriores*. Aprova o Anexo II do CTB – Sinalização de vias terrestres.
>
> MUNICÍPIO DE SÃO PAULO/CET – Cia. de Engenharia de Tráfego. Manual de sinalização urbana – Obras. v. 8, Rev. 1. São Paulo, 2005.

● O cidadão em condições especiais: deficiência e adequações requeridas

Historicamente, a pessoa com deficiência (PPD[43]) sempre tem sido discriminada. Ora vítima de repúdio preconceituoso por uma aparência fora do conceito de "normalidade", ora por uma segregação caridosa com a exclusão social na forma de "depósitos humanos" para aqueles considerados *inválidos* ou pela presença marcante de políticas provedoras de sustento público, tradicionalmente assistencialistas, como todas aquelas destinadas aos desafortunados.

Como a própria humanidade, a percepção do cidadão comum vem evoluindo. Afinal, alguns "deficientes" destacaram-se nas artes, filosofia e em vários

---

[43] Do ponto de vista social e técnico, o termo mais adequado é "Pessoa com deficiência (PCD)", uma vez que não se "porta" a condição, mas "tem-se" uma limitação, estabelecida pela deficiência. Contudo, continuamos a utilizar o termo PPD para manter a uniformidade com o termo historicamente dominante na legislação brasileira.

Conhecimentos de Gestão

ramos do conhecimento, contribuindo, dessa forma, para desmistificar a imagem de dependência que, supostamente, trazem consigo.

Segundo a Organização Mundial de Saúde, entre 10% e 15% da população dos países em desenvolvimento é constituída de pessoas portadoras de anomalias sensoriais, físicas, mentais ou de outro tipo de lesões ou fraquezas que inibem a capacidade de desempenhar funções básicas. Para o Brasil revela-se, então, uma parcela da população em torno de 16 milhões de pessoas. E quais as adequações e facilidades oferecidas a tais pessoas? Como se dá o processo de planejamento das cidades e de que forma estão disponíveis os serviços para esses cidadãos?

A PPD, congênita ou adquirida, apresenta, em realidade, limitações funcionais que não devem ser percebidas como empecilhos a sua integração na sociedade. Essa integração deve dar-se, inclusive, com a participação produtiva por meio do trabalho. Dessa óptica, a Organização Internacional do Trabalho (OIT) editou as Recomendações nº 99, de 1955 e nº 168, de 1983, sendo o Brasil, em 1983, signatário da Convenção nº 159.

Seguindo esse caminho, a Constituição Federal de 1988 (CF/88) estabeleceu importantes conquistas para a PPD quanto à proteção ao trabalho. O art. 7º, inciso XXXI, assegura a *"proibição de qualquer discriminação no tocante a salário e critérios de admissão do trabalhador portador de deficiência"*. Por sua vez, o art. 37, inciso VIII, estabelece que *"a lei reservará percentual dos cargos e empregos públicos para as pessoas portadoras de deficiência e definirá os critérios de sua admissão"*. A Lei nº 8.112/90 determina a reserva de até 20% das vagas de concursos públicos na União para a PPD. Seguindo a mesma orientação, a Lei nº 8.213/91, em seu art. 93, dispõe que

> *"a empresa com 100 (cem) ou mais empregados está obrigada a preencher de 2% (dois por cento) a 5% (cinco por cento) dos seus cargos com beneficiários reabilitados ou pessoas portadoras de deficiência, habilitadas, na seguinte proporção:"*

Quadro 3.1 Proporção de preenchimento de vagas por PPD/empregados

Empregados	Vagas destinadas às PPD (%)
Até 200	2
201 – 500	3
501 – 1.000	4
1.001 em diante	5

A Constituição Federal, no art. 227, § 2º, determina:

> *"A lei disporá sobre normas de construção dos logradouros e dos edifícios de uso público e de fabricação de veículos de transporte coletivo, a fim de garantir acesso adequado às pessoas portadoras de deficiência."*

Por fim, o art. 244 estabelece:

> "*A lei disporá sobre a adaptação dos logradouros [...], conforme o disposto no art. 227, § 2º.*"

Todavia, apesar da edição de leis e normas que objetivam dar o suporte adequado à PPD, comumente observamos inadequações nas edificações, no comportamento e nas posturas individuais. Estacionamentos reservados e faixas de travessia, por exemplo, são frequentemente desrespeitados. Infelizmente, ainda não há plena consciência de que, acima do dever e do mero estabelecimento de regras sociais que devem ser inquestionavelmente cumpridas, está o respeito à cidadania pelo respeito às características do cidadão que, certamente, não escolheu para si esta condição que o faz apresentar tais necessidades.

Há mais de uma década, os administradores, engenheiros e arquitetos brasileiros já dispõem no país das informações mínimas necessárias para atender a especificações. Entretanto, a NBR 9050 (Adequação das edificações e mobiliário urbano à pessoa deficiente), de edição primeira em 1985, bem como uma vasta gama de bons instrumentos disponíveis, não é adequadamente difundida e disseminada junto aos setores competentes. E se o é, faltam-lhe uma cobrança e uma fiscalização de seu cumprimento.[44,45]

Sejam as deficiências plenas ou parciais, temporárias ou definitivas, precisamos conhecê-las para executar as adequações desejadas para que a PPD possa realmente integrar-se produtivamente à sociedade. Nesse sentido, para que esses cidadãos possam viver autonomamente, é preciso que o poder público propicie locomoção, informação e trabalho que respeitem suas limitações – isto é, atividades e ambientes de trabalho planejados para atender a tais necessidades.

Excetuando-se a deficiência mental, a NBR 9050 apresenta as seguintes classes de deficiência:

- Deficiência física (semiambulatorial e ambulatorial total).
- Deficiência auditiva e de expressão.
- Deficiência visual.
- Deficiência de coordenação motora (paralíticos cerebrais).
- Deficiências reumáticas.
- Velhice.

---

[44] Após a revisão de 2004, esta norma passou a ser intitulada "Acessibilidade a edificações, mobiliário, espaços e equipamentos urbanos". A versão mais atual é de 2015.

[45] Esta norma (dentre outras relacionadas à temática) por sua condição de amplo interesse social está disponível para *download* em diversos endereços web, como, por exemplo, em <http://www.ufpb.br/cia/contents/manuais/abnt-nbr9050-edicao-2015.pdf >.

Conhecimentos de Gestão

Convém lembrar que, com o passar dos anos e na ocorrência da redução ou perda total de certa capacidade, qualquer um de nós não só será considerado, mas será, efetivamente, PPD.

Para compreendermos como deveremos adequar o espaço físico à PPD, façamos uso da divisão didática dessa norma: adequações em edificações, em espaços externos e ambientes urbanos, e em condições específicas. Vamos às adequações requeridas:

1. Em edificações:
   - Acessos (rampas e portas).
   - Circulação interna (corredores, rampas, escadas, elevadores, corrimãos e guarda-corpo).
   - Sanitários.
   - Equipamentos (bebedouros, telefones, maçanetas, ferragens, interruptores e tomadas).
   - Sinalização (acesso principal e de veículos à edificação, estacionamento, circulações internas e equipamentos).

2. Em espaços externos e ambiente urbano:
   - Calçadas, passeios, calçadões, jardins e praças.
   - Rampas e escadarias.
   - Estacionamentos.
   - Mobiliário urbano (telefones públicos, caixas de correios, bancas de jornal, caixas para lixo, bebedouros, bancos de jardins e praças públicas).
   - Sinalização (circulação e travessia de vias públicas; rampas, escadarias e passarelas; estacionamentos – reservas de vagas especiais, equipamentos).

3. Condições específicas:
   - Dimensões limitadas das cadeiras de rodas (CR).
   - Áreas para giro (90°, 180° ou 360°).
   - Circulação livre em sentido único:
   - para uma única CR (0,90 m),
   - para duas cadeiras (1,80 m),
   - para uma CR e um transeunte (1,50 m);
   - Alcance limitado do indivíduo em cadeira de rodas.

Este último aspecto merece um comentário adicional. As condições de equilíbrio e de estabilidade da pessoa na CR diferem daquelas do indivíduo que possa obter apoio em suas pernas. Por isso, as disposições e as distâncias relativas dos objetos e dos meios aos quais a PPD deve ter ao alcance deverão merecer cuidadosa atenção.

Para concluir, relendo a frase "o cidadão que, certamente, não escolheu para si esta condição", devemos lembrar que, na vida, todos nós estamos sujeitos diariamente a situações – para não dizer riscos – que desconhecemos e sobre as quais temos pouco ou quase nenhum domínio. Enfim, resta-nos uma última pergunta: Qual a real consciência que temos da situação sobre a qual acabamos de discutir?

Sugestões de leitura

ASSOCIAÇÃO BRASILEIRA DE NORMAS TÉCNICAS. *Acessibilidade a edificações, mobiliário, espaços e equipamentos urbanos*. ABNT NBR 9050. 3. ed. Rio de Janeiro: ABNT, 2015.

BRASIL. Ministério da Justiça. Secretaria dos Direitos da Cidadania. *Os direitos das pessoas portadoras de deficiência*. Brasília, 1996.

BRASIL. Ministério da Justiça. Secretaria dos Direitos da Cidadania. *Subsídios para planos de ação dos governos federal e estaduais na área de atenção ao portador de deficiência*. Brasília, 1994.

INSTITUTO BRASILEIRO DE ADVOCACIA PÚBLICA – Ibap. *Direitos da pessoa portadora de deficiência*. São Paulo: Max Limonad, 1997.

● O Método Recife de avaliação de condições de trabalho para pessoas com deficiência

Faz mais de dez anos que me dedico a questões relacionadas às pessoas com deficiência (PCDs), quer como profissional, quer apenas como cidadão, atuando como voluntário junto a projetos e organizações privadas, bem como consultor – não remunerado – junto a organizações públicas. Muito me alegro ao ver que nos últimos anos tais questões têm logrado maior visibilidade e, em consequência disso, vêm alcançando melhores resultados práticos no tocante à qualidade de vida dessa parcela da população.

Ainda em 1981, a Lei nº 8.213 instituiu a reserva de vagas do quadro funcional das empresas com 100 ou mais funcionários, em um percentual de 2 a 5%, para as PCDs habilitadas ou reabilitadas, numa tentativa de ampliar sua inserção ocupacional a partir de uma política discriminatória positiva. Destarte algumas impropriedades em sua implementação e limitações quanto à sua eficácia no tocante ao propósito desejado, desde então, as cotas deram início a um grande debate nacional acerca da temática, que culminou, entre outras medidas, com a inclusão destas na mídia falada e escrita de nosso país.

Entendendo a sociedade brasileira como ainda não preparada para cumprir o estabelecido pela legislação de modo satisfatório, tal o histórico de discriminação, estereótipos e toda uma vasta gama de desconhecimentos, questionei se a simples reserva de vagas seria suficiente para propiciar uma adequada qualidade de vida no trabalho a tais trabalhadores. Inexistindo na literatura um modelo científico capaz de fornecer tal resposta, encontrei nesta lacuna a oportunidade para meu doutoramento.[46]

Este estudo, por sua natureza, comportaria um caráter multidisciplinar, em razão do que foi necessário realizar um amplo levantamento acerca das questões relacionadas ao modelo a ser desenvolvido, quer de cunho histórico, socioeconômico, quer de cunho tecnológico ou outro que pudesse influenciar no entendimento do conceito de qualidade de vida no trabalho para pessoas com deficiência. Foi realizado em duas etapas distintas: uma primeira qualitativa e uma segunda quantitativa, que serviu ao intuito de testar estatisticamente a etapa anterior.

Para a consecução do estudo, algumas premissas a serem seguidas durante toda a sua condução foram estabelecidas. Assim, o modelo:

1. Não deveria buscar avaliar de modo exclusivo uma determinada dimensão da qualidade de vida no trabalho.
2. Deveria suportar a identificação não apenas da satisfação ou insatisfação em relação às variáveis identificadas, mas a todo o seu conjunto. Isto é, dar uma informação de tal ordem que fosse possível expressar uma opinião sobre a organização como um todo.
3. Deveria ser centrado, especificamente, nas dimensões aplicáveis tão somente às peculiaridades dessa parcela dos trabalhadores.
4. Deveria ter simplicidade para preenchimento e execução, dando-lhe a condição de ser auto-aplicável. Isto é, propiciar independência aos gestores da organização ou outros interessados nos resultados na aplicação dos questionários, bem como para a sua interpretação e, assim, ampliar a autonomia desses atores para as intervenções requeridas e decorrentes do processo.

Para a consecução do estudo, o levantamento das dimensões pertinentes ao modelo foi obtido a partir de entrevistas semiestruturadas com integrantes de cada um dos grupos de atores envolvidos, para o posterior cruzamento de suas visões, de modo a obter uma convergência, tanto quanto possível isenta da predominância de vieses. Para tanto, foram entrevistados:

a. Pessoas com deficiência: congênitas ou não, habilitadas ou reabilitadas, empregadas em cargos diretivos de associações ou entidades públicas ligadas ao segmento, e, ainda, desempregadas.

---

[46] BARBOSA FILHO, Antonio Nunes. *Um modelo de avaliação da qualidade de vida no trabalho para a pessoa com deficiência*. 2005. Tese (Doutoramento em Engenharia de Produção). UFPE/PPGEP, Recife.

b. Representantes de empresas sujeitas à cota de reserva de vagas: seus dirigentes máximos (proprietários, presidentes, gerentes gerais etc.) ou responsáveis pelo processo de seleção e contratação de mão de obra.
c. Profissionais ligados às atividades de habilitação e reabilitação ocupacional de pessoas com deficiência.
d. Responsáveis pela fiscalização do cumprimento da legislação trabalhista, na qual se insere a reserva de vagas para PCDs.
e. Adicionalmente foram realizadas entrevistas com representantes do Governo Federal, que para fins de tabulação também foram inseridos no último grupo de entrevistados, de modo a ser verificada a convergência desse estudo em condução em relação às políticas setoriais em desenvolvimento.

Partindo-se das premissas e da análise de conteúdo das entrevistas, foi obtido um *checklist* contendo 16 questões, correspondentes às dimensões julgadas como as mais pertinentes, por tratarem das preocupações mais frequentes e declaradas como as de maior importância durante as entrevistas e, também, do disponível na literatura. As respostas foram padronizadas como formadas por um conjunto de quatro alternativas, correspondendo cada uma destas a um dos cenários de ponderação admitidos (0, − 1, − 2 e − 3), acrescido de uma quinta alternativa correspondente à condição "não se aplica" (cuja ponderação também é valorada como zero).

O instrumento ou questionário de avaliação completo, reproduzido ao final deste capítulo, é formado pelo *checklist* em si e por uma tabela de pontuação de deméritos, que significam afastamentos de uma situação ideal previamente definida como tal, segundo as respostas obtidas. Quanto mais negativa a pontuação final obtida pela empresa, já que todos os valores são negativos, significa que as condições de trabalho disponibilizadas são menos adequadas ao perfil destes trabalhadores. Este formato serve ao propósito de ampliar a possibilidade de descrição das condições de trabalho, facilitando aos seus usuários, trabalhadores com deficiência, expressarem seus sentimentos ou entendimentos a respeito delas, além de uniformizar as respostas obtidas junto a estes. A pontuação final indica que quanto mais próximo de zero, mais próxima da condição ideal está a empresa e quanto mais negativa a nota, mais afastada ela está da situação ideal.

A aplicação do modelo junto a empresas de características distintas mostrou ser este apropriado para levantamentos pertinentes a um único trabalhador, bem como para vários trabalhadores, servindo ao intuito de adequar-se determinada dimensão às necessidades individuais ou coletivas. De igual sorte, entendo ser possível seu uso em larga escala para o estabelecimento de políticas públicas, uma vez que os cenários relativos às PCDs em todas as regiões do país guardam entre si uniformidade.

Ausente uma nomenclatura para o método, resolvi nomeá-lo "Método Recife" em razão de desenvolver, nessa cidade, a maior parte de minha carreira acadêmica, bem como aqui ter realizado a principal parte das entrevistas do estudo para sua realização. Recife é uma metrópole cheia de contrastes, com muitas coisas boas a descobrir, a desvendar, que conheci com o passar dos dias. Enfim, é a cidade onde resido e que aprendi a amar e a celebrar com o passar dos anos...

Reproduzo, a seguir, o questionário base da metodologia, bem como a tabela de pontuação para as respostas obtidas para cada questão. Acredito que este conjunto seja de fácil aplicação. Caso surjam dúvidas, me coloco ao dispor para os esclarecimentos que julgar necessários.

Avaliação da qualidade de vida no trabalho para a pessoa com deficiência (Questionário de referência)

Para cada uma das questões abaixo, assinale apenas a alternativa que mais se assemelha à realidade de sua empresa, ou marque "não se aplica":

1. Quanto à sua contratação, podemos dizer que ela se deu:
   a) Exclusivamente pela contratação de um profissional com competências necessárias à organização.
   b) Em razão de sua limitação ser compatível para o exercício das atividades para as quais era necessária a contratação de um trabalhador.
   c) Em função de sua deficiência exigir poucas adaptações para a sua contratação.
   d) Exclusivamente para atender às exigências da cota para pessoas com deficiência no quadro funcional.
   e) Não se aplica.

2. Quanto à sua introdução na organização enquanto funcionário da empresa, podemos dizer que:
   a) Ela se deu em treinamento integrado com outros trabalhadores.
   b) Ela se deu em treinamento exclusivo para você e outros trabalhadores com deficiência.
   c) A empresa apenas prestou algumas informações sobre seus procedimentos, histórico e valores organizacionais.
   d) Não houve qualquer atividade de integração.
   e) Não se aplica.

3. Para o exercício das tarefas que foram incumbidas a você, podemos dizer que:
   a) Foi realizado treinamento na função, sob supervisão e acompanhamento, antes do início das atividades.
   b) Foi realizado treinamento na função, sem acompanhamento direto, antes do início das atividades.

c) As orientações foram transmitidas por funcionários mais experientes, ao longo da realização das atividades.

d) Não foi realizado qualquer treinamento ou prestadas orientações por trabalhadores mais experientes.

e) Não se aplica.

4. Quanto às tarefas que você realiza ou deverá realizar na empresa, você as considera:

   a) Plenamente compatíveis com as suas limitações funcionais.
   b) Compatíveis, mas com algumas pequenas restrições.
   c) Incompatíveis, mas a vontade de trabalhar supera as barreiras existentes.
   d) Totalmente incompatíveis com as limitações funcionais.
   e) Não se aplica.

5. Quanto ao processo de seleção você considera que:

   a) O entrevistador estava totalmente à vontade para lidar com as suas limitações funcionais e, em razão disso, você se sentiu bem durante todo o processo seletivo.
   b) O entrevistador demonstrou desconhecer como lidar com pessoas com deficiência e o tratou com cordialidade e boa vontade.
   c) O entrevistador pareceu pouco à vontade para entrevistá-lo durante o processo seletivo e, em razão disso, você também se sentiu pouco à vontade durante este processo.
   d) O entrevistador demonstrou desconhecer como lidar com pessoas com deficiência e o tratou discriminatoriamente.
   e) Não se aplica.

6. Quanto à aquisição de tecnologias que visem ampliar a sua capacidade produtiva, enquanto trabalhador com deficiência, a empresa:

   a) Realizou investimentos anteriormente ou logo após a sua contratação.
   b) Planeja realizá-los em curto período (em até 6 meses).
   c) Planeja realizá-los em um prazo superior a um ano.
   d) Não há qualquer discussão a respeito.
   e) Não se aplica.

7. Quanto ao conhecimento do potencial das novas tecnologias para ampliar a capacidade produtiva dos trabalhadores com deficiência, podemos dizer que em sua empresa:

   a) Esta informação existe e é amplamente disseminada.
   b) Existe, mas o assunto é debatido apenas por poucas pessoas.

Conhecimentos de Gestão

- c) Os interesses acerca da questão são raros.
- d) Não há qualquer discussão a respeito.
- e) Não se aplica.

8. Quanto à adequação do ambiente construído às suas necessidades pessoais, podemos dizer que em sua empresa:
   - a) Você encontrou um ambiente construído totalmente adequado.
   - b) Você encontrou um ambiente com pequenas inadequações prontamente corrigidas após a identificação.
   - c) O ambiente construído se encontra com pequenas inadequações ainda não corrigidas.
   - d) O ambiente construído se encontra com grandes inadequações.
   - e) Não se aplica.

9. Quanto ao transporte desde e até a empresa, podemos dizer que:
   - a) O trabalhador dispõe de transporte próprio ou a empresa fornece transporte adaptado.
   - b) A empresa fornece transporte comum não adaptado.
   - c) O trabalhador recebe "caronas" de colegas e terceiros.
   - d) O trabalhador é usuário do sistema público de transporte.
   - e) Não se aplica.

10. Quanto ao seu relacionamento com colegas de trabalho, podemos dizer que você:
    - a) Se sente completamente integrado e à vontade na companhia destes.
    - b) Percebe o interesse destes em fazê-lo se sentir integrado.
    - c) Percebe algumas reações discriminatórias.
    - d) Se sente não aceito pelo grupo e, em razão disto, constrangido e discriminado.
    - e) Não se aplica.

11. Quanto à remuneração por seu trabalho, você diria que ela é:
    - a) Igual à remuneração de outros trabalhadores que exercem as mesmas atividades, na empresa ou fora dela.
    - b) Igual à remuneração de outros trabalhadores que exercem as mesmas atividades na empresa.
    - c) Próxima à remuneração de outros trabalhadores que exercem as mesmas atividades na empresa.

d) Muito aquém da de outros trabalhadores que exercem as mesmas atividades na empresa.
e) Não se aplica.

12. Quanto à contratação de outros trabalhadores com deficiência, podemos dizer que a empresa:
    a) Faz planos, porque considera favorável à produção e à consolidação da cultura inclusiva na organização.
    b) Considera favorável à formação da cultura inclusiva na organização.
    c) Realizará novas contratações de pessoas com deficiência se ocorrer crescimento do número total de trabalhadores e, em razão disto, do percentual devido da cota.
    d) Pretende reduzir o número total de trabalhadores, de modo a alterar as exigências de trabalhadores previstas pela lei de cotas.
    e) Não se aplica.

13. Quanto ao resultado de seu trabalho, a empresa:
    a) Realiza avaliações periódicas, promove orientações e se preocupa com a sua satisfação em realizá-lo como parte das atividades regulares da organização.
    b) O seu supervisor direto demonstra contínuo interesse em contribuir para a sua evolução enquanto trabalhador.
    c) O seu supervisor direto realiza avaliações eventuais, do que decorrem algumas orientações.
    d) Não demonstra qualquer interesse no resultado de seu trabalho e em saber de sua satisfação por realizá-lo.
    e) Não se aplica.

14. Quanto às suas perspectivas profissionais na empresa, podemos dizer que:
    a) Existe um plano de cargos e salários, explicitado ainda durante o processo de contratação.
    b) A empresa promove regularmente a ascensão funcional de seus funcionários.
    c) A depender de seus esforços pessoais é possível obter uma promoção e incremento da remuneração.
    d) Não há perspectivas de evolução funcional.
    e) Não se aplica.

15. Quanto à organização do trabalho (os horários, os turnos, o ritmo de produção etc.), podemos dizer que:
    a) Há flexibilidade e que leva em consideração suas limitações e necessidades especiais.

b) O seu supervisor direto e colegas de trabalhos colaboram com a sua produção.

c) Você trabalha em um sistema de banco de horas, fazendo horas-extras com frequência.

d) Você está pensando em pedir demissão ou abandonar o emprego.

e) Não se aplica.

16. Quanto ao posto de trabalho em que você realiza a maior parte de suas atividades, podemos dizer que:

a) Ele foi concebido levando-se em consideração as suas limitações funcionais.

b) Ele sofreu adaptações para adequar-se às suas limitações funcionais, após sugestões e queixas que você apresentou.

c) Após sugestões e queixas apresentadas por você, as alterações propostas entraram na programação de investimentos a ser realizada.

d) Ele é inadequado e os esforços para a sua utilização podem agravar as suas limitações ou não existe previsão de investimentos para alterações necessárias no posto de trabalho.

e) Não se aplica.

Quadro 3.2 Método Recife – Quadro síntese. Pontuação de deméritos, segundo as respostas obtidas junto ao questionário de referência

	Dimensão / Valoração	0	-1	-2	-3
1.	Durante a contratação	a/e	b	c	d
2.	Integração na empresa	a/e	b	c	d
3.	Treinamento funcional	a/e	b	c	d
4.	Compatibilidade funcional	a/e	b	c	d
5.	Do entrevistador e do processo de seleção	a/e	b	c	d
6.	Investimento em tecnologia assistiva	a/e	b	c	d
7.	Informações sobre tecnologia assistiva	a/e	b	c	d
8.	Quanto à adequação ambiental	a/e	b	c	d
9.	Quanto ao transporte	a/e	b	c	d
10.	Quanto ao relacionamento com pares	a/e	b	c	d
11.	Quanto à remuneração	a/e	b	c	d
12.	Valorização do trabalho da PCD	a/e	b	c	d
13.	Quanto à avaliação do trabalho	a/e	b	c	d
14.	Perspectivas na empresa	a/e	b	c	d
15.	Quanto à organização do trabalho	a/e	b	c	d

16.	Quanto ao posto de trabalho	a/e	b	c	d
	Nota total (Σ de deméritos)				
	Nota geral da avaliação				

Fonte: Barbosa Filho, Antonio Nunes. *Um modelo de avaliação da qualidade de vida no trabalho para a pessoa com deficiência.* 2005. Tese (Doutoramento em Engenharia de Produção). DEP/UFPE, Recife.

● Gerenciamento de riscos

A possibilidade de eventos indesejados, previsíveis ou não, se concretizarem estará sempre presente ao dia a dia das empresas. Para evitar a ocorrência destes, o que seria ideal – ou, ao menos poderia reduzir a probabilidade da sinistralidade – ou, ainda, minimizar seus impactos danosos, quer sobre o homem, sobre os meios materiais, quer sobre o meio ambiente, haverá a necessidade de o gestor incorporar ao cotidiano da organização uma série de práticas. Para tanto, deverá investigar exaustivamente todas as possibilidades de incidentes, de acidentes e de perdas, para conhecer suas causas e efeitos e, em seguida, estabelecer os instrumentos eficazes de sua prevenção e controle.

Essas práticas estarão relacionadas ao papel de cada um dos trabalhadores na busca do objetivo coletivo de integridade – saúde e segurança. Assim sendo, a formação de hábitos – conscientização e participação – em uma cultura organizacional voltada a esse objetivo é de fundamental importância para o propósito de gerenciamento dos riscos.

Cuidados com a limpeza e a ordem dos ambientes, máquinas e ferramentas, bem como a estrita observância dos procedimentos para a execução das operações – baseados em critérios que visam assegurar a integridade – com a adequação e conservação dos meios de proteção, o estabelecimento de sistemáticas de atuação na ocorrência de sinistros, como incêndios, enchentes, explosões, planos de evacuação de edificações etc., tomarão parte no sistema a ser gerenciado.

Tanto quanto melhor for estruturado o plano de gerenciamento de riscos e melhor preparadas estiverem as pessoas de uma organização, menores serão as chances de ocorrência de perdas de maior significância para esta. Por consequência, menores serão os custos de, por exemplo, proteções de patrimônio na forma de seguros.

Para o desenvolvimento de hábitos desejáveis, a empresa poderá adotar uma série de medidas, independentemente da obrigação formal da existência de Cipas e/ou SESMTs. Por exemplo, pode instituir como obrigatória para cada um dos operadores a realização de inspeções programadas de segurança nas máquinas nas quais trabalham e o treinamento de todos os funcionários em técnicas de combate a princípios de incêndio e de ação de primeiros socorros.

Todavia, mais importante do que orientar os funcionários sobre como agir em determinada situação com base em planos de intervenção, é a correta definição das probabilidades de ocorrência de cada sinistro aos quais poderá estar

Conhecimentos de Gestão

sujeita a organização e de suas dimensões sabre os mais variados aspectos, que "determinará" uma prioridade de atenções.

Nessa fase de elaboração do plano, o gestor deverá executar a identificação dos riscos, analisá-los e avaliá-los, para propor meios de tratamento (prevenção ou proteção, em suas diversas formas).

Para melhor visualização das fases, podemos representar o gerenciamento de riscos conforme demonstrado na Figura 3.15, em uma adaptação de Cortez Díaz 1997:112):

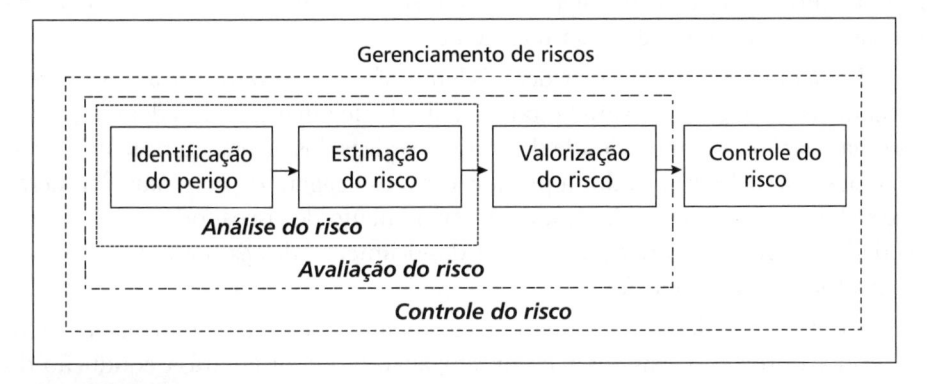

Figura 3.15 Fases do gerenciamento de riscos.

Para executar tais tarefas, o gestor poderá fazer uso de uma infinidade de ferramentas gerenciais aplicadas à temática. Algumas delas estão listadas a seguir:

- Diagrama de causa e efeito, de espinha de peixe ou de Ishikawa.
- Série de riscos.
- Análise preliminar de riscos.
- Análise e revisão de critérios.
- Diagramas e análise de fluxo.
- Análise de modos de falha e efeito.
- Análise de componentes críticos.
- Técnica de incidentes críticos.
- Análise de ambientes.
- Análise de procedimentos.
- Análise de árvore de falhas.
- Matriz de análises de riscos.
- Métodos de Gustav-Purt e de Gretener, para avaliação do risco de incêndios.
- Índices de Mond e de Dow, também aplicados à avaliação do risco de incêndios.

- Método de Fine (grau de periculosidade – GR, magnitude de risco – MR ou nível esperado de risco potencial – NERP).
- Método Hazop.

Ao registrar os acontecimentos em documentos especificamente elaborados para tal fim, mais do que uma série de dados a respeito da organização, o gestor poderá obter por meio dessas técnicas informações indicativas sobre sua evolução em relação ao objetivo de integridade. O uso de um conjunto ordenado dessas ferramentas servirá de orientação ao gestor sobre a condução do plano de intervenção necessário para alcançar tal intento.

Evidentemente, nunca será demais lembrar que as diretrizes e ações a serem executadas nesse plano deverão estar perfeitamente integradas aos demais planos da organização. A complexidade das características dos diversos ambientes, principalmente aqueles associados à produção e à estocagem de materiais, inúmeras vezes chega a creditar ao sistema de gerenciamento de riscos todas as responsabilidades sobre as autorizações para o deslocamento desses materiais e para a efetiva tomada da produção.

Conforme pudemos perceber anteriormente, a adequada informação sobre os diversos processos existentes na organização é que orientará a condução do sistema de gestão de riscos. Portanto, também é imprescindível que essa informação esteja sempre disponível para todos os níveis e setores da empresa. Riscos devem estar sinalizados, assim como demarcações e delimitações de áreas, tubulações e equipamentos de proteção; procedimentos-padrão de operação e requisitos de segurança com uma programação periódica de inspeção – que poderá estar incluída na programação de manutenção das instalações, equipamentos e ferramentas – devem ser fornecidos na forma escrita e estar ao alcance para pronto uso – continuamente revistos, atualizados e melhorados. De forma idêntica, toda a habilitação do pessoal deverá ser alvo dos mesmos cuidados e estes, sempre que possível, deverão participar de exercícios de simulação.

Como elementos adicionais do sistema, a empresa poderá adotar como referência, após criteriosa definição e exclusivamente para comparação de aprimoramento interno[47] no sentido de reduzir até o ideal de inexistência de acidentes, índices estatísticos. Os de maior utilização, recomendados pela OIT, são:

a) **Índice de frequência**: relaciona o número de acidentes e o número de horas-homem trabalhadas em um dado período de tempo.

---

[47] Ou melhor, não deverão ser tomados como adequados para servir de base à comparação entre organizações distintas, uma vez que parâmetros muito diferentes utilizados na elaboração desses índices, como natureza das lesões e local do corpo humano atingido, quantidade de trabalhadores e horas de trabalho efetivamente trabalhadas, podem levar a resultados semelhantes e até mesmo iguais, porém com estruturas de formação e, portanto, significações totalmente diversas. Isso, por fim, resultará em necessidades e em planos de ação também diversos.

Conhecimentos de Gestão

b) **Índice de gravidade**: relaciona o número de jornadas perdidas por acidentes em um período de tempo e o total de horas-homem trabalhadas nesse período. A natureza da lesão contabiliza de forma predefinida uma perda de jornada de trabalho em horas-homem.

c) **Índice de incidência**: relaciona o número de acidentes ocorridos e o número médio de pessoas expostas ao risco no período de tempo considerado.

d) **Duração média das baixas**: relaciona as jornadas perdidas por incapacidade e os acidentes na jornada de trabalho ocorridos num dado período de tempo.

Em resumo, podemos traduzir as etapas do gerenciamento de riscos como sendo a identificação, a mensuração por meio da avaliação qualitativa ou quantitativa e o estabelecimento de um plano de intervenção que buscará, de forma própria, evitar a concretização desses riscos, numa investigação desde as condições de trabalho existentes até as possíveis consequências resultantes.

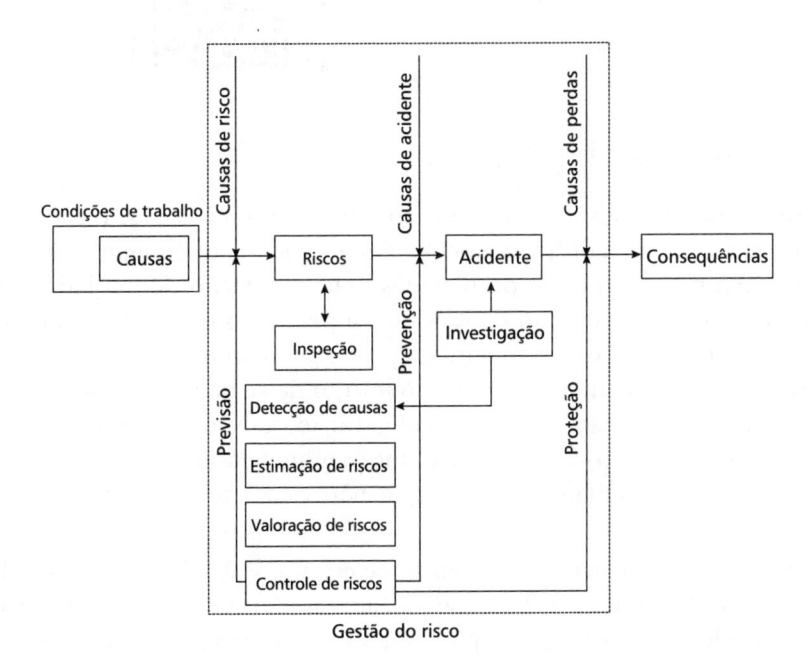

Figura 3.16 Esquema geral do processo de gerenciamento de riscos e suas funções.

Fonte: Adaptado de Cortez Díaz (1997:141).

> **Sugestões de leitura**
>
> ALMEIDA, Roberto R. *Gerência de risco*: o desafio. Recife: EDUFPE, 1996.
>
> BONASTRE, Ramón et al. *Manual de seguridad y salud en el trabajo*: nuevos conceptos. Barcelona: Arial, 1996.
>
> CORTEZ DÍAZ, José María. *Técnicas de prevención de riesgos laborales*: seguridad e higiene del trabajo. 2. ed. Madri: Tébar Flores, 1997.
>
> DE CICCO, Francesco M. G. A. F. et al. *Modernas técnicas de gerência de riscos*: coletânea de textos selecionados. São Paulo: IBGR, 1985.
>
> MIGUEL, Alberto Sérgio S. R. *Manual de higiene e segurança do trabalho*. 4. ed. Porto: Porto Editora, 1998.
>
> TAVARES, José da Cunha. *Noções de prevenção e controle de perdas em segurança do trabalho*. São Paulo: Senac/SP, 1996.

> Assista a um vídeo do autor sobre *Saúde e Segurança Ocupacional em Arqueologia*
>
> uqr.to/ckqt

● Gestão de sinistros

Em diversas localidades do mundo, apesar, muitas vezes, do adequado zoneamento que busca ordenar a ocupação do solo, o crescimento das cidades e do atrativo por facilidades propiciadas pela instalação de unidades industriais, tais como a construção de redes de suprimento de água e energia elétrica, bem como vias de escoamento da produção, comunidades são levadas a se instalarem nas cercanias daquelas no intuito de se beneficiarem de alguma forma, seja por emprego direto ou pela geração de renda indireta ou, ainda, pelo simples fato de buscarem utilizar, mesmo que clandestinamente, e assim terem acesso, às facilidades citadas, que não estariam disponíveis de outra forma.

Em algumas situações, a ocorrência de eventos indesejados pode ser de tal ordem de grandeza que seus efeitos podem atingir não apenas o local de trabalho de um indivíduo, mas se propagar por todas as instalações da empresa e alcançar, inclusive, outras instalações e comunidades na vizinhança em geral. E como tal, há a necessidade de o sistema de segurança antecipar-se a tais possibilidades e estabelecer o adequado plano de intervenção, seja no âmbito interno à organização, seja no seu entorno próximo ou em socorro a terceiros, onde tenha ocorrido um evento primário que possa colocar em risco a integridade de seus trabalhadores e/ou de suas instalações.

Não raro, acidentes de grande porte originados nestas indústrias atingem parcelas dessa população circundante. Medidas de conscientização do público em relação aos riscos tecnológicos e a implementação de iniciativas públicas associadas a iniciativas originadas na própria indústria no tocante à preparação e intervenção em caso de acidentes podem minorar e, mesmo, evitar alguns de seus efeitos indesejados.

Quando o potencial de alcance do evento indesejado envolver mais de uma organização produtiva, é pertinente que as atividades de socorro, auxílio, atendimento e assistência mútua façam parte de um plano ou programa de auxílio mútuo (PAM), previamente estruturado, visando ao compartilhamento dos recursos humanos habilitados, bem como dos materiais especializados necessários a intervenções desta natureza. Assim, amplia-se o poder de atendimento e de intervenção de um sinistro que pode, de alguma forma, se alastrar e prejudicar instalações e populações outras além daquelas onde se originou.

Sampaio (2002:153-164) entende que um plano de emergência adequado para uma empresa deve ser estabelecido a partir de quatro conjuntos de informações:

a. **Eventos primários**: aqueles que originam ou têm potencial para gerar situações de emergência, de maneira direta ou indireta, ocorridas no ambiente produtivo ou fora deste;

b. **Primeiras ações**: primeiras providências a serem concretizadas visando neutralizar ou interromper a evolução do evento primário;

c. **Recursos básicos**: conjunto de ferramentas, procedimentos e informações que devem estar disponíveis para a concretização das primeiras ações;

d. **Treinamento essencial**: a adequada realização das ações requeridas, bem como as necessárias tomadas de decisão, somente serão eficazes se houver a capacitação pertinente para tanto, inclusive quanto a cenários não previstos.

Uma das questões centrais na gestão de sinistros diz respeito à adequação das informações que são levadas ao público. Há que se ter um equilíbrio entre a ausência de informações, que dá margem ao surgimento de boatos, assim como ao excesso de informações veiculadas que, ao invés de ser útil, vai de encontro à credibilidade do que é veiculado a cada momento. Em razão disso, é comum estabelecer uma frequência e uma forma de disponibilizar conteúdos, cuja estrutura, igualmente se recomenda, esteja previamente definida como elemento do plano de gerenciamento da crise. Ou seja, no momento mais próximo à ocorrência do evento indesejado e de grande alcance.

Vale e Lage (2003:160-165) discutem regras básicas para a comunicação de riscos, válidas para cidadãos comuns ou mesmo para trabalhadores não especialistas, destacando que "*o risco* [para o leigo] *é igual à percepção do risco*". Ou seja, "*as pessoas consideram os riscos como elas os percebem e não como os técnicos consideram*". Ao que estabelecem quatro regras básicas a serem seguidas:

Regra 1: respeito e envolvimento: discuta e envolva as pessoas afetadas pelo risco com as decisões a serem tomadas, inclusive quanto a eventuais mudanças diante de algo anteriormente estabelecido.

Regra 2: planejamento e avaliação do comportamento: adeque a linguagem utilizada aos destinatários, de modo que o conteúdo disponibilizado seja captado e apreendido adequadamente por cada um destes.

Regra 3: escute: comunicação é um processo de interação. Ou seja, de influências recíprocas no comportamento.

Regra 4: credibilidade: credibilidade é fundamental em todo e qualquer relacionamento humano. Logo, a sinceridade, a franqueza e a abertura ao aprendizado são requisitos essenciais neste processo.

Quando a extensão dos efeitos indesejados puder atingir a população civil da zona de influência do sinistro (determinada pelo provável alcance do pior caso possível quanto aos danos), de modo direto ou indireto (meio ambiente), devem-se agregar ao plano de emergência da empresa as diretrizes estabelecidas pelo APELL (*Awareness and preparedness for emergencies at local level*).

O diagrama de implementação do APELL (alerta e preparação de comunidades para emergências locais), apresentado ao final deste capítulo, indica que este deve ser estruturado como um programa de ação voluntária, um processo de planejamento e intervenções integrados envolvendo a comunidade, os dirigentes industriais, as autoridades e os serviços locais, conjuntamente, para possíveis situações de emergência, de modo que possam ser significativamente reduzidas as consequências de grandes sinistros industriais, associados ou não a desastres da natureza, a exemplo dos ocorridos em Bhopal (Índia, 1984), Lagos (Nigéria, 1982), Cidade do México (México, 1984) e na Baía da Guanabara (Rio de Janeiro, 2000), entre outros. Informações detalhadas sobre o APELL podem ser obtidas na Internet em <http://www.uneptie.org/apell>.

Bem coloca Freitas (2000:126-127) afirmando que

"*os estudos demonstram que, se queremos estabelecer estratégias de gerenciamento de riscos mais eficazes, devemos considerar os aspectos psicológicos, sociais, culturais e os valores morais que conformam as percepções do público.[...] O mundo em que se situam – seres humanos em suas relações sociais – é constituído por outros aspectos, como os estilos de vida e as relações interpessoais, as interações simbólicas e os movimentos sociais, as questões de poder e de distribuição de riscos, controle social e instituições sociais. [...] Nesta perspectiva, a percepção de riscos não é somente do público leigo ou exposto, mas dos diversos atores envolvidos e associada aos diferentes interesses em jogo, como o das empresas privadas e das instituições públicas envolvidas no problema".*

Na concretização de um evento indesejado, atenção especial deve ser dada aos momentos subsequentes à ocorrência. A este período costuma-se chamar de "Crise" ou momento crucial. Estimado, em regra, como algo em torno das seis horas imediatamente posteriores ao ocorrido.

Nesta situação se requer que a empresa já tenha previamente definido quem será o seu porta-voz e, não raro, declarações preparadas para a mídia (em estrutura e não em conteúdo), de maneira a informar adequadamente a situação atual e concreta, reduzindo a possibilidade de subjetividade nas informações prestadas e aumentando a credibilidade daquilo que é comunicado ao público em geral.

Os planos de emergência devem conter objetivos claros e amplamente divulgados na organização, assim como devem ser definidos os responsáveis por cada uma das ações pertinentes, devidamente registradas, cujos documentos estarão ao acesso e à disposição de todos, quando se fizerem requeridos, para intervenção formal ou treinamento. Para tanto, devem ser identificadas as situações potenciais (seja do PPRA ou de experiências prévias – acidentes ou incidentes), com antecipação e prevenção das condições necessárias para a sua ocorrência.

Deve haver, como preconizado no APELL, o envolvimento das autoridades e dos serviços de emergência locais para a consecução das ações cabíveis, entre as quais podemos exemplificar: o isolamento de áreas e de rotas, a determinação da destinação de vítimas (em número de atingidos e da natureza do atendimento devido) etc. Assim, são devidos o levantamento e a manutenção de registros atualizados quanto aos interlocutores a serem acionados, bem como quanto às funções ou papel de cada um destes em eventos de tal magnitude.

No tocante às ações internas no caso da ocorrência de sinistros, dois pontos merecem ser destacados:

    a. A evacuação das edificações.
    b. A limitação das formas de energia (elétrica, pneumática, térmica etc.) em seu potencial danoso.

Quanto à evacuação das edificações, recomendações gerais orientam para ações de treinamento relacionadas à formação de brigadas de incêndio (talvez o evento mais comum que demande a evacuação de edificações). A determinação prévia de pontos de encontro e a definição de rotas seguras podem contribuir para o sucesso da operação. Assim, regra geral, cada rota é orientada por três indivíduos devidamente treinados para executarem funções específicas: um à frente da fila indiana, conduzindo esta em ritmo e velocidade constantes, outro ao final desta, evitando o retrocesso de algum indivíduo por vias inseguras ou inapropriadas. O terceiro indivíduo tem a responsabilidade de liberar, cortar ou limitar as formas de energia em seu potencial danoso, de modo que estas não venham a potencializar a propagação ou a ampliação do evento indesejado em andamento.

Ademais, nunca é demais ressaltar que as ações de previsão, prevenção e proteção de danos ao patrimônio físico e imaterial das empresas, humano e ambiental devem ir muito além do que o estabelecido na legislação que, inevitavelmente, sempre estará defasada em relação à dinâmica social e aos conhecimentos técnicos relacionados a determinado aspecto ou dimensão dos meios produtivos, em razão de sua complexidade.

Sugestões de leitura

UN/UNEP. *Explicando o Programa APELL – alerta e preparação de comunidades para emergências locais*. Disponível em: <http://www.uneptie.org/pc/apell/publications/pdf_files/explicando-apell.pdf.>. Acesso em 8 de janeiro de 2007.

ESTADO DE PERNAMBUCO. Decreto nº 19.644, de 14 de março de 1997. *Código de segurança contra incêndio e pânico para o Estado de Pernambuco (COSCIP)*.

ESTADO DE SÃO PAULO. Decreto nº 46.076, de 31 de agosto de 2001. Regulamento de segurança contra incêndio das edificações e áreas de risco.

FREITAS, C. M.; SOUZA PORTO, M. F.; MACHADO, J. M. H. (Org.). *Acidentes industriais ampliados*: desafios e perspectivas para o controle e a prevenção. Rio de Janeiro: Fiocruz, 2000.

FREITAS, Carlos Machado. A contribuição dos estudos de percepção de riscos na avaliação e no gerenciamento de riscos relacionados aos resíduos perigosos. In: SISINO, C. L. S.; OLIVEIRA, R. M. (Org.). *Resíduos sólidos, ambiente e saúde*: uma visão multidisciplinar. Rio de Janeiro: Fiocruz, 2000. p. 111-128.

KLETZ, Trevor. *O que houve de errado?* – casos de desastres em indústrias químicas, petroquímicas e refinarias. São Paulo: Makron Books, 1993.

SAMPAIO, Gilberto Maffei A. *Pontos de partida ... em segurança industrial*. Rio de Janeiro: Qualitymark, 2002.

VALE, Cyro Eyer do; LAGE, Henrique. *Meio ambiente*: acidentes, lições, soluções. São Paulo: Senac, 2003.

Conhecimentos de Gestão

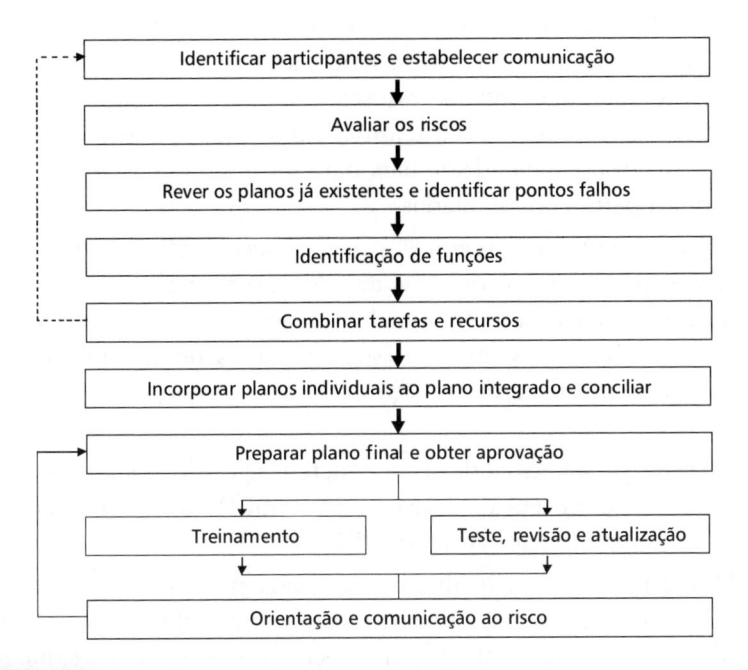

```
Identificar participantes e estabelecer comunicação
                    ↓
            Avaliar os riscos
                    ↓
Rever os planos já existentes e identificar pontos falhos
                    ↓
         Identificação de funções
                    ↓
         Combinar tarefas e recursos
                    ↓
Incorporar planos individuais ao plano integrado e conciliar
                    ↓
     Preparar plano final e obter aprovação
              ↓              ↓
        Treinamento    Teste, revisão e atualização
              ↓              ↓
         Orientação e comunicação ao risco
```

Figura 3.17 Diagrama de implementação do APELL.

Fonte: UN/UNEP (2007).

Análise de riscos e de acidentes

Sem dúvida, em maior ou menor grau, toda atividade produtiva comporta riscos aos quais podem estar sujeitos não só aqueles direta ou indiretamente envolvidos em sua obtenção, mas também os destinatários de seus produtos (como no caso da produção de alimentos, bebidas e dos demais produtos de certificação compulsória), bem como terceiros não envolvidos nessa relação. Podemos dizer, então, que existem três níveis de atuação na gestão desses riscos. A primeira relacionada à produção em si, às condições em que se processa; a segunda no tocante à qualidade do produto; e a terceira no que diz respeito aos entes externos às relações de trabalho ou de consumo, mas que podem ser afetados caso o sistema de gerenciamento venha a falhar.

Nessa esteira, a atividade de identificação e avaliação desses riscos deve contemplar olhares nessas três direções.

Tomemos, por exemplo, a realização de atividades de manutenção em redes elétricas energizadas. Devemos ater atenções aos trabalhadores que realizam ações e operações na rede, àqueles que dão suporte a estes – repassando-lhes materiais ou informações necessárias, bloqueando e sinalizando áreas –, bem como aos transeuntes (e eventuais curiosos) e, ainda, aos usuários desse serviço, que devem ser informados de sua natureza, duração e programação, inclusive no tocante à sua disponibilidade ou não, para que todo esse ciclo se processe em plena segurança para todos os citados.

Então, para tanto, a primeira das providências a ser tomada será elencar quais os riscos presentes (ou decorrentes) de sua execução, identificando suas causas e efeitos, estabelecendo uma ordem de gravidade para estes e definindo medidas que possam antagonizá-los, suprimindo-os ou minimizando-os, seja por medidas preventivas ou de proteção. Trata-se, essencialmente, de ações de previsão.

Nesse sentido, antecipando-se à concretização de quaisquer atividades, ainda em sua fase de concepção, deve ter lugar uma "Análise preliminar de Perigo (ou Risco)" ou, simplesmente, APP ou APR.

A APR é uma técnica qualitativa realizada previamente à execução das tarefas que, com a participação ativa dos gestores, trabalhadores e especialistas, partindo da experiência acumulada por estes no trato com tarefas similares, estabelece meios e medidas a serem cumpridas, valendo-se, inclusive, do aprendizado resultante de eventos indesejados anteriormente ocorridos, no âmbito da própria empresa ou fora desta. Assim sendo, não raro resultam desse estudo procedimentos operacionais fixando rotinas e/ou condições para a consecução segura dessas atividades, segundo diversos cenários nos quais possam ser antecipadas as exigências que serão impostas aos trabalhadores e a todos os demais envolvidos em sua realização.

O risco é decorrente da presença do "perigo". O risco pode ser minimizado com adoção e aumento das "salvaguardas", que são definidas como o conjunto de ações, medidas, sistemas de proteção etc. que objetivam prevenir um acidente ou minimizar as suas consequências. O risco, portanto, pode ser representado simbolicamente pela equação:

$$\text{RISCO} = \frac{\text{PERIGO}}{\text{SALVAGUARDAS}}$$

Dessa feita, para um mesmo perigo em situações distintas, em razão das salvaguardas existentes em cada um dos cenários, podem haver distintos níveis ou graus de risco, ou seja, de probabilidade de ocorrência de um evento indesejado. E tal distinção não pode ser desconsiderada, seja para fins securitários, por exemplo, seja para fins de gestão do risco ambiental ou ocupacional.

Conhecimentos de Gestão

Em síntese, a APR pode ser entendida como o levantamento a seguir esquematizado:

RISCO ⇒ CAUSA ⇒ EFEITO ⇒ GRADAÇÃO ⇒ MEDIDAS PREVENTIVAS ou PROTETIVAS

Figura 3.18 Diagrama de etapas de levantamento na Análise preliminar de risco (APR).

Ou ser representada em uma tabela, conforme Quadro 3.3:

Quadro 3.3 Análise preliminar de risco – disposição em tabela de levantamentos

Risco	Causa	Efeito	Gradação	Medida

Quanto à gradação dos riscos, estes podem ser classificados quanto ao potencial danoso ao sistema produtivo e aos recursos humanos, sendo, assim, de natureza:

Quadro 3.4 Classificação de riscos segundo o grau de severidade ou potencial danoso

Grau	Severidade	Características
I	Desprezível	Não causa degradação impeditiva de funcionamento ao sistema produtivo (processo ou instalações) ou ameaça os recursos humanos.
II	Marginal / Limítrofe	Degradação moderada com danos menores, sem causar lesões. Compensável ou controlável.
III	Crítica	Degradação crítica. Dano substancial, com lesões, impondo ações imediatas.
IV	Catastrófica	Causador de séria degradação ou perda do sistema produtivo, bem como lesões graves ou mortes.

E, considerando-se conjuntamente a frequência esperada para a sua ocorrência, podemos estimar qualitativamente o risco de um empreendimento ou de uma atividade produtiva qualquer.

Quadro 3.5 Classificação de riscos segundo a frequência de ocorrência do evento-fonte

Categoria	Frequência anual	Descrição
A – Extremamente Remota	$f < 10^{-4}$	Conceitualmente possível, mas de ocorrência extremamente improvável durante toda a vida útil do sistema produtivo.
B – Remota	$10^{-4} < f < 10^{-3}$	Ocorrência não esperada durante a vida útil do sistema produtivo.
C – Pouco Provável	$10^{-3} < f < 10^{-2}$	Pouco provável de ocorrer durante toda a vida útil do sistema produtivo.
D – Provável	$10^{-2} < f < 10^{-1}$	Esperado ocorrer até uma vez durante a vida útil do sistema produtivo.
E – Frequente	$f > 10^{-1}$	Ocorrência esperada por várias vezes durante a vida útil do sistema produtivo

De posse das avaliações quanto à frequência esperada e à gravidade das ocorrências, será possível estabelecer uma priorização relativa entre os casos possíveis, suas potenciais consequências, bem como no tocante às medidas decorrentes a serem tomadas, conforme determinado pela Matriz de classificação de riscos resultantes.

		FREQUÊNCIA				
		A	B	C	D	E
SEVERIDADE	IV	2	3	4	5	5
	III	1	2	3	4	5
	II	1	1	2	3	4
	I	1	1	1	2	3

Figura 3.19 Matriz de classificação de riscos resultantes.

Para os riscos tipo 5, considerados como não toleráveis, as medidas e os controles existentes (salvaguardas) devem ser reforçados e ampliados de imediato com o intuito de reduzir a probabilidade de sua ocorrência ou de seus impactos, posto que, no estado atual em que se encontram, estes podem ser insuficientes.

Conhecimentos de Gestão

Quadro 3.6 Classificação do risco segundo severidade e frequência de ocorrência

	Severidade		Frequência		Risco
I	Desprezível	A	Extremamente Remota	1	Desprezível
II	Marginal	B	Remota	2	Menor
III	Crítica	C	Improvável	3	Moderado
IV	Catastrófica	D	Provável	4	Sério
		E	Frequente	5	Crítico

Já para os riscos tipo 1 e 2, considerados toleráveis, será suficiente o cumprimento dos procedimentos planejados, observando-se o comportamento dos indivíduos e do próprio sistema produtivo ao longo de sua vida útil.

Por sua vez, para os riscos tipo 3 e 4, devem igualmente ter lugar medidas visando à redução de seu potencial danoso e à probabilidade de sua ocorrência.

Entretanto, apesar de todo um conjunto de ações visando assegurar a integridade das pessoas, instalações, edificações e equipamentos, ocasionalmente, eventos indesejados têm lugar ...

Quando tal acontece, um dos maiores temores dos responsáveis pela segurança de sistemas produtivos que falharam, isto é, cujo conjunto de medidas antecipatórias (de previsão, prevenção e proteção) não foram suficientes ou adequadas para evitar uma ocorrência indesejada, não é, tão somente, o montante de perdas causadas por sua concretização, mas o fato de possivelmente não poderem evitar a sua recorrência em face de dificuldades ou mesmo da impossibilidade de determinarem concretamente a sua causa ou origem em alguns casos, cujo desdobramento pode, inclusive, ser de maior gravidade ou monta do que o anteriormente ocorrido.

Vejam-se, por exemplo, os esforços para a recuperação de partes do avião e a consequente tentativa de obtenção de dados que possam suportar teses a respeito do acidente com o voo 447 da Air France, que em 31 de maio de 2009 caiu ao mar próximo ao Arquipélago de Fernando de Noronha, em águas territoriais brasileiras. A obtenção desses dados pode ser útil não apenas para a companhia de aviação em questão, mas para as demais usuárias do mesmo tipo de aeronave, bem como para todos os fabricantes.

Conforme já discutido no capítulo acerca do erro humano, a maioria dos acidentes é atribuída a estes, seja por qual motivo for. E, embora não necessariamente causadora direta pelos acidentes, a ação humana deve ser investigada no contexto em que estes últimos ocorrem.

O erro humano pode decorrer basicamente de três conjuntos de ações. Quais sejam: relativas à decisão, à atuação e à memória. Para tanto, a investigação deve orientar seus esforços para os requisitos de memória exigidos para o cumprimento da tarefa (se de longo ou de curto prazo), as interfaces de informação e de intervenção e o processo cognitivo associado.

Um dos modelos para a avaliação ou investigação de acidentes que consideram as múltiplas causas e dimensões associadas ao evento é o Modelo SHELL, cuja premissa básica é que estas que interatuam e que, portanto, não podem ser consideradas ou examinadas isoladamente. Sua criação remonta ao início da década de 1970, sendo desde então utilizado e disseminado, entretanto, somente ganhando largo impulso a partir dos anos 1980, notadamente para a investigação de eventos complexos.

Sua representação é de um sistema de interações entre os fatores:

a) *Software* (ou suporte lógico) de toda a estrutura de informações, normas e regulamentos aos quais se tem (ou se deveria ter) acesso e que interferem na operação do sistema.

b) *Hardware* ou maquinaria, elementos materializados a esta associados, tais como as interfaces de informação e de controle, bem como o próprio *layout* do espaço de produção.

c) *Environment* ou meio ambiente, que designa o conjunto de condições (umidade, ruído, vibrações etc.) em que o evento se processou.

d) E, finalmente, *liveware*, o fator ou agente humano, com suas capacidades, habilidades e limitações.

Importante destacar que nesse modelo, em especial, devem ser consideradas as relações interpessoais, quais sejam:

a) Indivíduo x indivíduo.
b) Indivíduo x indivíduo.
c) Grupo x grupo.

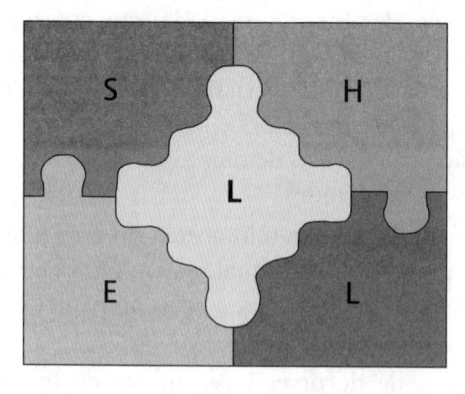

Figura 3.20 Representação esquemática do modelo SHELL.

Bem, mas o que se busca na análise de falhas ou acidentes? *Indicar o(s) culpado(s)? Descobrir a origem ou causa(s)? Prevenção? Proteção? Correção?*

Podemos dizer que a análise de falhas ou de acidentes serve antes de tudo para aprendermos lições, ainda que de uma maneira indesejada, pois são oportunidades de aprendizado, nos mais variados sentidos.

Quanto ao registro e avaliação de acidentes, podemos elencar como itens pertinentes a essa finalidade a determinação de:

a) *Atores envolvidos e cenários da ocorrência (horário, condições etc.).*

b) *Linha do tempo – os antecedentes e consequentes temporais.*

c) *As ações dos atores (devidas e indevidas).*

d) *As omissões e outros atos culposos.*

e) *Série de riscos.*

f) *Efeitos (natureza, localização e extensão).*

g) *Estimação de efeitos (tangíveis e intangíveis).*

h) *Medidas requeridas (mitigadoras e de controle).*

i) *Análise documental (incluindo os registros formalizados ou não).*

j) *Elaboração ou revisão de procedimentos (inclui redação, treinamento e liberação para uso).*

Nesse intuito, é particularmente requerida a utilização do preconizado na NBR 14280 – Cadastro de Acidentes de Trabalho –, que tem como objetivos fixar critérios para o registro, comunicação, estatística e análise de acidentes do trabalho, suas causas e consequências, aplicando-se suas orientações a quaisquer atividades laborativas.

Sampaio (2002) comenta com propriedade que muitas empresas se espelham em – e mesmo "copiam" – planos de emergência (e em outros aspectos do gerenciamento de saúde e segurança ocupacional) de organizações consideradas de referência nessa área. Até aqui nada de tão grave. Todavia, assegura o autor, muitas vezes não ocorre a internalização dos valores e princípios que norteiam a formação desses bons planos... Meras cópias não geram o envolvimento dos trabalhadores afetados, não asseguram a perfeita compreensão do sistema, técnica ou ferramenta e, muito menos, geram ações proativas e a execução pertinente, quando se fizer necessário.

Em algumas situações, se requer que o conjunto de comportamentos esperados e ações resultantes estejam previamente determinados, de maneira que não haja dúvida quando tal for requerido e assegurando a sua realização a contento. Nesses momentos, não haverá tempo hábil para sanar ou dirimir dúvidas porventura existentes. Haverá que se atuar de modo correto e sem hesitações. Para tanto, Sampaio (2002:154-164) preconiza a elaboração de planos de intervenção imediata que podem ser concebidos a partir da estrutura do Quadro 3.7:

3 Conhecimentos de Gestão

Quadro 3.7 Plano de intervenção imediata – componentes

Eventos primários	Primeiras ações	Recursos básicos	Treinamento essencial

1. Eventos primários – quaisquer acontecimentos que iniciam ou possam reunir as condições para gerar ou originar situações de emergência.
2. Primeiras ações – são aquelas que visam neutralizar ou interromper a evolução do evento primário em questão.
3. Recursos básicos – os procedimentos que asseguram a execução adequada das primeiras ações.
4. Treinamento essencial – que capacitação é requerida para habilitar as pessoas a executarem as primeiras ações de forma competente.

Podemos resumir o conteúdo final deste capítulo em três dizeres:

1. Conhecer incondicionalmente.
2. Planejar continuamente.
3. Treinar para atuar corretamente.

Por fim, convém transcrevermos uma emblemática assertiva que encontramos em Adams (2009:64): "*O risco percebido é o risco ao qual se reage. Ele muda num piscar de olhos quando os olhos o focam.*" Então, ao atermos atenção ao seu conteúdo e elaborarmos uma breve reflexão, compreenderemos que, mais importante do que prover os pretensos meios para a preservação da integridade da unidade produtiva, em amplo sentido (e isso inclui a circunvizinhança), é fornecer a educação necessária para que todos os trabalhadores possam compreender uniformemente o real significado de segurança, para que se sintam como parte fundamental desse sistema preventivo-protetivo e, como tal, passem a ser parte ativa do mesmo e que continuem sendo constantemente informados (treinados ou reciclados) sobre as temáticas relacionadas, ou seja, que haja a contínua disseminação de informações pertinentes a esse propósito por toda a organização, para que os objetivos relacionados à SST tenham chances bem maiores de serem alcançados de forma integral e incondicional.

Sugestões de leitura

ADAMS, John. *Risco*. São Paulo: SENAC, 2009.

ASSOCIAÇÃO BRASILEIRA DE NORMAS TÉCNICAS. *Cadastro de acidente do trabalho*: Procedimento e classificação. ABNT NBR 14280. Rio de Janeiro: ABNT, 2001.

CETESB/SP. *Estudo da análise do risco*. Disponível em: <www.cetesb.sp.gov.br>.

_____. Norma CETESB P4.261 – *Manual de orientação para a elaboração de estudos de análise de risco*. São Paulo: CETESB, 2000.

TUOMI, Kaija et al. (Instituto Finlandês de Saúde Ocupacional). *Índice de capacidade para o trabalho*. São Paulo: EdUFSCar, 2005.

KLETZ, Trevor. *O que houve de errado?* – casos de desastres em indústrias químicas, petroquímicas e refinarias. São Paulo: Makron Books, 1993.

REASON, James. *Human error*. Cambridge: Cambridge University, 2002.

SAMPAIO, Gilberto Maffei A. *Pontos de partida... em segurança industrial*. Rio de Janeiro: Qualitymark, 2002.

● Auditorias em Saúde e Segurança do Trabalho

Predomina no imaginário popular a noção de que a expressão *realizar auditoria* ou *estar sob auditoria* significa estar sob suspeição de estar realizando algo não conforme, indevido e, pior, bem pior, que se busca descobrir quem o fez e que, de alguma forma, ainda obscura, tenta se esconder.

Certamente tal percepção advém do mito ou da representação de poder assegurada aos chamados "auditores da fazenda pública" (ou da Receita Federal, da Fazenda Estadual etc.) e, antigamente, dos "Auditores (fiscais) do Trabalho", bem como dos auditores contábeis privados em seu mister de buscar elucidar analiticamente quaisquer imprecisões de demonstrações financeiras nas empresas.

Apesar de todos os cuidados e atenções no atendimento ou cumprimento das atribuições regulares que o sistema de saúde e segurança do trabalho coloca a encargo de seus profissionais, esse mesmo cotidiano ou rotina pode mascarar ou obscurecer algumas necessidades desse sistema. Ainda mais, quando ocorrências indesejadas não têm lugar – que é o objetivo central de toda empresa –, é comum que haja um relaxamento nas atividades de controle.

É importante diferenciar a finalidade e os objetivos da inspeção de segurança da investigação de acidentes (em sua concepção prevencionista) e da auditoria de saúde e segurança do trabalho. E, embora sejam atividades complementares, estas não se confundem. Ou seja, não são sinônimas e, portanto, devem ser compreendidas e levadas a termo em suas distinções, a saber:

a) A inspeção se dá em caráter rotineiro e faz parte das ações regulares do sistema de SST visando identificar o comportamento e a realização de tarefas segundo os parâmetros preconizados por aquele. Tem o papel de verificar *in loco* o cumprimento dos procedimentos e também validar os treinamentos, observando se existem divergências entre o trabalho prescrito e o trabalho real, buscando, se for o caso, fornecer subsídios para a compreensão desse distanciamento e para a proposição de intervenções necessárias para a sua eliminação.

b) A investigação de acidentes, como o próprio termo sugere, volta-se à elucidação das não conformidades registradas pelo sistema de SST que podem, de alguma forma, ser danosas aos seus propósitos. Ou seja, das ocorrências de que podem resultar danos ao sistema produtivo, lesões ou ameaças à integridade dos trabalhadores e do meio ambiente ocupacional e em geral, bem como degradar as condições laborais, impondo maior desgaste, esforço ou reduzindo-lhes a capacidade produtiva, por qualquer motivo. Dá-se, então, em caráter preventivo e corretivo, também. Busca-se a compreensão da gênese do fenômeno investigado, levantando-se os fatores contribuintes, as condições de sua ocorrência, potenciais efeitos, bem como a estruturação de mecanismos e atribuições de responsabilidades para evitar a sua recorrência.

c) Por fim, podemos dizer que a função da auditoria de SST é retroalimentar o sistema juntamente com recursos humanos, produção e saúde e segurança ocupacional, para verificar o cumprimento do sistema de saúde e segurança ocupacional, de modo formal, baseado em procedimentos escritos e preestabelecidos com definição previa dos pontos a serem verificados, a forma de verificação, avaliação, formulação e apresentação das proposições de ações corretivas.

Dentre os objetivos e as justificativas para a realização de auditorias relativas a aspectos de Saúde e Segurança do Trabalho, podemos listar:

1. Determinar a conformidade ou não com a especificação.
2. Determinar a eficácia do SSST implementado no atendimento dos objetivos especificados.
3. Prover ao auditado oportunidade de melhoria.
4. Atender aos requisitos regulamentares.
5. Avaliar uma organização visando estabelecer uma relação contratual, inclusive no caso de fusões ou aquisições.
6. Verificar a continuidade do SSST aos requisitos especificados e a sua evolução na organização ou nas contratadas.
7. Avaliar o SSST em face de uma norma de sistema de SST.

Em outras palavras, podemos dizer que uma auditoria se presta à verificação de se aquilo que deveria ser feito visando ao controle de uma especificação está sendo realizado a contento e se tal se trata do que de melhor poderia ser feito nesse sentido. Logo, trata-se, também, de uma oportunidade para a definição e para a implementação de melhorias nesse sistema de controle.

Cabe ao auditor, individualmente ou em equipe (auditor-líder e auditores--auxiliares), conduzir as atividades necessárias para essa verificação e buscar prover à empresa os resultados desejados nesse processo. Para tanto deve(m) atuar com plena isenção e autonomia. Por essa razão, é função tipicamente de assessoria, desprovida de poder de mando ou de intervenção direta.

Para o exercício dos encargos de seu mister, o auditor deverá ter competências técnicas e no trato com pessoas. Entre suas qualificações, devem constar a flexibilidade e a velocidade de raciocínio, a imparcialidade e a capacidade de análise, bem como habilidades de comunicação, quais sejam, expressão verbal e escrita, além de uma boa dose de sociabilidade.

Em regra, as auditorias são atividades planejadas cuja periodicidade de realização depende da abrangência de seu escopo (de produto, de processo ou de sistema), da importância do elemento auditado para a empresa, de exigências contratuais e dos recursos humanos e financeiros disponíveis (embora deva haver uma programação orçamentária compatível com o plano de auditorias anual).

Muito se preconiza que a verdadeira auditoria seja sempre levada a termo por profissionais externos à organização. Todavia, não há impedimentos de que estas sejam realizadas por profissionais dos quadros funcionais da empresa, desde que não ligados diretamente ao setor ou ambiente auditado. É comum que auditores internos realizem atividades de "pré-auditoria" ou auditorias preliminares quando a organização está em preparação para um processo de avaliação por organismos de certificação nacionais ou internacionais.

Como atividade planejada, a sistemática das auditorias deve contemplar:

a) A elaboração de um plano de auditorias, incluindo um cronograma para estas.

b) O planejamento de sua divulgação na empresa: prévia, durante e posterior à sua realização.

c) A escolha de auditores e a designação de responsabilidades para cada auditor envolvido.

d) A definição das áreas, recursos humanos a serem envolvidos, as normas, procedimentos e funções do SSST a serem auditados em cada evento.

e) A realização de estudos preparatórios e de revisão, incluindo a preparação de documentos e materiais, dentre os quais as listas de verificação a serem utilizadas na condução das auditorias.

Então, para que possa cumprir adequadamente as atribuições que lhe competem, o auditor deverá buscar conhecer:

a) Os objetivos da intervenção.

b) Os controles existentes.

c) Os padrões (e respectivos indicadores).

d) A população-alvo de seus estudos.

e) A verdade ou a concretude dos fatos.
f) As causas.
g) As consequências de sua intervenção.
h) As pessoas envolvidas (em amplo sentido).
i) Saber como e quando se comunicar.

A comunicação prévia da realização de auditorias a todos os envolvidos e a devida informação da programação, bem como dos objetivos específicos de cada evento, evita o surgimento de expectativas equivocadas, de "surpresas" e da noção errônea de que aqueles que buscam colaborar ativamente com os propósitos sejam considerados por outrem (ou pelos demais) como "informantes" ou "dedos-duros" – o que se contrapõe diametralmente aos objetivos de clareza e transparência desse tipo de auditoria. De igual forma, devemos levar ao conhecimento dos interessados os resultados da auditoria como maneira de prover-lhes oportunidade de melhoria e para que não se sintam desprestigiados.

– "Para que colaborar ou participar, se não me informam dos resultados e do que se dará daqui por diante?" – eis um típico comentário decorrente de um sentimento de desconsideração pelas contribuições anteriormente prestadas.

Na condução das auditorias, cumprem papel fundamental as listas de verificação (*check-lists*), que devem ser de caráter orientativo, isto é, não restritivas, e servem aos propósitos de:

- Uniformizar a atuação dos auditores.
- Evitar a omissão de pontos importantes.
- Reduzir o tempo a ser empregado na auditoria.
- Servir de registro dos pontos considerados satisfatórios e deficientes.
- Indicar métodos e/ou técnicas a serem seguidas para verificar a conformidade de uma atividade, item ou produto.

Como toda atividade de caráter essencialmente planejado, o sucesso – e eficiência – da auditoria depende em grande parcela de sua etapa preparatória. Para tanto, um vasto conjunto de informações, documentos e outros materiais que serão utilizados devem ser disponibilizados, consultados ou elaborados previamente à sua execução.

Como fontes de informação de interesse para a condução da auditoria de SST & MA, podemos citar:

- Manual de SST/MA.
- Procedimentos operacionais.
- Instruções escritas.
- Permissões para trabalhos de risco executadas.

Conhecimentos de Gestão

- Normas técnicas e especificações de produtos e de processos.
- Planos e relatórios de produção.
- Registros de ocorrências indesejadas de interesse do sistema de SST/MA.
- Mapas de risco, PPRA, PCMSO etc.
- Plantas e desenhos das instalações.
- Relatórios de auditorias anteriores.
- Ordens de compras.
- Outros documentos considerados importantes.

Uma das qualidades mais desejadas a um auditor é a capacidade de comunicação interpessoal. Isto é, reconhecer que existem e saber transitar nas distintas maneiras de ouvir, ver, falar e escrever em razão dos atores sociais com quem pretende interagir. É preciso ser capaz de fazê-lo apesar das diferentes formas e níveis de expressão dos potenciais interlocutores, pois desconsiderar tal fato (ou realidade) pode se tornar mais que um mero problema que poderá ser superado mais adiante ou, quando muito, retardado. Pode se tornar um verdadeiro entrave ao desenvolvimento da auditoria, de tal ordem que não será facilmente sanado se o auditor não souber como participar desses "muitos mundos", suas realidades, valores, percepções e, por conseguinte, implicações.

Não acreditar ser necessário fazer-se inteligível a todos, sem exceção, é erro inescusável. Não é o auditório que deve adaptar-se ao palestrante, submeter-se ao seu modo de ver o mundo, mas este àquele, embora seja seu papel fazer com que "vejam o mundo por intermédio de seu olhar". Do contrário, não haverá comunicação.

O auditor deve ter bem claro que ele não está acima das pessoas com quem interage. Imaginá-lo é um equivoco dos mais graves. Não se deve confundir autonomia e isenção, necessários ao melhor e fiel cumprimento de seus encargos, com superioridade, a qualquer título. Jamais o auditor deve agir com desprezo pelas pessoas ou pelas informações, de qualquer natureza, que estas possam lhe prestar, mesmo aquelas quase sem ou com nenhuma importância imediata para os propósitos desejados.

Outro aspecto de relevada importância para o bom resultado das atividades ao encargo do auditor depende de sua postura durante a visita aos locais sob auditoria. A cordialidade e a imparcialidade devem ter lugar de destaque. Boas maneiras e o uso adequado da língua pátria são sempre um bom cartão de apresentação.

Todavia, características pessoais, a inexperiência e o entendimento equivocado do papel do auditor podem resultar em posturas comprometedoras para o levantamento de informações. A seguir, apresento comentários breves sobre algumas posturas que considero inadequadas ao auditor de saúde e segurança ocupacional:

a) **Indução**: durante qualquer das entrevistas, o auditor busca induzir o(s) entrevistado(s) a apresentar(em) respostas desejadas, não permitindo sua livre expressão, cerceando sua autonomia e obtendo, de forma quase coercitiva, apenas a confirmação de seus questionamentos.

b) **Desatenção ou descrédito**: por mais absurda que possa parecer uma declaração durante uma entrevista, não cabe ao auditor expressar qualquer julgamento, o que pode caracterizar-se pela desatenção ou formulação de descrédito, seja por palavras, seja por gestos ou feições. É bom ter sempre em mente que "o corpo fala". Essa postura pode comprometer o interesse deste ou de outros a serem entrevistados em colaborar com o trabalho da auditoria.

c) **Envolvimento emocional**: a isenção é um dos mais importantes requisitos da atividade de auditar. Acredito que nenhum profissional deve exercer a função de auditor caso tenha algum envolvimento emocional com as partes envolvidas, pois a percepção real dos fatos pode ser comprometida pelos conceitos previamente estabelecidos em seus valores pessoais.

d) **Indulgência ou prepotência**: conforme discutido anteriormente, o auditor não tem ou, pelo menos, não deve ter poder direto sobre os setores e informantes da auditoria. Não deve, por isso, considerá-los subordinados a qualquer título. Tampouco deve percebê-los com ares de "puxa, quanto a isso, nada podem fazer!".

e) **Questionamento ou intransigência**: não é incomum que durante o desenrolar da auditoria o auditor seja questionado. Ocorre, então, uma inversão de papéis e tentativas de condução do conteúdo a ser informado ou mesmo a busca antecipada de justificar essa ou aquela condição. Há, por vezes, de se ceder espaço ao interlocutor para se extrair o conteúdo útil dessas falas e jamais cercear por completo a sua livre exposição. Porém, com o devido cuidado para não se perder o foco do objetivo central da auditoria.

Assim como a postura e o comportamento do auditor podem comprometer a auditoria, também há de se ter atenção às necessidades – aparentes ou não – dos entrevistados, durante as entrevistas e levantamento de informações ao longo de toda a auditoria. É preciso ter sempre em mente que se está lidando com pessoas e seus medos, apreensões, percepções (reais ou imaginárias) que desembocam, entre outras necessidades, de autodefesa, estima ou afirmação.

Em outras palavras, podemos dizer que para o bom exercício da função auditoria se requerem conhecimentos de relações e de psicologia humana, individual e de coletivos. Nesse sentido, será importante reconhecer e saber reagir a essas necessidades, em especial quando se observar:

- O pânico diante de entrevistadores.
- A apatia.
- A reversão da auditoria.
- O antagonismo interno na empresa.
- A procura de justificativas.
- A procura de responsáveis.
- A falta de motivação ou de interesse por colaboração com a auditoria.
- A refratariedade.
- A ideia equivocada de que se trata de um inquérito (com fins de punição).
- A contraauditoria, buscando desmerecer aquela.

Quanto à execução da auditoria, podemos destacar três momentos distintos:

a) Uma reunião inicial, na qual devem tomar parte todos os potencialmente envolvidos, para ampla ciência dos objetivos, buscando propiciar a todos igual entendimento a respeito das questões envolvidas.

b) O desenvolvimento ou a condução da auditoria (de campo) em si, no qual são confrontados os aspectos teóricos e práticos da gestão do SSST na empresa, diferenciando-se intenções e ações, fatos e evidências, com especial atenção às questões suscitadas nas entrevistas, de modo a não haver dualidade nas perguntas e, em razão disso, nas respostas obtidas.

c) Uma reunião final, agora com um pequeno grupo de profissionais, cuja finalidade será o refinamento das questões levantadas, visando à construção das conclusões e das recomendações finais.

A efetividade dos resultados de uma auditoria, entretanto, depende de duas atividades posteriores a esta propriamente dita:

a) A elaboração do relatório final.
b) O planejamento e a implementação das sugestões ou recomendações.

Quando da elaboração do relatório final, este deverá conter informações sobre:

a) A descrição do escopo da auditoria.
b) O(s) setor(es) da empresa auditado(s).
c) O período ou datas de realização.
d) O grupo auditor.
e) Os documentos de referência.

f) As pessoas entrevistadas.
g) O sumário dos resultados.
h) O detalhamento dos itens/requisitos verificados.
i) A conclusão

E, finalmente, como etapa final dos compromissos decorrentes da auditoria, cabe à empresa a verificação da consecução das melhorias, observada a execução do cronograma e o acompanhamento dos recursos necessários para tanto.

Em todo o mundo, o sistema de gerenciamento dos riscos de saúde e segurança ocupacional, considerado dos mais atuais e completos, pelo que adotado pelas principais organizações produtivas, inclusive no Brasil, é o OHSAS 18000. Os requisitos desse sistema são baseados em normas de padrão internacional, em especial no BS 8800 e em um outro significativo conjunto de normas que tratam desse mesmo tema.

Com a adoção de sistemas de saúde e segurança do trabalho, que visem à certificação por intermédio de auditorias independentes, as organizações demonstram o grau de seriedade com que tratam os assuntos laborais, seja para os próprios trabalhadores, para fornecedores ou consumidores, bem como para o Poder Público e para a sociedade em geral, bem como os compromissos relacionados à qualidade de vida no trabalho e à preservação da integridade da pessoa humana como interesse maior da empresa, em consonância com o desejo de produtividade.

Sugestões de leitura

BARBOSA FILHO, Antonio Nunes. *Insalubridade e periculosidade* – manual de iniciação pericial. São Paulo: Atlas, 2004.

DUARTE, Francisco; FEITOSA, Vera (Org.). *Linguagem e trabalho*. Rio de Janeiro: Lucerna, 1998.

FOUCAULT, Michel. *A ordem do discurso*. 19. ed. São Paulo: Loyola, 2009.

OIT (Organización Internacional del Trabajo). *Enciclopedia de Salud y Seguridad en el Trabajo*. 4 v. Disponível em: <http://www.insht.es>.

ROMITA, Arion Sayão. *Direitos fundamentais nas relações de trabalho*. 3. ed. São Paulo: LTr, 2009.

WEIL, Pierre; TOMPAKOV, Roland. *O corpo fala*. 52. ed. Petrópolis: Vozes, 2001.

Assista a um vídeo do autor sobre *Investigação e Análise de Acidentes*.

uqr.to/ckqu

Conhecimentos de Gestão

● Segurança do trabalho em atividades especiais: almoxarifado e similares

O almoxarifado, reservado para a guarda e a conservação dos estoques, tem fundamental importância para a organização, seja por representarem significativa parcela do capital disponível, seja por ser um ambiente onde estatísticas indicam a necessidade de uma vasta gama de cuidados. Por essas razões, grande parte dos acidentes ou sinistros ocorre nele ou ali se inicia.

Os cuidados relativos às atividades com cargas ou materiais, geralmente, são relegados a um plano inferior dentre aqueles assumidos pelas organizações. Habitualmente, para o exercício de tais atividades, não eram exigidos dos trabalhadores, além de boa disposição física, significativos conhecimentos. Todavia, com a percepção de que os materiais adquiridos valem dinheiro, e assim devem ser tratados, a cada dia surgem novos interesses e responsabilidades para os almoxarifes ou encarregados de materiais.

O conhecimento próprio das características individuais dos materiais deverá fornecer as informações adequadas e necessárias ao gerenciamento da segurança em seu trato. Critérios de perecibilidade – baseada na temperatura e umidade máximas, refrigeração e insolação etc. –, inflamabilidade, volume, massa, odor e integração entre materiais, além de outras necessidades especiais de guarda e conservação porventura requeridas, são suficientes para indicar a sistemática de segurança a ser adotada. Os procedimentos decorrentes dessas análises são, geralmente, utilizados de forma satisfatória pelas empresas. Todavia, esses cuidados estão centrados nos materiais e não nas pessoas que prestam serviços nesses ambientes. Para estes, outros cuidados devem ser tomados.

Em geral, o trabalhador desses locais lança-se às tarefas de levantamento, deslocamento e manuseio dos materiais, sem que lhe sejam fornecidas as informações devidas para tanto, de modo que sua integridade física não seja colocada em risco. As lesões na coluna e nos membros são os danos mais frequentes decorrentes dessa desinformação.

Habitualmente, encontramos trabalhadores decididos a concluir rapidamente a carga ou a descarga dos meios de transporte, ou, ainda, visando à liberação de espaços, por imposição de produtividade, principalmente quando trabalham "por empreitada" (contrato de tarefa), o que é bastante comum nas micro e pequenas empresas. Aceleram o ritmo das atividades, inobservam as exigências necessárias à proteção do próprio corpo e, como se fosse fato corriqueiro, envolvem-se em acidentes causadores de lesões consideradas simples ou "normais" para a "função".

Em realidade, sabemos que a grande maioria das pessoas não dedica a atenção requerida ao levantamento, deslocamento e manuseio de cargas. Assim, até

413

mesmo nas atividades domésticas ficam sujeitas aos mesmos riscos que trabalhadores comuns, embora em níveis e intensidades distintos.

Entretanto, devemos ter sempre em mente que os músculos e o esqueleto atuam em conjunto nas atividades com carga. Os músculos promovendo a sustentação da carga (suspendendo o volume, por exemplo) e o esqueleto suportando a carga propriamente dita. Por isso, é mais importante e mais adequado que nesse trabalho suportem os esforços os membros do corpo (pernas e braços) que têm estrutura óssea e musculaturas mais apropriadas a essa finalidade do que a coluna vertebral. A não observação dessa condição é a mais frequente causa de lombalgias.

Por outro lado, a capacidade individual de levantamento está relacionada ao regime com que é desempenhada a atividade, ao fator idade, à compleição do indivíduo e a outros determinantes associados ao objeto (formar volume, entre outros) e, ainda, à posição deste em relação ao corpo do transportador.

Se exercida de forma esporádica, a capacidade máxima estará relacionada à robustez corpórea representada pela resistência muscular associada à coluna. Nessa situação, a carga máxima suportada deverá ser obtida em uma condição isométrica, com flexão das pernas e com o dorso na vertical. Se realizada de forma repetitiva, ao longo da duração da jornada, a capacidade associada sofrerá variações. Assim, a fadiga física e a capacidade energética do executante é que determinarão a carga suportada a cada levantamento. Recomenda-se que esta não deverá ultrapassar a 50% da carga isométrica obtida a partir da situação anterior.

Já que a carga é efetivamente suportada pelo sistema esquelético, devemos observar os seguintes requisitos:

a) Antes dos 18 anos de idade, a formação esquelética da pessoa não está completa, devendo, portanto, ser evitado o excesso no levantamento e no deslocamento de cargas até essa idade, devido à possibilidade de comprometimento do crescimento do indivíduo e de que o sistema não suporte adequadamente a carga que lhe é imposta.

b) Após os 45 anos, há naturalmente a descalcificação do sistema, que poderá, ao lado de outros fatores, entre eles a própria fadiga, comprometer a capacidade de sustentação, inclusive pela possibilidade de ocorrência de fraturas. Por isso, recomenda-se evitar o levantamento e deslocamento excessivo de cargas após essa idade.

Conhecimentos de Gestão

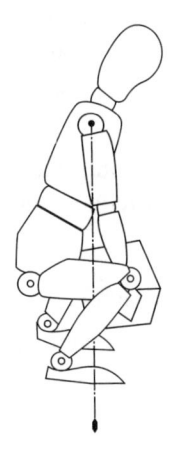

Figura 3.21 Levantamento adequado de cargas.

Diariamente, seja no trabalho ou mesmo em nossa residência, deslocamos cargas manualmente. Independentemente dessa carga, para efetuar tal atividade, necessitamos realizar a pega do volume e, para tanto, assumimos uma série de posturas inadequadas. Estas, ao lado de características bem próprias da tarefa, reduzem ainda mais o limite de massa que podemos deslocar sem colocar em risco nossa integridade ou mesmo do elemento que deslocamos. Segundo o Niosh (National Institute for Occupational Safety and Health – USA), a equação a seguir deve ser utilizada para determinar a carga máxima que poderá ser suportada por um indivíduo, sem risco de danos a sua saúde, em condições desfavoráveis quanto ao conjunto de características relativas à atividade de deslocamento ($C_{máx}$ = Carga máxima).

$$C_{máx} = 23 \text{ kg} \times CM \times CH \times CV \times CF \times CD \times CA$$

Onde os coeficientes de correção da carga máxima recomendada em condições ideais (23 kg) para o trabalhador adulto sadio são:

CM – manuseio definido como fácil, regular ou difícil (em função das características da pega);

CH – distância horizontal entre a carga e corpo (tão próximo quanto possível);

CV – distância vertical do piso ao nível da altura de levantamento (a altura ideal é de cerca de 75 cm);

CF – frequência de levantamento (o ideal é que esta não ultrapasse um levantamento por minuto);

CD – deslocamento vertical da carga (que não deve exceder 25 cm da altura de levantamento);

CA – assimetria, em função do ângulo formado pela perpendicular que passa pelo eixo de simetria do corpo e a rotação do corpo ao realizar a pega da carga (essa rotação deve ser preferencialmente mínima).

À medida que as condições nas quais se realizam a atividade se distanciam daquelas descritas como ideais, os coeficientes assumirão menores valores (cada coeficiente poderá variar de 0,0 a 1,0) e, assim, o valor de $C_{máx}$ obtido na equação também diminuirá.

Com o objetivo adicional de facilitar a atividade e reduzir os possíveis riscos a que o trabalhador está sujeito na atividade, deverá ele ter em mente as seguintes recomendações:

- Trabalhar sempre em equipe.
- Usar meios auxiliares, como cinturões e correias.
- Observar a postura assumida no trato de cargas volumosas, e, sendo possível, usar cintos abdominais.
- Manter a carga próxima ao corpo e na vertical.
- Carregar a carga com os membros superiores estendidos.
- Evitar carregar cargas na cabeça ou carregar mais que 30 kg.
- Desobstruir o acesso à carga.
- Buscar realizar o deslocamento de objetos e peças no interior de caixas ou caçambas, para facilitar essa tarefa.
- Realizar a pega de forma simétrica, evitando torção e rotação lateral.
- Dedicar cuidados ao piso para evitar tropeços e escorregões.
- Respirar fundo, prender a respiração e enrijecer previamente a coluna.

Todos esses cuidados devem ser observados para se evitar a "lombalgia", frequentemente associada ao trato com cargas. Devemos sempre estar atentos para o seguinte:

a. A sustentação do peso do tronco e da cabeça contra a gravidade e o auxílio dos membros superiores estendidos na sustentação de cargas resultam em contração muscular estática, trazendo dificuldades para o bombeamento e para a circulação sanguínea.

b. A sustentação ou elevação de cargas pesadas ou excessivas com o dorso curvo ou com rotação do tronco podem gerar microtraumas sobre o disco intervertebral. A continuidade desses esforços inadequados levará tais traumas a uma situação crônica.

Segue-se a legislação aplicada ao levantamento de cargas:

- a NR-17 determina, no item 17.2.2: *"não deverá ser exigido nem admitido o transporte manual de cargas, por um trabalhador, cujo peso seja suscetível de comprometer sua saúde ou segurança;*

Conhecimentos de Gestão

- a NR-11, que trata do transporte, movimentação e manuseio de materiais, estabelece as seguintes normas, de acordo com os itens abaixo:

    "11.1.4 – Os carros manuais para transporte devem possuir protetores de mãos;

    11.2.2 – Fica estabelecida a distância máxima de 60,00 m (sessenta metros) para o transporte manual de um saco;

    11.2.4 – Na operação manual de carga e descarga, em caminhão ou vagão, o trabalhador terá o auxílio de um ajudante;

    11.2.5 – As pilhas de sacos, nos armazéns, devem ter altura máxima limitada ao nível de resistência do piso, à forma e resistência dos materiais de embalagem e à estabilidade, baseada na geometria, tipo de amarração e inclinação das pilhas."

Sugestões de leitura

COUTO, Hudson A. *Ergonomia aplicada ao trabalho*: manual técnico da máquina humana. Belo Horizonte: Ergo, 1995. 2 v. v. I.

DULL, J. et al. *Ergonomia prática*. São Paulo: Edgard Blücher, 1995.

GRANDJEAN, Etienne. *Manual de ergonomia*: adaptando o trabalho ao homem. Porto Alegre: Artes Médicas, 1998.

IIDA, Itiro. *Ergonomia:* projeto e produção. São Paulo: Edgard Blücher, 1990.

KNOPLICH, José. *Viva bem com a coluna que você tem*. 25. ed. São Paulo: Ibrasa, 1996.

SEGURANÇA E MEDICINA DO TRABALHO. 46. ed. São Paulo: Atlas, 2000.

VIEIRA, Sebastião Ivone et al. *Medicina básica do trabalho*. Curitiba: Genesis. 1995. 5. v. v. 4.

WIRHED, Rolf. *Atlas de anatomia* do *movimento*. São Paulo: Manole, 1986.

● Os novos desafios impostos pela gestão ambiental

A cada dia, novas exigências são incorporadas às necessidades de ação dos gestores organizacionais. As mudanças no cenário mundial levam essas organizações a assumir posições cada vez mais importantes na estrutura sociopolítica de um país ou região na qual estejam inseridas. O papel do desenvolvimento unicamente associado à economia cede lugar a uma responsabilidade mais ampla. Há, mais do que nunca, o imperativo de associar à produção uma série de cuidados para evitar a degradação de áreas urbanas, o desperdício de materiais e energia, verificando-se, acima de tudo, o controle da poluição, em seus vários níveis e estágios, entre outros aspectos que se configuram como novos e mais adequados indicadores de desempenho social de uma nação.

Além da imagem da organização ou de sua localização, existe toda uma rede de sinais de valoração econômica associada à degradação ambiental e aos efeitos causados por esta. Como exemplo, tomemos a cotação de um imóvel residencial construído em uma localização cujo tráfego tenha-se intensificado nas últimas décadas. Certamente, seu valor residencial decresceu em uma proporção direta ao incremento da poluição sonora da vizinhança. Igual raciocínio poderemos fazer para uma região na qual os próprios moradores fazem o lixo doméstico aglomerar-se, dando origem à proliferação de insetos, roedores e toda a sorte de possíveis vetores para doenças.

Existe, então, estreita relação entre o valor associado e o meio ambiente? Sim, existe sentido na discussão econômica no tocante à questão ambiental e o papel das organizações nessa valoração.

Para Turow apud Bellia (1996:173), *"conquanto a proteção do meio ambiente não seja em geral vista como um problema de distribuição de renda, ela está intimamente relacionada com mudanças nesta distribuição"*. As necessidades ambientais não podem ser atendidas individualmente. Ou seja, ou todos respiramos ar puro, ou ninguém o faz.

Ao tempo em que necessitamos estabelecer projetos de desenvolvimento para atender a uma demanda crescente da sociedade, temos que, para o bem dessa mesma sociedade, discutir os instrumentos e instituir mecanismos que busquem minimizar os impactos no ambiente, numa tentativa de conciliação dessas necessidades, ao menor custo social e econômico possível. Estimativas indicam que o dano ambiental nos países desenvolvidos representa perdas anuais de cerca de 3% a 5% do PNB de cada um desses países.

A esse respeito, enfatiza Margulis (1993:3):

"A deterioração da capacidade assimilativa dos ecossistemas e da capacidade de regeneração dos recursos naturais a taxas compatíveis com o desgaste imposto pelas atividades econômicas do homem vem demandando uma revisão profunda do tipo de relação que mantemos com a natureza."

Para Brown et al., apud Callenbach (1998:11), o desafio de criar sociedades sustentáveis, com seus diversos ambientes saudáveis, é *"satisfazer nossas necessidades sem colocar em risco as perspectivas das gerações futuras"*.

Valle (1995:9) explicita que um dos caminhos a trilhar pode ser estabelecido no plano legal:

"A legislação ambiental pode, no entanto, patrocinar as soluções sustentáveis estimulando as empresas que as adotam e punindo as que se beneficiam de custos de produção mais baixos, por não investirem na proteção ambiental. Com a difusão do conceito de desenvolvimento sustentável se reconhece, agora, que uma economia sadia não se sustenta sem um meio ambiente também sadio."

Na busca da compatibilização entre desenvolvimento e proteção ambiental, ocupa lugar de destaque o estudo prévio de impacto ambiental (EIA). Deve ser elaborado ainda nas fases preliminares de instalação de toda e qualquer obra ou atividade com potencial de causar significativa degradação ambiental.

Para que uma empresa possa construir suas edificações, para daí iniciar sua produção, seja de bens ou serviços, esta deverá obter o licenciamento ambiental das autoridades ambientais.[48] Esse licenciamento geralmente é composto de três etapas:

a. uma etapa de consulta prévia, a qual, se aprovada, resultará numa "licença prévia (LP) ou de localização";

b. em seguida, definidas as características do negócio e antes do início das obras, deverá ser obtida a "licença de instalação (LI)", tendo como pré-requisitos o EIA, quando exigido,[49] a publicação da solicitação da licença em observação ao interesse coletivo e o atendimento da legislação municipal de uso e ocupação do solo. Nessa fase, o gestor do projeto deverá elaborar um memorial de caracterização do empreendimento (MCE), pormenorizando todas as oportunidades de danos, incluindo a descrição do processo e dos equipamentos, as fontes de energia a serem utilizadas, a utilização de matérias e os resíduos gerados na produção, bem como o planejamento de todas as medidas e ações a serem tomadas visando minimizá-los em consonância com os requisitos técnicos e legais;

c. por fim, demonstrado que as edificações instaladas atendem aos requisitos legais estabelecidos na LI, a empresa obtém a "licença de funcionamento ou de operação" que pode ser obtida a título precário para um prazo de verificação definido e findo o qual, se ratificada sua adequação, será expedida a licença definitiva.

Por impacto ambiental, conforme Valle (1996:49), entendemos:

> *"Qualquer alteração das propriedades físicas, químicas ou biológicas do meio ambiente causadas por qualquer forma de matéria ou energia resultante das atividades humanas que direta ou indiretamente afetam a segurança, saúde, bem-estar, atividades socioeconômicas, biota, condições estéticas e sanitárias e qualidade dos recursos ambientais."*

Então, o EIA é um estudo das prováveis modificações nas diversas características socioeconômicas e biofísicas do meio ambiente que podem resultar de um projeto proposto.[50] Trata-se de um documento de caráter essencialmente técnico,

---

[48] No Estado de Pernambuco, ver a Lei nº 11.516, de 30-12-97, que dispõe sobre o licenciamento ambiental, e o Decreto nº 20.586, de 28-5-98, que a regulamenta.
[49] Na comprovação da inexistência de impactos significativos, o administrador do projeto deverá produzir um Relatório de Ausência de Impacto Significativo (Raias), no qual apresentará as razões para a não elaboração do EIA.
[50] Em Donaire (1995:116-131) encontramos um bom roteiro para a elaboração do EIA/Rima.

devendo, portanto, ser examinado, inclusive quanto às alternativas e propostas de solução para minimizar os eventuais prejuízos ambientais. Para a informação e conhecimento dos interessados em formar juízo sobre o projeto, deverá ser elaborado o Relatório de Impacto sobre o Meio Ambiente ou Relatório de Impacto Ambiental (Rima). Em face da característica sistêmica requerida pela análise ambiental, esta não será completa se for realizada de forma fragmentada por um grupo não multidisciplinar de profissionais. Isso resultará em um conjunto EIA/Rima que poderá ser contestado pelos órgãos competentes em razão de possíveis falhas no estudo de quaisquer dos aspectos que possam afetar o meio ambiente, quer isoladamente, quer em superposição de efeitos.

O objetivo final do EIA/Rima é evitar que um projeto de qualquer relação ou natureza, justificável em ordem econômica ou de interesse futuro aos proponentes, venha a revelar-se, *a posteriori*, prejudicial em dimensões catastróficas ou nefastas ao meio ambiente. É assim parte fundamental no cumprimento da Lei Federal nº 6.938/81, que estabelece:

> *"A construção, instalação, ampliação e funcionamento de estabelecimentos considerados efetiva e potencialmente poluidores, bem como capazes, sob qualquer forma, de causar degradação ambiental, dependerão de prévio licenciamento."*

E este fará parte de uma filosofia de gestão mais ampla: o planejamento ambiental.

Uma vez que o EIA seguirá para a avaliação do agente público, podemos ordenar seus princípios:

a. *Princípio da legalidade ambiental:* significa que o gestor, em hipótese alguma, pode desviar-se da lei ou dos princípios que regem a matéria.
b. *Princípio da moralidade ambiental:* conota a imparcialidade do agente público diante do apresentado em julgamento.
c. *Princípio da publicidade:* estabelece o direito que tem o cidadão, organizado ou não, de intervir no procedimento de tomada de decisão ambiental. Visa dar conhecimento a todos, e não apenas aos envolvidos diretamente,[51] sobre aquilo que se propõe e do que se decide em relação ao proposto no âmbito do procedimento do licenciamento.[52]
d) *Princípio da finalidade ambiental pública:* trata-se do direcionamento do EIA para a proteção ambiental, sendo instrumento de preservação do interesse público.

---

[51] De acordo com a Lei nº 7.347/85, a legitimidade da propositura das ações para tutela dos chamados "interesses difusos" é igual para as associações civis e outros órgãos públicos, além do Ministério Público.
[52] Ver art. 14 da Lei Federal nº 6.938/81, que assim dispõe: "sem obstar a aplicação das penalidades previstas neste artigo, é o poluidor obrigado, independente de existência de culpa, a indenizar ou reparar os danos causados ao meio ambiente e a terceiros, afetados por sua atividade".

Conhecimentos de Gestão

São princípios que estão em consonância com o art. 225 da Constituição Federal, a seguir transcrito:

> *"Todos têm direito ao meio ambiente ecologicamente equilibrado, bem de uso comum do povo e essencial à sadia qualidade de vida, impondo-se ao Poder Público e à coletividade o dever de defendê-lo e preservá-lo para as presentes e futuras gerações.*
>
> *§ 1º Para assegurar a efetividade desse direito, incumbe ao Poder Público: [...]*
>
> *IV – exigir, na forma da lei, para instalação de obra ou atividade potencialmente causadora de significativa degradação do meio ambiente, estudo prévio de impacto ambiental, a que se dará publicidade [...].*
>
> *§ 3º As condutas e atividades consideradas lesivas ao meio ambiente sujeitarão os infratores, pessoas físicas ou jurídicas, a sanções penais e administrativas, independentemente da obrigação de reparar os danos causados."*

Como são crescentes as exigências e a participação popular nas questões relativas ao meio ambiente, as organizações também terão que se adaptar a esse novo perfil de consumidores. Winter, apud Callenbach (1998:35), enumera seis razões pelas quais a administração, com consciência ecológica,[53] deve ser implantada em todas as organizações:

> "1. *Sobrevivência humana: sem empresas com consciência ecológica, não poderemos ter uma economia com consciência; sem uma economia com consciência ecológica, a sobrevivência humana estará ameaçada.*
>
> 2. *Consenso público: sem empresas com consciência ecológica, não haverá consenso entre o povo e a comunidade de negócios; sem esse consenso, a economia de mercado estará politicamente ameaçada.*
>
> 3. *Oportunidades de mercado: sem administração com consciência ecológica, haverá perda de oportunidades em mercados em rápido crescimento.*
>
> 4. *Redução de riscos: sem administração com consciência ecológica, as empresas correm o risco de responsabilização por danos ambientais, que potencialmente envolvem imensas somas de dinheiro, e de responsabilização de diretores, executivos e outros integrantes de seus quadros.*
>
> 5. *Redução de custos: sem administração com consciência ecológica, serão perdidas inúmeras oportunidades de reduzir custos.*
>
> 6. *Integridade pessoal: sem administração com consciência ecológica, tanto os administradores como os empregados terão a sensação da falta de integridade pessoal sendo, assim, incapazes de identificar-se totalmente com seu trabalho."*

---

[53] Para o autor, o termo *consciência ecológica* denota uma preocupação macro, dentro de uma visão holística e integrada de biosfera. Não se trata de visão ambiental que, para ele, abordaria as mesmas questões sob um ponto de vista mais superficial.

É inegável que os cuidados relativos à segurança no processo produtivo poderão ter reflexos sobre a prática ambiental da empresa. Não há como dissociar esta daquele e vice-versa. Em todo o mundo, existe uma série de organismos que contribuem para a difusão de informações sobre gestão ambiental como, por exemplo, a Rede Internacional de Administração Ambiental (Inem),[54] fundada em 1991, a partir de associações nacionais de administração ambiental. Seu objetivo é fazer com que as boas práticas para as questões ambientais sejam difundidas, conhecidas e, então, utilizadas pelo maior número possível de empresas. No Brasil, a Sociedade para o Incentivo ao Gerenciamento Ambiental (Siga) tem formado grupos de trabalho com a finalidade de contribuir com as empresas de nosso país na busca de alternativas de uma produção mais favorável ao meio ambiente e, por que não dizer, aos próprios seres humanos.

Sugestões de leitura

ACIOLI, José de Lima. *Fontes de energia*. Brasília: UNB, 1994.

BELLIA, Vítor. *Introdução à economia do meio ambiente*. Brasília: Ibama, 1996.

CALLENBACH, Ernest et al. *Gerenciamento ecológico*: ecomanagement. Guia do Instituto Elmwood de auditoria ecológica e negócios sustentáveis. 2. ed. São Paulo: Cultrix, 1998.

CALVO, Mariano Seoanez. *Ecologia industrial*: ingenieria medioambiental aplicada a la industria y a la empresa. 2. ed. Madri: Mundi-Prensa, 1998.

DONAIRE, Denis. *Gestão ambiental na empresa*. São Paulo: Atlas, 1995.

ESPANHA. Ministerio de Obras Públicas, Transportes y Medio Ambiente. *Guías metodológicas para la elaboración de estudios de impacto ambiental*. t. 1. Carreteras y ferocarriles. 2. ed. Madri: Secretaria de Estado de Medio Ambiente y Vivienda, 1995.

ESPANHA. *Guías metodológicas para la eLaboración de estudios de impacto ambiental*. t. 4. Aeropuertos. Madri: Secretaria de Estado de Medio Ambiente y Vivienda, 1992.

LIMA, Luiz Mário Queiroz. *Lixo*: tratamento e biorremediação. 3. ed. São Paulo: Hemus, 1995.

MACHADO, Paulo Affonso Leme. *Direito ambiental brasileiro*. 7. ed. São Paulo: Malheiros, 1998.

MARGULIS, Sérgio et al. *Meio ambiente*: aspectos técnicos e econômicos. 2. ed. Brasília: Ipea, 1996.

SOUZA e SILVA, José Fernando. *Legislação do Ministério Público IV*: direito ambiental. Recife: Procuradoria Geral de Justiça, 1998.

RICHTER, Carlos A. et al. *Tratamento de água*: tecnologia atualizada. São Paulo: Edgard Blücher, 1991.

VALLE, Cyro Eyer do. *Qualidade ambiental*: como ser competitivo protegendo o meio ambiente. São Paulo: Pioneira, 1995.

---

[54] *International Network of Environmental Management.*

Conhecimentos de Gestão

● Produção mais limpa

Durante muitos anos seguidos a humanidade consumiu recursos naturais sem se preocupar com os impactos das demandas de matérias-primas, água e energia, incluindo combustíveis, o que, inevitavelmente, está nos conduzindo a uma situação insustentável. É preciso, de imediato, a mudança dos padrões de consumo da população de alguns países e a construção da consciência de que os efeitos danosos, que já se apresentam, mais cedo ou mais tarde, serão suportados por todos. Nessa perspectiva, entre outros temas, são de interesse mundial as questões relacionadas à água, à alimentação, à energia, à habitação e à mobilidade.

No Brasil uma orientação político-estratégica está contida no art. 170, VI, de nossa Constituição Federal que, versando sobre os princípios gerais da atividade econômica, destaca a *"defesa do meio ambiente, inclusive mediante tratamento diferenciado conforme o impacto ambiental dos produtos e serviços e de seus processos de elaboração e prestação"*. Assim, é papel de todos os cidadãos brasileiros, agindo enquanto consumidores, trabalhadores ou empreendedores relacionados à produção de bens e serviços, terem, no cotidiano de suas ações, atenções voltadas às dimensões ambientais e para o que delas pode decorrer.

Para processos produtivos, o conceito ou a filosofia da Produção mais Limpa (P+L) inclui o uso mais eficiente das matérias-primas e de energia, a redução da utilização de materiais tóxicos e perigosos, de desperdícios de diversas ordens (consumo de água, por exemplo), a minimização na fonte de resíduos sólidos e líquidos, bem como das suas emissões. Então, podemos assumir que a P+L engloba um conjunto de ações de caráter ambiental interligadas que busca resultar em ganhos em diversas dimensões, orientadas por um princípio norteador que é a busca da eliminação de oportunidades da geração de impactos ambientais. Ou seja, ocorre uma inversão de orientação estratégica. Não se deve tratar os resíduos gerados, o que se torna cada dia mais caro, evita-se a sua geração.

Tomemos um processo produtivo como formado por entradas (ou insumos, materiais, água energia etc.) que são transformados em uma caixa-preta (ou tubo) que gera produtos e subprodutos (resíduos indesejáveis, potencialmente poluentes para o ar, a água e o meio ambiente em geral). Quando as atenções são voltadas apenas para tratar o subproduto, tem-se o que se convenciona chamar de tratamento de "fim de tubo" (por exemplo, o uso de filtros, aterros sanitários, tratamento de efluentes). Por outro lado, quando se atua de forma preventiva, na tentativa de eliminar ou minimizar a produção destes subprodutos, tem-se o controle na "boca do tubo".

Esta forma de perceber a produção conduz a uma hierarquização de medidas a serem buscadas, a saber:

    a. Eliminar a geração, prevenindo a poluição.
    b. Minimizar a utilização, reutilizando e reciclando.
    c. Recuperar a energia disponível no processo.

d. Tratar o material restante; e, por último,
e. Dispor de forma adequada.

Assim, se, apesar de todos os cuidados de prevenção, restarem resíduos que não puderem ser evitados, estes devem ser classificados em seu potencial ambiental, ter identificados a sua origem, quantidades geradas, tratamento e destinação atual, bem como o valor residual e medidas adicionais propostas.

Para os produtos, a estratégia deve ser voltada para o *design* ambiental ou *ecodesign* buscando a redução dos impactos ambientais ao longo do ciclo de vida destes produtos, que FEILL e FEILL (2006:82) assim explicitam:

> "O design ambiental – também conhecido como 'design verde' – leva em consideração todo ciclo de vida do produto: da extração dos materiais em bruto e o impacto ecológico do seu processamento; a energia consumida durante o processo de fabrico, juntamente com quaisquer derivados negativos; a duração da vida útil do produto; recuperação de componentes e a eficiência da reciclagem; e os efeitos finais dos resíduos sobre o ambiente através, por exemplo, de aterros ou incineração. Embora a reciclagem possa reduzir o consumo de energia, não o reduz o suficiente e em certa medida pode ser vista como podendo na verdade perpetuar a cultura do descartável. Aumentar a durabilidade de um produto, por outro lado, minimiza o desperdício e o consumo de energia – duplicando a vida útil do produto, o seu impacto ambiental pode ser reduzido a metade."

Neste contexto, passa-se a exigir que a empresa não adote a obsolescência planejada em seus produtos, pelo menos não nos padrões anteriormente vigentes, uma vez que a durabilidade passa a ser uma expectativa de consumidores com uma nova consciência ambiental. Deve-se observar, ainda, a compatibilidade de vida útil de partes ou componentes, o que reduz o número de paradas para atividades de manutenção.

A análise do ciclo de vida de um produto importa a orientação para a tomada de decisões desde a concepção do produto até a liberação de suas partes ou componentes. As LiDS (*Life Design Strategies*),[55] cujas ações resultantes listamos ao final do capítulo, podem ser orientadas segundo as seguintes dimensões:

1. Desenvolvimento de novo conceito:
   a. *Níveis de componentes de produto*:
      - seleção de materiais de baixo impacto;
      - redução de uso de materiais;
   b. *Níveis de estrutura de produto*:
      - otimização de técnicas de produção;
      - sistema de distribuição eficiente;
      - redução do impacto ambiental no nível do usuário;

---

[55] Maiores informações podem ser obtidas em: <www.io.tudelft.nl/research/dfs/ecodiseno/index.html>.

c. *Níveis de sistema de produto*:
- otimização do tempo de vida do produto;
- otimização do sistema de fim de vida.

Já o *Design For Disassembly* (DFD) diz respeito à concepção e produção de produtos visando ao desmembramento de partes componentes e à separação de materiais de maneira a facilitar o isolamento e a reciclagem destes. A redução da variedade de materiais utilizados em um mesmo produto facilita, quando descartado, o seu reaproveitamento, o que amplia o interesse de empresas de reciclagem em sua aquisição. Para produtos que possam fazer uso de refis, a redução do consumo de materiais, bem como a sua liberação, reduzem o preço final ao consumidor, com importante impacto sobre todo o ciclo produtivo.

Por sua vez, produtos ou embalagens reutilizáveis, com segundo uso previsível, podem igualmente contribuir para o aumento do interesse do consumidor pelo produto, face à percepção direta da preocupação ambiental na política de seu produtor ou fabricante. Ou seja, pode assumir um forte apelo de imagem.

Por fim, no tocante aos gastos relativos às diversas formas de energia utilizadas na produção, podem ser recomendadas, entre outras, as seguintes medidas:

a. Verificar as potenciais perdas relacionadas a vazamentos em tubulações (de vapor, água aquecida e ar comprimido, por exemplo).
b. Realizar a avaliação econômica da substituição de combustíveis (óleo por gás natural para o suprimento de caldeiras, por exemplo).
c. Alterar a programação da produção para horários de menor preço por unidade consumida. Ou seja, para aproveitar aqueles de maior disponibilidade de fornecimento de energia elétrica (em função do critério do horário e estação do ano em relação à oferta e demanda de energia elétrica) e renegociar o contrato vigente junto à distribuidora local de energia elétrica.
d. Reaproveitar formas de energia que seriam desperdiçadas (por exemplo, o calor gerado em determinados processos).

Sugestões de leitura

DIAS, Maria do Carmo Oliveira (Coord.). *Manual de impactos ambientais*: orientações básicas sobre aspectos ambientais de atividades produtivas. Fortaleza: Banco do Nordeste, 1999.

FEILL, Charlotte; FEILL, Peter. *Design handbook*: conceitos, materiais, estilos. Colônia: Taschen, 2006.

KAZAZIAN, Thierry (Org.). *Haverá a idade das coisas leves*: design e desenvolvimento sustentável. São Paulo: Senac, 2005.

MACHADO, Paulo Affonso Leme. *Direito ambiental brasileiro*. 15. ed. São Paulo: Malheiros, 2007.

MANZINI, Ézio; VEZZOLI, Carlo. *O desenvolvimento de produtos sustentáveis*: os requisitos ambientais dos produtos industriais. São Paulo: Edusp, 2002.

MÜLLER-PLANTENBERG, Clarita; AB'SABER, Aziz Nacib (Org.). *Previsão de impactos*. 2. ed. São Paulo: Edusp, 1998.

Apêndice – Estratégias de *design* do ciclo de vida (*Life Design Strategies* – LiDS)
Nível 0:
    0.1 – Desmaterialização do produto.
    0.2 – Uso compartilhado do produto.
    0.3 – Integração de funções.
    0.4 – Otimização funcional de componentes.
Nível 1:
    1.1 – Materiais não agressivos.
    1.2 – Materiais renováveis.
    1.3 – Materiais reciclados.
    1.4 – Materiais de baixo conteúdo energético.
    1.5 – Materiais recicláveis.
Nível 2:
    2.1 – Redução de peso.
    2.2 – Redução de volume.
    2.3 – Racionalização de transportes.
Nível 3:
    3.1 – Técnicas de produção alternativas.
    3.2 – Redução de etapas no processo de produção.
    3.3 – Redução de consumo e uso racional de energia.
    3.4 – Uso de energias limpas.
    3.5 – Redução da geração de refugos/resíduos.
    3.6 – Redução e uso racional de insumos de produção.
Nível 4:
    4.1 – Redução e uso racional de embalagens.
    4.2 – Uso de embalagens mais limpas.
    4.3 – Uso de sistemas de transportes eficientes.
    4.4 – Logística eficiente.
Nível 5:
    5.1 – Assegurar o baixo consumo energético.
    5.2 – Uso de fontes de energia mais limpas.
    5.3 – Uso racional e redução de insumos durante a aplicação.
    5.4 – Utilizar insumos limpos.
    5.5 – Prevenir desperdícios através do *design*.
Nível 6:
    6.1 – Confiabilidade e durabilidade.
    6.2 – Fácil manutenção e reparo.
    6.3 – Estrutura modular do produto.
    6.4 – Zelo do usuário com o produto.
Nível 7:
    7.1 – Reutilização do produto.
    7.2 – Recondicionamento e remanufatura.

Conhecimentos de Gestão

7.3 – Reciclagem de materiais.
7.4 – Incineração limpa.
7.5 – Reaproveitamento energético.

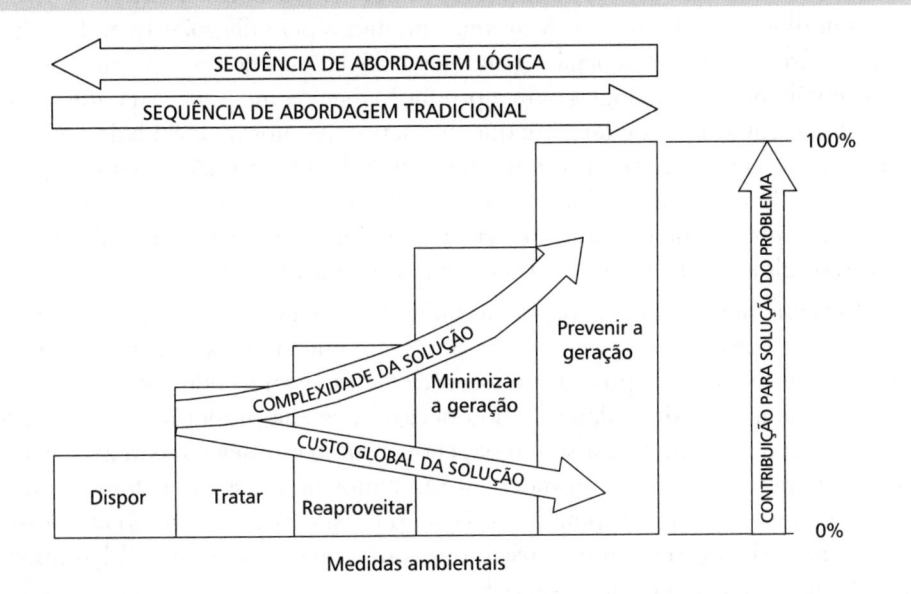

Figura 3.22 Análise comparativa entre as contribuições da abordagem tradicional e da produção mais limpa para a solução dos problemas ambientais nas empresas.

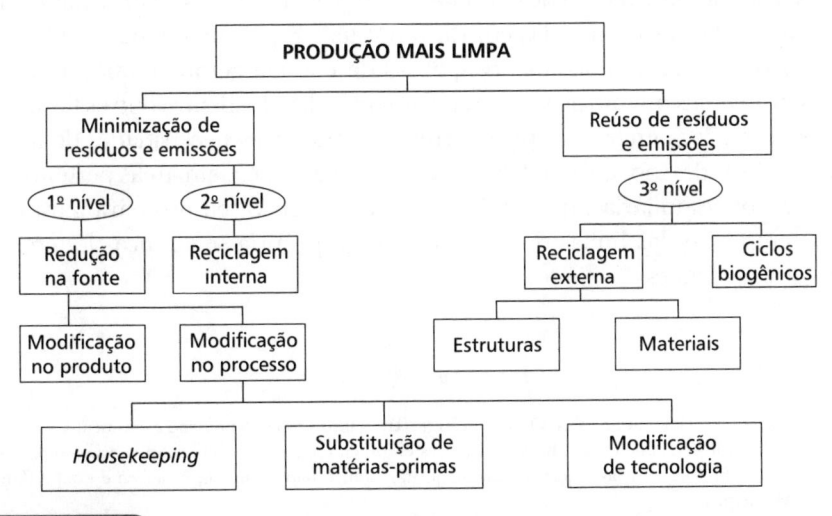

Figura 3.23 Ações de produção mais limpa no âmbito das empresas.

● Contratação, tarifação e cogeração de energia

É inegável a grande magnitude das transformações processadas no cotidiano da humanidade pela introdução da energia elétrica ao seu dispor. O viver e o mundo do trabalho não estavam mais limitados pelo dia solar que, de certa forma, deixou de ser referencial.[56] Uma luz artificial duradoura rompeu a noite. Desde então, novas tecnologias para a produção, bem como para a sua utilização têm sido desenvolvidas (de tal sorte que inúmeros aparatos ou facilidades, que se tornaram sinônimo de evolução e de modernidade, foram criados para o aproveitamento de suas potencialidades em substituição à força humana e animal ou para a mecanização ou reprodução seriada de tarefas). Enfim, podemos dizer que desde o surgimento da energia elétrica o mundo nunca mais foi o mesmo.

Inicialmente, oriunda de pequenas unidades produtoras localizadas tão próximas quanto possível dos seus consumidores, em poucos anos a energia elétrica transformou-se em mola propulsora das sociedades, favorecendo a industrialização e a urbanização das cidades, sendo necessária a sua produção e destinação em larga escala, assumindo, assim, o papel de insumo estratégico para as nações. Nessa esteira, tiveram lugar grandes investimentos nestes sistemas fomentados, principalmente, pelo poder público. Veja-se, por exemplo, o realizado em nosso país com a construção das hidrelétricas que tomam parte no Sistema Eletrobrás, base da matriz energética de nosso país.[57]

O ciclo de disponibilização da energia elétrica produzida a partir de grandes centrais, hidrelétricas, nucleares ou de outra origem, via de regra, é composto por três etapas distintas, a saber: a geração, a transmissão e a distribuição, que ficam a cargo das concessionárias locais, junto a quem o consumidor final efetua a contratação do suprimento de energia segundo as suas necessidades, bem como o pagamento das tarifas devidas em razão deste.[58] É justamente na atividade de transmissão que ocorrem as maiores perdas da energia gerada e que surgem os maiores problemas quanto ao seu gerenciamento, devido, dentre outros fatores, às grandes distâncias percorridas pela corrente elétrica e às necessidades de manutenção dessas redes, no âmbito de uma faixa de segurança, em áreas pertencentes ou não às concessionárias, que acabam por restringir o seu uso para garantir o bom desempenho das linhas de transmissão e a própria segurança de terceiros dentro de seus limites.

---

[56] A este respeito veja o capítulo sobre Organização do Trabalho, Trabalho noturno e em turnos.
[57] Em realidade, historicamente, em nosso país, estes empreendimentos são, em sua maioria, empresas de economia mista. Ou seja, aquelas cujo acionista majoritário, mas não exclusivo, é um ente estatal (União, Estados ou Municípios).
[58] Sobre as tarifas de energia elétrica nacionais, em especial quanto aos valores em função do horário do dia e estação do ano, veja-se o disposto em: <http://www.aneel.gov.br/arquivos/pdf/caderno4capa.pdf>, no tocante à estrutura tarifária.

Por outro lado, no entanto, o grande entrave às tecnologias relacionadas à energia elétrica é o fato de, com exceção de pequenas quantidades dispostas em baterias ou acumuladores, esta ainda não poder ser armazenada para uso futuro em função das quantidades demandadas. Ou seja, há uma imposição de geração e consumo quase que imediato, sendo este limitado pela capacidade daquela.

O contínuo crescimento da demanda por fornecimento e as elevadas restrições relacionadas à capacidade de instalação e geração de novos empreendimentos produtores de energia elétrica, bem como o alto custo dos diversos sistemas até então considerados rentáveis em todo o mundo, levou a humanidade, em certo momento (por volta dos anos 1970-1980), a uma inafastável conclusão: a energia disponível ao consumo imediato é um bem escasso! Dali em diante, portanto, seria preciso evitar os desperdícios de todas as ordens e maximizar o potencial de geração de todas as fontes consideradas alternativas aos modelos vigentes, além de envidar esforços para que estas se tornassem econômica e tecnicamente viáveis.

Assim, a corrida pela eficientização do uso das diversas formas de energia se tornou um dos desafios de maior amplitude a serem enfrentados por gestores de empresas em todo o mundo, nos atuais cenários de crescimento do consumo e de escassez de oferta deste imprescindível insumo produtivo. A busca pela redução de todas as formas de perda e o aproveitamento de novas e potenciais fontes, de preferência renováveis, são apenas algumas das diretrizes neste sentido. As energias eólica, solar, do biogás e da biomassa, obtidas a partir das mais diversas origens, têm se caracterizado como algumas das alternativas de geração mais usuais.

Entretanto, hábitos relacionados ao consumo, como, por exemplo, o perfil do dispêndio realizado ao longo do dia, bem como em relação às estações do ano (já que em nossa matriz energética ainda substancialmente hidráulica a geração depende do regime de suprimento de água dos grandes reservatórios), por exemplo, na forma de medidas relacionadas à programação da produção de cada empresa, podem ter significativo impacto na redução do valor desprendido no pagamento das contas de energia elétrica junto às concessionárias e de sua disponibilidade para o coletivo de consumidores. Por fim, investimentos na modernização de equipamentos visando à utilização daqueles de maior eficiência neste consumo[59] e o aproveitamento do potencial energético já disponível – mas não utilizado – na própria empresa podem resultar em novos ganhos e, por conseguinte, na redução dos valores desprendidos, com relações de custo-benefício bastante favoráveis.

Nesta direção se destaca a cogeração, que pode ser definida como o processo de transformação de uma forma de energia em mais de uma forma de energia útil (seja elétrica, mecânica ou térmica – sob a forma de vapor, calor ou frio),

---

[59] A este respeito vejam-se informações sobre etiquetagem de eficiência energética disponível em: <http://www.inmetro.gov.br/consumidor/pbeselo.asp>.

maximizando a utilização de parcela que comumente seria desperdiçada, como ocorre nas termelétricas, conforme exemplificado na Figura 3.23.

Combustível ⇒ Central Térmica Convencional ⇒ – 35% de Eletricidade / – 65% de Perdas

Figura 3.24 Sistema convencional.

A cogeração corresponde à atuação sobre este desperdício, aproveitando o que antes era considerado perda normal do sistema. Para tanto, se faz necessária a adequada conversão desta fração térmica que, de outra forma, seria perdida, utilizando-a para aquecimento de fluidos, geração de vapor, secagem de produtos agrícolas e, mesmo, para a climatização de ambientes.

Combustível ⇒ Central de Cogeração ⇒ – 90% de Eletricidade e Calor / – 10% de Perdas

Figura 3.25 Sistema de cogeração.

Por suas características, com a possibilidade do aproveitamento de resíduos diversos (bagaço da cana de açúcar, palha do arroz, da indústria madeireira e de papel e celulose, dentre outros largamente disponíveis em território nacional[60]), faz com que a cogeração seja percebida como uma grande vantagem competitiva. Não apenas porque pode responder por parcela significativa das necessidades de energia da própria empresa geradora, mas também pela possibilidade de venda de seu excedente e ainda por contribuir no tocante à dimensão ambiental, por estar em consonância com o estabelecido nas Políticas Nacionais sobre Mudança do Clima (PNMC) e de Resíduos Sólidos (PNRS), respectivamente, Leis n°s 12.187, de 20 de dezembro de 2009, e 12.305, de 2 de agosto de 2010, além de reduzir o consumo de combustível primário e as emissões atmosféricas derivadas.

O promissor mercado da cogeração, a exemplo do ocorrido em outros países, levou à formação de associações de empresas voltadas ao desenvolvimento tecnológico e planejamento da otimização energética,[61] bem como à regulação da comercialização da energia obtida neste processo, por intermédio da Resolução

---

[60] Neste sentido veja-se o Anuário estatístico da agroenergia, publicado pelo Ministério da Agricultura, Pecuária e Abastecimento, disponível em: <http://www.agricultura.gov.br/images/MAPA/arquivos_portal/anuario_cana.pdf>.

[61] Neste sentido, veja-se o disponível em: <http://www.cogensp.com.br/>, <http://www.reeep.org/> e em <http://www.cogenportugal.com>.

Normativa nº 390, de 15 de dezembro 2009, da Agência Nacional de Energia Elétrica (Aneel), que estabelece os requisitos necessários à outorga de autorização para exploração e alteração da capacidade instalada de usinas termelétricas e de outras fontes alternativas de energia, bem como os procedimentos para registro de centrais geradoras com capacidade instalada reduzida.[62] Nesta categoria, outra possibilidade para o aproveitamento do potencial local de geração de energia visando ao autoconsumo e eventual venda dos excedentes ao sistema público são as PCH ou pequenas centrais hidrelétricas, que por definição[63] são aquelas com capacidade instalada superior a 1 MW e inferior a 30 MW, cuja área do reservatório não ultrapasse a 3 km².

É da mais relevada importância o conhecimento da nova regulamentação de direitos e deveres do consumidor de energia elétrica, publicada na Resolução Aneel nº 414/2010,[64] por tratar das condições gerais de fornecimento de energia elétrica e discorrer, dentre outros, sobre aspectos relativos à classificação e à titularidade de unidades consumidoras, dos prazos para ligação, das modalidades tarifárias, dos contratos, dos procedimentos para leitura e faturamento, bem como do exercício de direitos das partes quanto às irregularidades e, em particular para o consumidor, quanto ao ressarcimento por danos elétricos. Cabe destacar nesta direção a instituição de indicadores em relação à qualidade do serviço prestado quanto à duração e frequência das interrupções de fornecimento (DEF e FEC, respectivamente).

Por fim, convém explicitar que solicitações e reclamações dos consumidores podem ser comunicadas diretamente à ouvidoria da Aneel, pelo telefone 167, ou junto à agência estadual que a represente (por exemplo, <www.arpe.pe.gov.br>).

Sugestões de leitura

ACIOLI, José Lima. *Fontes de energia*. Brasília: UNB, 1994.

BRASIL/Agência Nacional de Energia Elétrica. *Tarifas de fornecimento de energia elétrica*. Brasília: 2005. (Cadernos Temáticos nº 4).

_____. *Resolução nº 414/2010* – Condições gerais de fornecimento de energia elétrica. Brasília: 2010.

KAZAZIAN, Thierry (Org.). *Haverá a idade das coisas leves*: design e desenvolvimento sustentável. São Paulo: Senac, 2005.

MÜLLER, Arnaldo Carlos. *Hidrelétricas, meio ambiente e desenvolvimento*. São Paulo: Makron Books, 1995.

---

[62] Veja-se, adicionalmente, o contido na Portaria nº 319, de 26 de setembro de 2008, do Ministério das Minas e Energia, que estabelece o procedimento de aprovação dos projetos de geração, transmissão e distribuição de energia elétrica junto ao Regime Especial de Incentivos para o Desenvolvimento da Infraestrutura – REIDI, instituído pela Lei nº 11.488, de 15 de junho de 2007.
[63] Art. 2º Resolução nº 394, de 4 de dezembro de 1998, da Aneel.
[64] Disponível em: <http://www.aneel.gov.br/cedoc/ren2010414.pdf>.

● Gerenciamento de resíduos

Todas as empresas potencialmente poluidoras, para continuarem operando, têm que anualmente renovar a licença de operação, comprovando que cumprem todas as exigências para minimizar os efeitos ambientais de suas atividades produtivas. Para tanto, têm que demonstrar que seus sistemas de gerenciamento ambiental estão adequados às normas técnicas e a toda a legislação pertinente. No estado de Pernambuco a fiscalização de tais atribuições está a cargo da Agência Estadual de Meio Ambiente e Recursos Hídricos.[65] Entre as atribuições da agência está o levantamento da Declaração Anual de Resíduos Sólidos Industriais – DARSI, que se configura como uma dessas exigências.

A DARSI, referente ao exercício anterior, deve ser apresentada por todos os empreendimentos industriais que geraram uma quantidade de resíduos anual superior a 50 (cinquenta) toneladas/ano e/ou qualquer tipo de resíduo classificado como perigoso (conforme a definição da Norma ABNT NBR 10004:2004). Estarão dispensados de apresentá-la os empreendimentos que, no período de referência, geraram apenas resíduos classificados como não perigosos até o limite de 50 toneladas/ano.

O Plano de Gerenciamento de Resíduos Sólidos Industriais (PGRSI) é um documento que deve ser produzido por todos os empreendimentos industriais sujeitos ao licenciamento ambiental. O plano deverá descrever as ações relativas ao gerenciamento desses resíduos, buscando a minimização de sua geração na fonte, adequando a segregação na origem, controlando e reduzindo riscos ao meio ambiente, bem como assegurando o seu correto manuseio e destinação ou disposição final, em conformidade com a legislação vigente.

Conforme a Política Estadual de Resíduos Sólidos, deverão elaborar o PGRSI as indústrias com geração total de resíduos acima de 1.000 ton./ano e/ou com geração de resíduos perigosos acima de 250 ton./ano, de acordo com o roteiro apresentado no termo de referência disponibilizado pela agência, submetendo-o, posteriormente, à sua análise e aprovação.

O Cadastro Técnico de Atividades Potencialmente Poluidoras ou Utilizadoras de Recursos Ambientais (CEAPP/PE), no âmbito do Estado de Pernambuco, foi instituído pela Lei nº 13.361, de 13 de dezembro de 2007. É **obrigatório** e **sem ônus** para pessoas físicas e jurídicas – especificadas no Anexo I da Lei – que se dedicam a atividades potencialmente poluidoras e à extração, produção, transporte e comercialização de produtos potencialmente perigosos ao meio ambiente, assim como de produtos e subprodutos da fauna e da flora. Essas mesmas empresas devem pagar a Taxa de Controle e Fiscalização Ambiental – TFAPE. O Cadastro

---

[65] Informações técnicas, bem como a legislação vigente, podem ser obtidas em <www.cprh.pe.gov.br> ou em seus correspondentes nos demais estados da federação.

Técnico integra o Sistema Nacional de Informações sobre o Meio Ambiente, criado pela Lei Federal nº 6.938, de 31 de agosto de 1981.

A Taxa de Controle e Fiscalização Ambiental do Estado de Pernambuco (TFAPE) foi instituída pela Lei nº 13.361 com o objetivo de disponibilizar à CPRH os recursos necessários ao controle e fiscalização das atividades potencialmente poluidoras e utilizadoras de recursos naturais. As empresas que devem pagar a TFAPE estão previstas no Anexo I da Lei nº 13.361. O valor recolhido corresponde a 60% do valor devido ao Ibama pela Taxa de Controle e Fiscalização Ambiental (TCFA). **Não se trata de um novo tributo para o contribuinte.** A taxa estadual é a mesma cobrada trimestralmente pelo Governo Federal, através do Ibama, mas, a partir da vigência da lei estadual, os valores arrecadados, que ficavam integralmente com a União, passaram a ser divididos na proporção de 60% para o Estado de Pernambuco e 40% para o Governo Federal. A TFAPE é definida pelo cruzamento do grau de poluição e utilização ambiental com o porte da empresa (valores crescentes de "*a*" a "*h*"). Seu pagamento é devido trimestralmente e por cada estabelecimento.

Quadro 3.8 Fatores determinantes para o estabelecimento da TFAPE (fator ambiental x natureza da empresa)

PP / GU	PF	ME	EPP	EPM	EGP
Pequeno	–	–	b	d	f
Médio	–	–	c	e	g
Alto	–	a	d	f	h

Legenda: PP – potencial de poluição, GU – grau de utilização de recursos ambientais, PF – pessoa física, ME – microempresa, EPP – empresa de pequeno porte, EPM – empresa de porte médio, EGP – empresa de grande porte.

De acordo com o art. 17-P da Lei Federal nº 10.165/2000: "*Constitui crédito para compensação com o valor devido a título de TFAPE, até o limite de sessenta por cento e relativamente ao mesmo ano, o montante efetivamente pago pelo estabelecimento ao Estado, ao Município e ao Distrito Federal em razão da taxa de fiscalização ambiental.*"

A Taxa de Controle e Fiscalização Ambiental do Estado de Pernambuco (TFAPE) já deverá ter sido paga na ocasião do pagamento da Taxa Federal (TCFA), para fazer jus à compensação do valor efetivamente pago.

Com o objetivo de integrar possíveis ofertas de resíduos industriais que possam se converter em matéria útil para outros produtores, afinal "o que é lixo para uns pode ser matéria-prima para outros", além de promover ganhos econômicos e ambientais mútuos, por promover a correta destinação e aplicação de resíduos, as federações das indústrias estaduais criaram "bolsas de resíduos". A partir do resultado bem-sucedido em algumas destas, a Confederação Nacional da Indústria

(CNI) encampou a proposta e passou a disponibilizar em uma plataforma virtual todo o conjunto de informações locais em um único banco de dados. Trata-se, antes de tudo, de um grande mecanismo de ofertas e de demandas de resíduos reaproveitáveis, que pode ser acessado por base territorial, a partir da página na Internet de cada uma das federações das indústrias estaduais ou de maneira integrada a partir do endereço do Sistema Integrado de Bolsas de Resíduos.[66]

Do ponto de vista da saúde ocupacional e do gerenciamento de riscos, um outro conjunto de resíduos que merece destacada atenção: os resíduos de serviços de saúde. Tal se faz necessário em razão dos danos que podem impor aos trabalhadores, para a população em geral e para o meio ambiente, caso sejam inadequadamente liberados ou destinados, incorrendo em perdas econômicas e efeitos sobre a saúde.

Há de se observar a natureza de tais resíduos:

a) Se infectantes, como sangue humano e hemoderivados, resíduos cirúrgicos e anatomopatológicos, bem como material biológico em geral (vacinas vencidas ou inutilizadas, meios de cultura etc.) e materiais de manipulação e perfurocortantes.

b) Se especiais, como resíduos farmacêuticos (p. ex., medicamentos vencidos), radioativos ou contaminados com radionuclídeos de baixa atividade e resíduos químicos.

c) Além de resíduos comuns que não se enquadram nas categorias anteriores.

Para, em seguida, se proceder à devida separação por categoria ainda no local de sua origem ou geração, cujo intuito é evitar a contaminação de todo o lixo da organização, propiciando o seu rastreamento e a tomada de medidas de segurança específicas, o que traz agilidade e racionalização no trato com cada tipo de resíduo.

Para materiais biológicos ou potencialmente infectantes vale a máxima de que "se desconhecido o agente ou o grau de risco biológico do material manuseado, deve ser considerado como de mais alto grau de risco" e, como tal, até sua individualização precisa e inequívoca, os cuidados relativos para tanto devem se dar como se assim fossem.

Manejo, segregação, identificação, acondicionamento, transporte no ambiente interno e armazenamento temporário são alguns dos cuidados a serem tomados com relação a esses resíduos. Incineração, esterilização e desinfecção são os mais comuns métodos de tratamento de resíduos infectados e também fazem parte das atenções requeridas. Armazenamento, coleta e transporte externo, assim como a disposição final, fecham esse ciclo. Informações específicas em relação a cada

---

[66] Maiores informações estão disponíveis em: <www.sibr.com.br/>.

agente podem ser encontradas em Oda e Ávila (1998), bem como na Resolução RDC nº 306, da Agência Nacional de Vigilância Sanitária (ANVISA).[67]

> **Sugestões de leitura**
>
> AZEVEDO, Fausto Antonio. *Toxicologia do mercúrio.* São Carlos: RiMa, São Paulo: InterTox, 2003.
>
> BRASIL. Agência Nacional de Vigilância Sanitária. Resolução RDC nº 306, de 7 de dezembro de 2004. Regulamento técnico para o gerenciamento de resíduos de serviços de saúde. *Diário Oficial*, Brasília, 10 dez. 2004.
>
> LaGREGA, Michael D. et al. *Gestión de residuos tóxicos* – tratamiento, eliminación y recuperación de suelos. Madri: McGraw-Hill, 1996.
>
> LEVIN, Morris; GEALT, Michael A. *Biotratamiento de residuos tóxicos y peligrosos* – selección, estimación, modificación de microorganismos y aplicaciones. Madri: McGraw-Hill, 1998.
>
> ODA, Leila Macedo; ÁVILA, Suzana Machado (Org.). *Biossegurança em laboratórios de saúde pública.* Brasília: Ministério da Saúde, 1998.
>
> SCHNEIDER, Vania Elisabete et al. *Manual de gerenciamento de resíduos sólidos de serviços de saúde.* São Paulo: CLR Balieiro, 2001.
>
> TCHOBANOGLOUS, George et al. *Gestión integral de residuos sólidos.* Madri: McGraw-Hill, 1998.

● Coleta, tratamento e destinação de resíduos. Reciclagem e reaproveitamento de materiais

Estima-se que, diariamente, em média, o cidadão brasileiro gere 0,6 kg de lixo. Hábitos coletivos que, muitas vezes, beiram à deseducação quanto à limpeza e higiene pessoal e pública, e ainda a falta de serviços públicos adequados no tocante ao acondicionamento, coleta, transporte e destinação desses materiais fazem com que os esforços empreendidos surtam poucos resultados quanto a seus objetivos.

Em quase todas as cidades brasileiras, a principal deposição final do lixo se dá em lixões e em terrenos baldios. Não obstante o esgotamento acelerado dos recursos naturais, em que a reutilização de materiais usados ou de sobras industriais poderia significar oportunidades de economia, de ganhos sociais com a geração de emprego e renda, o não tratamento dos resíduos caracteriza-se como um dos principais focos de proliferação de organismos patogênicos (insetos, roedores e microorganismos) e, portanto, de geração de doenças. Dessa forma, a gestão do lixo urbano configura-se como um dos principais desafios dos administradores públicos para os próximos anos.

---

[67] Disponível em <http://e-legis.anvisa.gov.br/>.

Também contribuiria para a transformação e reaproveitamento de maior parte do lixo produzido, se esse fosse corretamente manejado ainda em suas fontes (a fase inicial dos problemas) – indústrias, serviços e mesmo residências –, o que também foge aos hábitos da sociedade brasileira.

Apesar desse quadro desfavorável, observa-se que os administradores públicos brasileiros ainda destinam poucas ações no sentido de estimular tal prática. Assim, o comportamento coletivo permanece imutável e os diversos problemas decorrentes do trato inadequado do lixo também persistem.

O lixo, na verdade, é e sempre será inesgotável. Estará presente nesta e nas futuras gerações. Resta-nos, portanto, compreender os mecanismos que levam a sua geração e formação, e, consequentemente, à poluição e contaminação que provoca, como o passo preliminar para a formação de uma atitude proativa no sentido de minimizar os possíveis danos ao solo, ao ar e aos recursos hídricos, além dos odores desagradáveis de sua decomposição.

A diferenciação entre lixo rico em água ou úmido (provenientes de material orgânico em geral, padarias, açougues, papéis sanitários etc.) e lixo pobre em teor de água (vidros, plásticos, latas, papéis e papelões secos, entre outros) é de elevada importância para a limpeza urbana. A decomposição do lixo acentua-se fortemente na presença da água. Dessa forma, a coleta do material úmido deve ser processada com maior frequência ou em menores intervalos de tempo. O conhecimento dessa informação é condição básica à participação ativa da população em programas de coleta seletiva.

A classificação do lixo, cujo conhecimento é de importância fundamental para o estabelecimento dos cuidados relativos à coleta, tratamento e destinação, dá-se conforme sua origem:

a. *Lixo residencial, domiciliar ou doméstico:* constituído, em geral, por sobras de alimentos, invólucros, papéis, papelões, vidros, trapos etc.

b. *Lixo comercial:* oriundo de estabelecimentos comerciais: lanchonetes, hotéis, restaurantes, lojas, escritórios, bancos etc. Tem constituição similar ao lixo domiciliar, destacando-se os resíduos de lavagens, sabões etc.

c. *Lixo industrial:* resultante das atividades industriais, aqui incluídos os relativos às sobras de construções. Por sua natureza, são merecedores de categorização específica:[68]

> "*Categoria 1. Incluem-se nesta categoria os resíduos considerados perigosos, ou seja, que requerem cuidados especiais quanto à coleta, acondicionamento e destino final, pois apresentam substancial periculosidade, real ou potencial,*

---

[68] Sers/Dear/cetesb, apud LIMA (1995:14).

à saúde humana ou aos organismos vivos, e se caracterizam pela letalidade, não degradabilidade e pelos efeitos acumulativos adversos.

Categoria 2. Incluem-se nesta categoria os resíduos potencialmente biodegradáveis e/ou combustíveis.

Categoria 3. Incluem-se nesta categoria os resíduos considerados inertes e incombustíveis.

Categoria 4. Incluem-se nesta categoria os resíduos constituídos por uma mistura variável e heterogênea de substâncias que individualmente poderiam ser classificadas nas categorias 2 ou 3."

d. *Lixo hospitalar:* geralmente é dividido em dois tipos, segundo a forma de geração: resíduos comuns, compreendendo restos de alimentos, papéis, invólucros etc.; resíduos especiais ou sépticos, que são os restos oriundos de salas de cirurgia, áreas de internação e de isolamento, requerendo atenção especial no acondicionamento, armazenamento local, coleta e disposição final devido aos riscos que podem oferecer.

e. *Lixo especial:* são os resíduos de produção transiente, como podas de jardins e praças, mobiliário, animais mortos e descargas clandestinas. Em geral, o serviço público de limpeza urbana dispõe de um serviço de coleta para atender a esses casos.

f. *Outros:* nesta classe, estão incluídos os resíduos não contidos nas anteriores e os provenientes do sistema de varrição e limpeza de galerias e bocas-de-lobo.

Os cenários de uma produção incessante e crescente levou muitos governos a investir em pesquisa para buscar soluções para a problemática da poluição causada pelo lixo. Todos concordamos com Lima (1995:241), quando afirma:

"A disposição inadequada de resíduos domésticos e industriais, principalmente resíduos perigosos, implica a contaminação do solo, ar e recursos hídricos superficiais e subterrâneos."

Algumas das práticas em vigor são bastante antigas como os aterros sanitários e a incineração; outras são derivadas destas com a introdução de conhecimentos de tecnologia recente como a pirólise e a biorremediação. Para os rejeitos orgânicos, sua reconversão é tradicionalmente obtida por meio da compostagem. Ainda existem outros sistemas de reaproveitamento do lixo como a biodigestão e a produção consorciada, nas quais os resíduos de uma produção são destinados e transformados em alimentos para peixes e outros animais. Algumas dessas técnicas são de menor custo e por isso mais utilizadas. Outras ainda encontram no custo ou na própria tecnologia uma barreira a ser superada. Em verdade, podemos dizer que o estudo de alternativas viáveis e eficientes é incessante.

Outro ponto que deve merecer atenção especial dos gestores é a questão da poluição das águas. Embora a quantidade total de água no globo terrestre mantenha-se inalterada, a parcela disponível para o uso humano reduz-se a cada dia. O custo para tratar a água e disponibilizá-la para o consumo é elevado.

Quadro 3.9 Distribuição da água no globo terrestre (em %)

Distribuição	Porcentagem
Oceanos	97,2105
Calotas polares e geleiras	2,150
Águas subterrâneas	0,626
Águas superficiais	0,009
Vapor atmosférico	0,005

Em regiões como a nossa, e em particular em Pernambuco, a quantidade de águas superficiais para captação, tratamento e posterior fornecimento à população é escassa. A poluição provocada por efluentes líquidos derivados de processos produtivos (ver Tabela 3.5, a seguir) contribui significativamente para a elevação do custo de tratar e disponibilizar a água. Por isso estes devem ser previamente monitorados antes da destinação ao sistema de coleção pública ou cursos d'água.

Tabela 3.5 Efluentes líquidos industriais – parâmetros básicos

Parâmetros	Unidade de medida	Valores máximos admissíveis*
pH		De 6 a 10
Temperatura	ºC	40
Sólidos sedimentáveis[69]	ml/1	20
Óleos e graxas	mg/1	100
Regime de lançamento	1/S	1,50 (Q de vazão média horária)
Arsênio total	mg/1	1,50
Cádmio total	mg/1	0,10
Chumbo total	mg/1	1,50
Cianeto	mg/1	0,10
Cobre total	mg/1	1,50
Cromo hexavalente	mg/1	0,50
Cromo total	mg/1	5,00
Surfactantes (MBAS)	mg/1	5,00

---

[69] Sólidos sedimentáveis em teste de uma hora no cone Imhoff.

Parâmetros	Unidade de medida	Valores máximos admissíveis*
Estanho total	mg/l	4,00
Fenol	mg/l	5,00
Ferro solúvel (Fe^{2+})	mg/l	15,00
Fluoreto	mg/l	10,00
Mercúrio total	mg/l	0,01
Níquel total	mg/l	2,00
Prata total	mg/l	1,50
Selênio total	mg/l	1,50
Sulfato	mg/l	1.000,00
Sulfeto	mg/l	1,00
Zinco total	mg/l	5,00

(de acordo com a NBR 7.229/82)

* Valores-limites a serem observados para lançamento de efluentes industriais líquidos em sistema coletor público de esgoto sanitário dotado de tratamento adequado (exceto para pH).

A água é o solvente universal, portanto, nunca é encontrada em estado de pureza absoluta. Além do que, comprovadamente, a água é o principal vetor da proliferação de doenças em todo o mundo. Tal situação é favorecida pela alteração de suas características,[70] provocada, por exemplo, pelo uso inadequado de pesticidas e outros meios que oferecem danos muitas vezes irreparáveis aos cursos de água e em seu potencial de utilização.

Condições diversas de higiene doméstica entre os funcionários podem contribuir para a disseminação de doenças nas organizações. Para que tal possibilidade seja minimizada, é fundamental a existência de instalações sanitárias adequadas no ambiente de trabalho, de água não poluída para consumo e asseio pessoal e de um programa básico de higiene que seja estendido até o lar e para a família de cada trabalhador. É preciso estabelecer o saneamento do meio que a Organização Mundial da Saúde preconiza como *"a ciência e a arte de promover, proteger e recuperar a saúde, através de medidas de alcance coletivo e de motivação da população"*.

Alguns tipos de água, ricos em substâncias dissolvidas, podem ser utilizados com fins medicinais. Contudo, podem ser prejudiciais se consumidos por alguns homens e animais e também ser inadequados para uso industrial e de irrigação.

Assim, as organizações devem preocupar-se com seu potencial poluidor, com sua capacidade de poluição ambiental em todas as relações de produção. Essa preocupação deve estar presente no projeto de seus produtos, na compra de

---

[70] A alteração das características da água, a saber: físicas (cor, turbidez, pH, condutividade elétrica, temperatura, sabor e odor), química (alcalinidade, dureza, acidez, oxigênio e minerais dissolvidos), biológica (contagem do número total de bactérias e coliformes, e hidrobiológicas – protozoários, algas etc.), bioquímica e radioativa, a torna imprópria para o consumo e uso humano.

suas matérias e na escolha de seus fornecedores, na manutenção de sua maquinaria, em suas embalagens etc. Ou seja, deve envolver toda degradação ou estrago que pode ser provocado no meio ambiente por agentes poluentes (gases nocivos, lixo orgânico e inorgânico, resíduos químicos, líquidos contaminantes, ruído etc.) e a contaminação ambiental[71] que dela pode decorrer.

A poluição do ar, derivada da emissão de efluentes gasosos e particulados para a atmosfera, também se configurou como uma das grandes preocupações do final de século, principalmente nos meios urbanos. A presença de monóxido e de dióxido de carbono (CO e CO_2, respectivamente), hidrocarbonetos (HC), partículas de óxido de enxofre (SO_x) e de óxidos de nitrogênio (NO_x) em concentrações excessivas, agravadas por condições geográficas e meteorológicas fez com que muitas cidades se tornassem impróprias para a vida humana. É comum, por exemplo, em São Paulo ou na Cidade do México, o isolamento de áreas ao trânsito de veículos como uma tentativa da redução dos níveis de poluição atmosférica. Verifica-se que, em regiões intensamente industrializadas, intensificam-se as doenças respiratórias não só entre os trabalhadores. Felizmente, podemos dizer que já não existem razões técnicas para que as indústrias continuem a lançar poluentes no ar. Já existem técnicas disponíveis capazes de assegurar um controle adequado dos poluentes. Todavia, os custos elevados ainda retardam seu largo emprego.

Por outro lado, temos que nos preocupar também com a contaminação do solo proveniente da deposição de resíduos e produtos contaminados e pelos elementos que nele se infiltram. Contribui para a relevância da temática o crescente desmatamento das matas ciliares dos cursos d'água, acarretando sua lixiviação pela erosão do solo, e a salinização de reservatórios de água e do solo, decorrente do inadequado uso agrícola e irrigação. Os danos advindos desses desmandos estão à mostra todos os dias nos noticiários.

Uma decisão inicial a ser tomada, por todo e qualquer cidadão, é a opção pela utilização de materiais recicláveis ou não.

Quadro 3.10 Exemplos de materiais recicláceis e não recicláveis

Reciclável	Não reciclável
Plásticos	Espelho e vidros planos
Metais	Cristais e tubos de TV
Vidros	Papéis carbono/alumínio
Papel e papelão	Fraldas descartáveis
Madeira	Embalagens aerossóis
Material orgânico	Espuma e isopor

---

[71] Toda disseminação de microorganismos patogênicos (fungos, vírus e bactérias) que provocam doenças infecciosas nos seres humanos.

Conhecimentos de Gestão

Convém ressaltar que o exemplo de atuação responsável é de valor incontestе para a consecução daquilo que professamos e que em relação ao meio ambiente mais vale prevenir do que remediar.

Observar o princípio dos 4 R é o ponto de partida para um bom programa ambiental em uma empresa:

- R de reduzir, tornar mínimos os gastos dos recursos da empresa. Não usar além do estritamente necessário, minimizar a geração de resíduos.
- R de reciclar, tornar possível o uso do recurso por outro processo, ainda que em outra organização.
- R de reutilizar, tratar o recurso de modo a torná-lo disponível, mais uma vez, para a mesma ou outra utilidade.
- R de recuperar, evitar perdas, controlar danos.

Por fim, como lembrete e como exercício mental, vamos imaginar quais serão os ganhos sociais e econômicos e sobre quantas gerações se estenderão os benefícios de um meio ambiente saudável.

Quadro 3.11 Classificação da água segundo o teor salino

Classificação da água	Sais por litro (g)
Doce	abaixo de 0,5
Salobra	de 1,0 a 4,0
Salgada	acima de 5,0

Sugestões de leitura

BENSOUSSAN, Eddy et al. *Medicina e meio ambiente*. Rio de Janeiro: Cultura Médica, 1992.

BRANCO, Samuel Murgel. *Água:* origem, uso e preservação. 3. ed. São Paulo: Moderna, 1993.

CAVINATTO, Vilma Maria. *Saneamento básico:* fonte de saúde e bem-estar. 6. ed. São Paulo: Moderna, 1992.

DONAIRE, Denis. *Gestão ambiental na empresa*. São Paulo: Atlas, 1995.

DO VALLE, Cyro Eyer. *Qualidade ambiental:* o desafio de ser competitivo protegendo o ambiente. São Paulo: Pioneira, 1995.

JAMES, Barbara. *Lixo e reciclagem*. 4. ed. São Paulo: Scipione, 1995.

LIMA, Luiz Mário Queiroz. *Lixo:* tratamento e biorremediação. 3. ed. São Paulo: Hemus, 1995.

MAGOSSI, Luiz Roberto et al. *Poluição das águas*. 7. ed. São Paulo: Moderna, 1990.

MARGULIS, Sérgio et al. *Meio ambiente*: aspectos técnicos e econômicos. 2. ed. Brasília: Ipea, 1996.

OLIVEIRA, Maria V. C. et al. *Princípios básicos de saneamento do meio*. São Paulo: Senac/SP, 1997.

PINHEIRO, Antonio Carlos da F. Bragança et al. *Ciências do ambiente*: ecologia, poluição e impacto ambiental. São Paulo: Makron Books, 1992.

RICHTER, Carlos A. et al. *Tratamento de água*: tecnologia atualizada. São Paulo: Edgard Blücher, 1991.

● Decisões ambientais gerenciais

Já não podemos dizer que o mundo é grande o suficiente e que as atitudes de pessoas e empresas em determinadas regiões do globo não serão percebidas ou sentidas por outras em lugares distantes. Então, o sistema ambiental deve ser compreendido como um elemento único e indivisível: a aldeia global.

Ao tempo em que crescem as expectativas do cidadão em relação à questão ambiental, crescem suas exigências enquanto consumidor. Para dar suporte a essas exigências, de igual forma, amplia-se o contexto da legislação ambiental nacional e internacional que se tornam cada vez mais restritivas e coercitivas.

Ao comércio de produtos que são rotulados como agressivos ao meio ambiente em quaisquer das fases de seu ciclo de vida impõem-se tarifas alfandegárias que podem inviabilizar sua produção. É importante destacar que essas barreiras originaram-se nos países em que o modelo de produção baseado na industrialização já exauriu ou, ao menos, já causou severos danos à condição ambiental, a exemplo do Japão, Alemanha e Inglaterra.

A decisão de iniciar uma atividade produtiva requer, do ponto de vista ambiental, uma gama variada de cuidados. Esses cuidados referem-se a questões relacionadas com o suprimento e a utilização de matérias-primas e às fontes de energia requeridas à produção, aos processos de manufatura ou transformação propriamente dita, à escolha e ao projeto da embalagem – incluindo a avaliação de sua destinação final, os cuidados relativos a seu transporte – seu uso e uso do produto em si, bem como à reciclagem e recuperação de matérias, além, é claro, de toda a geração de resíduos em sua obtenção (líquidos, sólidos etc.). Esses cuidados devem, então, estar elencados em todas as atividades da empresa que possam contribuir para tal fim: projeto de produtos e de processos, compras de materiais, manutenção e outros.

Conhecimentos de Gestão

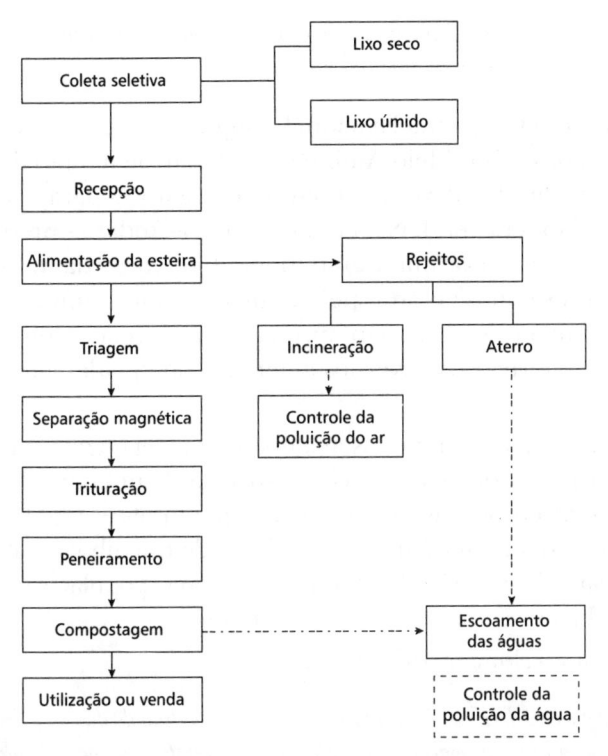

Figura 3.26 Esquema geral de uma unidade de reaproveitamento de materiais.

Buscar a estruturação das atividades da organização em conformidade com os requisitos das normas da série ISO 14.000 é apenas uma das maneiras pelas quais a empresa deve orientar-se para exercer essa responsabilidade que lhe cabe no atendimento aos anseios dos consumidores. A própria empresa pode agir junto a seu mercado consumidor e influenciá-lo a mudar seus padrões de consumo. Poderá, ainda, contribuir adicionalmente, mudando seus padrões de produção, isto é, o uso de insumos como matérias-primas e energia, como também os níveis e os tipos de resíduos gerados por essa produção.

Chehebe (1998:3), com postura crítica, explicita o papel do gestor de projeto nessa atividade:

> *"A crescente preocupação com os impactos ambientais gerados pela produção de bens e serviços à sociedade tem sido indutora de novas ferramentas e métodos que visam a auxiliar na compreensão, controle e/ou redução desses impactos. A análise do ciclo de vida, uma dessas ferramentas, considera o impacto ambiental ao longo de todo o ciclo de vida do produto: da extração das matérias-primas utilizadas à produção, ao uso e à disposição final do produto. Algumas vezes, para proceder-se a essa análise, lida-se com árvores de processo muito complicadas, levando o profissional que está desenvolvendo o estudo a ser tentado a omitir algumas partes que lhe parecem irrelevantes. Essa*

aparentemente inofensiva omissão, no entanto, pode na maioria das vezes, levar a erros muito sérios no resultado final do trabalho."

Parte de um esforço internacional conjunto, resultante da Conferência das Nações Unidas sobre Meio Ambiente e Desenvolvimento de 1992 – a Eco Rio 92 –, a Agenda 21,[72] deveria ser leitura obrigatória para empreendedores, gestores e cidadãos em geral. Nela estão expressas todas as preocupações com todos os aspectos que, por fim último, podem provocar danos ao homem por meio dos próprios danos gerados pelo homem ao meio ambiente. Trata-se de um denso documento em que são apresentadas as macropolíticas ou diretrizes que deverão nortear os governos a gerirem adequadamente o desenvolvimento local.

Faz-se mister que as empresas assumam o planejamento integrado de produtos, processos e da qualidade a eles associada, bem como da saúde e segurança das pessoas envolvidas, o que tacitamente implica a gestão integrada do meio ambiente – quer internamente, ambiente de trabalho, quer externamente, ambiente social coletivo. São desafios para gestores, populações e governos, em torno de um objetivo comum, um futuro comum.

Para Tibor e Feldman (1996:36-46)

> *"a norma ISO 14.000 é um processo e não um padrão de desempenho" e como tal "em vez de encarar as obrigações ambientais como uma desvantagem financeira, as empresas estão reconhecendo cada vez mais oportunidades competitivas na prevenção da poluição, nas tecnologias de limpeza e nos produtos que respondem ao meio ambiente. Em nível básico, a prevenção da poluição economiza dinheiro, reduzindo os custos da disposição final de resíduos, nas compras de matéria-prima e energia".*

Do exposto, podemos concluir que a gestão ambiental na empresa deve ser orientada por dois conjuntos de ações:

- o primeiro dirigido à avaliação da organização em si: seu sistema de gerenciamento, a auditoria e a avaliação de desempenho ambiental;
- o segundo orientado à avaliação de produtos e processos: a avaliação do ciclo de vida, a rotulagem ambiental e os aspectos ambientais ou normas relativas a produtos.

Convém destacar que, entre as normas da série ISO 14.000, apenas a "norma-mãe", isto é, a própria norma ISO 14.000 refere-se à certificação. As demais normas são voltadas apenas para a orientação, não prescrevendo, portanto ações a serem seguidas.

---

[72] Maiores informações podem ser buscadas em: <www.mma.gov.br>.

Para a Associação Brasileira de Normas Técnicas (ABNT),[73] o atendimento aos requisitos da norma ambiental promove como principais benefícios às empresas certificadas:

- A demonstração, para clientes, acionistas, empregados, seguradoras, meios de comunicação, autoridades, legisladores e ONGs, do compromisso ambiental da empresa, levando à melhoria de sua imagem.
- Um mecanismo estruturado para gerenciar aspectos ambientais e promover a melhoria contínua do sistema.
- Um controle eficiente para acesso à legislação ambiental e de sua aplicação.
- Um controle mais eficiente das matérias-primas.
- A redução do consumo de energia e de recursos naturais.
- O aproveitamento e a minimização de resíduos.
- A melhoria das relações comerciais, inclusive proporcionando a abertura de novos mercados, em especial, os estrangeiros.
- A evidência, por entidade independente (auditoria externa), da competência ambiental da empresa.
- As auditorias contribuem para a detecção de erros e levam a uma evolução contínua da empresa.

Enfim, há necessidade de a empresa orientar sua gestão em relação à integração das questões de saúde, segurança e meio ambiente em um modelo gerencial único.

Sugestões de leitura

CHEHEBE, José Ribamar B. *Análise do ciclo de vida de produtos:* ferramenta gerencial da ISO 14.000. Rio de Janeiro: Qualitymark, 1998.

COMISSÃO MUNDIAL SOBRE MEIO AMBIENTE E DESENVOLVIMENTO. *Nosso futuro comum.* 2. ed. Rio de Janeiro: FGV, 1991.

CONFERÊNCIA DAS NAÇÕES UNIDAS SOBRE MEIO AMBIENTE E DESENVOLVIMENTO. *Agenda 21.* Brasília: Senado Federal, 1996.

CUNHA, Sandra Baptista da et al. *Avaliação e perícia ambiental.* Rio de Janeiro: Bertrand Brasil, 1999.

KRIEGER, Maria da Graça et al. *Dicionário de direito ambiental:* terminologia das leis do meio ambiente. Porto Alegre/Brasília: UFRGS/Procuradoria Geral da República, 1998.

MOURA, Luiz Antônio Abdalla de. *Qualidade e gestão ambiental:* sugestões para implantação das normas ISO 14.000 nas empresas. São Paulo: Oliveira Mendes, 1998.

---

[73] *Revista Meio Ambiente industrial.* Ano IV, ed. 19, nº 18, p. 18, maio/jun. 1999.

RIBEMBOIM, Jacques (Org.). *Mudando os padrões de produção e consumo.* Brasília: Ibama, 1997.

TCHOBANOGLOUS, George et al. *Géstion integral de resíduos sólidos.* Madri: McGrawHill, 1998.

TIBOR, Tom; FELDMAN, Ira. *ISO 14.000:* um guia para as novas normas de gestão ambiental. São Paulo: Futura, 1996.

Questões para estudo e discussão*

1. Qual a importância da correta definição dos requisitos de capacidade física do trabalhador para a execução de determinada tarefa?
2. De que forma deverá agir o gestor de um ambiente de trabalho se determinado funcionário se negar a seguir as recomendações de segurança prescritas pela empresa? Este poderá, sob alguma hipótese, agir desta forma?
3. Sobre que determinantes da condição ambiental poderão influenciar o arranjo físico da organização?
4. Sobre que determinantes da condição ambiental poderão influenciar o estilo de construção e o material das edificações de uma organização?
5. Como deverá agir o gestor para, sem custos adicionais, minimizar as oportunidades de acidentes com os trabalhadores de sua empresa?
6. Quais os principais problemas fisiológicos e sociais advindos da necessidade do trabalho em turnos e noturno para atender a demanda crescente de certos serviços imposta pela própria sociedade?
7. De que forma deve agir o gestor da organização para minimizar os problemas advindos do trabalho em turnos e noturno?
8. Quais os principais cuidados que devem ser tomados para que a iluminação de um ambiente não venha a prejudicar o desempenho humano em uma determinada tarefa?
9. Qual a importância do estudo da toxicologia nos dias atuais?
10. Quais os problemas gerados pelo mecanismo de termorregulação do corpo humano, sem o qual não sobreviveríamos?
11. O que significa PAIR e como devemos agir para evitá-la?
12. Quais os principais cuidados que deveremos ter com a climatização de ambientes interiores?

---

* **Obs.:** Este estudo é parte integrante da obra *Segurança do trabalho e gestão ambiental*. BARBOSA FILHO, Antonio Nunes. 4. ed. São Paulo: Atlas, 2011. É permitida a reprodução, desde que citada a fonte.

Conhecimentos de Gestão

13. Que vantagens no mercado de trabalho terá o profissional que tenha conhecimentos sobre a temática condições de trabalho e meio ambiente nos atuais cenários das organizações?

14. Por que é importante conhecer as condições de trabalho em uma organização e quais as vantagens advindas deste conhecimento?

15. Quais as vantagens que uma organização pode obter ao integrar a gestão da saúde do trabalhador às demais práticas administrativas em vigor?

16. Conceitue:
    → *Carga de trabalho.*
    → *Acidente de trabalho.*
    → *Doença ocupacional e doença profissional.*
    → *Riscos ambientais.*
    → *Ritmo circadiano.*

17. Você é um dos responsáveis pelo Programa de Qualidade de Vida no Trabalho de sua empresa e recebe a comunicação de que este programa sofrerá significativo corte de verbas no próximo período. Formule uma argumentação escrita apresentando os motivos pelos quais você justificaria aos diretores de sua organização a necessidade de reverem esta decisão.

18. Qual o campo de atuação da Ergonomia e quais os seus objetivos?

19. Quais os principais efeitos da iluminação sobre o desempenho humano?

20. Que fatores influenciam o conforto térmico? Fale sobre os seus componentes e sobre as influências que o ambiente exerce sobre este.

21. Qual a importância da adequação da coleta, destinação e tratamento de resíduos para a saúde e segurança coletiva na organização e na comunidade na qual está inserida?

22. Qual a importância do Programa de Controle Médico de Saúde Ocupacional (PCMSO) para uma empresa e quais as principais situações que requerem a execução de exames?

23. Qual a importância social da adequação dos espaços urbanos e dos postos de trabalho para o cidadão em condições especiais?

24. Qual a importância da correta definição das vestimentas a serem utilizadas durante a realização de determinadas tarefas e qual a influência destas sobre o desempenho humano?

25. Qual a importância do estabelecimento do Programa de Prevenção de Riscos Ambientais (PPRA) em uma organização? O que este deverá contemplar?

26. Quais os princípios de segurança que devem orientar o trabalho relativo ao almoxarifado, levantamento, deslocamento e transporte de cargas?

27. Em sua opinião, como deverá agir o gestor de uma organização para implantar um Plano de Gerenciamento de Riscos? E o que este plano deverá contemplar?

28. Quais os objetivos e quais as vantagens que uma organização poderá obter ao implantar Comitês de Ergonomia em suas unidades?

29. Que ligações você observa entre segurança do trabalho e qualidade e produtividade organizacional?

30. Qual a importância da informação, em suas várias formas, para o sistema de segurança do trabalho na empresa? Apresente, pelo menos, três situações nas quais a presença da informação é fundamental para o êxito desse programa.

31. Na condição de gestor público, como você estabeleceria uma estratégia para a adequada disseminação de informações sobre SST às organizações brasileiras?

32. Qual a importância da formação de serviços ligados à Saúde e Segurança do Trabalho para as organizações?

33. Qual o principal objetivo e em que consiste o PCMSO (Programa de Controle Médico de Saúde Ocupacional)? A partir de que parâmetros é definida a periodicidade dos exames do PCMSO de uma organização?

34. Qual a importância da adequação da vestimenta às atividades a serem desempenhadas pelo trabalhador?

35. Cite os equipamentos de proteção individual (EPI) e de proteção coletiva (EPC) que você conhece caracterizando a sua aplicação.

36. Qual a importância e em que consiste o inter-relacionamento entre segurança no projeto do produto e no projeto do processo?

37. Qual a importância da definição de uma política ambiental integrada com as demais diretrizes estratégicas da organização?

38. Que vantagens poderá obter uma organização por adequar seus processos produtivos às necessidades ambientais de seu entorno?

39. Todo cidadão deverá participar dos esforços de combate aos desperdícios de insumos produtivos e de preservação do meio ambiente. Comente esta afirmativa.

40. Qual a importância do estabelecimento de uma rotina de gerenciamento de riscos para as organizações e quais as suas implicações?

Conhecimentos de Gestão

41. Em que consiste e qual a importância da execução do Estudo Prévio de Impacto Ambiental (EIA)? E o que diferencia o (EIA) do RIMA (Relatório de Impacto Ambiental)?
42. Quais os principais requisitos para a adequação das organizações à exigência de reservas de vagas em seus quadros funcionais para pessoas com deficiência ou reabilitadas?
43. Quais os principais cuidados a serem tomados no trato manual de cargas?
44. Por que todo cidadão deverá zelar pelo não desperdício de água? Comente sobre o que os cidadãos poderão fazer em regiões como a nossa.
45. Quais os ganhos econômicos, sanitários e sociais que poderão advir do desenvolvimento do hábito da reciclagem em uma cidade ou município?
46. Quais as atividades a serem desenvolvidas nas fases de coleta, tratamento e destinação de resíduos?
47. Qual a importância do estabelecimento de um plano de ação ou emergencial em caso de sinistros?
48. Como você classificaria a ação do poder público, nas esferas municipal, estadual e federal, face às questões relativas ao meio ambiente? Comente sua resposta.
49. O que significa Licenciamento Ambiental, quais suas etapas e como deverá agir o gestor de um projeto para cumpri-las adequadamente?
50. Quais os principais cuidados que a organização deverá assumir no intuito de minimizar as oportunidades de incêndio em suas instalações?
51. Em que consiste e qual a importância da rotulagem preventiva?
52. Qual a importância do uso de cores para a sinalização?
53. Quais os principais cuidados que o gestor deverá assumir quanto à disponibilidade de medicamentos na organização?
54. Qual a importância e em que deverá consistir o sistema de documentação e registros relativos à saúde, segurança e meio ambiente em uma organização?
55. Sobre que aspectos da qualidade de vida na organização poderá influenciar o arranjo físico ou *layout* dos ambientes de trabalho?
56. O que significa e em que consiste a MONITORAÇÃO BIOLÓGICA de trabalhadores?
57. Quais os objetivos e qual são as diretrizes para a elaboração de um mapa de riscos?

58. O que você entende por qualidade de vida no trabalho?
59. Quais os principais cuidados a serem tomados durante atividades de manutenção em máquinas e equipamentos?
60. Qual o papel do perito na Justiça do Trabalho? O que compete a ela?
61. Por que utilizamos diferenciações de formas e cores na sinalização de segurança?
62. Como podemos classificar os efeitos das radiações sobre os organismos vivos?
63. Que relações você estabelece entre energia e desenvolvimento humano em cenários de escassez?
64. Comente sobre a legislação municipal de zoneamento urbano de sua cidade (p. ex., Recife – RMR).
65. Na proteção do trabalhador durante a operação de máquinas, que cuidados devem ser observados e que meios de proteção do ponto de operação podem ser utilizados?
66. Por que se diz que a Justiça do Trabalho é uma justiça fática?
67. Como podem ser classificados os efeitos biológicos das radiações?
68. O que entende por radiossensibilidade?
69. Qual a finalidade de uma permissão para trabalho de risco? E quais as suas principais características?
70. Que relações você estabelece entre o sistema de saúde e segurança de uma empresa e os custos do seguro de uma planta industrial?
71. O que entende por Plano de Auxílio ou Apoio Mútuo (PAM)?
72. Quais os principais cuidados a serem tomados durante a evacuação de uma instalação industrial?
73. Que informações estão disponibilizadas na FISPQ (Ficha de Informação de Segurança de Produto Químico)?
74. Por que ocorrem erros humanos na produção?
75. O que são estereótipos comportamentais e como estes influenciam a segurança na operação de equipamentos industriais?
76. O que são "ambientes confinados"? Quais as principais recomendações de segurança a serem seguidas quando realizadas atividades laborais nestes ambientes?
77. Que informações são veiculadas no "Diamante de Hommel"?
78. Quais as principais recomendações para o transporte de cargas perigosas?

Conhecimentos de Gestão

79. Qual a ideia central do conceito de "Produção mais limpa"? E quais as suas contribuições para o desempenho ambiental das empresas?
80. Quais os mecanismos que configuram o assédio moral nas empresas? E o assédio sexual?
81. Que relações você estabelece entre condições de trabalho e responsabilidade empresarial no tocante a estas?
82. Quais as principais alterações introduzidas no novo modelo de gestão do seguro público de acidentes do trabalho, vigente a partir de janeiro de 2010?
83. Quais as implicações deste novo modelo para a gestão da saúde e segurança ocupacional nas empresas brasileiras?
84. O que se entende por Nexo Técnico Epidemiológico e quais as suas implicações para a gestão da SST nas empresas brasileiras?
85. Em que consiste o "Princípio da Precaução", oriundo do Direito Ambiental e qual a sua aplicação em relação à SST?
86. Você conhece alguma pessoa que sofreu assédio moral no trabalho ou tem notícias de casos desta natureza? Em sua opinião, qual a razão de o número de denúncias sobre a temática estar crescendo em todo o mundo?
87. Que cenários mais contribuem positiva e negativamente para a saúde mental no trabalho?
88. O que se entende por *burnout* e *karoshi*?
89. Em sua opinião, qual a imagem do cidadão comum a respeito da Justiça do Trabalho e o que contribui para tanto?
90. Quais os princípios básicos dos sistemas de seguros, quer sejam públicos ou privados?
91. Quais os principais elementos de um contrato de seguros?
92. Em que consistem as cláusulas regulatórias de um contrato?
93. Por que ainda existem restrições à contratação de seguros envolvendo sinistros de natureza ambiental?
94. Atualmente, quais as coberturas básicas de um seguro ambiental?
95. O que diferencia a avaliação ambiental de ruídos com a utilização de medidores instantâneos de pressão sonora (decibelímetros) e integradores de uso individual (dosímetros de ruído)?
96. É possível utilizarmos estes dois equipamentos de medição indistintamente? Isto é, um fazer as vezes do outro?
97. Que condições perigosas de uso encontramos na operação de máquinas?

3

Conhecimentos de Gestão

98. Como podemos classificar os elementos de segurança aplicáveis à maquinaria? Dê exemplos de sua aplicação.
99. O que se entende por "Qualidade do Ar de Ambientes Interiores"?
100. Quanto à sua aplicação, como podemos classificar o uso das cores, em especial no tocante à segurança do trabalho?
101. Quais as principais particularidades da aplicação das Permissões para Trabalho (PT)?
102. O que se entende por direito de recusa livre e esclarecido ao trabalho de risco?
103. Em que consiste e o que diferencia os sistemas "aberto" e "fechado" para permissões de trabalho?
104. O que caracteriza os ambientes confinados?
105. Em que consiste e qual a importância do "Certificado de aprovação" para um EPI?
106. Quais as medidas básicas da radioproteção?
107. Em que consiste o princípio "ALARA" quanto ao uso de radiações?
108. Quais os principais transtornos ou efeitos danosos que podem se instalar em corpos ou em seus segmentos ou partes, quando sujeitos à vibração no ambiente laboral?
109. Que critérios são utilizados para estabelecer prioridades em emergências quando primeiros socorros são requeridos?
110. Em relação à qualidade de vida no trabalho, comente a seguinte assertiva: "As ideias sobre os fatos são mais importantes que os fatos mesmo."
111. O que diferencia os materiais combustíveis dos inflamáveis?
112. O que é "etilmercaptana" e para que serve?
113. As recomendações de segurança para o uso do gás natural são as mesmas para o gás liquefeito de petróleo (GLP)?
114. Por que devemos ter cuidados especiais no armazenamento de gêneros alimentícios ricos em gordura no tocante à segurança das instalações?
115. Por que as atenções relativas à segurança patrimonial e do trabalho devem se estender para além dos limites da unidade produtiva?
116. O que diferencia um incêndio de uma explosão?
117. Se, no âmbito ocupacional, cerca de 60% das percepções humanas dependem da visão, por que, em sua opinião, nestes ambientes, cuidados relativos à preservação dos olhos são comumente negligenciados?

Conhecimentos de Gestão

118. Disserte sobre o seguinte tema: Trabalhadores do sexo feminino demandam ações específicas para a preservação de sua integridade no âmbito laboral.
119. Discorra sobre o inter-relacionamento entre a tarifação de energia elétrica, a saúde e a segurança do trabalho e o planejamento da produção.
120. Quais os principais cuidados a serem tomados no registro de imagens para que não haja falseamento das informações coletadas?

Sugestões de leitura para todo o livro

BARROS, Alice Monteiro. *Proteção à intimidade do trabalhador*. São Paulo: LTr, 1997.

BLEGER, José. *Psico-higiene e psicologia institucional*. 3. ed. Porto Alegre: Artes Médicas, 1992.

BROOKS, Stuart M. et al. *Environmental medicine*. St. Louis (MO), EUA: Mosby Year Book. 1995.

CAÏN, Jacques. *O campo psicossomático*. Rio de Janeiro: Bertrand Brasil, 1996.

CATTANI, Antonio David et al. *Trabalho e tecnologia*: dicionário crítico. Petrópolis: Vozes; Porto Alegre: EdUFRGS, 1997.

CODO, Wanderley et al. *LER – diagnóstico, tratamento e prevenção*: uma abordagem interdisciplinar. 2. ed. Petrópolis: Vozes, 1997.

CRAIGHEAD, John E. *Pathology of environmental and occupational disease*. St. Louis (MO), EUA: Mosby Year Book, 1995.

ERTHAL, Tereza Cristina. *Manual de psicometria*. 3. ed. Rio de Janeiro: Zahar, 1996.

FRANCO, Tania et al. *Trabalho, riscos industriais e meio ambiente*: rumo ao desenvolvimento sustentavel? Salvador: EDUFBA – CRH/FFCH/UFBA, 1997.

GONÇALVES, Jose Sergio R. C. *Mão de obra e condições de trabalho na indústria automobilística do Brasil*. São Paulo: Hucitec, 1985.

GREEN, Lawrence W. et al. *Community health*. 7. ed. St. Louis (MO), EUA: Mosby Year Book, 1994.

HARBER, Philip et al. *Occupational and environmental respiratory disease*. St. Louis (MO), EUA: Mosby Year Book, 1996.

HERINGTON, Thomas N. et al. *Occupational injuries*: evaluation, management, and prevention. St. Louis (MO), EUA: Mosby Year Book, 1995.

KEY, Glenda L. *Industrial therapy*. St. Louis (MO), EUA: Mosby Year Book, [s.d.].

LEPLAT, Jacques et al. *Introdução à psicologia do trabalho*. Lisboa: Fundação Calouste Gulbenkian, 1983.

LIMA, Maria Elizabeth Antunes et al. *LER*: dimensões ergonômicas e psicossociais. Belo Horizonte: Health, 1997.

LLOR, Elías Valverde. *El accidente del trabajo*. Barcelona: Editorial JIMS, 1980.

NEVES, Magda de Almeida. *Trabalho e cidadania*: as trabalhadoras de Contagem. Petrópolis: Vozes, 1994.

OLIVEIRA, Chrysóstomo Rocha et al. *Manual prático de LER*. Belo Horizonte: Health, 1998.

PASQUALI, Luiz. *Psicometria:* teoria e aplicações. Brasília: UNB, 1997.

PEREIRA, Maurício Gomes. *Epidemiologia*: teoria e prática. Rio de Janeiro: Guanabara Koogan, 1995.

POPE, Malcom H. et al. *Occupational low back pain*: assesment, treatment and prevention. St. Louis (MO), EUA: Mosby Year Book, 1991.

RIBEIRO, Maria Alice Rosa. *Condições de trabalho na indústria têxtil paulista (1870-1930)*. São Paulo: Hucitec, Unicamp, 1988.

ROBERTS, Susan L. et al. *Biomechanics*: problem solving for functional activity. St. Louis (MO), EUA: Mosby Year Book, 1992.

Impressão e Acabamento
Bartira
Gráfica
(011) 4393-2911